LE PETIT
GRAN

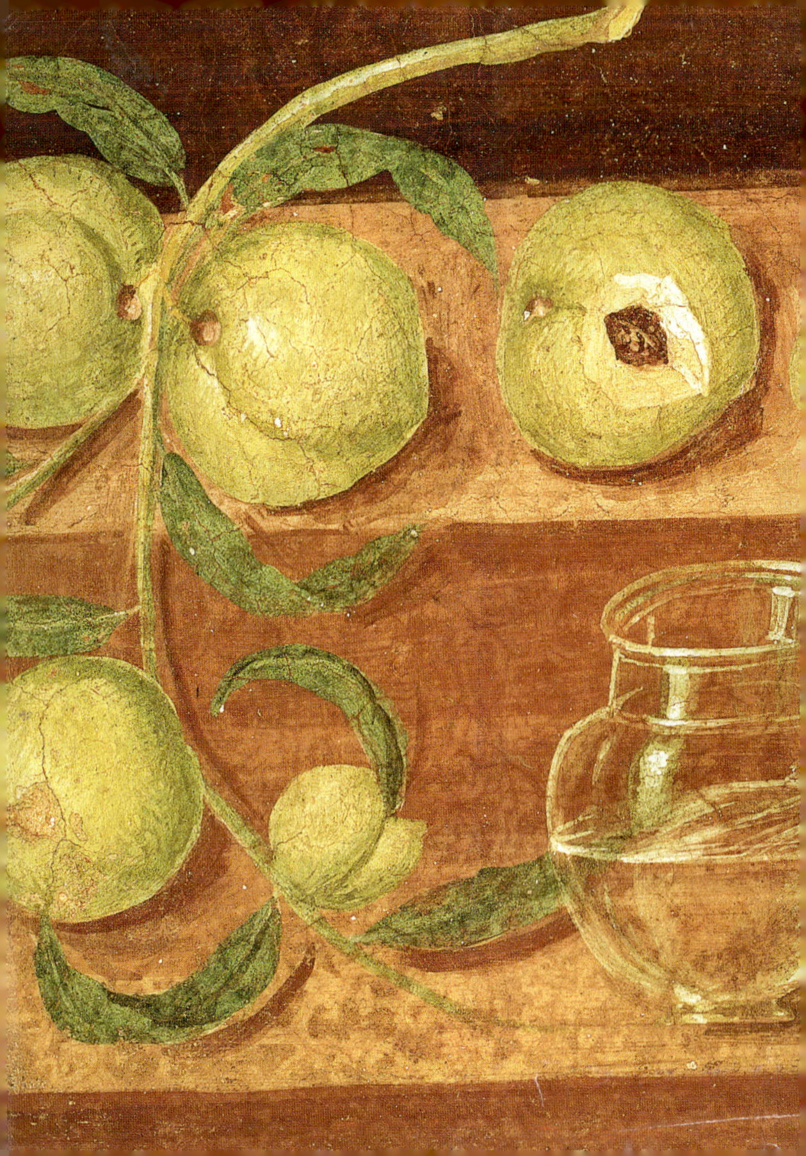

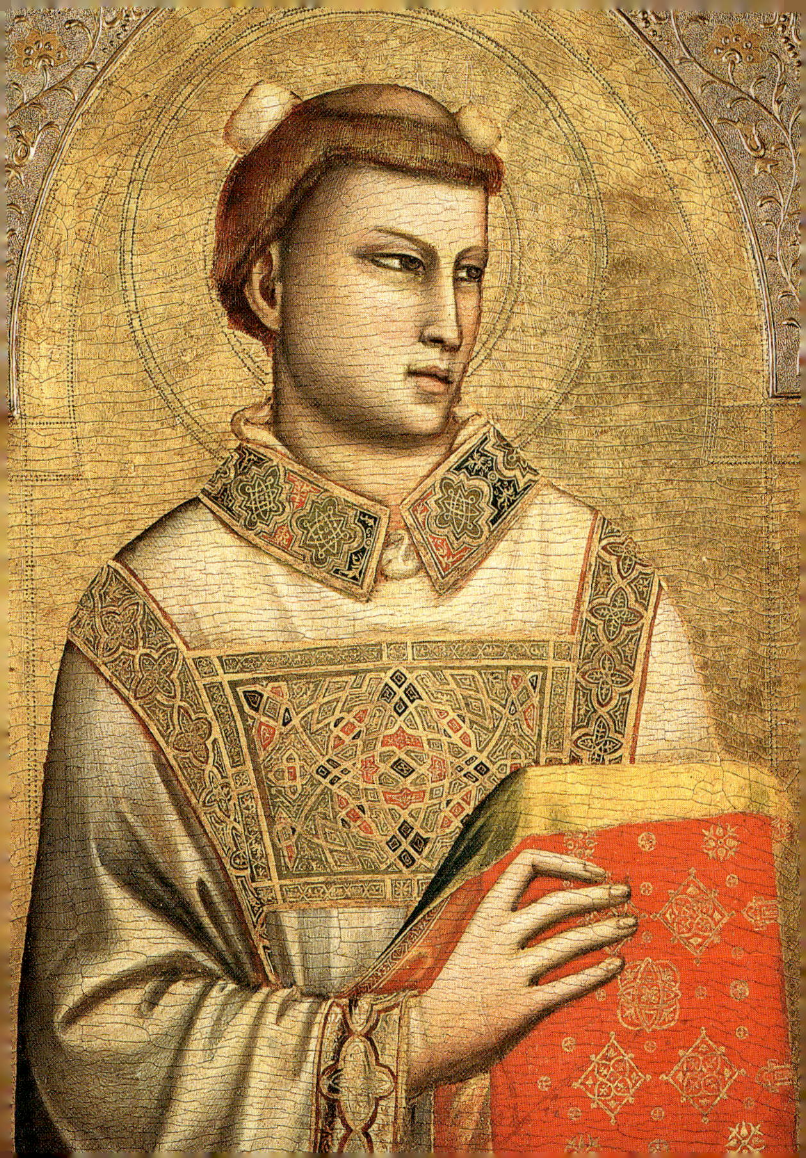

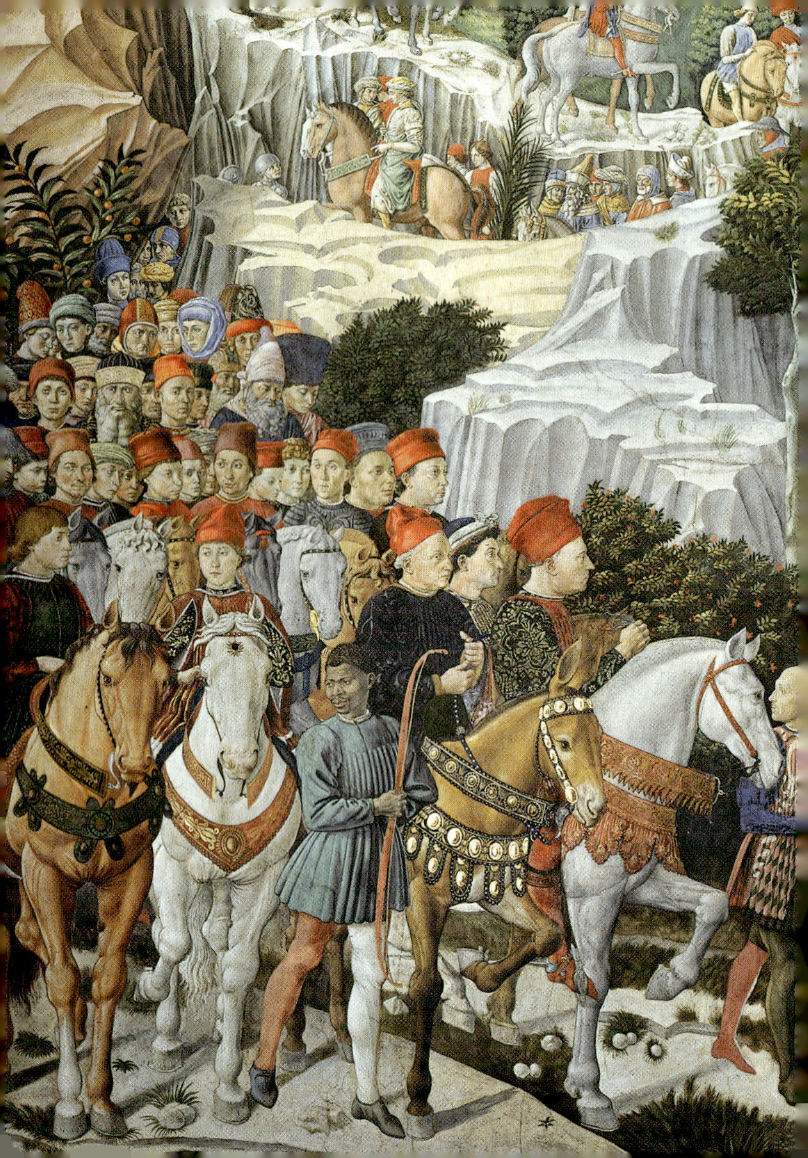

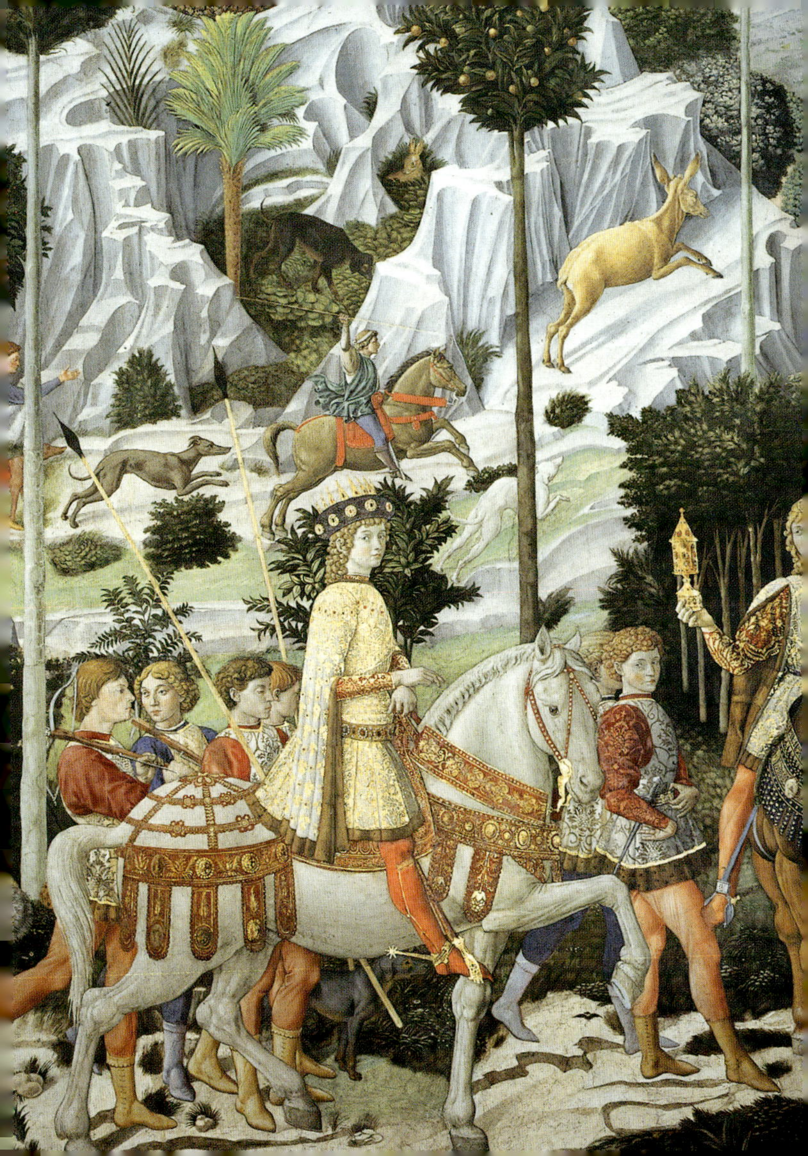

couverture : Ingres, *La Grande Odalisque*, Musée du Louvre, Paris
dos : Jan van Eyck, *L'homme au Turban*, National Gallery, Londres
4e de couverture : Georges de La Tour, *Le Tricheur à l'as de carreau*, Musée du Louvre, Paris
p. 2 : *Nature morte aux pêches* (détail), Musée Archéologique Nationale, Naples
p. 3 : Giotto di Bondone, *Saint Etienne* (détail), Musée Horne, Florence
pp. 4–5 : Benozzo Gozzoli, *La procession des Mages*, Palais Medicis Riccardi, Florence
p. 7 : Vincent Van Gogh, *Les Tournesols*, Neue Pinakothek, Munich
p. 8 : Jan Vermeer, *La jeune fille à la perle* (détail), Mauritshuis, La Haye
p. 11 : Raphaël, *L'Ecole d'Athènes* (détail), Musées du Vatican (Chambre de la Signature), Cité du Vatican

Texte original : Roberto Carvalho de Magalhaes
Adaptation française : Maïca Sanconie
Secrétariat d'édition : Benoît Picquenard
Design graphique : Yotto Furuya

ISBN : 2-7000-1246-1
Dépôt légal : août 2005
PAO : Compo rive gauche
Imprimé en Italie

LE PETIT LIVRE DU
GRAND ART

La peinture occidentale de la Préhistoire au Postimpressionnisme

Roberto Carvalho de Magalhães

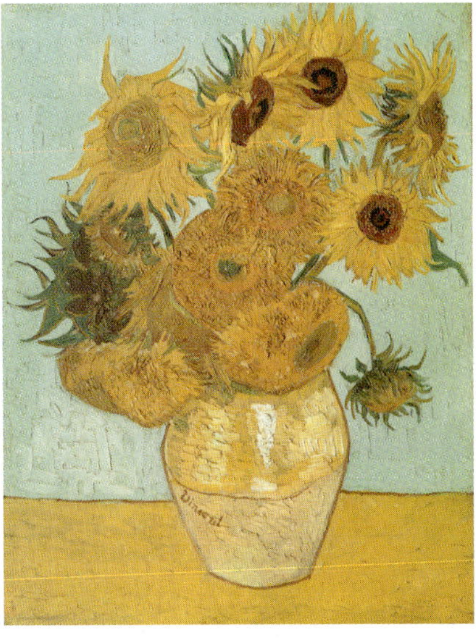

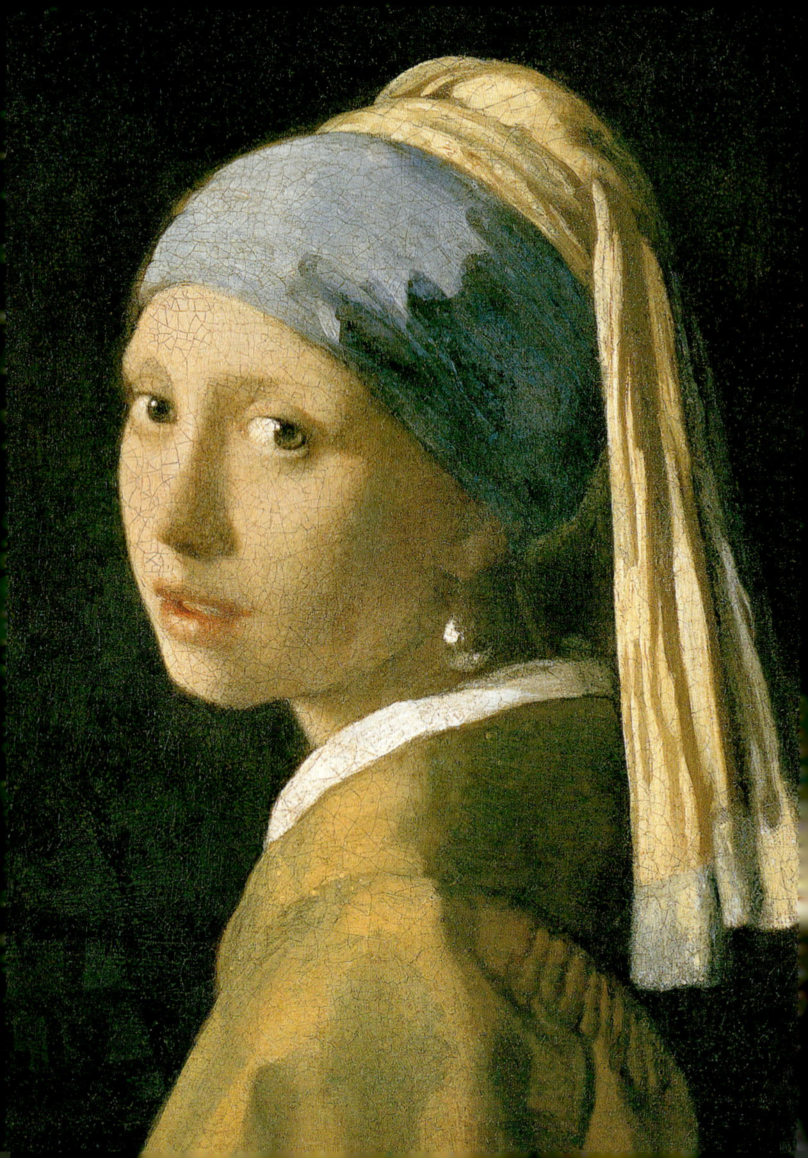

TABLE DES MATIÈRES

Présenter plusieurs milliers d'années d'histoire de l'art en un seul volume n'est jamais une tâche facile. Il est inévitable de laisser beaucoup de choses de côté et d'en simplifier d'autres. En dehors des grands mouvements, l'histoire de la peinture repose essentiellement sur la vision des créateurs. Ce sont ces visions innovantes qui ont façonné les pensées des artistes qui leur ont succédé et qui ont influencé l'humanité dans son ensemble. Ce sont elles, aussi, qui ont permis la naissance de nouvelles idées et l'élaboration d'un tissu culturel complexe. Tout artiste mérite une attention spéciale dans la mesure où il (ou elle) ne se contente pas de refléter une esthétique particulière mais est le porteur d'une nouvelle vision du monde. C'est Marcel Proust, dans *Le Temps Retrouvé*, qui a le mieux décrit cette prolifération d'idées, de visions et de connaissances : « *Grâce à l'art, au lieu de voir un seul monde, nous le voyons se multiplier, et autant qu'il y a d'univers originaux, autant nous avons de mondes à notre disposition, plus différents les uns des autres que ceux qui roulent dans l'infini* (...)»
Il n'y aura donc jamais d'histoire définitive de la peinture mais plusieurs histoires plus ou moins complètes. Toutes sont nécessaires car elles donnent une première approche, ou les premières clés, permettant à tous ceux qui le souhaitent de pénétrer dans le monde infini de la créativité humaine.

« Donner les premières clés» est peut-être le terme qui décrit le mieux l'ambition de cet ouvrage. Conscients des limites imposées et de la nature arbitraire d'un classement de l'histoire de l'art en périodes et en styles, nous avons divisé la peinture occidentale en treize chapitres par ordre chronologique, en commençant par l'époque préhistorique et en finissant par le début du vingtième siècle. Chaque chapitre est introduit par une brève présentation donnant une vue d'ensemble de la période. Il n'est pas dans notre intention de traiter de manière exhaustive les styles ou les artistes des époques ainsi abordées. Bien au contraire, nous voulons donner quelques concepts clé ainsi que des définitions qui aideront le lecteur à mieux comprendre les peintures reproduites. Le *Petit livre du grand art* est conçu avant tout comme une introduction visuelle à l'art. Avec plus de 450 reproductions des oeuvres des peintres les plus importants, dont les visions originales ont permis de repousser toujours plus loin les frontières de la peinture, ce livre se propose de donner une idée de la variété, de la richesse et de la spécificité des périodes, des styles et des artistes. Chaque présentation est semblable à une porte qui s'ouvre sur une période, où le lecteur peut ensuite identifier un ou plusieurs thèmes dominants. Toute description générale semblerait en effet inadéquate, étant donné la profusion d'idées et de formes que l'on trouve dans les oeuvres reproduites. Nous espérons donc que le lecteur, frappé par la richesse de la peinture occidentale, aura envie d'en apprendre davantage.

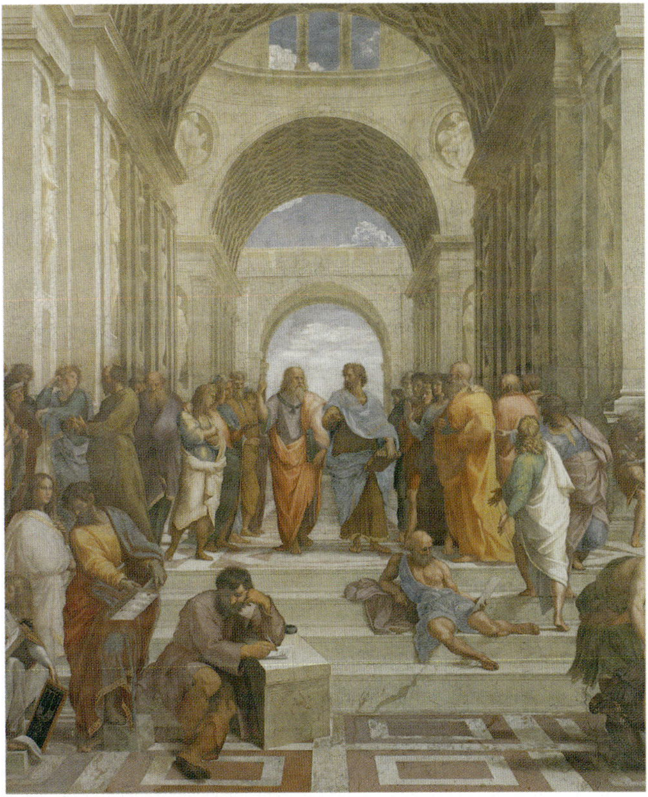

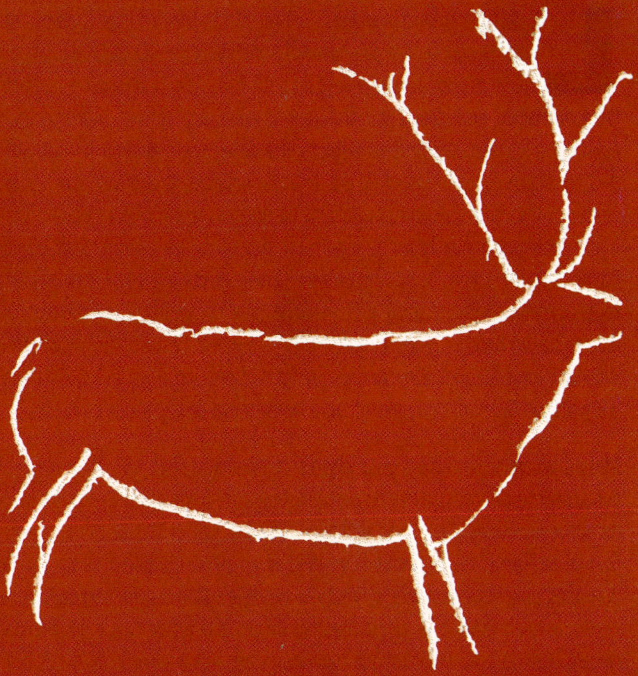

LA PRÉHISTOIRE

Le désir de créer des images s'est manifesté très tôt chez l'homme, et les dessins connus les plus anciens sont vieux de 40 000 ans. De cette même période lointaine date un petit bâton d'ocre découvert au Pech de l'Aze, en France, probablement utilisé pour dessiner des figures sur des peaux, des écorces ou les murs des grottes. Depuis cette date jusqu'à environ 10 000 ans av. J.-C., quelques artistes pionniers ont travaillé activement à développer les techniques et les matériaux leur permettant de donner formes à leurs visions. Ils ont utilisé trois principaux types de pigments : des ocres jaune et rouge fabriqués à partir d'argile colorée, et du noir, obtenu à partir de manganèse. Leurs créations - toutes exécutées, pour autant qu'on le sache, dans des grottes - s'élève parfois au niveau de véritables cycles de peintures, comme à Lascaux (en France) et à Altamira (en Espagne). Ces oeuvres préfigurent les premières peintures murales d'Egypte, de Grèce et de Rome, et aussi les fresques de la période moderne.

Malgré diverses tentatives pour classer ces oeuvres d'art en catégories, notre connaissance des ces oeuvres du passé reste encore fragmentaire et la découverte de nouveaux cycles d'art pariétal comme dans les grottes Gasquet et Chauvet, au Sud de la France, respectivement en 1991 et en 1994, ébranlent toutes les idées que nous pourrions exprimer en matière de styles. Nous savons cependant avec certitude quels étaient les sujets préférés de ces artistes de l'aube de l'humanité. Durant la période du Paléolithique supérieur, c'est-à-dire environ de 40 000 à 10 000 ans av. J.-C., leur thème favori était les animaux, du moins en Europe. Quelle que soit la fonction qu'on a pu attribuer à ces dessins – rites propitiatoires pour la chasse ou la fertilité, inventaire des animaux capturés, simples cultes – c'est en représentant des bisons, des mammouths, des rennes, des cerfs, des taureaux, des bouquetins, etc., qu'ils développèrent leurs sens de la composition et leur capacité à s'exprimer par les images, à rendre l'idée du mouvement, de l'espace et du rythme, et à donner un sens narratif à ces représentations.

Dès environ 10 000 ans av. J.-C., ces pionniers de la peinture semblent quitter l'environnement sûr et protégé des grottes pour travailler sur les parois rocheuses des canyons. A la même époque, les hommes apparaissent aux côtés des animaux dans les scènes représentées. Nous commençons à voir, en Espagne par exemple, des scènes animées de bataille et de chasse, dans lesquelles des légions d'hommes - dessinés dans un style figuratif et linéaire qui convient étonnamment bien à la représentation du mouvement - se combattent (abri rocheux de Los Dogues) ou chassent (Cueva Remigia, Cueva Vieja de Alpera).

En dépit des difficultés d'interprétation, il est possible de distinguer plusieurs styles dans l'art de cette longue période. De nombreuses grottes françaises et espagnoles près des Pyrénées, où les hommes ont vécu entre 30 000 et 17 000 ans av. J.C., présentent des descriptions d'animaux. Plusieurs techniques ont été employées : l'application de la couleur par gros points juxtaposés (une série de points permettant de dessiner un contour), l'estompage (la couleur posée d'un point à un autre crée une continuité semblable à une ligne) et une pure linéarité (un contour continu délimitant une silhouette généralement simplifiée). Ce style est connu comme étant l'art Périgordien, à cause de l'importante concentration de ces peintures dans les grottes découvertes dans la région du Périgord. Cet art ne doit pas être considéré comme primitif et incontrôlé mais plutôt comme une phase importante dans la quête d'un langage visuel qui résultait d'énormes efforts de la part des artistes, dépourvus d'une histoire des techniques et des méthodes. A la fin de cette période, on trouve de nombreuses peintures dans la grotte peinte la plus célèbre de la terre, à Lascaux (France). Des analyses réalisées au carbone 14 ont montré que ces peintures murales remontent au moins à 17 000 ans av. J.C.. La variété des styles observés dans ces dessins donne à penser qu'ils n'étaient pas tous l'œuvre d'un seul artiste ou même qu'ils ne datent pas tous de la même période. Ils ont sans doute été réalisés au cours de périodes successives par différents artistes ou groupes d'artistes, probablement sous la supervision de professeurs. Les dessins les plus récents présentent une plus grande profusion de détails, un sens surprenant de l'articulation entre les nombreuses figures et même la notion de volume, d'espace tridimensionnel, et de raccourci (voir les bisons dos à dos pp. 20-21). Il s'agit du début de la période Magdalénienne, dont la grotte d'Altamira (Espagne) offre un autre grand cycle de peintures préhistoriques.

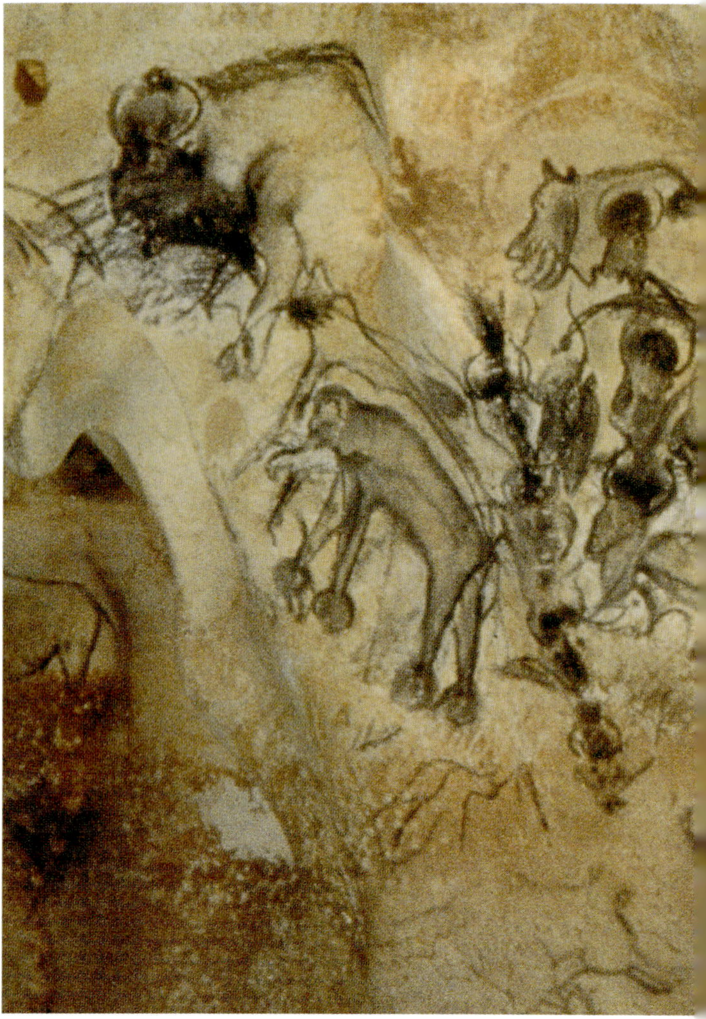

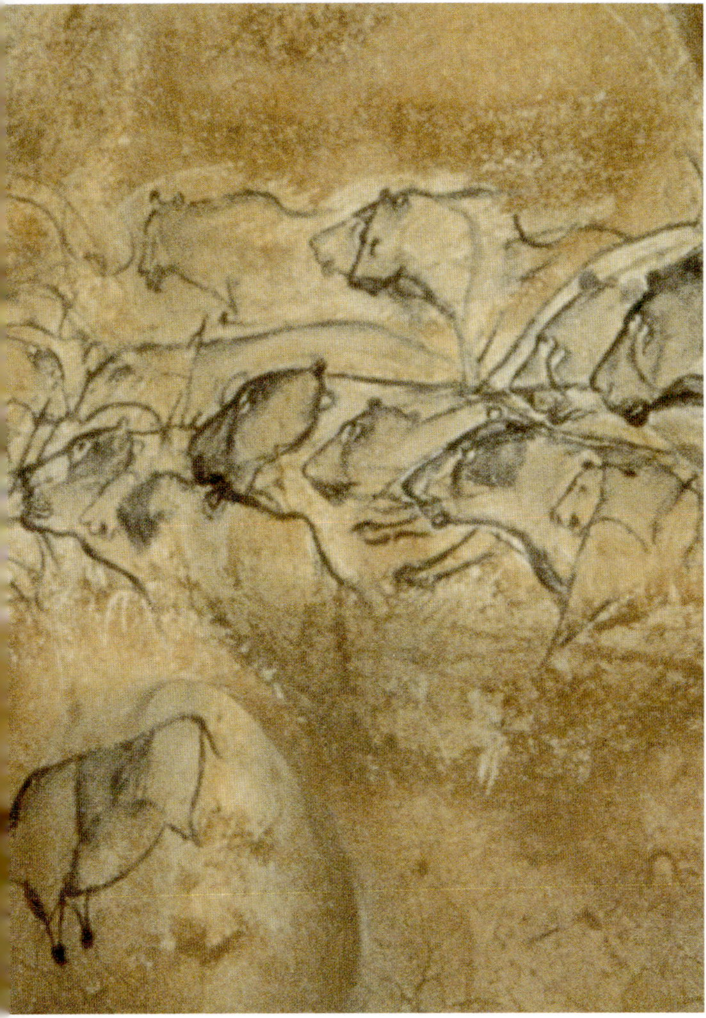

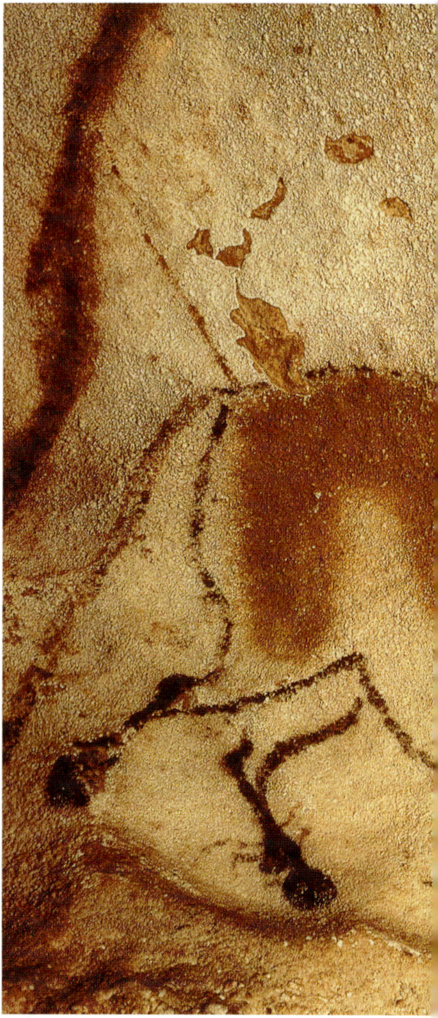

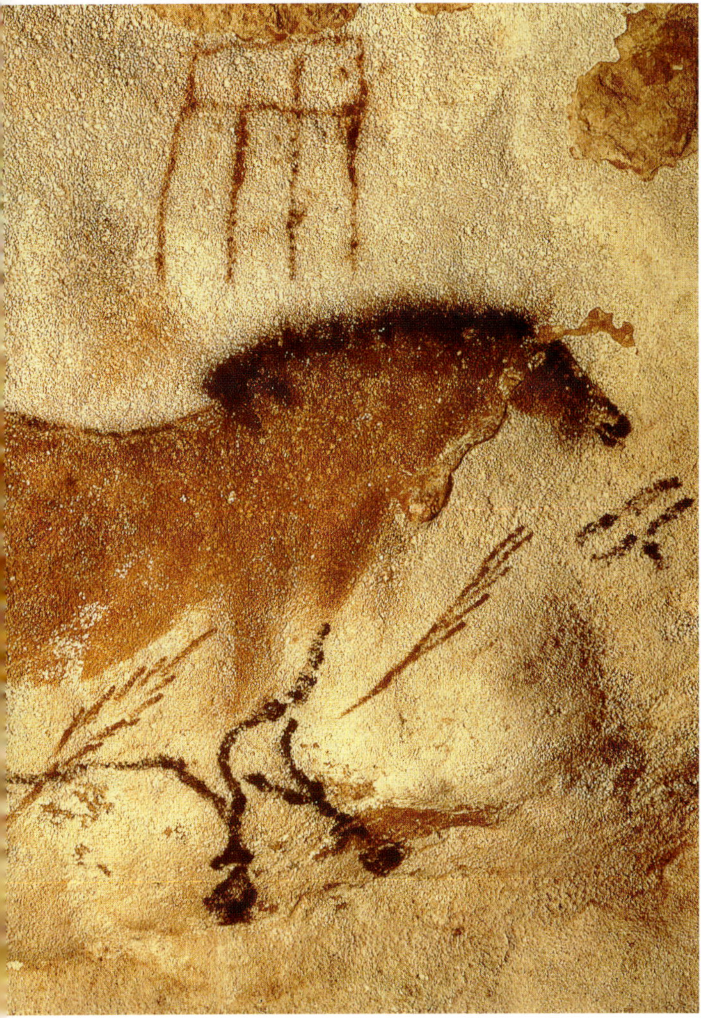

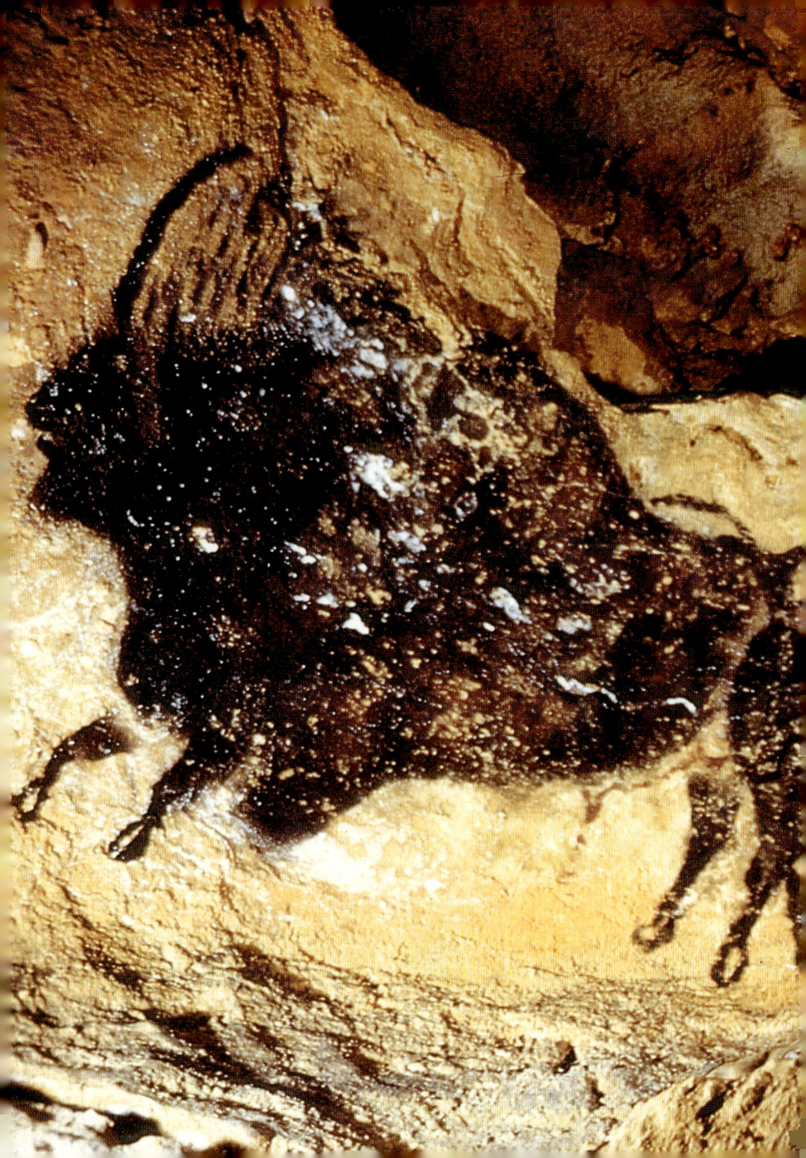

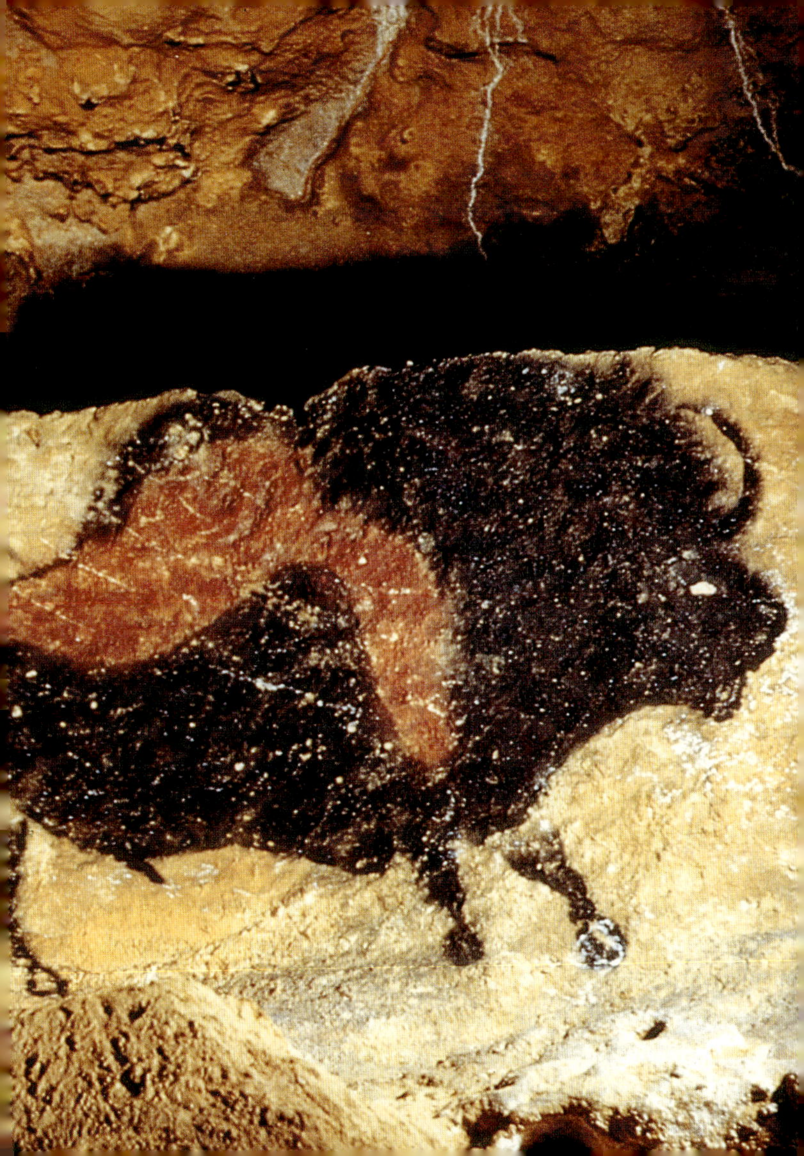

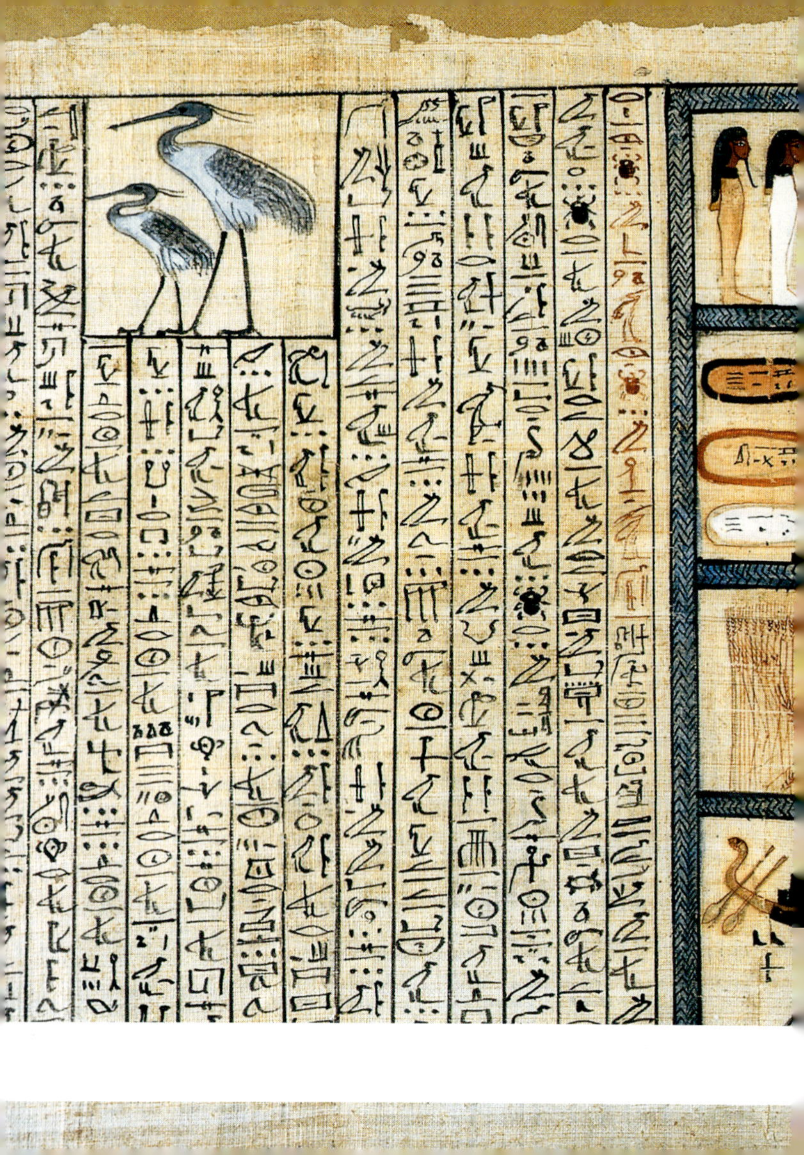

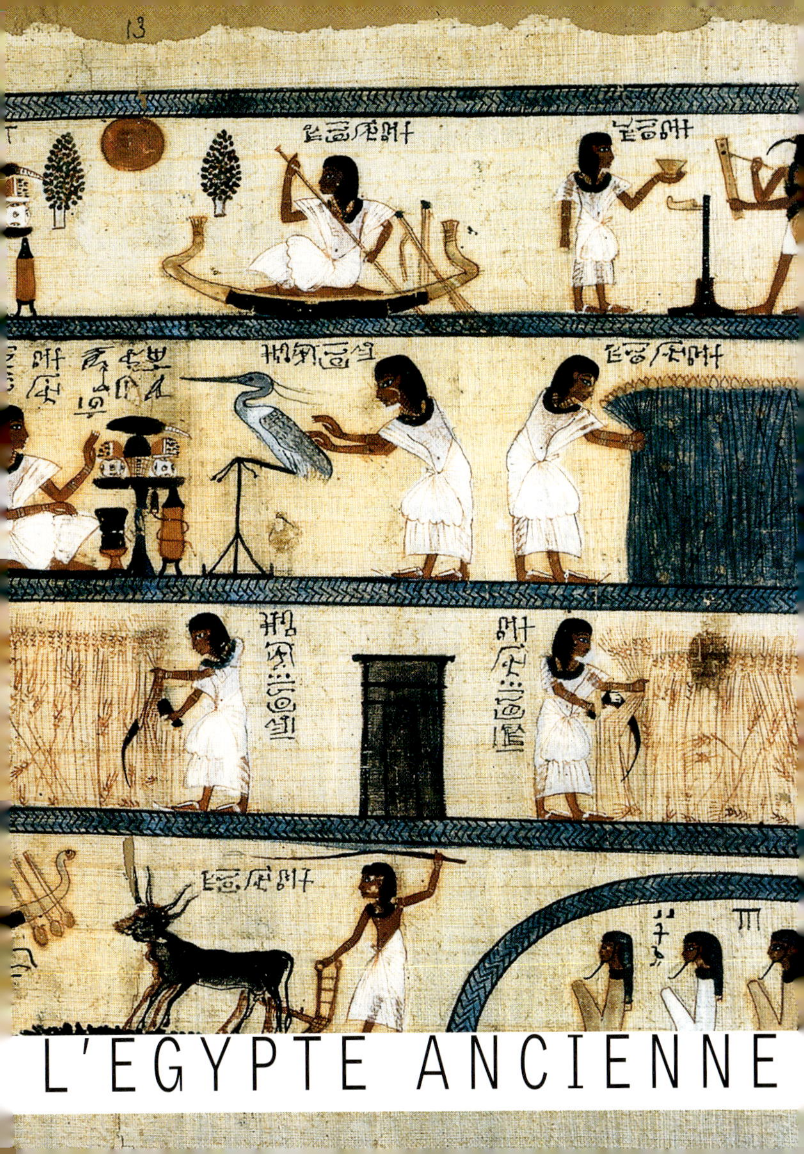

L'EGYPTE ANCIENNE

En Egypte ancienne, sculpture et peinture sont souvent mêlées. Qu'il s'agisse de l'art de l'Ancien Empire (4000 –2050 av. J.-C.), du Moyen Empire (2050-1550 av. J.-C.) ou du Nouvel Empire (1550-1075 av. J.-C.), les bas-reliefs qui couvraient les murs des édifices publics ou les parois intérieures des tombes étaient peints et représentaient des scènes et des récits ayant pour but de glorifier un pharaon ou un dieu.

La civilisation égyptienne a codifié en critères stricts la façon de rendre l'espace et la figure humaine en deux dimensions, critères qui n'ont que légèrement varié au cours de près de trois mille ans d'activité artistique, avant le déclin de la civilisation et l'invasion ultérieure d'autres styles. Ainsi nous pouvons dire que l'artiste égyptien se pliait à des règles établies et exprimait avant tout la sensibilité d'une époque plutôt que sa propre vision du monde. En fait, les fresques ou les reliefs peints étaient des oeuvres collectives réalisées par des ateliers, où tous ceux qui y travaillaient se devaient d'utiliser le même style.

Quelles étaient les règles canoniques des arts figuratifs égyptiens ? Tout d'abord, un artiste égyptien divisait le monde visible en représentations à deux dimensions, assemblées de façon à rendre le sujet clairement reconnaissable. La figure humaine, par exemple, était le produit de deux points de vue différents, de face et de profil. Les yeux, les oreilles et la partie supérieure du corps étaient représentés de façon frontale tandis que la tête, les hanches et les membres étaient représentés de profil. Les figures étaient généralement disposées de façon symétrique et un groupe de figures était souvent contrebalancé par un autre groupe, disposé en miroir. Comme plus tard dans les mosaïques byzantines et les fresques européennes du quatorzième et du quinzième siècles, les artistes égyptiens divisaient en bandes la surface de leurs oeuvres avant d'y déployer leurs scènes. Dans l'art égyptien, la ligne inférieure de chaque bande servait de base aux figures. Si par exemple les pieds de la figure sont placés au-dessus de la ligne, cela signifie qu'ils se trouvent plus loin dans l'arrière-plan. C'est ainsi qu'un artiste égyptien représentait la profondeur spatiale. Il y avait aussi d'autres conventions, comme de donner aux hommes un teint plus sombre que celui des femmes, faisant ainsi probablement référence au fait que les hommes travaillaient à l'extérieur et que les femmes passaient plus de temps dans les maisons, à s'occuper des tâches domestiques. On trouve le même type de corrélation dans la tendance à représenter les femmes avec les jambes assemblées et les hommes avec les jambes écartées : cela avait pour but d'indiquer que les hommes étaient plus actifs alors que les femmes jouaient un rôle plus passif dans la société égyptienne.

Ces règles, et la fréquente inscription de hiéroglyphes entre les figures représentées, permettaient non seulement de décrire les pratiques religieuses et de célébrer la gloire des pharaons mais aussi de créer un monde visuel aux rythmes et aux équilibres complexes.

En dépit des règles strictes de l'art égyptien, quelques exemples d'expression personnelle indépendante ont survécu. On les trouve dans les objets destinés à l'usage quotidien, dans les tombes plus modestes d'individus privés, ou sur des « *ostraca* », fragments de poterie ou de calcaire, sur lesquels les artistes ont dessiné librement. N'étant plus limité par le style et les thèmes officiels imposés aux oeuvres publiques, l'artiste pouvait s'abandonner à d'autres formes de représentation, à des notations plus personnelles et à la libre expression du mouvement.

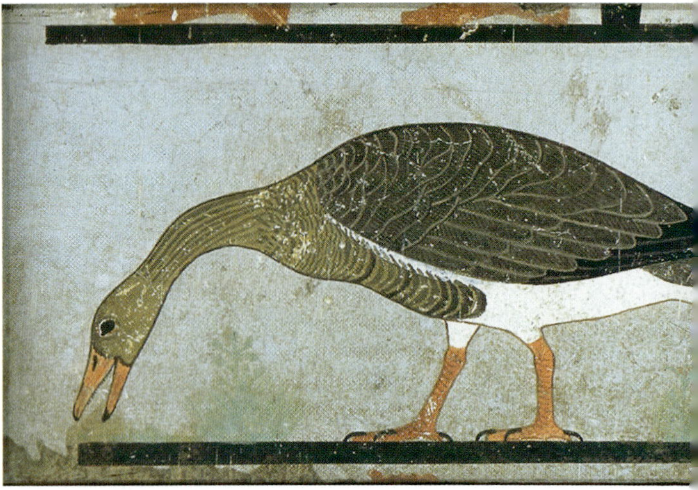

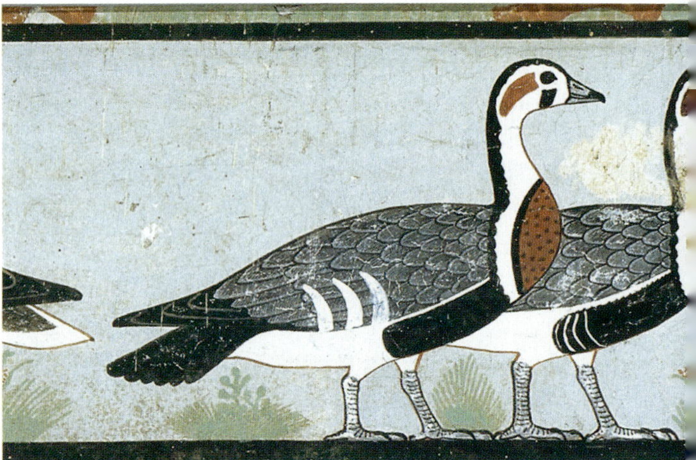

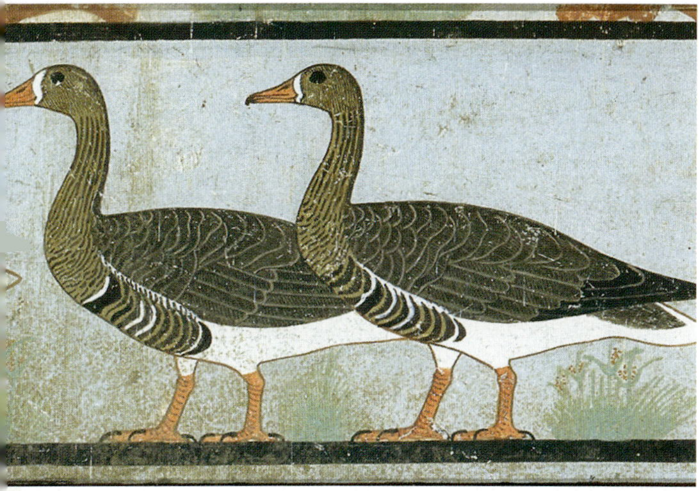

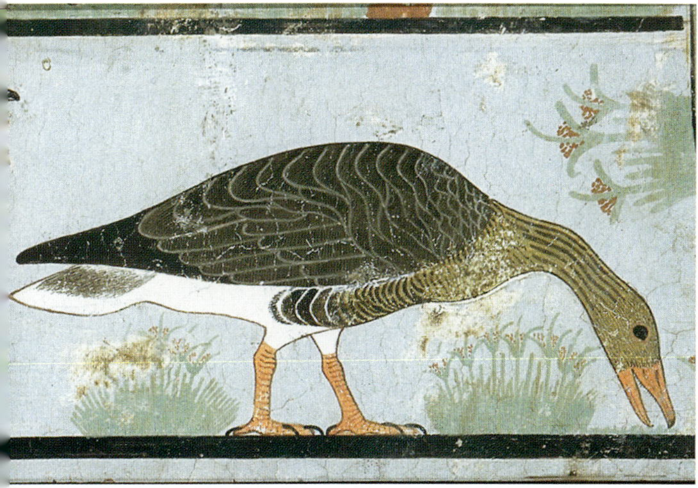

Touthmosis III et le dieu Amon-Re
Chapelle de Hathor, Deir el-Bahari

VERS 1450 AV. J.-C.

fresque
Musée égyptien
Le Caire

pp. 22-23

Scènes agricoles
Livre des Morts de Nakht, Thèbes

1350-1300 AV. J.-C.

papyrus
British Museum
Londres

pp. 26-27

Oies
Tombe de Itet à Meidum

VERS 2530 AV. J.-C.

fresque
haut. 45,7 cm
Musée Egyptien
Le Caire

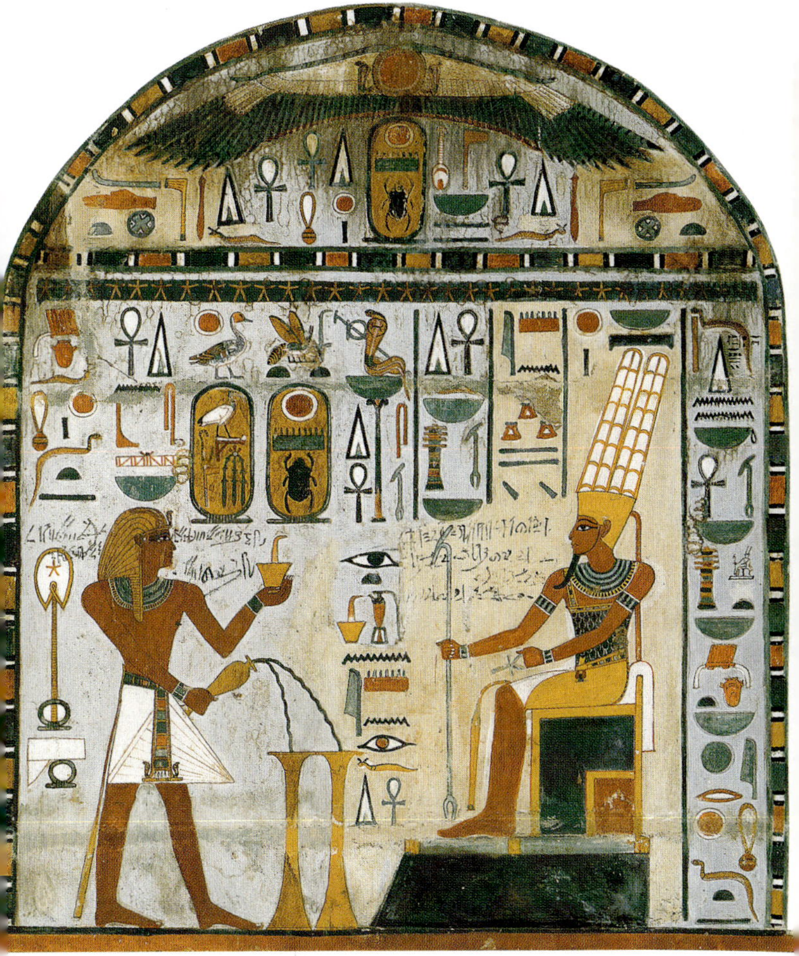

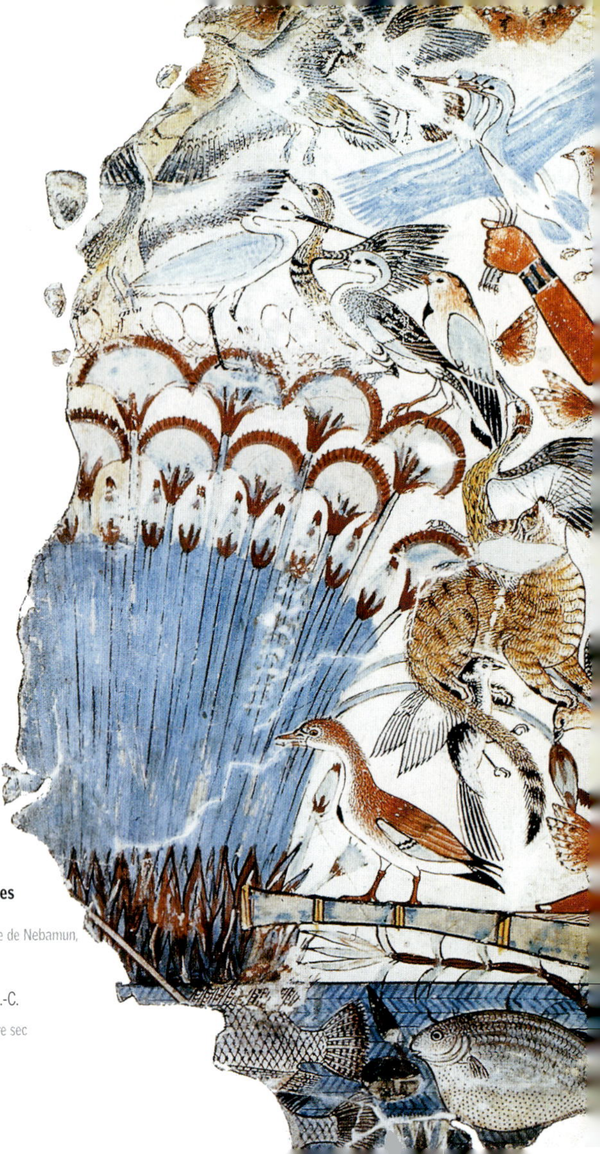

Chasse dans les marécages
Chapelle funéraire de Nebamun, Thèbes
(fragment)

VERS 1350 AV. J.-C.

peinture sur plâtre sec
haut. 81 cm
British Museum
Londres

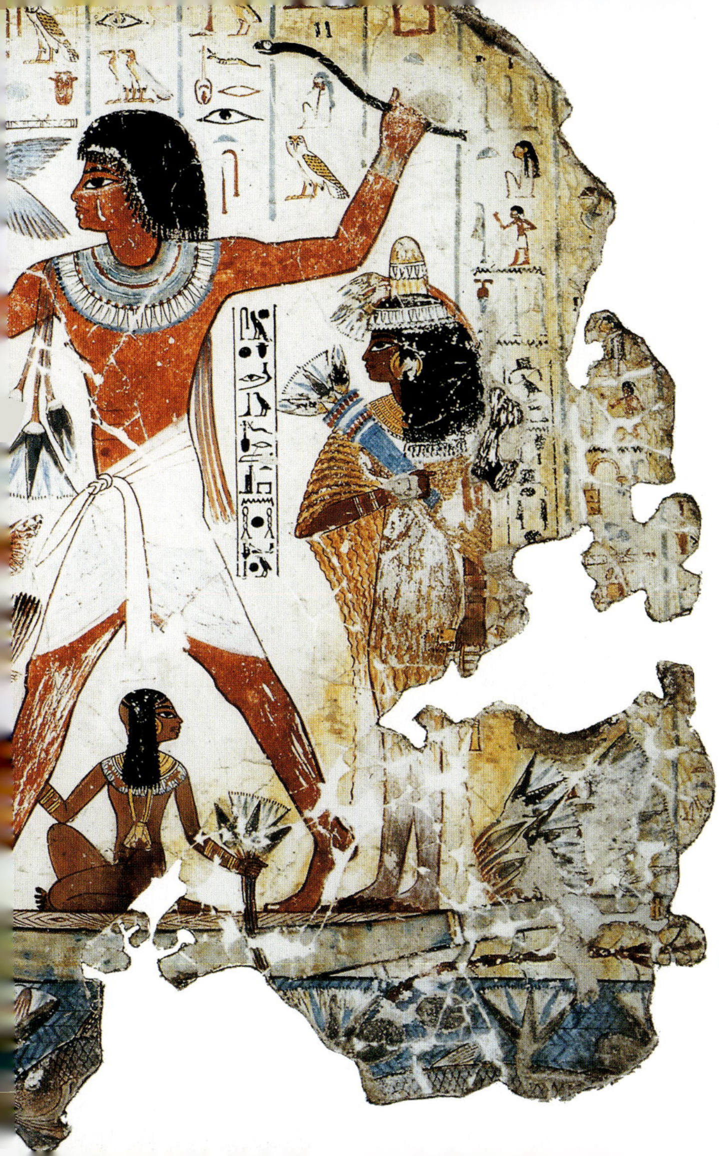

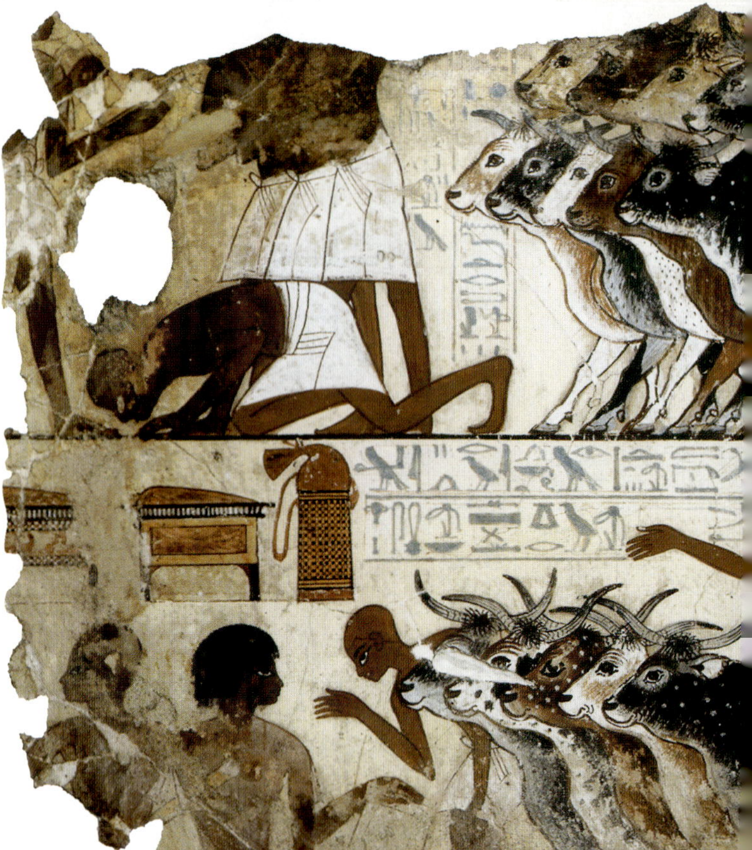

Inspection du bétail
Tombe de Nebamun, Thèbes
(fragment)

VERS 1350 AV. J.-C.

peinture sur plâtre sec
haut. 58,5 cm
British Museum
Londres

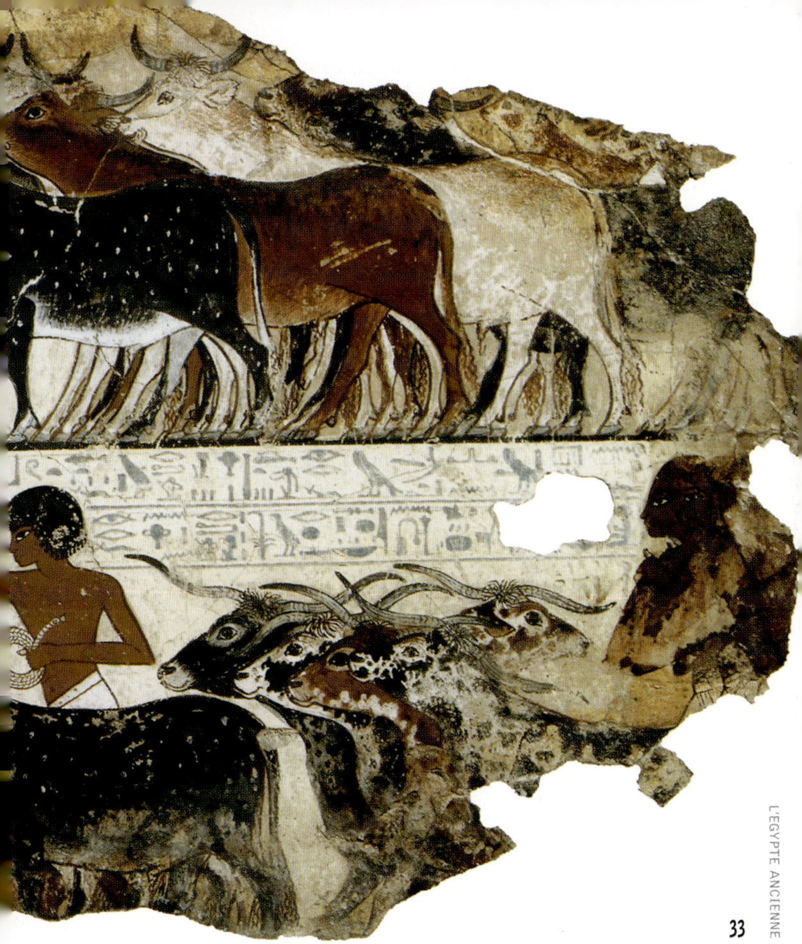

34

La déesse Maât

Tombe de Seti Ier, Vallée des Rois, Thèbes

VERS 1925 AV. J.-C.

relief polychrome sur calcaire
74 x 47 cm
Musée archéologique
Florence

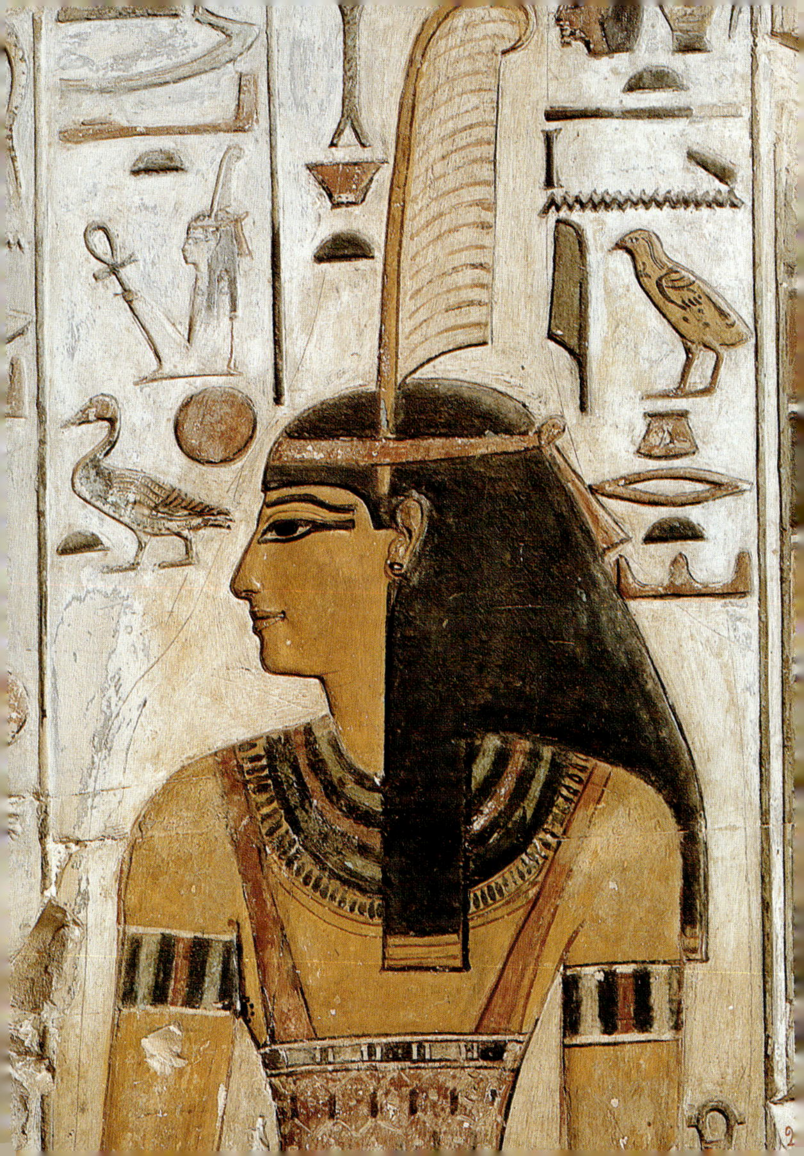

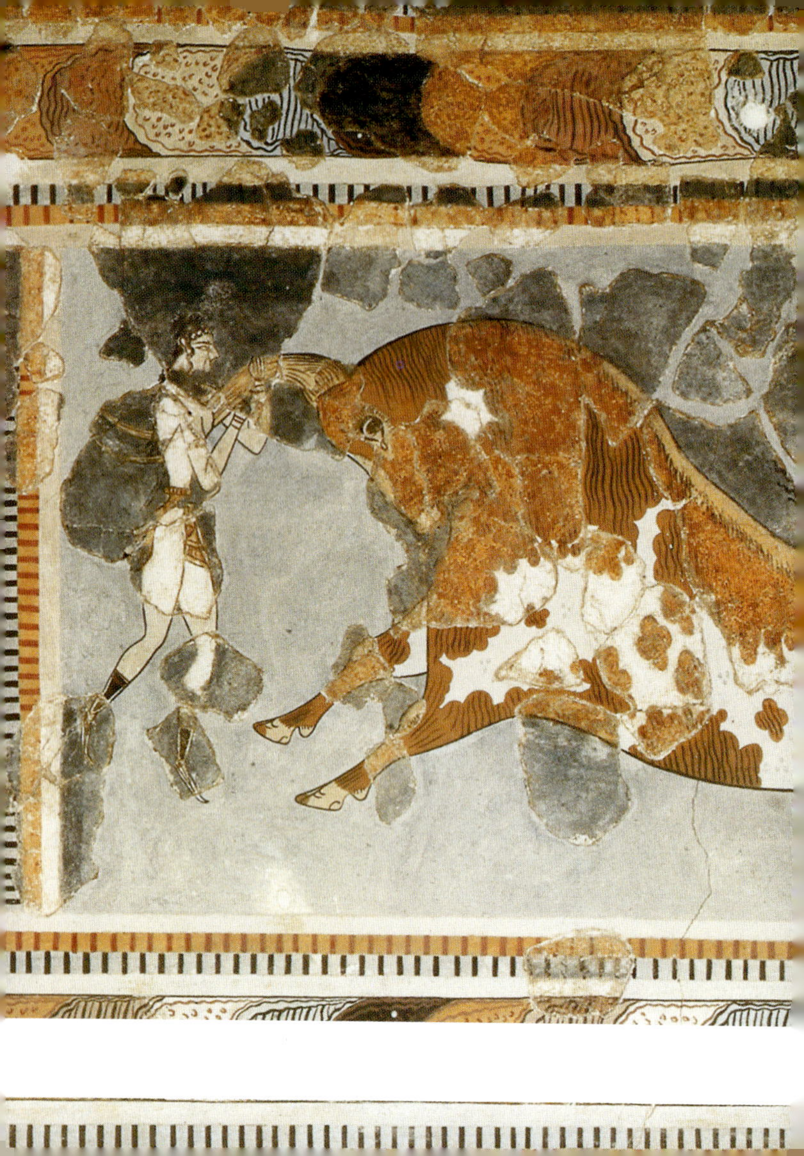

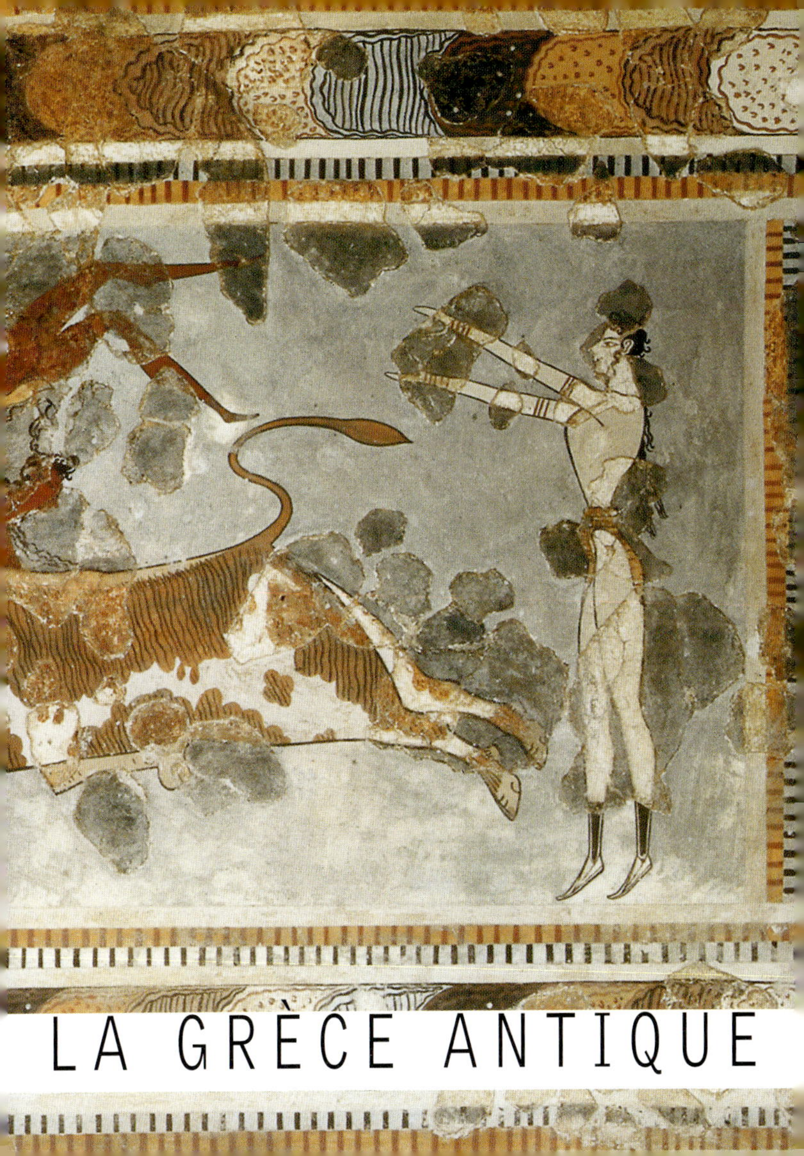

LA GRÈCE ANTIQUE

Les écrivains de l'Antiquité, tel que Pline l'Ancien (23-79 apr. J.-C.), décrivent la peinture grecque comme une période glorieuse de l'histoire de l'art, représentée notamment par les peintres Apelle (actif au quatrième siècle av. J.-C.), Parrhasios (actif à la fin du cinquième siècle av. J.-C.) et Polygnote de Thasos (actif au milieu du cinquième siècle av. J.-C.). Apelle, portraitiste officiel d'Alexandre Le Grand, était réputé pour son utilisation de la perspective et du clair-obscur. Parrhasios est resté célèbre pour ses représentations de centauromachie sur le bouclier de bronze de la statue d'Athéna Promachos, oeuvre du sculpteur Phidias. Polygnote, qui travailla à Delphes et à Athènes, se distingua en dotant les physionomies de ses figures de profondeur psychologique. Malheureusement, ni les peintures sur panneaux ni les fresques réalisées par ces grands artistes n'ont survécu aux ravages du temps. En vérité, il reste très peu d'oeuvres de la peinture grecque antique, et celles-ci ne représentent pas la superbe période artistique décrite par les sources littéraires. Parmi les très rares exemples qui subsistent encore, il y a les fresques du palais de Cnossos, en Crète, datant du seizième au treizième siècle av. J.-C., et les fresques de la tombe du Plongeur, à Paestum (Italie), datant de 480-470 av. J.-C.

On a cependant quelques aperçus de la grande période de la peinture grecque dans les peintures murales des tombes étrusques, dans la peinture de la Rome antique, et sur les mosaïques de sol de l'époque. La céramique peinte était aussi très certainement liée à la peinture des fresques et des panneaux, et l'immense quantité de céramiques qui subsistent a rendu possible de retracer chaque étape du développement de cet art.

Dès le neuvième siècle av. J.-C., le style dit « géométrique » commença à se développer dans la céramique peinte, qui devint fondamentalement abstraite, révélant un sens rigoureux et rythmique de la composition. Au début du huitième siècle av. J.-C., les figures commencent à apparaître. Au début, elles étaient très schématiques, suivant les lois de la géométrie. De nombreux exemples de céramiques de cette période ont été déterrées dans la nécropole athénienne de Dipylon. La décoration de ces grandes céramiques, fabriquées pour être placées dans les tombes, avait notamment pour but de célébrer la vie du défunt dans des scènes de batailles ou même au cours de la cérémonie funéraire.

Peu à peu, les figures humaines et animales devinrent les éléments les plus importants de la décoration des céramiques, avec les motifs de plantes d'origine orientale. Au septième siècle av. J.-C., on trouve des céramiques peintes à figures noires, montrant des épisodes mythologiques, avec des dieux, des déesses et des héros (très probablement issus de l'iconographie des peintures murales) dont les silhouettes gravées se dressent nettement sur un arrière-plan ocre rouge. Les amphores du peintre de vases travaillant dans l'atelier du potier Amasis, et qui représentent Dionysos et les Ménades, sont d'excellents exemples de cette technique, de même qu'un kylix (coupe aux deux anses horizontales)
d'Exékias (actif vers 55-525 av. J.-C.) représentant Dionysos sur une embarcation. Les deux oeuvres datent d'environ 530 av. J.-C.

Les premiers vases à figures rouges sont apparus dans la deuxième moitié du sixième siècle av. J.-C.. Représentation inversée des vases aux figures noires, les figures rouges aux contours noirs se dressent sur un fond peint en noir. Les peintres de vases utilisèrent cette technique pendant environ un siècle, et y ont transposé les idées de la grande école de peinture. Ils parvinrent non seulement à styliser les figures, mais aussi à rendre la profondeur spatiale et la dimension psychologique des modèles. Le cratère d'Euphronius (actif vers 520-500 av. J.-C.), (le cratère était un grand vase de service dans lequel on mélangeait l'eau et le vin avant un banquet), montrant Héraclès luttant avec Antée, et datant d'environ 510 av. J.-C est l'un des meilleurs exemples de ce style.

Ironiquement, c'est pendant le quatrième siècle av. J-.C.- le sommet de la peinture grecque selon les sources littéraires, lorsque Apelle, Zeuxis (actif dans la seconde moitié du cinquième siècle av. J.-C.) et Parrhasios étaient tous actifs - que la peinture de vases attiques déclina. En revanche, la peinture de vases s'épanouit en Italie du Sud, qui faisait alors partie de la Grande Grèce.

Pêcheur
Théra

VERS 1550 AV. J.-C.

fresque
haut. 135 cm
Musée archéologique national
Athènes

pp. 36-37

Fresque du toréador
Palais de Cnossos, Crète

VERS 1500 AV. J.-C.

fresque
haut. 86 cm
Musée d'Héraklion
Crète

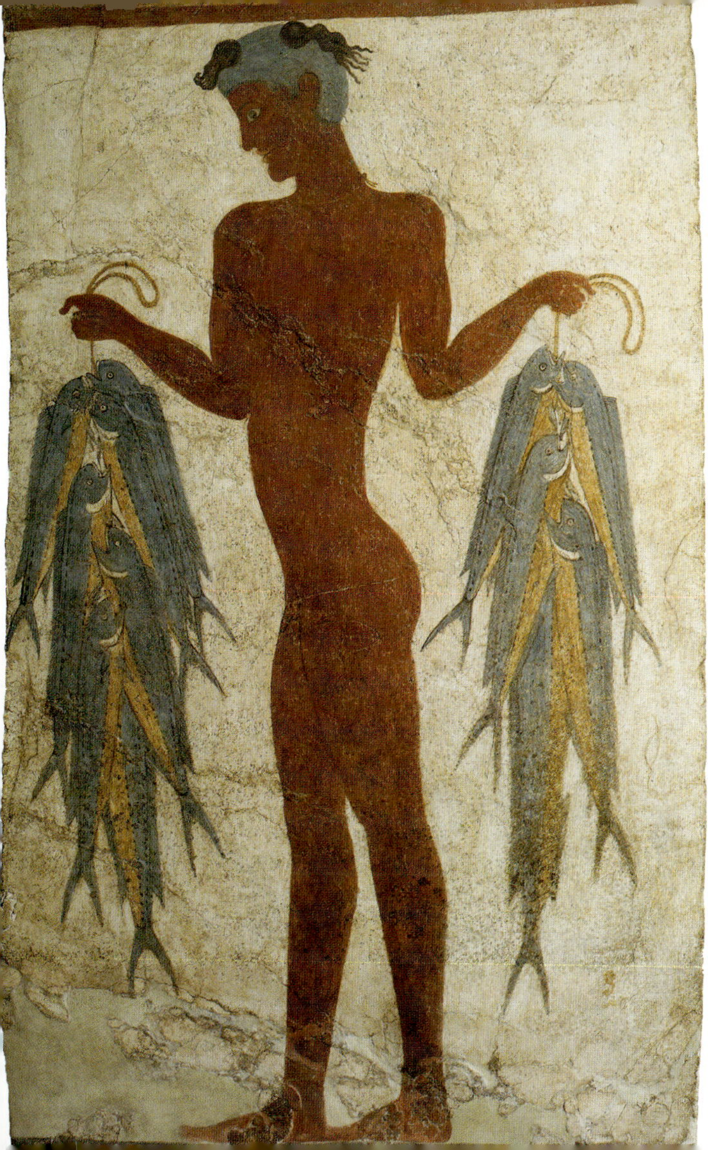

Boxeurs
Théra

VERS 1 550 AV. J.-C.

fresque
Musée archéologique national
Athènes

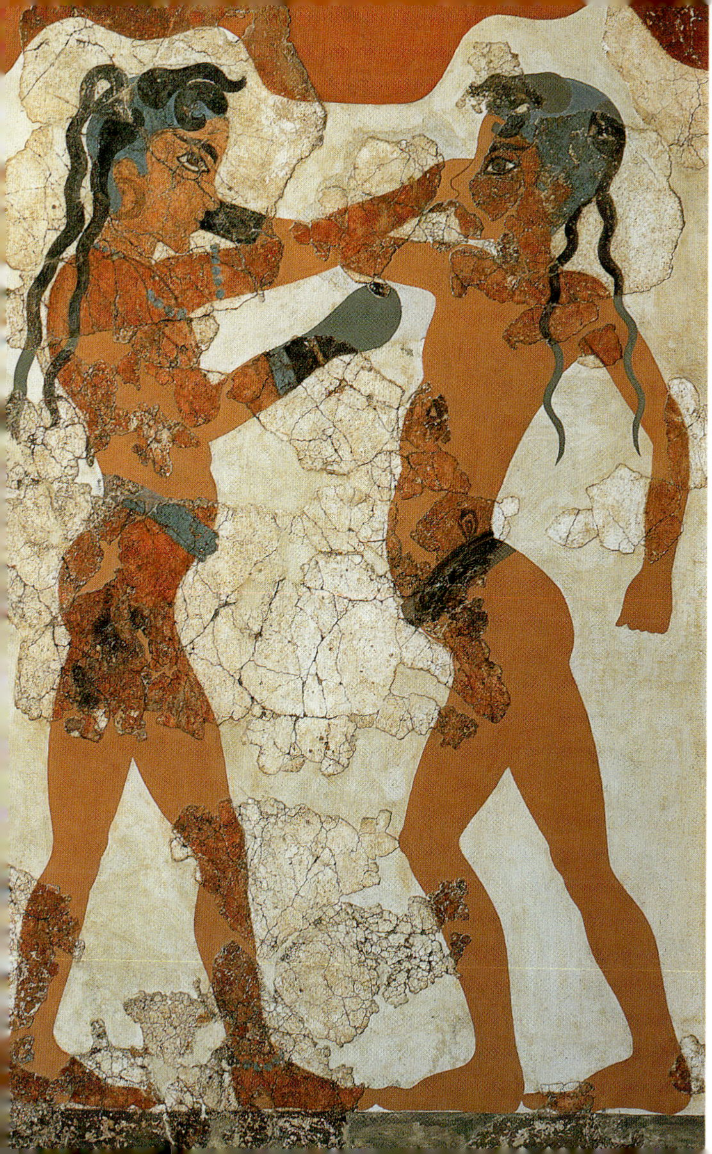

Vase du Dipylon

VERS 750 AV. J.-C.

céramique
haut. 155 cm
Musée archéologique national
Athènes

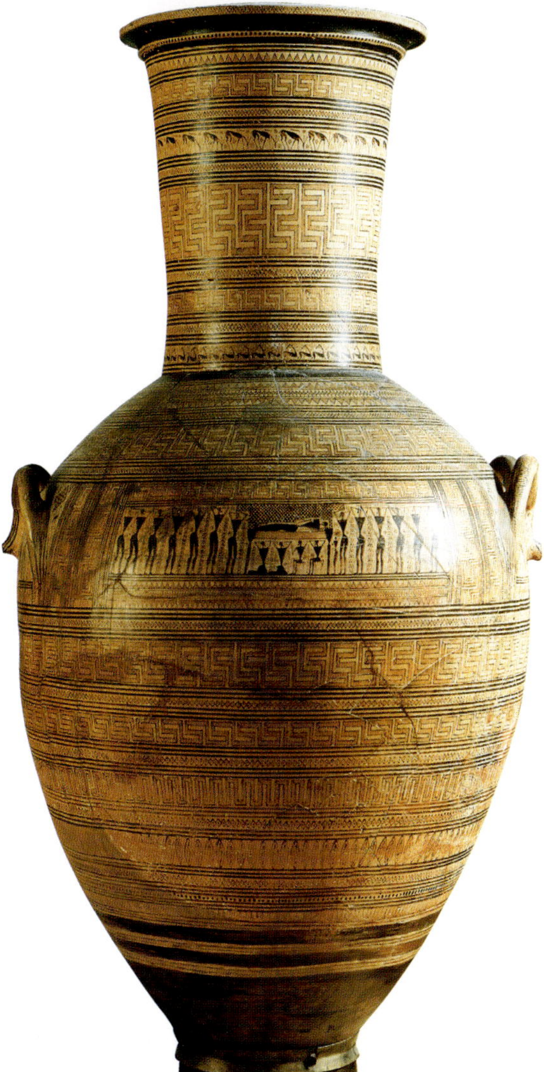

Exekias

actif vers 550-525 av. J.-C.

Le départ des Dioscures

amphore

VERS 540-530 AV. J.-C.

céramique
haut. 61 cm
Musée grégorien d'art étrusque
Cité du Vatican

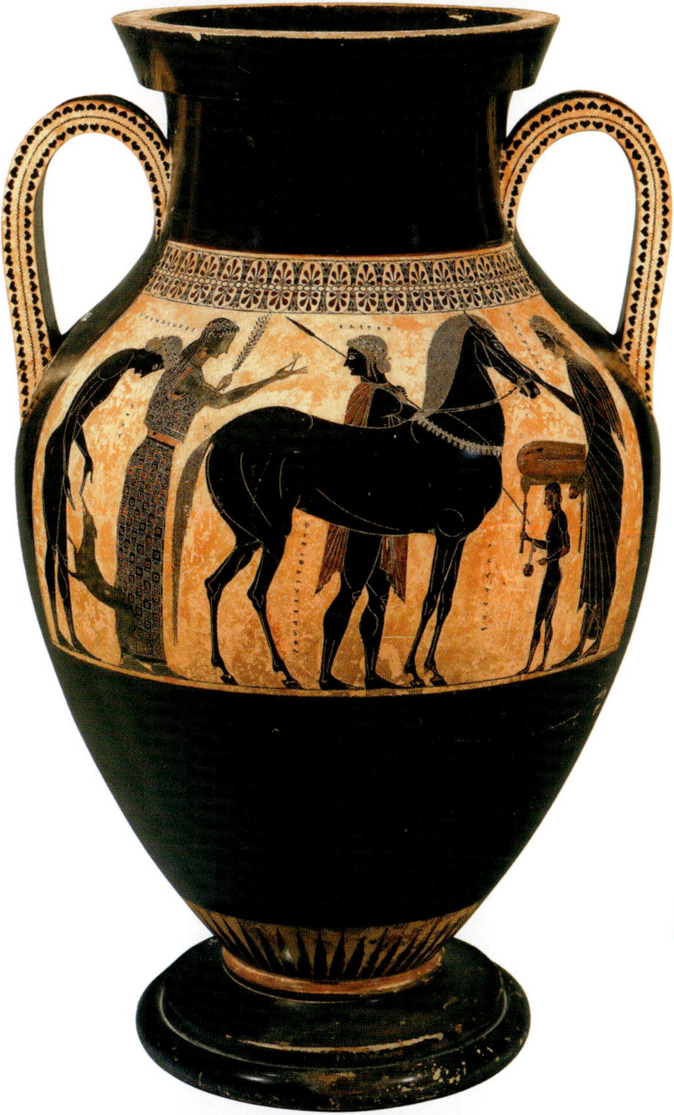

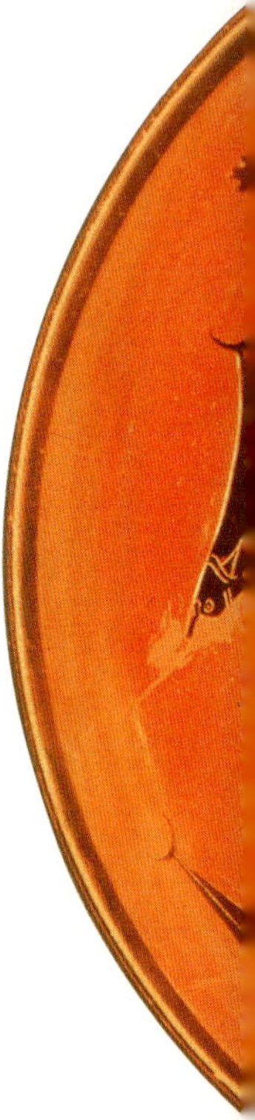

Exekias

actif vers 550-525 av. J.-C.

Le dieu Dionysos Naviguant au Grand-Large

530 AV. J.-C.

céramique
haut. 13,6 cm ; diam. 30,5 cm
Staatliche Antikensammlung und Glyptothek
Munich

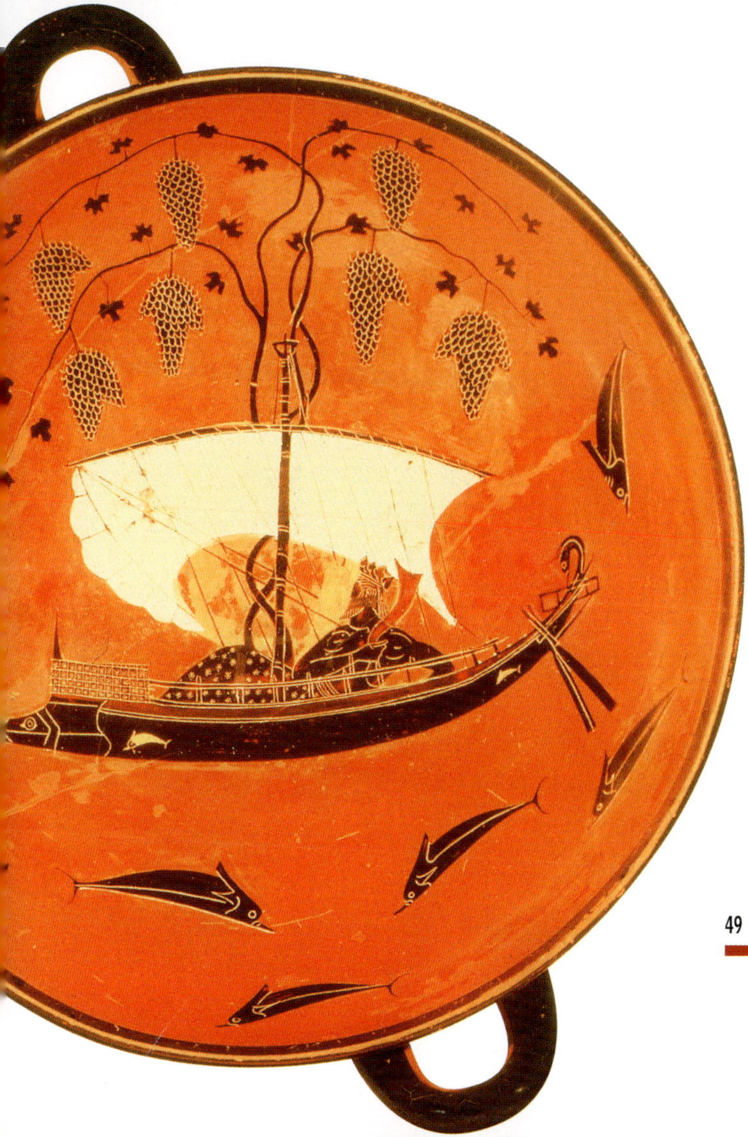

Exekias

actif vers 550-525 av. J.-C.

Achille et Ajax jouant aux dés

amphore

VERS 540-530 AV. J.-C.

céramique
haut. 61 cm
Musée grégorien d'art étrusque
Cité du Vatican

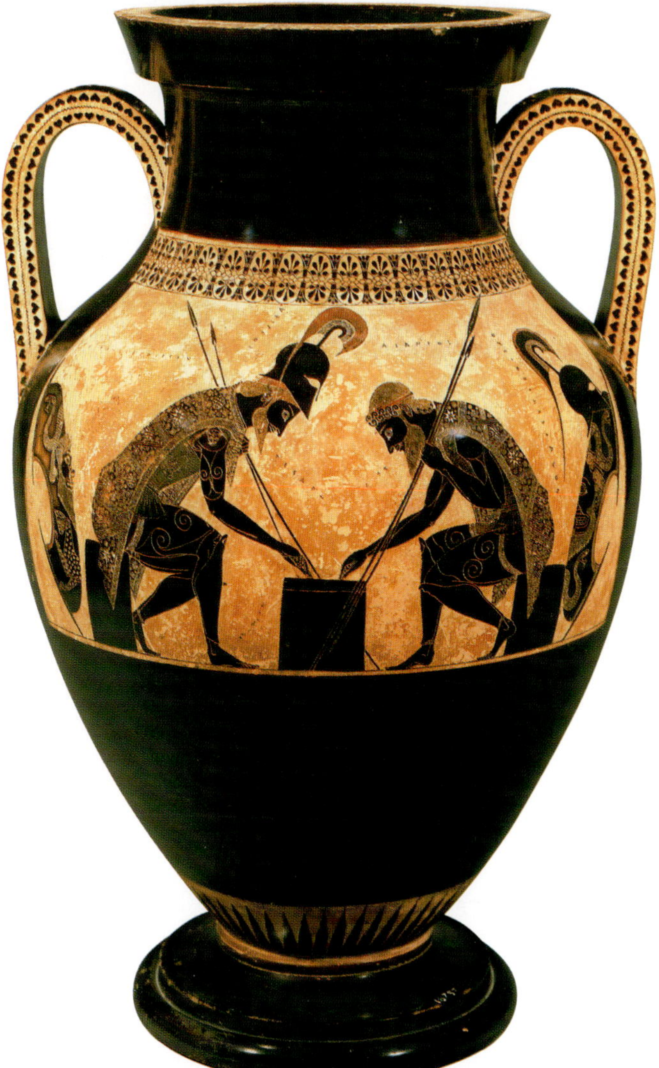

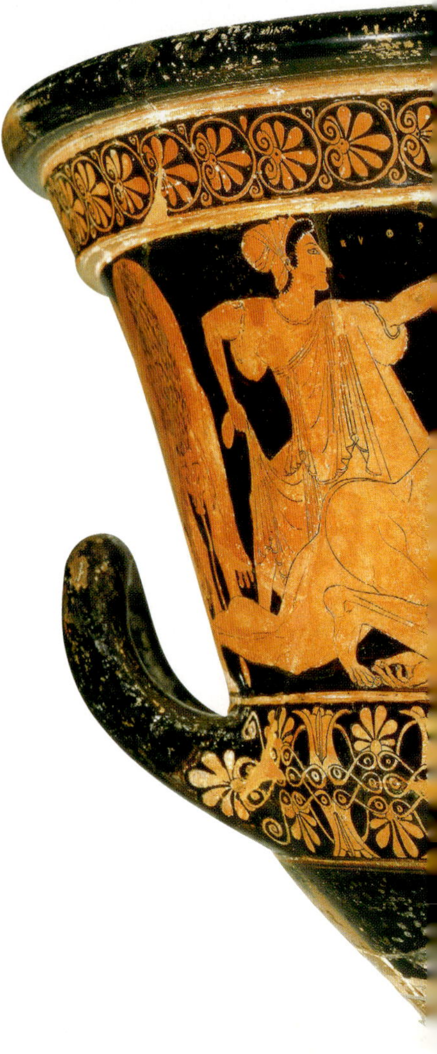

Euphronios

actif vers 520-500 av. J.-C.

Héraclès luttant contre Antée

cratère

VERS 510 AV. J.-C.

céramique
haut. 46 cm
Musée du Louvre
Paris

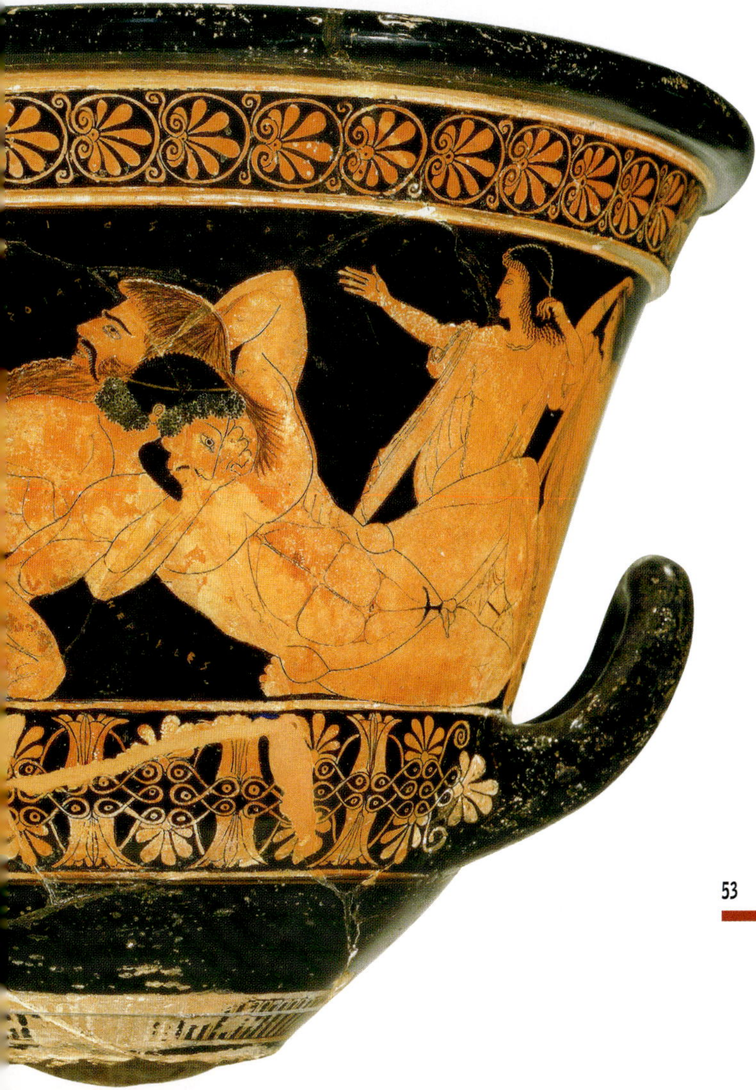

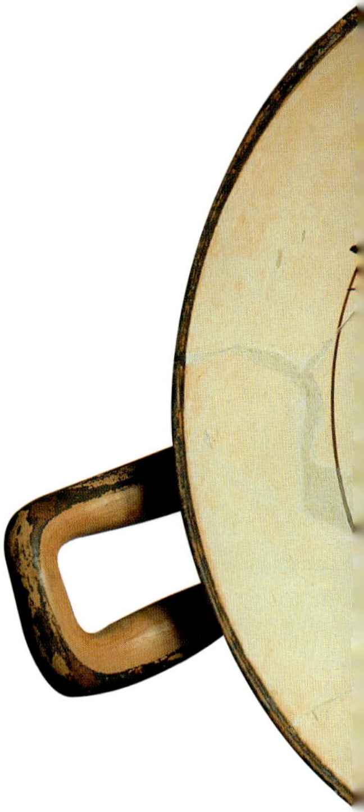

Apollon couronné de myrte
kylix

480-470 AV. J.-C.

céramique
Musée archéologique
Delphes

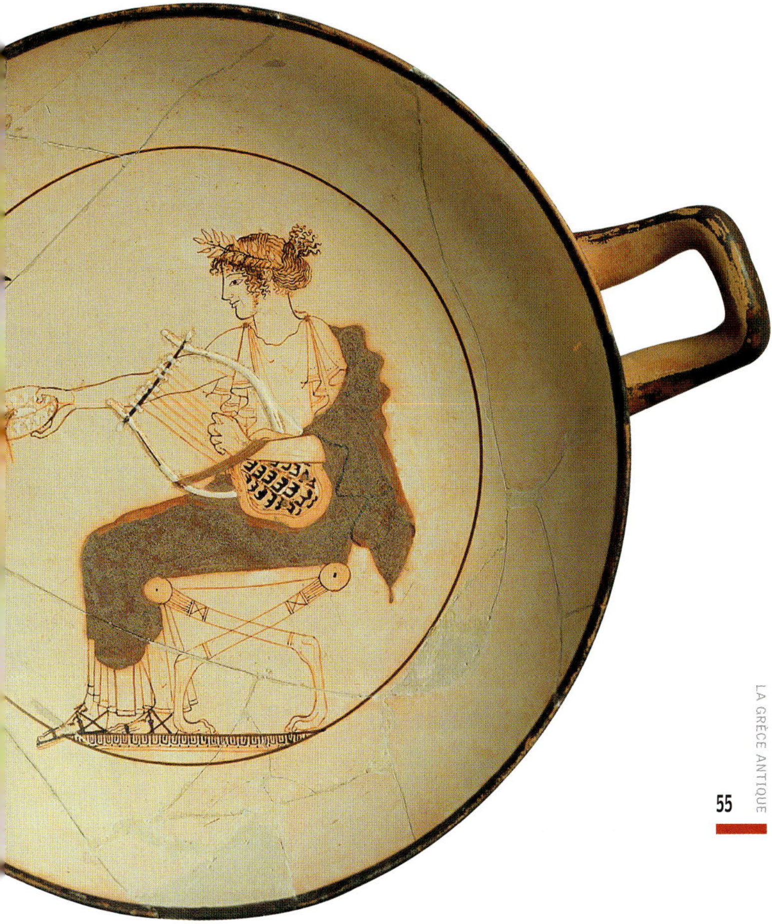

56

Pan et les Ménades
cratère italiote
(détail)

VERS IVème SIÈCLE AV. J.-C.

céramique
Musée éolien
Lipari

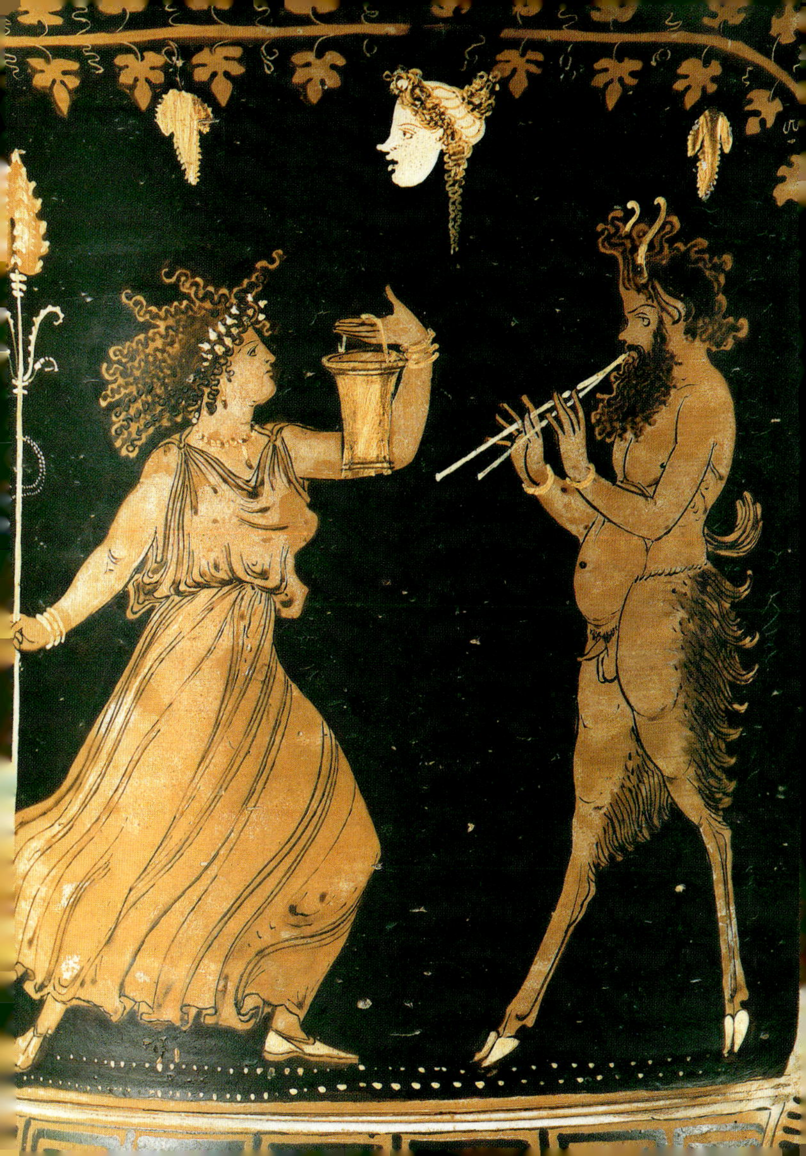

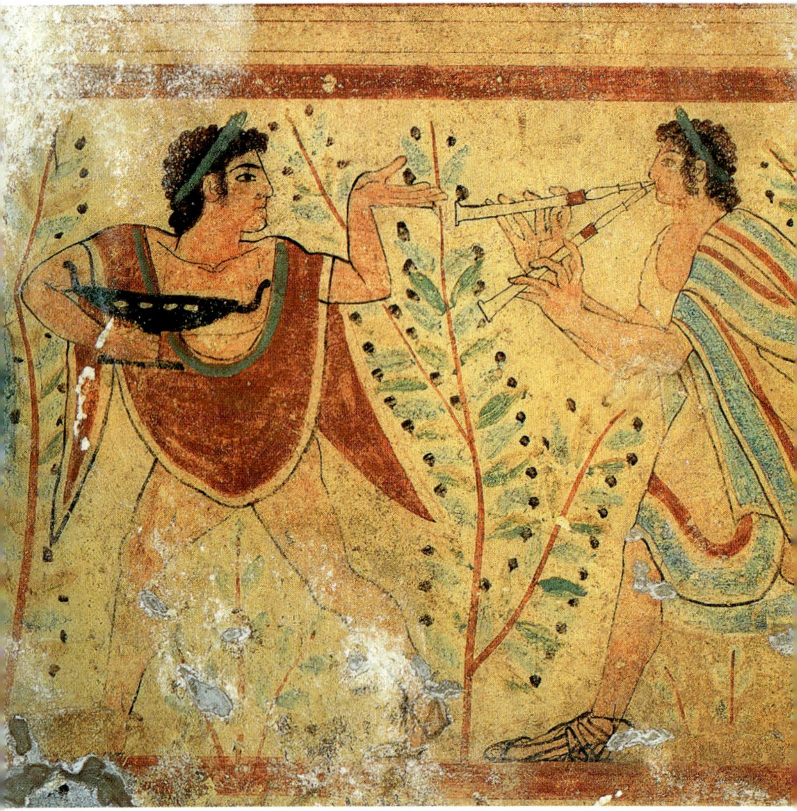

58

La fête
Tombe des léopards (étrusque)

VERS 470 AV. J.-C.

fresque
106,7 x 182, 9 cm
Tarquinia

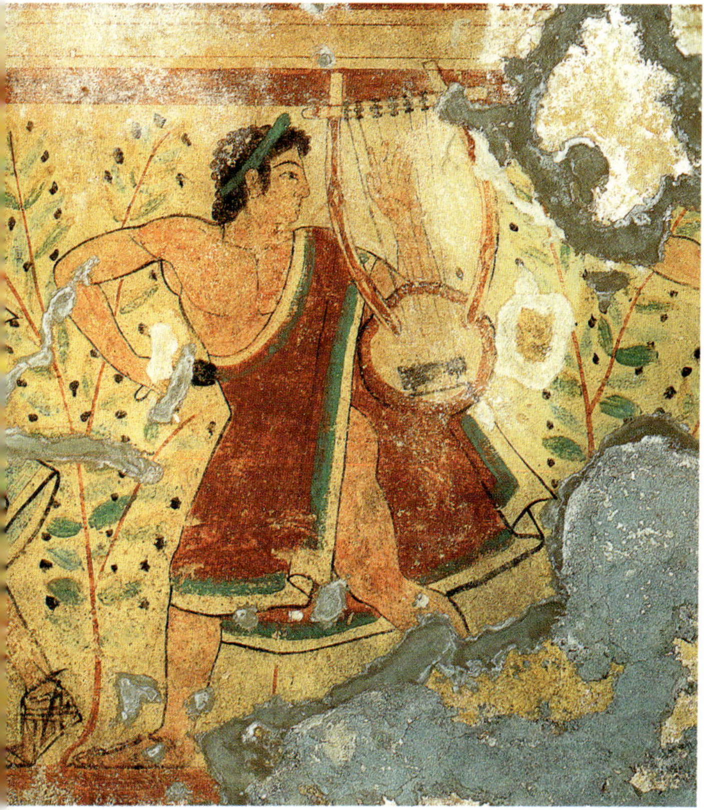

Joueur de flûte

Tombe du Triclinium (étrusque)

480-470 AV. J.-C.

fresque
Musée archéologique
Tarquinia

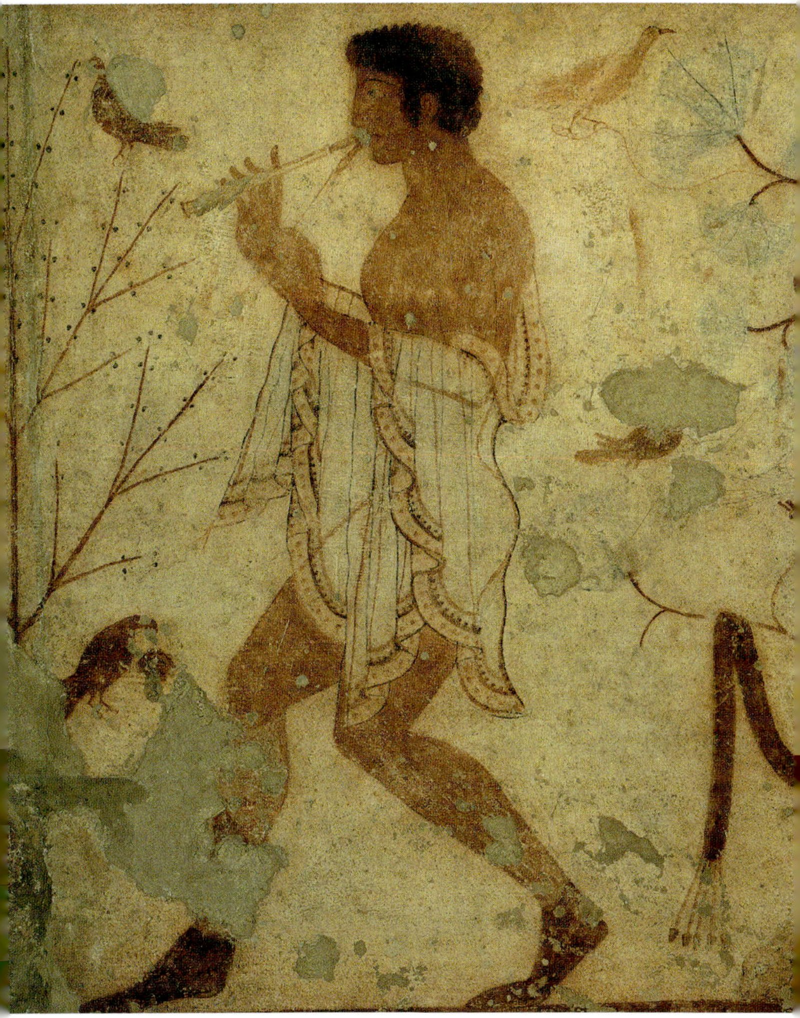

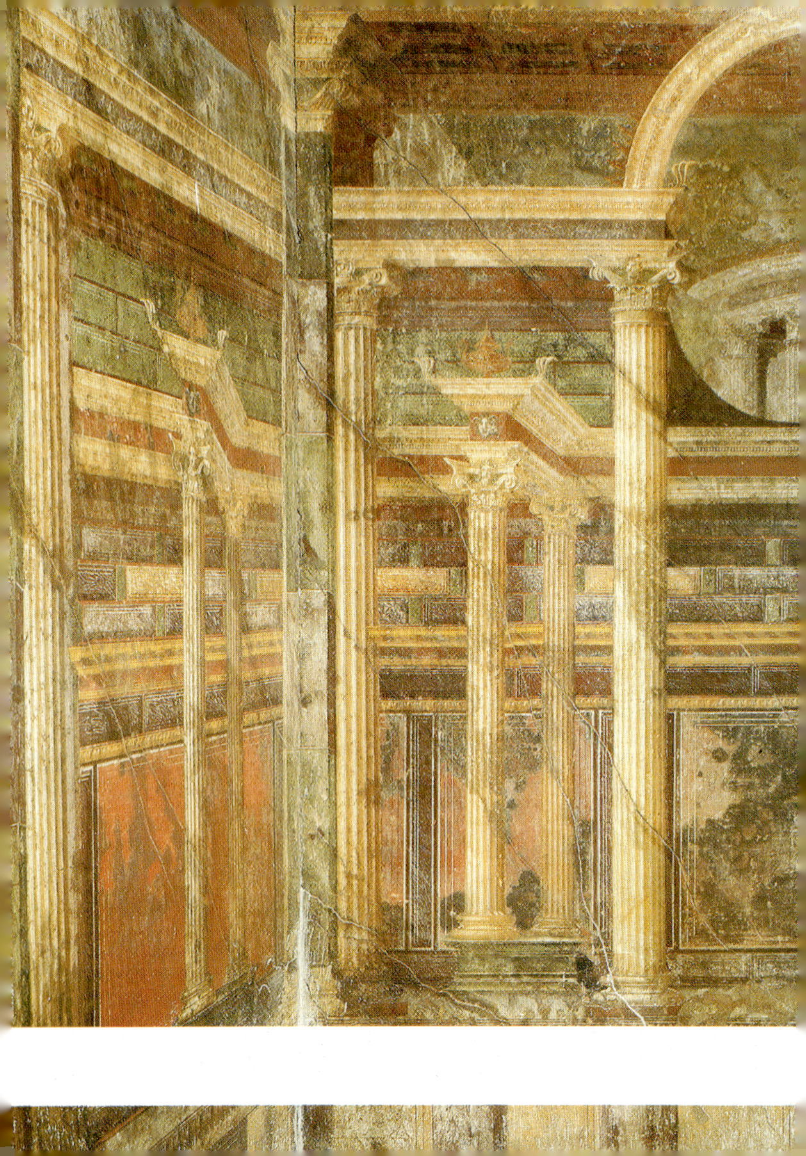

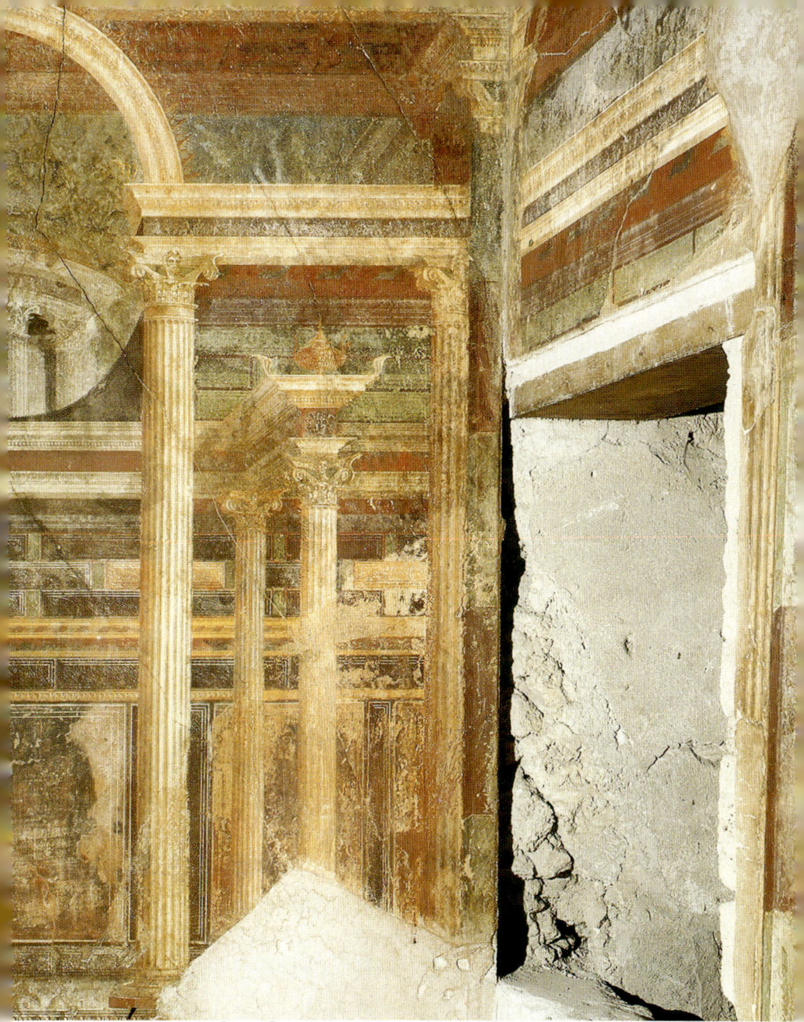

L'ÉPOQUE ROMAINE

Il subsiste beaucoup plus de peintures de l'Antiquité à Rome qu'en Grèce. Elles proviennent notamment de la région du Vésuve, et surtout de Pompéi et de Herculanum. Mais Rome a également conservé de nombreuses oeuvres, comme les fresques étonnantes du jardin de la Villa de Livie, celles de la Domus Augustana, ou encore celles de la Domus Aurea, construite par l'empereur Néron. Les mosaïques sont aussi représentées dans cette histoire de la peinture, et de nombreux exemples sont dispersés dans tout le bassin méditerranéen, de la Syrie à l'Afrique du Nord jusqu'à la péninsule ibérique.

La peinture de l'époque romaine est traditionnellement divisée en quatre styles successifs, connus comme « styles pompéiens » parce qu'ils ont surtout été documentés à Pompéi jusqu'en 79 apr. J.-C., l'année où l'éruption du Vésuve détruisit la ville. Le premier style (deuxième siècle – début du premier siècle av. J-.C.) comprenait des imitations peintes de marbres colorés. Souvent embellies de reliefs de plâtres ou de stucs, ces peintures murales étaient étroitement liées à l'architecture. Il est probable que ce style était typique de la peinture du monde grec.

Le deuxième style (premier siècle av. J.-C.) a représenté des structures architecturales entières en utilisant le trompe-l'œil, ouvrant ainsi la perspective sur des espaces et des paysages. Dans ces interactions complexes de plans architecturaux étaient insérées de fausses statues et de fausses peintures représentant des scènes, des objets, des animaux et des figures humaines. La Villa des Mystères à Pompéi, et la Domus Augustana à Rome, en donnent de bonnes illustrations.

Le troisième style (fin du premier siècle av. J.-C.- milieu du premier siècle apr. J.-C.), était clairement décoratif. L'architecture peinte diminua d'importance et devint ornementale, ne cherchant plus à donner l'illusion de constructions supplémentaires. Il y a moins d'ouvertures, moins de paysages et davantage d'attention prêtée aux détails. On peut l'observer dans la pyramide de Caïus Cestius, à Rome, ainsi que dans les maisons de Marcus Lucreitus Fronto et de Cecilius Jocundus, à Pompéi.

S'il présente encore des vues d'architecture, le quatrième style (vers 30-79 apr. J.-C.), également connu sous le nom de style « fantastique », fait un usage intensif d'éléments décoratifs bizarres et originaux. L'architecte romain Vitruve (Ier siècle av. J.-C.), dans son traité *De Architectura*, avait déjà reproché à ce genre de style son manque de réalisme. Découvertes au seizième siècle, ces ornements ont reçu le nom de « grotesques » et ont été abondamment utilisés dans la peinture de la Renaissance. Ce quatrième style est largement documenté à Pompéi, car très à la mode durant la période qui vit la fin tragique de la cité vésuvienne.

La peinture romaine a également connu un style « succinct », ou style « impressionniste », probablement hérité de la Grèce vers 300 av. J.-C si l'on en croit Pline l'Ancien dans son *Naturalis Historia* [Histoire naturelle]. Les figures y étaient traitées rapidement en quelques touches de couleur. Les maisons de Pompéi et d'Herculanum, les fresques des maisons romaines et les murs des catacombes étaient couverts de scènes où les figures, les masques et les animaux étaient réalisés selon cette technique. C'était aussi le style dans lequel furent créées beaucoup des premières oeuvres d'art traitant de sujets chrétiens.

L'art du portrait était aussi très développé à l'époque romaine. Il y a de bonnes raisons de croire qu'il était en vogue à peu près partout dans l'Empire romain pendant les deux premiers siècles apr. J.-C., même si nous n'en connaissons qu'environ deux cents exemples, provenant tous des colonies romaines en Egypte et surtout de l'oasis du Fayoum. Peints sur des panneaux de bois, une matière très périssable, les seules peintures qui ont survécu furent en effet celles qui avaient été placées dans les tombes des sables arides du désert. Mais il n'y avait pas que des portraits funéraires, comme on pourrait le penser. Beaucoup de ces portraits avaient été réalisés durant le vivant des sujets, qui avaient posé et qui conservaient ces oeuvres dans leurs maisons jusqu'à ce qu'elles soient utilisées pour couvrir le visage du défunt. Les portraits de Fayoun sont un exemple extrêmement raffiné de style « succinct ». Certains d'entre eux présentent d'étonnantes similarités avec les portraits du dix-neuvième siècle.

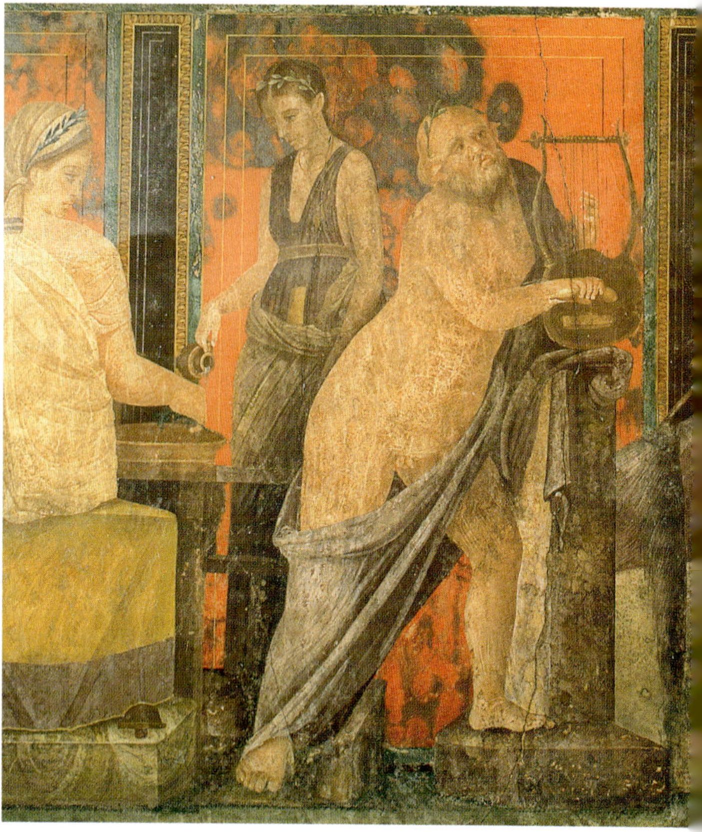

Frise dionysiaque
détail

VERS 60-50 AV. J.-C.

fresque
Villa des Mystères
Pompéi

pp. 62-63

Décoration avec effet de trompe-l'oeil

VERS 60-50 AV. J.-C.

fresque
Villa des Mystères
Pompéi

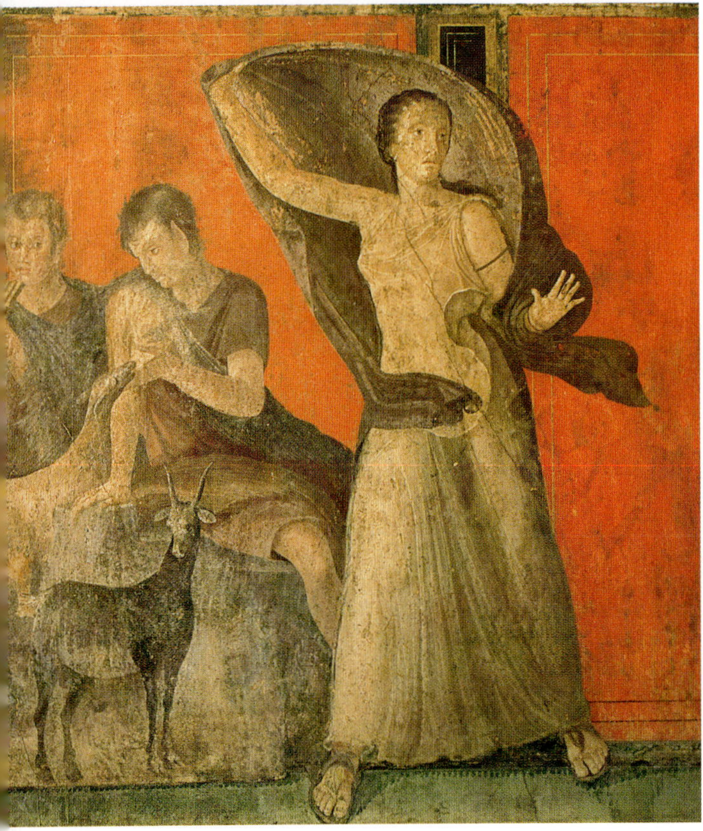

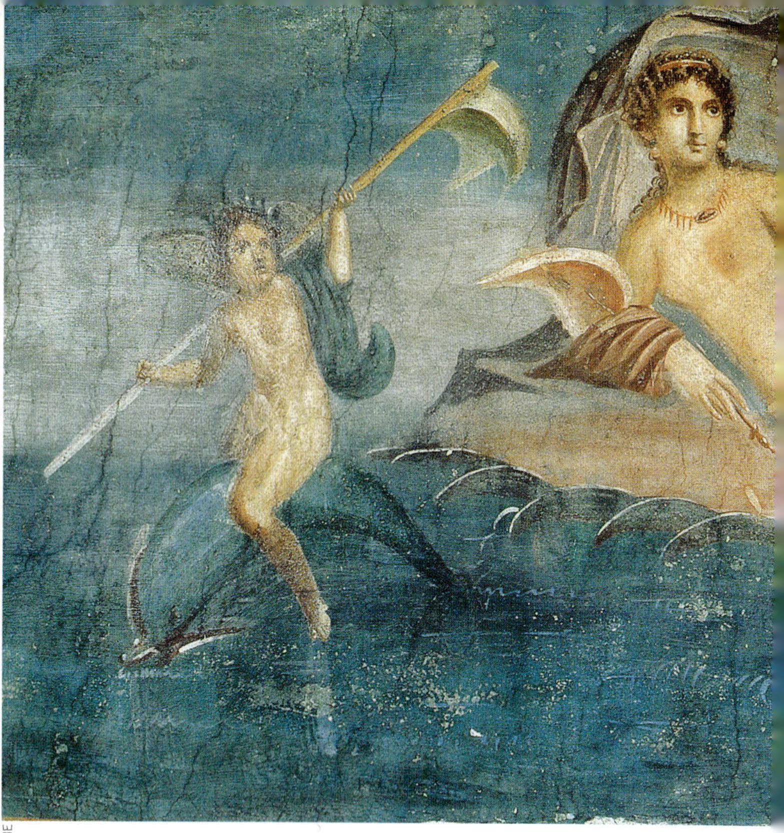

La Naissance de Vénus

Ier SIÈCLE AV. J.-C.

fresque
Maison de Vénus
Pompéi

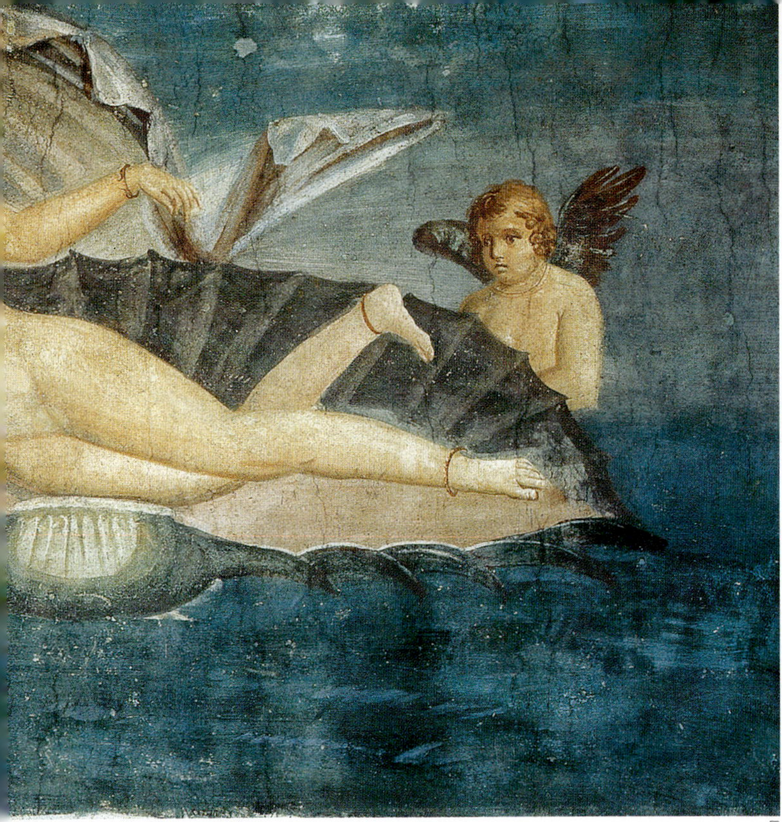

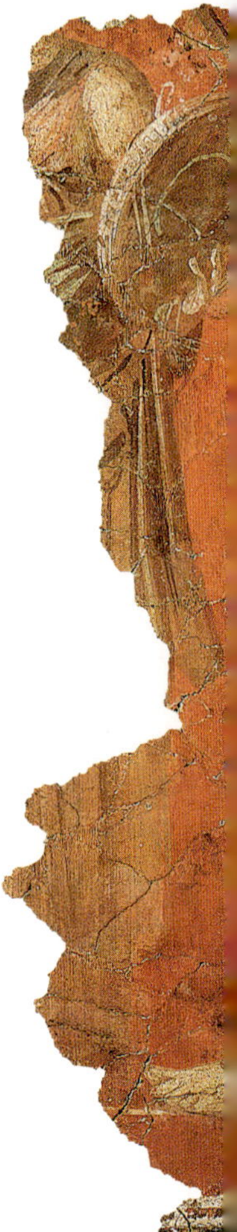

Bacchanale
fragment

1er SIÈCLE APR. J.-C.

fresque
Antiquarium du Palatin
Rome

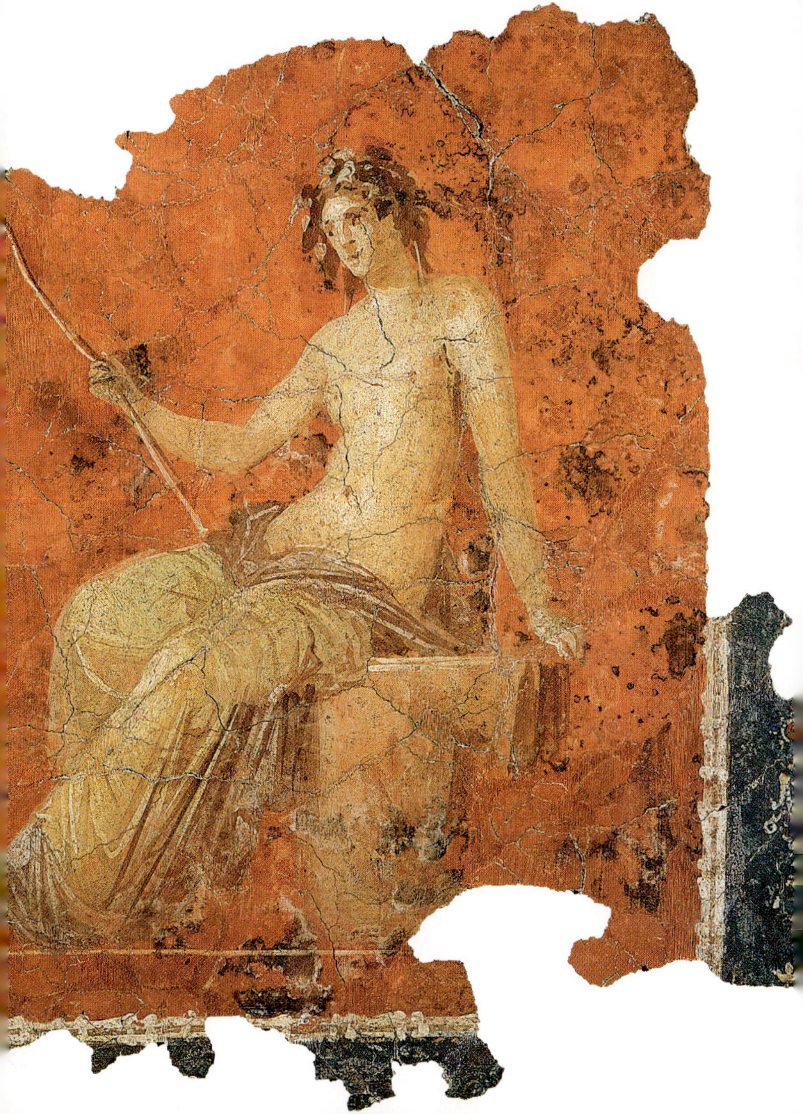

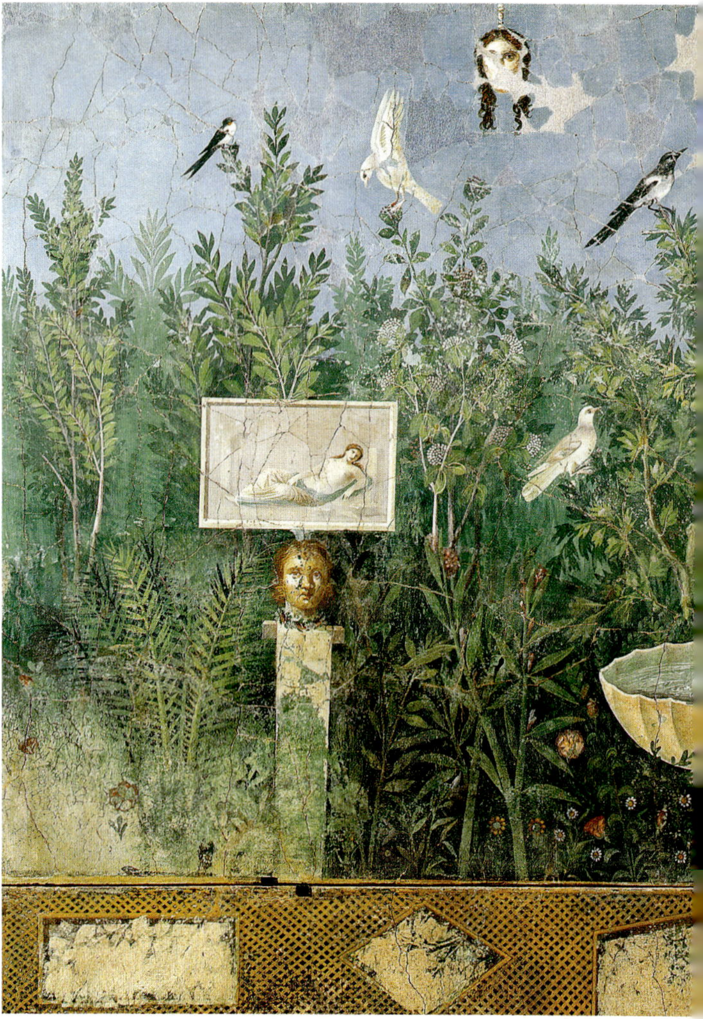

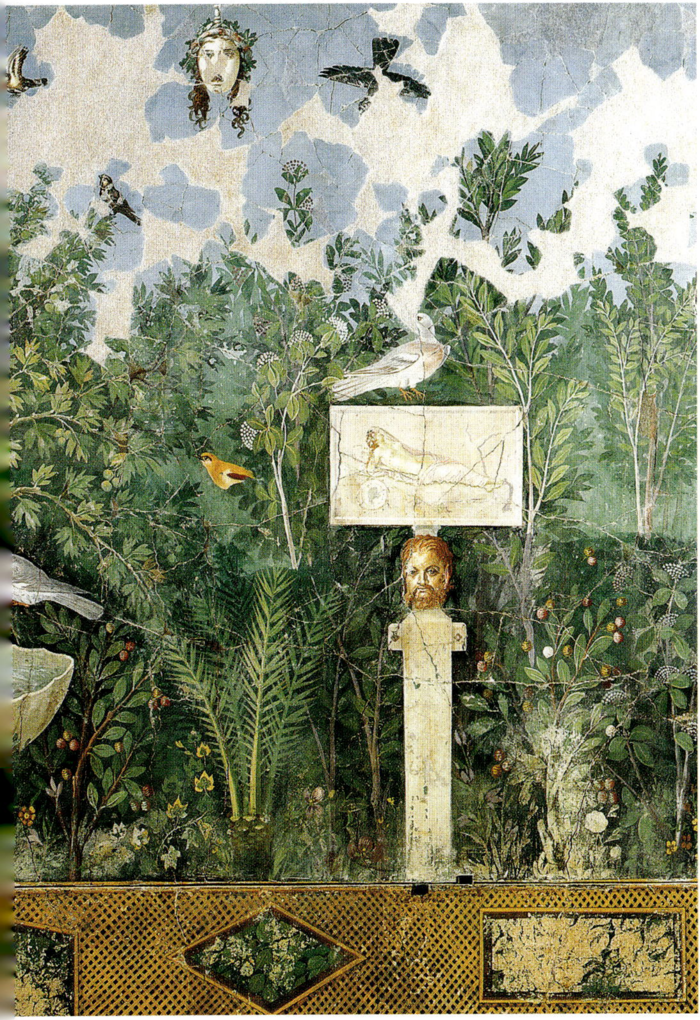

Nature morte
Herculanum

1er SIÈCLE APR. J.-C.

fresque
35, 6 x 34, 3 cm
Musée archéologique national
Naples

pp. 72-73

Jardin avec Hermès et une fontaine
(mur gauche, bande centrale)

1er SIÈCLE APR. J.-C.

fresque
Villa du Bracelet d'or
Pompéi

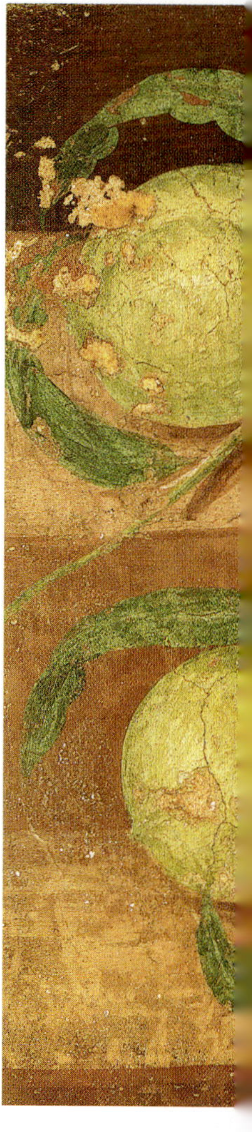

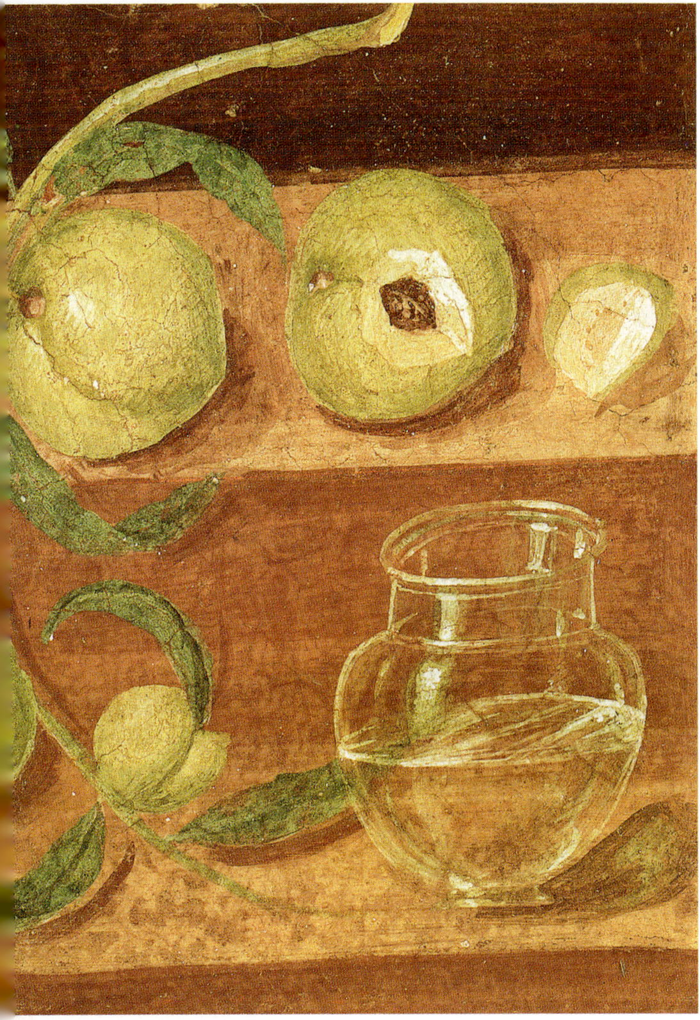

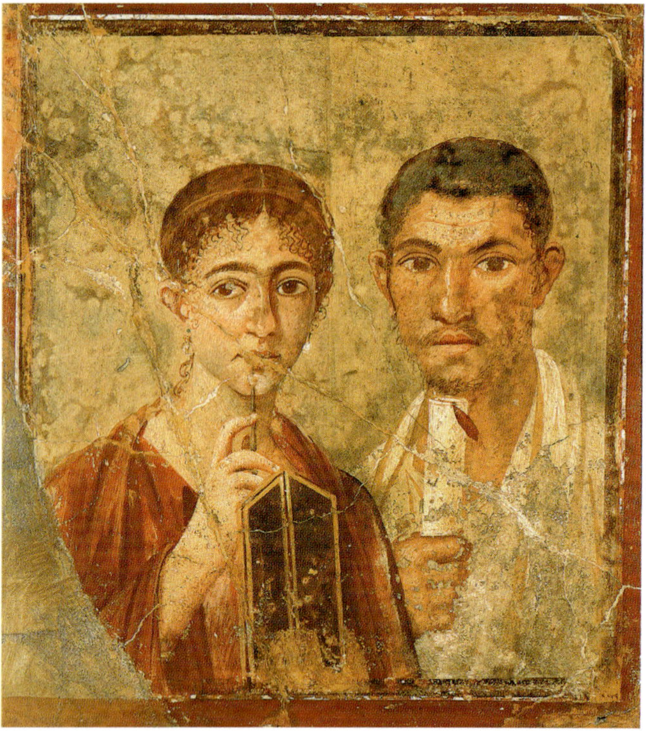

Paquio Procolo et son épouse
Maison VII, Pompéi

1er SIÈCLE APR. J.-C.

fresque
48 x 49 cm
Musée archéologique national
Naples

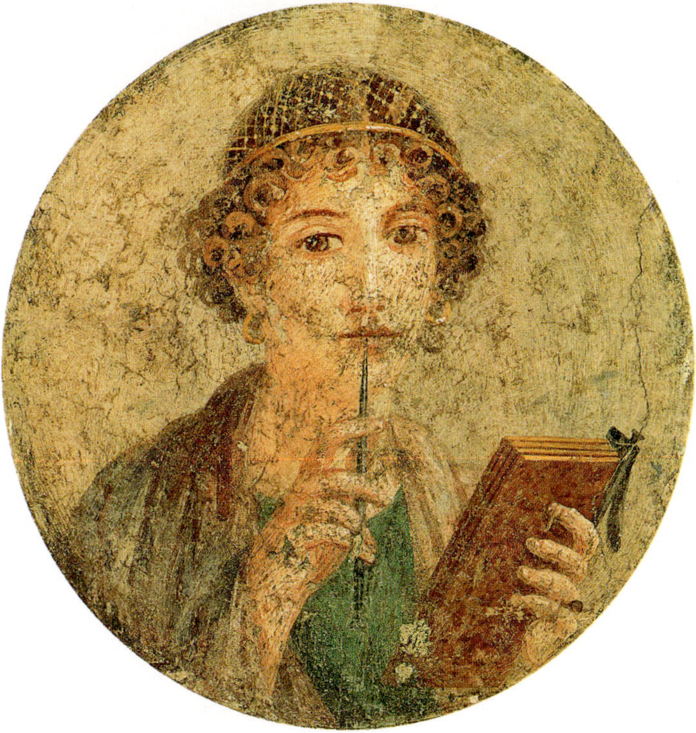

Sapho
Pompéi

1er SIÈCLE APR. J.-C.

fresque
Musée archéologique national
Naples

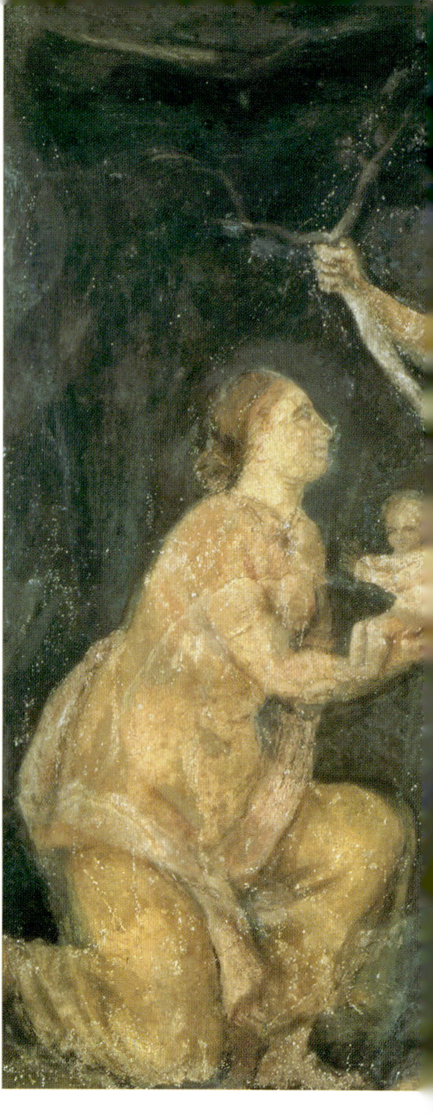

La Naissance d'Adonis
Domus Aurea, Rome

VERS 64-68 APR. J.-C.

fresque
Ashmolean Museum
University of Oxford

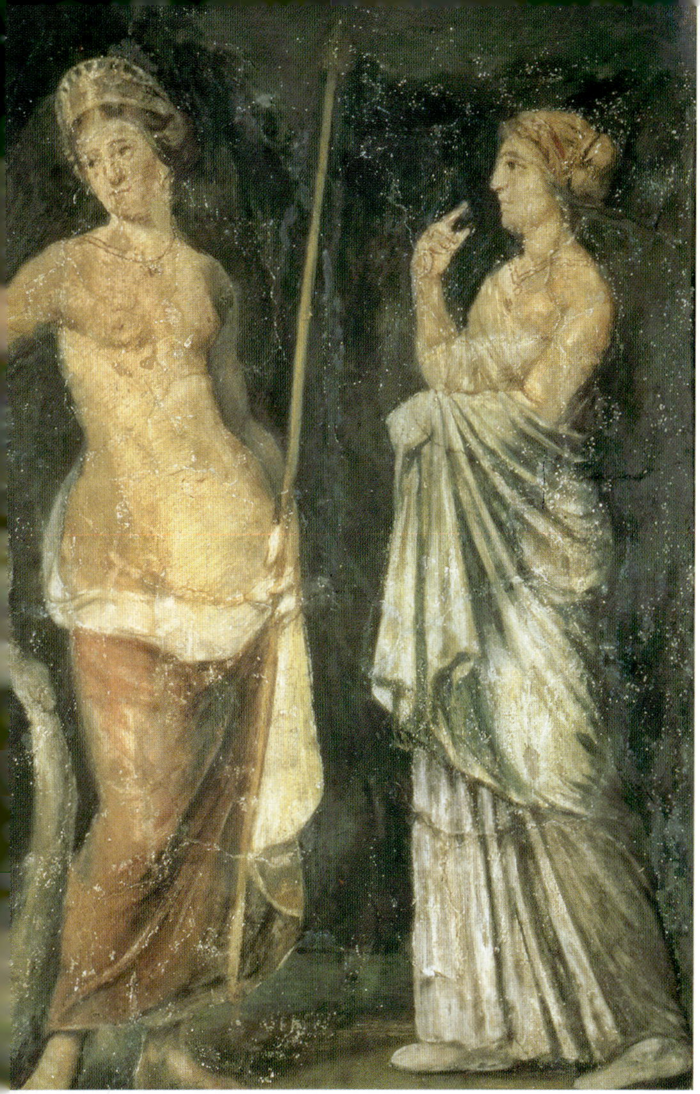

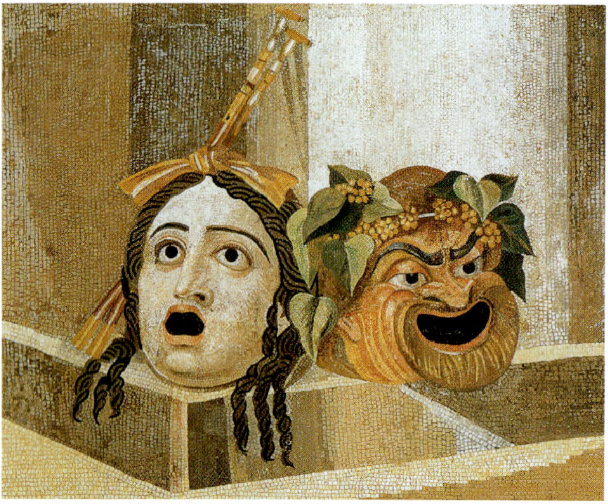

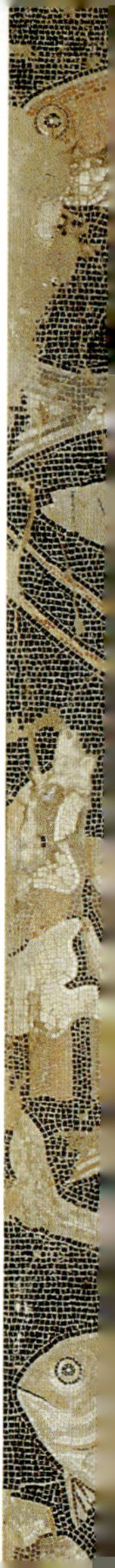

ci-dessus

Masques tragiques et comiques
Thermes de Décius, Rome

IIème SIÈCLE APR. J.-C.

mosaïque
haut. 74,6 cm
Musées du Capitole
Rome

en face

Scène sous l'eau
Pompéi

IIème SIÈCLE APR. J.-C.

mosaïque de sol
Musée archéologique national
Naples

p. 82

Portait funéraire de femme
Hawara, Fayoun

VERS 55-70 APR. J.-C.

peinture à l'encaustique sur panneau de bois
41,6 cm x 21,5 cm
British Museum
Londres

p. 83.

Portrait funéraire d'homme
Hawara, Fayoun

VERS 100-120 APR. J.-C.

peinture à l'encaustique sur panneau de bois
40,1 cm x 21,5 cm
British Museum
Londres

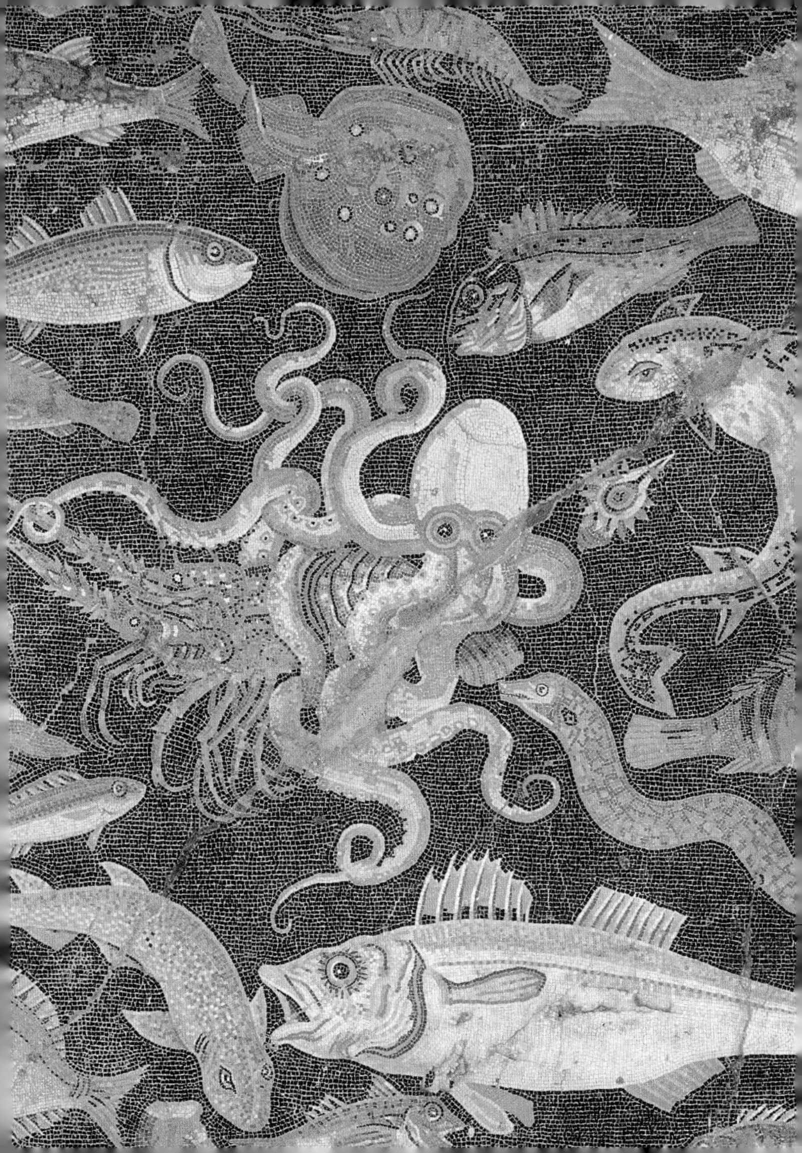

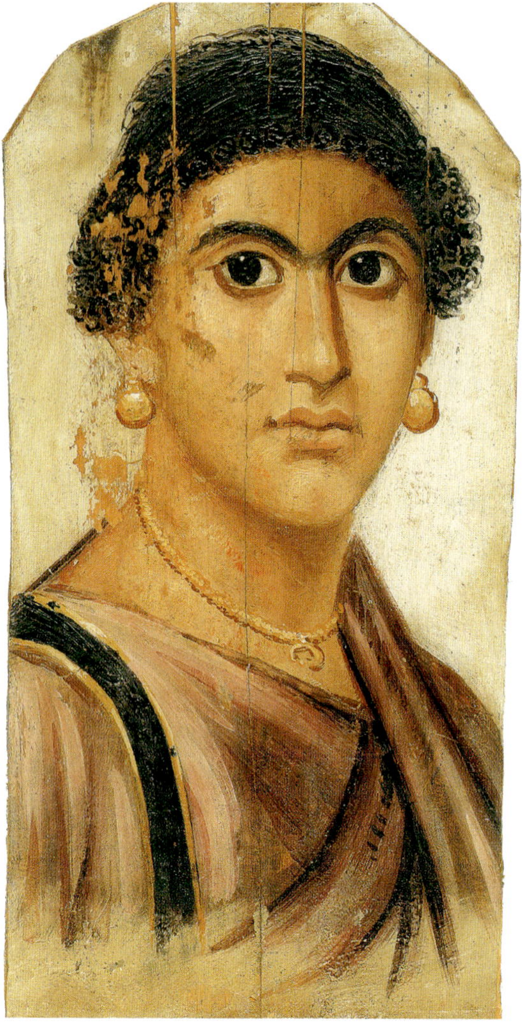

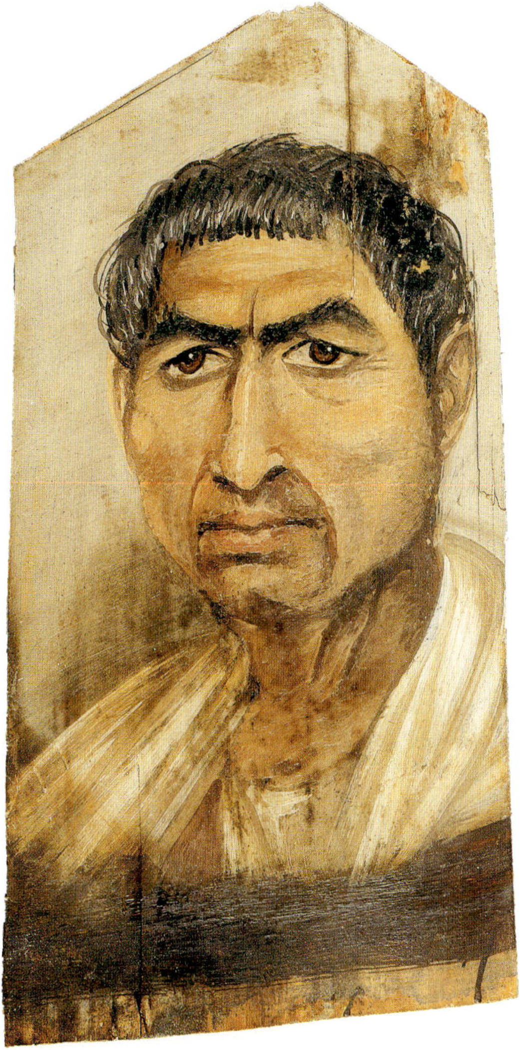

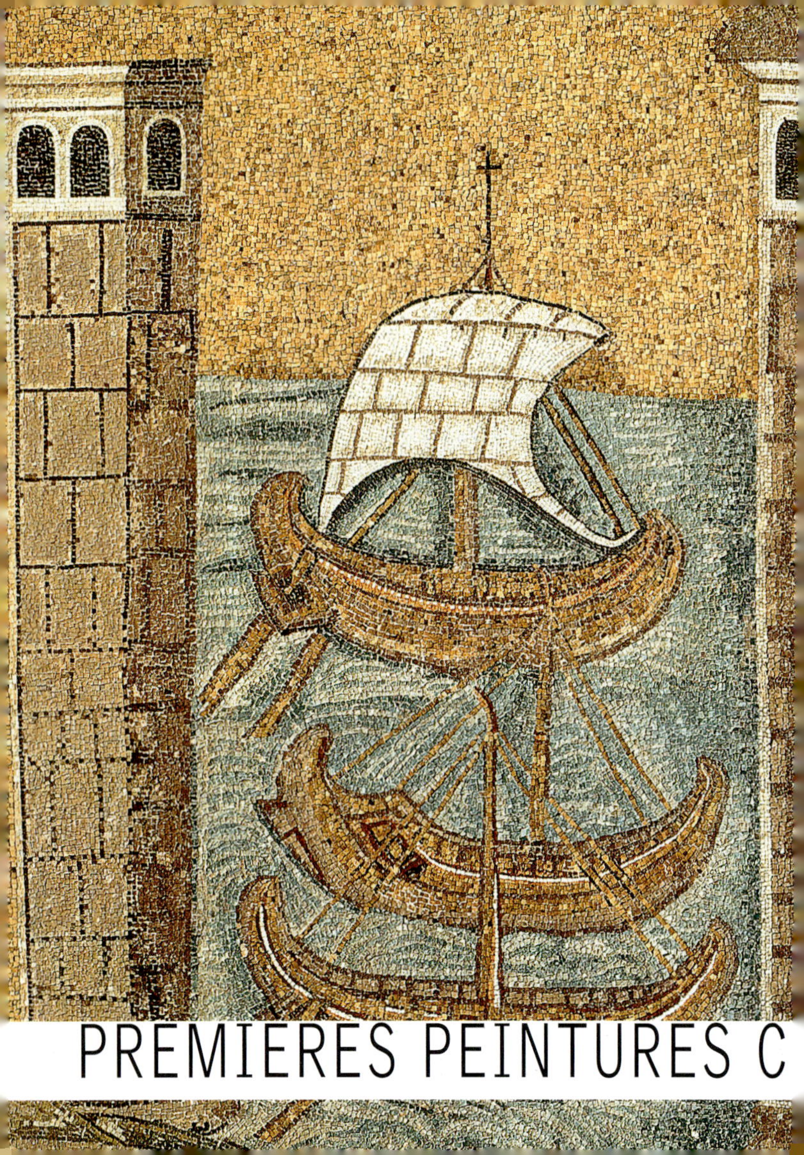

PREMIERES PEINTURES C

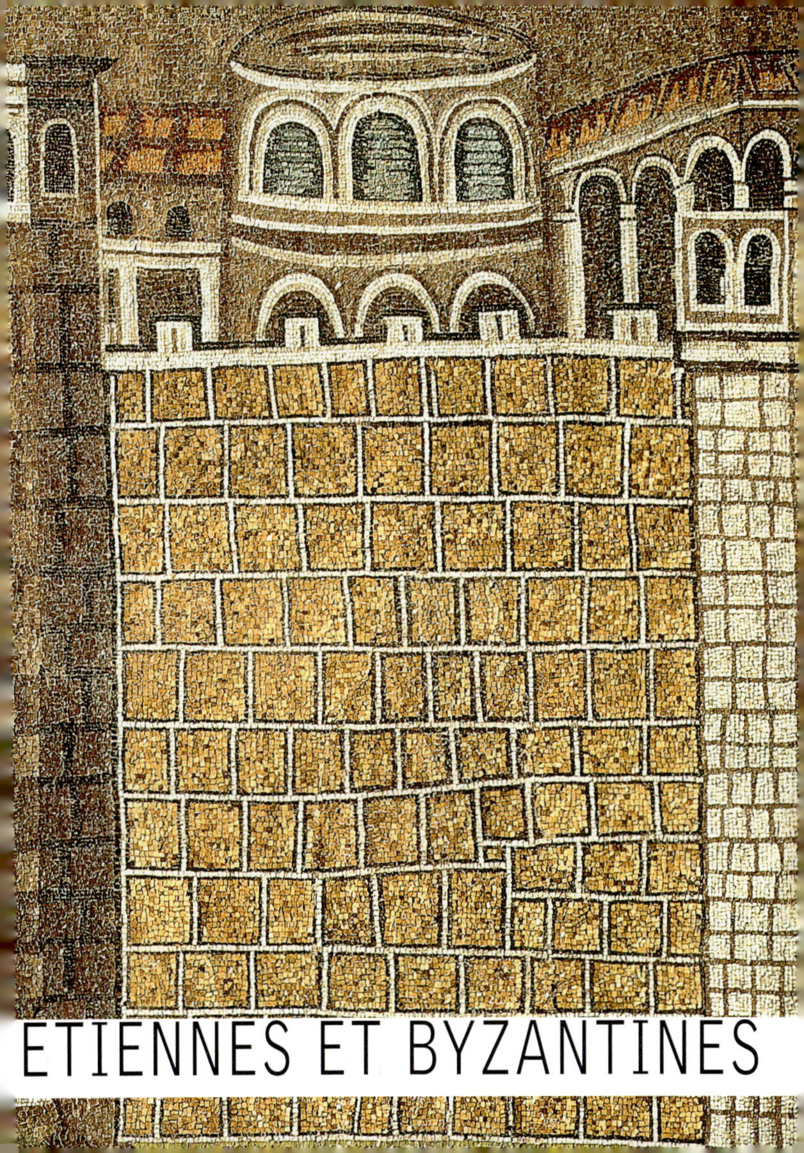

ETIENNES ET BYZANTINES

En 313 apr. J.-C., l'empereur romain Constantin promulgua l'édit de Milan en faveur du christianisme, permettant aux Chrétiens de professer librement leur foi. En 380 apr. J.-C., Théodose Ier le Grand déclara le christianisme religion d'Etat et, en 391, rendit illégales toutes les formes de cultes païens. C'est sous Constantin que fut entreprise en 320, la construction des catacombes de la Via Latina, tout près de Rome et que l'on posa, en 324, les fondations de la première basilique Saint-Pierre, terminée en 349. En 330, Constantin déplaça la capitale de l'Empire romain à Byzance, qui devint Constantinople (aujourd'hui Istanbul). La basilique Sainte-Marie-Majeure, à Rome fut édifiée vers 360, et en 386 on entreprit la construction de la basilique de Saint-Ambroise à Milan. A la fin de ce qui se révéla un siècle agité, l'Empire romain fut scindé en deux : l'Empire romain d'Occident et l'Empire romain d'Orient. En 404, Honorius fit de Ravenne la capitale de l'Empire d'Occident. Entre 532 et 537, la basilique Sainte-Sophie fut construite à Constantinople selon les plans des architectes Anthémios de Tralles (actif au sixième siècle apr. J.-C.) et d'Isidore de Milet (actif au sixième siècle apr. J.-C.). Ce sont là quelques uns des nombreux éléments qui conduisirent à la conversion progressive de l'Europe à la foi chrétienne, un processus complexe et troublé, rempli de guerres, de schismes et de réconciliations, qui eurent aussi des conséquences majeures dans le développement de l'histoire de l'art.

Dans les premiers siècles de l'ère chrétienne, on trouve peu de références à la peinture dans le nouveau culte . Dans les catacombes romaines, des fresques datant du troisième et du quatrième siècles montrent à la fois des sujets païens et bibliques, mais ces derniers n'y sont qu'en nombre limité. Beaucoup étaient réalisées dans le style romain impressionniste, brossées en touches brèves et rapides, comme on le voit dans la Vierge à l'Enfant des catacombes de Priscilla, à Rome.

Dès la proclamation officielle du christianisme comme religion d'Etat à la fin du quatrième siècle, la peinture se détacha lentement des modèles grecs et romains pour devenir, par la suite, le domaine quasi exclusif de l'Eglise. Au cinquième siècle, la mosaïque devint la technique préférée pour décorer les murs des églises de récits chrétiens. Un nouveau langage figuratif, fondé sur l'utilisation de lignes et l'absence de profondeur spatiale, fut développé et perfectionné à Byzance, capitale de l'Empire chrétien d'Orient. On peut admirer ce style dans les magnifiques mosaïques des églises Saint-Vital et Saint-Apollinaire-le-Neuf à Ravenne, réalisées au sixième siècle. Les personnages sont rigides et représentés de front, tandis que les traits des visages, résultant d'une codification abstraite, sont répétés d'un personnage à l'autre. L'utilisation du clair-obscur fut éliminée progressivement, ainsi que les effets de volumes. Les détails anatomiques étaient rendus par l'utilisation de lignes et d'effets visuels comme les plis des vêtements et des draperies. Les arrière-plans architecturaux étaient aussi extrêmement simplifiés. L'espace environnant, et surtout le ciel, était remplacé par une surface dorée qui devenait le symbole étincelant de la lumière divine.

Pour exprimer la transcendance des sujets dans le cadre de ces règles stylistiques qui éloignent volontairement l'image de toute correspondance avec la réalité (qu'elle soit anatomique, spatiale ou naturelle), d'autres conventions furent établies, comme celle concernant l'emplacement des sujets chrétiens sur les murs des églises. Le Christ Pantocrator (ou Christ donnant sa bénédiction) était représenté à l'intérieur des dômes ou sur les voûtes des absides, où l'ont trouvait aussi la Vierge Marie et le Christ enfant.

Issu de l'Empire romain d'Orient, entre Constantinople et la Grèce, l'art byzantin se développa sur une longue période de temps, et se répandit en Italie et en Allemagne, jusqu'aux pays d'Europe centrale (en Bulgarie, Croatie, Serbie, etc.), ainsi qu'en Europe orientale (en Russie, en Biélorussie et en Ukraine). En Russie, le principal centre de diffusion de la peinture byzantine fut dès le dixième siècle la ville de Kiev, suite à la conversion de ce pays au christianisme. Dans ses versions locales, le style byzantin allait perdurer en Russie jusqu'au dix-huitième siècle, s'exprimant essentiellement dans la production d'icônes religieuses.

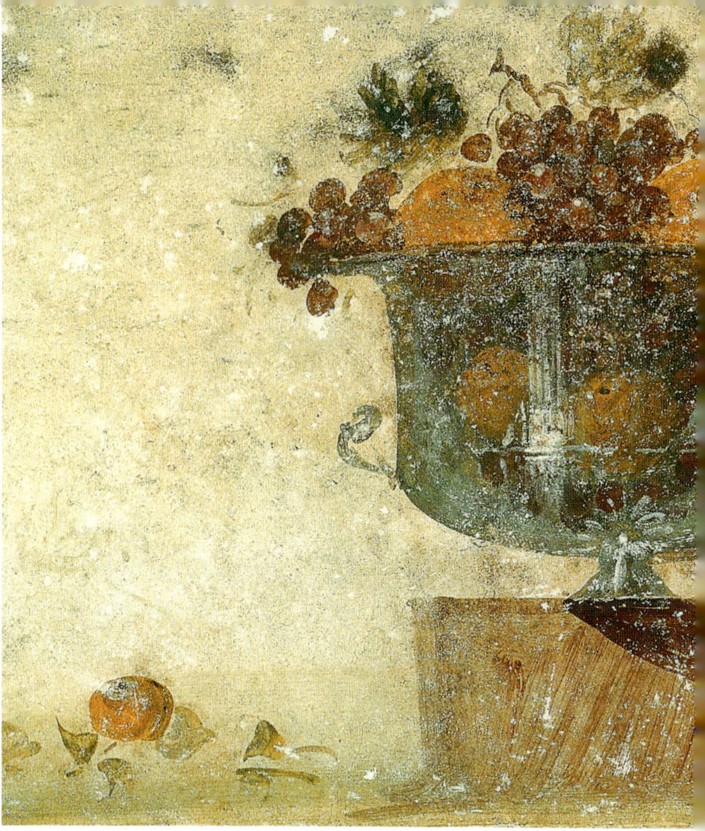

Nature morte avec un oiseau

IIème SIÈCLE

fresque
Catacombes de Saint-Sébastien
Rome

pp. 84-85

Port de Classis

VIème SIÈCLE

mosaïque
Sant'Apollinare Nuovo
Ravenne

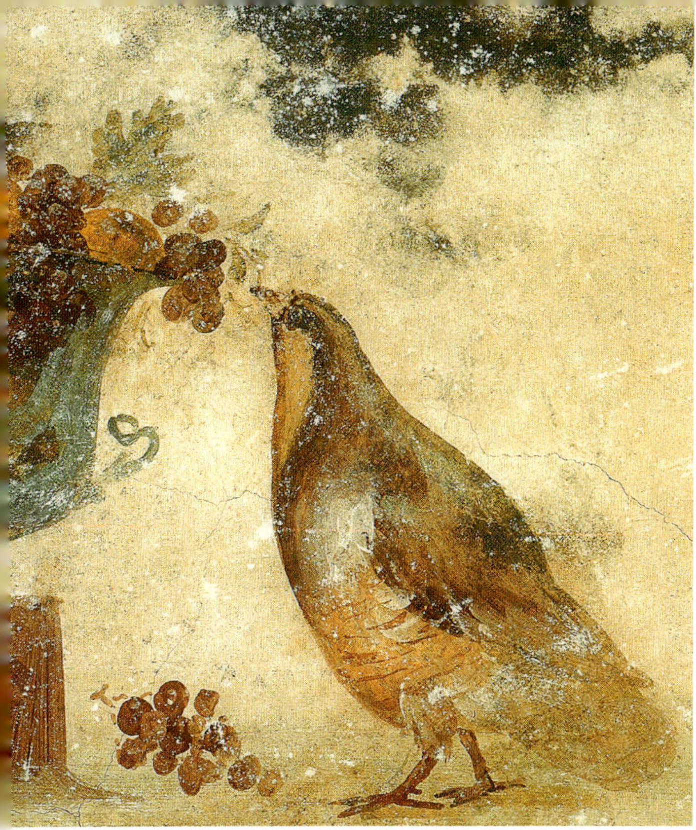

Vierge à l'Enfant avec les saints Félix, Adauctus et Luc

VIème SIÈCLE

fresque
Catacombes de Comodille
Rome

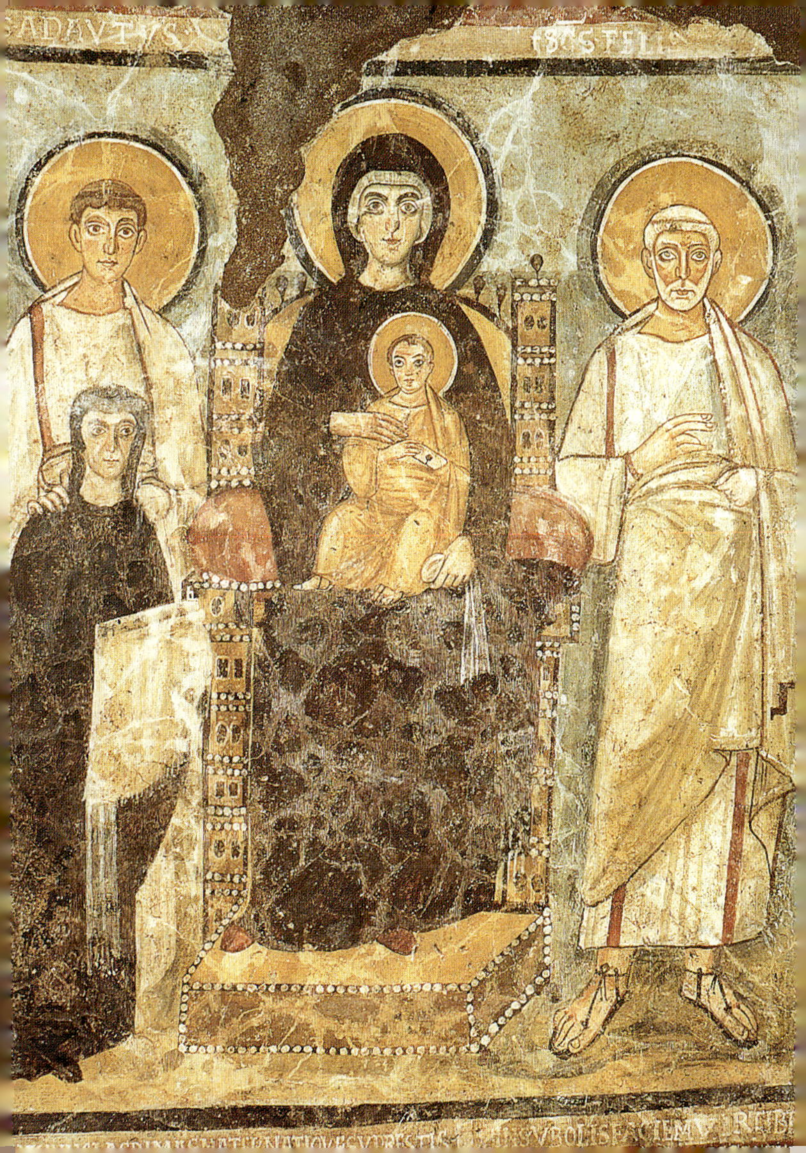
ADAVTVS
SCS FELI

La traversée de la mer Rouge

Scènes de la vie de Moïse

Vème SIÈCLE

mosaïque
Basilique Santa Maria Maggiore
Rome

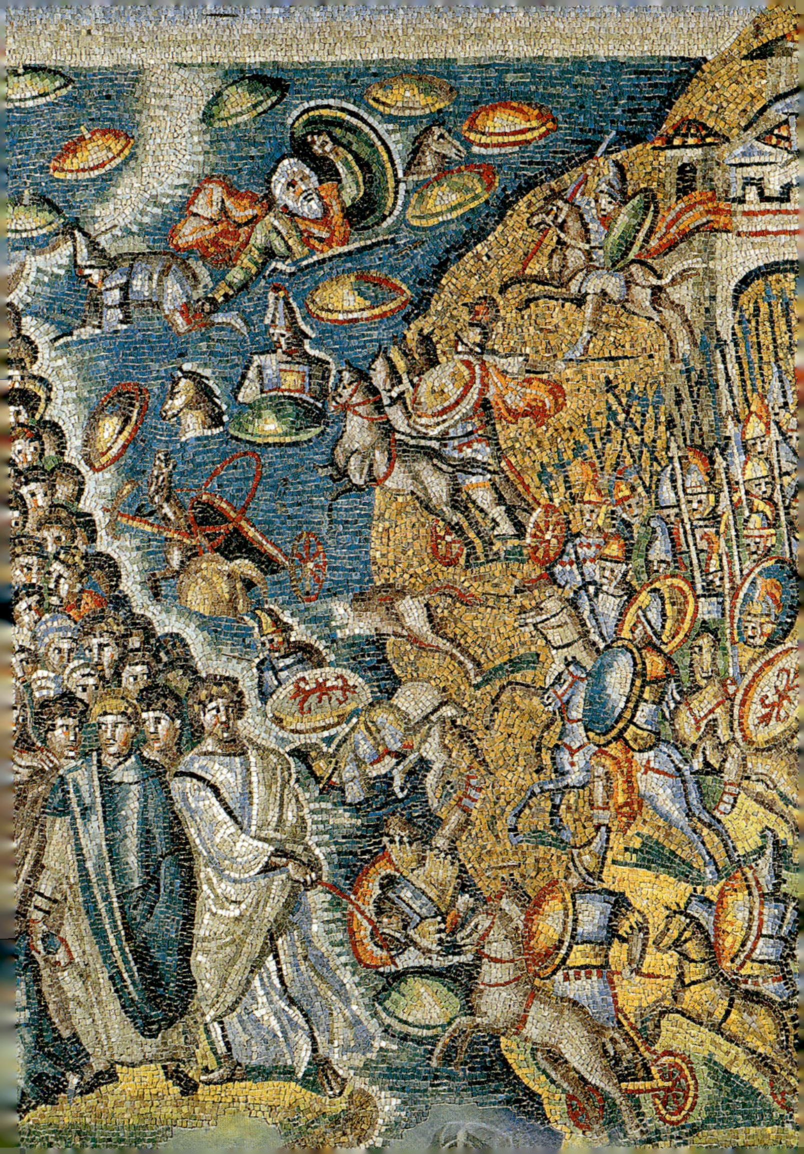

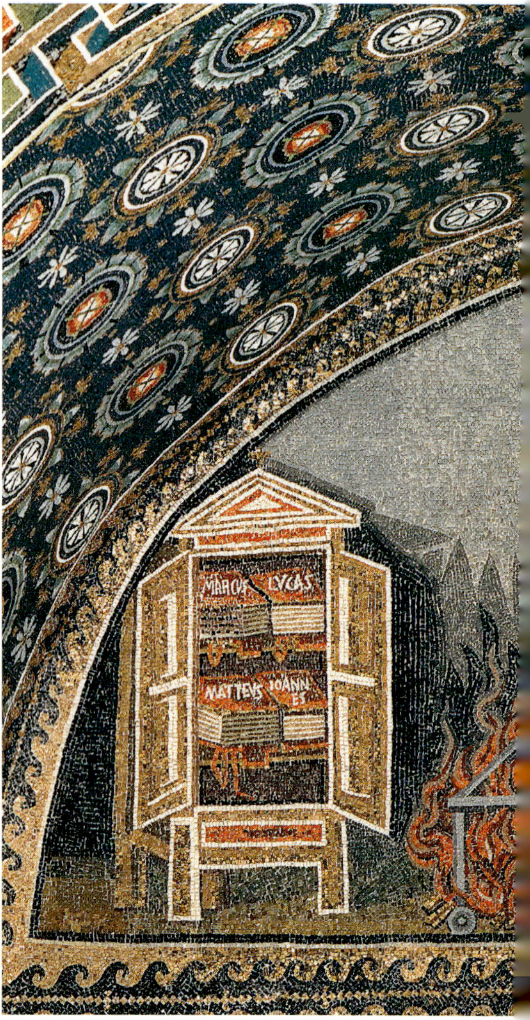

Saint Laurent

Vème SIÈCLE

mosaïque
Mausolée de Galla Placida
Ravenne

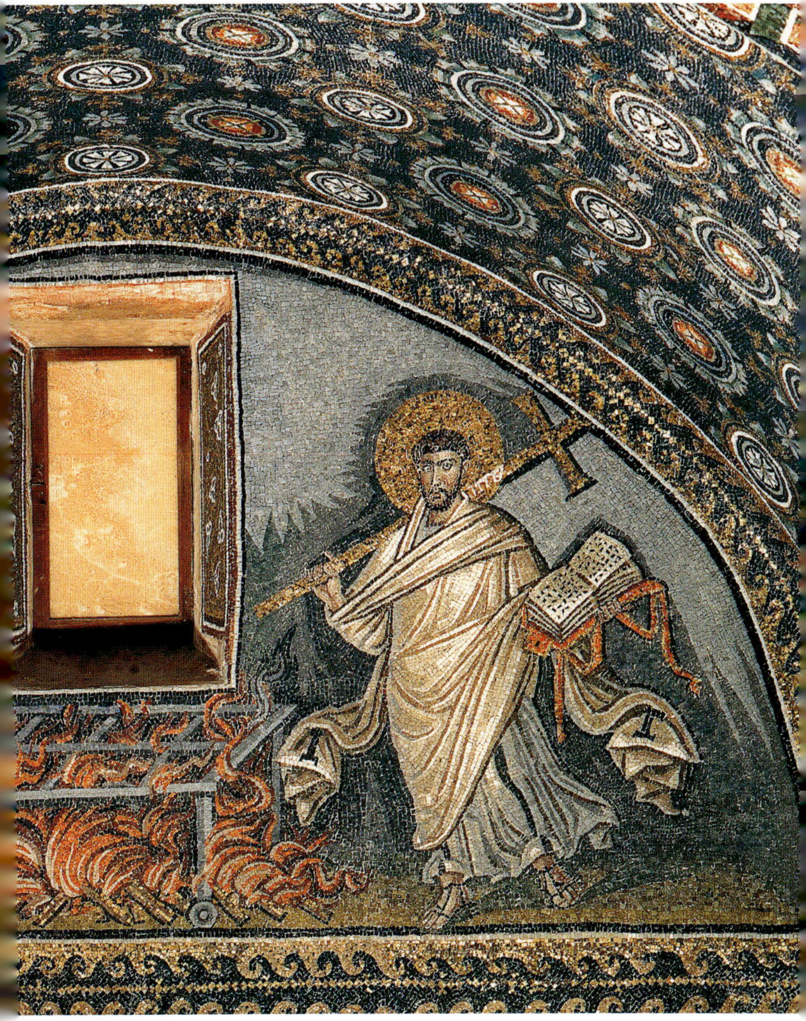

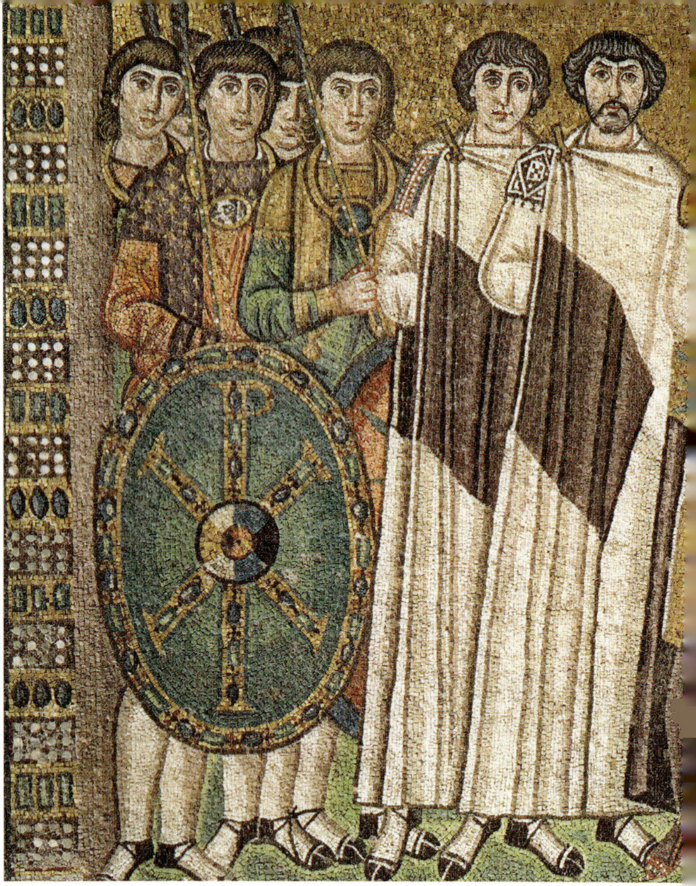

Justinien et sa cour

VERS 547-548

mosaïque
Eglise San Vitale
Ravenne

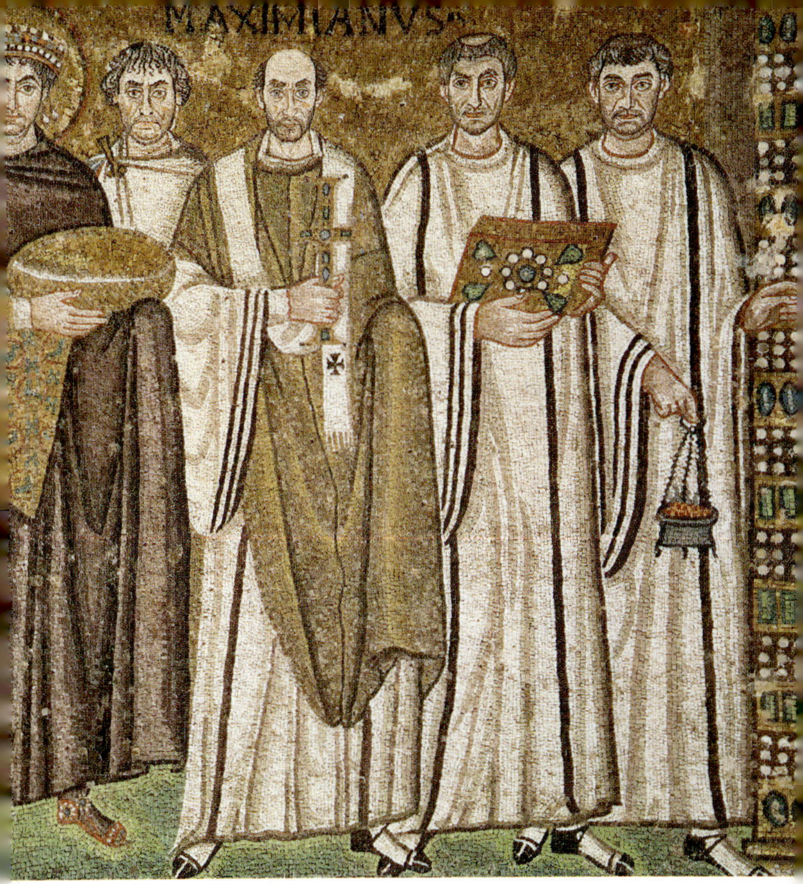
MAXIMIANVS

Moïse sur le mont Sinaï

VIème SIÈCLE

mosaïque
Eglise San Vitale
Ravenne

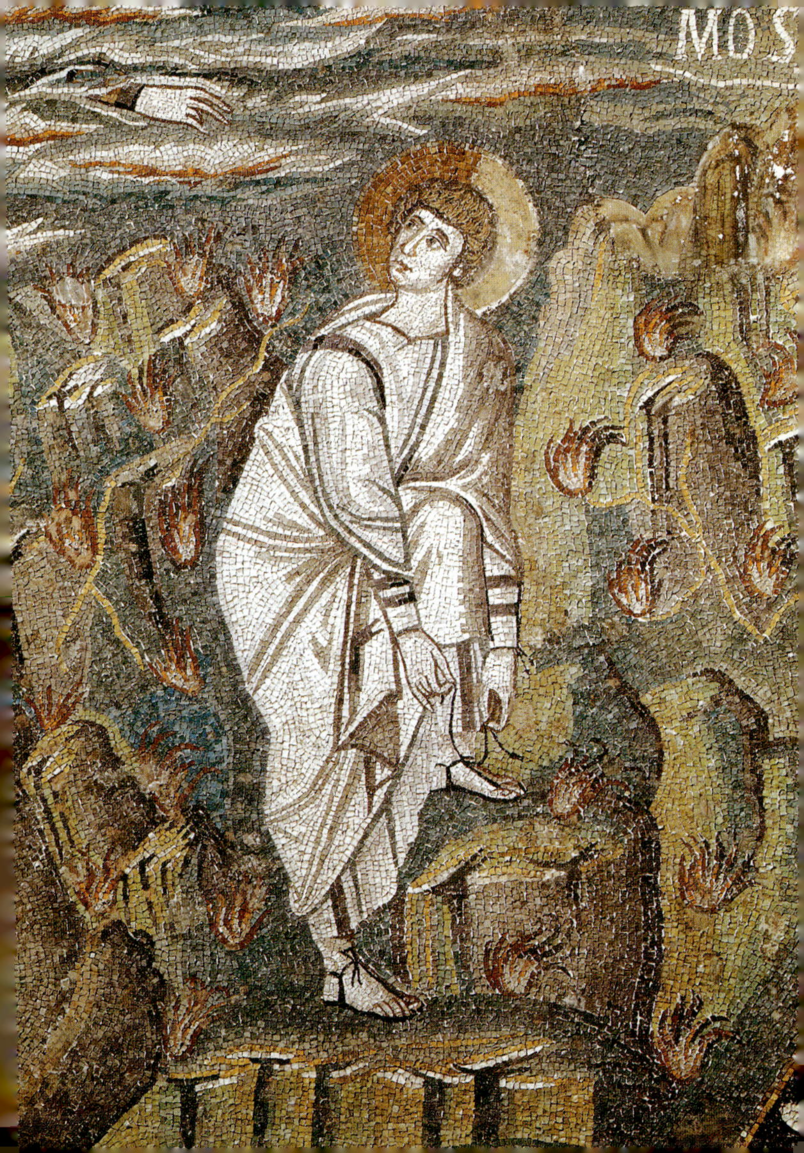
MOS

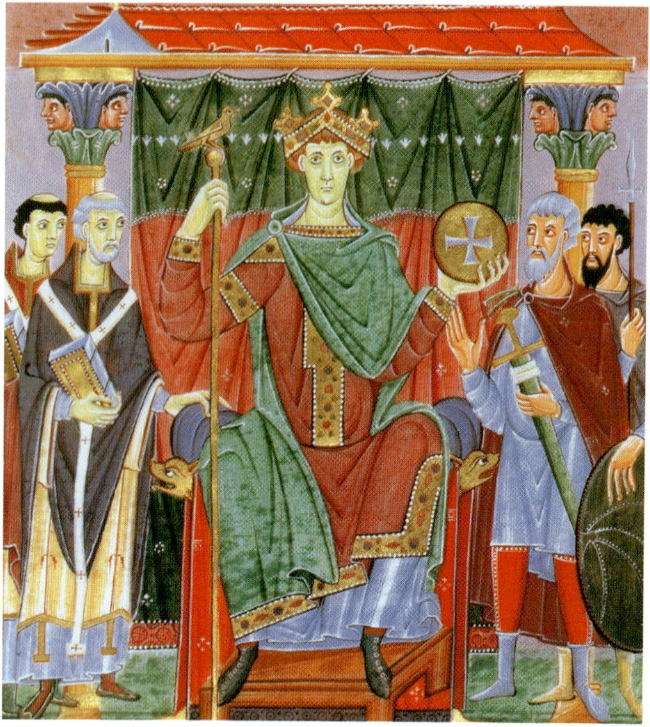

ci-dessus

Maître des Registrum Gregorii

Xème SIÈCLE

Le Couronnement d'Otton III, empereur du Saint-Empire

Evangile d'Otton III

miniature sur parchemin
33, 4 cm x 24, 2 cm
Bayerische Staatsbibliothek
Munich

en face

Maître du Psautier de Cividale

VIII-IXème SIÈCLE

Le roi David jouant de la cithare

Psautier d'Egbert
(folio 20. rect)
miniature
Musée archéologique national
Cividale

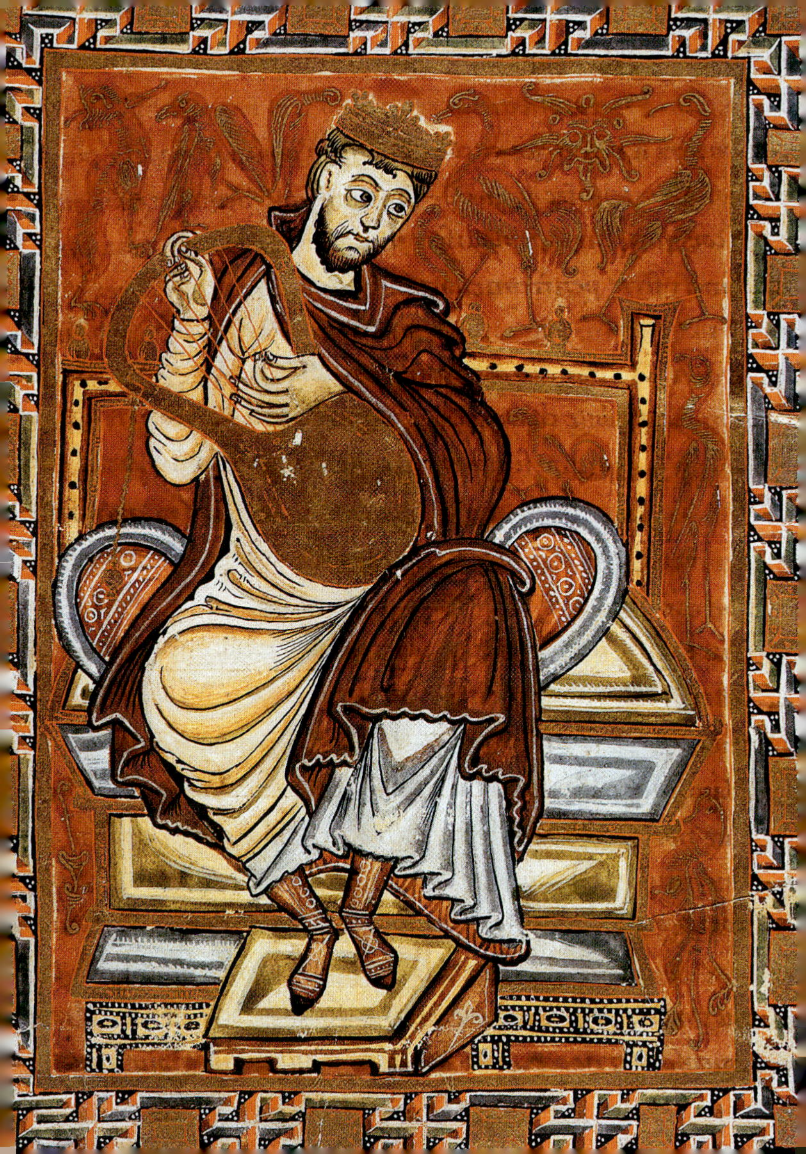

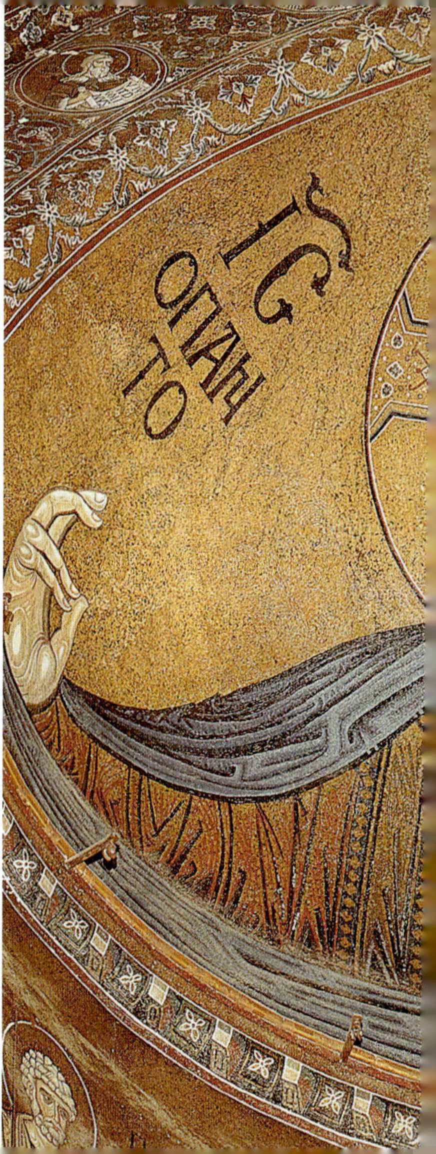

Christ Pantocrator

XIIème SIÈCLE

mosaïque
Cathédrale de Monreale (abside)
Sicile

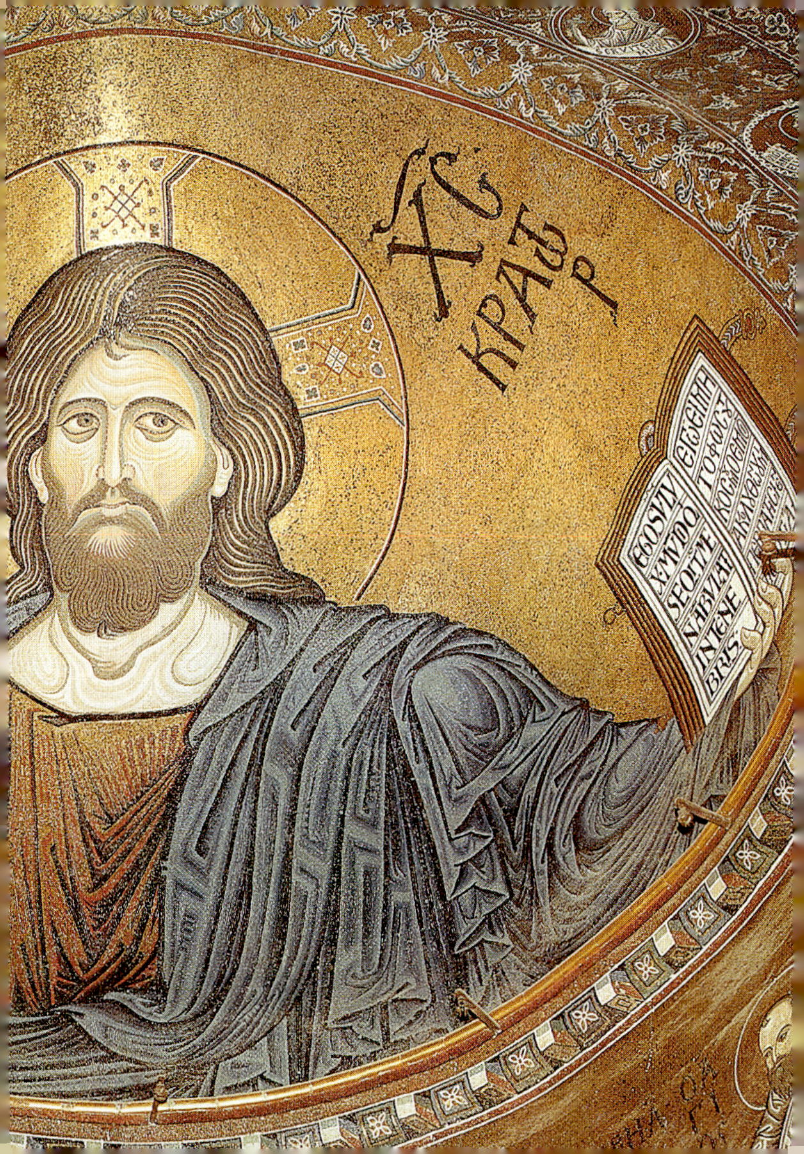

Maître du Bardi saint François

ACTIF DE 1240 À1280

Saint François

VERS 1250

détrempe et or sur bois
227 x 202 cm
Basilique de Santa Croce (chapelle Bardi)
Florence

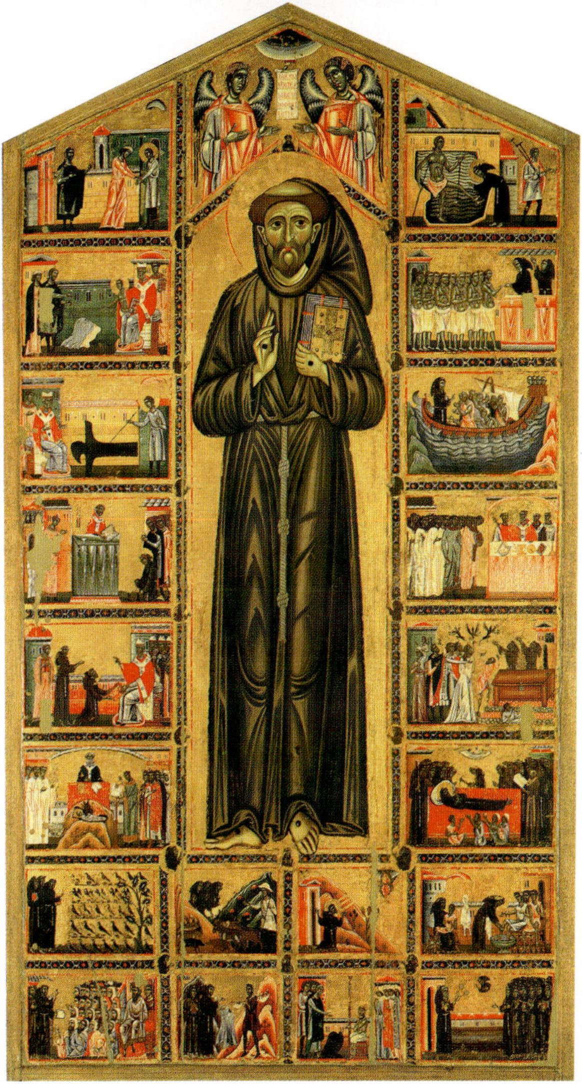

Andreï Roublev

VERS 1370-1430

Vierge de Vladimir

icône

APRÈS 1410

détrempe et or sur bois
29 x 175 cm
Musée de l'Ermitage
Saint-Pétersbourg

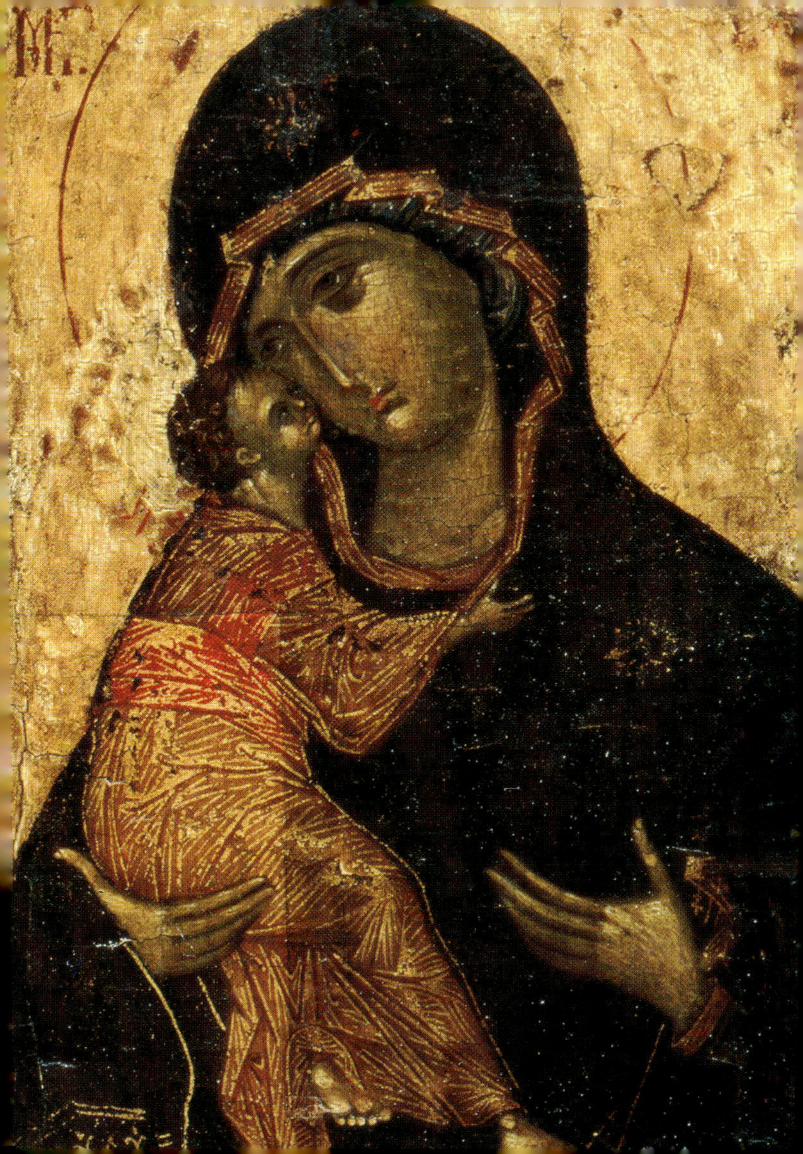

Andreï Roublev
vers 1370-1430

La sainte Trinité
icône

VERS 1410

détrempe sur bois
Galerie Tretyakov
Moscou

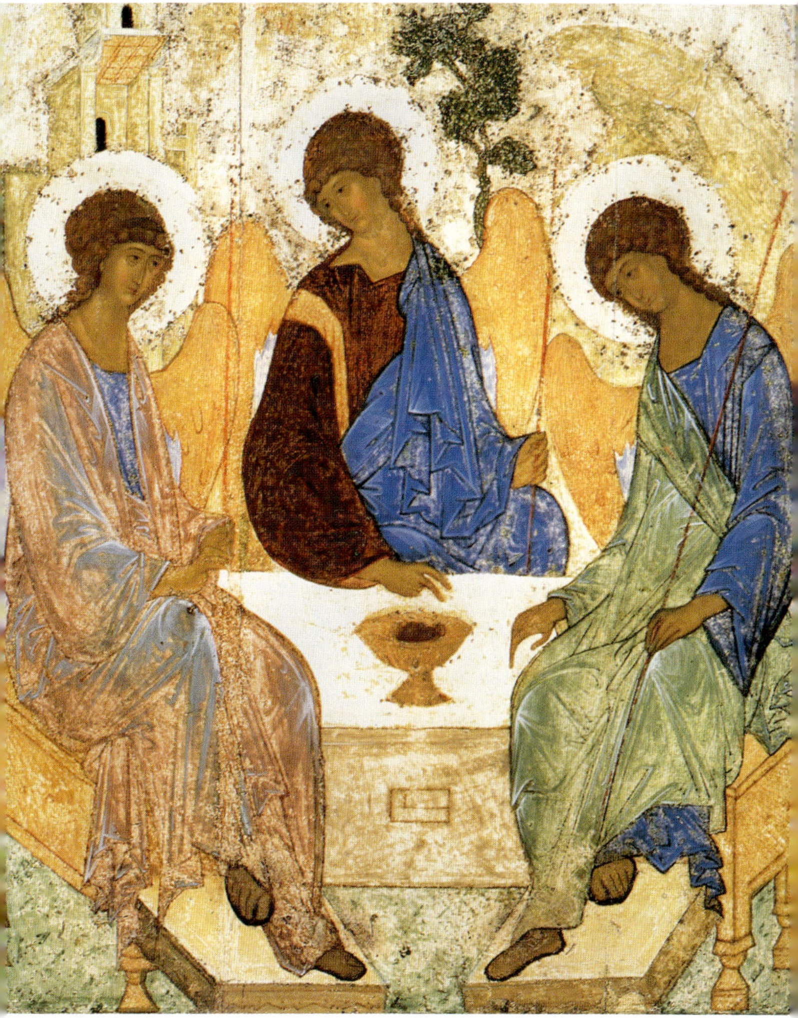

Andreï Roublev
vers 1370-1430

Saint Paul
icône

VERS 1410

détrempe et or sur bois
160-109 cm
Galerie Tretyakov
Moscou

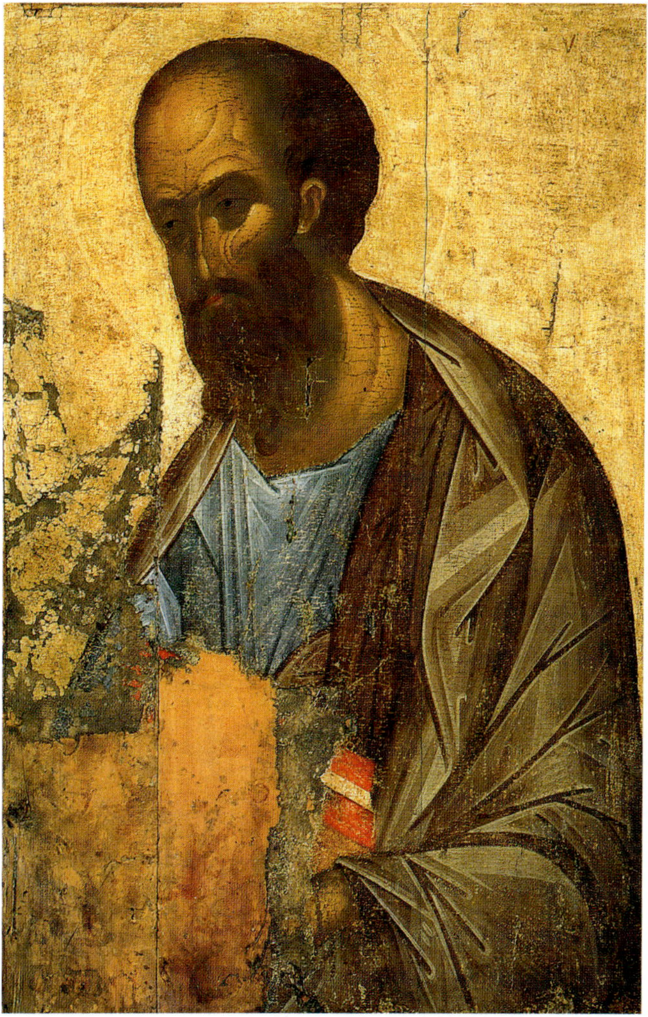

Emanuele Tzanes Bunialis

Rethymno (Crète), 1610 - Venise, 1690

Noli Me Tangere

icône

1657

détrempe et or sur bois
120 x 68, 5 cm
Musée des Icônes
Dubrovnik

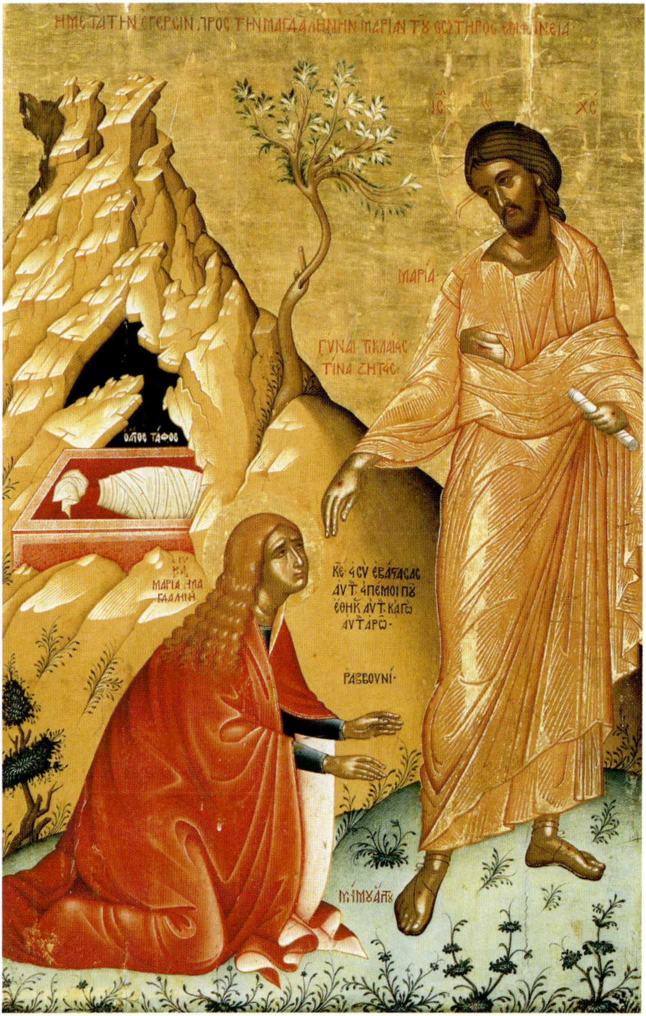
ΜΑΡΙΑ
ΡΑΒΒΟΥΝΙ·

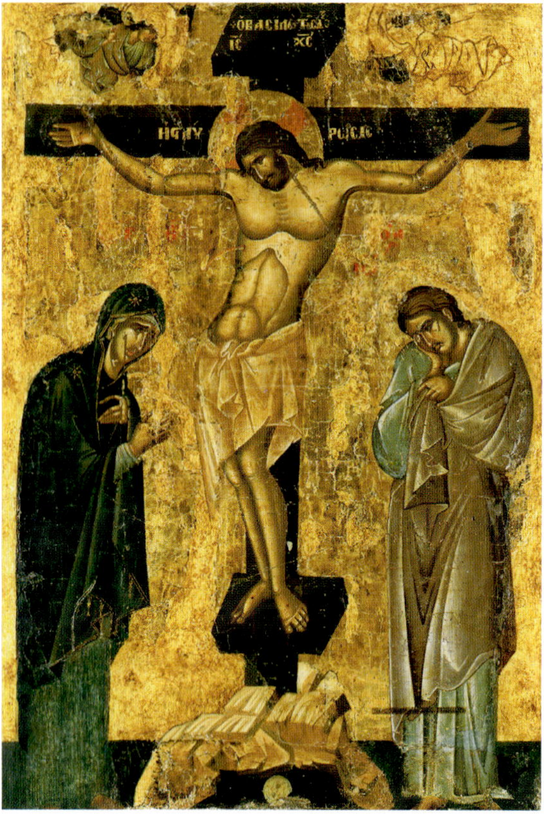

ci-dessus

Crucifixion
icône

XIIIème SIÈCLE

détrempe et or sur bois
97 x 67 cm
Galerie des Icônes
Ohrid

en face

Annonciation
icône

XIIIème SIÈCLE

détrempe et or sur bois
94, 5 x 80,3 cm
Galerie des icônes
Ohrid

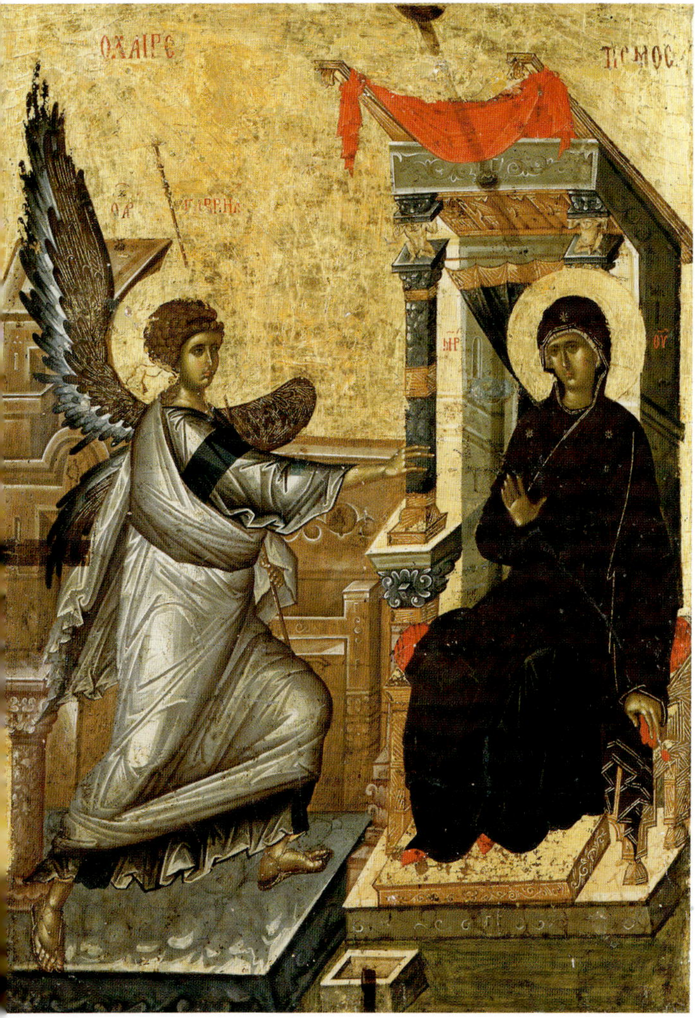

116

Les Saints élus
icône

XVIème SIÈCLE

détrempe et or sur bois
Musée d'Histoire et d'Architecture
Pskov

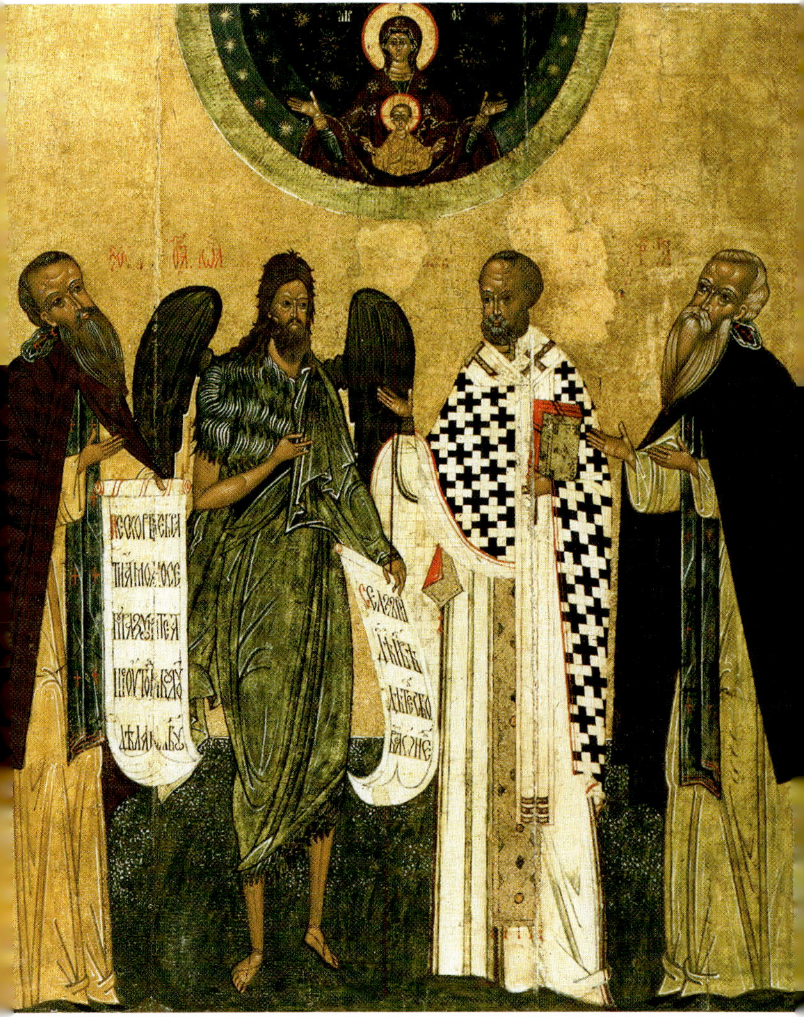

Emanuele Tzanes Bunialis

Rethymno (Crète), 1610-Venise, 1690

Sainte Anne et la Vierge

icône
1637
détrempe et or sur bois
106 x 76 cm
Musée Benaki
Athènes

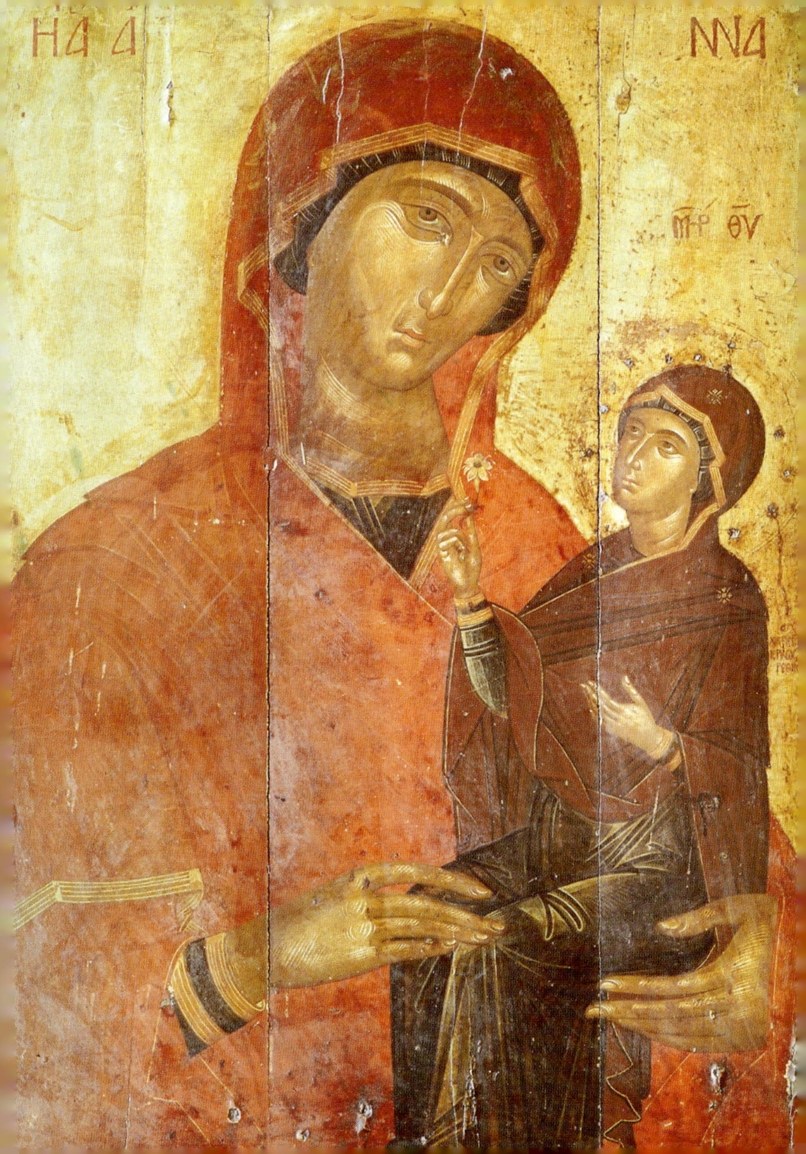
ΗΑ Α ΝΝΑ
ΜΡ ΘΥ

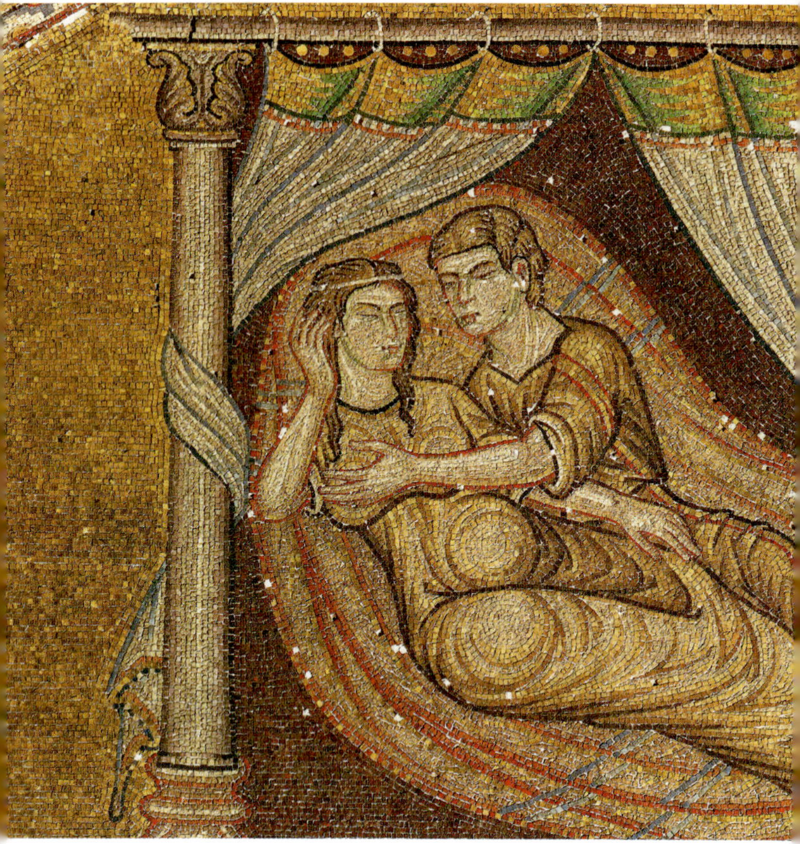

ci-dessus

Alcôve avec Adam et Eve

XIIIème SIÈCLE

mosaïque
Basilique Saint-Marc
Venise

en face

Le prophète Joël

XIIIème SIÈCLE

mosaïque
Basilique Saint-Marc
Venise

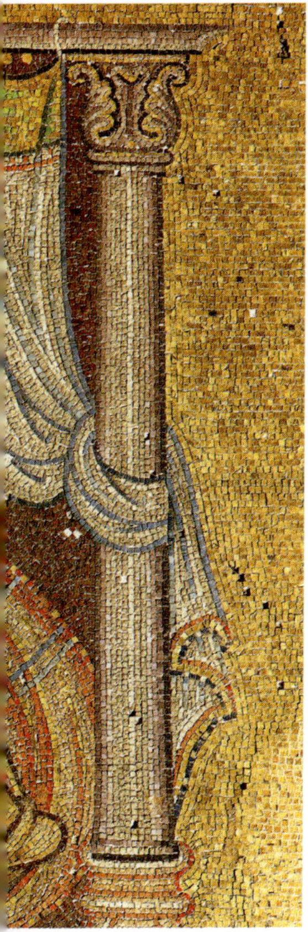

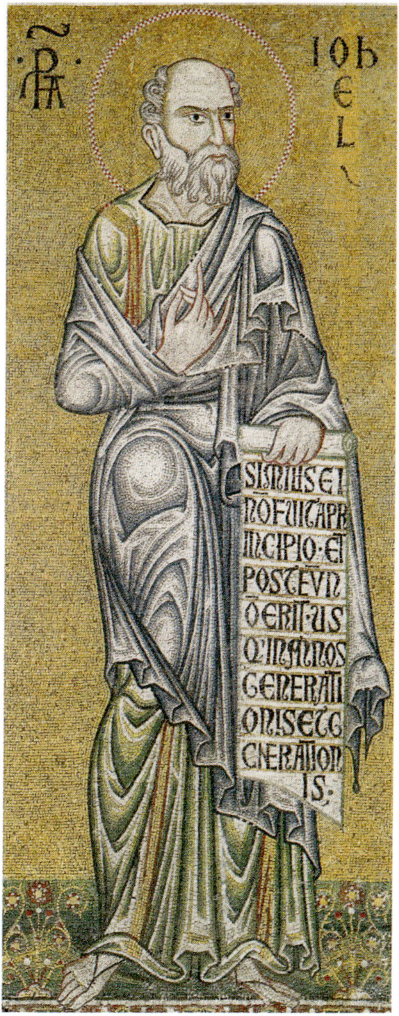

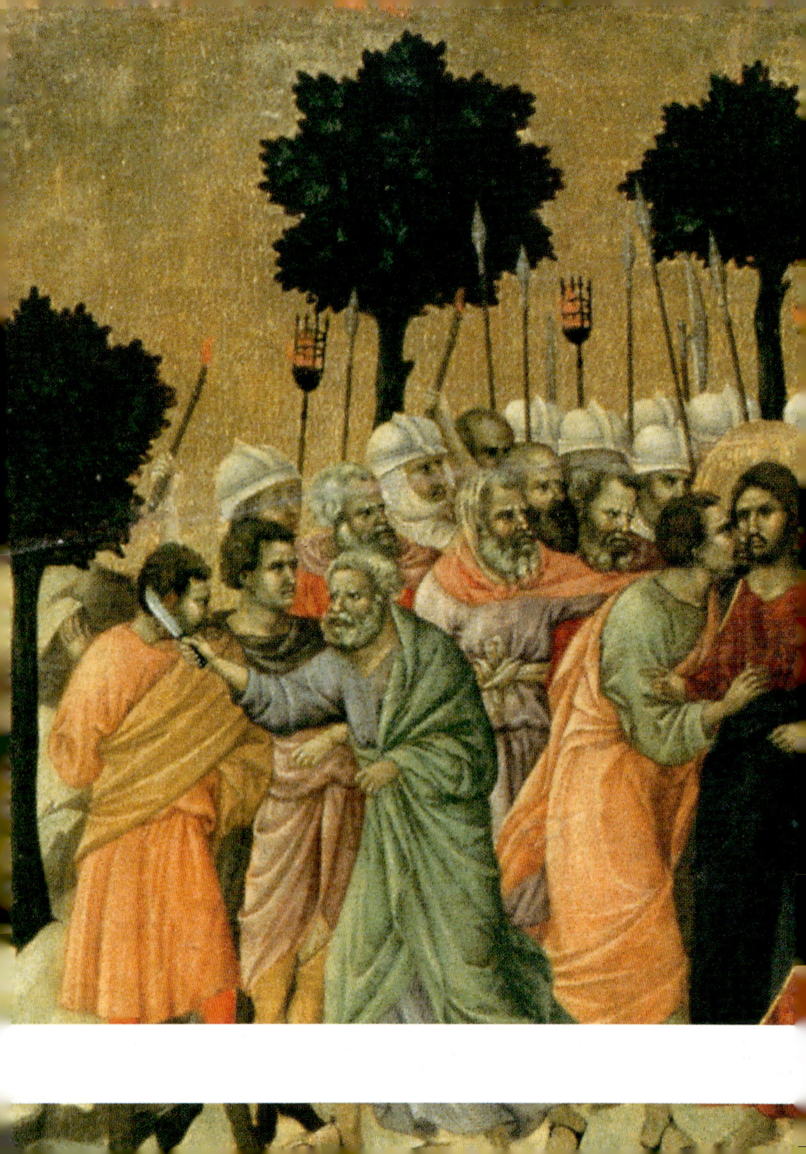

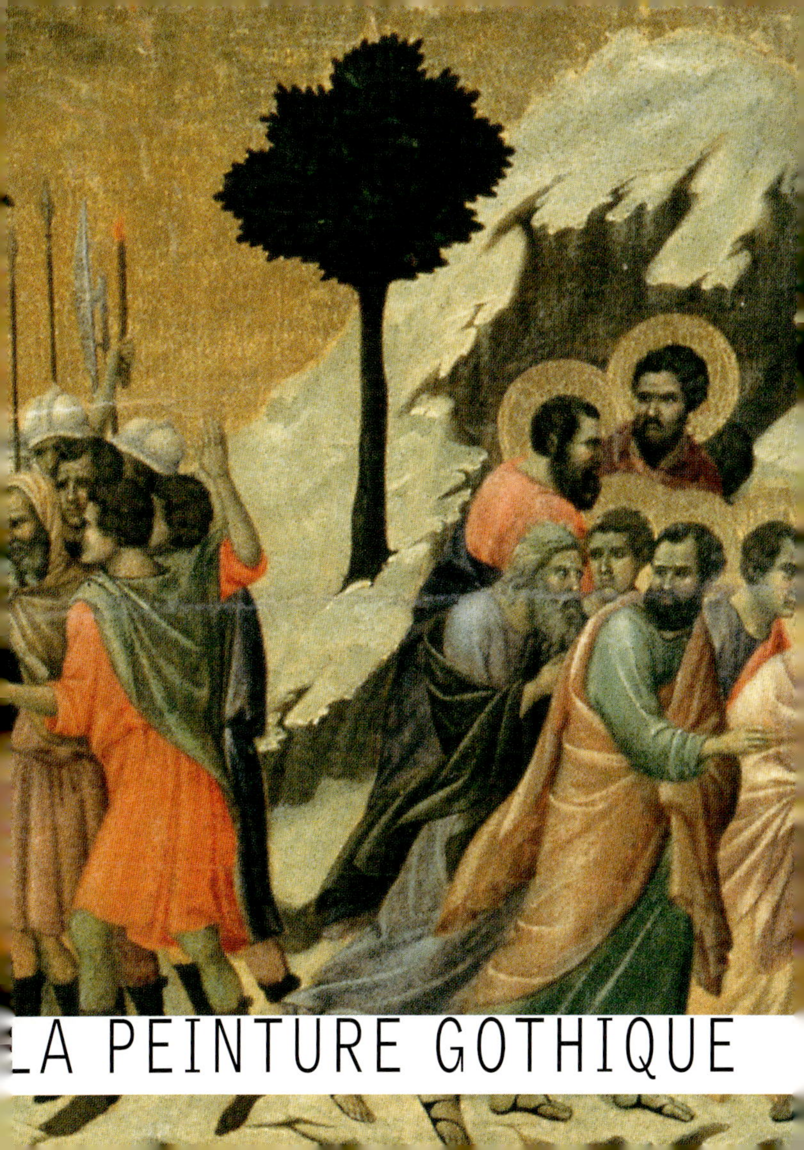

LA PEINTURE GOTHIQUE

C'est dans les vitraux des cathédrales françaises de la fin du douzième et du début du treizième siècles que résident les origines du style gothique en peinture. La nouvelle technologie architecturale (notamment l'utilisation de l'arc-boutant, qui libérait les murs extérieurs de leur fonction de porteurs) rendait possible de remplacer la maçonnerie par de vastes cycles narratifs en vitraux. Ces représentations colorées étaient inspirées du style de la sculpture de cette période, fondée sur des lignes sinueuses et des figures étirées. Les vitraux de la cathédrale de Chartres et ceux de la Sainte-Chapelle, à Paris, comptent parmi les exemples les plus impressionnants de vitraux gothiques français.

Parallèlement à l'art des vitraux, le style gothique se développa aussi, surtout en France, dans la décoration des manuscrits enluminés, de nombreux enlumineurs ayant en effet leurs ateliers à Paris. Deux noms se distinguent vers la fin du treizième siècle : Honoré et Jean Pucelle (actifs vers 1310-1334), qui donnèrent plus de souplesse et de profondeur au style linéaire des figures. On en sait beaucoup moins sur le développement de la peinture murale, les cycles de fresques ayant soit disparu soit subis les altérations du temps.

Né en France, le style gothique s'est répandu en Angleterre, en Allemagne, dans la péninsule ibérique et en Italie. C'est là, à la fin du treizième siècle et tout au long du quatorzième siècle, que la peinture et les fresques des panneaux gothiques ont atteint leurs plus hauts sommets de perfection. Dans la deuxième moitié du treizième siècle, la péninsule italienne était encore sous l'influence de la peinture byzantine. Le peintre Cimabue (vers 1240-1302), dont les débuts furent imprégnés de cette culture, devint l'un des premiers artistes à libérer la peinture du graphisme et du style géométrique byzantins. Dans son oeuvre, les figures prennent une certaine plasticité, même si la ligne sinueuse reste le principal élément stylistique. Il donne aussi une plus grande perception de l'espace tridimensionnel. Les deux versions de la *Maestà* (Florence, Musée des Offices ; Paris, Musée du Louvre) en sont de remarquables exemples. On peut en dire autant de l'art du peintre siennois

Duccio di Buoninsegna (vers 1255-1318), dont les figures et les vêtements ont un contour harmonieux et fluide.

Le peintre et architecte florentin Giotto (vers 1267-1337), probablement élève de Cimabue, fut l'un des artistes du quatorzième siècle les plus influents. Nous savons qu'il travaillait déjà comme peintre dans les deux dernières décennies du treizième siècle, dans la basilique supérieure d'Assise, nouvellement construite, qui joua un grand rôle pour les artistes de l'époque. Cimabue y travailla aussi (parmi d'autres artistes), ainsi que plus tard les peintres siennois Simone Martini (vers 1284-1344), Ambrogio (1285-1348) et Pietro Lorenzetti (1280-1348). Giotto y représenta des scènes de l'Ancien et du Nouveau Testament, et les *Scènes de la vie de Saint François*. Contrairement à leurs prédécesseurs, Giotto et ses assistants peignaient des figures plus fluides et plus rondes, ouvrant ainsi l'espace tridimensionnel. Avec Giotto, le rendu abstrait des figures et des décors de la peinture byzantine et du gothique français fut remplacé par des représentations plus réalistes. Les personnages jadis très stylisées prenaient maintenant un aspect véritablement humain. C'est pourquoi Giotto est considéré comme le précurseur de la peinture de la Renaissance. Son oeuvre servira de source d'inspiration à des artistes comme Masaccio et Michel-Ange.

Giotto travailla à Assise, à Rome, à Florence, à Naples ainsi qu'à Padoue où, dans les toutes premières années du quatorzième siècle, il peignit les *Scènes de la vie de la Vierge Marie et de ses parents*, ainsi que des scènes V*ie du Christ* dans la chapelle de l'Aréna. Le peintre chercha plus que jamais à donner un aspect solide aux personnages de ces fresques, et à les placer dans un espace en trois dimensions. Son nouveau langage pictural, qu'il véhicula dans différentes régions italiennes, influença la peinture de ses élèves et disciples durant tout le quatorzième siècle. Les peintres « giottesques » comprennent notamment Taddeo Gaddi (vers 1295-1366), Giovanni da Milano (vers 1325- après 1369) et Altichiero da Zevio (actif de 1369 à 1384).

Bien que fortement attaché à la tradition linéaire française qu'il tenait de Duccio, le grand peintre siennois Simone Martini (vers 1284-1344) fut aussi influencé par Giotto, surtout dans sa nouvelle conception de l'espace. Simone, cependant, était un peintre gothique au sens strict, et il s'exprima principalement par la ligne, enfermant les figures dans des contours sinueux et harmonieux.

Deux autres grands peintres de Sienne, les frères Pietro et Ambrogio Lorenzetti, furent encore plus influencés par Giotto que ne l'était Martini. Ils moururent tous deux, probablement de la peste, en 1348. Pietro exécuta certaines des fresques les plus dramatiques de la basilique inférieure d'Assise, ainsi que des peintures dans lesquelles des personnages nettement figurés étaient placés dans un espace tridimensionnel quasiment parfait, comme le polyptyque où se trouve la *Naissance de la Vierge* (Museo dell'Opera del Duomo, Sienne). L'œuvre d'Ambrogio est caractérisée par une quantité de nouveaux sujets iconographiques et par un inépuisable travail stylistique. Il créa les premières séries de peinture de l'ère chrétienne ayant un thème laïque, les fresques des *Allégories du Bon et du Mauvais gouvernement et de leurs effets dans la ville et les campagnes*, du palais communal de Sienne. Ambrogio fut aussi le créateur des premières vues de paysages urbains et campagnards.

La fin du quatorzième siècle fut marquée par un style artistique connu sous le terme de « Gothique international » ou gothique « fiorito » (fleuri). Ce style dura jusqu'au milieu du quinzième siècle, et co-exista avec les nouvelles idées sur la peinture du début de la Renaissance. Cette école est appelée « internationale » parce qu'elle s'est développée simultanément dans de nombreux pays d'Europe. Le terme « fleuri » se réfère à son aspect clairement décoratif, à son raffinement, et à son attention aux éléments de la nature. Les oeuvres du gothique international sont aussi pleines d'éléments tirés de la vie de cour – les vêtements, les coiffures, etc. – et cela même lorsqu'elles traitent de sujets religieux, ce qui leur donne un aspect tout à fait temporel. Pour cette raison, ce style est souvent décrit comme une « peinture de cour ». On trouve de remarquables exemples de ce style dans les miniatures françaises et flamandes, ainsi que dans les oeuvres des peintres allemands Konrad von Soest (vers 1370 - après 1422), du Maître Francke ou Maître du Jardin d'Eden de Francfort (1400- vers 1435), des peintres italiens Giovannino de'Grassi (actif de 1389 à 1398), de Michelino da Besozzo (actif de 1388 à 1445), de Stefano da Verona (vers 1379- après 1348), de Gentile da Fabriano (vers 1370-1427), de Pisanello (vers 1395-1455), de Sassetta (vers 1400-1450) et du peintre de Bohême, le Maître de Trěboň (actif de 1380 à 1390).

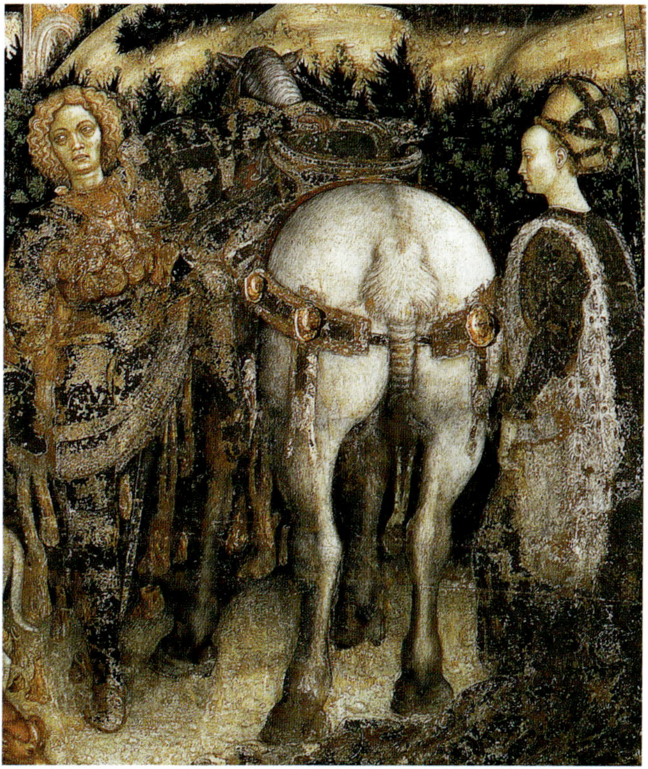

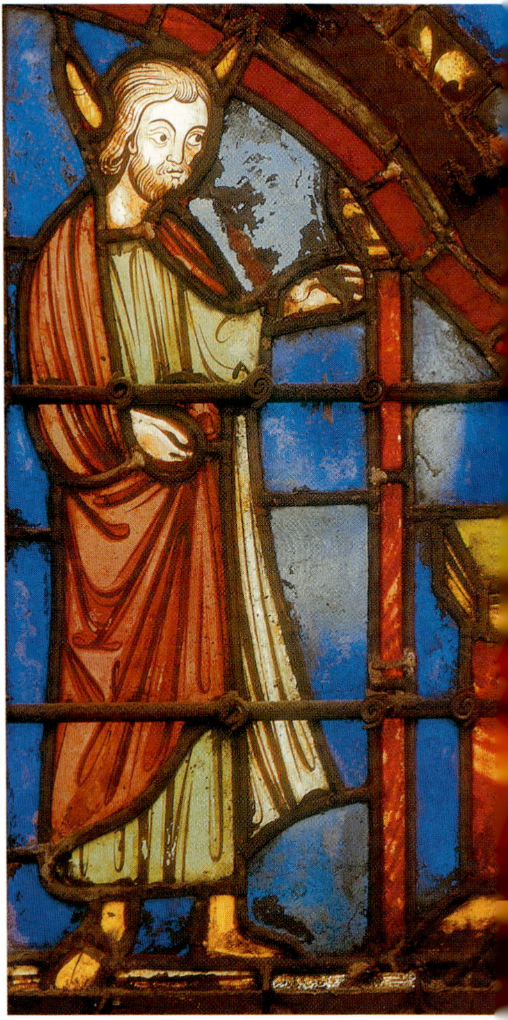

Moïse et le Christ
détail

MILIEU DU XIIIème SIÈCLE

vitrail
Sainte-Chapelle
Paris

p. 127

Pisanello
Vérone, vers 1395-1455

Saint Georges et la Princesse
détail
fresque
Eglise Sant'Anastasia
Vérone

pp. 122-123

Duccio di Buoninsegna
Sienne, vers 1255 - vers 1318

La trahison du Christ
Maestà
(dos, panneau)

1308-1311

détrempe et or sur bois
212 x 425 cm
Musée de l'Oeuvre de la cathédrale
Sienne

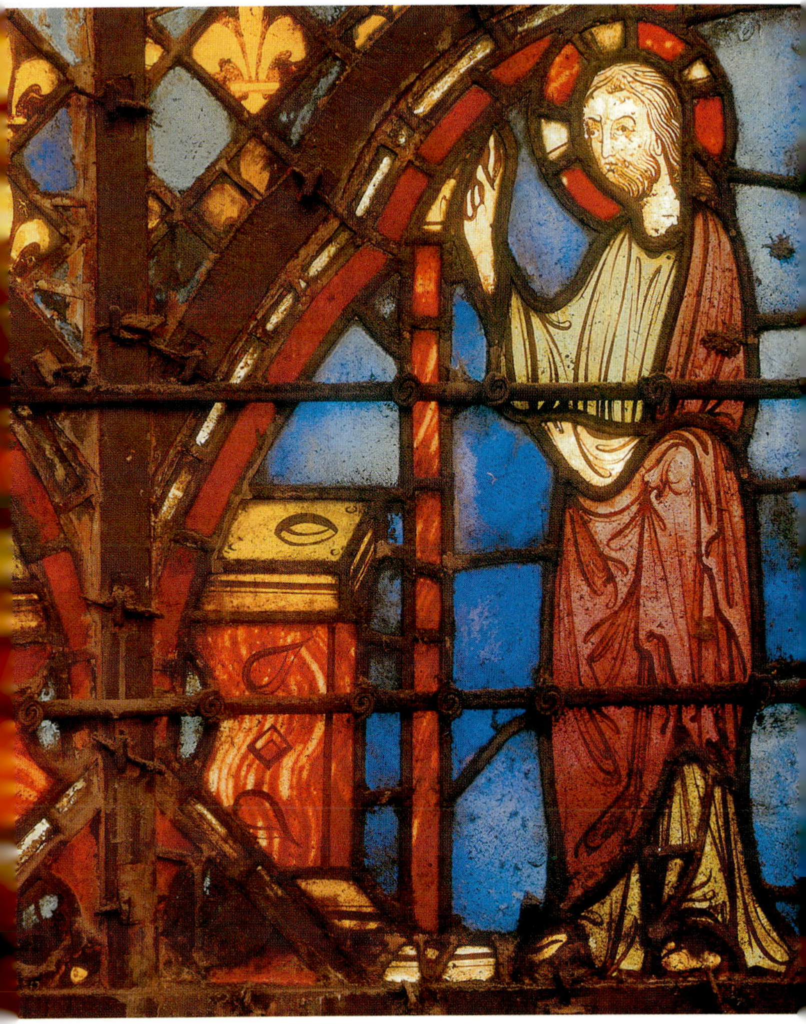

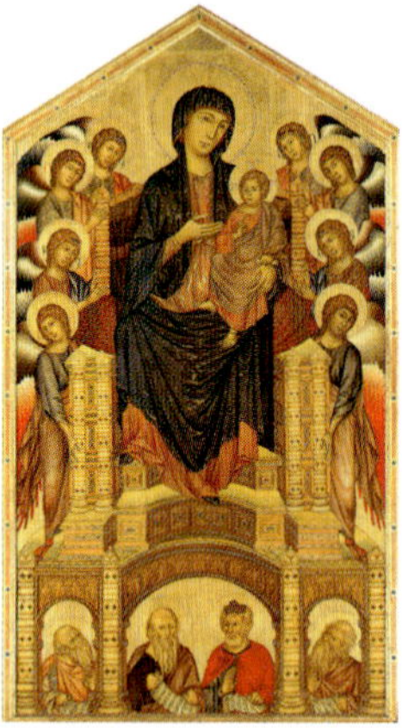

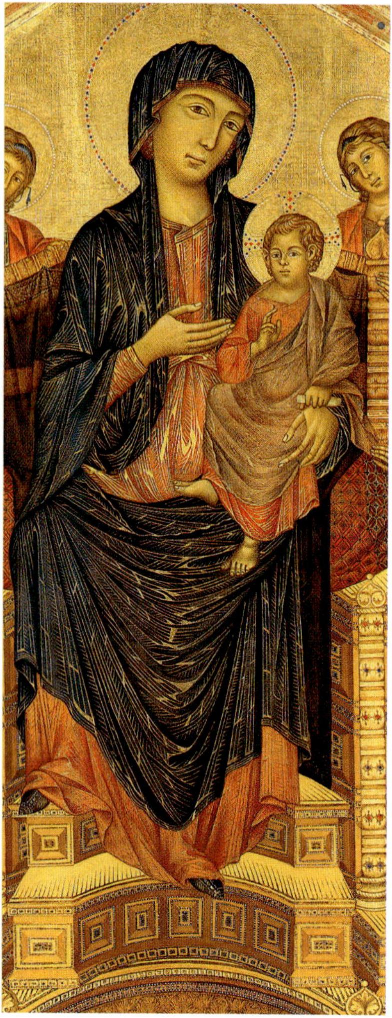

Cimabue (Cenni di Pepo)
Florence, vers 1240-Pise, 1302

Maestà

VERS 1285-1286

détrempe et or sur bois
338,5 x 223,5 cm
Musée des Offices
Florence

en face

Duccio di Buoninsegna
Sienne, vers 1255-vers 1318
Maestà

VERS 1285

détrempe et or sur bois
450 x 292 cm
Musée des Offices
Florence

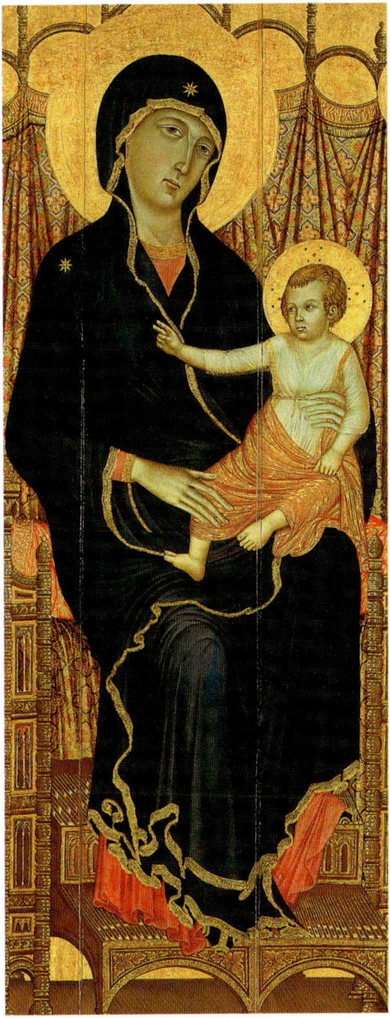

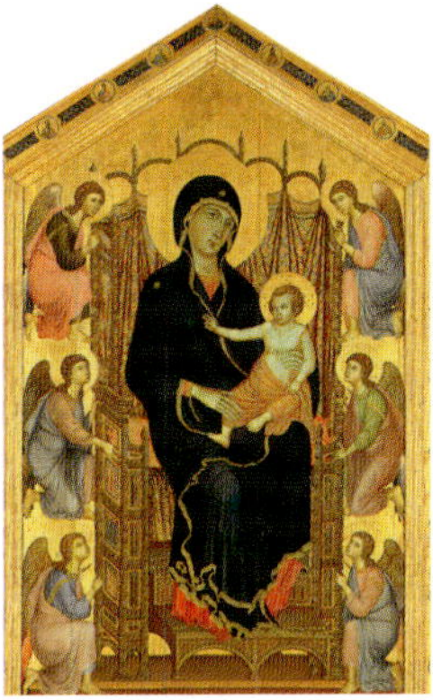

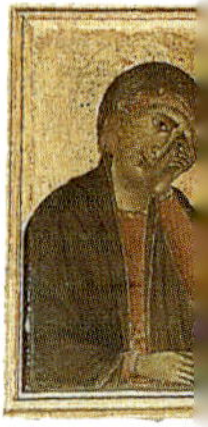

Cimabue (Cenni di Pepo)
Florence, vers 1240 -Pise, 1302

Crucifixion

VERS 1288

détrempe et or sur bois
448 x 380 cm
Basilique Santa Croce
Florence

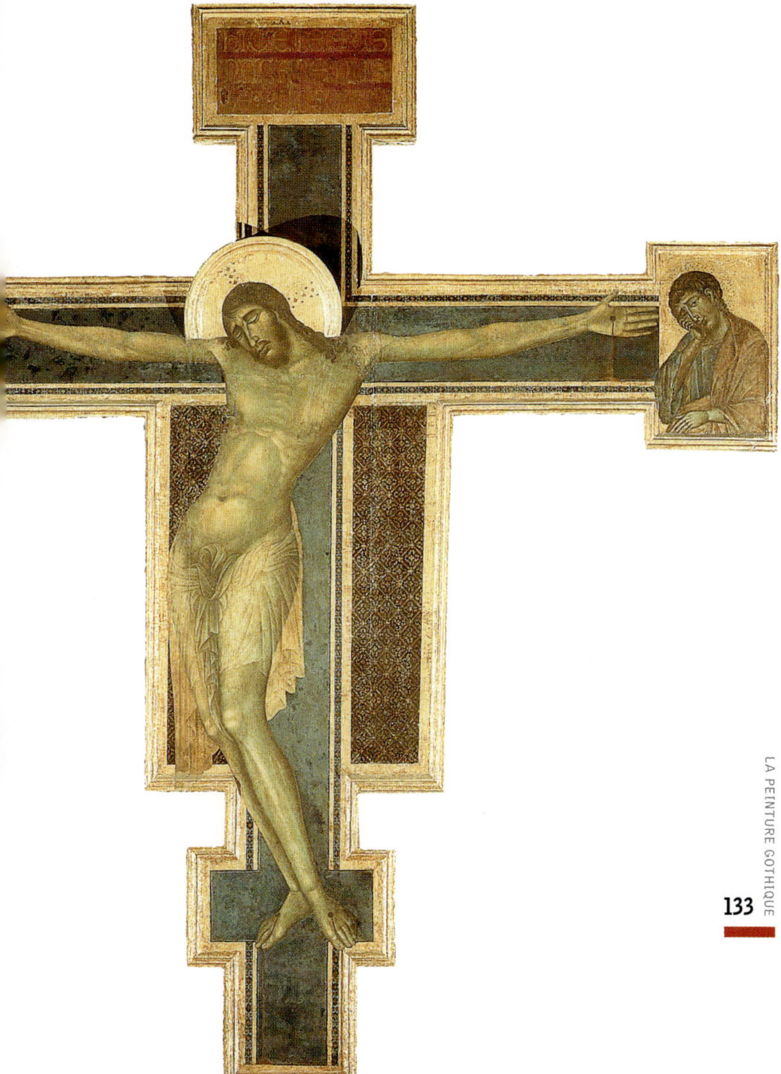

Giotto (di Bondone)

Colle di Vespignano, vers 1267-
Florence, 1337

Le Sermon à Honorius III

Scènes de la Vie de saint François
vers 1288-1294
fresque
Basilique Saint-François (basilique supérieure)
Assise

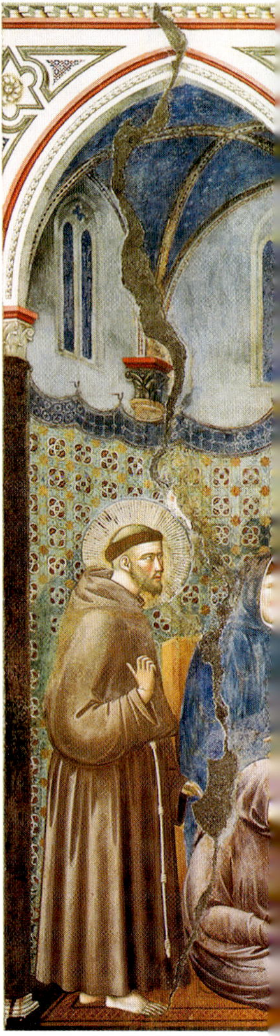

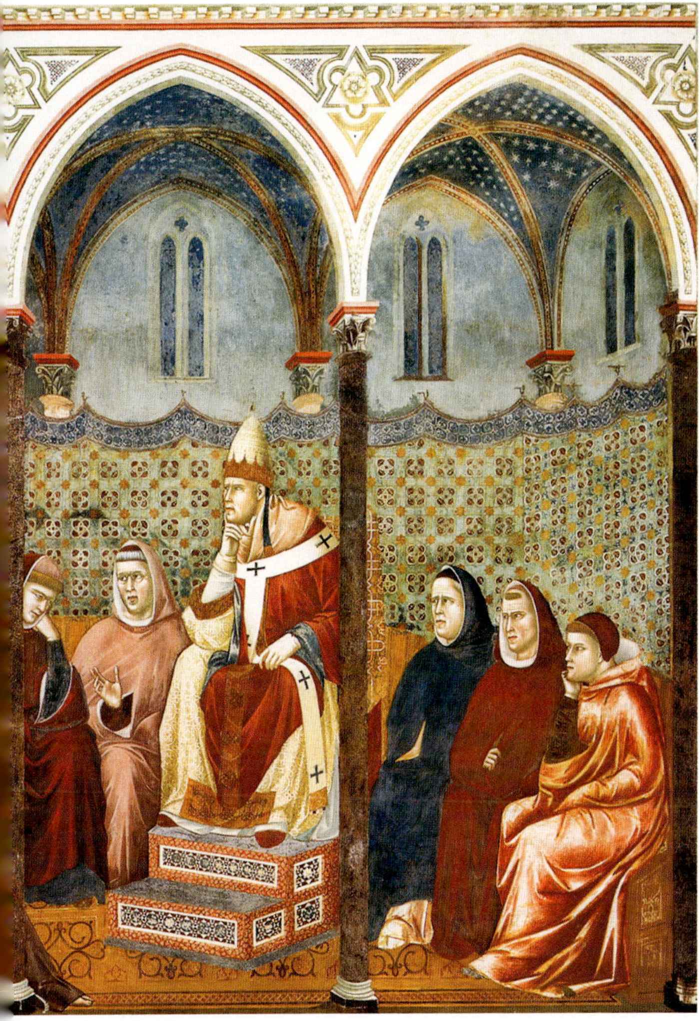

Giotto

Colle di Vespignano, vers 1267-
Florence, 1337

L'exorcisme des démons d'Arezzo

Scènes de la Vie de saint François

VERS 1288-1294

fresque
Basilique Saint-François (basilique supérieure)
Assise

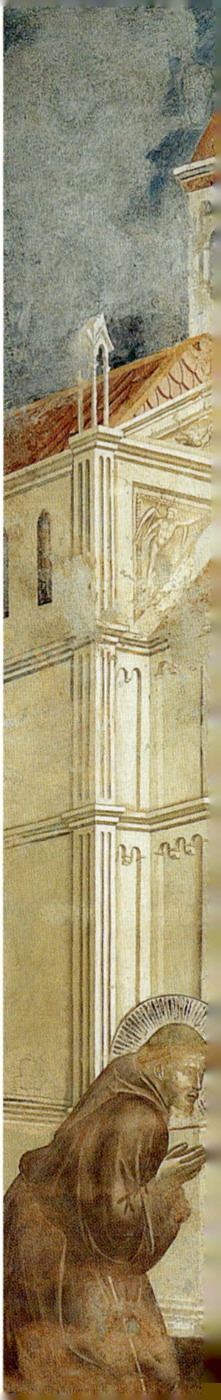

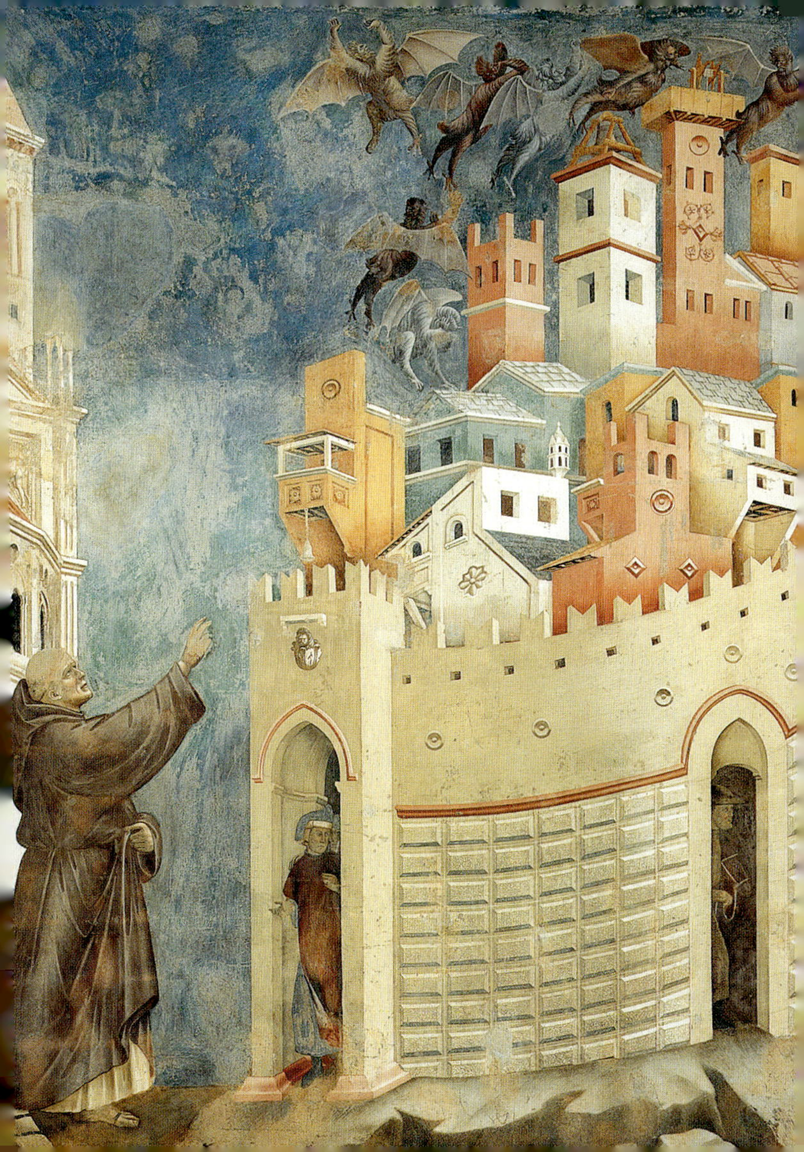

Giotto

Colle di Vespignano, vers 1267-
Florence, 1337

Crucifixion

VERS 1290

détrempe sur bois
578 x 406 cm
Eglise Santa Maria Novella
Florence

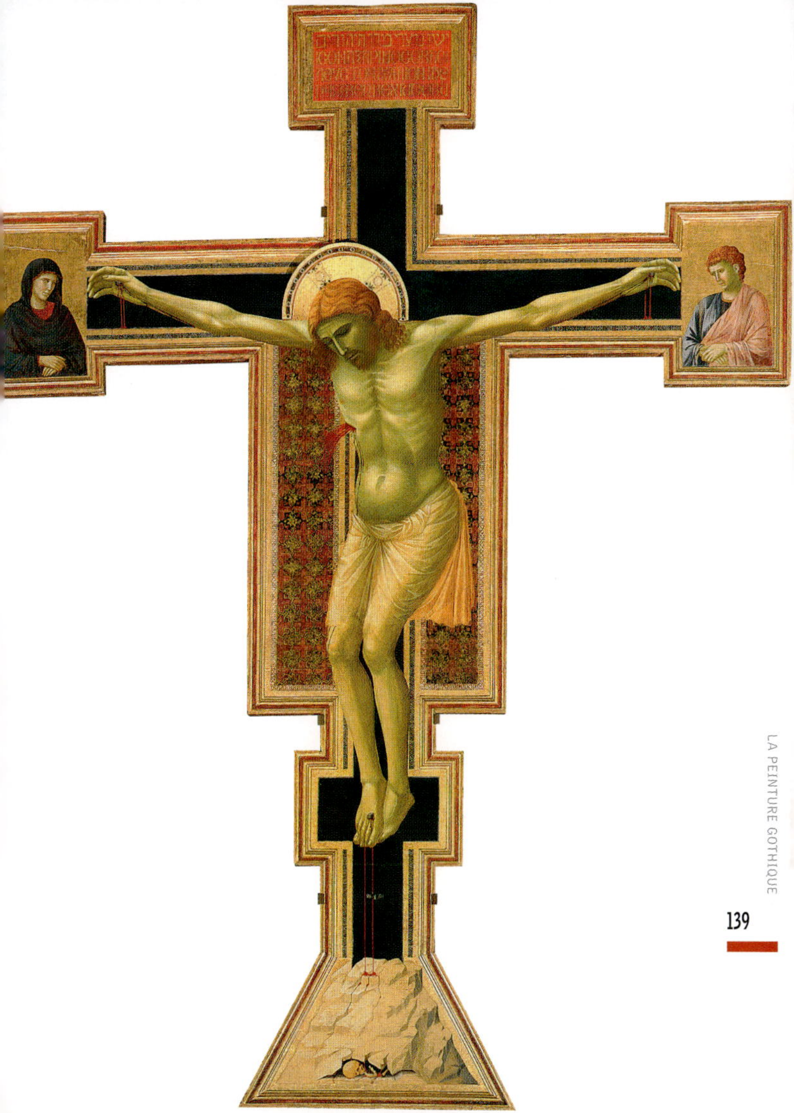

Giotto

Colle di Vespignano, vers 1267-
Florence, 1337

Rencontre à la Porte Dorée

VERS 1305

fresque
Chapelle de l'Aréna
Padoue

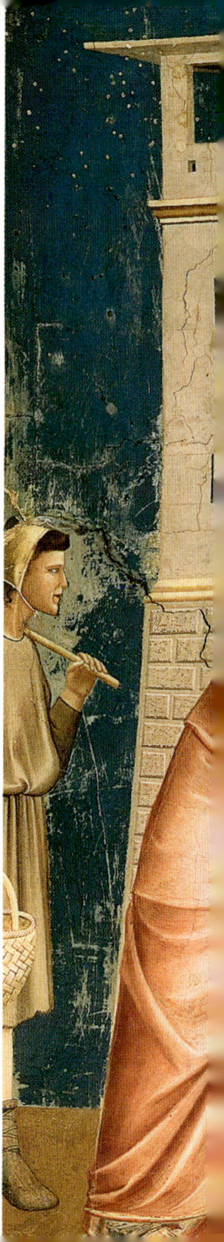

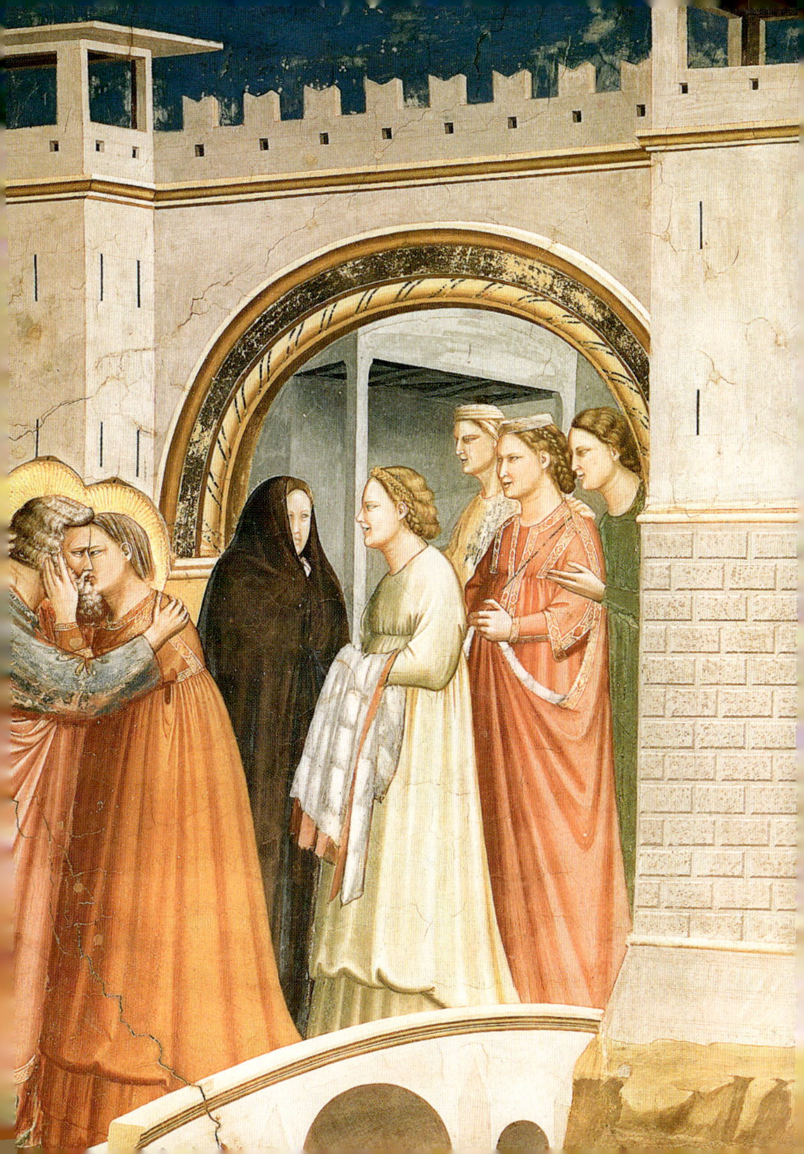

Giotto

Colle di Vespignano, vers 1267-
Florence, 1337

Vierge de tous les saints

VERS 1310

détrempe et or sur bois
325,1 x 203, 2 cm
Musée des Offices
Florence

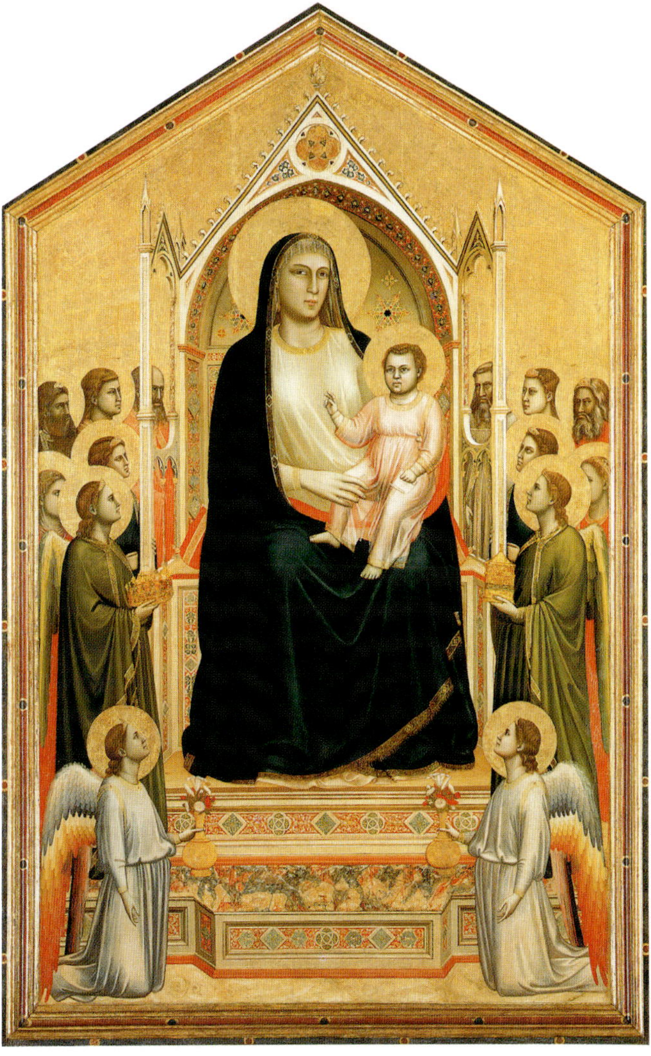

Giotto
Colle di Vespignano, vers 1267-
Florence, 1337

La mort de saint François

VERS 1317

fresque
Basilique Santa Croce (Chapelle Bardi)
Florence

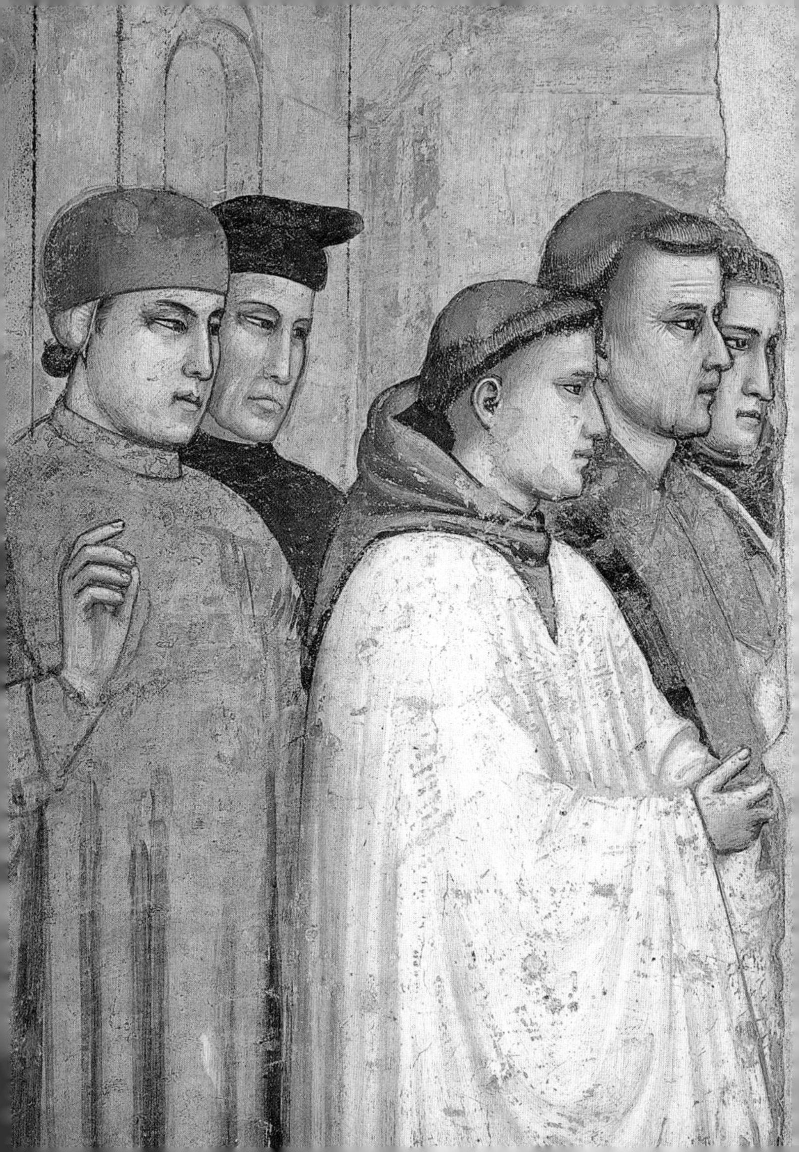

Giotto

Colle di Vespignano, vers 1267-
Florence, 1337

Saint Etienne

VERS 1330-1335

détrempe et or sur bois
84 x 54 cm
Musée Horne
Florence

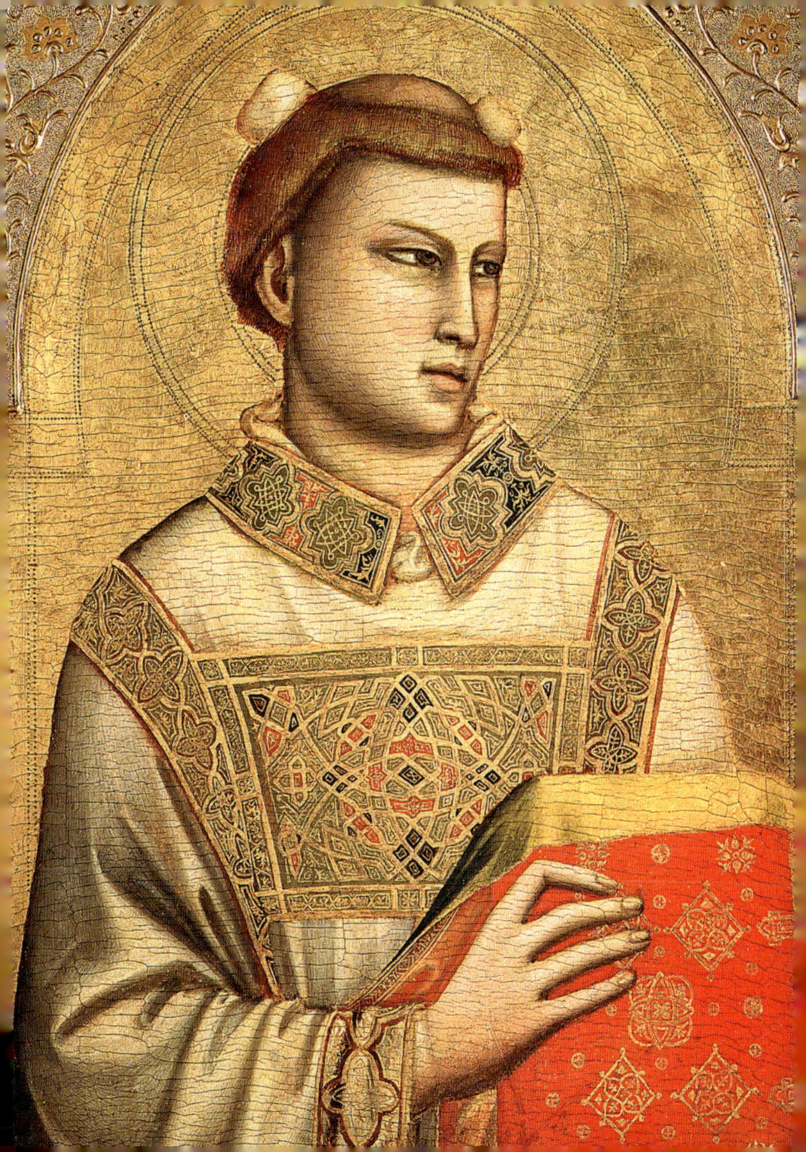

148

Simone Martini

Sienne, vers 1284- Avignon, 1344

Saint Martin en méditation

APRÈS 1317

fresque
Basilique Saint-François (basilique inférieure)
Assise

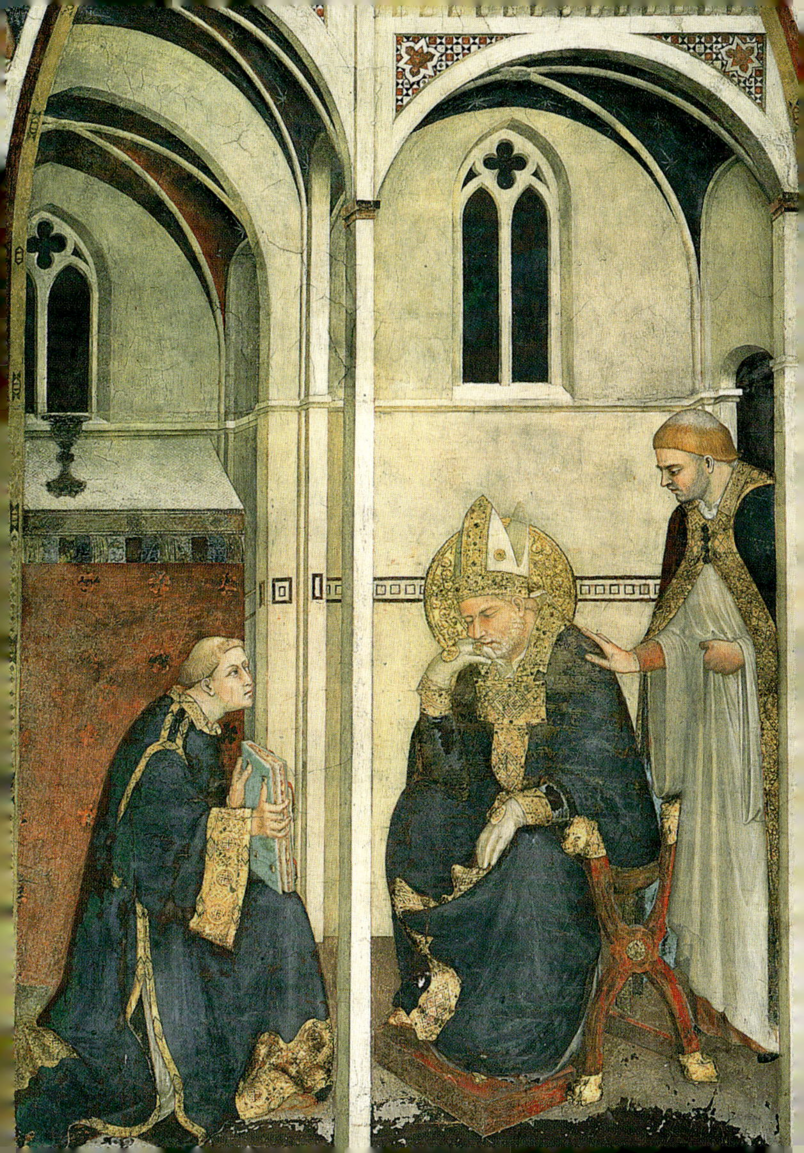

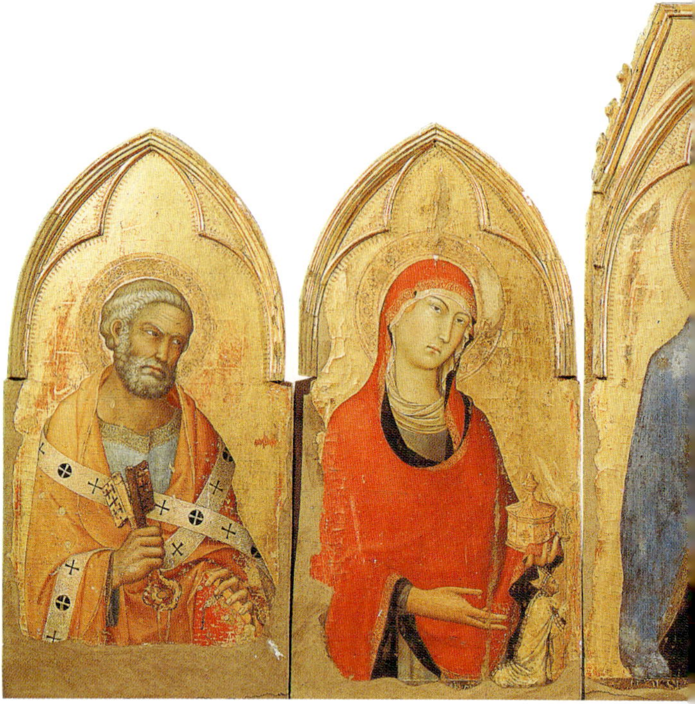

Simone Martini

Sienne, vers 1284- Avignon, 1344

Vierge à l'Enfant avec saints et donateur

VERS 1321

détrempe et or sur bois
113 x 257 cm
Musée de l'Oeuvre de la cathédrale
Orvieto

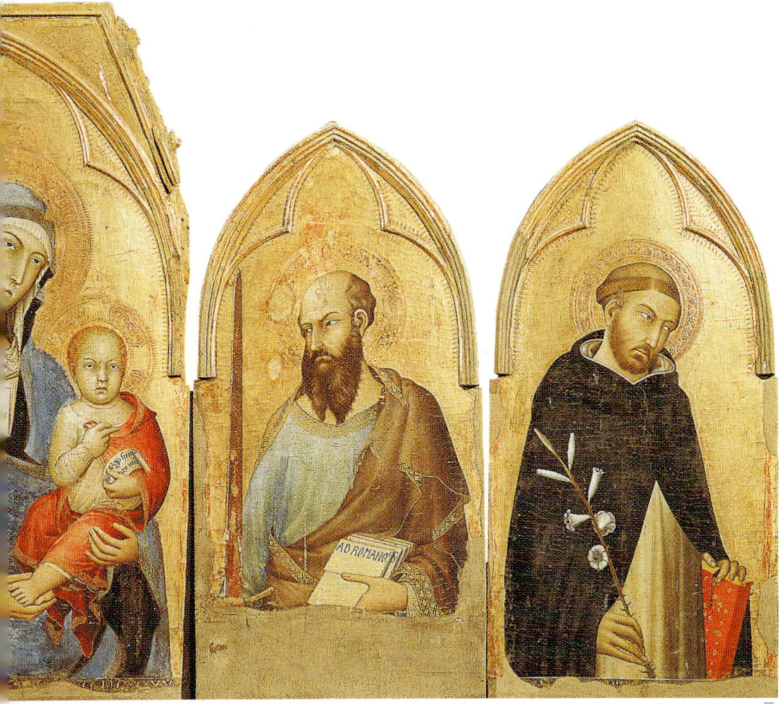

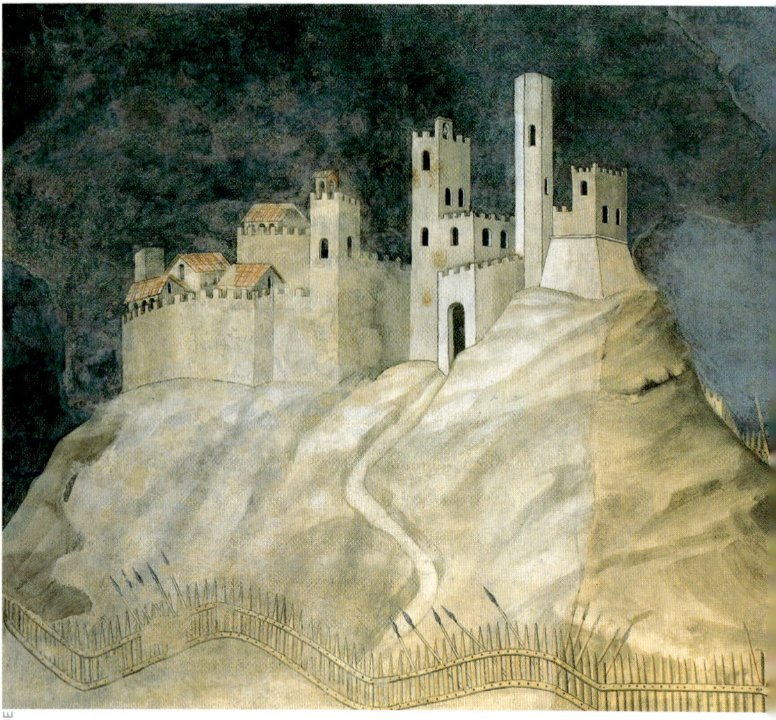

Simone Martini

Sienne, vers 1284- Avignon, 1344

Guidoriccio da Fogliano

1330

fresque
335,3 x 975,4 cm
Palais communal
Sienne

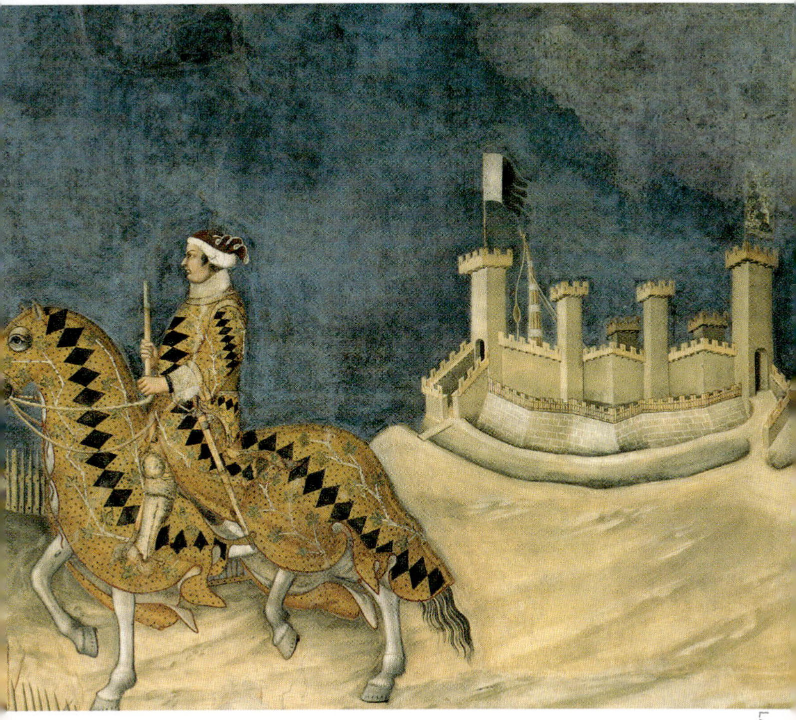

Simone Martini

Sienne, vers 1284- Avignon, 1344

Annonciation

1333

détrempe et or sur bois
184 x 210 cm
Musée des Offices
Florence

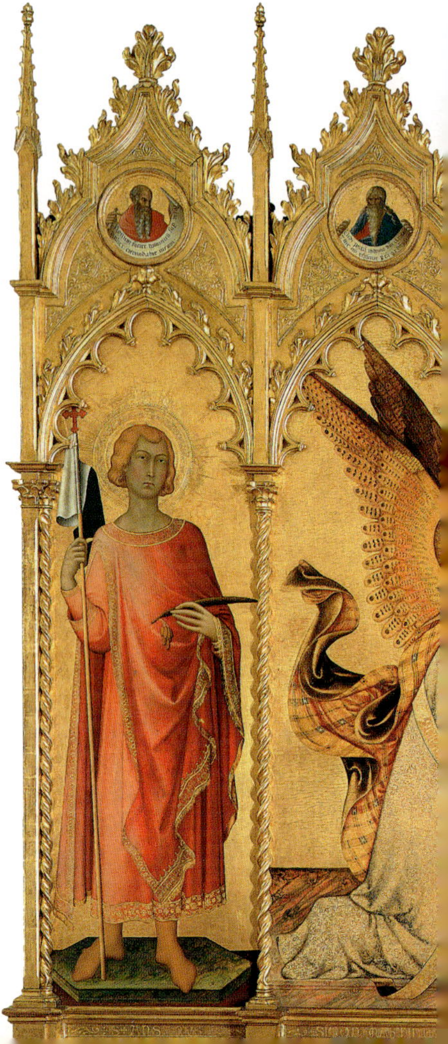

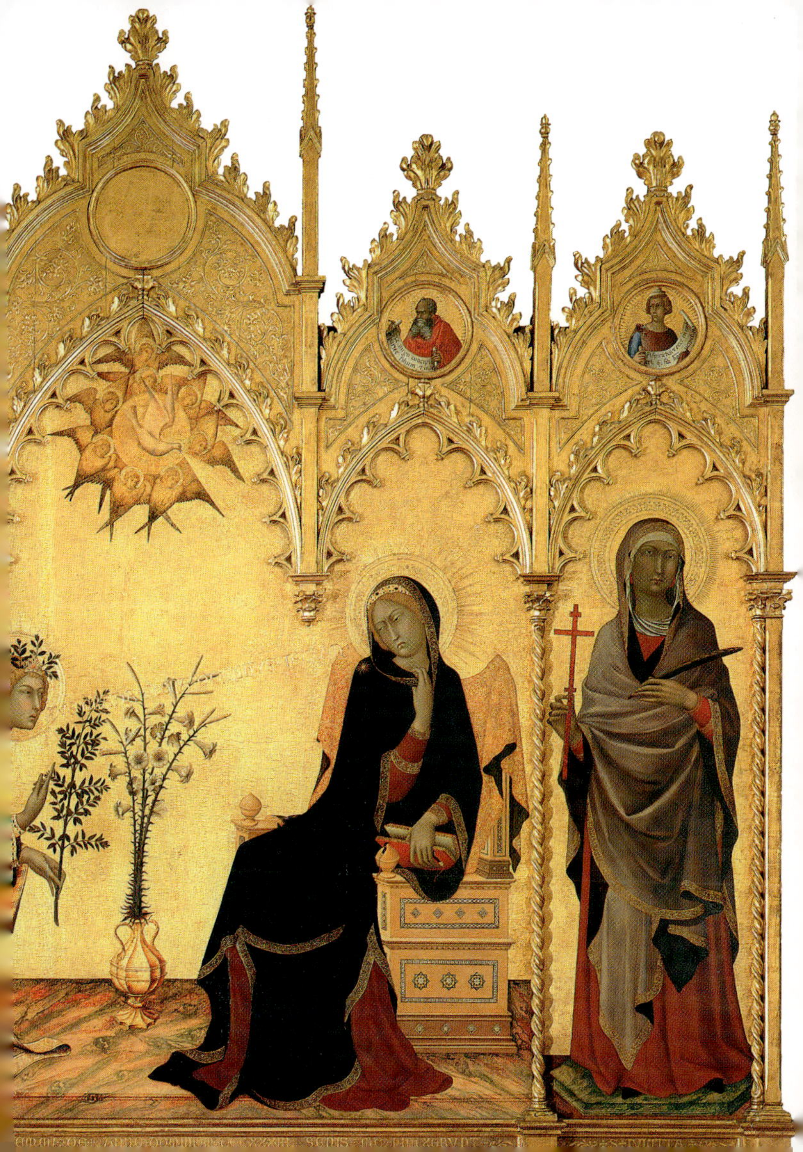

Simone Martini

Sienne, vers 1284- Avignon, 1344

Le Christ montant au Calvaire

retable d'Orsini (panneau)

VERS 1336

détrempe et or sur bois
30 x 20 cm
Musée du Louvre
Paris

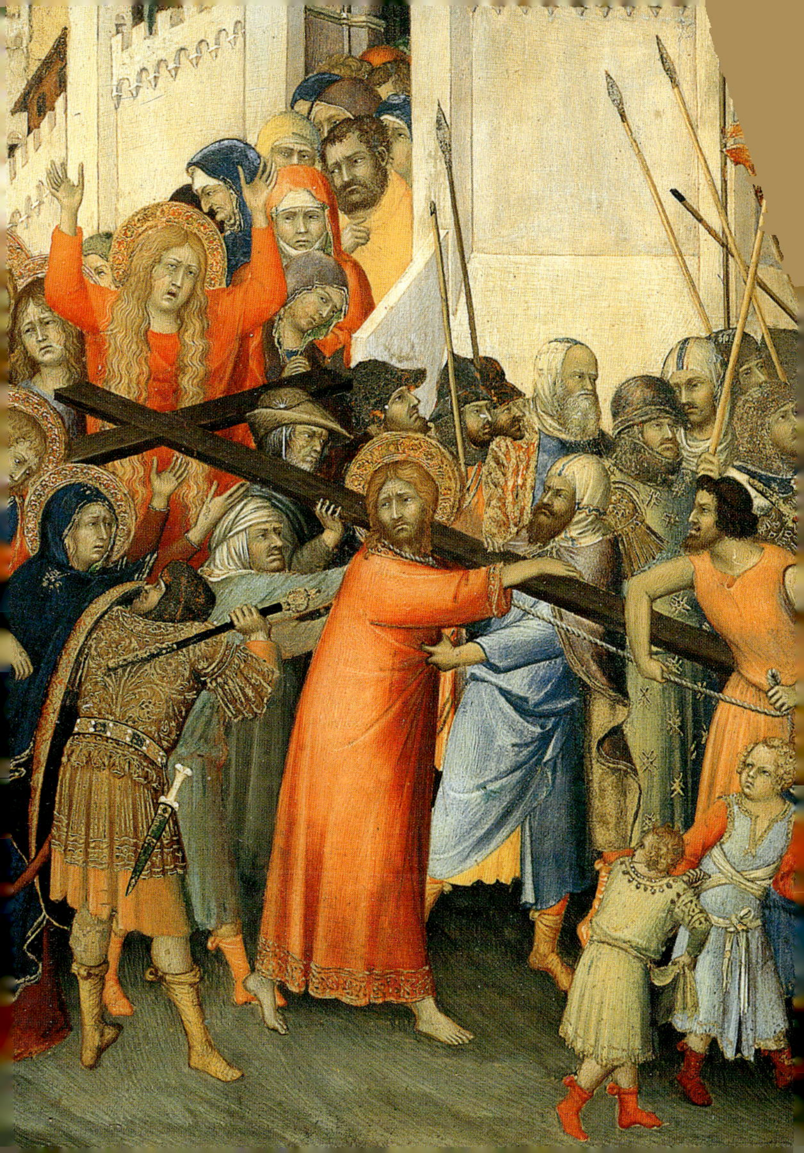

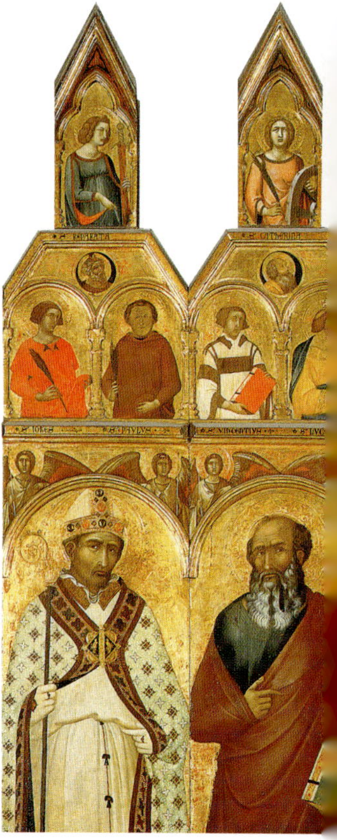

Pietro Lorenzetti

Sienne, 1280-1348

Vierge à l'Enfant avec plusieurs saints

polyptyque
détrempe et or sur bois
298 x 309 cm
Eglise de la Pieve di Santa Maria
Arezzo

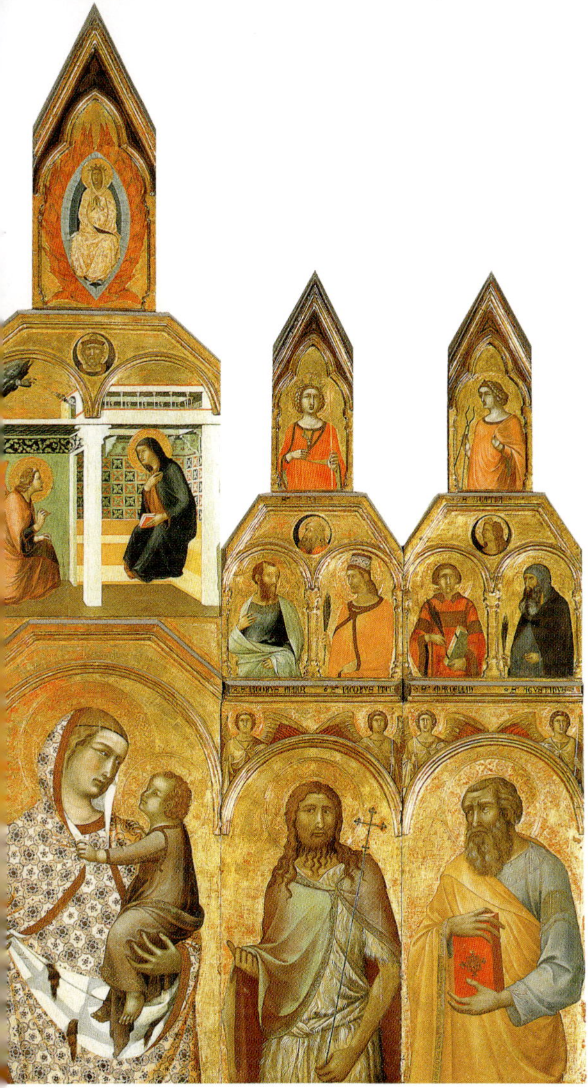

Pietro Lorenzetti

Sienne, 1280-1348

Naissance de la Vierge

1335-1342

détrempe et or sur bois
187 x 182 cm
Musée de l'Oeuvre de la cathédrale
Sienne

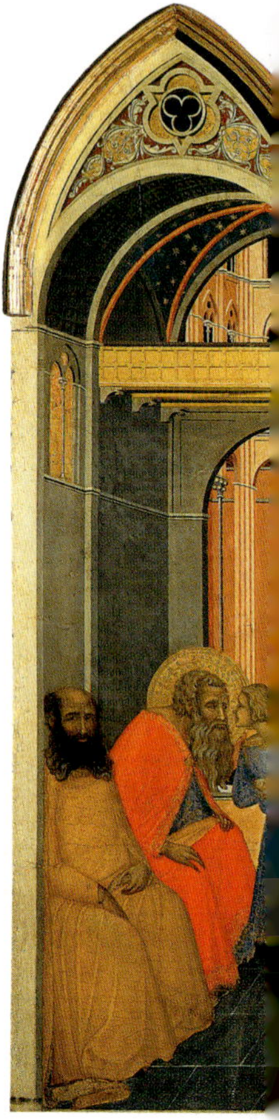

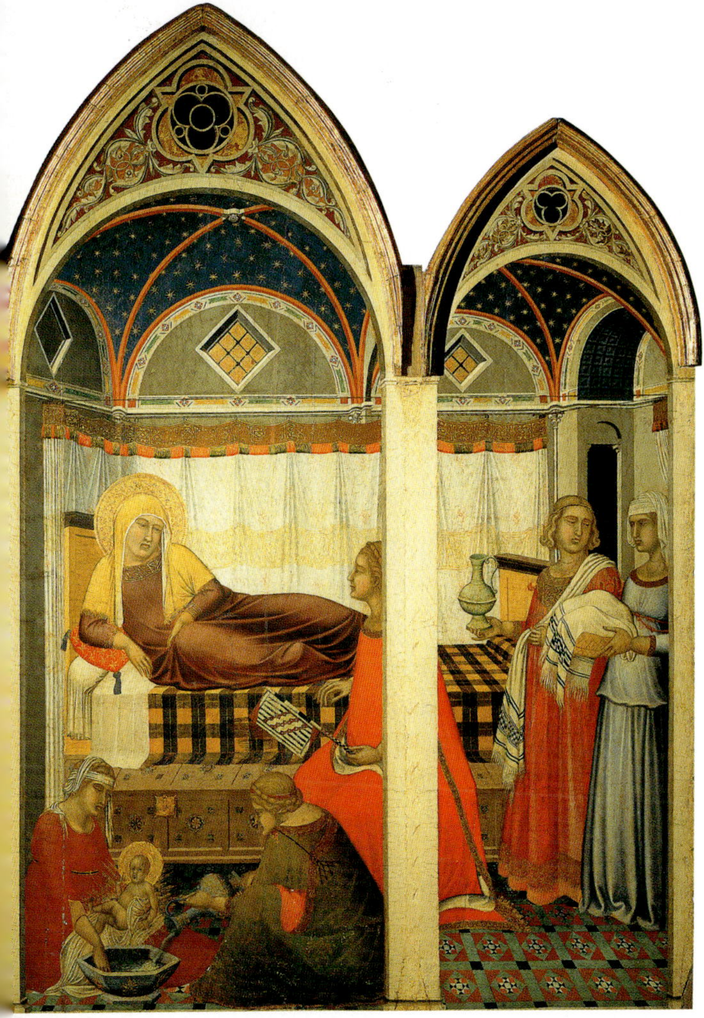

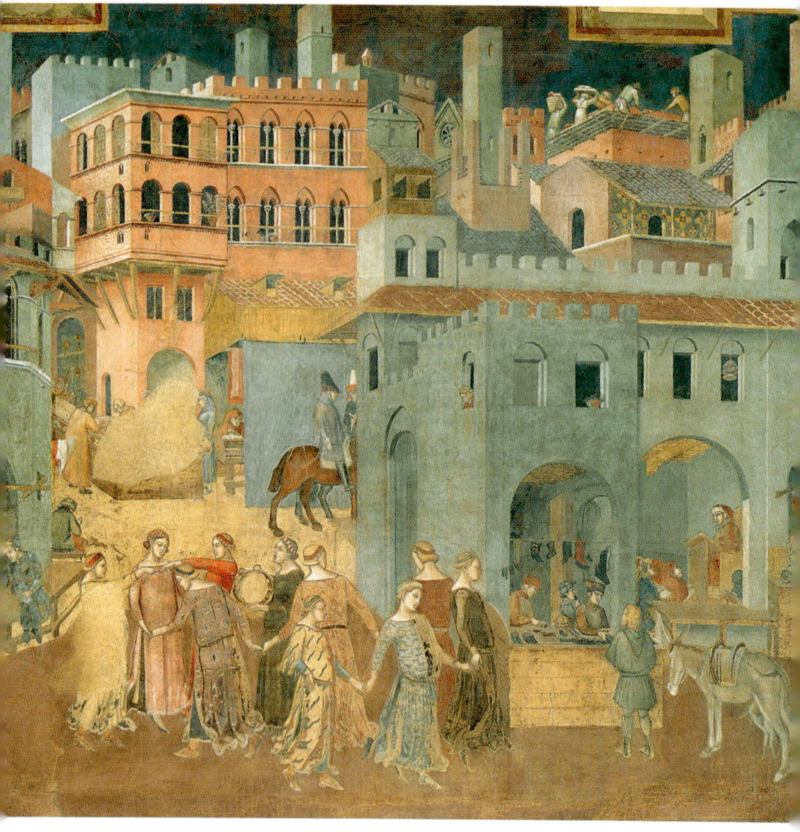

Ambrogio Lorenzetti

162 Sienne, 1285-1348

Les effets du Bon Gouvernement, la Ville

détail

1338-1340

fresque
Palais communal
Sienne

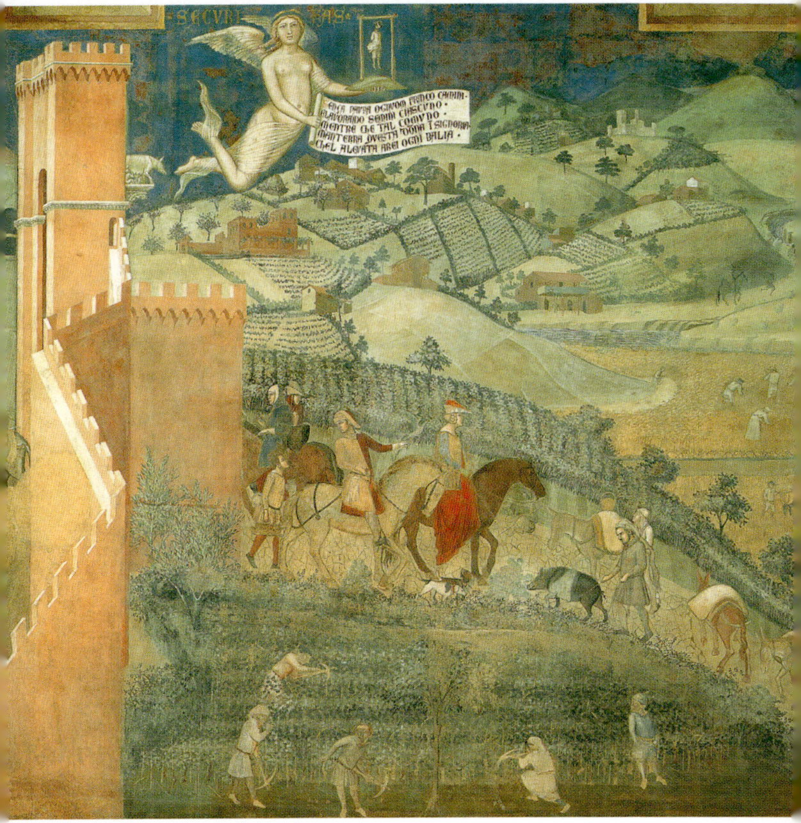

Ambrogio Lorenzetti

Sienne, 1285-1348

Les effets du Bon Gouvernement, la Campagne

détail

1338-1340

fresque
Palais communal
Sienne

Ambrogio Lorenzetti
Sienne, 1285-1348

La Présentation au Temple

1342

détrempe sur bois
257 x 168 cm
Musée des Offices
Florence

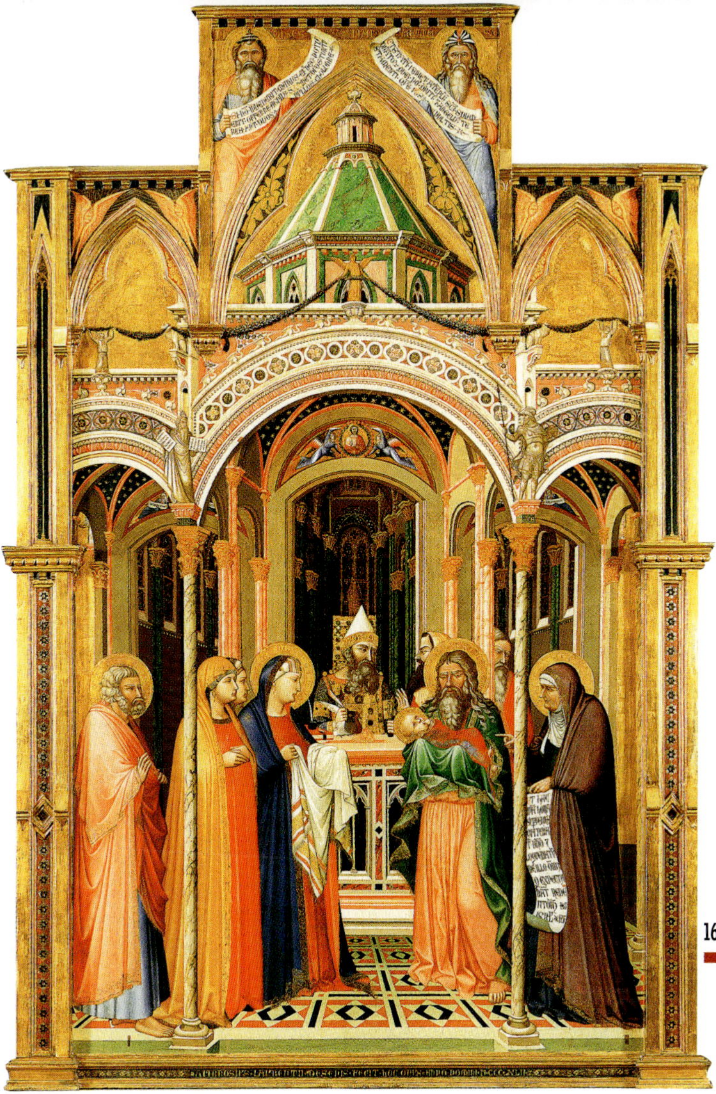

Taddeo Gaddi

Florence, vers 1295-1336

Annonciation aux bergers

1328-1332

fresque
Santa Croce (chapelle Baroncelli)
Florence

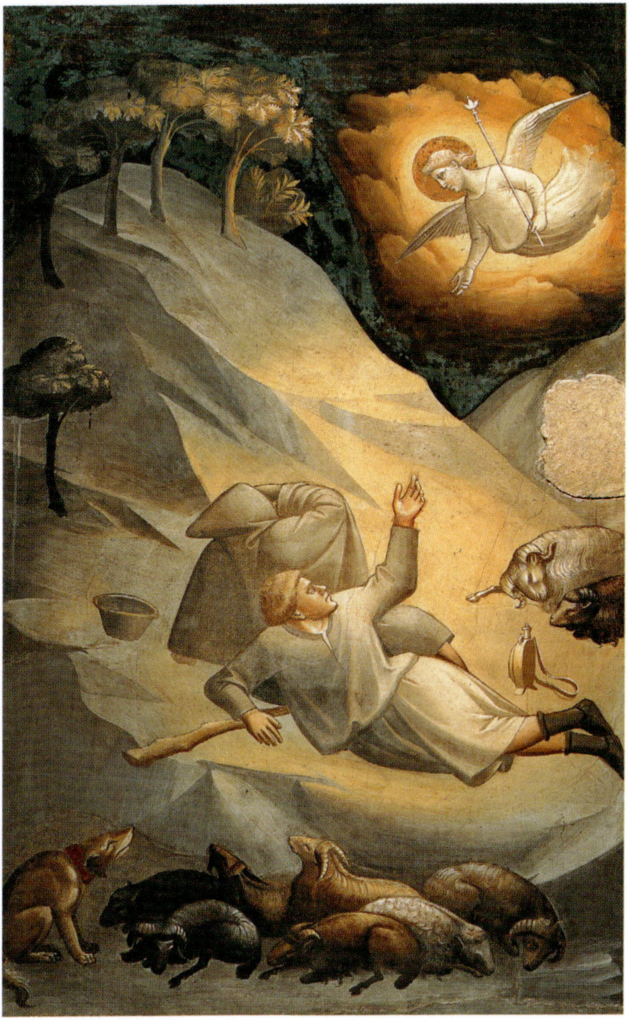

Taddeo Gaddi

Florence, vers 1295-1336

Présentation de Marie au Temple

1328-1332

fresque
Santa Croce (chapelle Baroncelli)
Florence

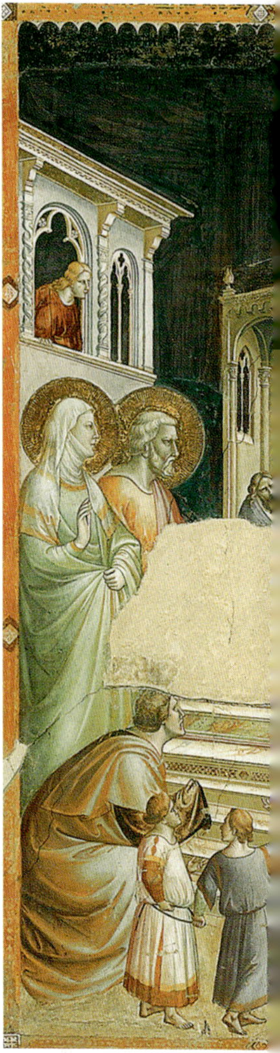

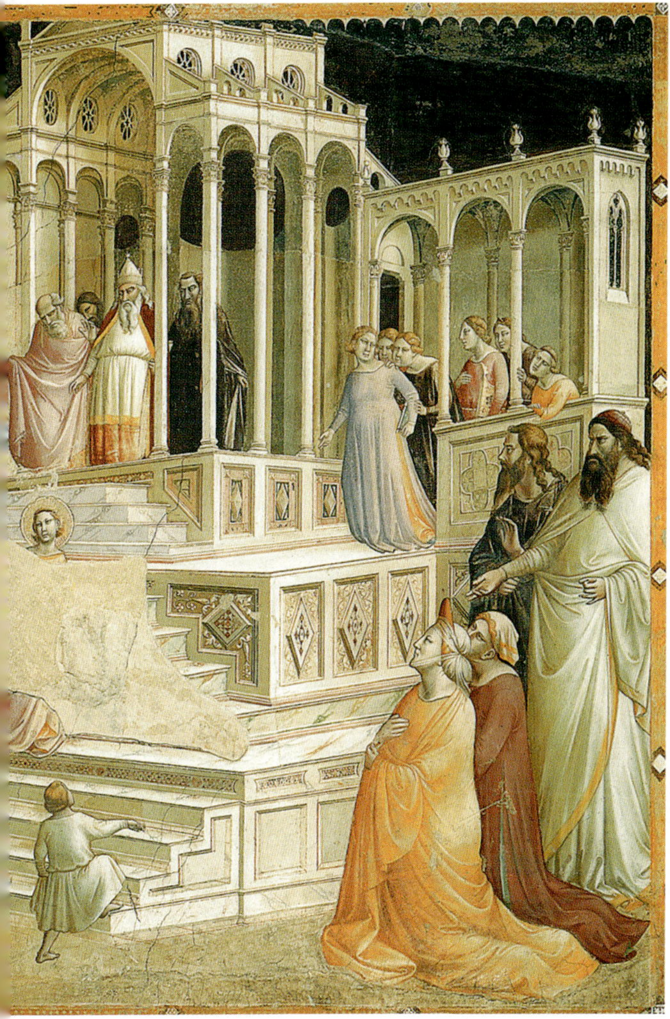

Orcagna Andrea (di Cione)
Florence, 1308-1368
Jacopo di Cione
actif à Florence entre 1343 et 1368

La vocation de saint Mathieu
Triptyque du cycle de saint Mathieu (panneau)

1367

détrempe et or sur bois
Musée des Offices
Florence

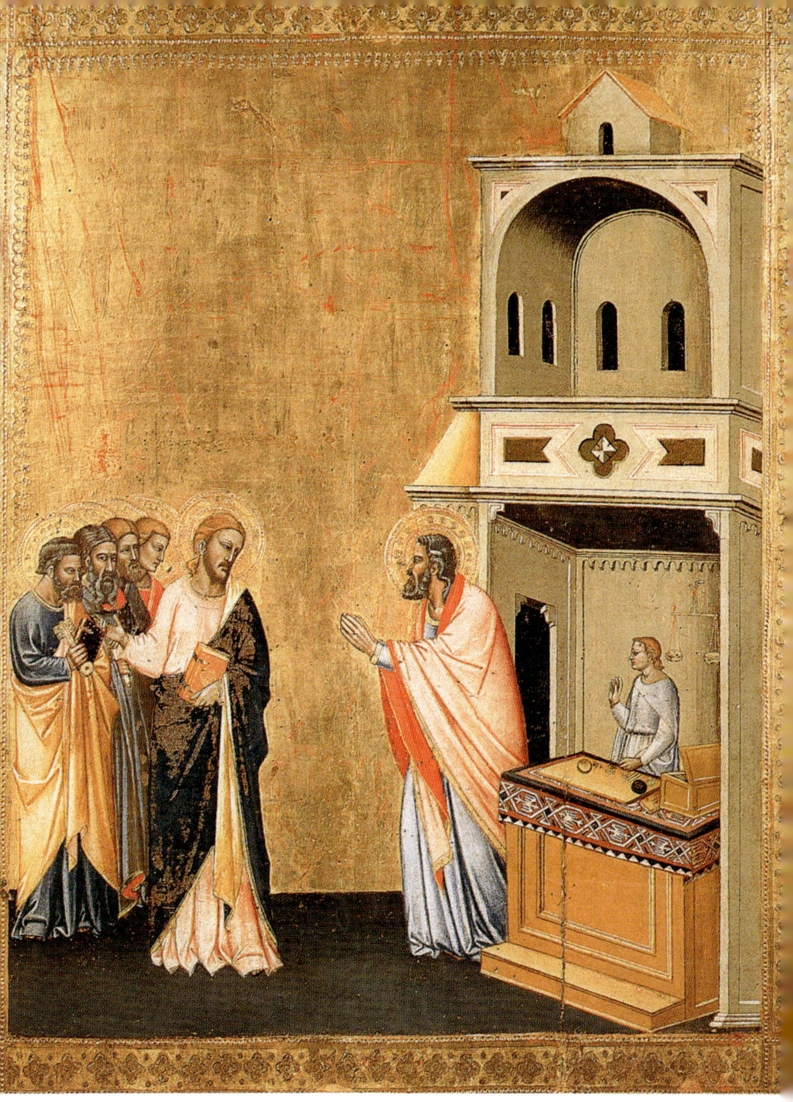

Orcagna Andrea (di Cione)
Florence, 1308-1368

Mendiants
Le triomphe de la Mort
(détail)

1348

fresque
Le Camposanto
Pise

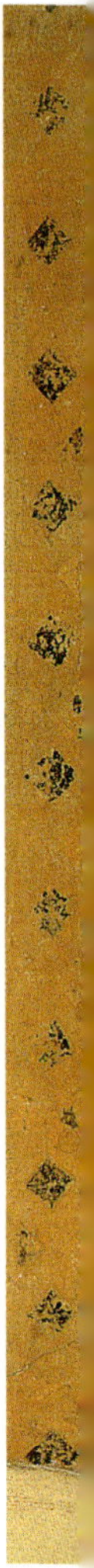

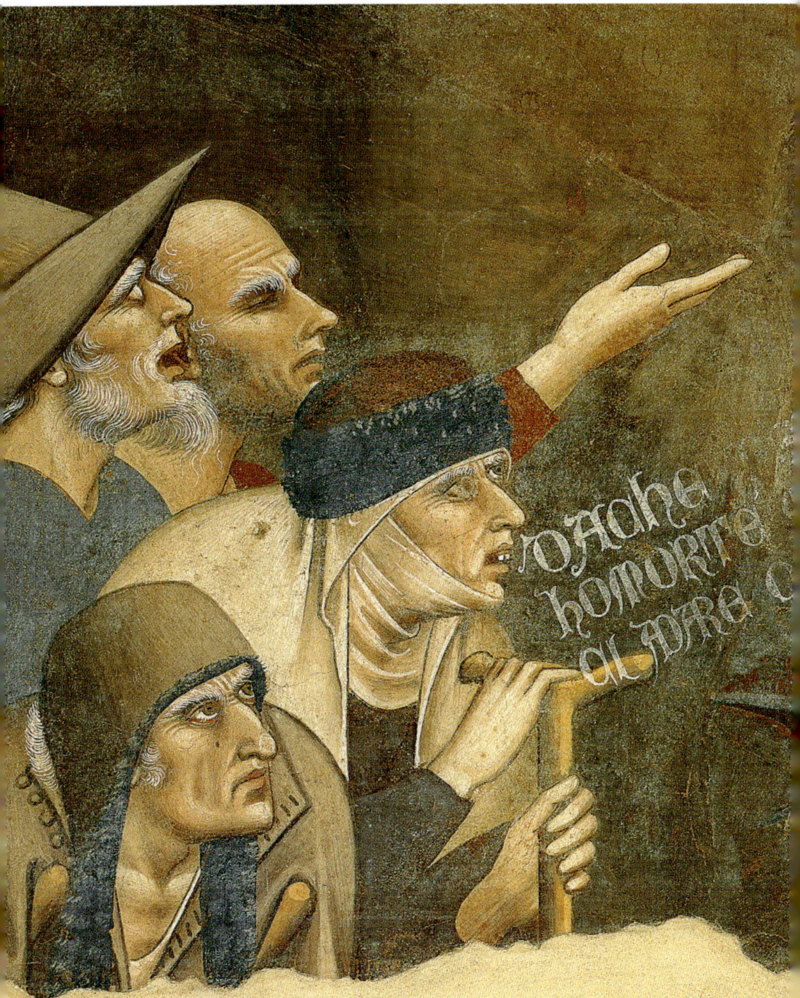
dache
homorte
almare

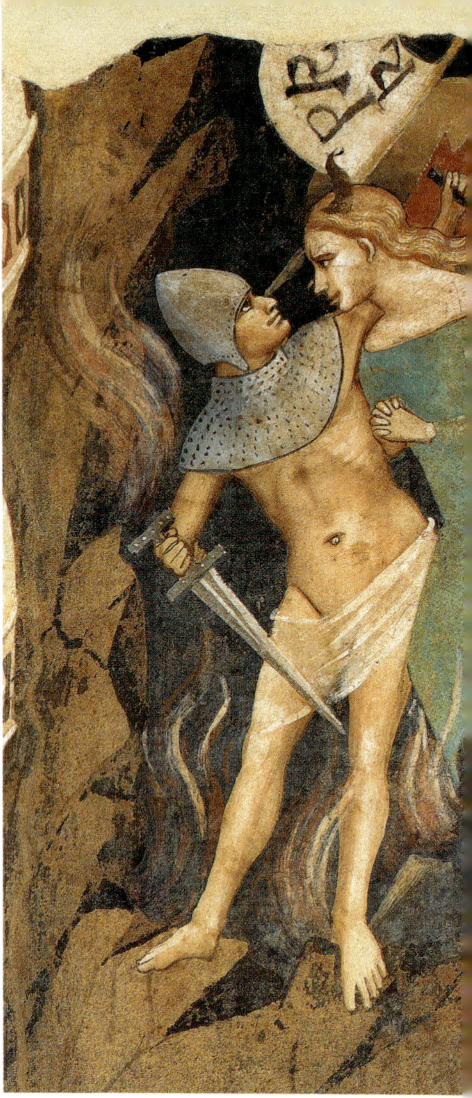

Orcagna Andrea (di Cione)
Florence, 1308-1368
Jacopo di Cione

Les damnés et les démons
L'Enfer
(fragment)

1348

fresque
Musée de l'Oeuvre de Santa Croce
Florence

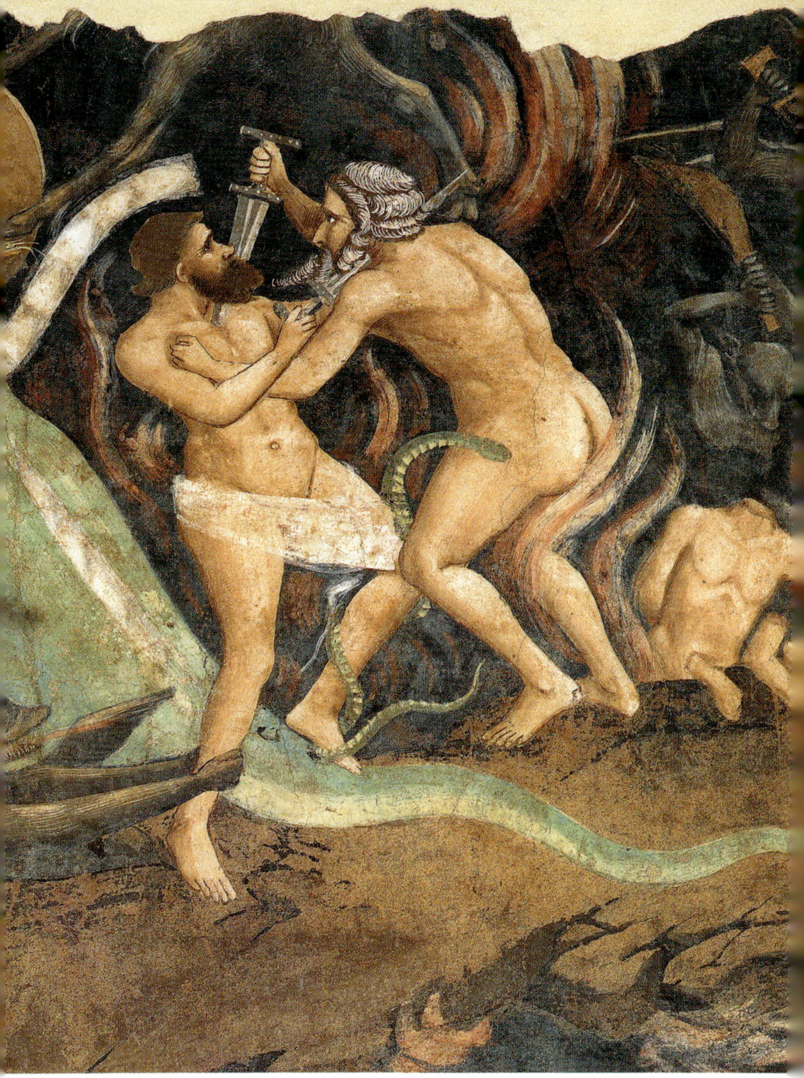

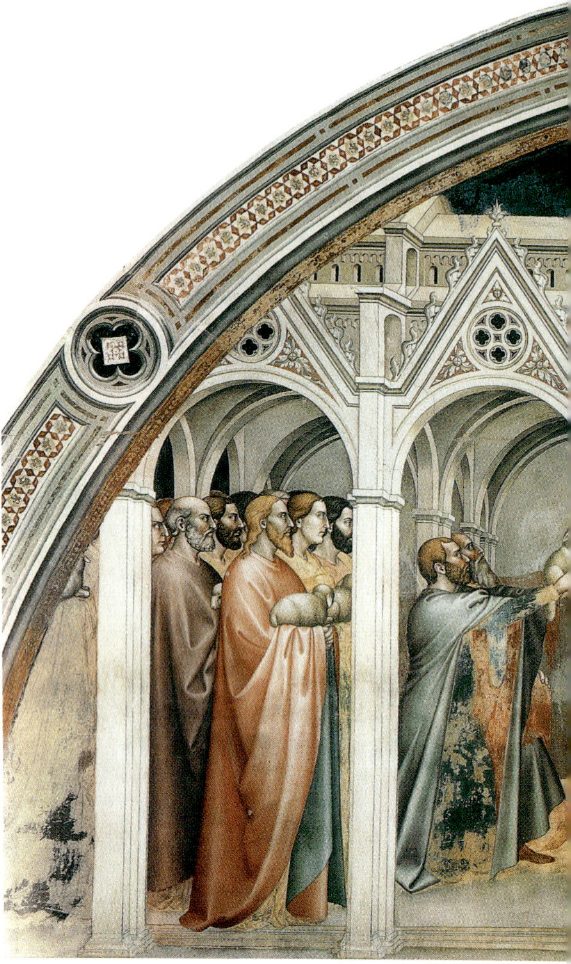

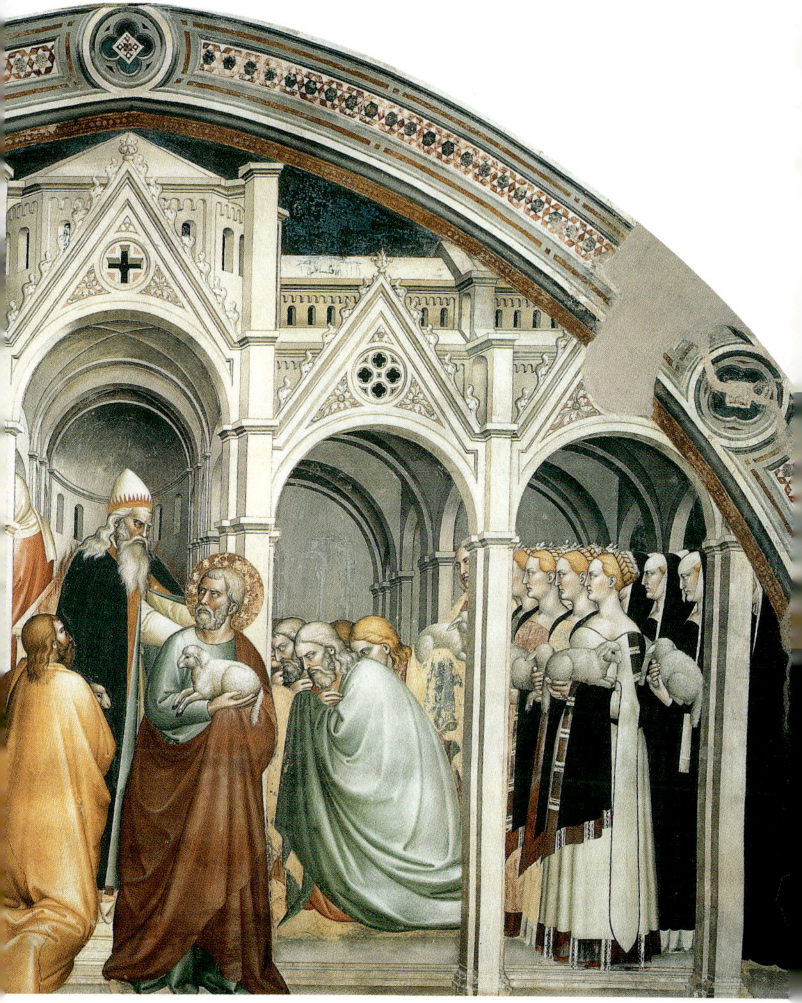

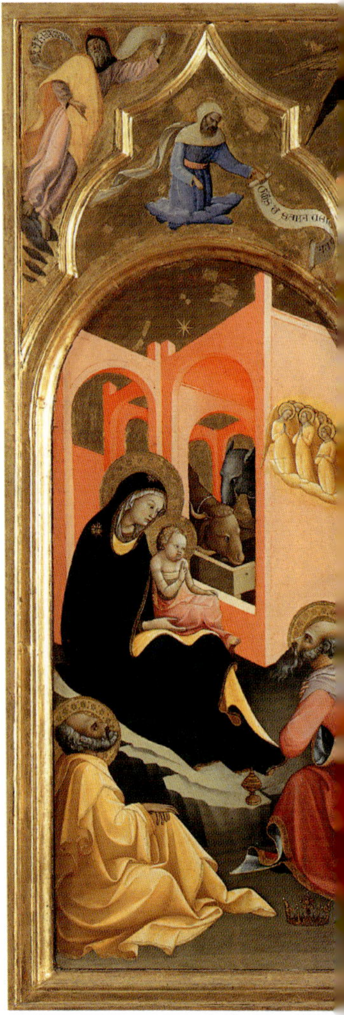

Lorenzo Monaco

Sienne, vers 1370- Florence, vers 1425

L'Adoration des Mages

VERS 1422

détrempe sur bois
Musée des Offices
Florence

pp. 176-177

Giovanni da Milano

Côme, vers 1325-après 1369

Joachim chassé du Temple

Scènes de la vie de la Vierge

1365

fresque
Eglise de Santa Croce (sacristie)
Florence

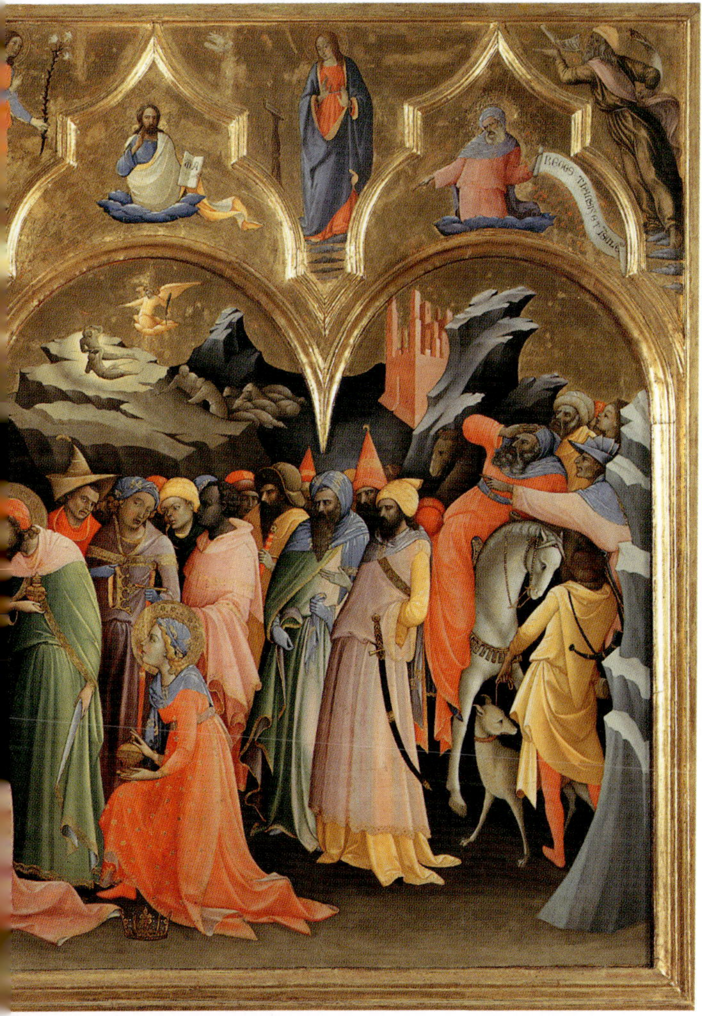

Gentile da Fabriano (Gentile di Niccolo di Giovanni Massi)

Fabriano, vers 1370- Rome, 1427

L'Adoration des Mages

1423

détrempe sur bois
300 x 282 cm
Musée des Offices
Florence

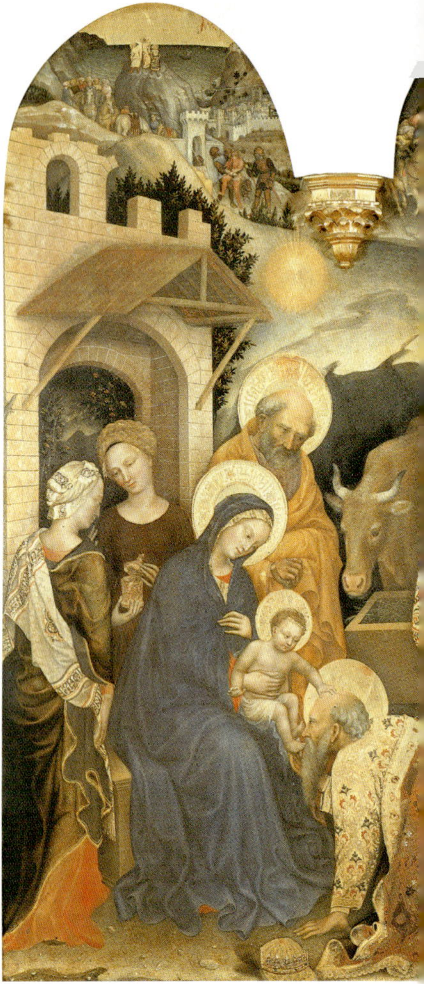

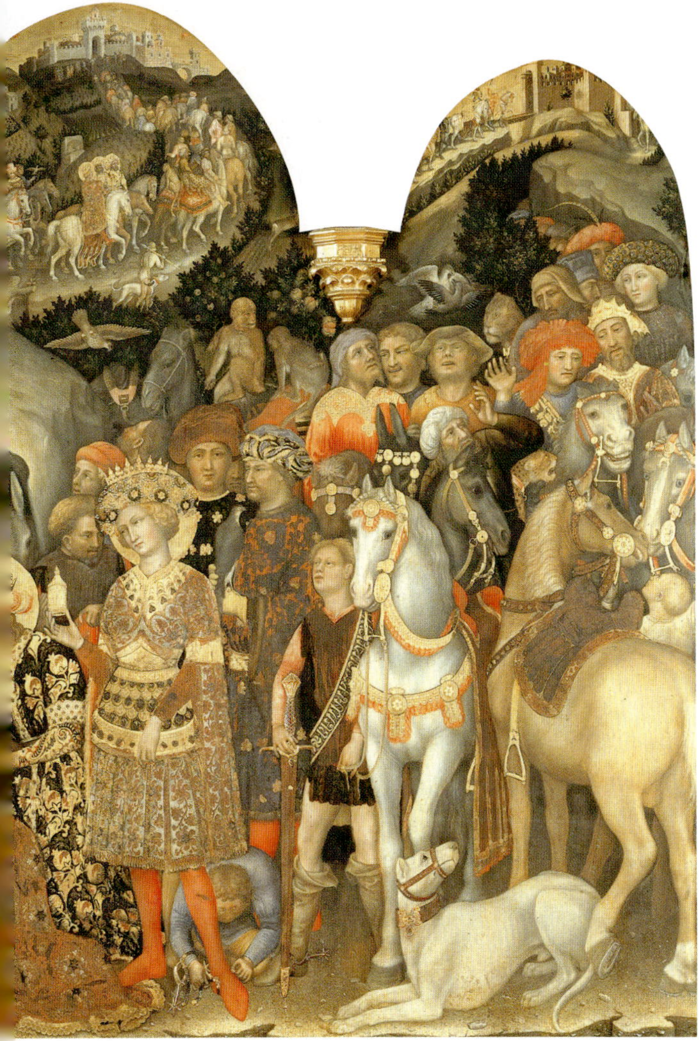

Bonifacio Bembo

actif à Brescia vers 1420-1477

Carte de Tarot, le page

175 x 85 cm

Accademia Carrara

Bergame

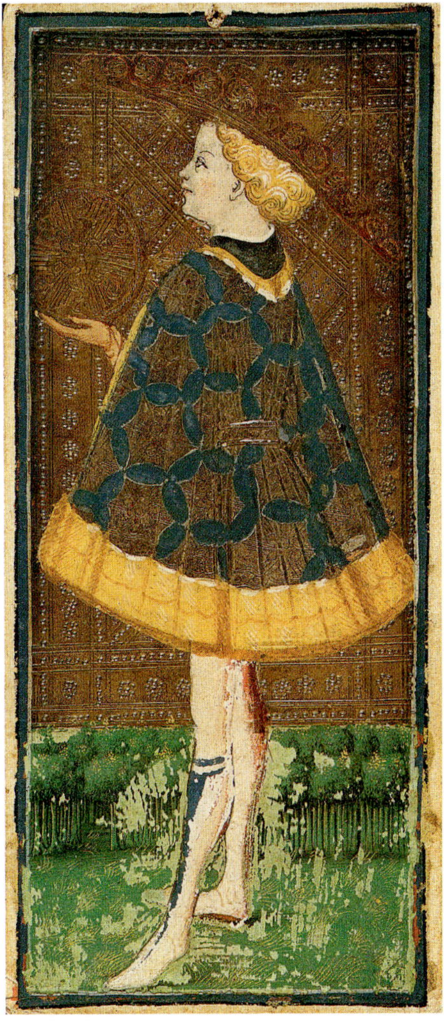

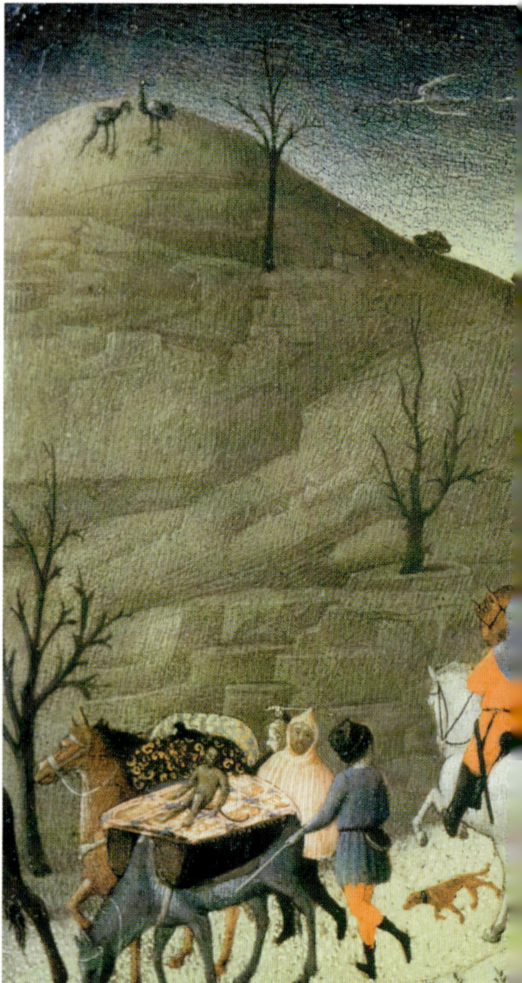

Sassetta

(Stefano di Giovanni)

Cortone, vers 1400-1450

Le voyage des Mages

VERS 1435

détrempe et or sur bois
21,6 x 29,9 cm
Metropolitan Museum of Arts
New York

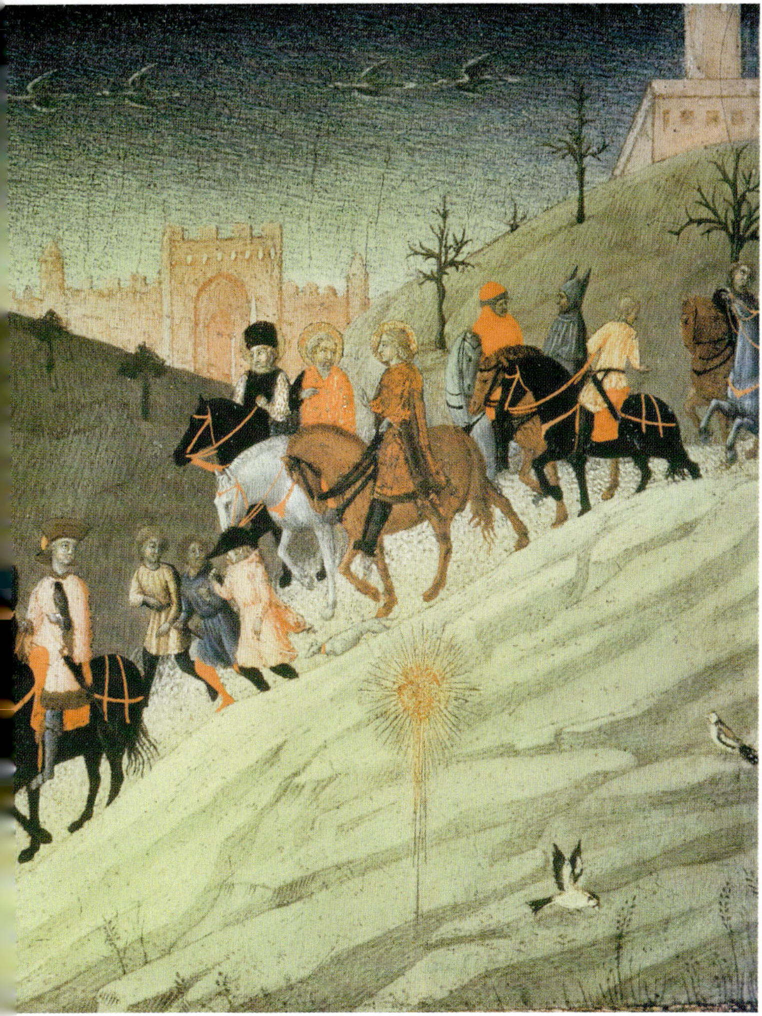

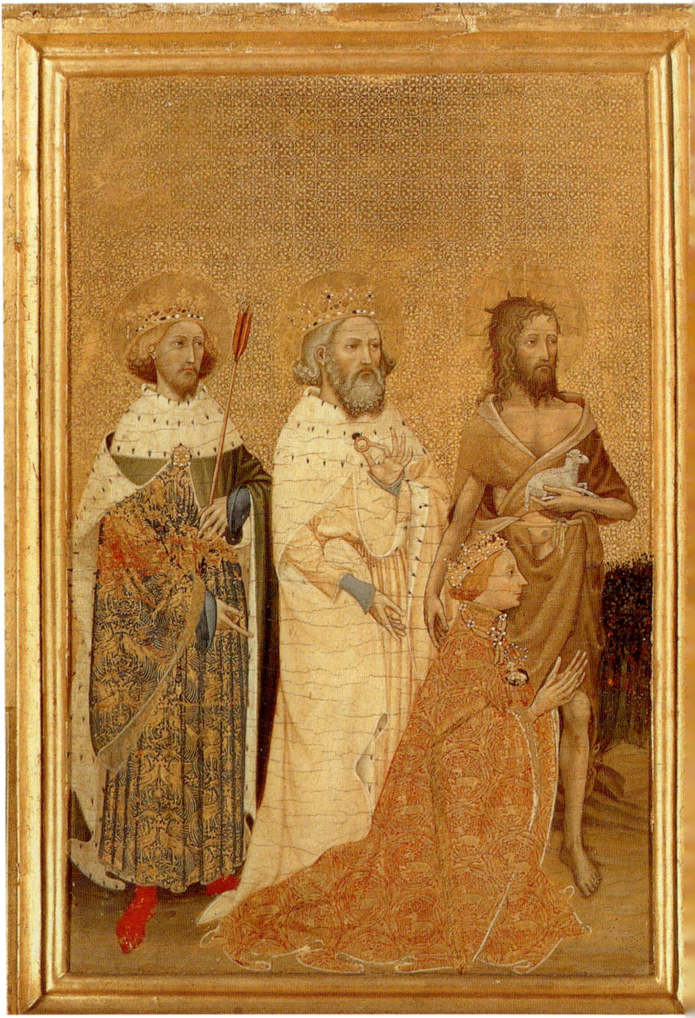

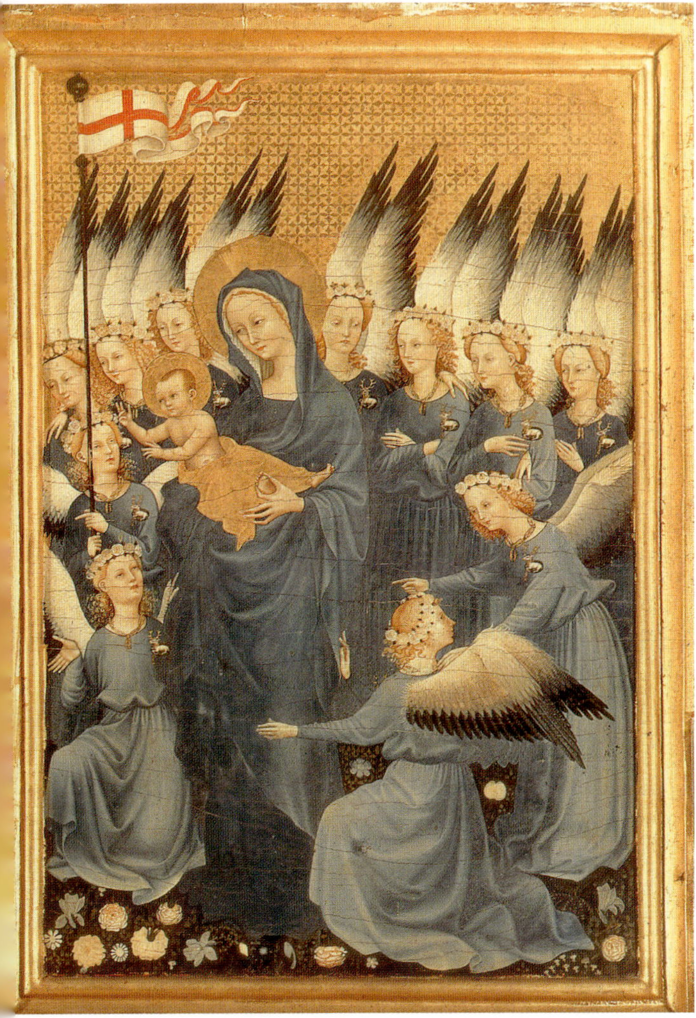

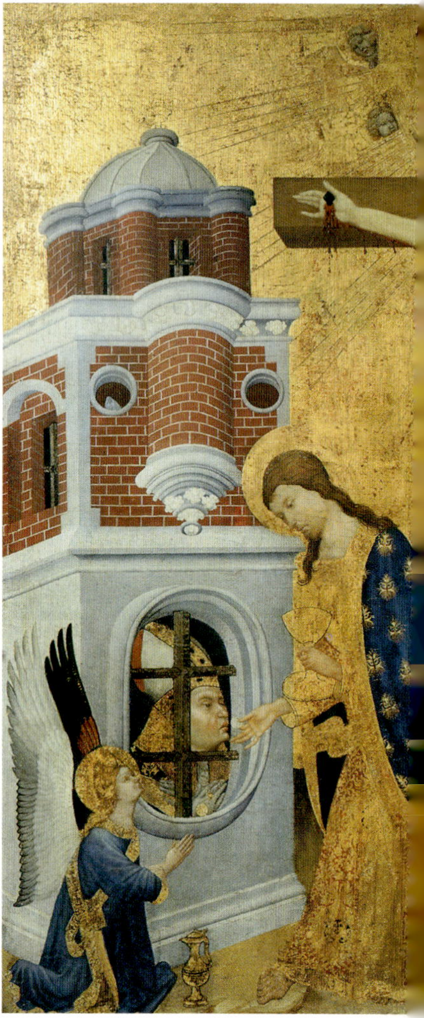

Henri Bellechose
première moitié du XVème siècle

Crucifixion avec la Sainte eucharistie et le martyr de saint Denis
retable de saint Denis
1416

huile sur bois
162 x 211 cm
Musée du Louvre
Paris

pp. 186-187
Maître du diptyque Wilton
Anonyme anglais ou artiste français

Diptyque Wilton
Richard II présenté à la Vierge à l'Enfant par son patron saint Jean-Baptiste et les saints Edouard et Edmond
VERS 1395

détrempe et or sur bois
57 x 29, 2 cm
National Gallery
Londres

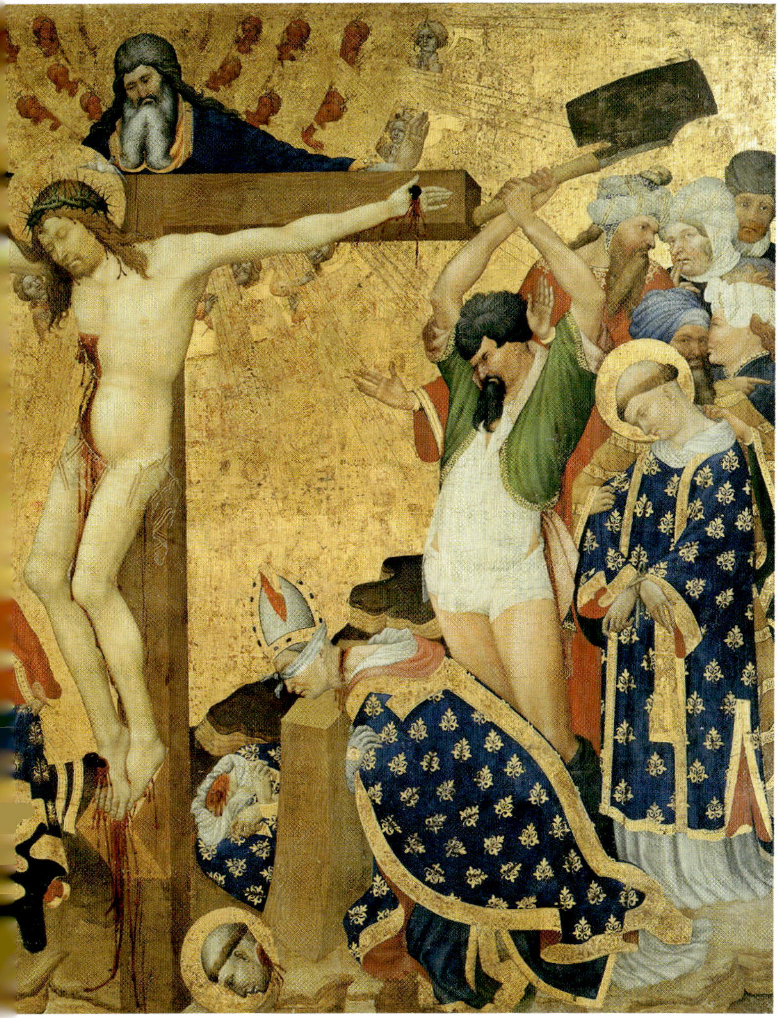

Stephan Lochner

Meersburg Lac de Constance, vers 1400-Cologne, 1451

La Madone au buisson de roses

VERS 1440

huile et or sur bois
51 x 40 cm
Verona Wallraf-Richartz Museum
Cologne

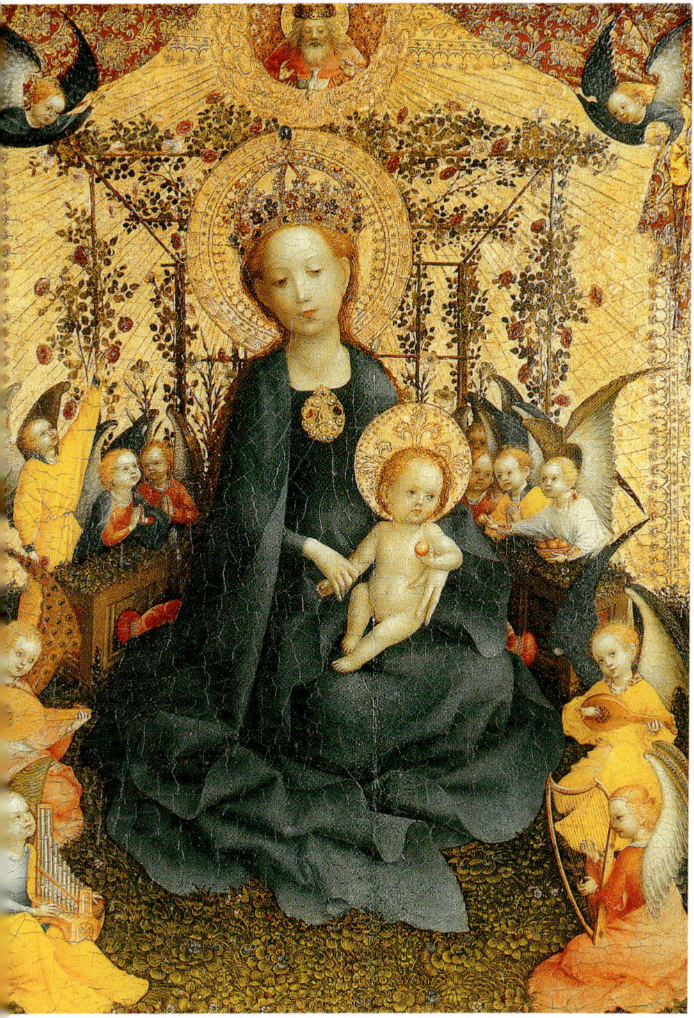

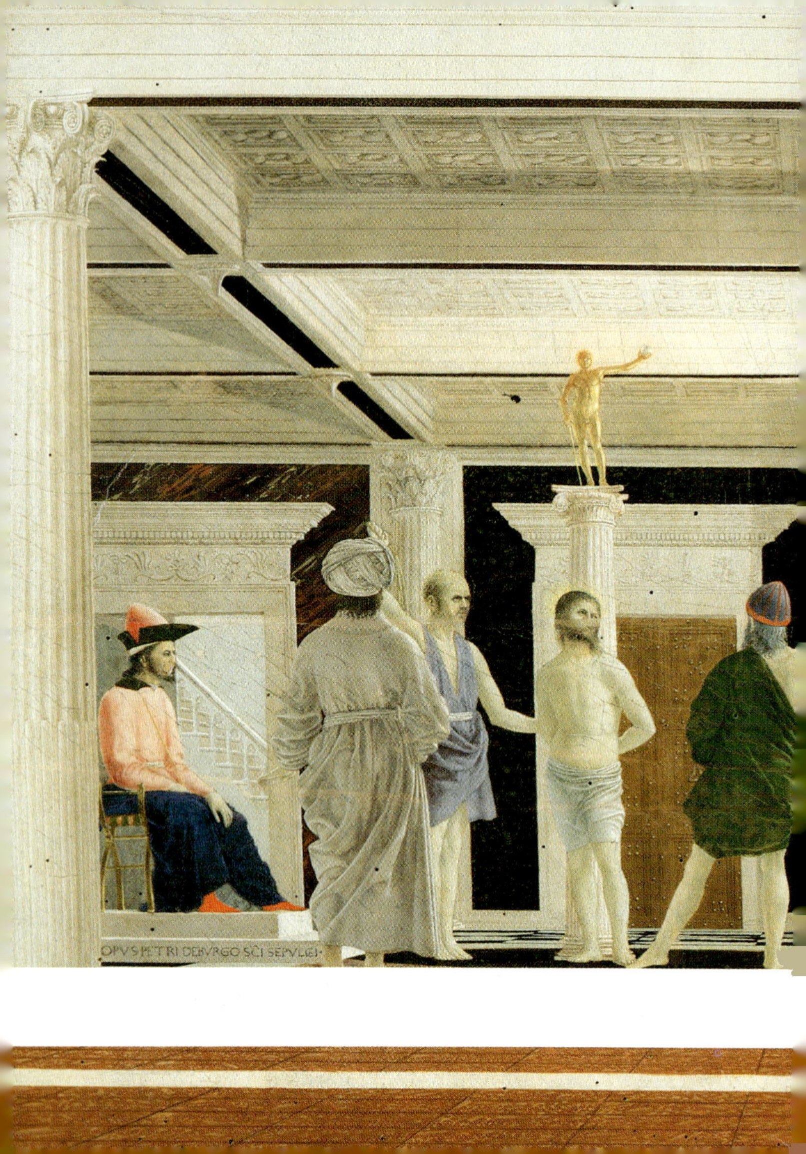
OPVS PETRI DEBVRGO SCI SEPVLCRI·

LA RENAISSANCE

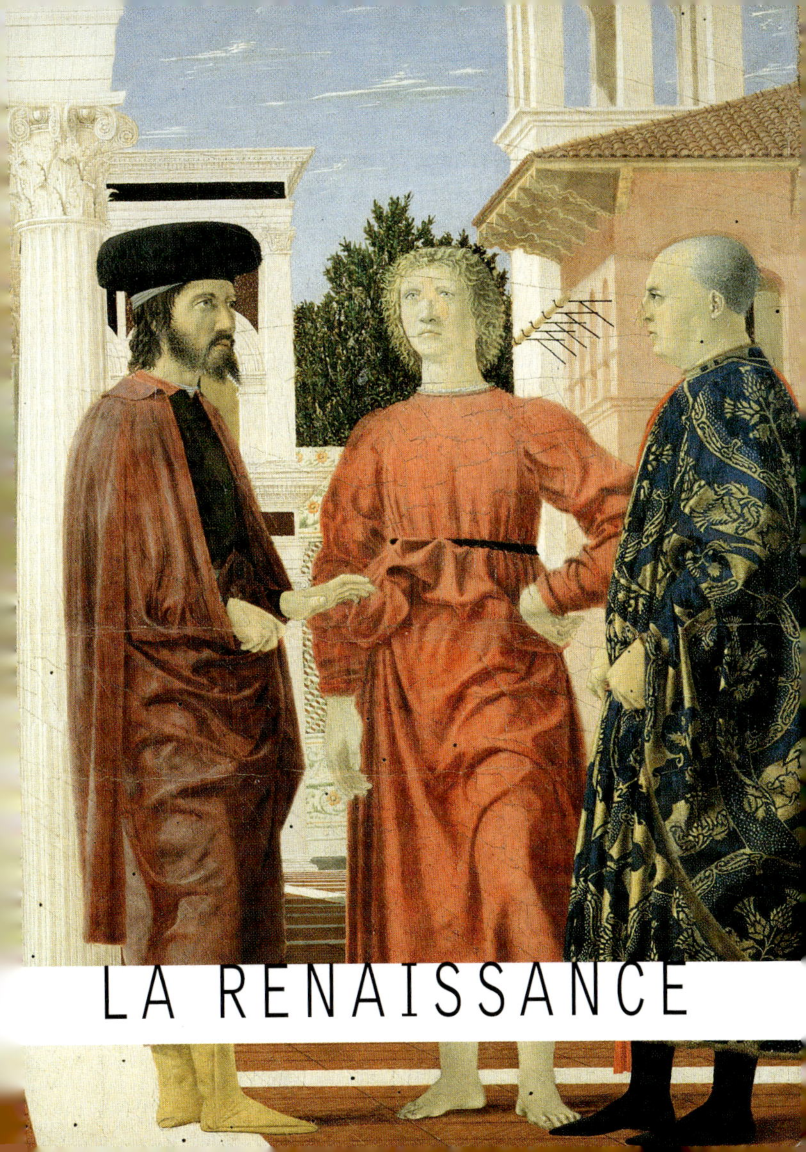

On peut décrire la Renaissance comme l'époque où l'humanité prit conscience d'elle-même, après de nombreux siècles durant lesquels prévalait une vision mystique de l'univers (depuis l'avènement du christianisme jusqu'au quatorzième siècle). Dans les domaines de la peinture, de la littérature et de la science, le quinzième siècle sembla éveiller dans l'homme le besoin de se connaître, d'explorer le monde qui l'entourait et d'acquérir une compréhension rationnelle des lois de la nature. En peinture, cela conduisit à la représentation d'un espace tridimensionnel selon les lois mathématiques découvertes au début du quinzième siècle par l'architecte florentin Filippo Brunelleschi (1377-1446). Ces lois sont connues aujourd'hui comme étant celles de la perspective « classique » ou « centrale ».

Il y eut, au début, deux berceaux de la peinture de la Renaissance : Florence et les Flandres. Dans la ville italienne gouvernée par la famille Médicis, dont les membres furent de grands mécènes (auparavant, l'art était commandité presque exclusivement par l'Eglise), les peintres ont non seulement travaillé à perfectionner le portrait réaliste dans un espace tridimensionnel, mais ils ont aussi tenté d'unifier leurs peintures en utilisant la même source de lumière pour les différentes parties de la composition. Autrement dit, la lumière était projetée dans une seule direction, unissant ainsi toutes les figures dans un seul espace et un seul cadre-temps narratif. Cela apparaît dans l'œuvre de Masaccio (1401-1428), particulièrement dans les fresques de la chapelle Brancacci (à Florence), véritable lieu de naissance de la peinture de la Renaissance. Ce magnifique exemple de naturalisme fut vu par beaucoup de peintres, de Fillippo Lippi (1406-1469) à son fils Fillippino (vers 1547-1504), Fra Angelico (vers 1395-1455) et Piero della Francesca (vers 1415/20-1492) à Michel-Ange (1475-1564). Contrastant avec le fond d'or des peintures des siècles précédents, qui donnaient l'impression d'un espace irréel, la perspective et l'utilisation réaliste de la lumière avaient pour effet de rapprocher les scènes représentées du monde réel, que le sujet soit religieux ou profane. Cette approche du monde réel est aussi connue comme le mouvement « humaniste », qui diffère du

« mysticisme ». L'homme, être doué de raison, était maintenant devenu le centre d'intérêt des artistes. Cela signifiait aussi que les artistes, dans les limites qui leur étaient imparties, subordonnaient aussi les portraits religieux à la mesure de l'homme et à la réalité de la vie sur terre.

Un autre aspect fondamental de la peinture du début de la Renaissance italienne est l'intérêt dominant pour la culture classique (la littérature, la peinture et la statuaire grecques et romaines). Tout d'abord évidente dans la sculpture de Brunelleschi, de Lorenzo Ghiberti (1378-1455) et de Donatello (1386-1466), la culture classique devint la référence principale de nombreux peintres de tout premier plan, comme Andrea Mantegna (vers 1431-1506) et Sandro Botticelli (1445-1510). L'amour de Mantegna pour l'archéologie transparaît sans cesse dans son oeuvre, aussi bien dans ses représentations de ruines romaines et d'architecture classique que dans les poses que prennent ses personnages. Quant à la relation de Botticelli au monde classique, elle est évidente dans ses peintures de sujets mythologiques comme *Le Printemps*, la *Naissance de Vénus*, *Pallas et le Centaure*, et *Mars et Vénus*. Ces oeuvres sont liées au néoplatonisme, une école philosophique engagée dans la redécouverte et l'interprétation des textes classiques réapparus à Florence au quinzième siècle.

L'humanisme flamand était différent de celui des Italiens. Au début du quinzième siècle, les peintres flamands n'avaient pas encore absorbé les techniques et les idées de la perspective géométrique de Florence. Cependant, ils commençaient intuitivement à s'intéresser de plus en plus à la nature et aux êtres humains, qu'ils représentaient dans les moindres détails grâce à un ensemble de techniques sophistiquées, dérivées de la pratique (répandue en Europe du Nord) de la miniature. Ils employaient aussi des peintures à l'huile, ce qui leur permettait de rendre les détails et les nuances infinies de la lumière aussi bien dans l'espace que sur la figure humaine. Ils peignirent ainsi les premiers véritables paysages, même s'ils servaient de décors à des scènes bibliques ou à des portraits. Jan van Eyck (vers 1390-

1441) et Rogier van der Weyden (vers 1399-1464) comptent parmi les pionniers de la peinture de paysage et des portraits de face ou de trois-quarts. Van Eyck, originaire de Bruges, travailla pendant des années au service du duc Philippe III de Bourgogne, et le Bruxellois Van der Weyden fut aussi actif à Ferrare (en Italie), vers 1450. Le style flamand se répandit dans toute l'Europe, influençant beaucoup de peintres importants aux Pays-Bas et en Allemagne, ainsi que dans la péninsule ibérique.

Au quinzième siècle, le commerce entre l'Italie et les Flandres était florissant. Les nombreux marchands et agents de banque italiens vivant dans les villes flamandes, comme Giovanni Arnolfini et Tommaso Portinari, commanditèrent des oeuvres, et notamment des portraits, à plusieurs peintres flamands. Et les oeuvres d'artistes flamands comme Jan van Eyck, Rogier van der Weyden et Hans Memling (vers 1435-1494) furent également diffusées très tôt en Italie si bien que dans la seconde moitié du quinzième siècle, la peinture italienne intégra de nombreuses innovations flamandes. Les peintres se passionnaient autant pour le naturalisme naissant que pour les questions d'espace et de proportions, et pour la source de connaissances que la nature représentait pour la peinture. Léonard de Vinci (1452-1519), formé dans l'atelier florentin d'Andrea del Verrocchio (vers 1435-1488) est l'exemple même de la fusion de la science et de la peinture, mêlant rationalisme, observation de la nature et créativité artistique.

Au seizième siècle, Rome et Venise devinrent de grands centres d'art, même si quelques villes plus petites offrirent d'extraordinaires exemples d'innovation et d'expressivité. A Parme, par exemple, vivait Corrège (1489-1534), l'un des plus grands peintres de la Renaissance. Les grands projets entrepris par l'Eglise à cette époque attirèrent à Rome, capitale de la chrétienté, de nombreux architectes et une petite armée de sculpteurs et de peintres. Michel-Ange et Raphaël (1483-1520) y travaillèrent tous deux pour le puissant pape Jules II. Michel-Ange réalisa les fresques du plafond de la chapelle Sixtine entre 1508 et 1512. Raphaël peignit lui aussi des fresques dans les nouveaux appartements du pape, dont la célèbre *Ecole d'Athènes*. En dépit de leurs nombreuses différences, ces deux génies de la peinture de la haute Renaissance ont tous deux rejeté la symétrie rigide qui caractérisait la peinture du quinzième siècle et l'ont remplacée par le mouvement et l'audace des gestes.

La seule autre école de peinture comparable à celle de Rome, à cette époque, se trouvait à Venise. Le Titien (1490-1576), élève de Bellini et peintre contemporain de Giorgione (vers 1477-1510), devait notamment devenir le plus célèbre des peintres de son époque. Il fut admiré et protégé par le roi de France, François Ier, par Charles Quint, empereur des Habsbourg, et par son fils, Philippe II, roi d'Espagne. Les peintures du Titien, dont les nombreux portraits de ses puissants mécènes, furent présentés dans les cours d'Europe et servirent de modèles aux futures générations d'artistes. Le Titien fut le chef de file de ce qu'on allait définir comme la « peinture vénitienne », un style dans lequel l'interaction des couleurs engendre une tonalité dominante qui unit les figures au paysage. Les touches fluides et la luminosité de ses peintures inspirèrent, en Italie et ailleurs, de nombreux peintres tels que Le Tintoret (1518-1594), Véronèse (vers 1528-1588), Peter Paul Rubens (1577-1640), Diego Velazquez (1599-1660) et Rembrandt Harmenszoon van Rijn (1606-1669).

Dès lors, les plus grand peintres d'Europe furent tournés vers l'Italie. Parmi eux, Albrecht Dürer (1471-1528), maître de la Renaissance allemande, fit deux longs séjours à Venise et dans le Nord de l'Italie, où il étudia les oeuvres de Mantegna et de Bellini. De retour en Allemagne, il transmit la forme de réalisme développé dans la peinture italienne. L'influence de l'art classique sur l'art italien affecta aussi le style du peintre allemand, surtout dans son traitement de la figure humaine.

Dans la seconde décennie du seizième siècle, cependant, une véritable réaction contre le réalisme classique eut lieu en Italie. Connue sous le nom de Maniérisme, ce mouvement se distinguait, en peinture, par une perte de l'équilibre de la composition, moins de points de référence dans l'espace et dans l'architecture, et une façon différente de traiter la figure humaine. Les compositions devinrent extravagantes, et les sujets allégoriques complexes et souvent mystérieux. La figure humaine était souvent allongée de façon disproportionnée comme dans les oeuvres de Pontormo (1494-1556), d'Agnolo Bronzino (1503-1572), du Parmesan (1503-1540) et de l'artiste vénitien Tintoret (1518-1594). De plus, la sensualité manifeste avec laquelle les figures étaient souvent traitées s'opposait clairement aux sujets religieux représentés. On en trouve des exemples dans la *Déposition de croix* de Jacopo Pontormo et dans *La Madonne au long cou* du Parmesan. Le terme « maniérisme » dérive du mot « *maniera* » (manière) utilisé par Giorgio Vasari dans ses *Vies des meilleurs peintres, sculpteurs et architectes italiens*, ouvrage publié pour la première fois en 1550. Vasari faisait référence au fait que ces peintres tiraient leur inspiration des figures énergétiques et « *avvitate* » (tordues ou vrillées) de Michel-Ange. Le maniérisme persista durant trois générations d'artistes, jusqu'au début du dix-septième siècle.

Masaccio
(Tommaso di ser Giovani Cassai)
San Giovanni Valdrano, 1401-Rome, 1248

Adam et Eve chassés du Paradis

VERS 1427

fresque
208 x 80 cm
Eglise Santa Maria del Carmine (chapelle Brancacci)
Florence

pp. 192-193

Piero della Francesca
Borgo San Sepolcro, vers 1415/20-1492

La Flagellation

VERS 1463-1464

technique mixte sur bois
59 x 81,3 cm
Galerie nationale des Marches
Urbino

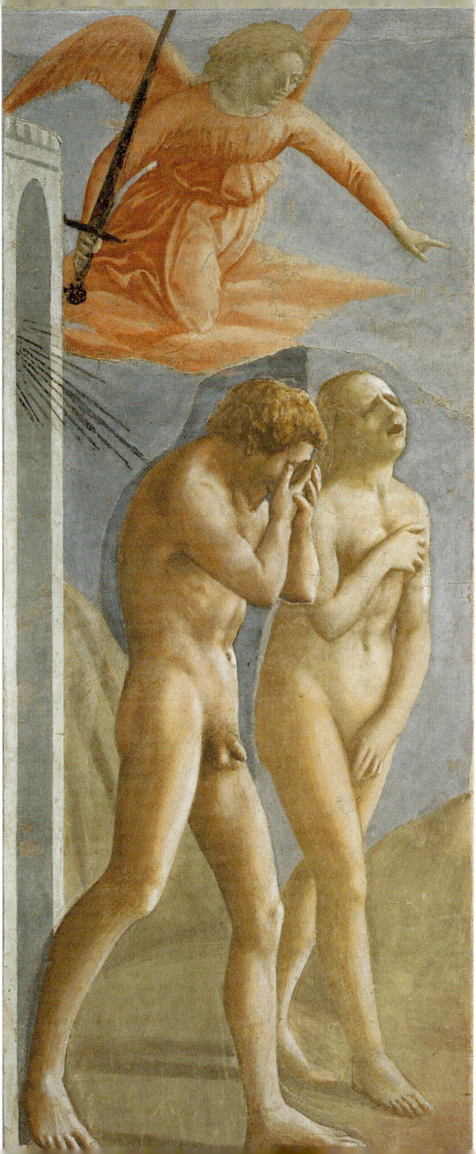

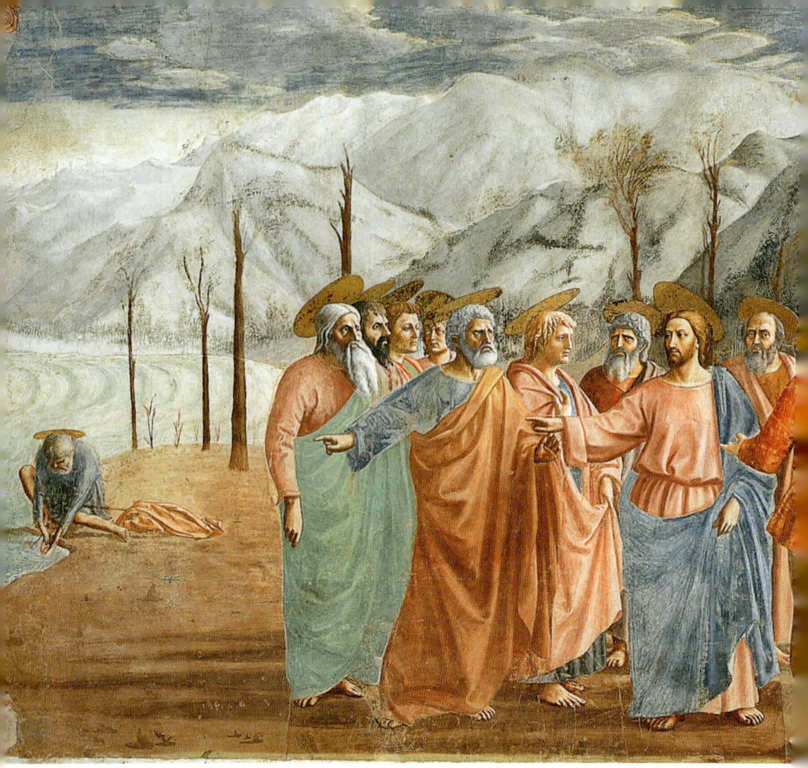

Masaccio

San Giovanni Valdrano, 1401-Rome, 1248

Le Paiement du tribut

1425-1427

fresque
208 x 80 cm
Eglise Santa Maria del Carmine (chapelle Brancacci)
Florence

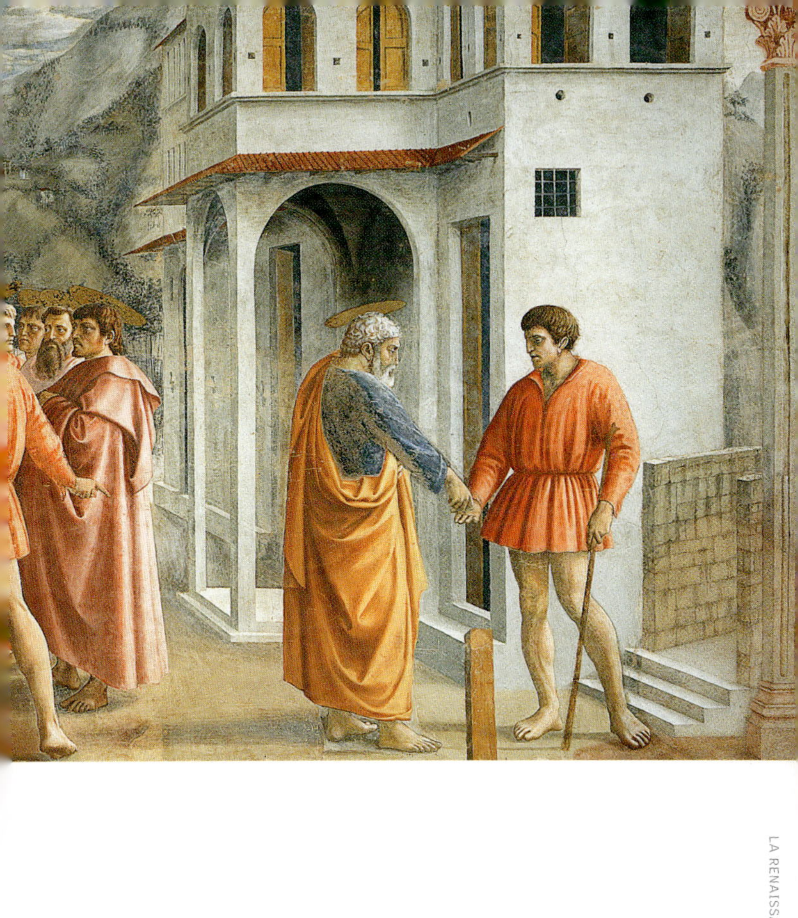

Masaccio

San Giovanni Valdrano, 1401-Rome, 1248

La Sainte Trinité

1428

fresque
667 x 317 cm
Eglise Santa Maria Novella
Florence

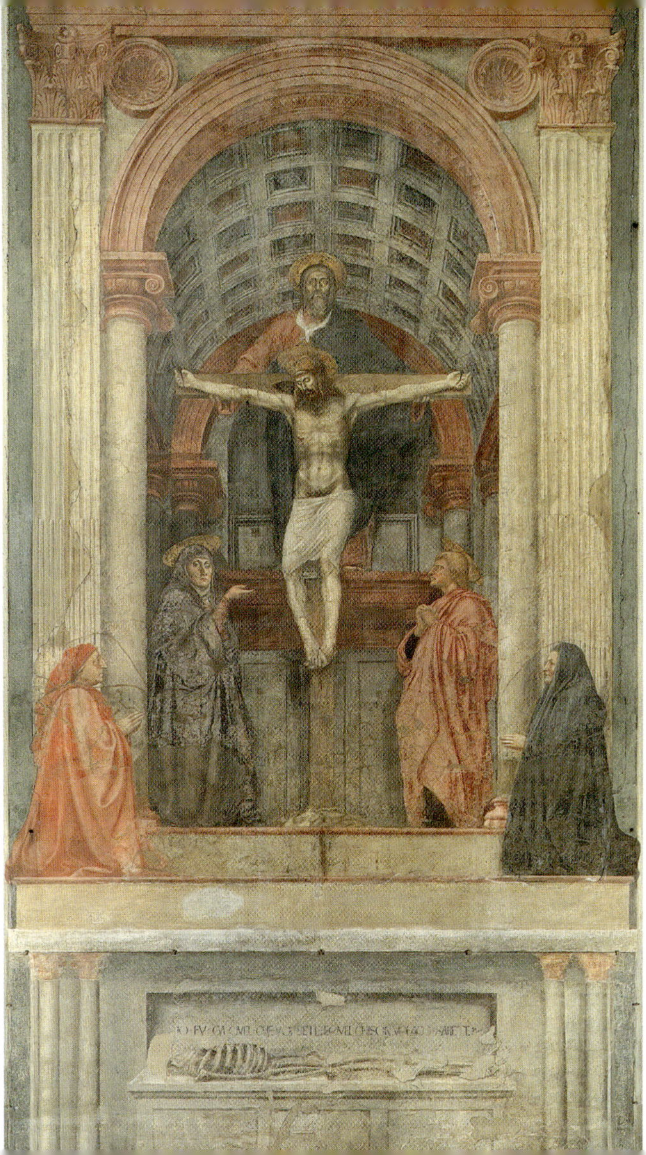

Masolino da Panicale
(Tommaso di Cristoforo Fini)
Panicale, Valdarno, 1383- Florence, vers 1440

La tentation d'Adam et Eve

1424-1425

fresque
214 x 90 cm
Eglise Santa Maria del Carmine (chapelle Brancacci)
Florence

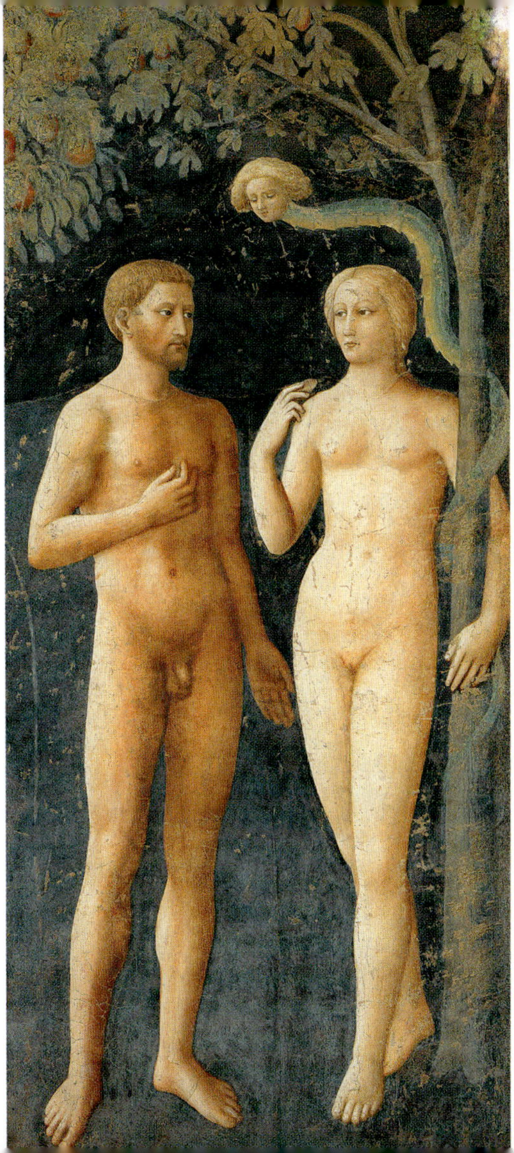

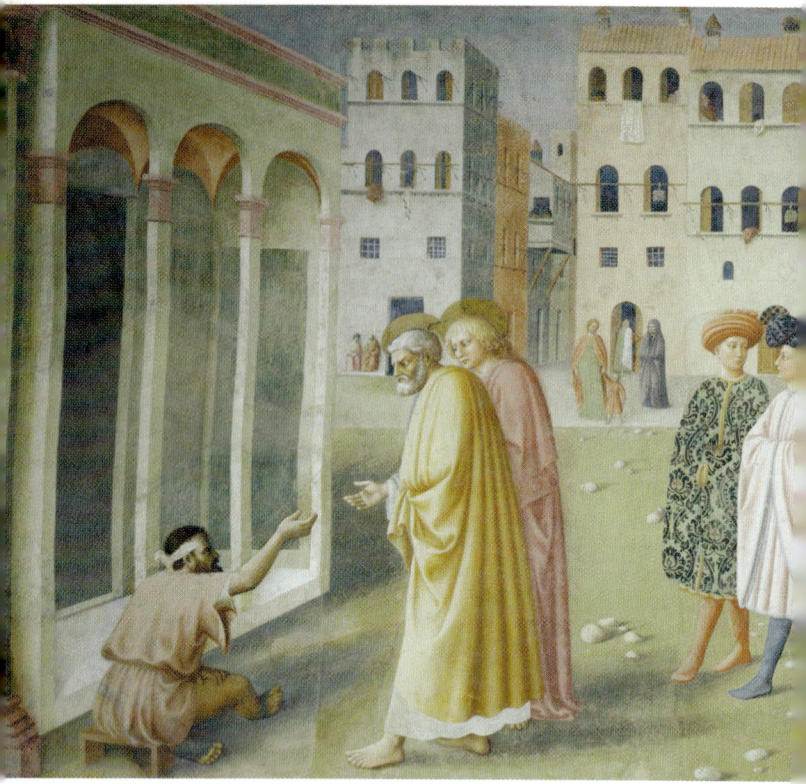

Masolino da Panicale

Panicale, Valdarno, 1383- Florence, vers 1440

Masaccio

San Giovanni Valdrano, 1401-Rome, 1248

Guérison de l'infirme et Résurrection de Tabithe

VERS 1425

fresque
255 x 598 cm
Eglise Santa Maria del Carmine (chapelle Brancacci)
Florence

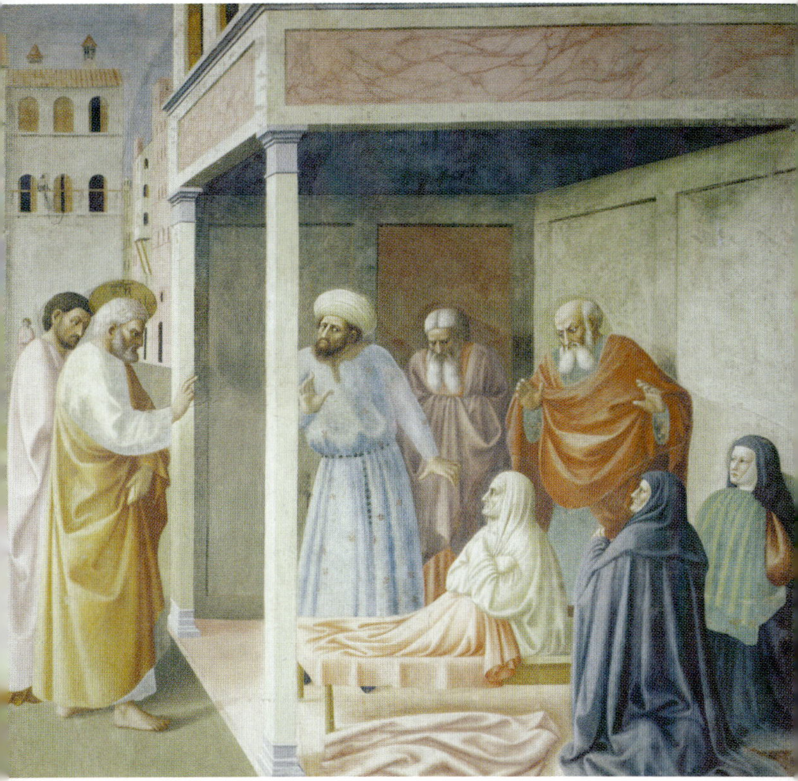

Fra Angelico
(Fra' Giovanni da Fiesole)
Vicchio di Mugello, vers 1395-
Rome, 1455

Couronnement de la Vierge

AVANT 1435

détrempe sur bois
209 x 206 cm
Musée du Louvre
Paris

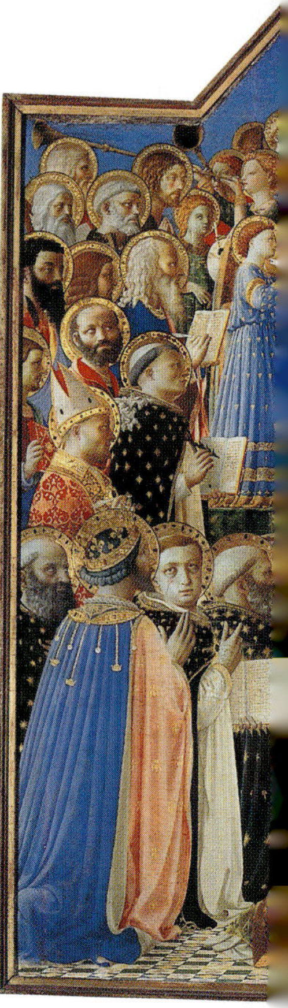

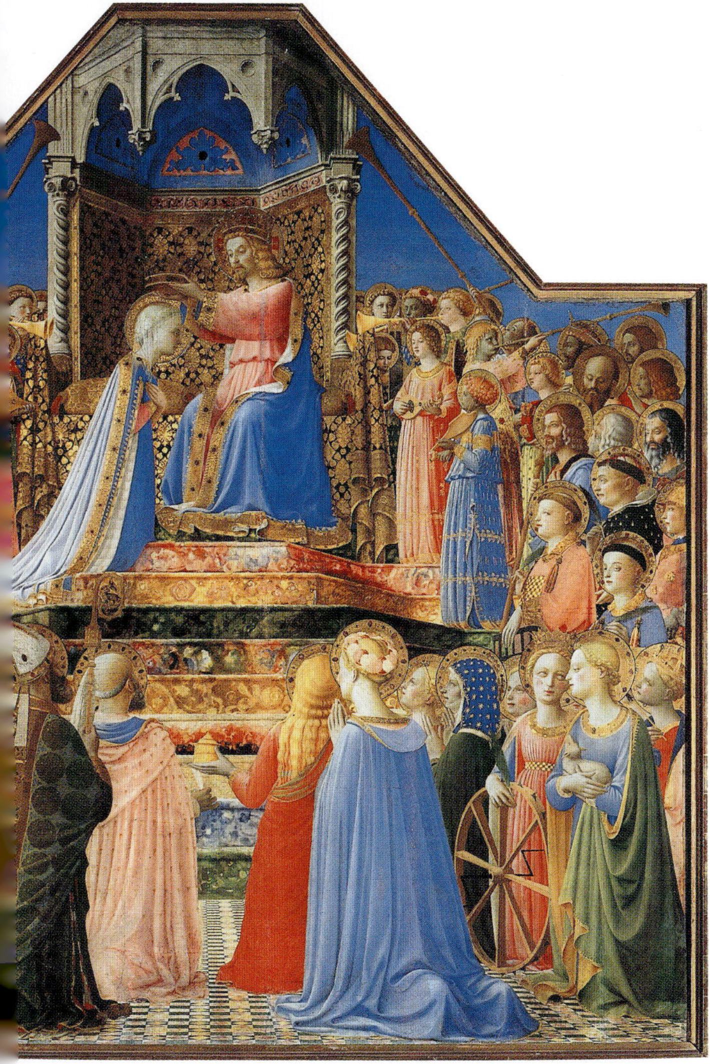

Fra Angelico

Vicchio di Mugello, vers 1395-
Rome, 1455

Annonciation

ENTRE 1438 ET 1445

fresque
230 x 297 cm
Musée de San Marco
Florence

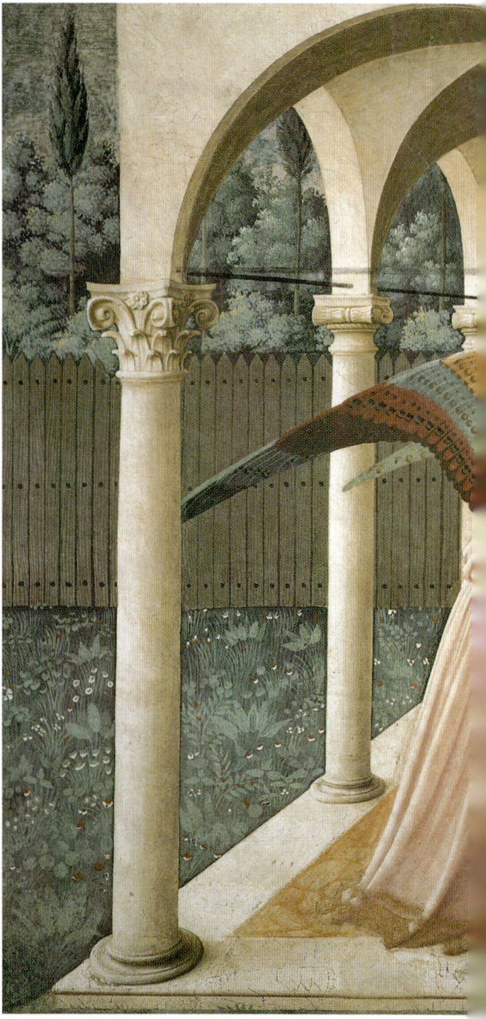

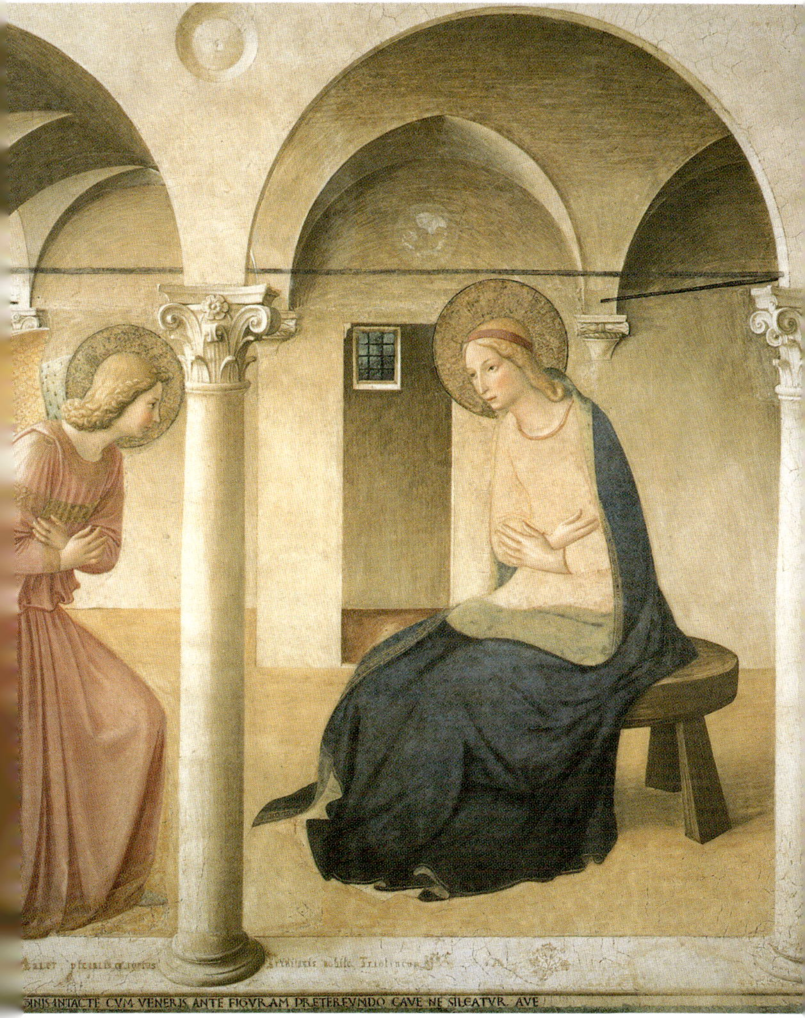

INIS INTACTE CVM VENERIS ANTE FIGVRAM PRETEREVNDO CAVE NE SILEATVR AVE

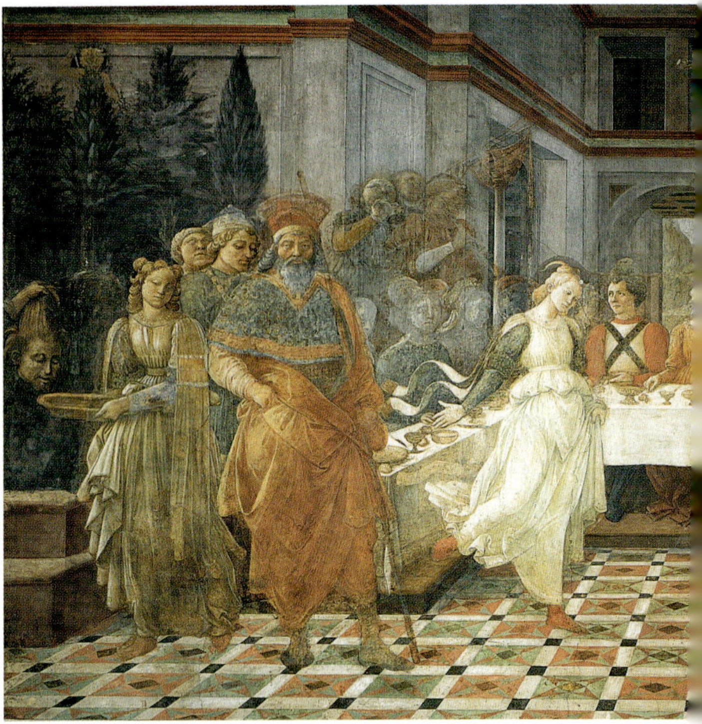

Fra Filippo Lippi

Florence, 1406-Spolète, 1469

Le festin d'Hérode

1452-1464

fresque
Cathédrale
Prato

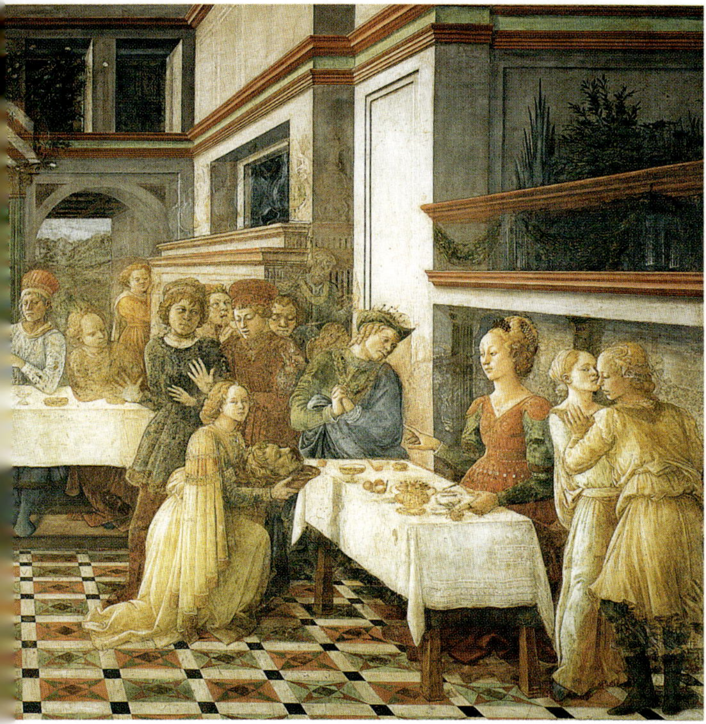

Fra Filippo Lippi

Florence, 1406-Spoleto, 1469

Vierge à l'Enfant avec des anges

VERS 1465

huile sur bois
63,5 x 92 cm
Musée des Offices
Florence

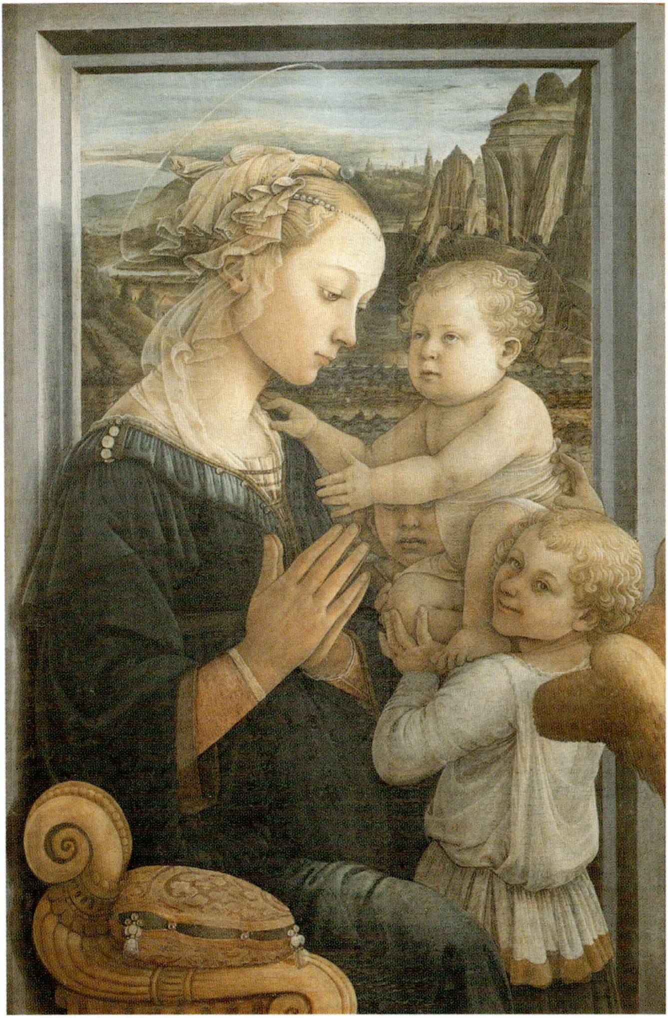

Paolo Uccello

Pratovecchio, Arezzo, 1397-
Florence, 1475

Sir John Hackwood

1436

fresque transférée sur toile
820 x 515 cm
Cathédrale
Florence

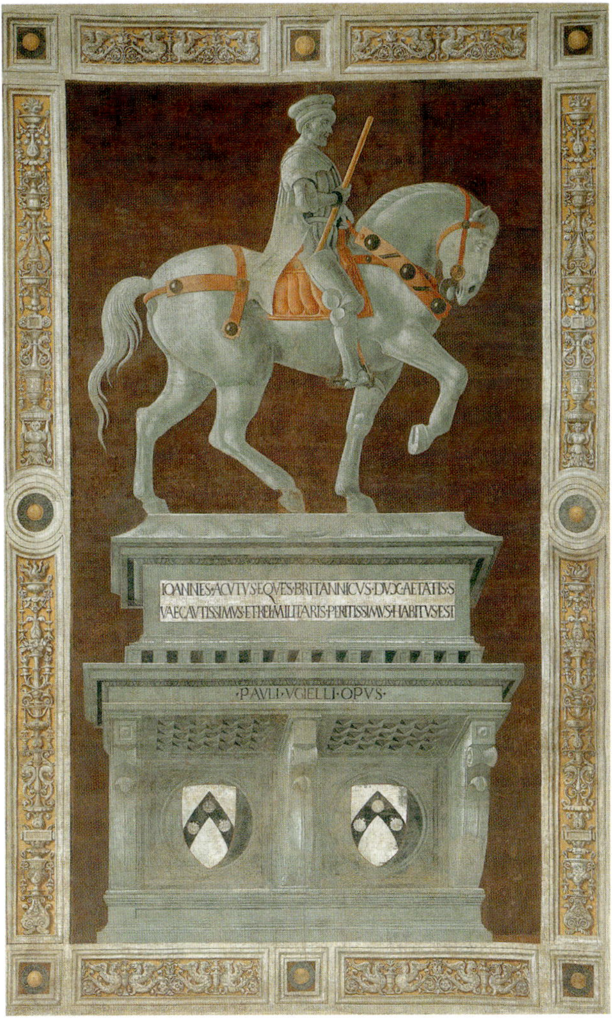
IOANNES·ACVTVS·EQVES·BRITANNICVS·DVX·AETATIS·S
VAE·CAVTISSIMVS·ET·REI·MILITARIS·PERITISSIMVS·HABITVS·EST
·PAVLI·VGIELLI·OPVS·

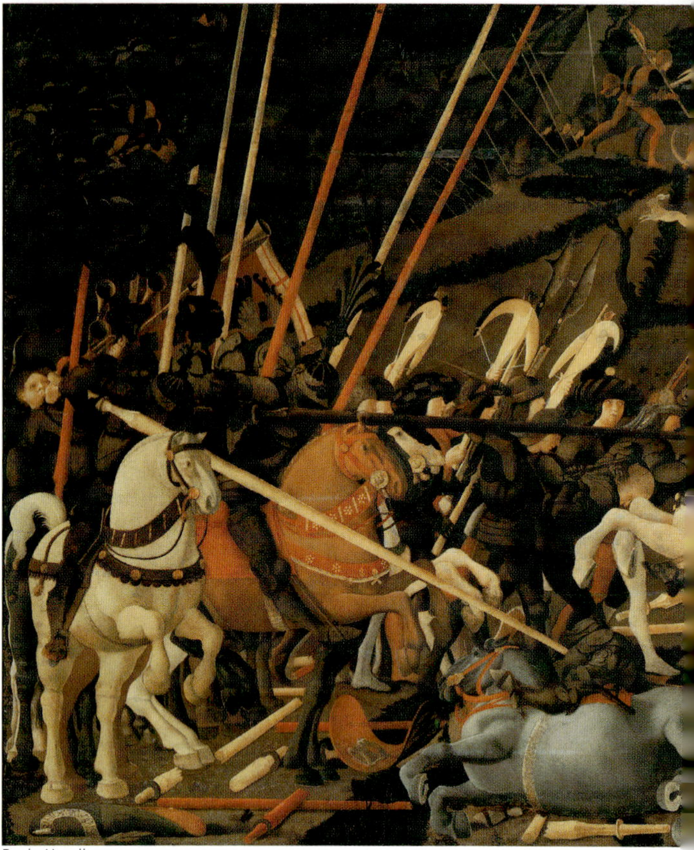

Paolo Uccello

Pratovecchio, Arezzo, 1397- Florence, 1475

La bataille de San Romano

VERS 1456

détrempe sur bois
182 x 323 cm
Musée des Offices
Florence

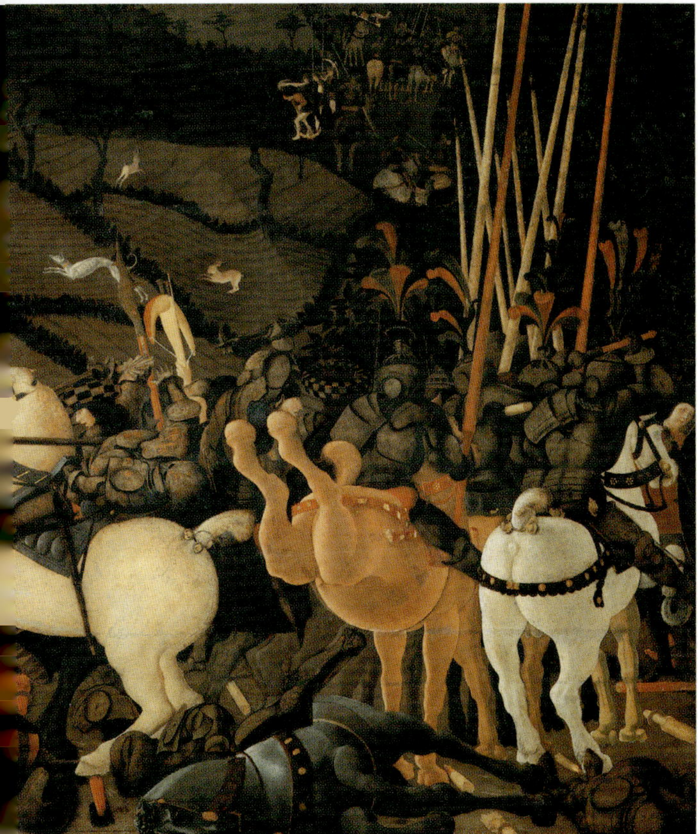

Andrea del Castagno

Castagno, Florence, 1421?-
Florence, 1457

Pippo Spano

1450

fresque transférée sur toile
250 x 154 cm
Musée des Offices
Florence

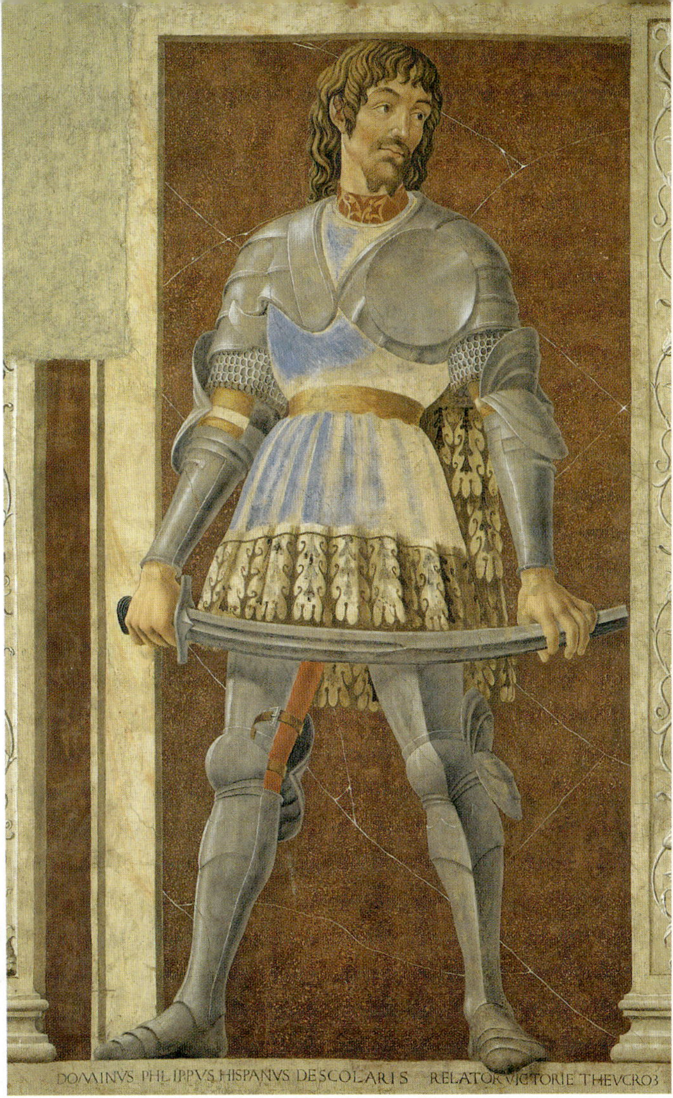
DOMINVS PHILIPPVS HISPANVS DESCOLARIS RELATOR VICTORIE THEVCRO3

Benozzo Gozzoli

Florence, vers 1420-
Pistoia, 1497

La procession des Mages

1459-1460

fresque
Palais Medicis Ricardi
Florence

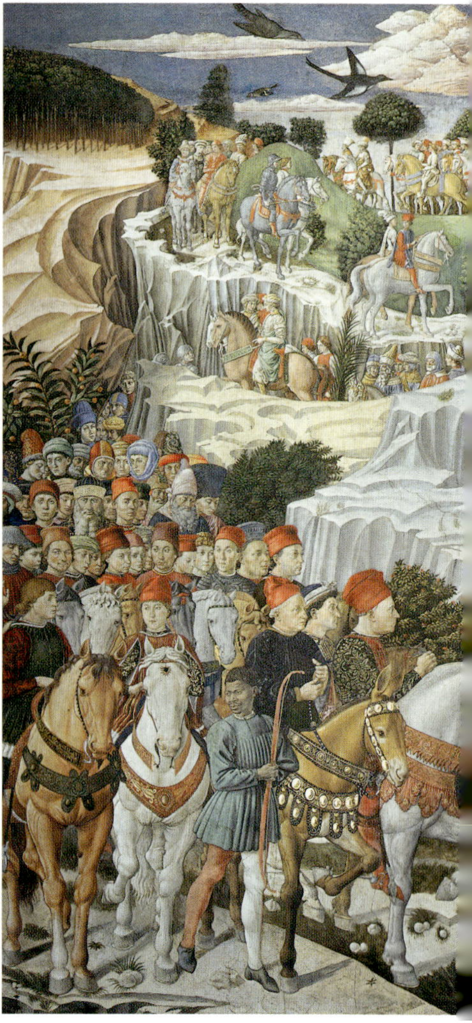

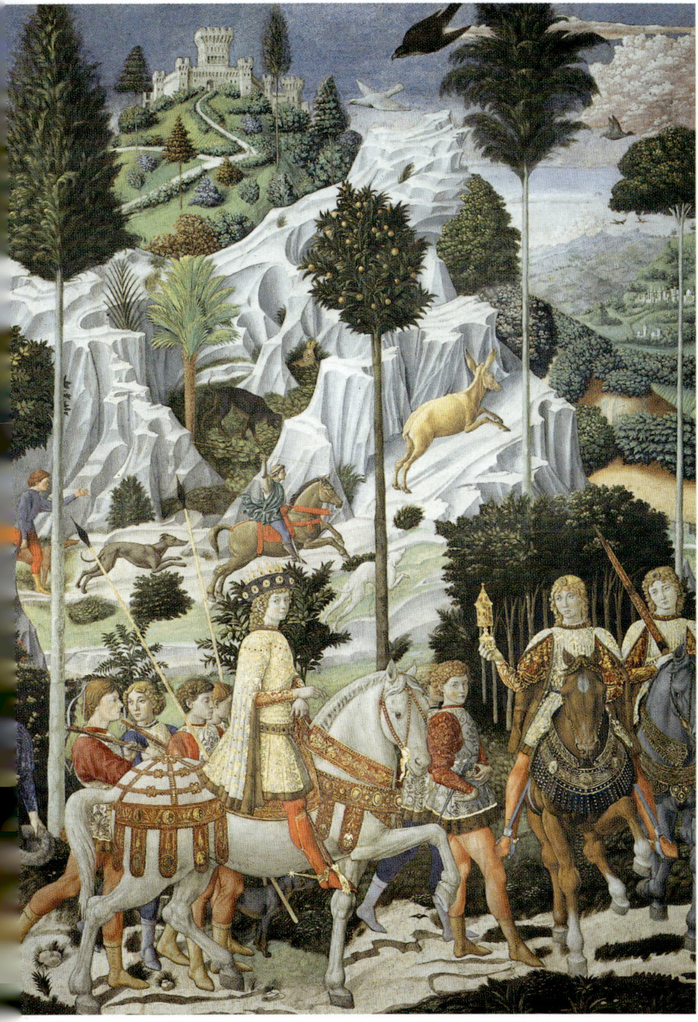

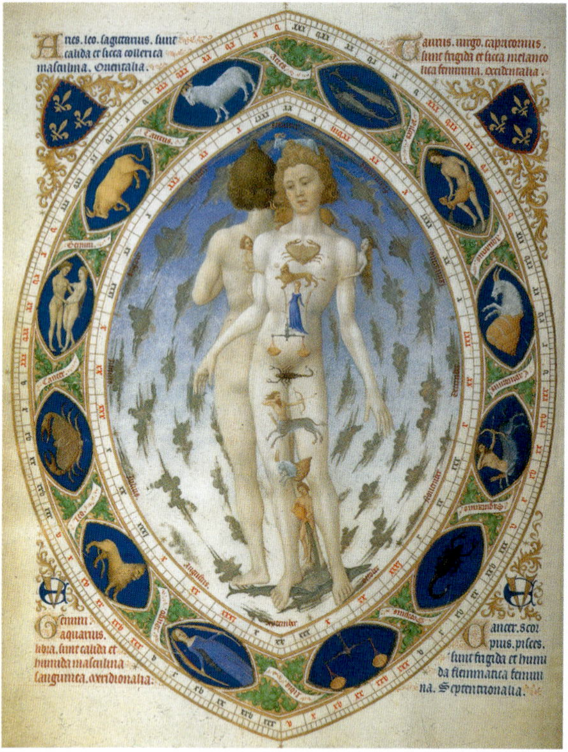

ci-dessus

Les frères Limbourg

Nimègue, fin du XIVème siècle- début du XVème siècle

Le Zodiaque (L'anatomie de l'homme)

Les Très Riches Heures du duc de Berry

1413-1416

miniature sur vélin
22,2 x 14 cm
Musée Condé
Chantilly

en face

Les frères Limbourg

Nimègue, fin du XIVème siècle- début du XVème siècle

Le mois d'avril

Les Très Riches Heures du duc de Berry

1413-1416

miniature sur vélin
22,2 x 14 cm
Musée Condé
Chantilly

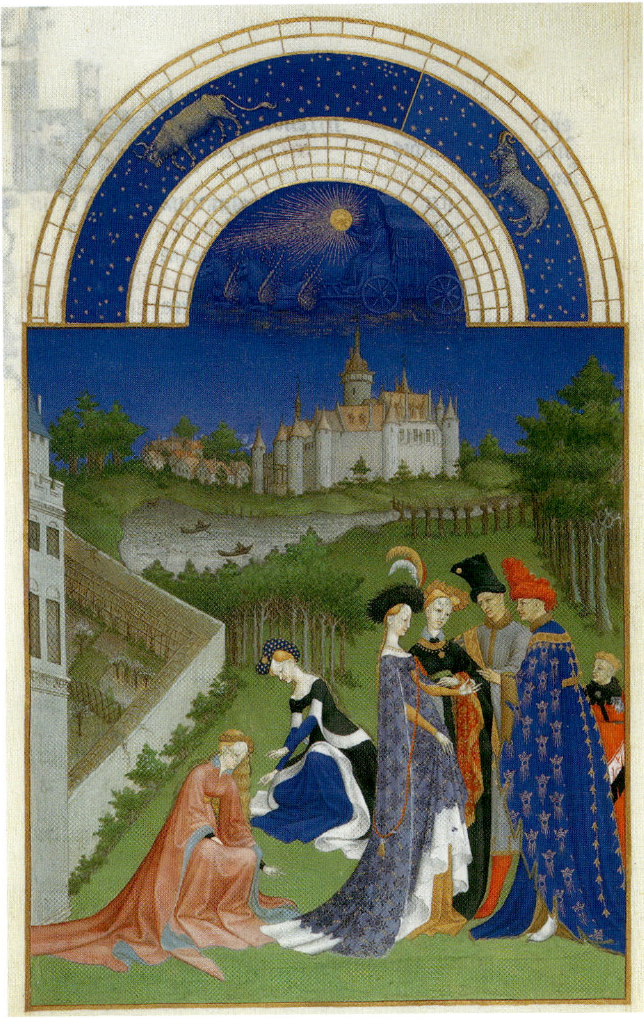

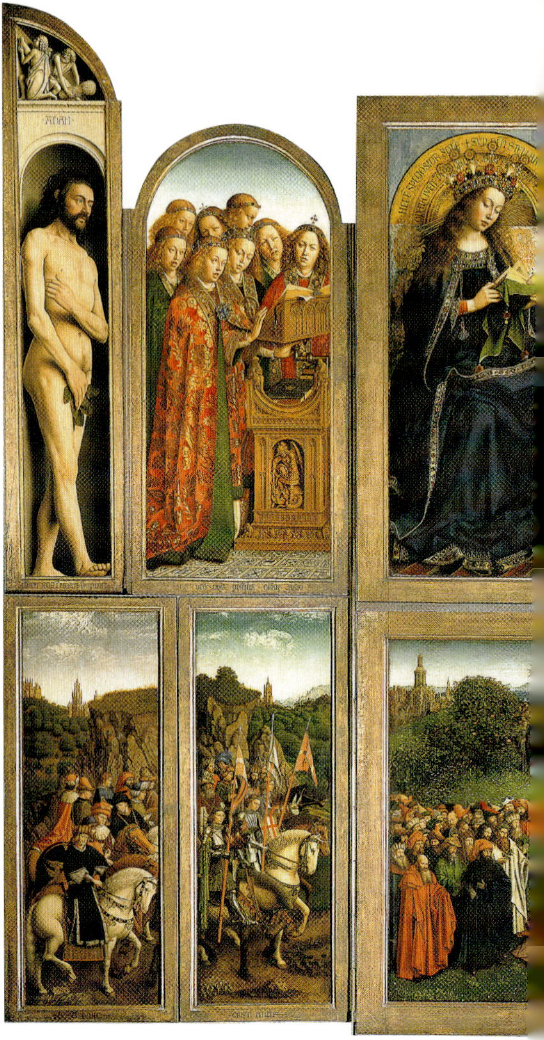

Jan van Eyck
Maaseik, vers 1390
– Bruges, 1441

Retable de Gand
(ouvert)

1432

huile sur bois
Eglise Saint-Bavon
Gand

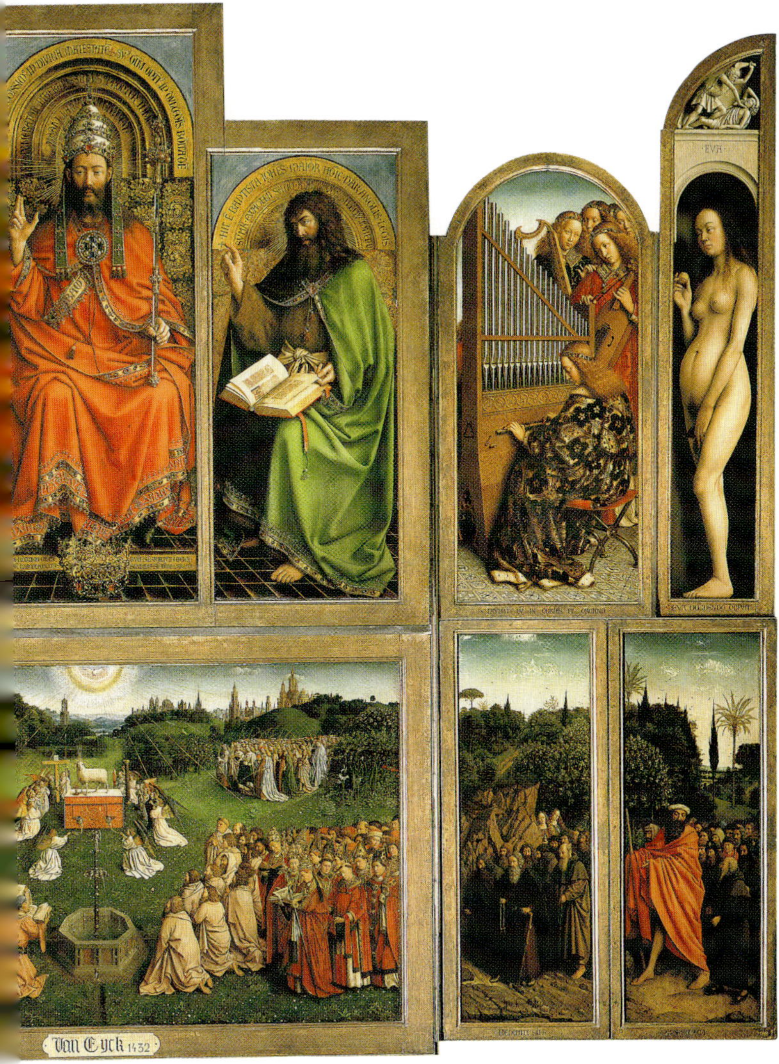
EVA
Van Eyck 1432

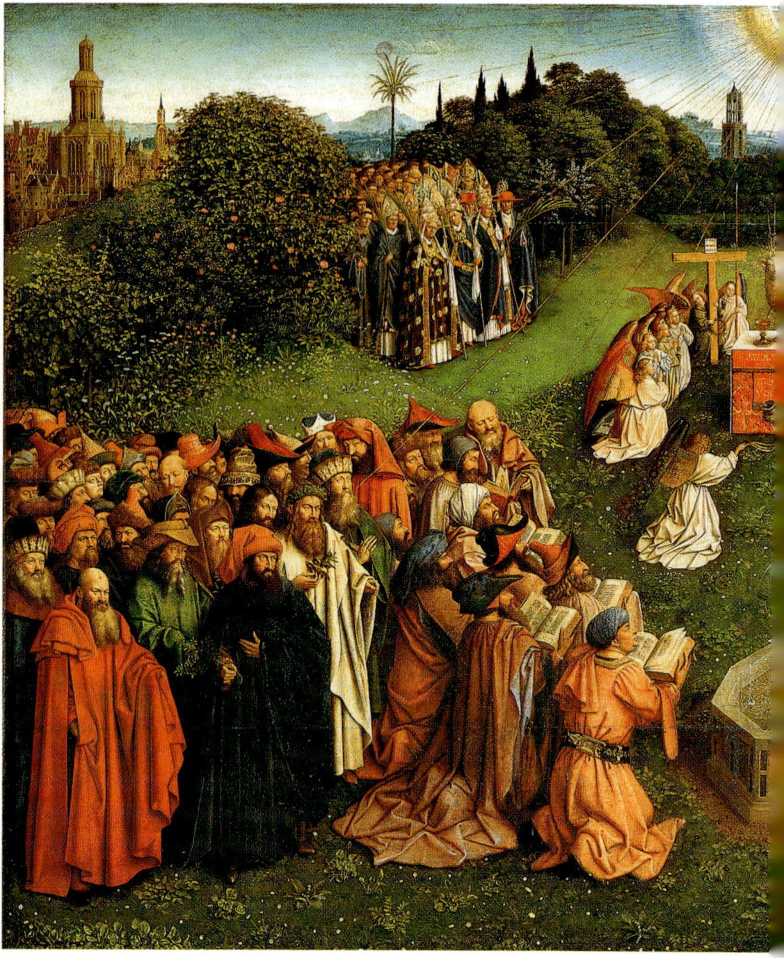

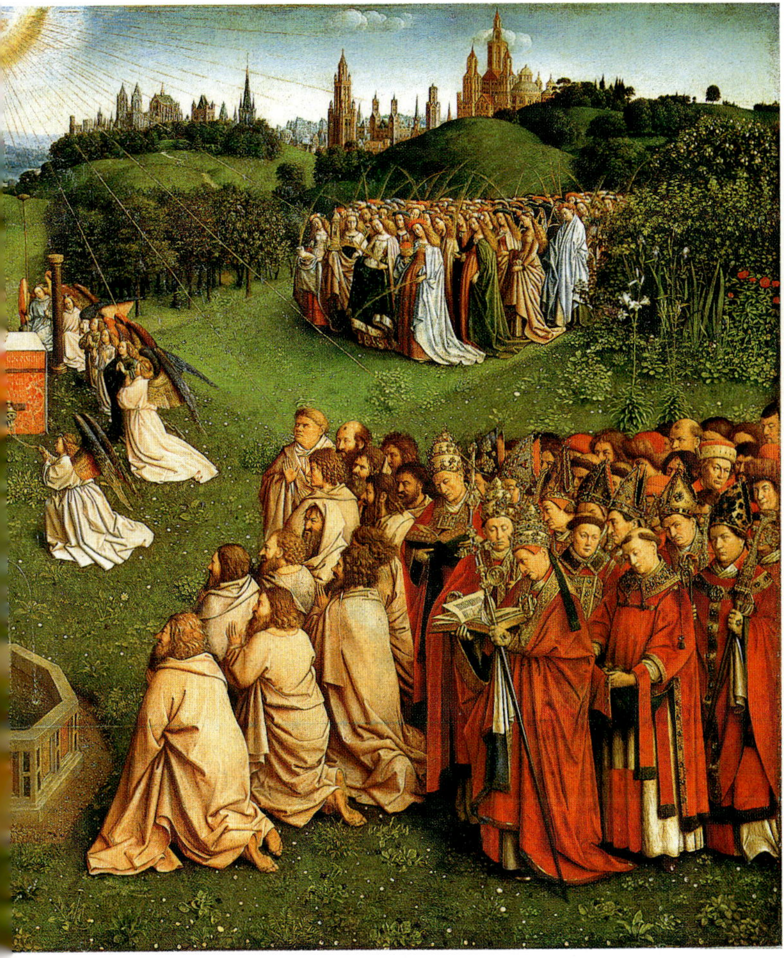

Jan van Eyck

Maaseik, vers 1390 – Bruges, 1441

Homme au turban rouge

1433

huile sur bois
National Gallery
Londres

pp. 228-229

Jan van Eyck

Maaseik, vers 1390 – Bruges, 1441

Retable de Gand

(panneau central, registre du bas)

1432

huile sur bois
Eglise Saint-Bavon
Gand

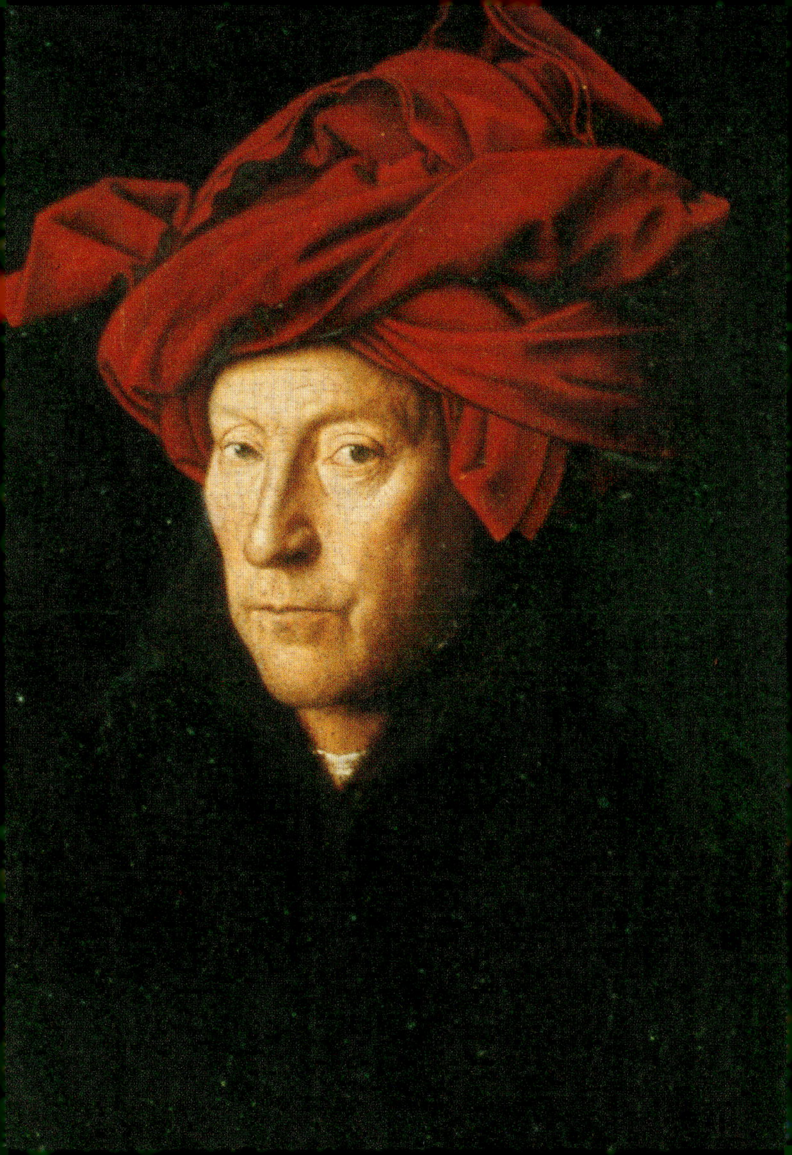

Jan van Eyck

Maaseik, vers 1390 – Bruges, 1441

Les Epoux Arnolfini

1434

huile sur bois
81,8 x 59,7 cm
National Gallery
Londres

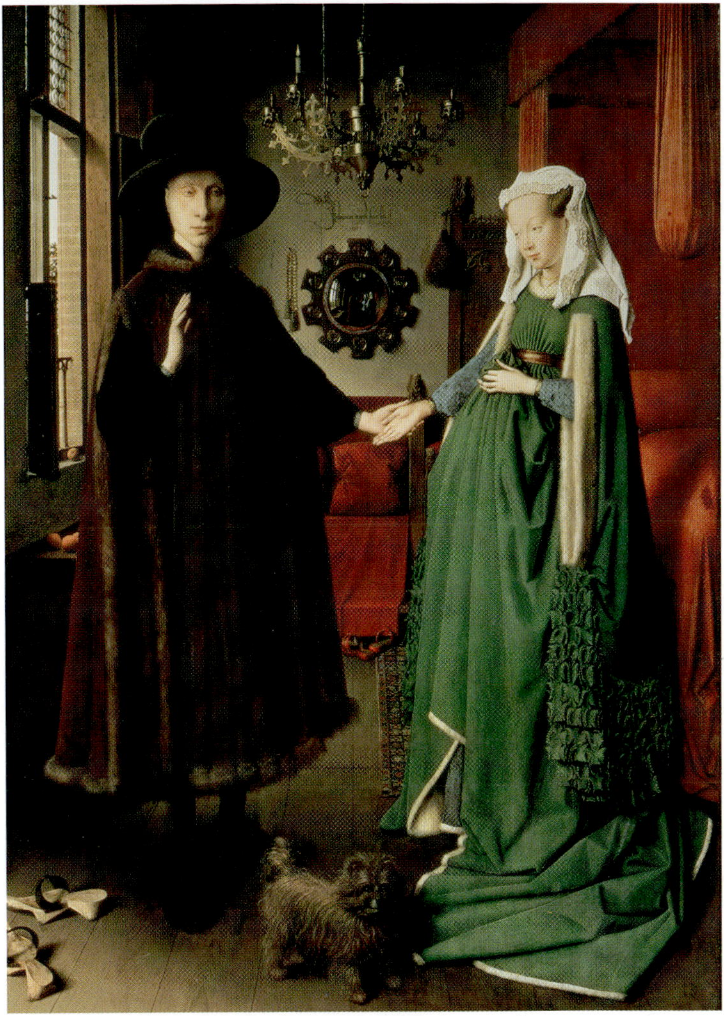

Jan van Eyck

Maaseik, vers 1390 – Bruges, 1441

La Vierge au Chancelier Rolin

VERS 1435

huile sur bois
66 x 62 cm
Musée du Louvre
Paris

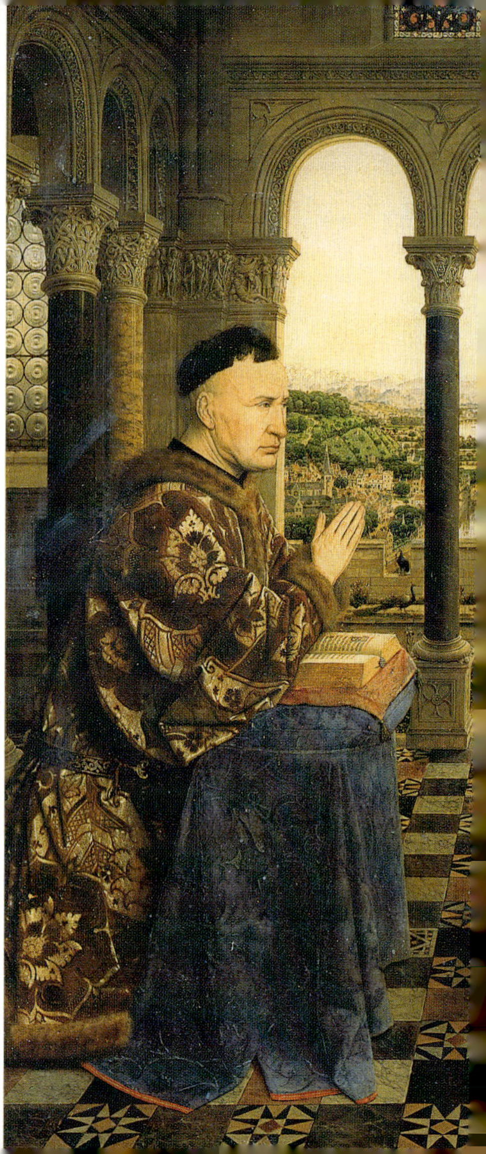

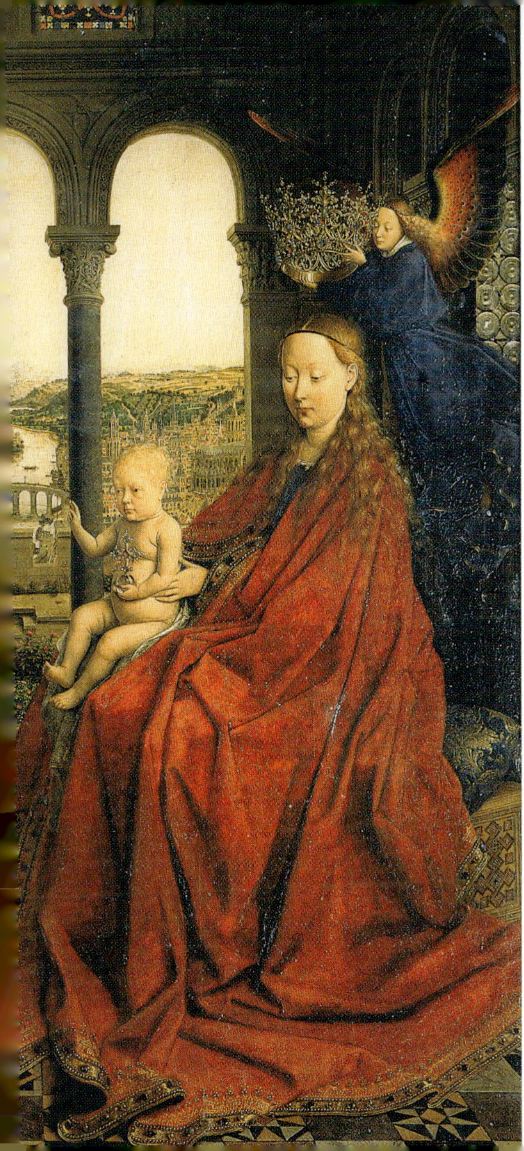

Rogier van der Weyden

Tournai, vers 1399 – Bruxelles, 1464

Saint Luc peignant la Vierge

1435

huile et détrempe sur bois
137,7 x 110,8 cm
Alte Pinakothek
Munich

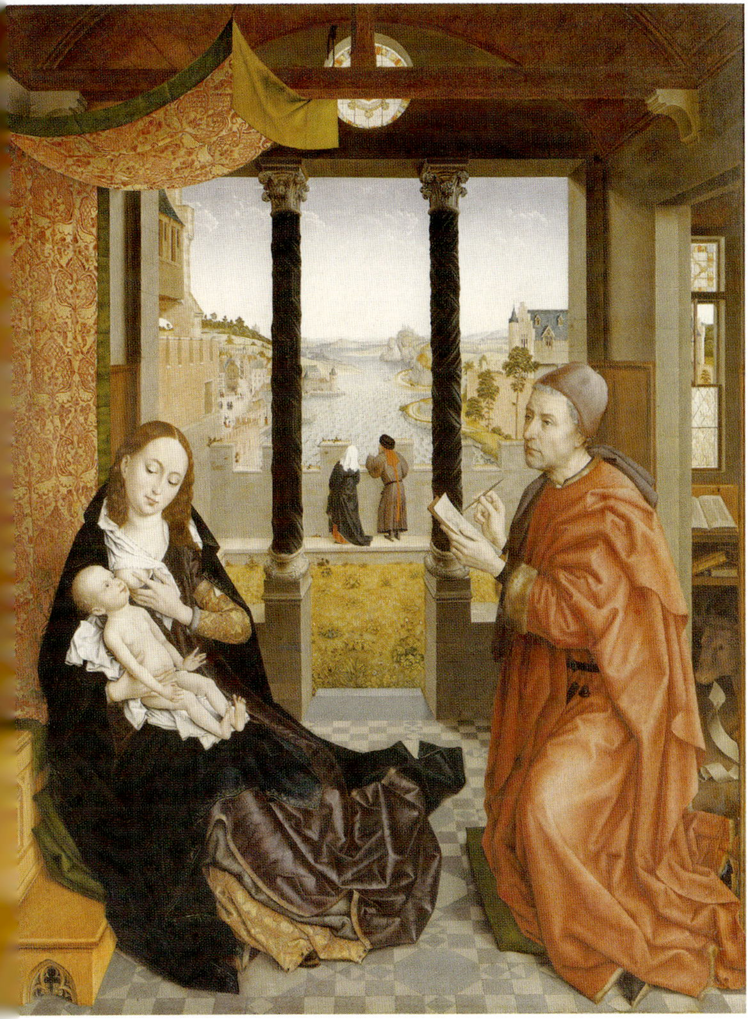

Rogier van der Weyden

Tournai, vers 1399 – Bruxelles, 1464

Annonciation

VERS 1435

huile sur bois
86 x 83 cm
Musée du Louvre
Paris

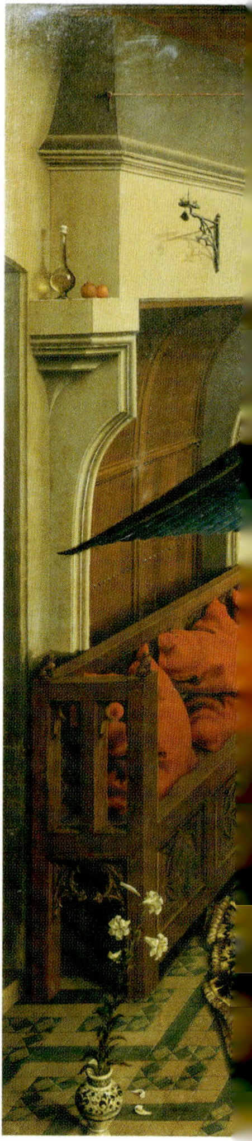

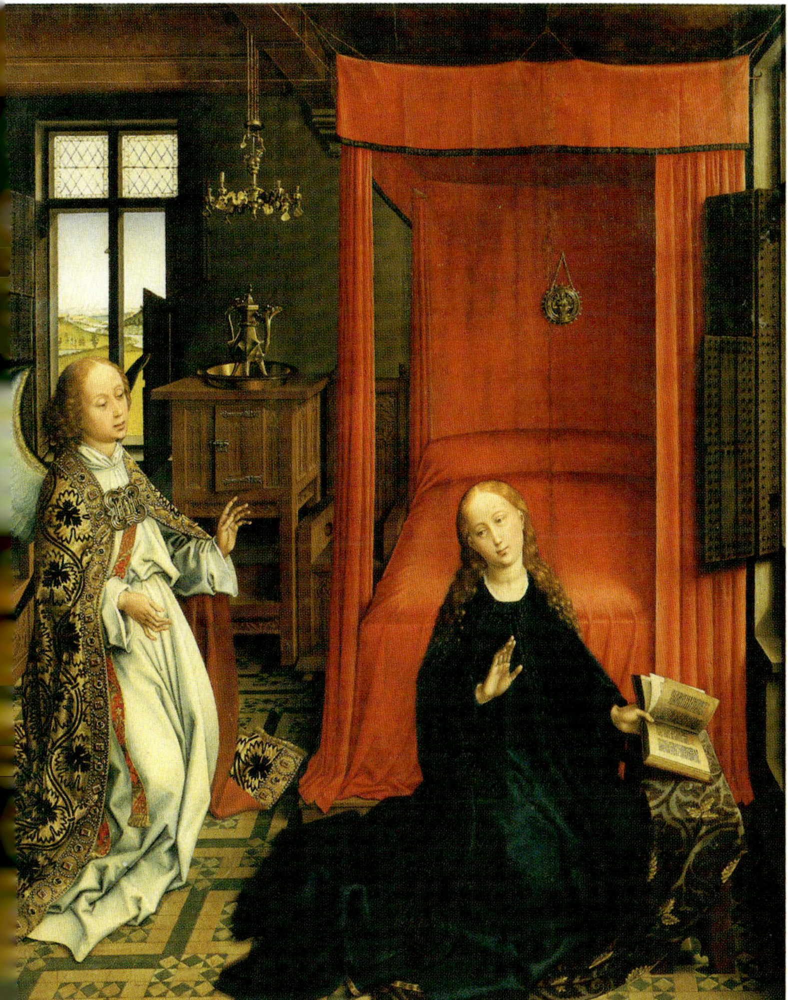

Rogier van der Weyden

Tournai, vers 1399 – Bruxelles, 1464

Portrait de jeune femme

VERS 1435

huile sur bois
47 x 32 cm
Gemäldegalerie
Berlin

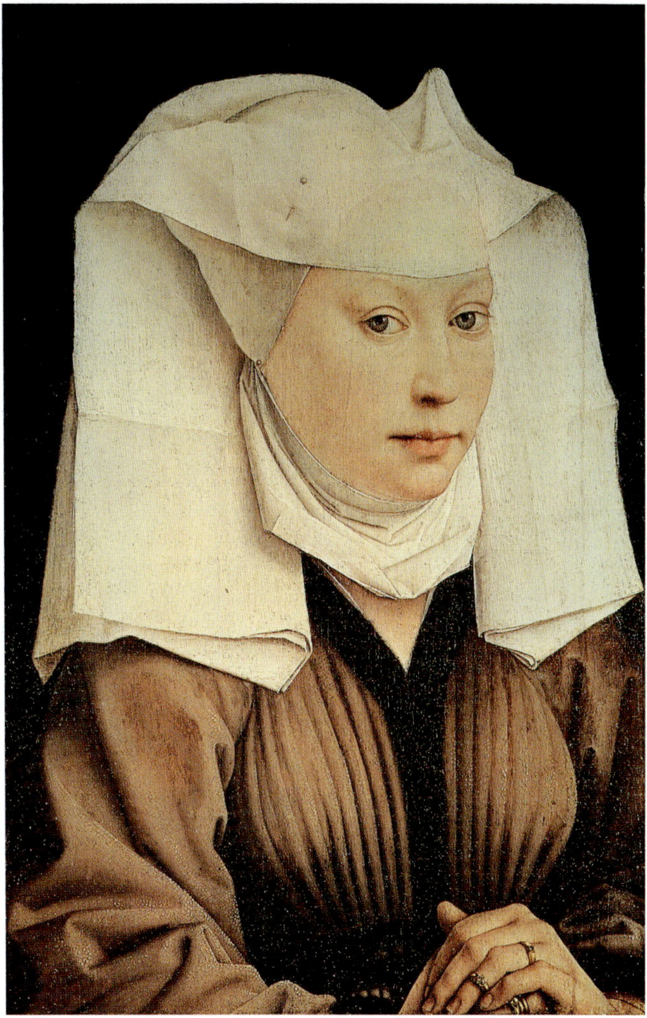

Rogier van der Weyden

Tournai, vers 1399 – Bruxelles, 1464

Mise au tombeau

VERS 1450

huile sur bois
110 x 96 cm
Musée des Offices
Florence

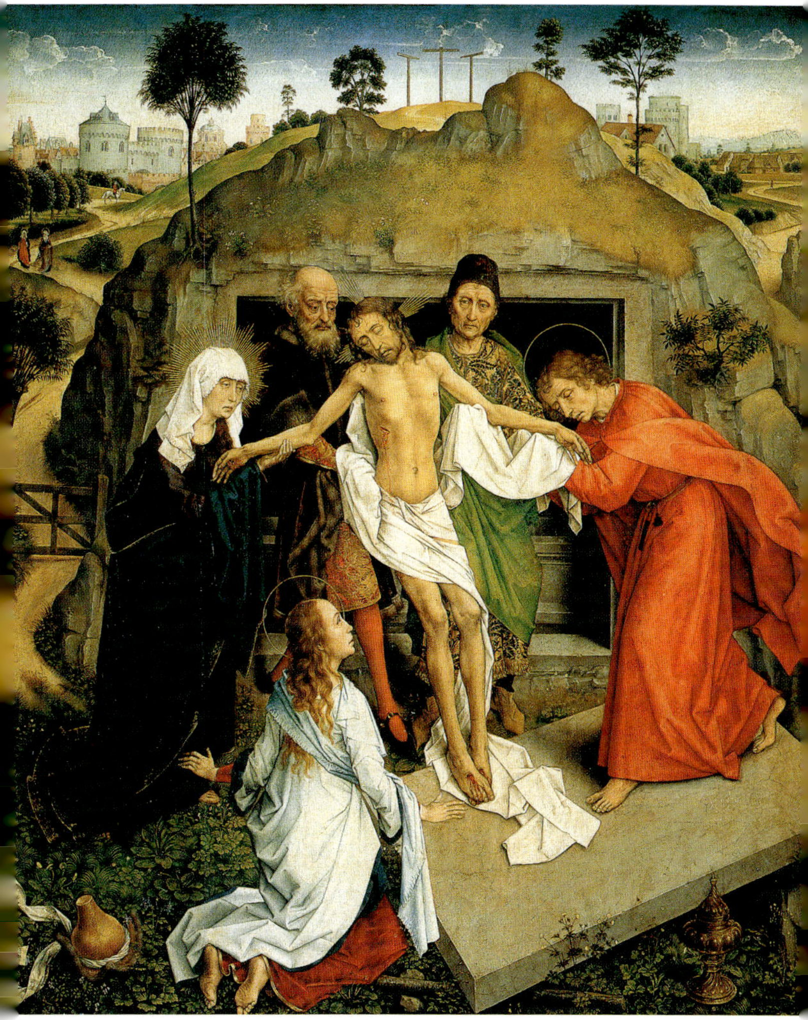

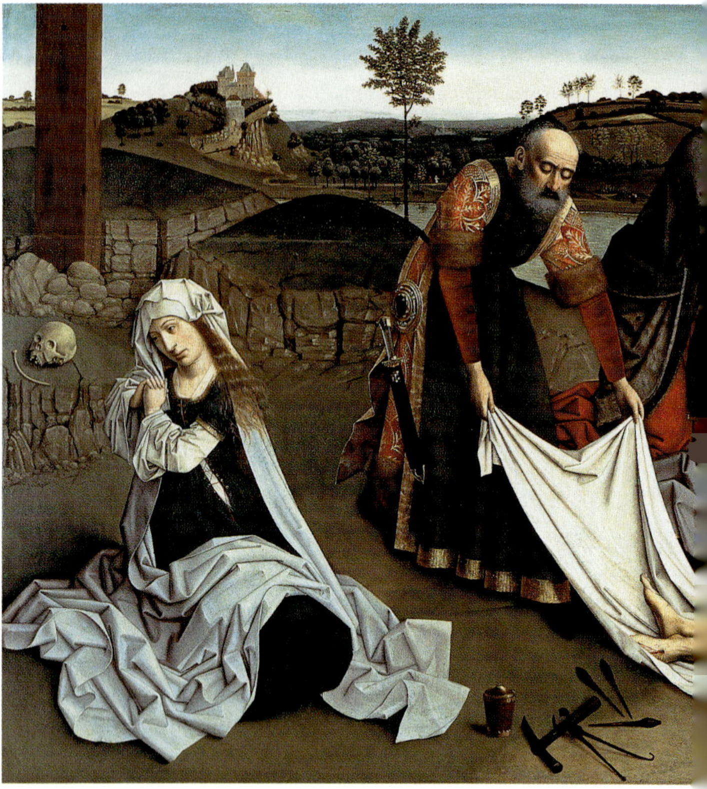

Petrus Christus

Baerle ? vers 1410 – Bruges, 1475/76

Lamentation sur le Christ mort

VERS 1455-1460

huile sur bois
101 x 192 cm
Musées Royaux des Beaux-arts
Bruxelles

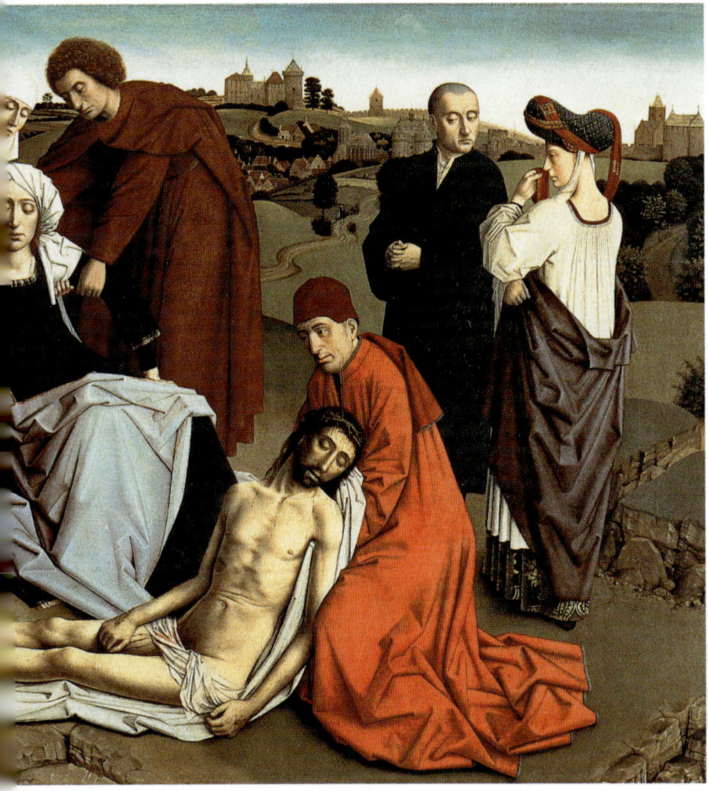

Domenico Veneziano

Venise, vers 1405 –
Florence, 1461

Retable de sainte Lucie

1440-1450

détrempe sur bois
290 x 213 cm
Musée des Offices
Florence

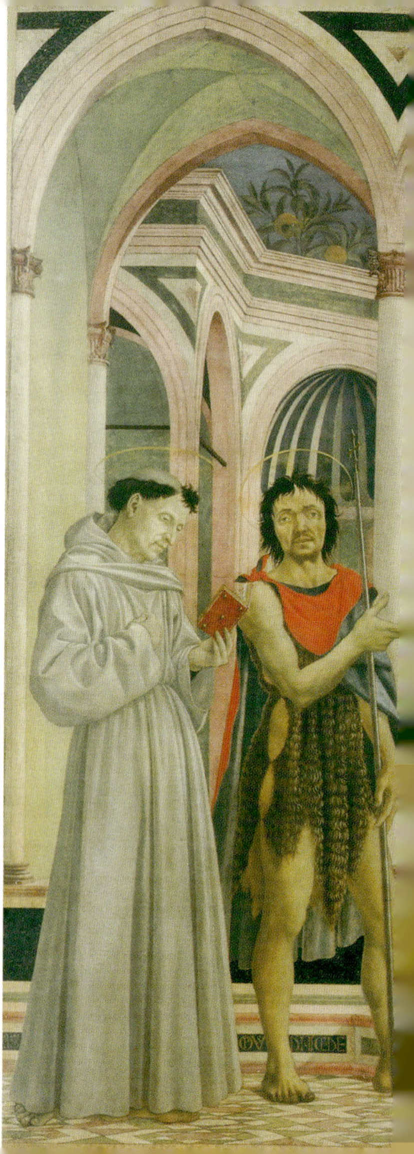

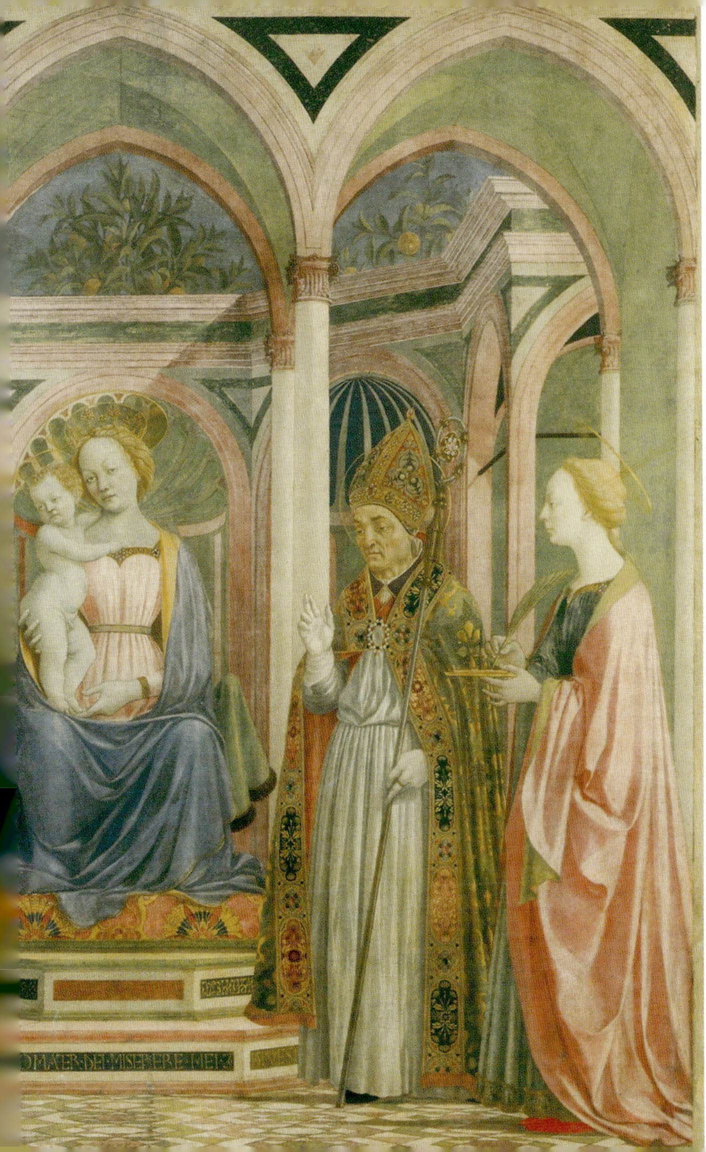

248

Piero della Francesca

Borgo San Sepolcro, vers 1415/20-1492

Vierge de Miséricorde

Retable de la Miséricorde
(bois central)

1445

détrempe et or sur bois
134 x 91 cm
Pinacothèque du Palais communal
Borgo San Sepolcro

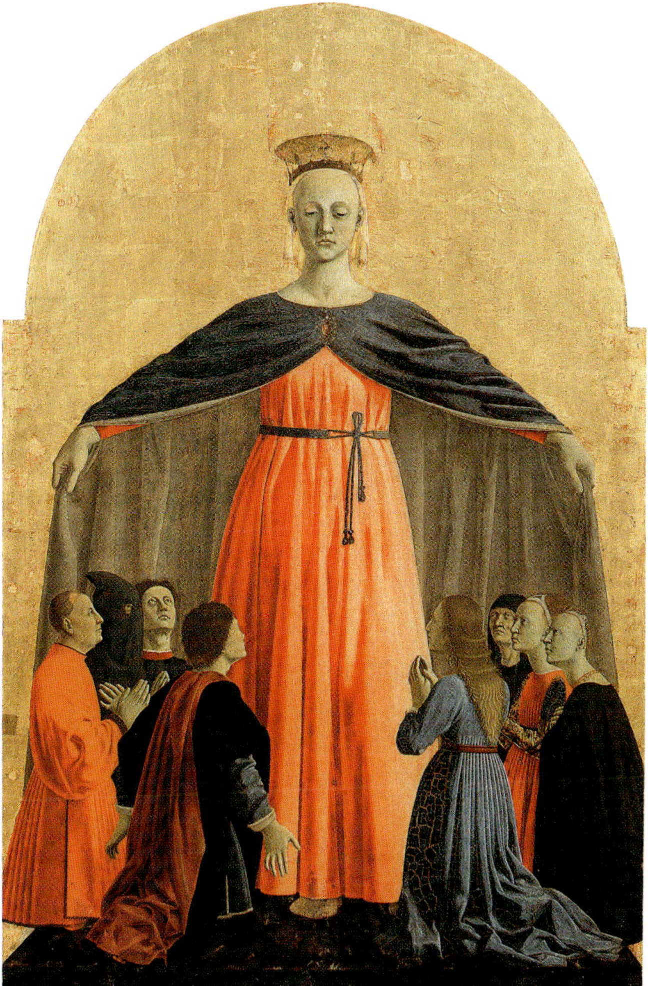

Piero della Francesca

Borgo San Sepolcro, vers 1415/20-1492

La Vision de Constantin

Légende de la vraie Croix

1459-1464

fresque
Basilique de Saint-François
Arezzo

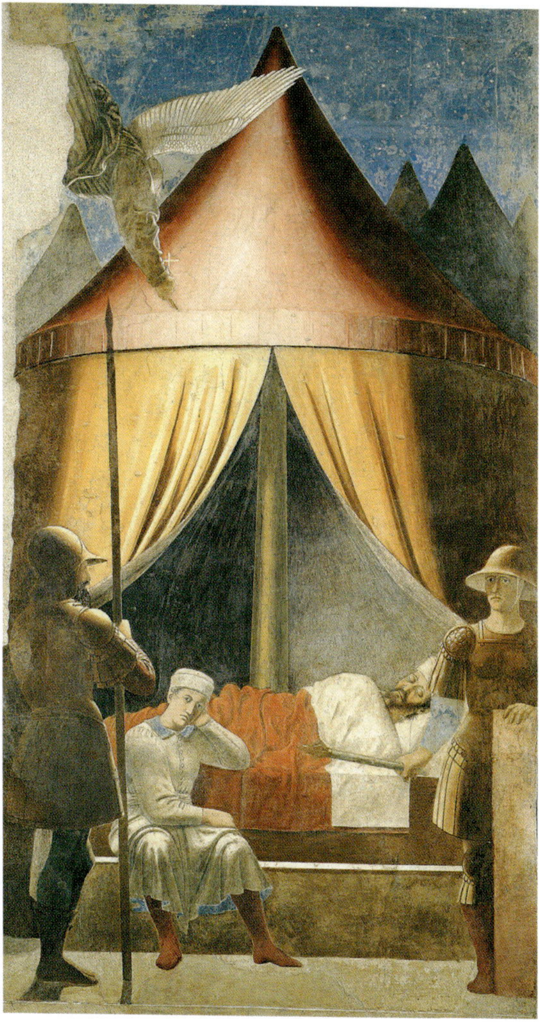

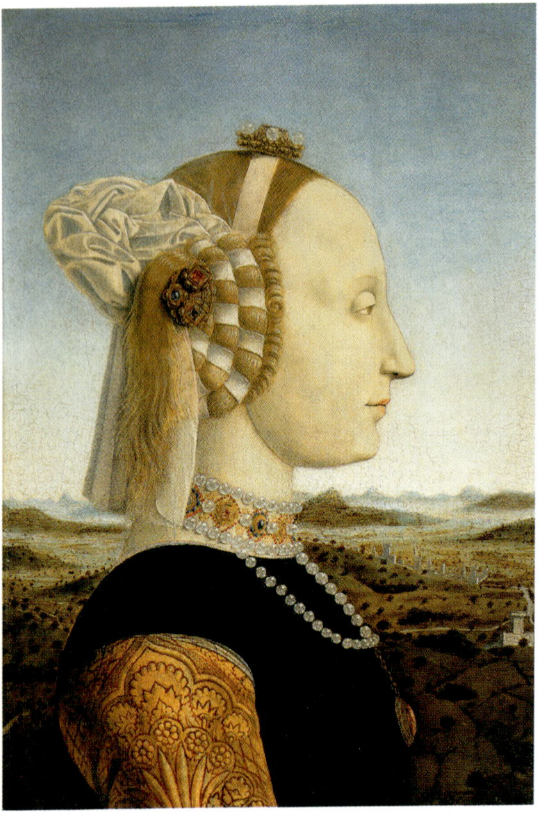

Piero della Francesca

Borgo San Sepolcro, vers 1415/20-1492

Portrait de Battista Sforza

APRÈS 1465

huile sur bois
47 x 33 cm
Musée des Offices
Florence

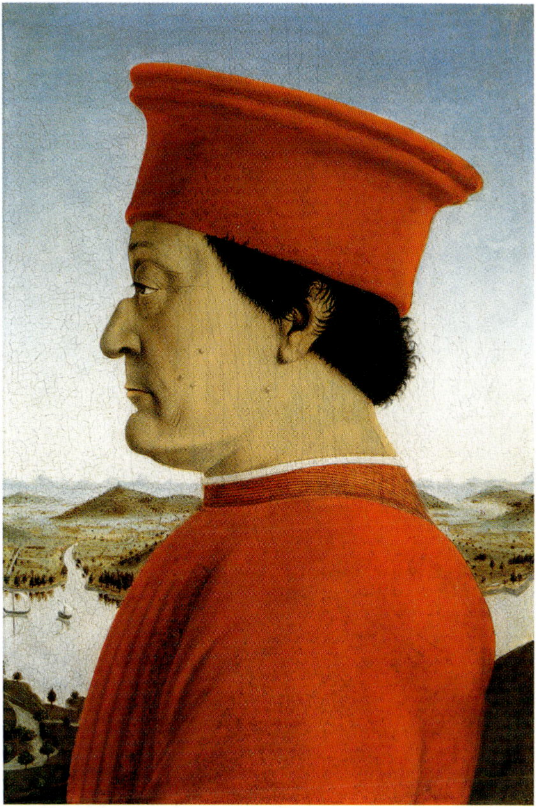

Piero della Francesca

Borgo San Sepolcro, vers 1415/20-1492

Portrait de Frédéric de Montefeltre

APRÈS 1465

huile sur bois
47 x 33 cm
Musée des Offices
Florence

Piero della Francesca

Borgo San Sepolcro, vers 1415/20-1492

Vierge à l'Enfant au milieu des saints

VERS 1475

huile sur bois
248 x 170 cm
Pinacothèque de Brera
Milan

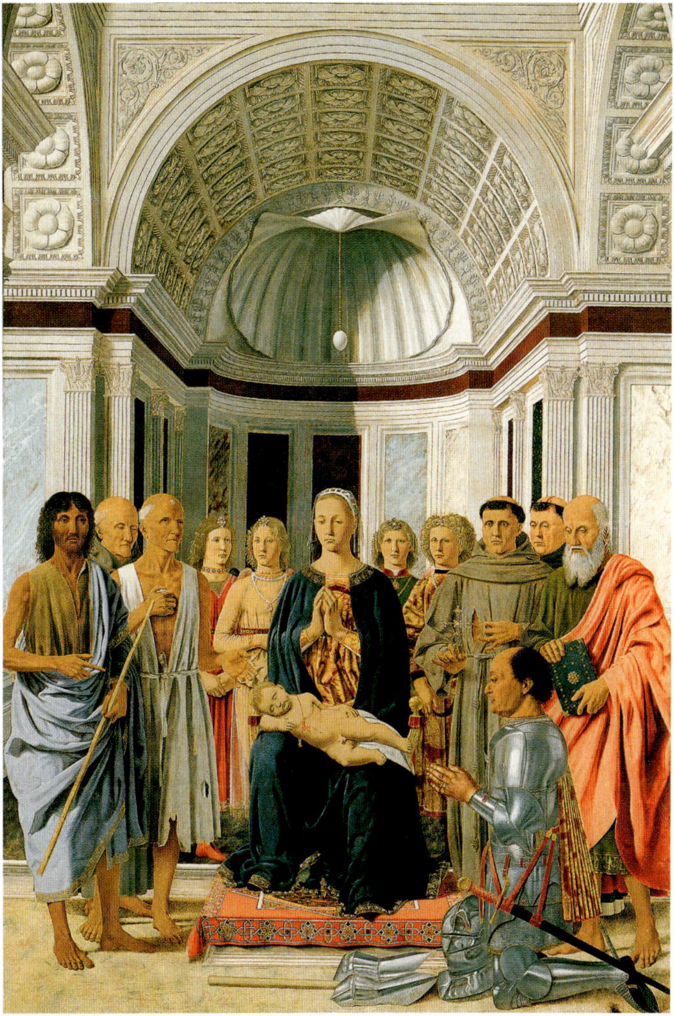

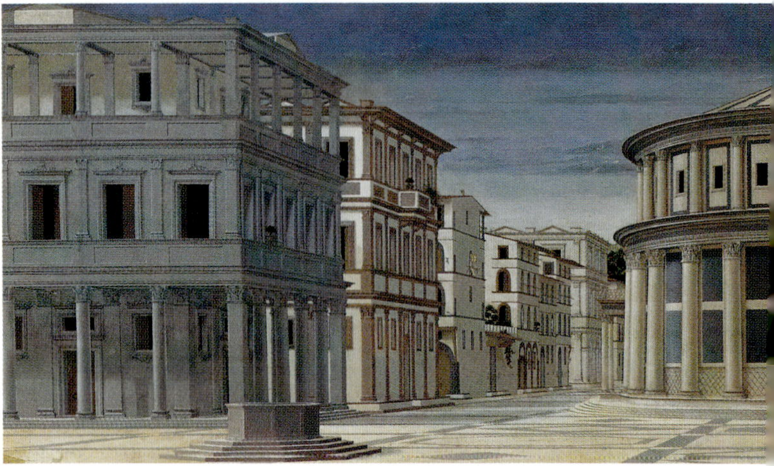

Piero della Francesca (attribué à)

Borgo San Sepolcro, vers 1415/20-1492

La Cité idéale

1470-1480

détrempe sur bois
67,5 x 239,5 cm
Palais ducal
Urbino

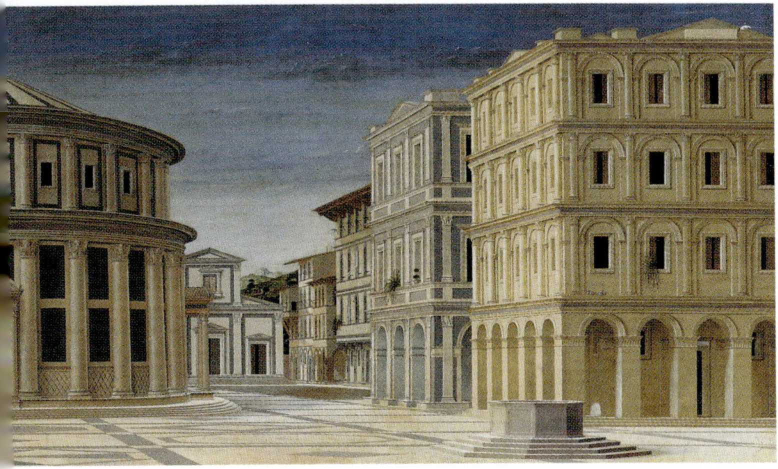

Andrea Mantegna

Ile de Carturo, Padoue, 1431 – Mantoue, 1506

Agonie au Jardin

VERS 1450-1460

détrempe sur bois
62,9 x 80 cm
National Gallery
Londres

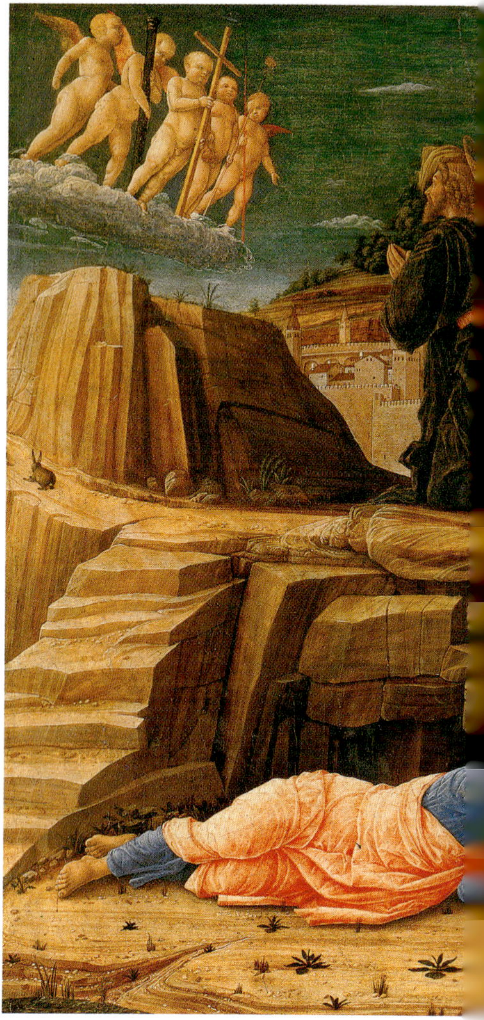

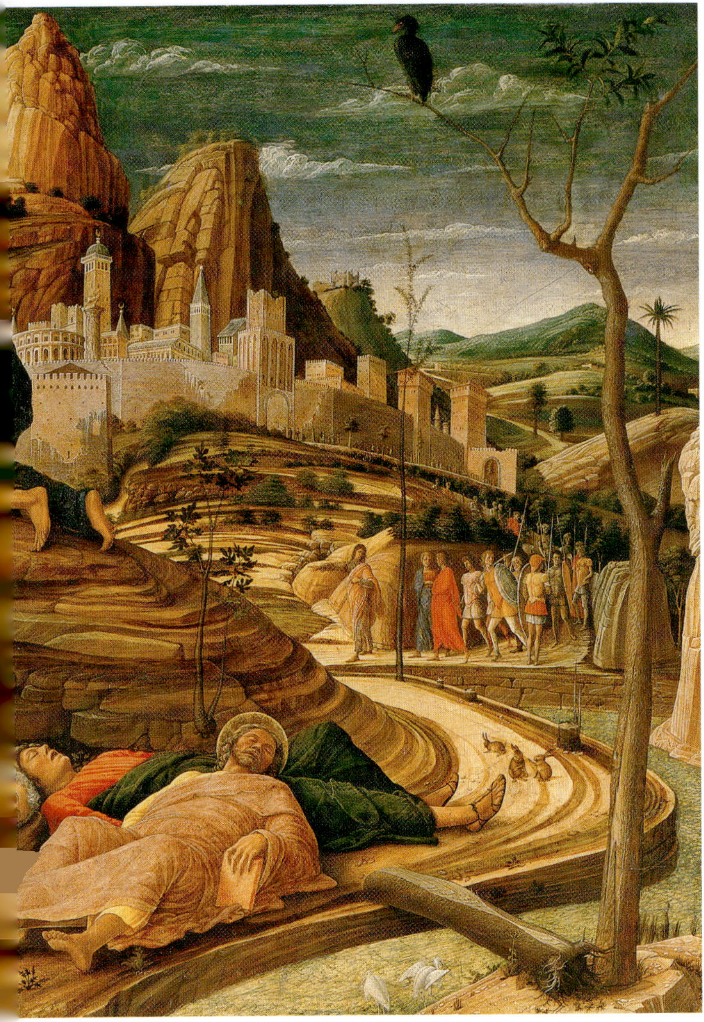

Andrea Mantegna

Ile de Carturo, Padoue, 1431 -
Mantoue, 1506

Le retour de Rome du Cardinal Francesco Gonzague

Chambre des Epoux

1472-1474

fresque
Palais ducal
Mantoue

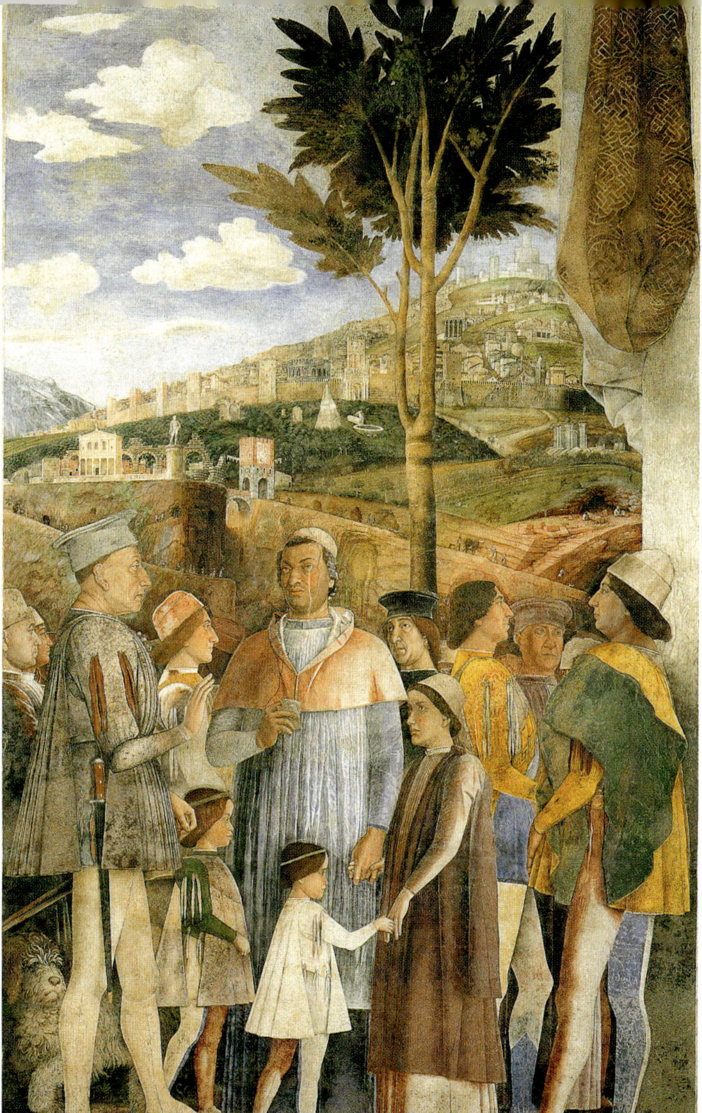

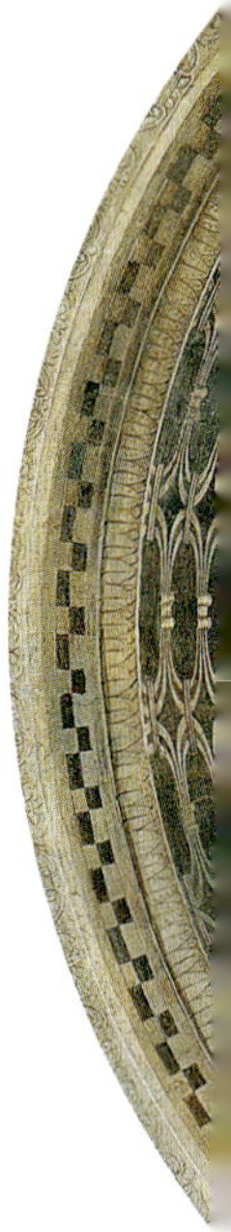

Andrea Mantegna

Ile de Carturo, Padoue, 1431 – Mantoue, 1506

Fresque de plafond

Chambre des Epoux

(détail)

1472-1474

fresque

Palais Ducal

Mantoue

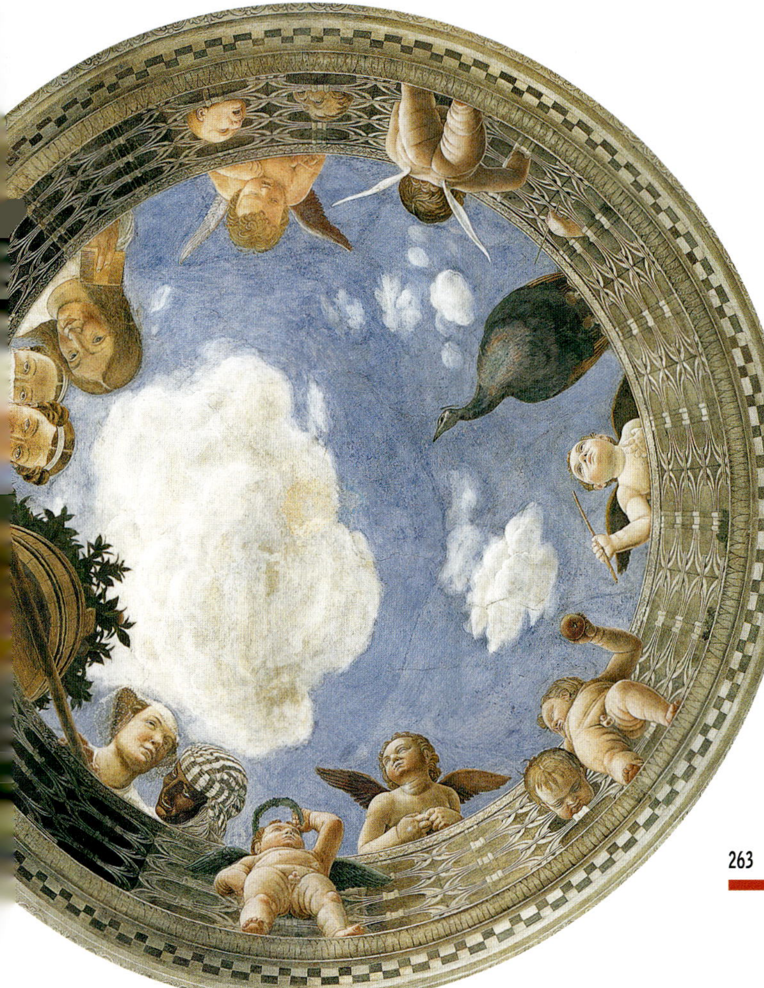

Andrea Mantegna

Ile de Carturo, Padoue, 1431 – Mantoue, 1506

Le Parnasse

APRÈS 1500

détrempe sur toile
60 x 192 cm
Musée du Louvre
Paris

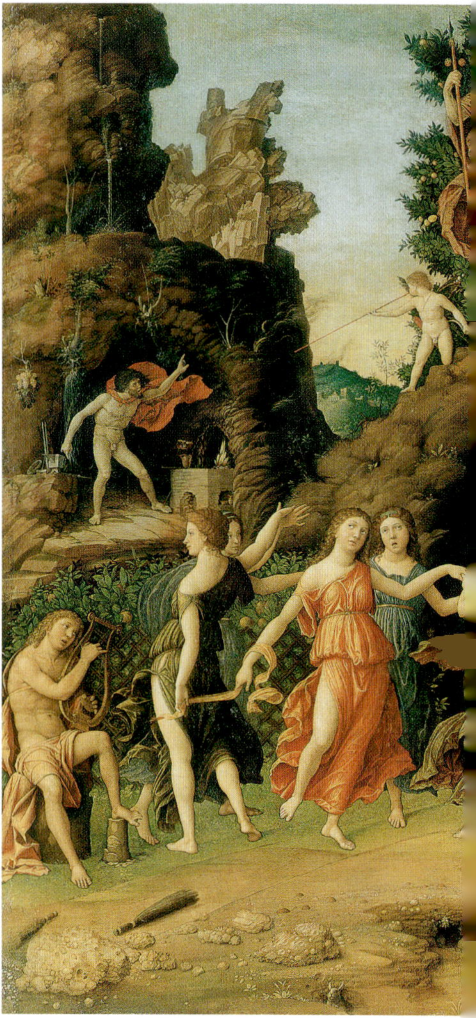

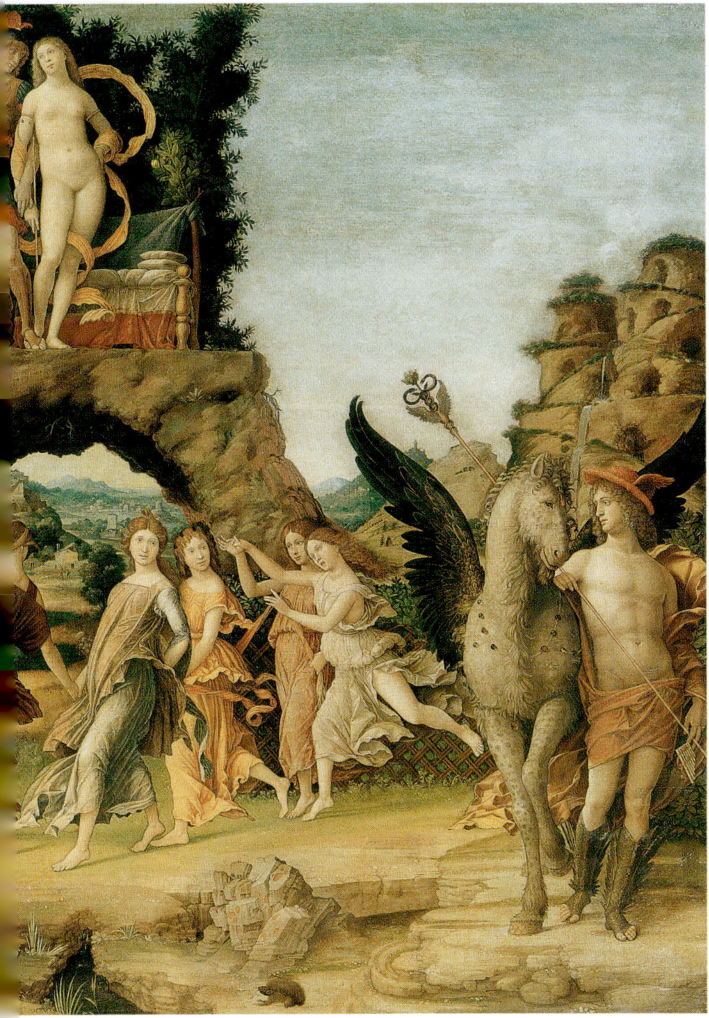

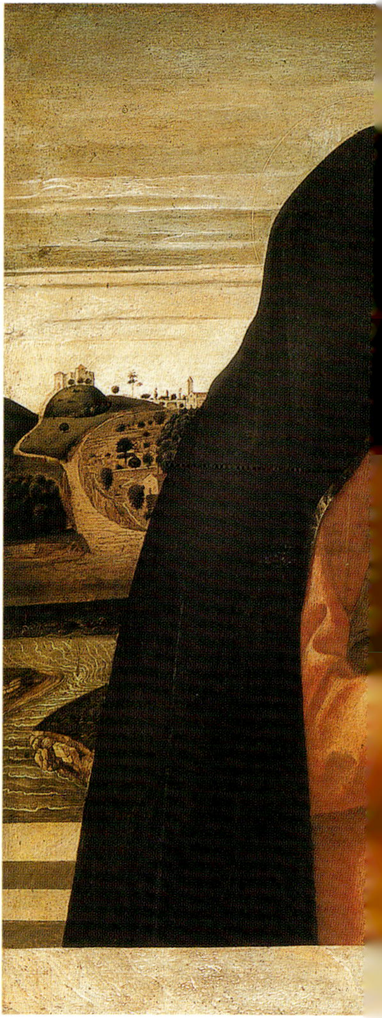

Giovanni Bellini

Venise, vers 1430- 1516

Pietà

VERS 1460-1465

huile sur bois
Pinacothèque de Brera
Milan

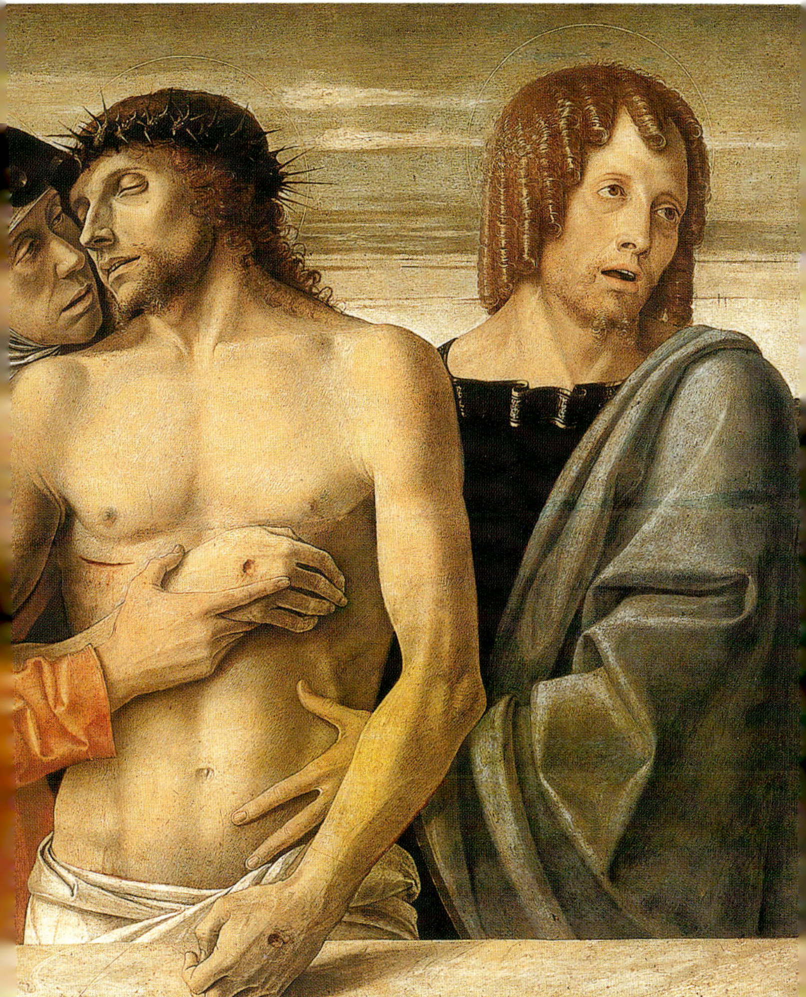

Giovanni Bellini

Venise, vers 1430-1516

Vierge à l'Enfant entourée de saints

Pala de Saint-Job

VERS 1487

huile sur bois
471 x 258 cm
Galerie de l'Académie
Venise

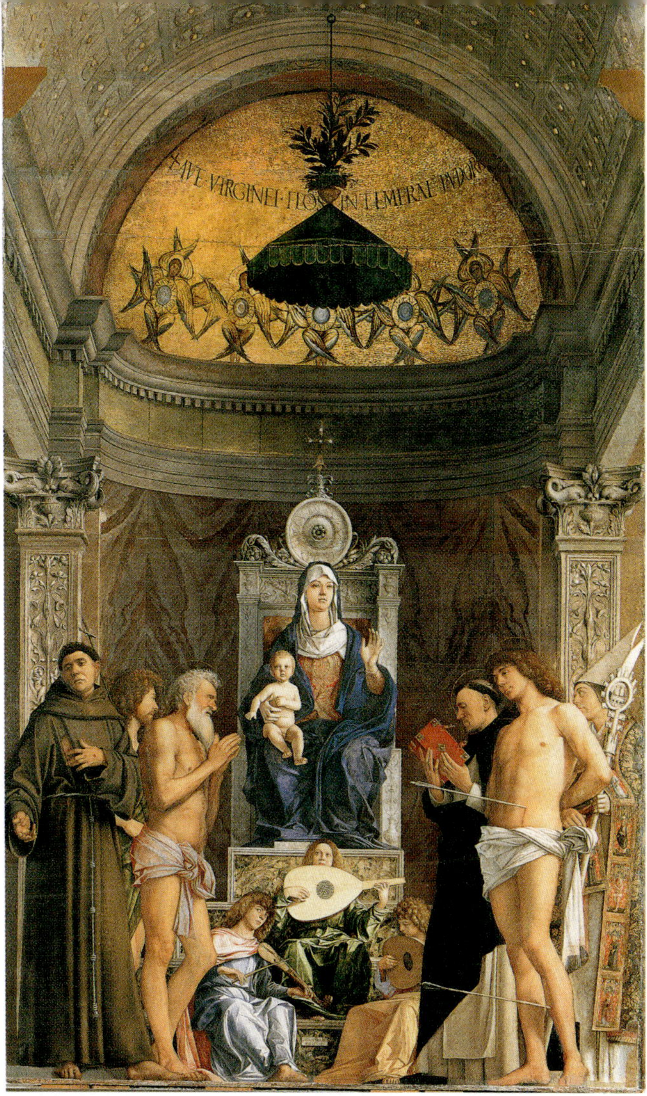

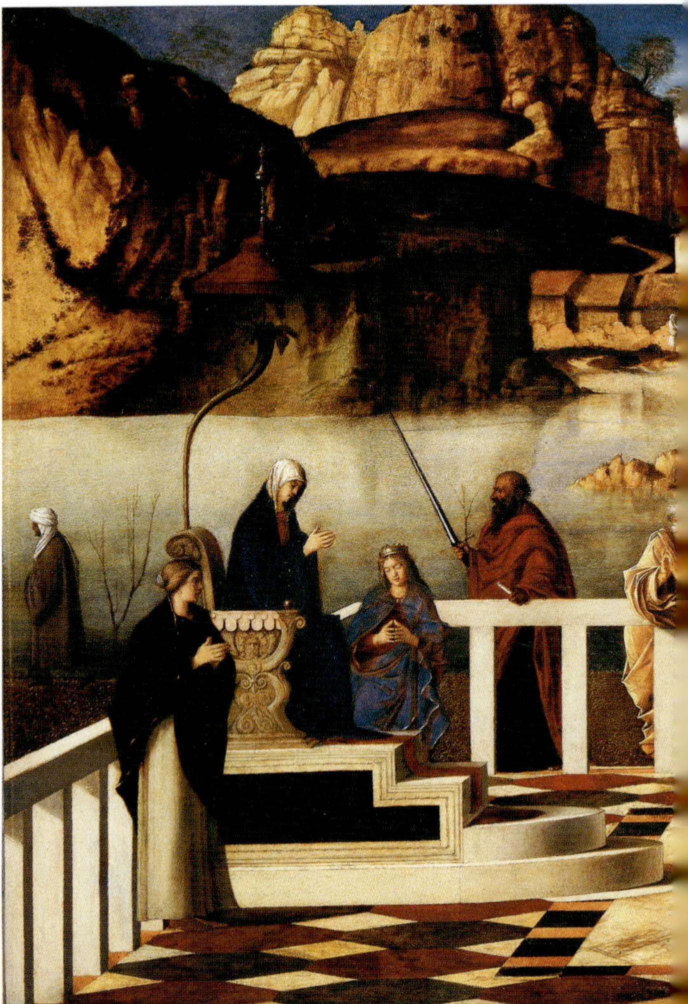

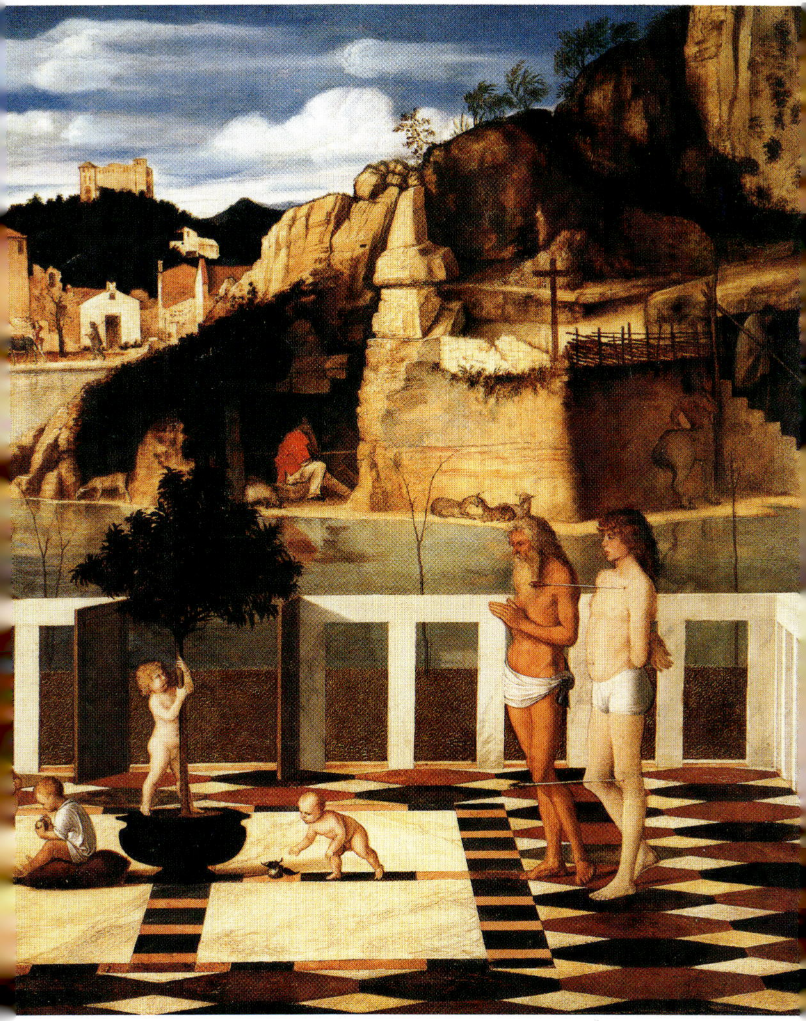

Carlo Crivelli

Venise, 1413 – Ascoli, 1495

Annonciation

1486

détrempe et huile sur toile
(précédemment sur bois)
207 x 146,7 cm
National Gallery
Londres

pp. 270-271

Giovanni Bellini

Venise, vers 1430-1516

Allégorie sacrée

VERS 1487-1488

détrempe sur bois
73 x 119 cm
Musée des Offices
Florence

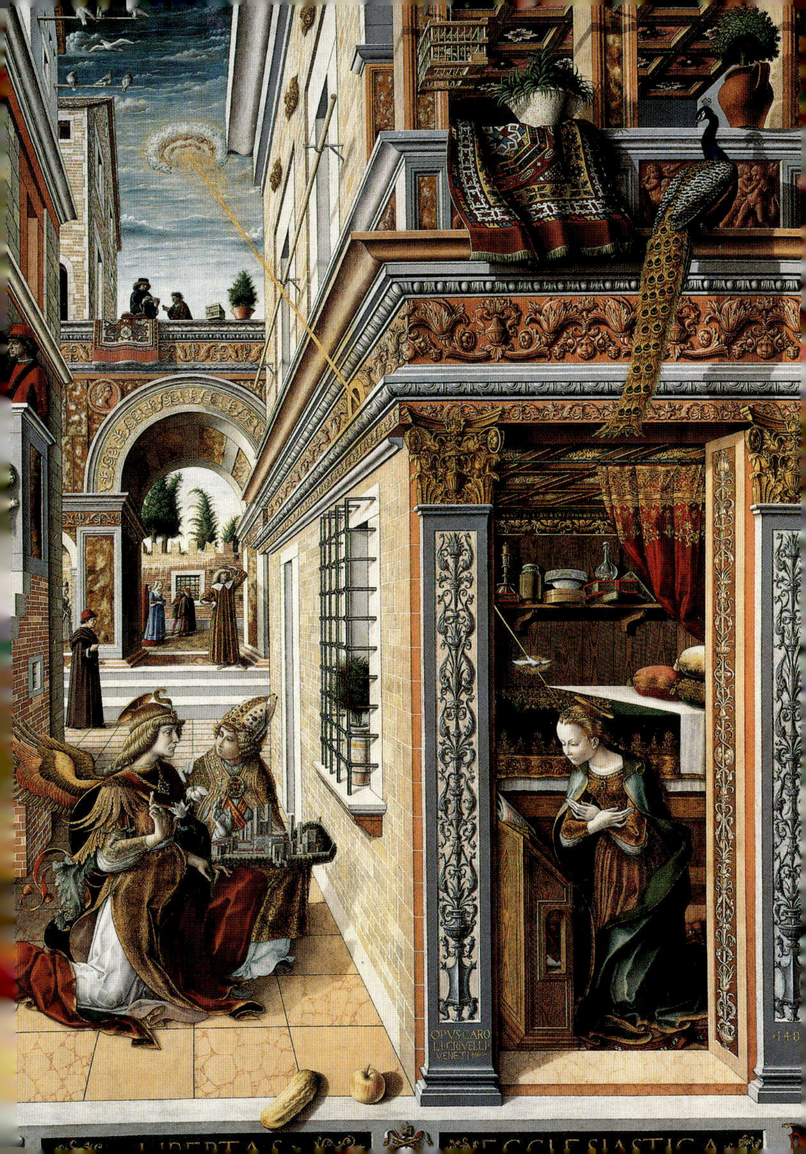
OPVS CARO
LI CRIVELLI
VENETI
148

Cosmè Tura

Ferrare, 1430-1495

Pietà

1460

huile sur bois
48 x 33 cm
Musée Correr
Venise

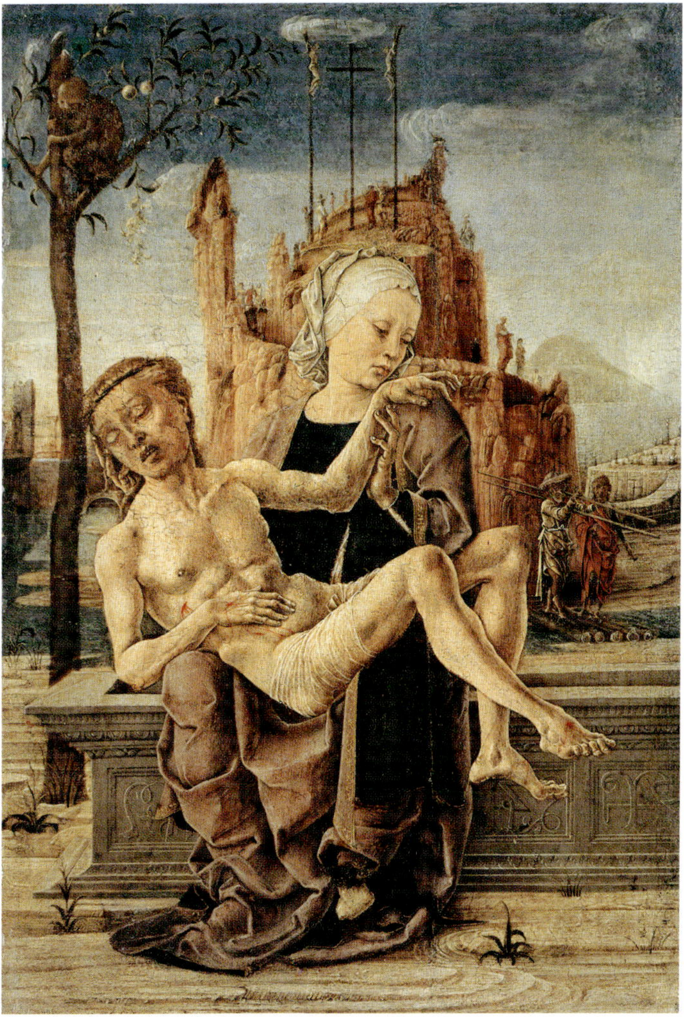

Ercole de' Roberti

Ferrare, vers 1450-1496

Vierge à l'Enfant avec des saints

1481

huile sur bois
323 x 240 cm
Pinacothèque de Brera
Milan

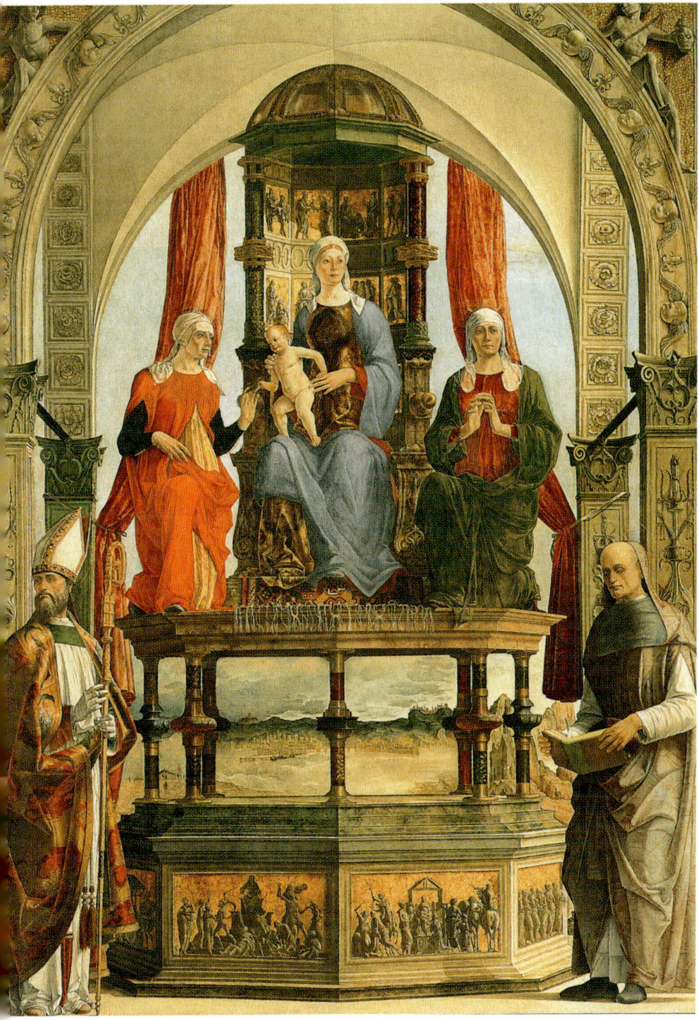

Antonello da Messine
Messine, vers 1430-1479

Portrait d'homme

VERS 1473-1474

huile sur bois
35,6 x 36,2 cm
National Gallery
Londres

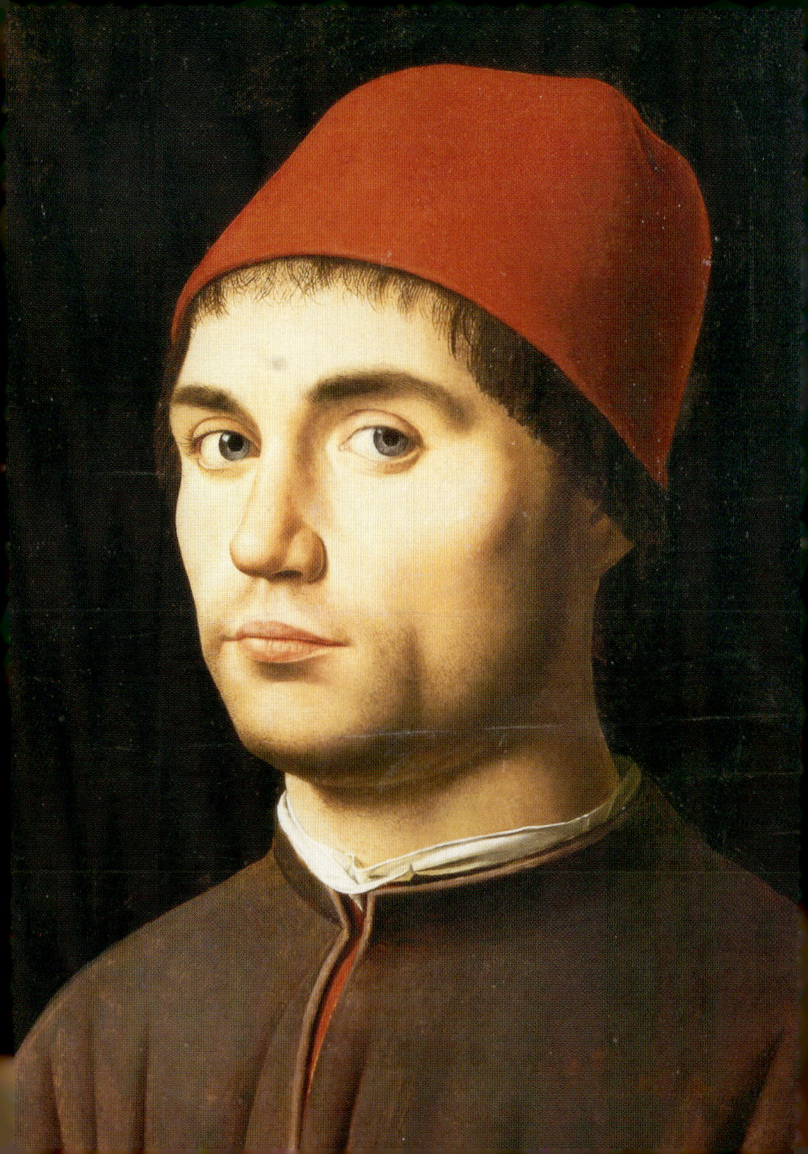

Antonello da Messine

Messine, vers 1430-1479

Saint Jérôme

VERS 1474-1475

huile sur bois
45,7 x 36,2 cm
National Gallery
Londres

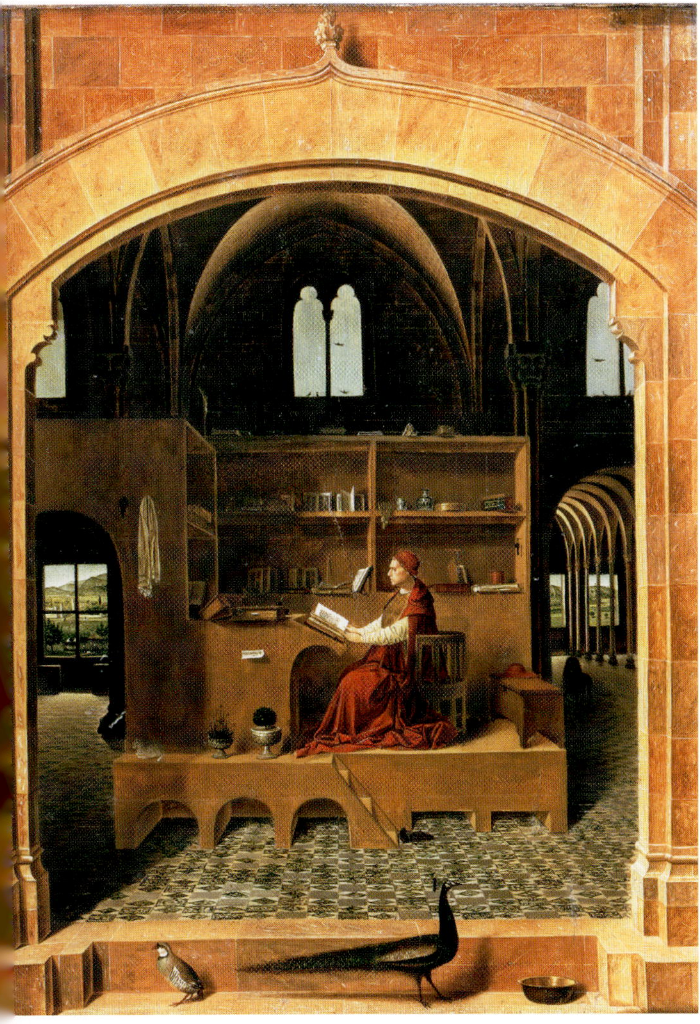

Antonello da Messine
Messine, vers 1430-1479

Vierge Annunciate

1475-1476

huile sur toile
45 x 35 cm
Galerie nationale de la Sicile
Palerme

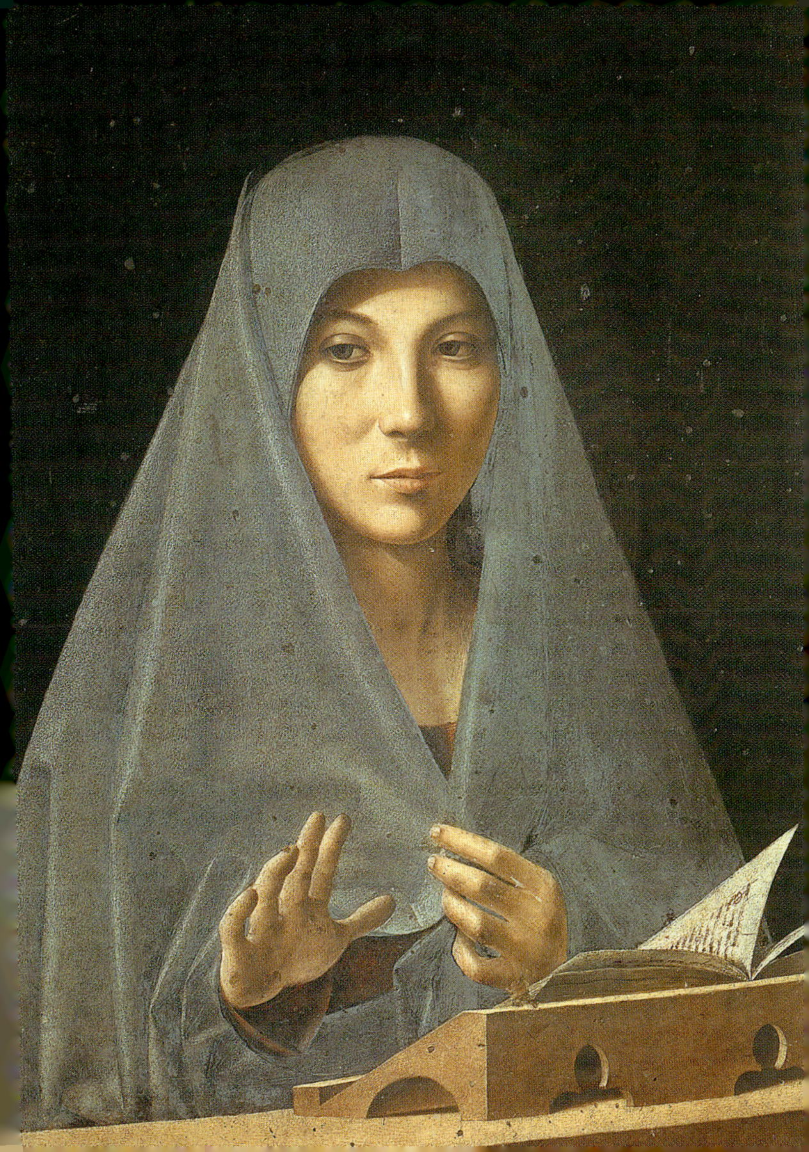

Jean Fouquet

Tours, vers 1420-1481

Charles VII, roi de France

VERS 1444-1449

huile sur bois
86 x 71 cm
Musée du Louvre
Paris

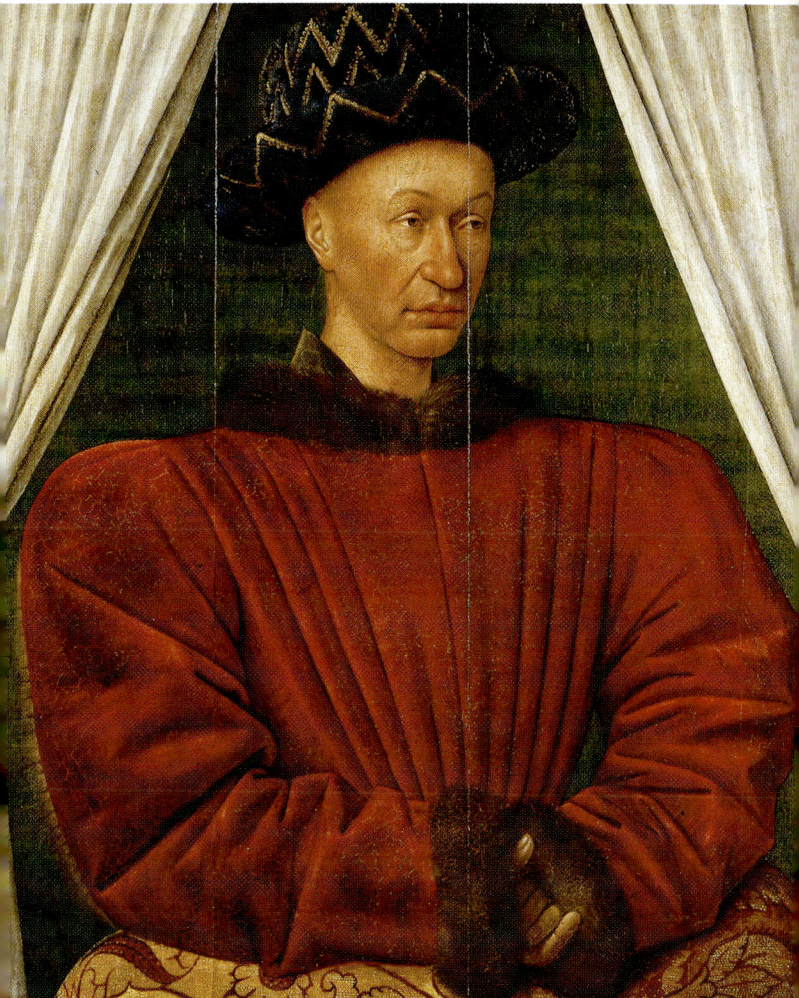

Jean Fouquet

Tours, vers 1420-1481

Vierge à l'Enfant entourée d'anges

Diptyque de Melun
(bois de droite)

VERS 1450

huile sur bois
92 x 84 cm
Musées Royaux des Beaux-arts
Anvers

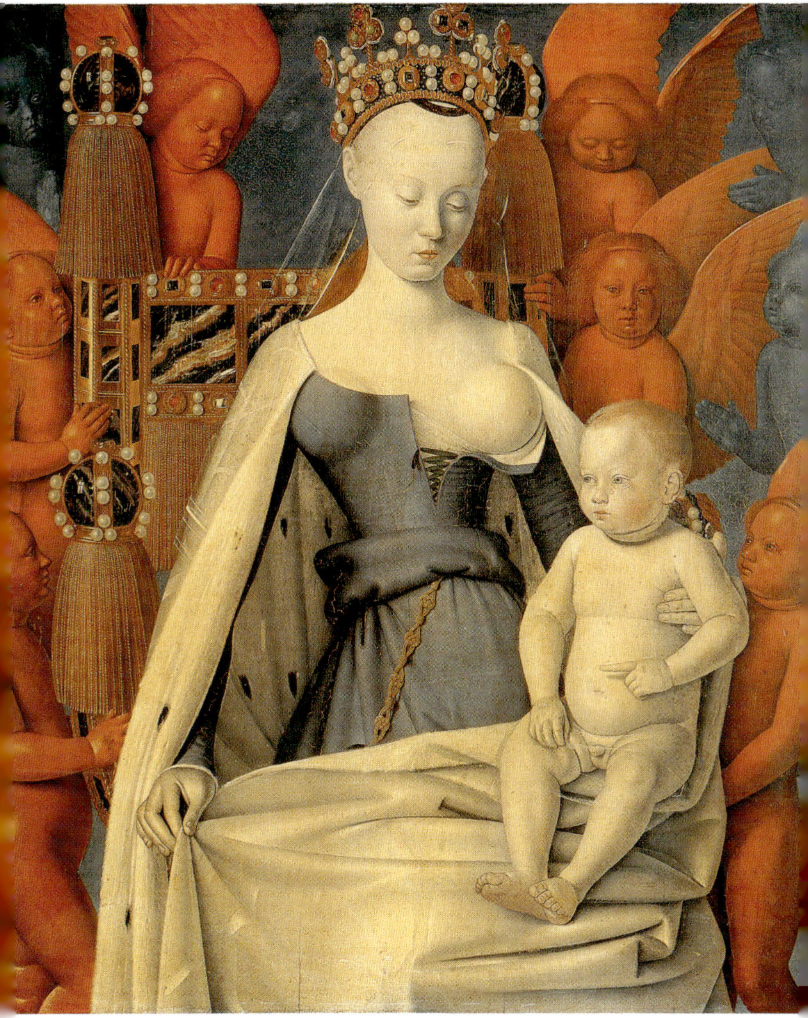

Jean Fouquet

Tours, vers 1420-1481

Portrait de Guillaume Jouvenel des Ursins

VERS 1460

huile sur bois
92 x 74 cm
Musée du Louvre
Paris

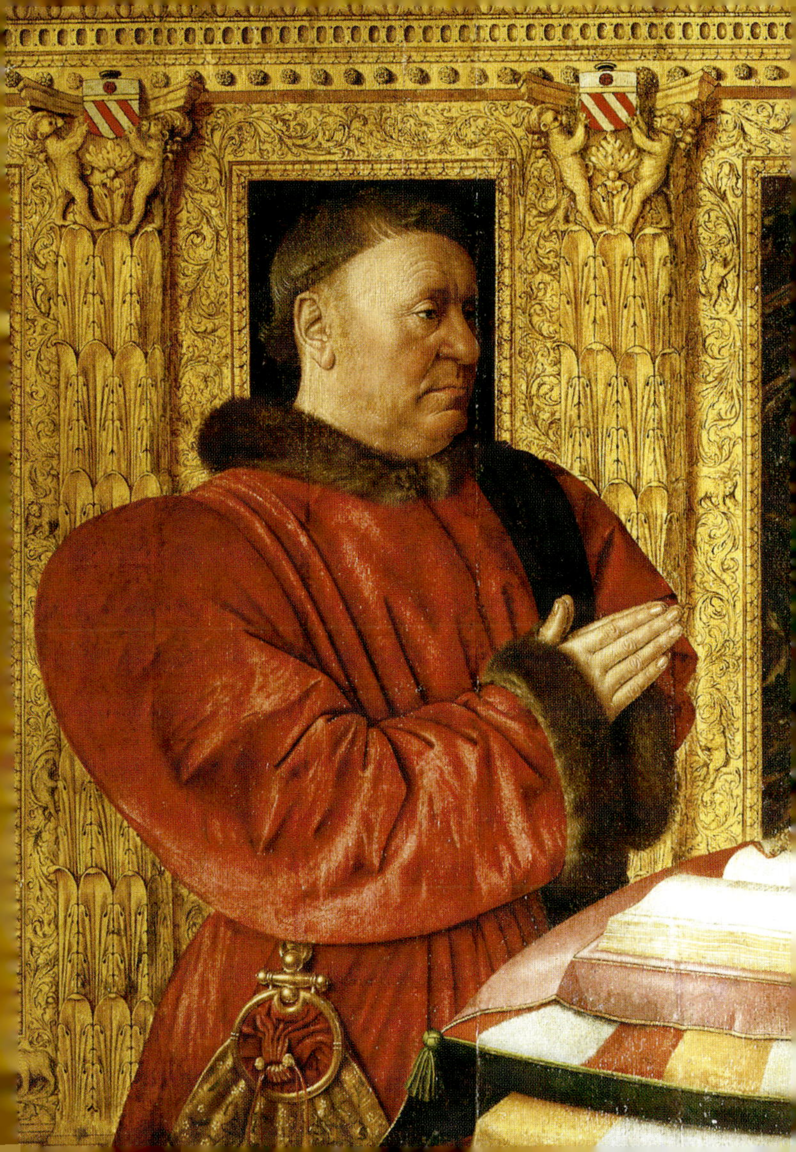

Dieric Bouts

Haarlem, vers 1415 – Louvain, 1475

La Résurrection du Christ

VERS 1450

détrempe sur bois
105,3 x 68,2 cm
Alte Pinakothek
Munich

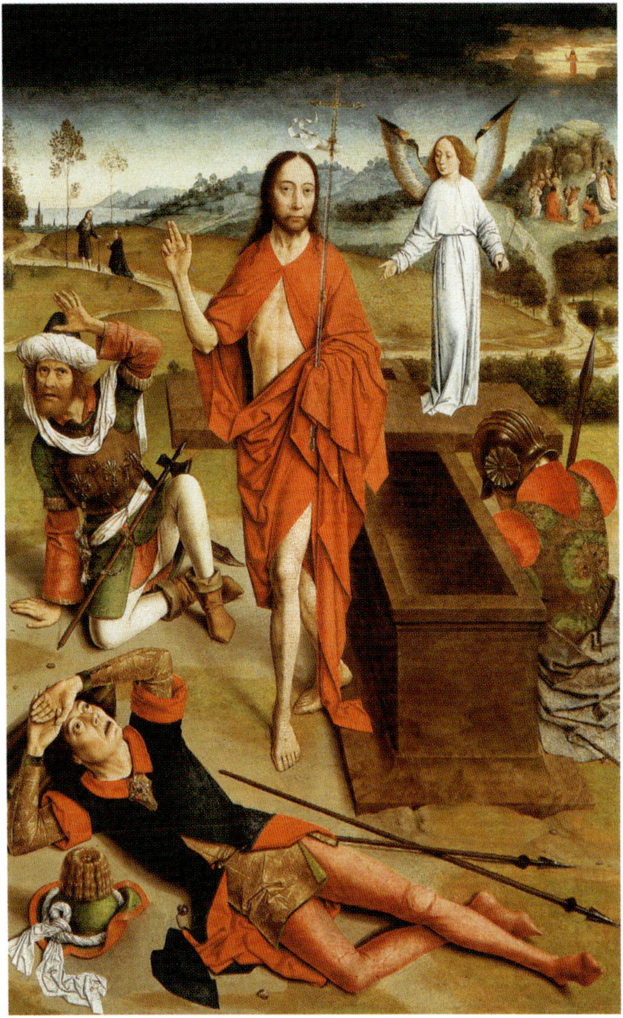

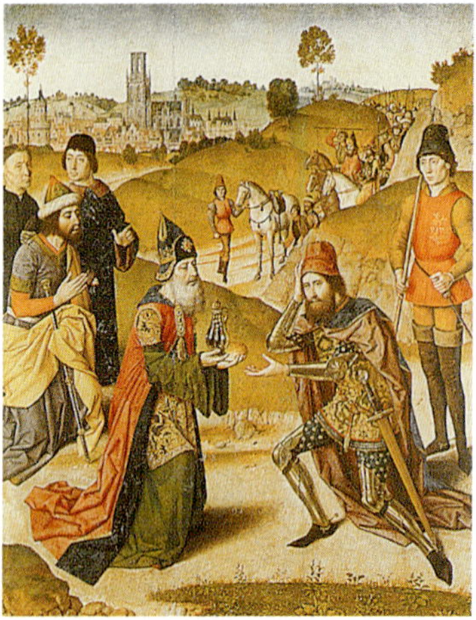

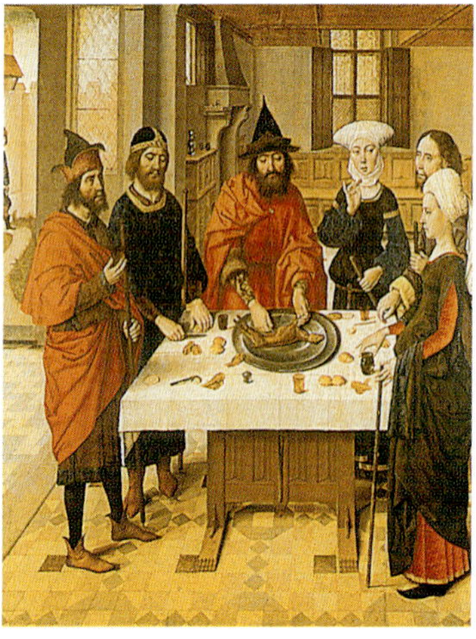

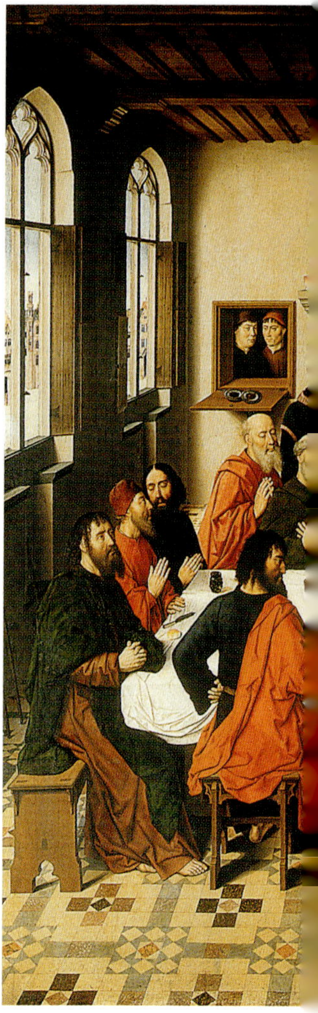

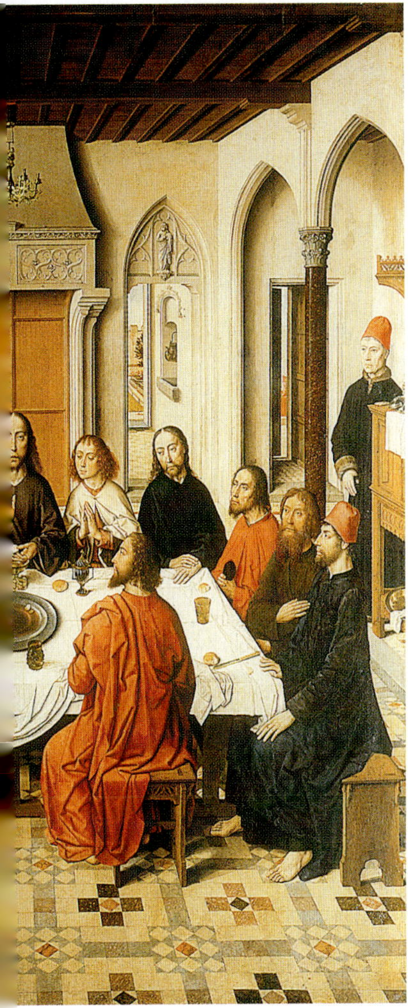

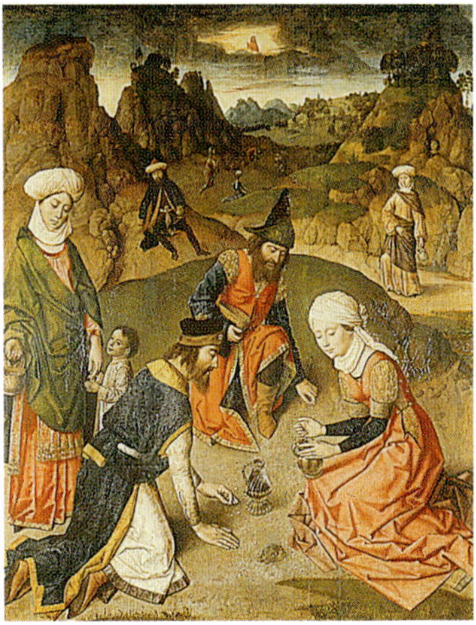

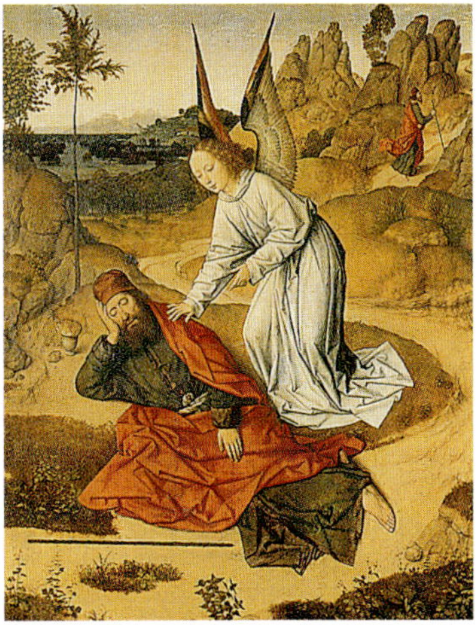

Hans Memling

Seligenstadt, vers 1435 – Bruges, 1494

Le Mariage mystique de sainte Catherine

Retable de saint Jean-Baptiste et de saint Jean l'Evangéliste (panneau central)

1479

huile sur bois
172 x 172 cm
Musée Hand Memling
Bruges

Dieric Bouts

Haarlem, vers 1415 – Leuven, 1475

Retable du Saint Sacrement

1464-1467

huile sur bois
150 x 323 cm
Eglise Saint-Pierre
Louvain

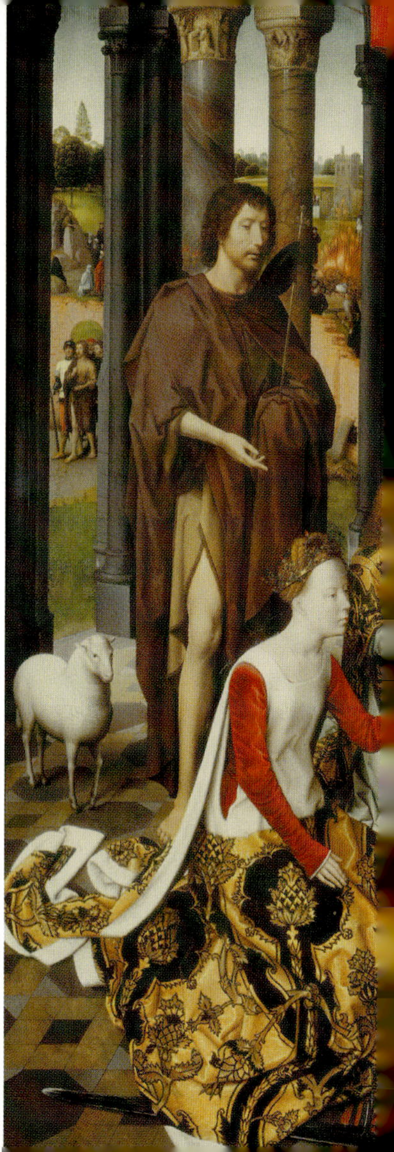

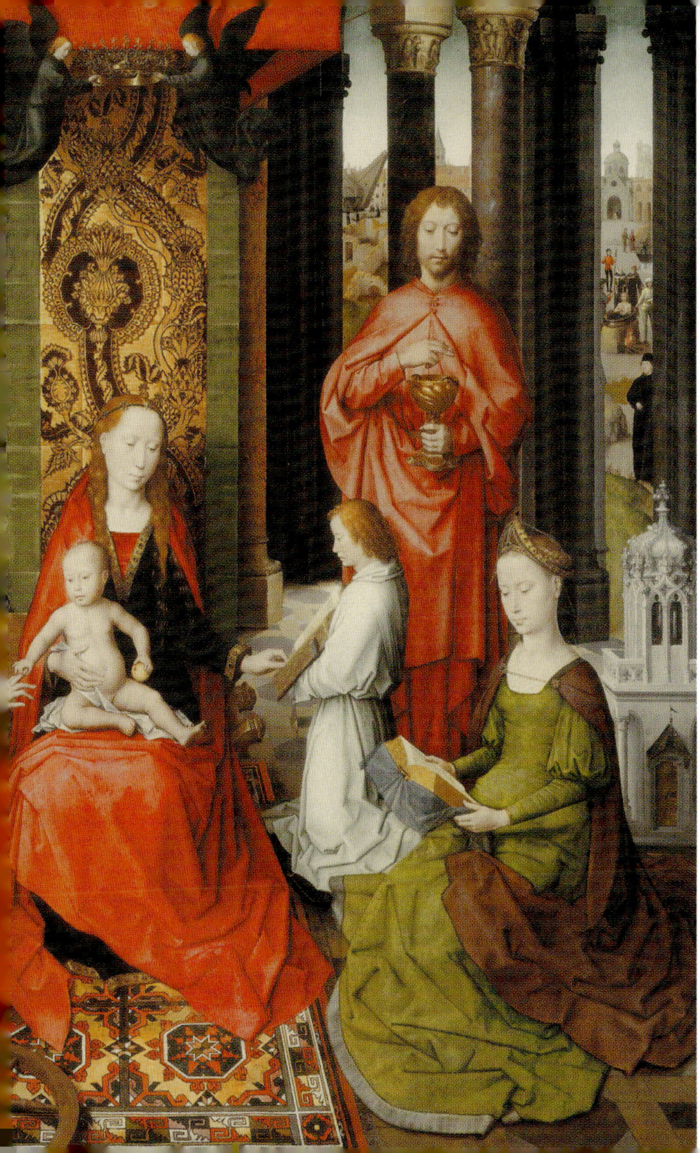

Hans Memling

Seligenstadt, vers 1435 – Bruges, 1494

Portrait d'homme

1490

huile sur bois
35 x 25 cm
Musée des Offices
Florence

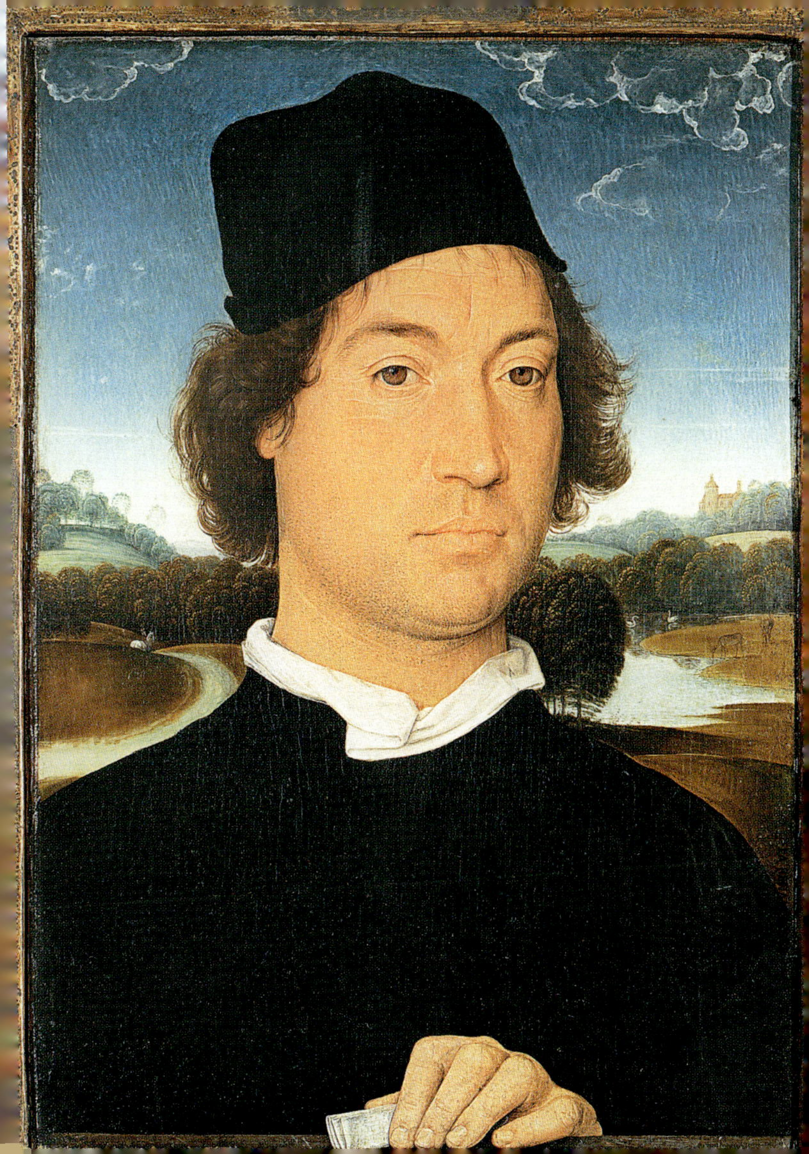

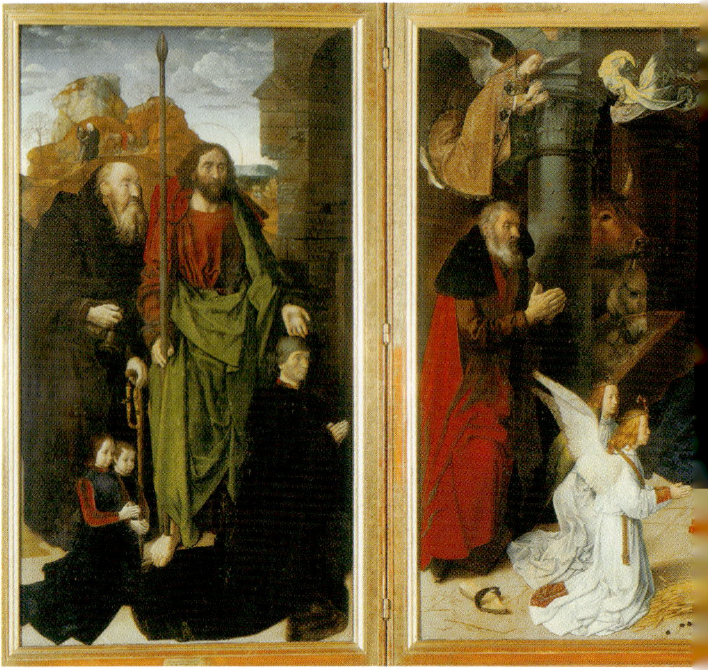

Hugo van der Goes

Gand, vers 1440 – Audergen, 1482

Le triptyque Portinari

VERS 1476

huile sur bois
252,7 x 304,8 cm
Musée des Offices
Florence

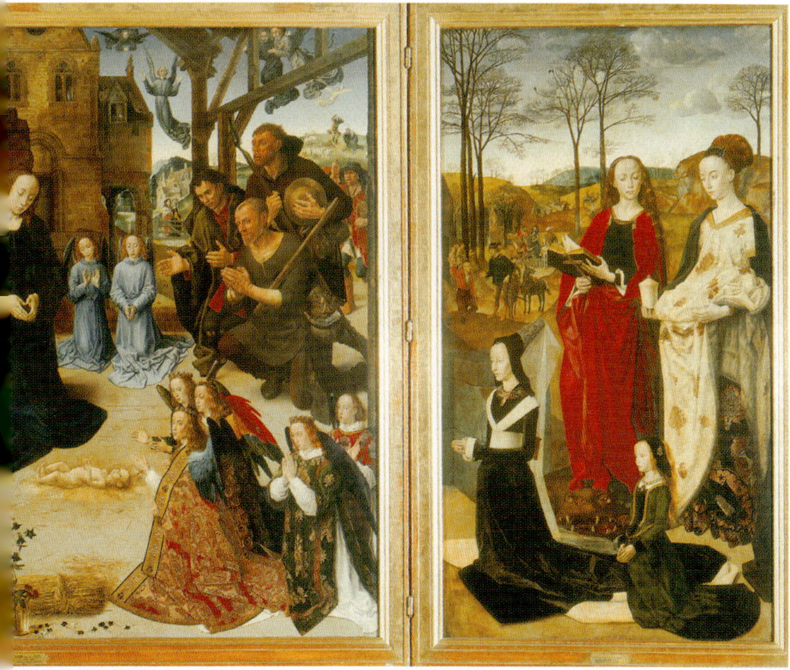

Albert van Ouwater
actif à Haarlem de 1440 à 1460

Saint Jean-Baptiste
huile sur toile
70 x 31 cm
Chapelle royale
Grenade

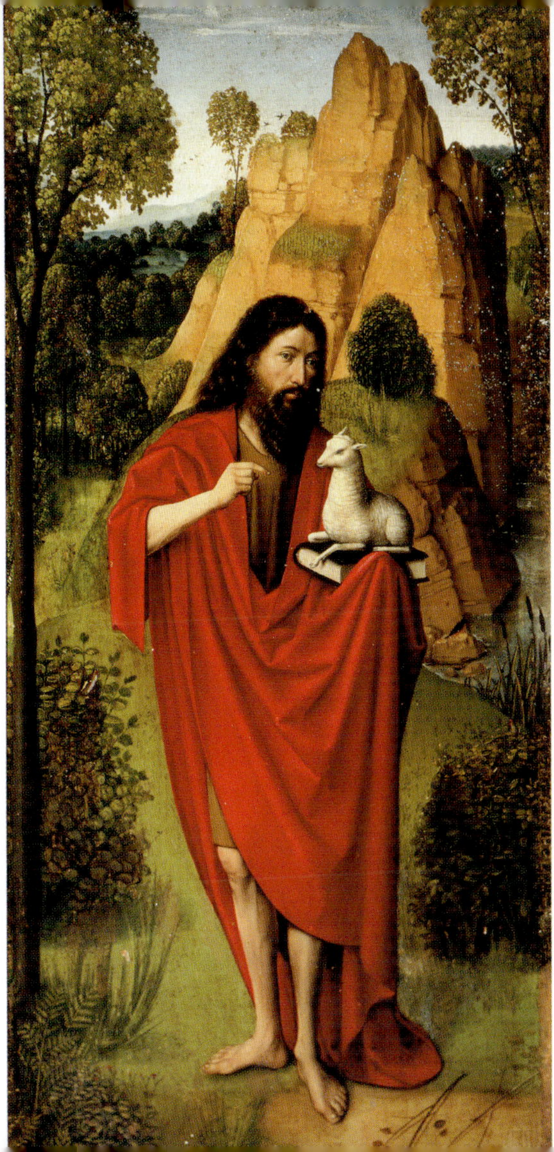

Geerten tot Sint Jans

actif à Haarlem dans la deuxième moitié du XVème siècle

La Résurrection de Lazare

VERS 1480

huile sur bois
127 x 97 cm
Musée du Louvre
Paris

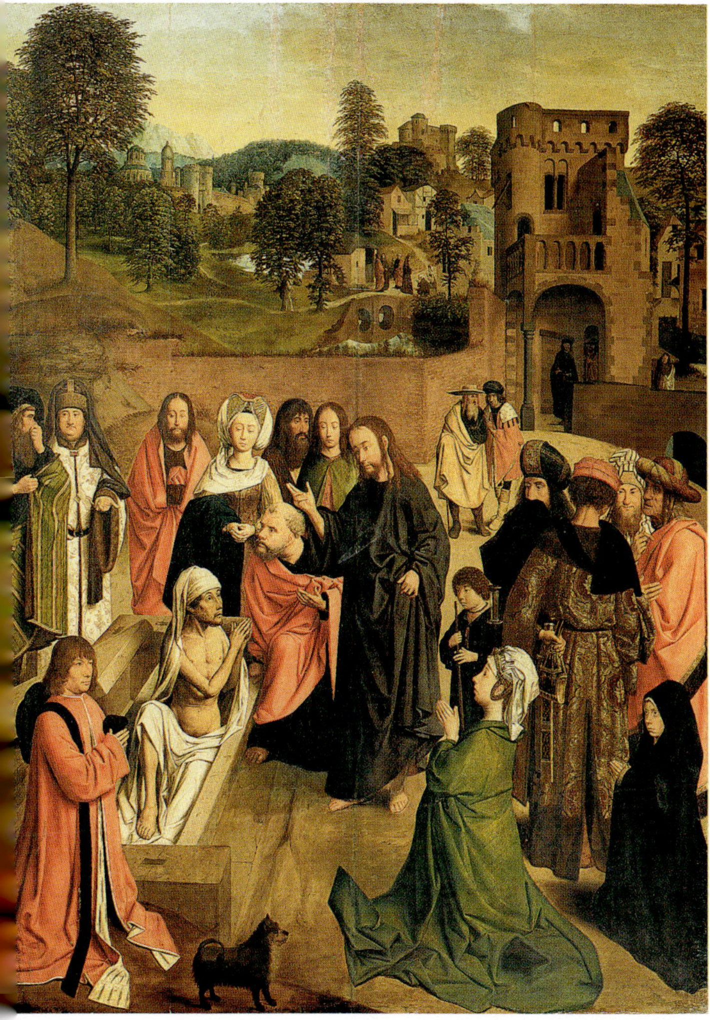

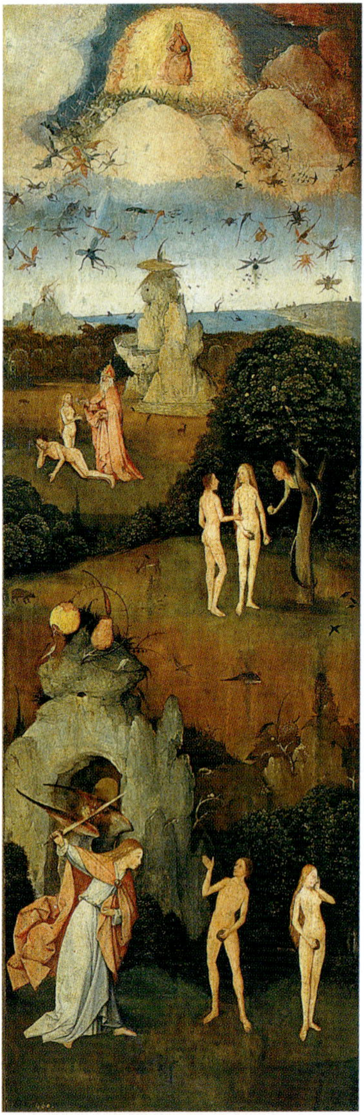

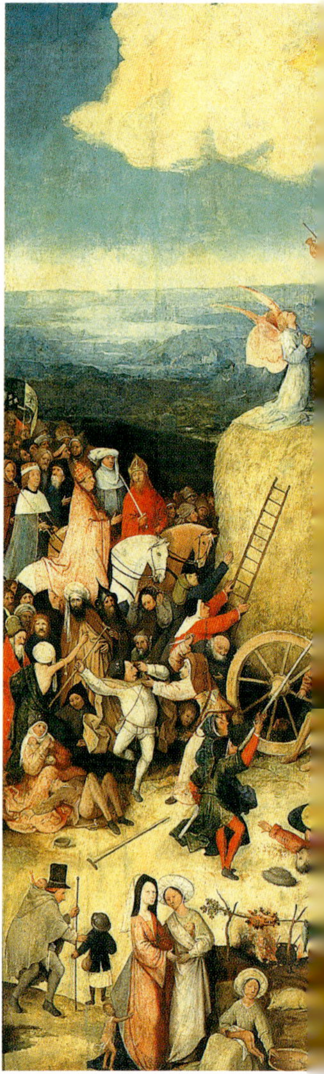

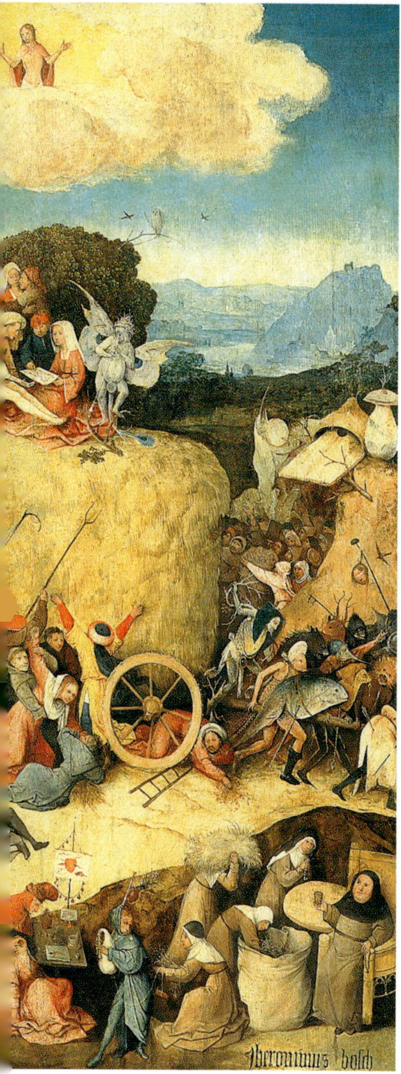
jheronimus bosch

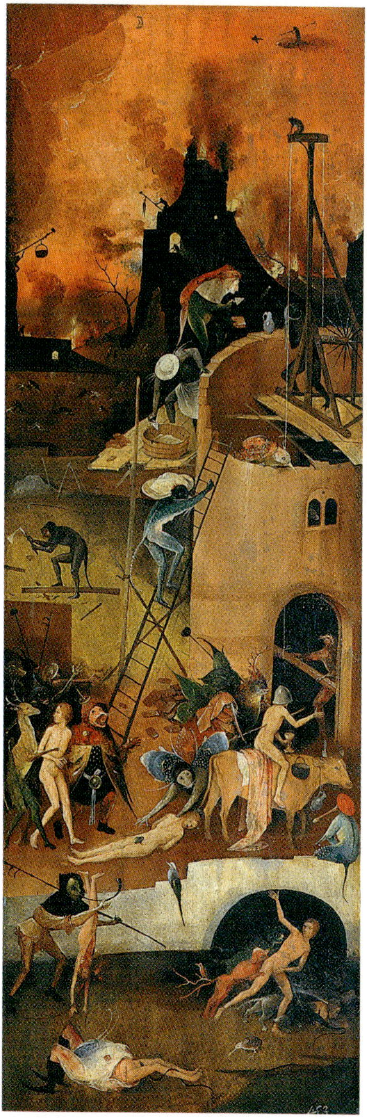

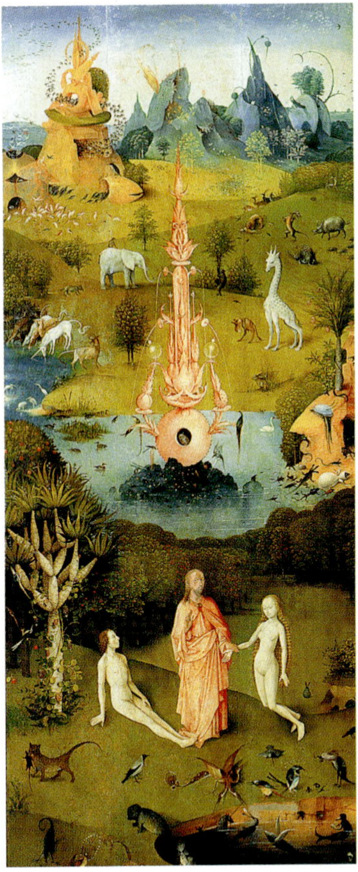

Jérôme Bosch

Bois-le-duc, vers 1450-1516

Le Jardin des Délices

triptyque

VERS 1510

huile sur bois
220 x 389 cm
Musée du Prado
Madrid

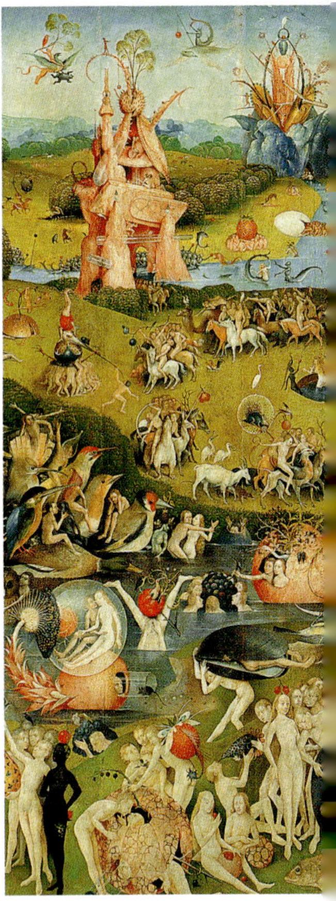

Jérôme Bosch

Bois-le-Duc, vers 1450-1516

La Charrette de foin

triptyque

VERS 1500

huile sur bois
135 x 190 cm
Musée du Prado
Madrid

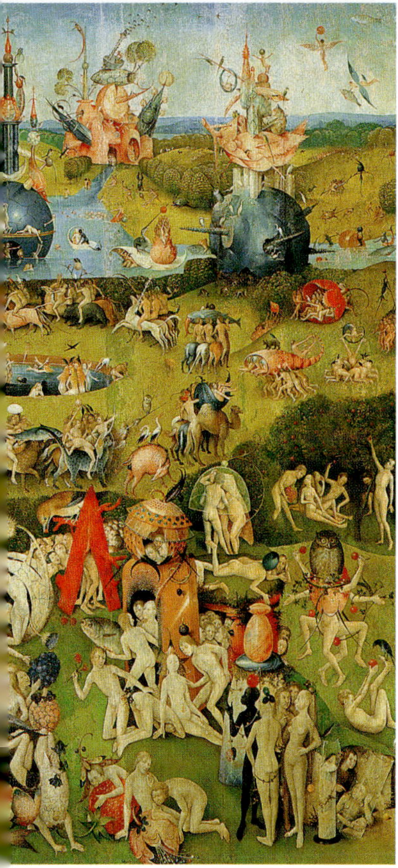

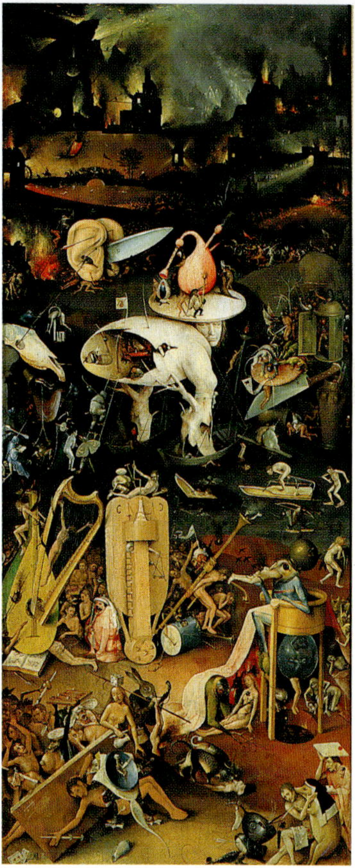

Nuno Gonçalves

actif au Portugal dans la deuxième
moitié du XVème siècle

Henri le Navigateur

Polyptyque de saint Vincent
(détail)

VERS 1470-1475

huile sur bois
Museu Nacional de Arte Antiga
Lisbonne

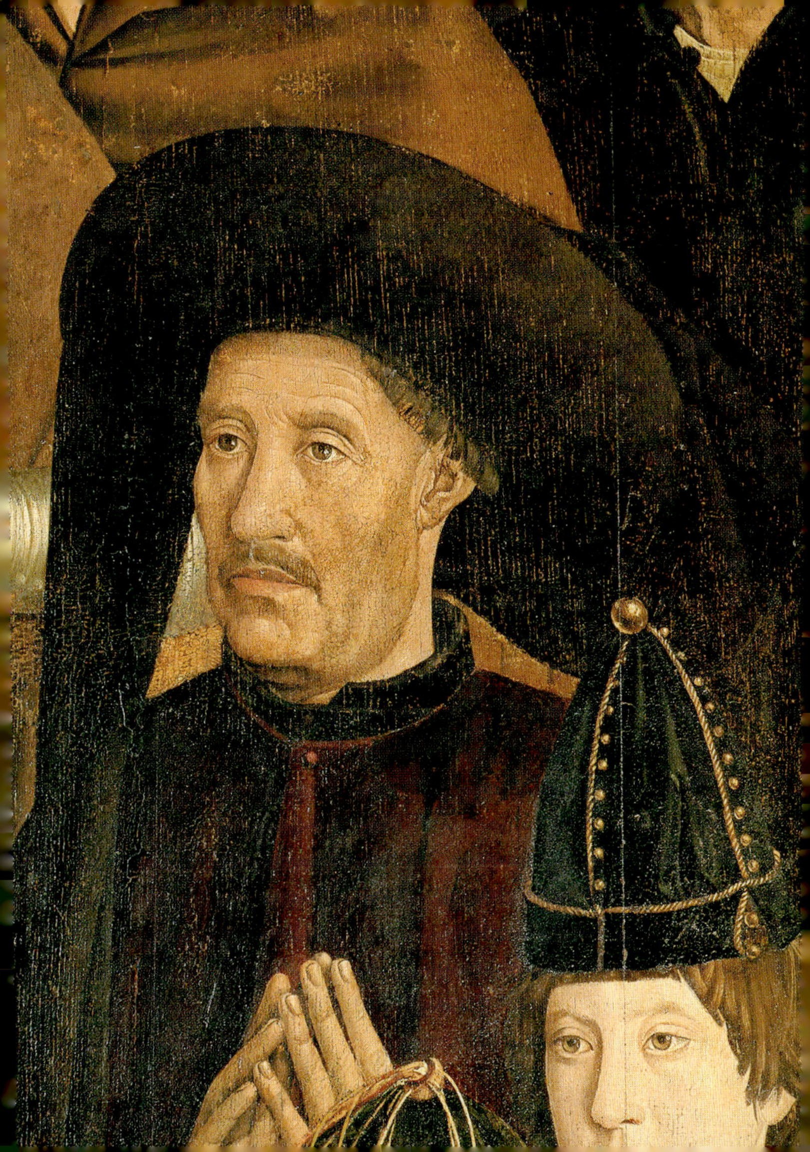

Antonio Pollaiolo

Florence, vers 1432 – Rome, 1498

Hercule et l'Hydre

VERS 1460

détrempe sur bois
17 x 12 cm
Musée des Offices
Florence

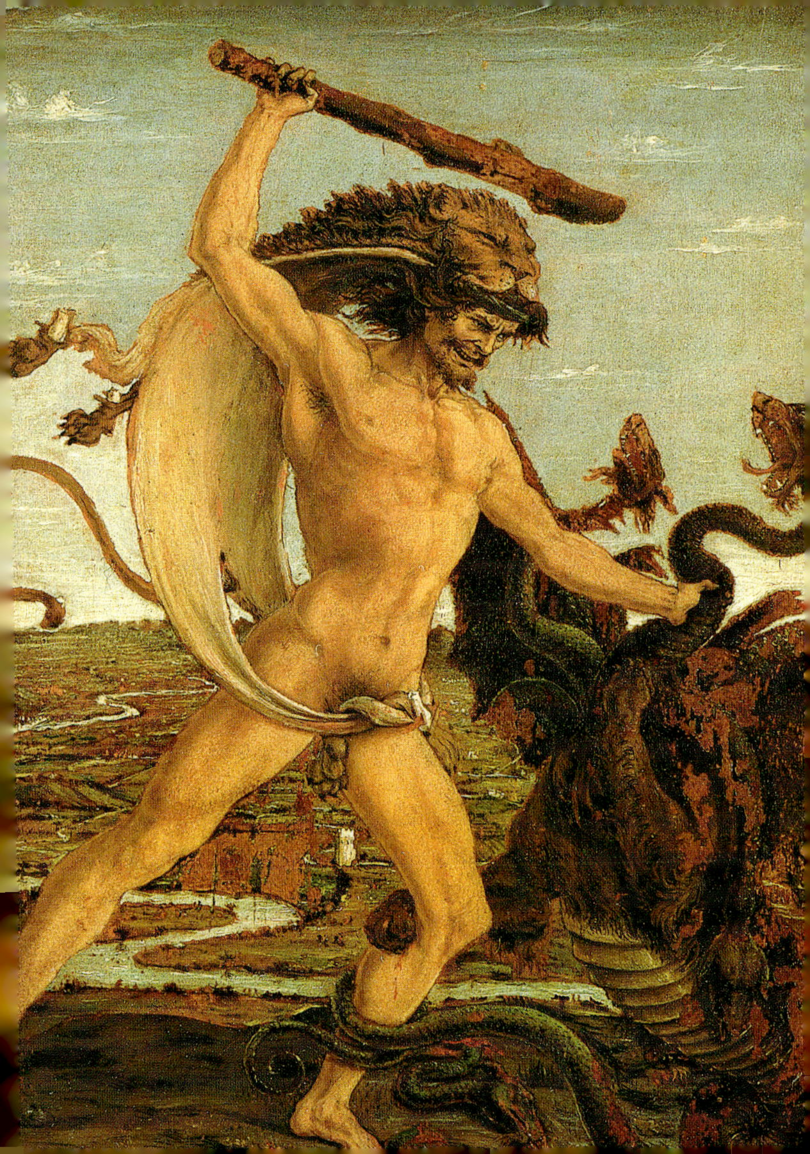

Antonio Pollaiolo

Florence, vers 1432 – Rome, 1498

Portrait d'une jeune femme

VERS 1470

détrempe sur bois
46 x 33 cm
Musée Poldi Pezzoli
Milan

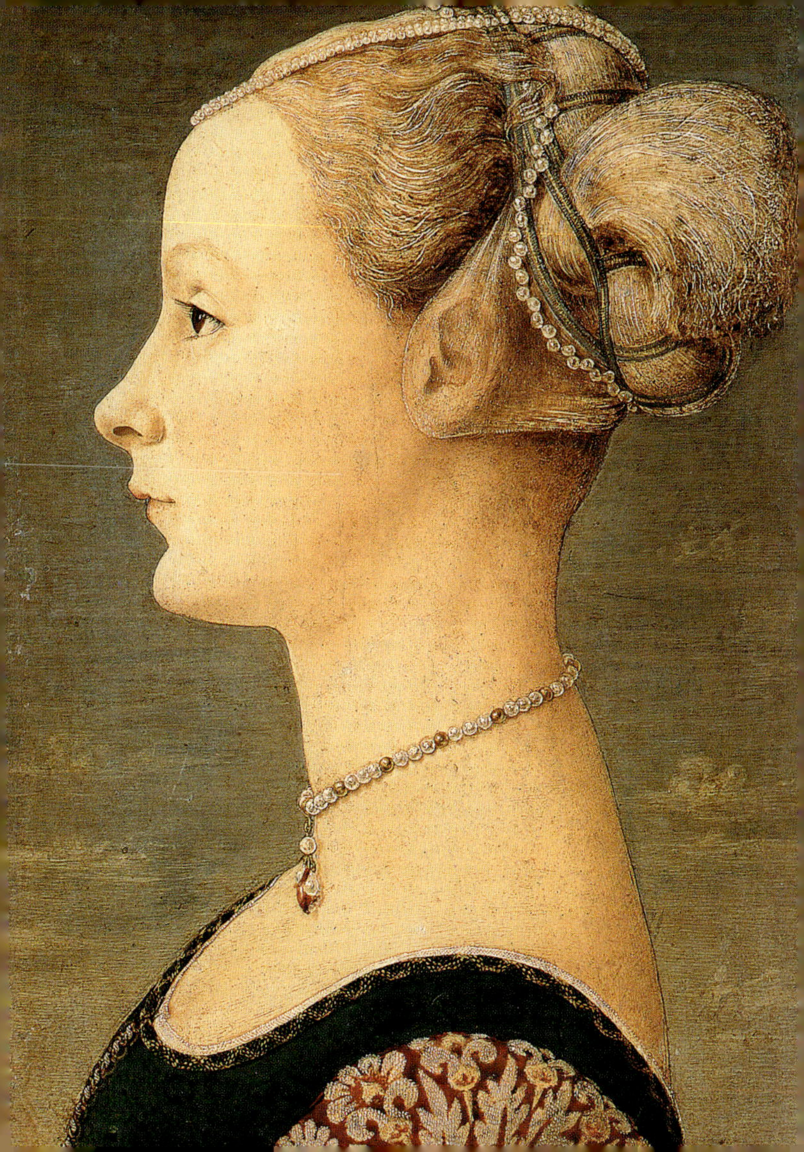

Andrea Verrocchio

Florence, vers 1435 – Venise, 1488

avec la collaboration de

Léonard de Vinci et Sandro Botticelli

Le Baptême du Christ

APRÈS 1470

détrempe sur bois
176,5 x 151,1 cm
Musée des Offices
Florence

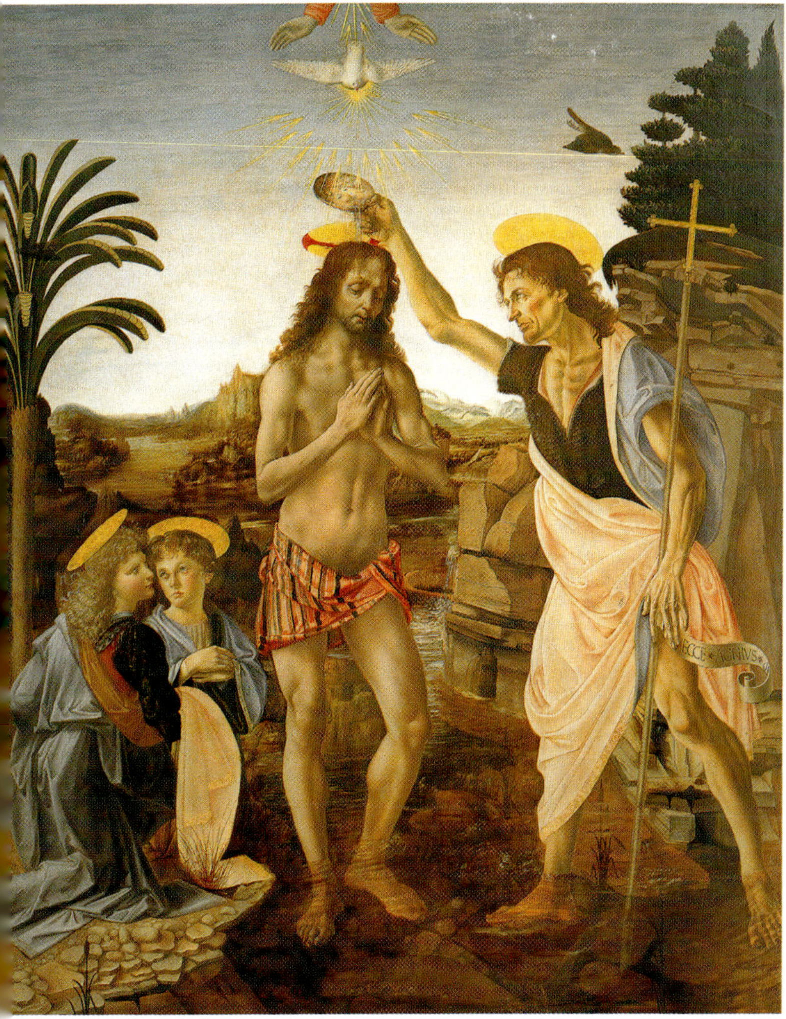
ECCE

Sandro Botticelli
Florence, 1445-1510

Portrait d'un homme avec une médaille de Cosme Ier

VERS 1474

détrempe sur bois
57,5 x 44 cm
Musée des Offices
Florence

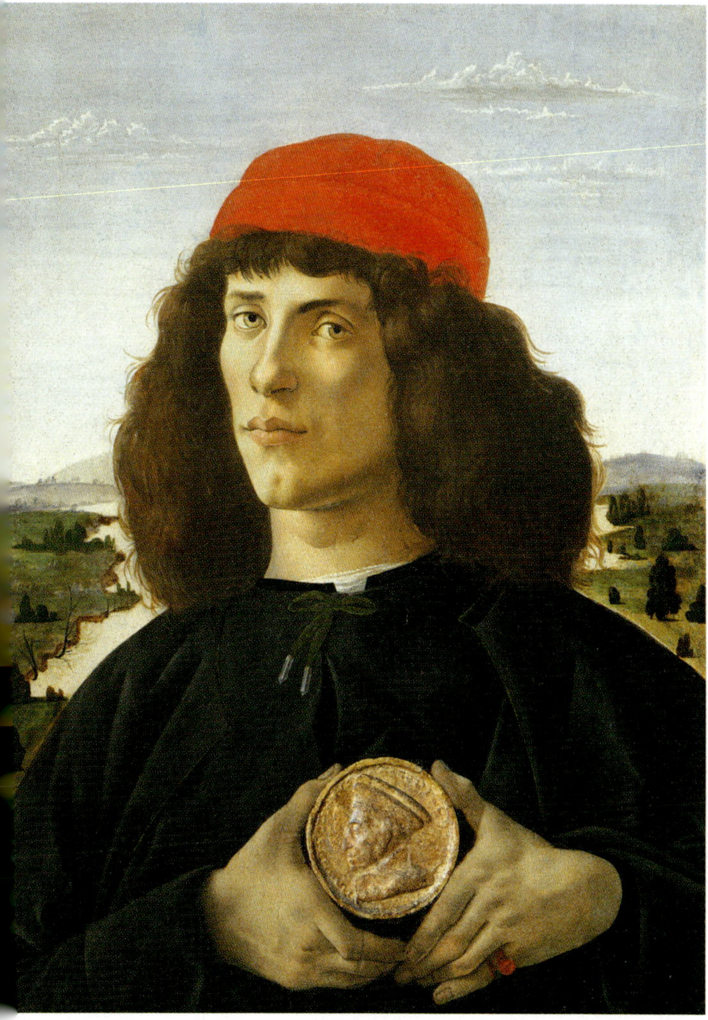

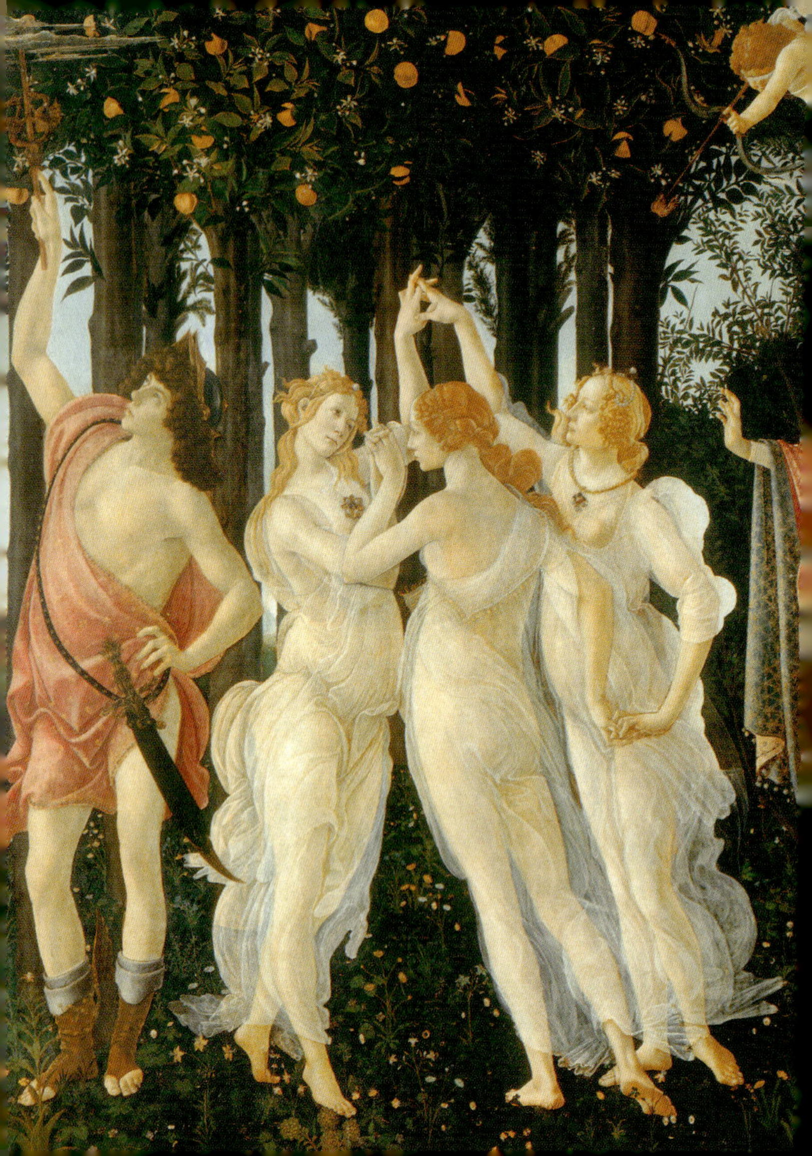

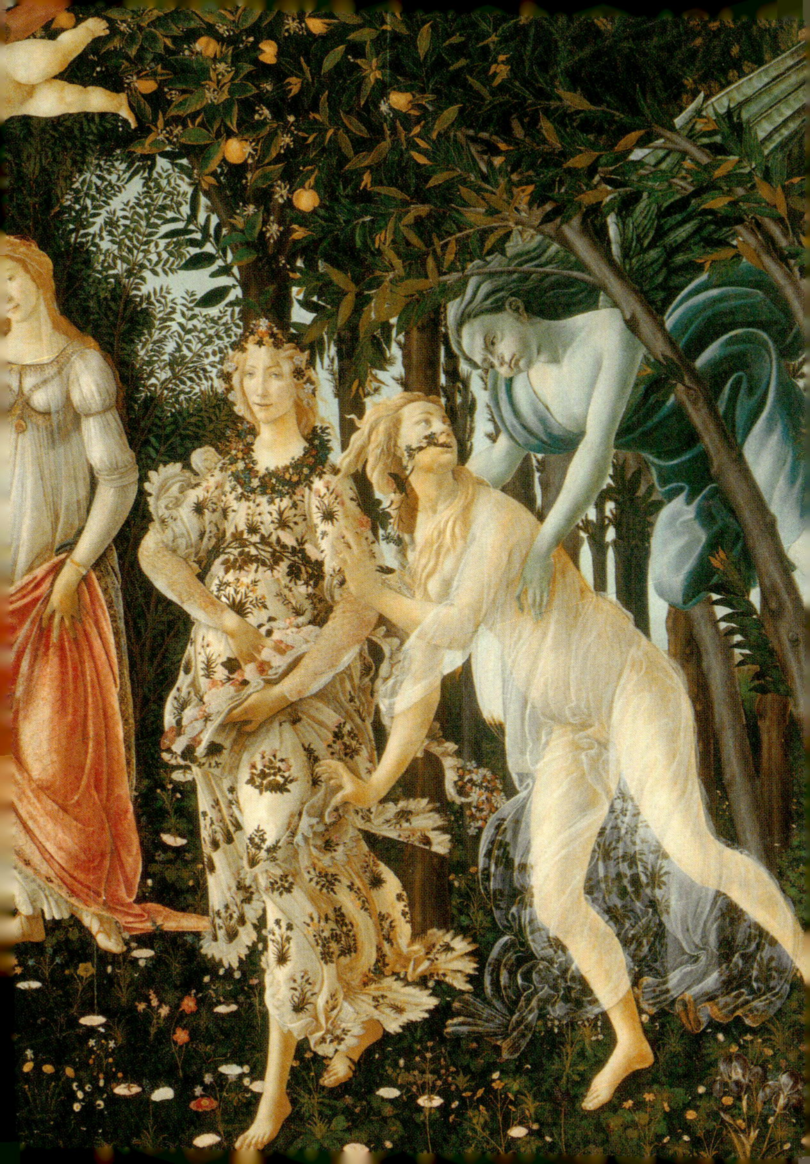

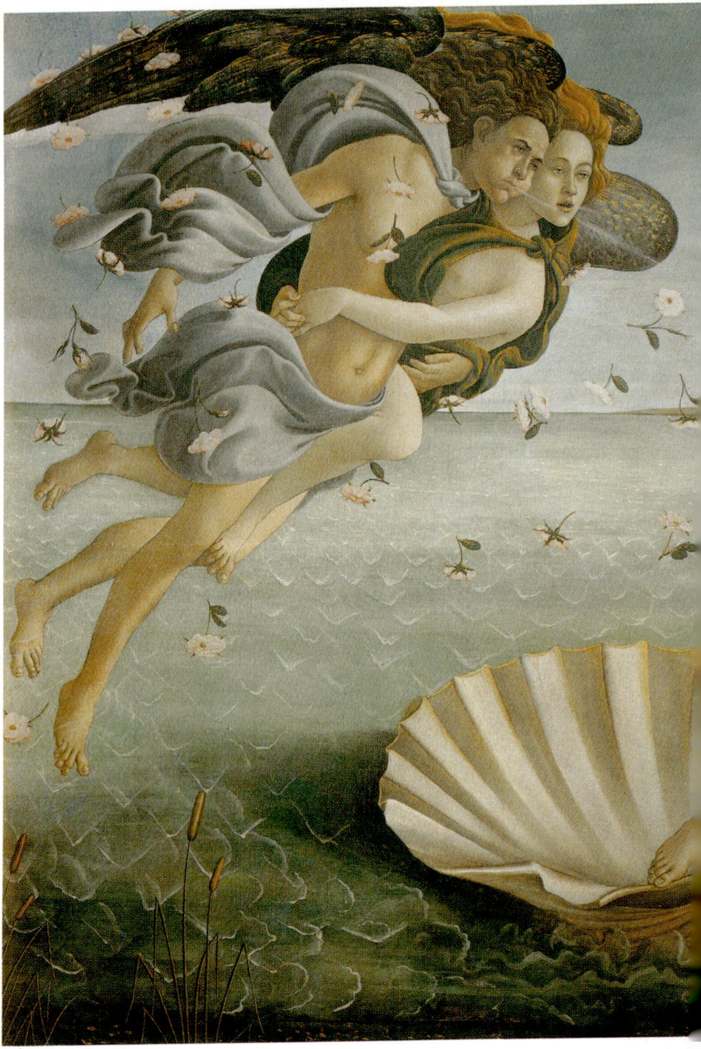

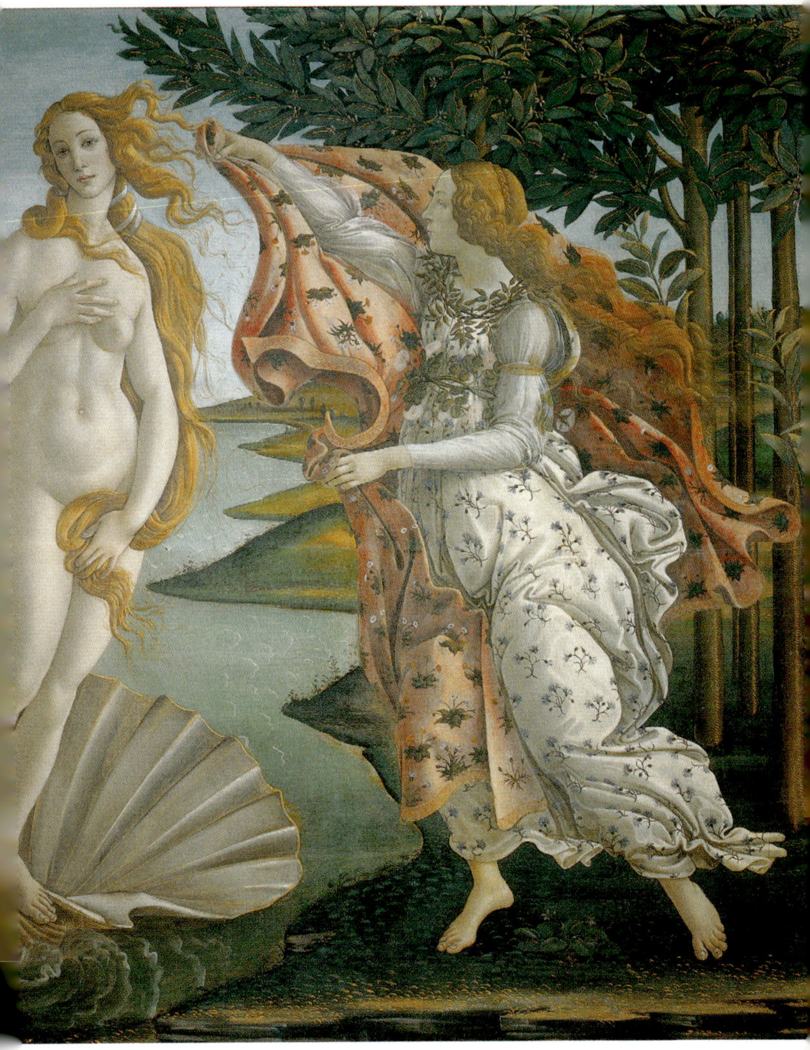

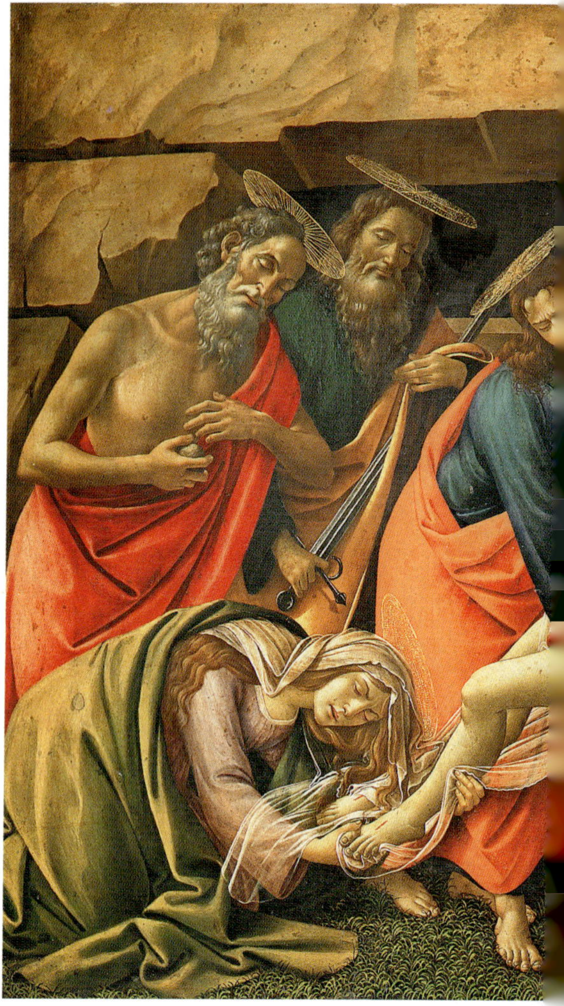

Sandro Botticelli
Florence, 1445-1510

Pietà

VERS 1495

huile sur bois
140 x 207 cm
Alte Pinakothek
Munich

pp. 318-319
Sandro Botticelli
Florence, 1445-1510

Le Printemps

VERS 1478-1482

détrempe sur bois
203 x 314 cm
Musée des Offices
Florence

pp. 320-321
Sandro Botticelli
Florence, 1445-1510

La Naissance de Vénus

VERS 1482

détrempe sur bois
184,5 x 285,5 cm
Musée des Offices
Florence

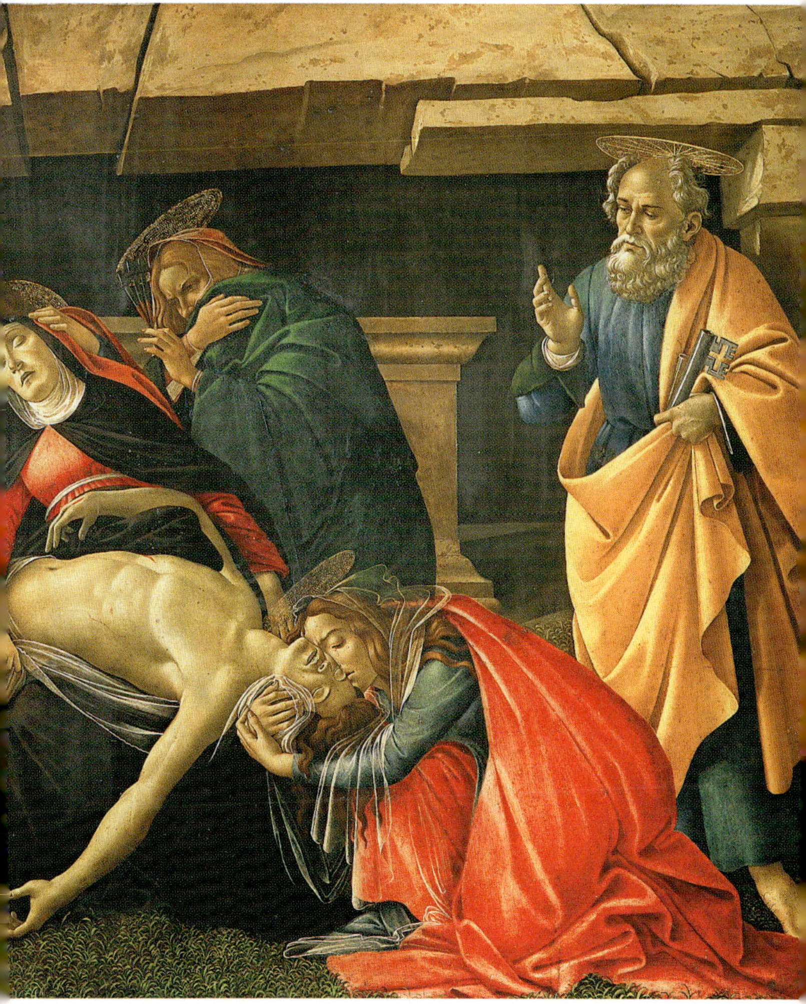

Filippino Lippi

Prato, vers 1457 – Florence, 1504

La Vision de saint Bernard

1486

huile sur bois
210 x 195 cm
Badia Fiorentina
Florence

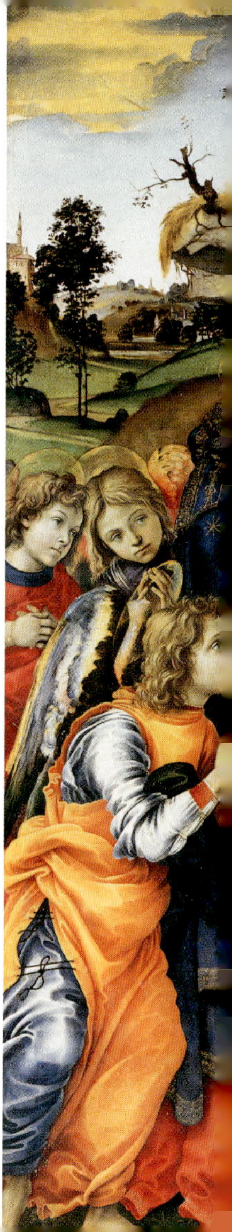

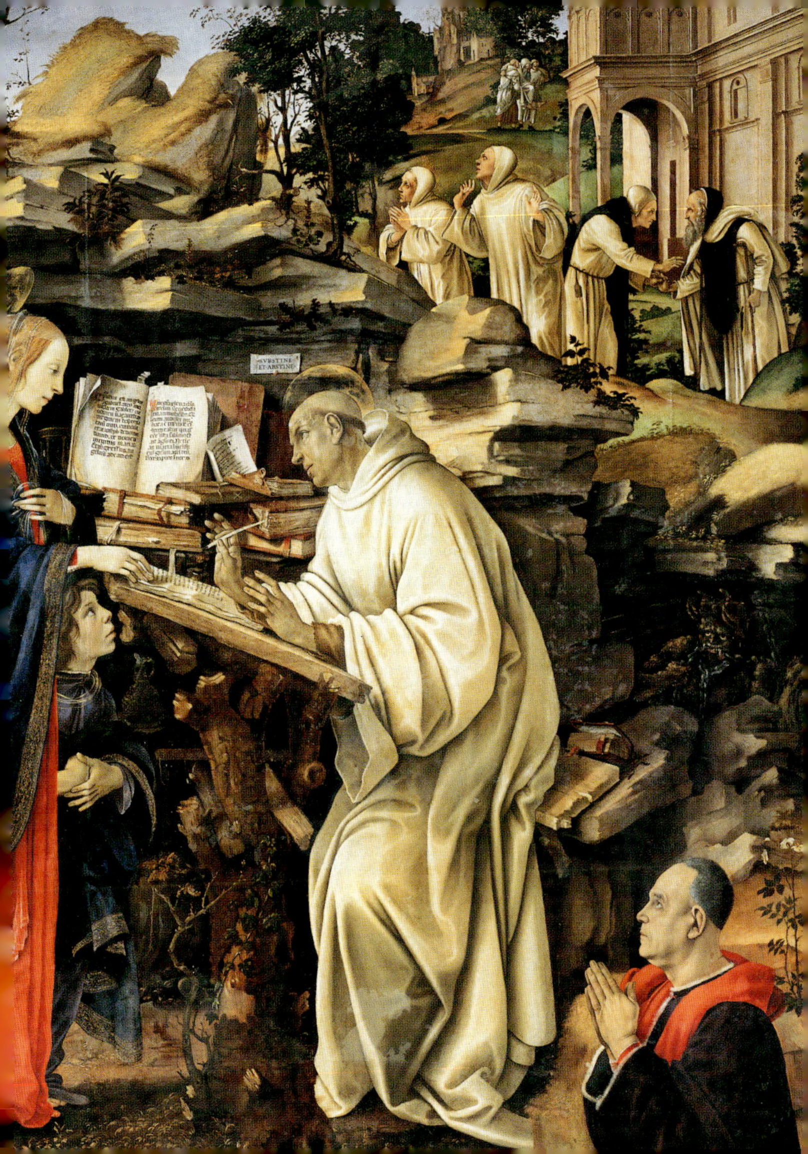

SVBSTINE
ET ABSTINE

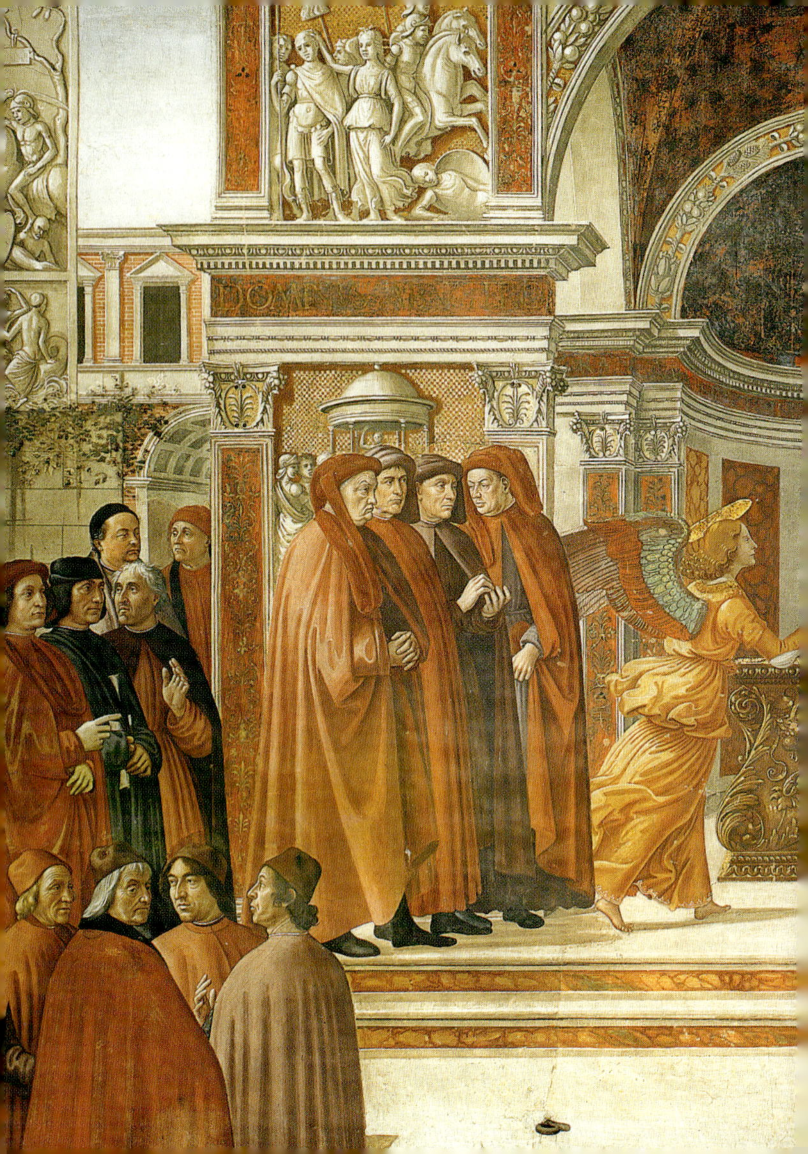

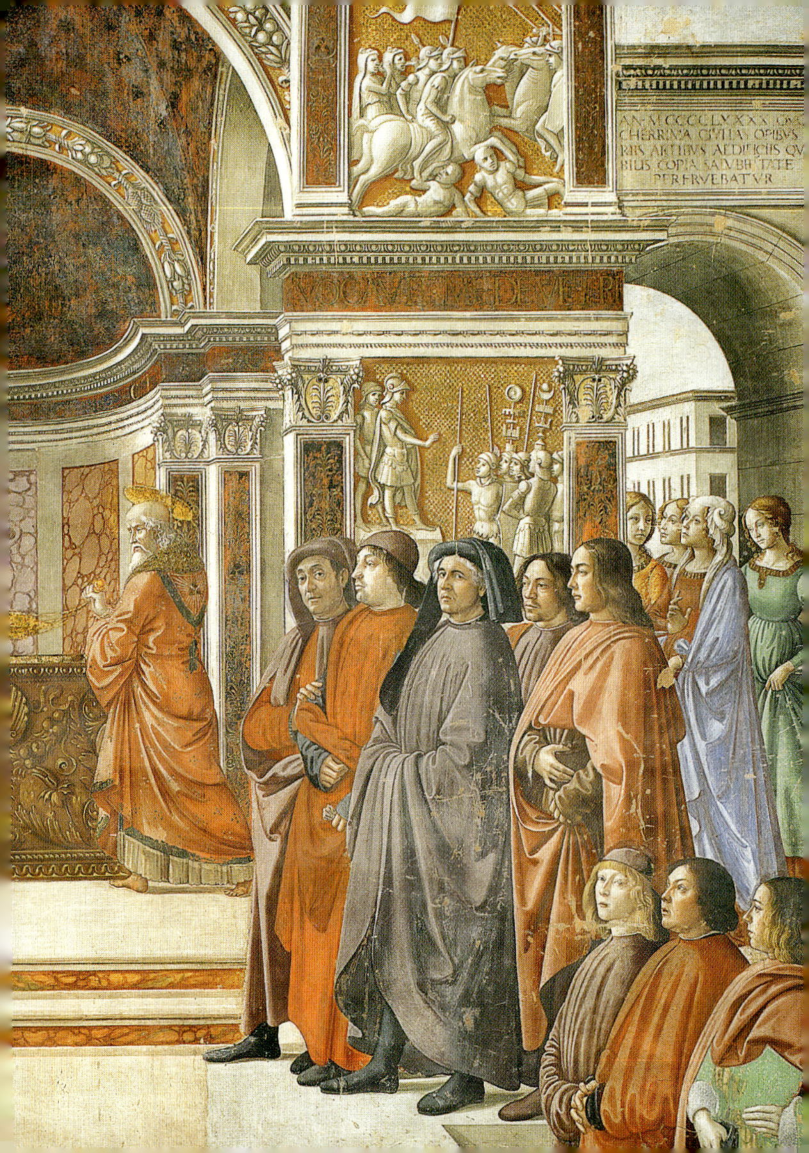
AN M CCCCLXXX
CHERRIMA CIVITAS OPIBVS
RIS ARTIBVS AEDIFICIIS QV
BILIS COPIA SALVBRITATE
PERFRVEBATVR

Ghirlandaio
(Domenico di Tommaso Bigordi)
Florence, 1449-1494

Vieillard avec un enfant

VERS 1490

détrempe sur bois
62,7 x 46,3 cm
Musée du Louvre
Paris

p. 326-327

Ghirlandaio
Florence, 1449-1494

Apparition de l'ange à Zacharie

1486-1490

fresque
Eglise Santa Maria Novella (chapelle Tornabuoni)
Florence

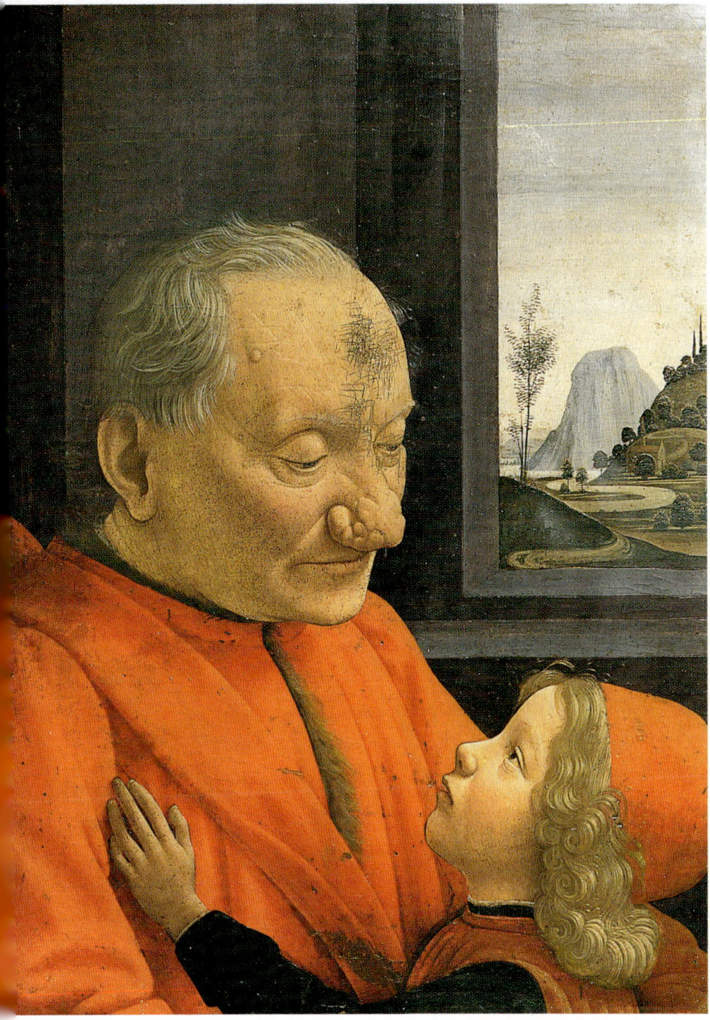

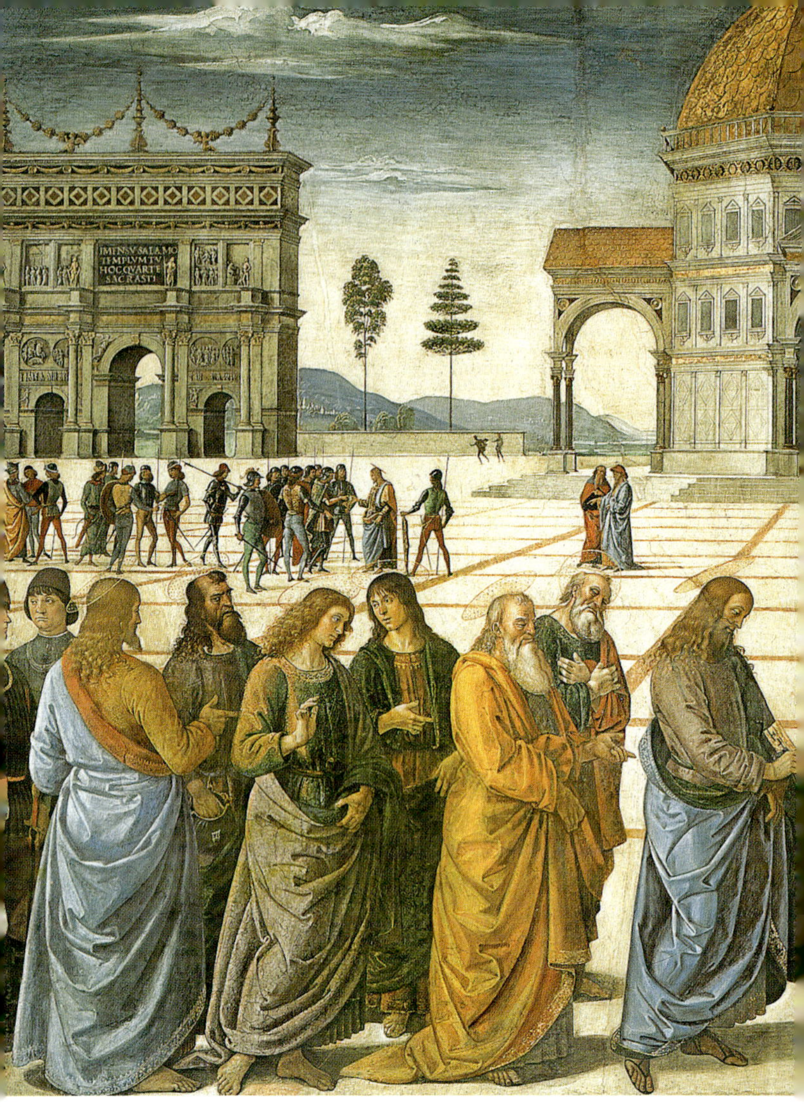
IMENSV SALAMO
TEMPLVM TV
HOC QVARTE
SACRASTI

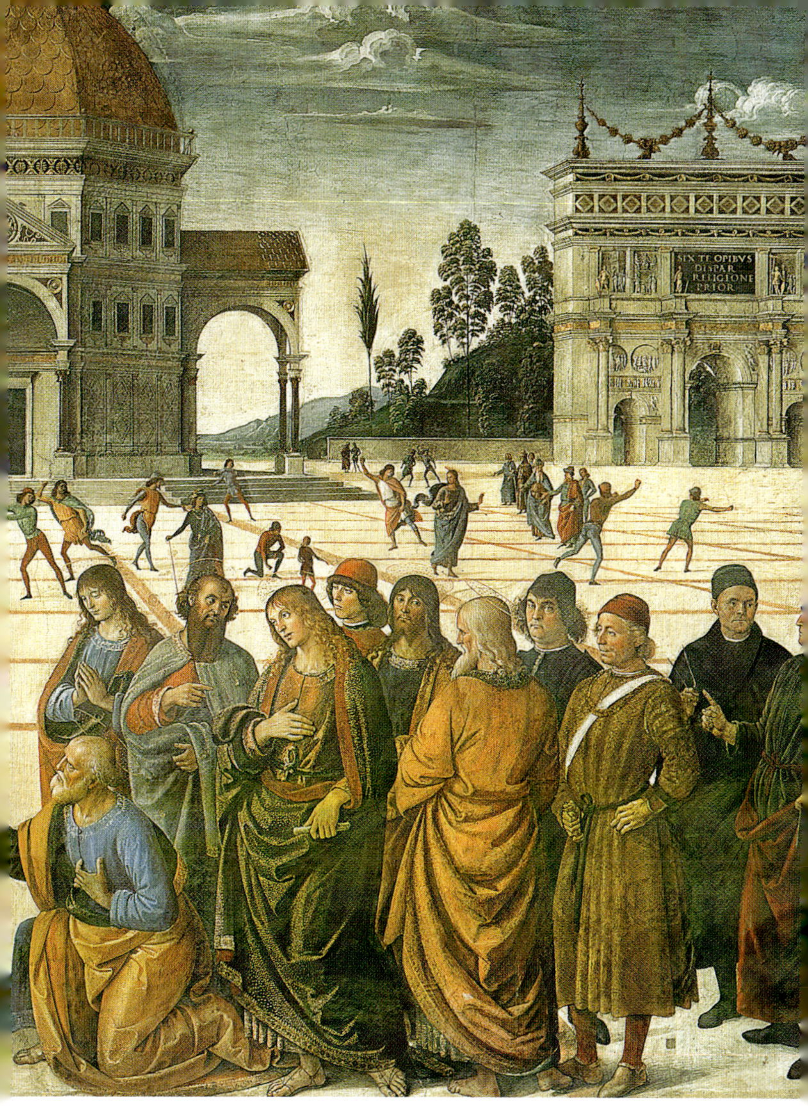
SIX TE OPIBUS
DISPAR
RELIGIONE
PRIOR

Le Pérugin (Pietro Perugino)
Città della Pieve, Pérouse, 1445/50 – Fontignano, 1523

Pietà

1494-1495

huile sur bois
168 x 176 cm
Musée des Offices
Florence

pp. 330-331

Le Pérugin
Città della Pieve, Pérouse, 1445/50 – Fontignano, 1523

La Remise des clés à saint Pierre

1482

fresque
335 x 550 cm
Chapelle Sixtine
Cité du Vatican

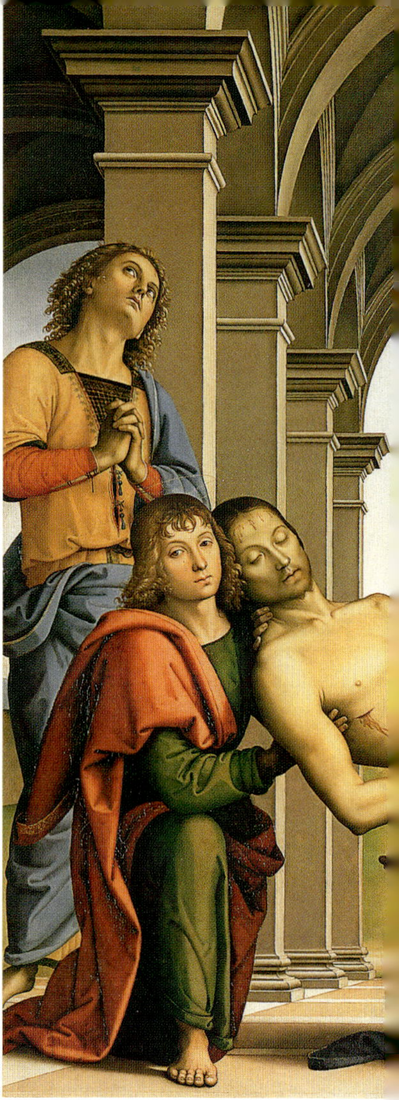

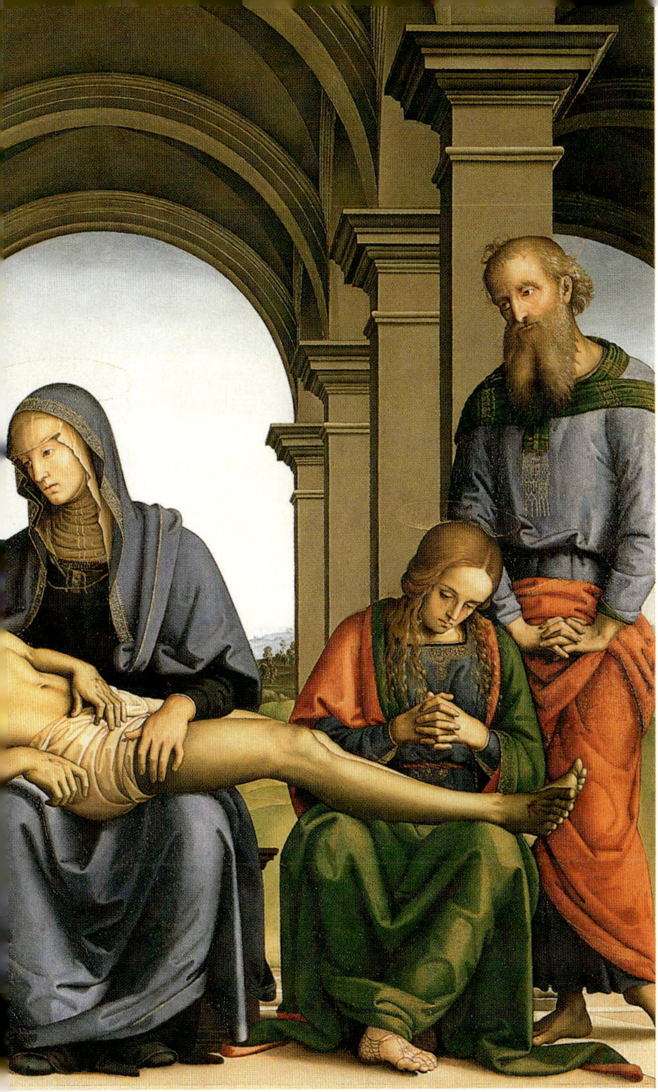

Pinturicchio (Bernardino di Betto)

Pérouse, vers 1454 – Sienne, 1513

La rencontre entre Frédéric III et Eléonore d'Aragon

Scènes de la vie du Pape Pie II

1502-1508

fresque
Cathédrale (Bibliothèque Piccolomini)
Sienne

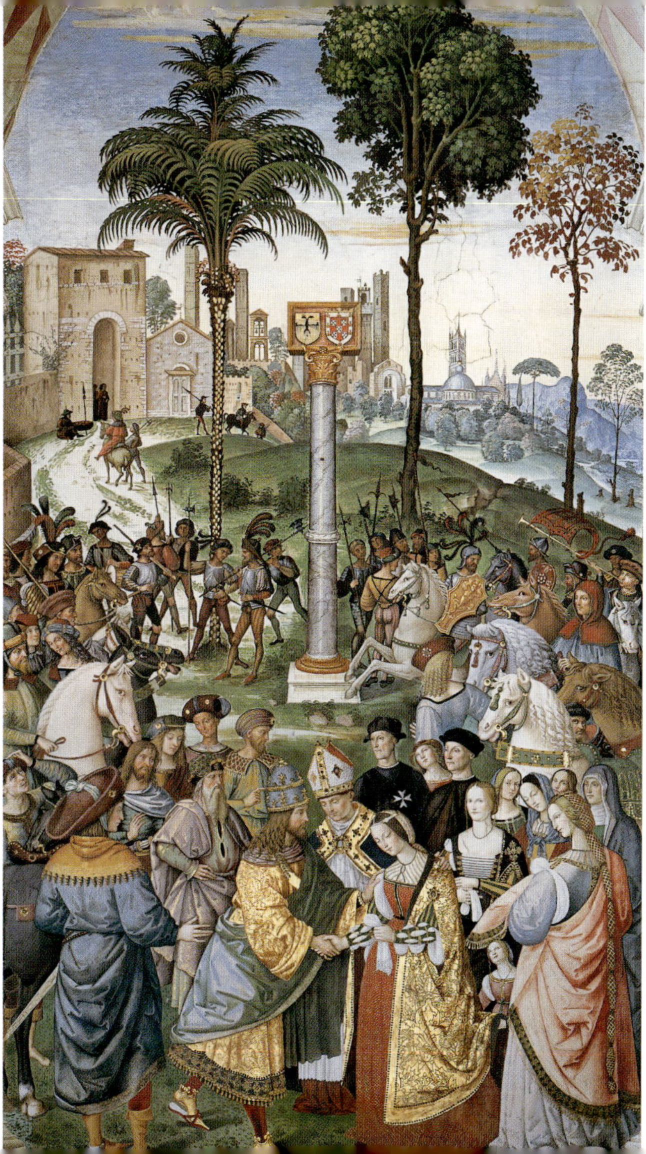

Vittore Carpaccio

Venise, vers 1460-1526

Le Rêve de sainte Ursule

1495

détrempe sur toile
274 x 267 cm
Galerie de l'Académie
Venise

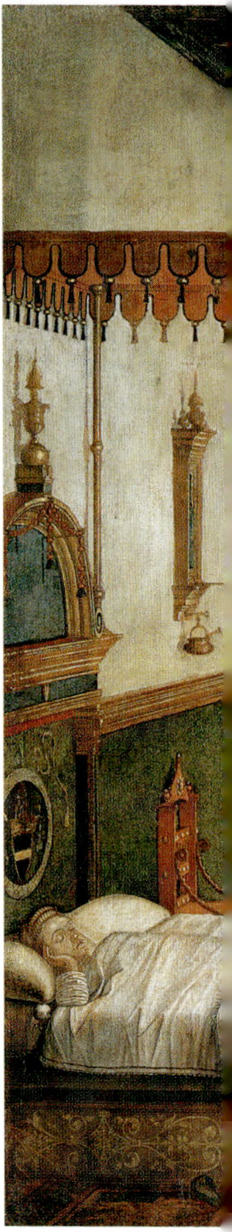

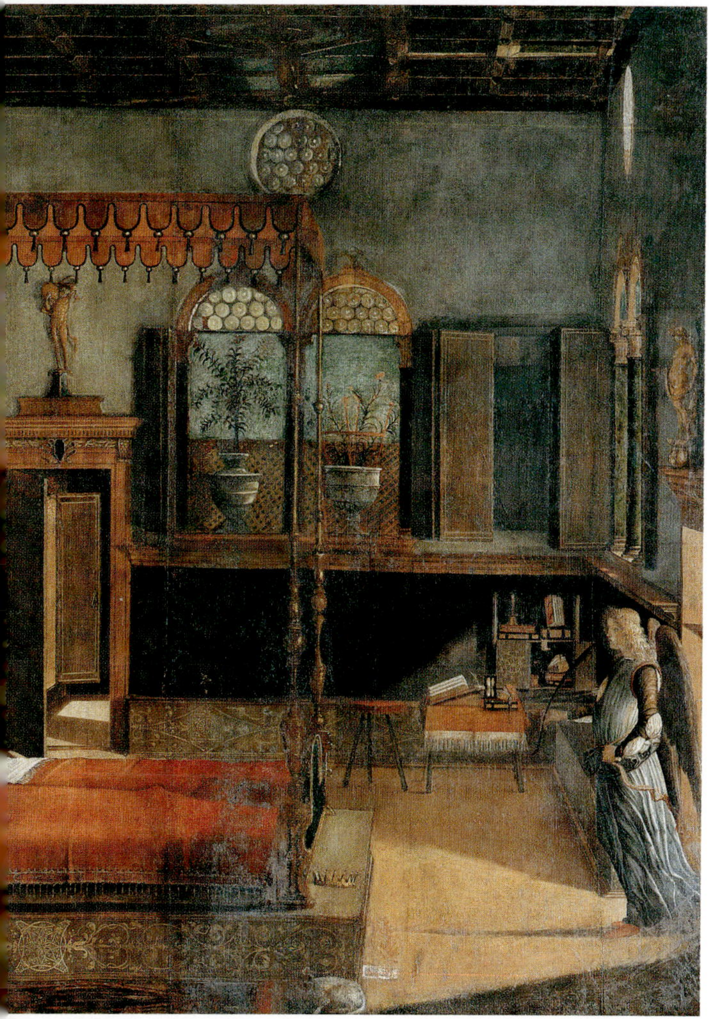

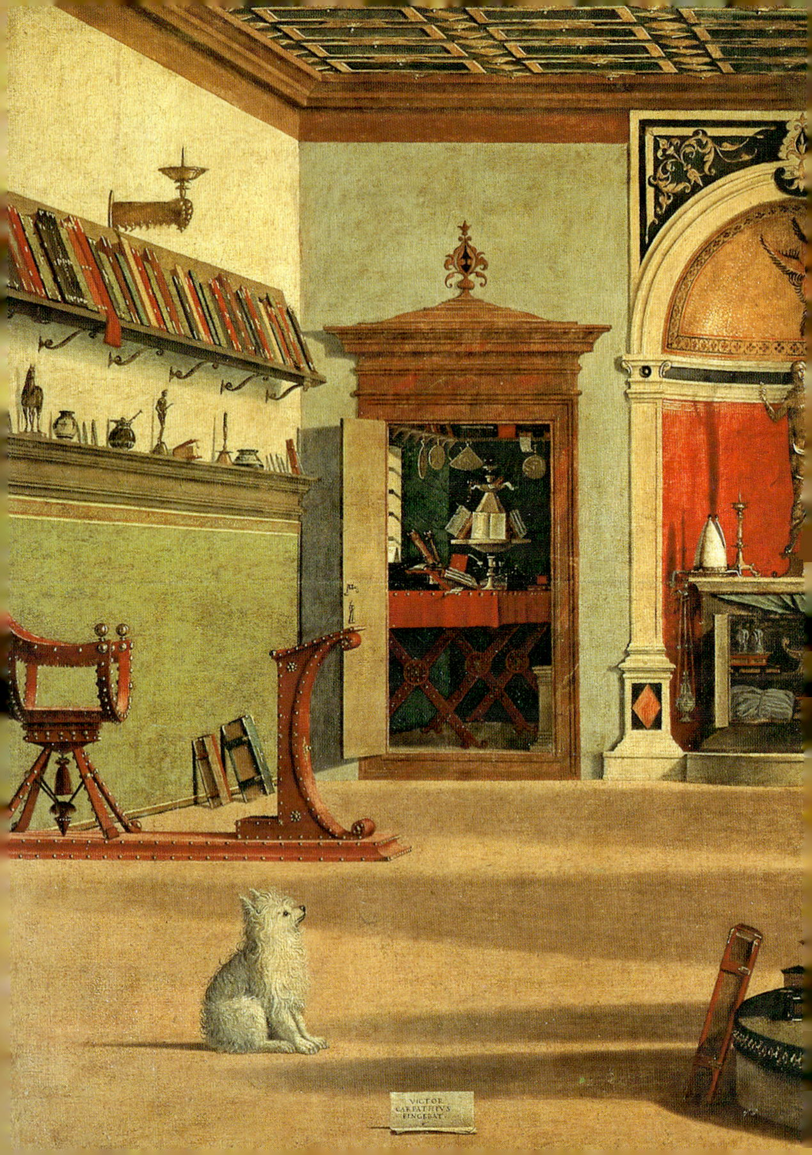
VICTOR
CARPATHIVS
FINGEBAT

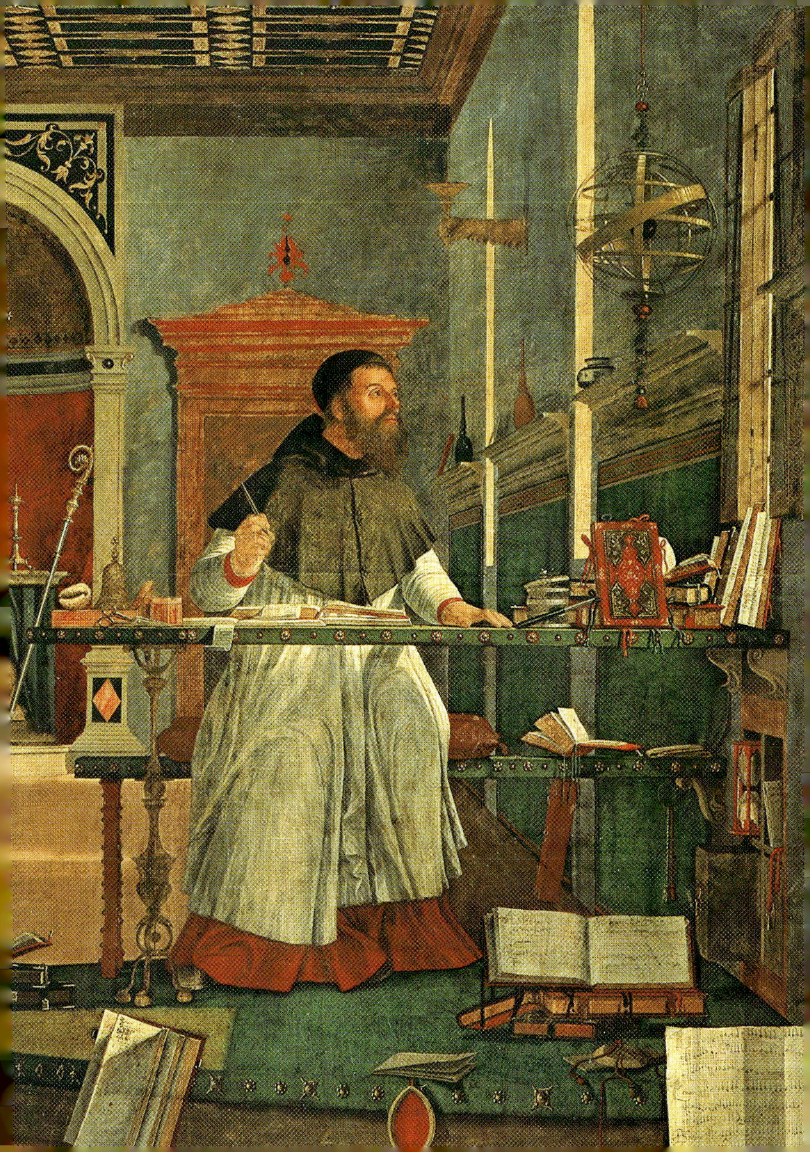

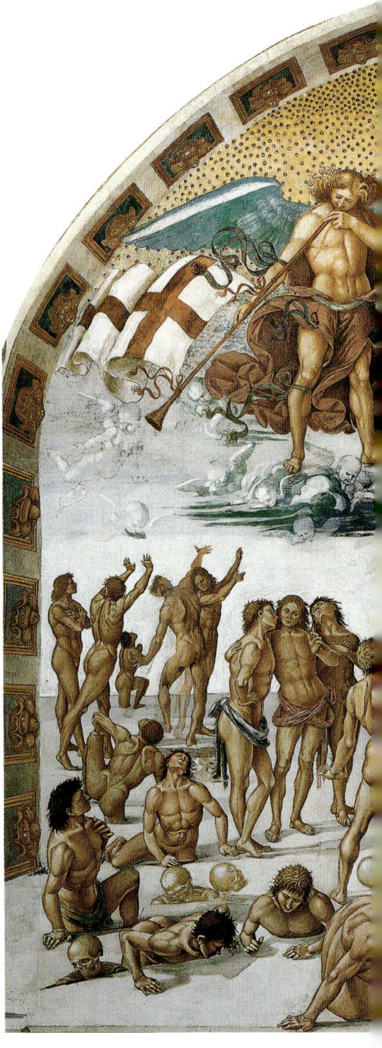

Luca Signorelli
Cortone, vers 1450 – 1523
La Résurrection
1499-1504
fresque
Cathédrale (chapelle San Brizio)
Orvieto

Vittore Carpaccio
Venise, vers 1460-1526
Saint Augustin dans son cabinet
1502
huile sur toile
141 x 210 cm
Scuola di San Giorgio degli Schiavoni
Venise

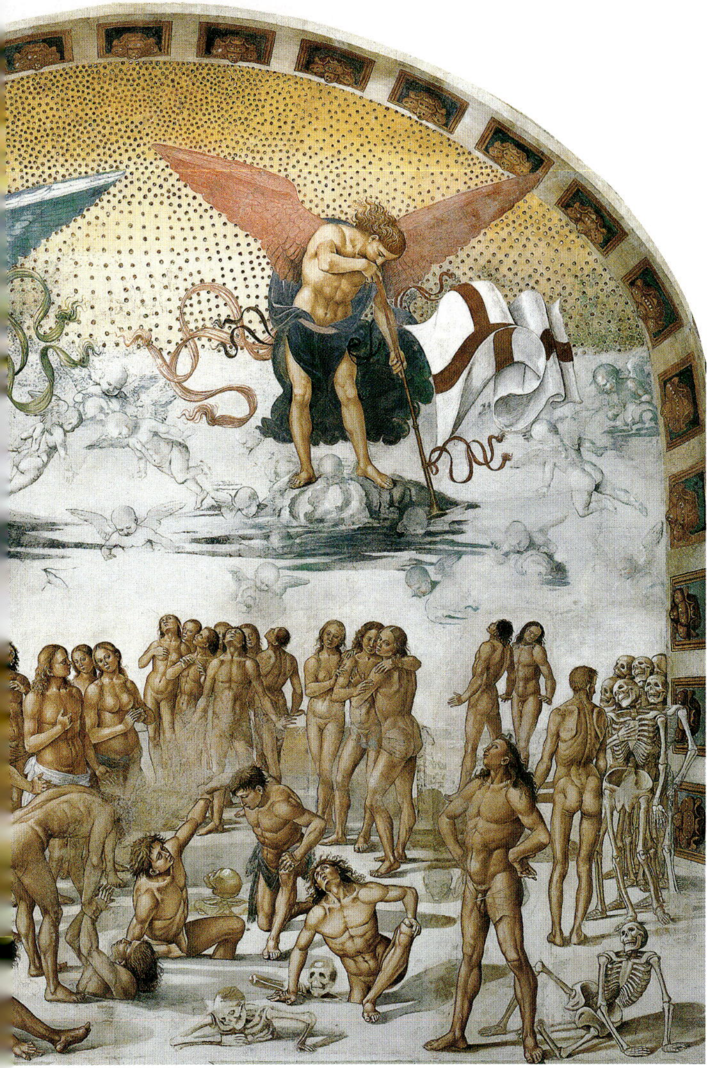

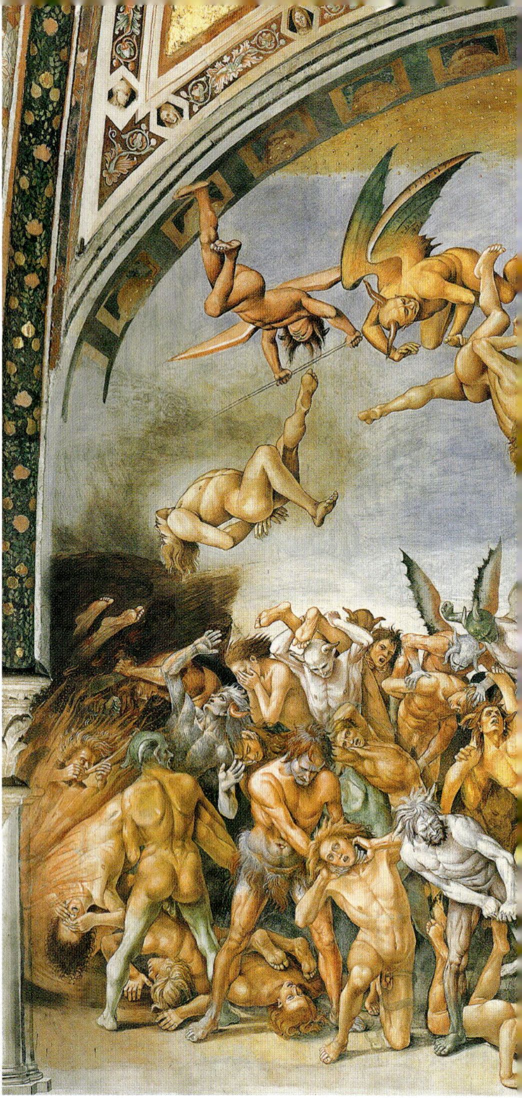

Luca Signorelli
Cortone, vers 1450 – 1523

Le Jugement dernier

1499-1504

fresque
Cathédrale (chapelle San Brizio)
Orvieto

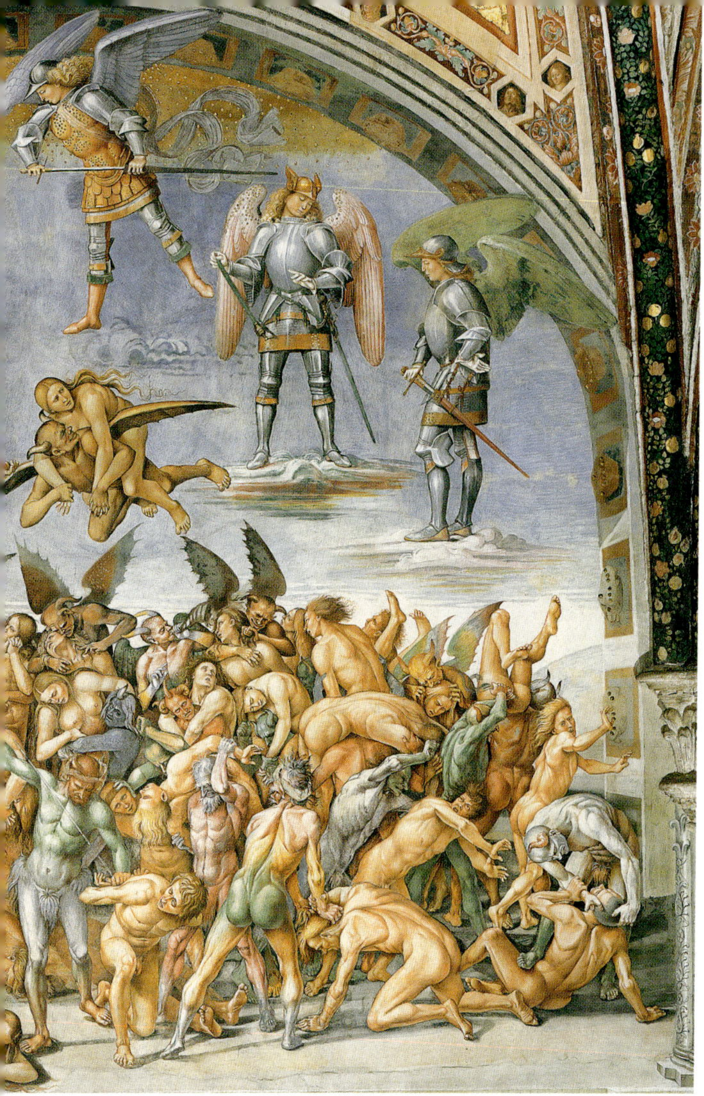

Léonard de Vinci

Vinci, 1452 – Amboise, 1519

La Vierge aux rochers

1483-1486

huile sur bois
189 x 120 cm
Musée du Louvre
Paris

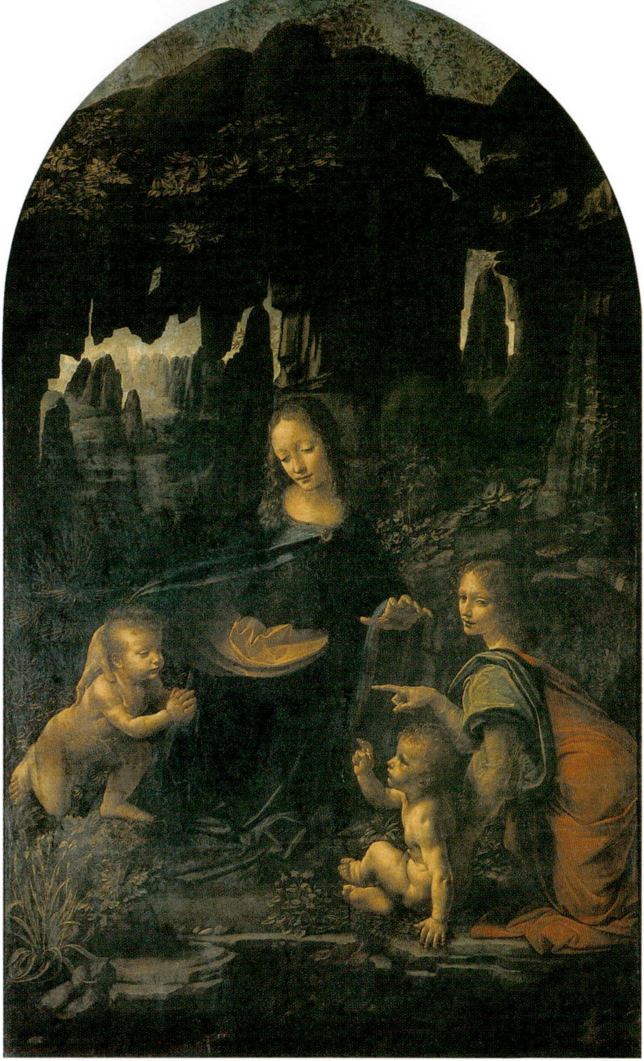

Léonard de Vinci

Vinci, 1452 – Amboise, 1519

La Belle Ferronnière

VERS 1490

huile sur toile
62 x 44 cm
Musée du Louvre
Paris

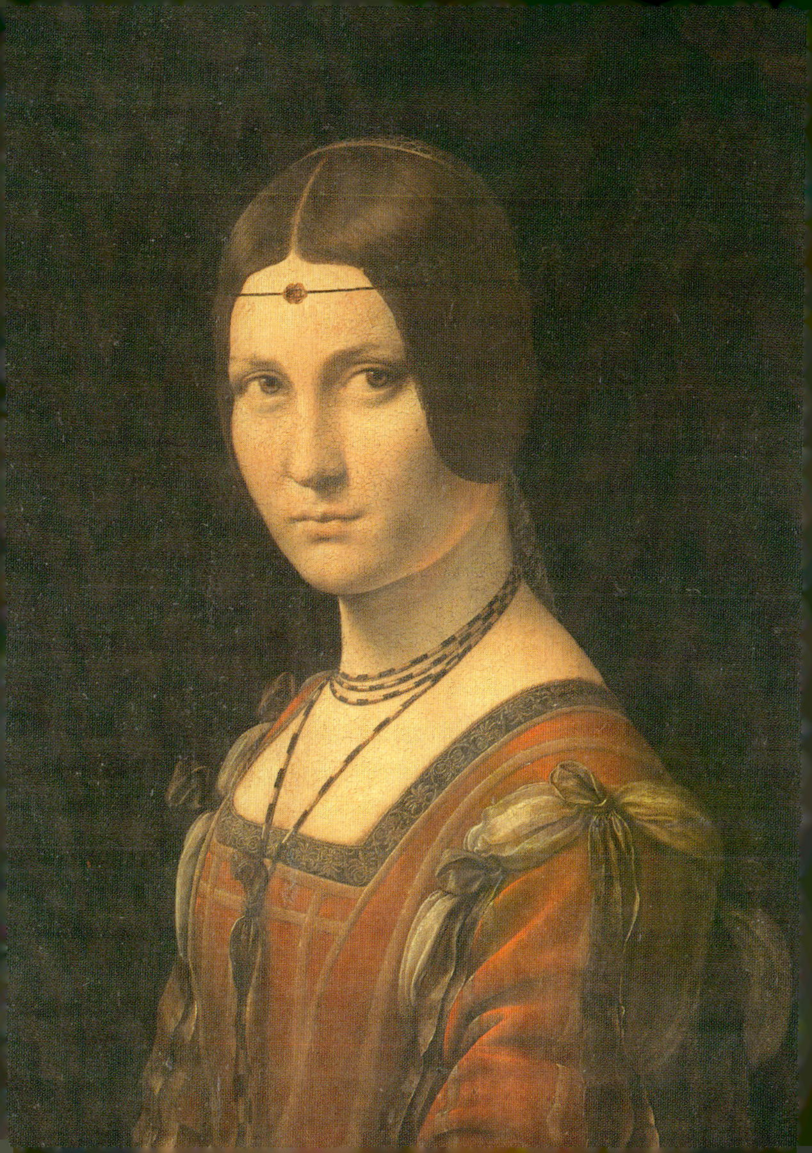

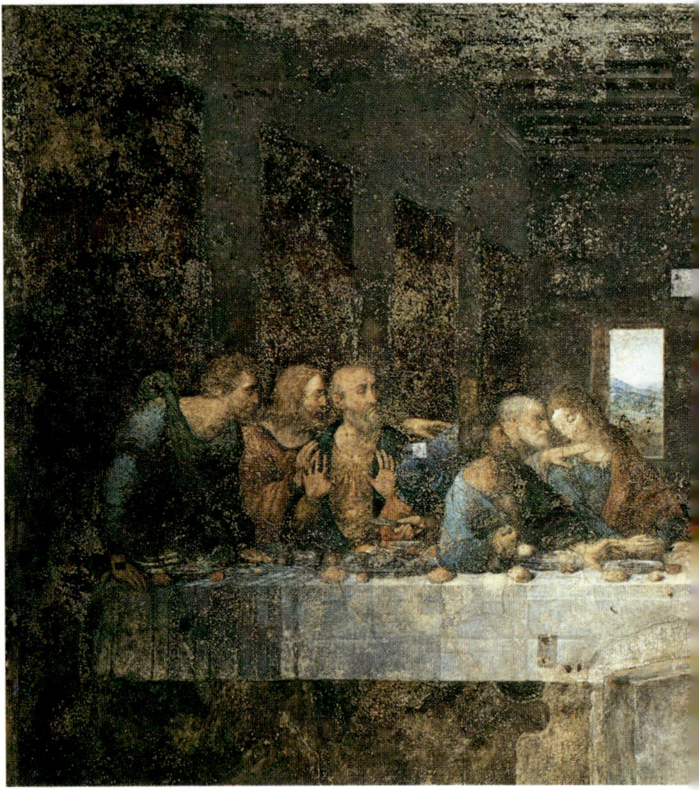

Léonard de Vinci

Vinci, 1452 – Amboise, 1519

La Cène

1495-1497

fresque
460 x 880 cm
Couvent Santa Maria delle Grazie
(réfectoire)
Milan

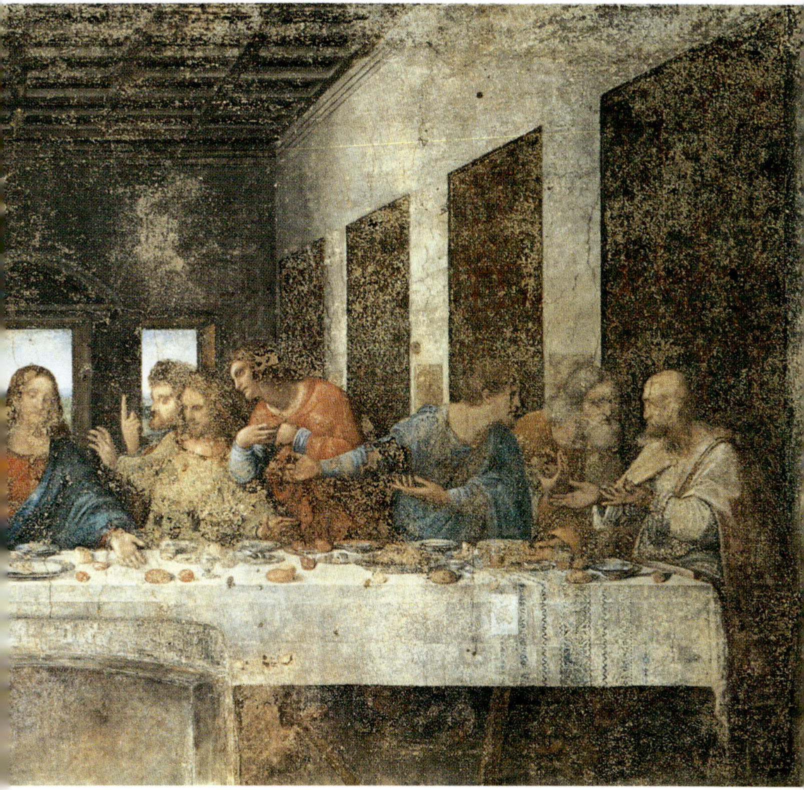

Léonard de Vinci

Vinci, 1452 – Amboise, 1519

La Joconde

1503-1504

huile sur bois
77 x 53 cm
Musée du Louvre
Paris

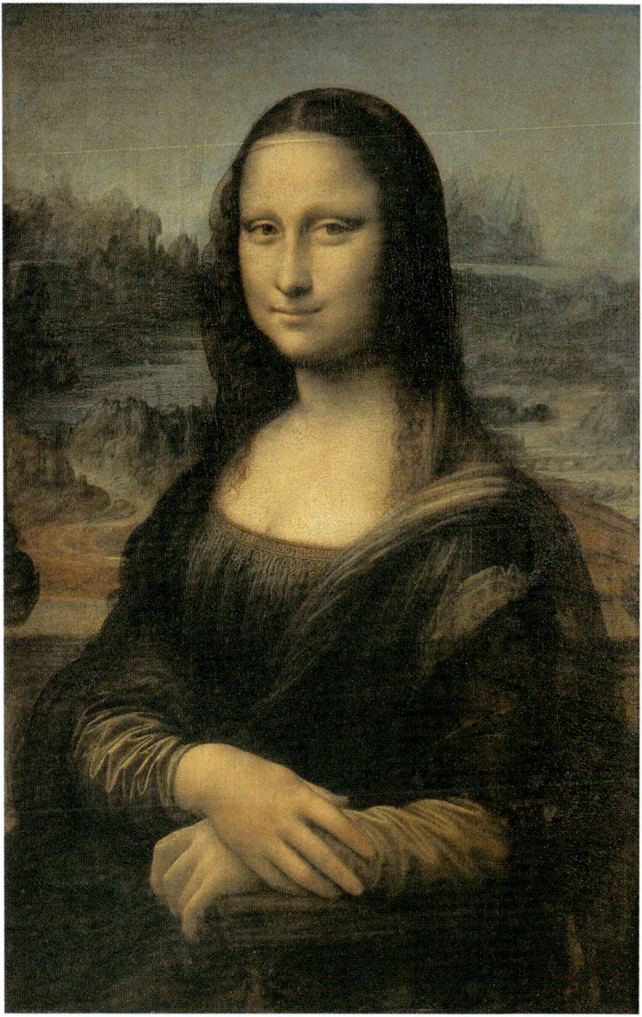

Léonard de Vinci

Vinci, 1452 – Amboise, 1519

La Vierge, l'Enfant Jésus et sainte Anne

1510

huile sur bois
168 x 112 cm
Musée du Louvre
Paris

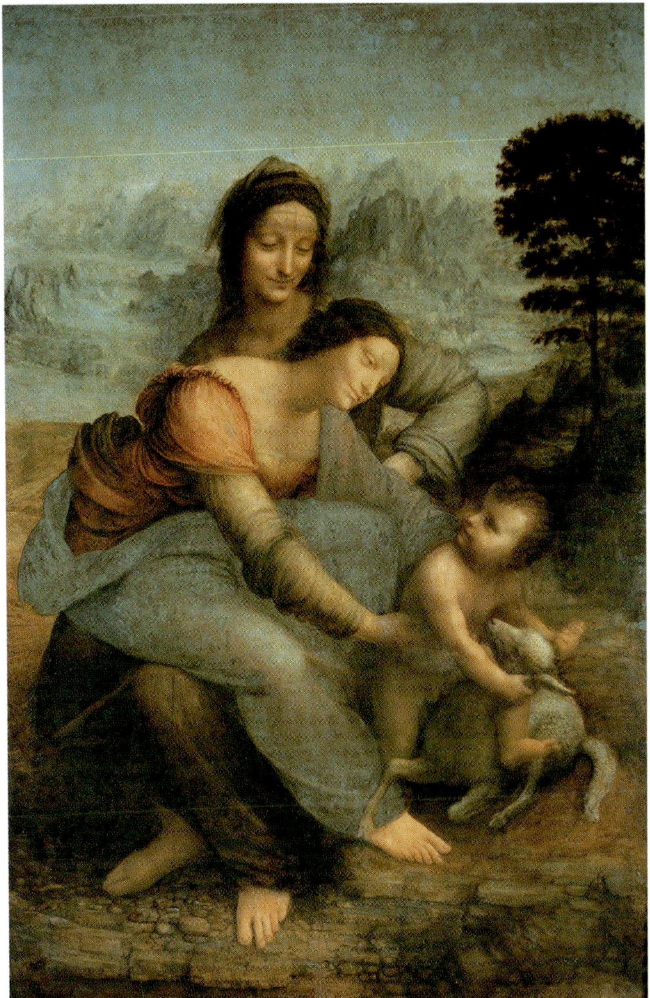

Piero di Cosimo

Florence, 1462-1521

Cléopâtre

(dit Portrait de Simonetta Vespucci)

VERS 1488

huile sur bois
57,2 x 42 cm
Musée Condé
Chantilly

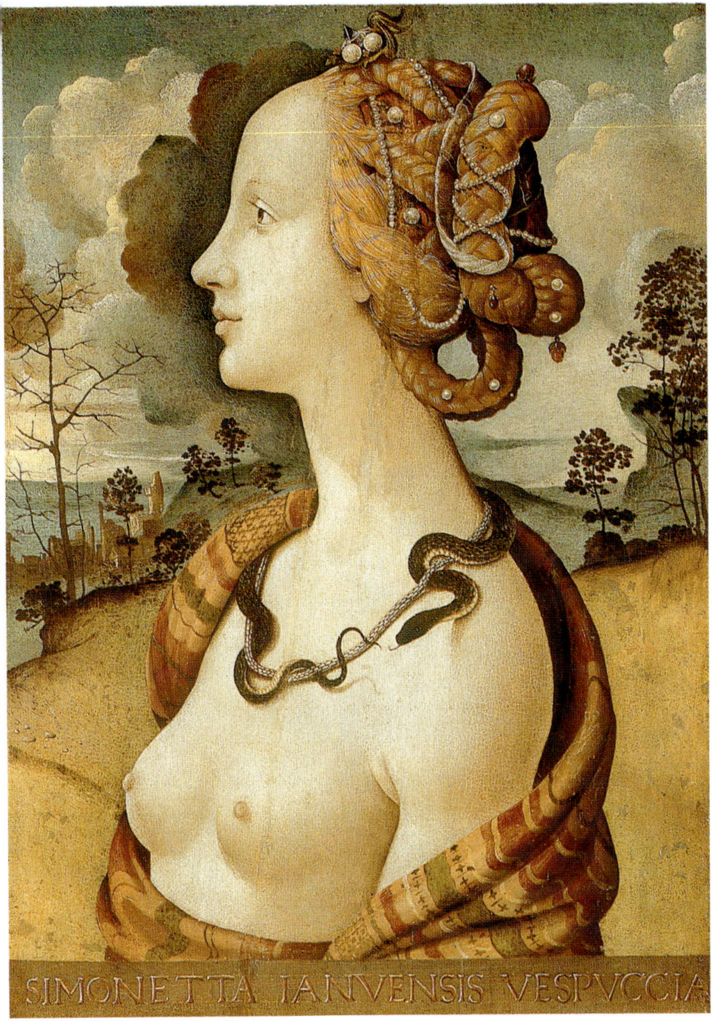
SIMONETTA IANVENSIS VESPVCCIA

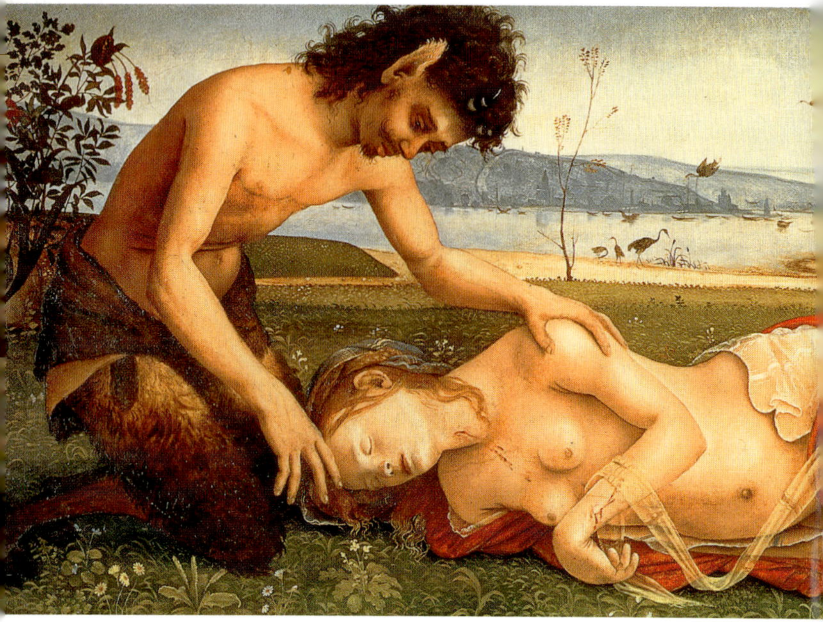

Piero di Cosimo
Florence, 1462-1521

La mort de Procris

VERS 1492

huile sur bois
65,4 x 184,2 cm
National Gallery
Londres

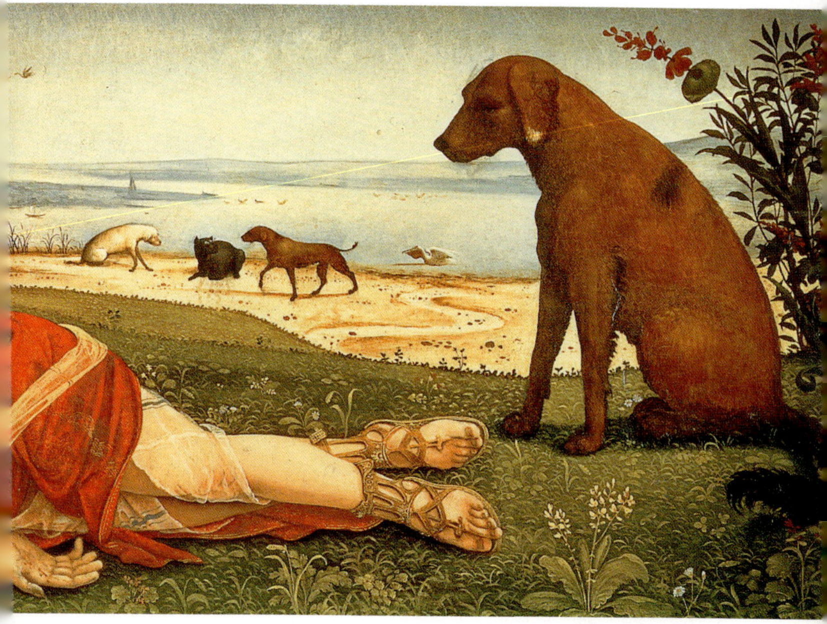

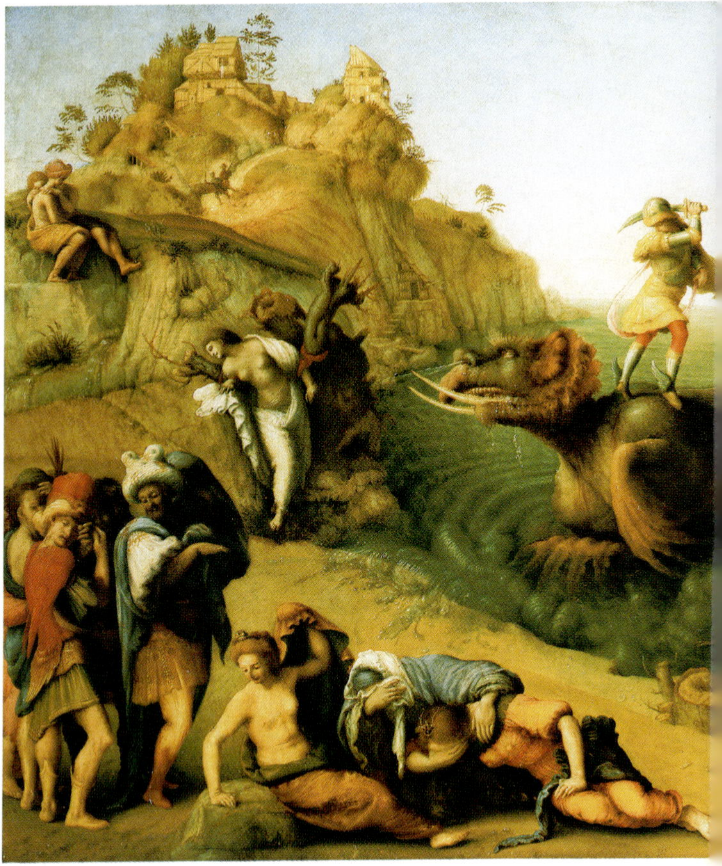

Piero di Cosimo

Florence, 1462-1521

La Fuite d'Andromède, VERS 1515

huile sur bois
71 x 123 cm
Musée des Offices
Florence

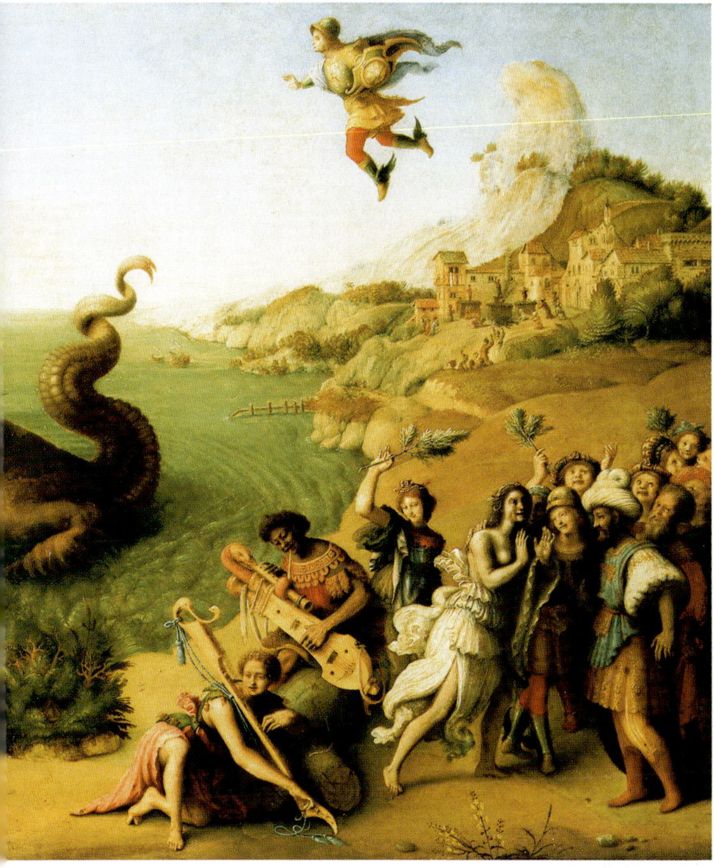

Raphaël (Raffaello Sanzio)
Urbino, 1483- Rome, 1520

Le mariage de la Vierge

1504

huile sur bois
170, 2 x 118,1 cm
Pinacothèque de Brera
Milan

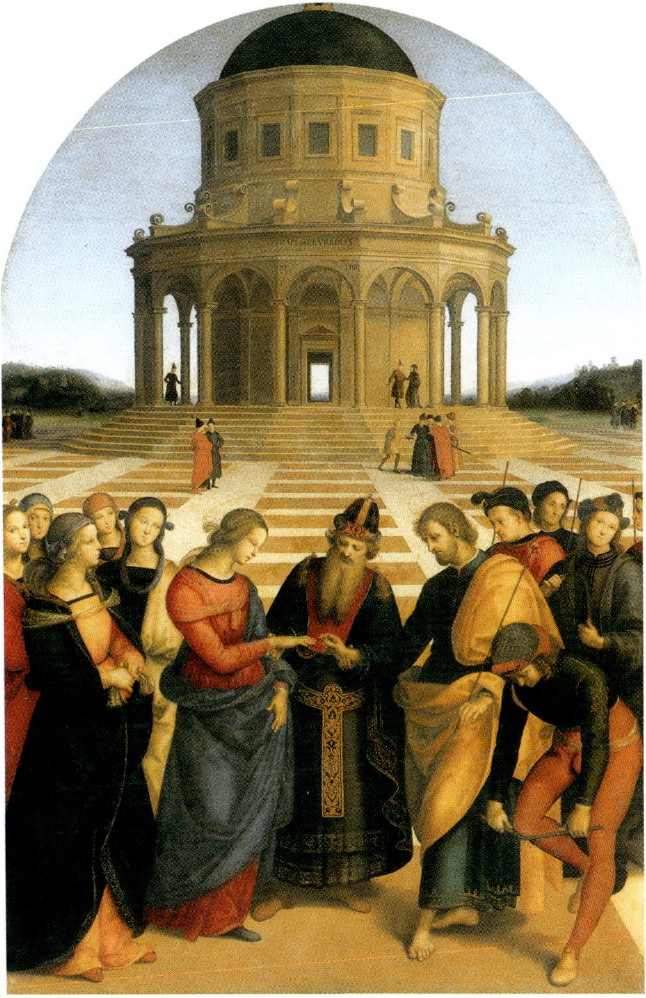

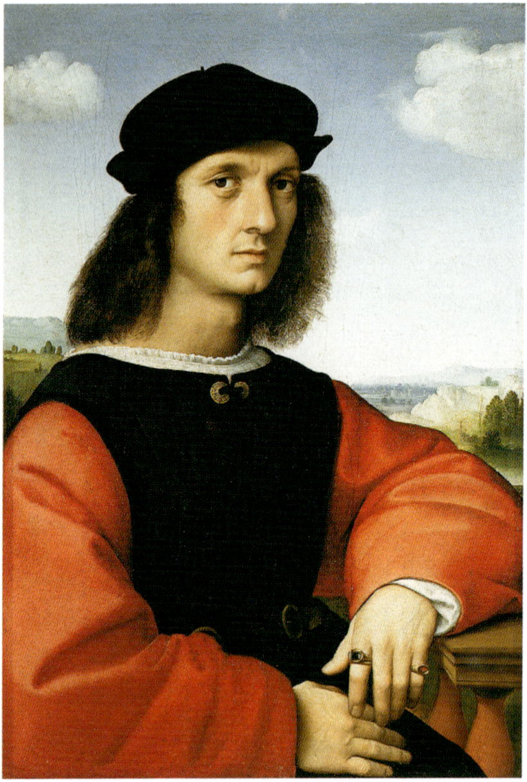

Raphaël
Urbino, 1483- Rome, 1520

Portrait d'Agnolo Doni

1506

huile sur bois
63 x 45 cm
Palazzo Pitti, Galerie Palatine
Florence

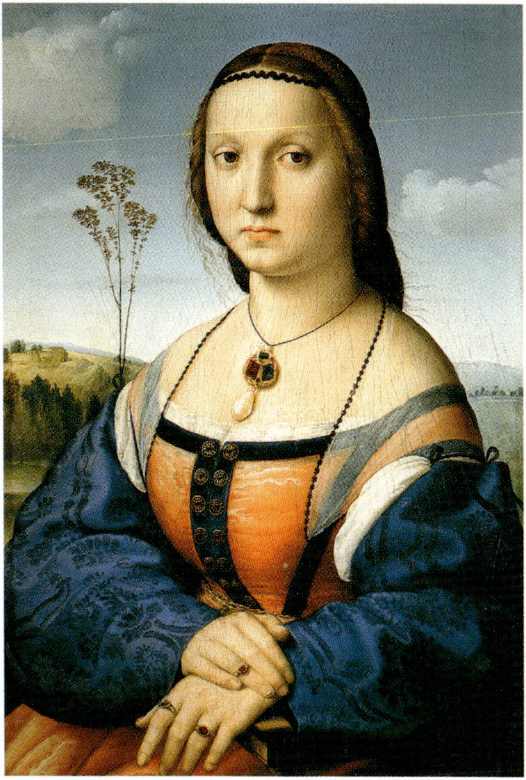

Raphaël

Urbino, 1483- Rome, 1520

Portrait de Maddalena Doni

1505

huile sur bois
63 x 45 cm
Palazzo Pitti, Galerie Palatine
Florence

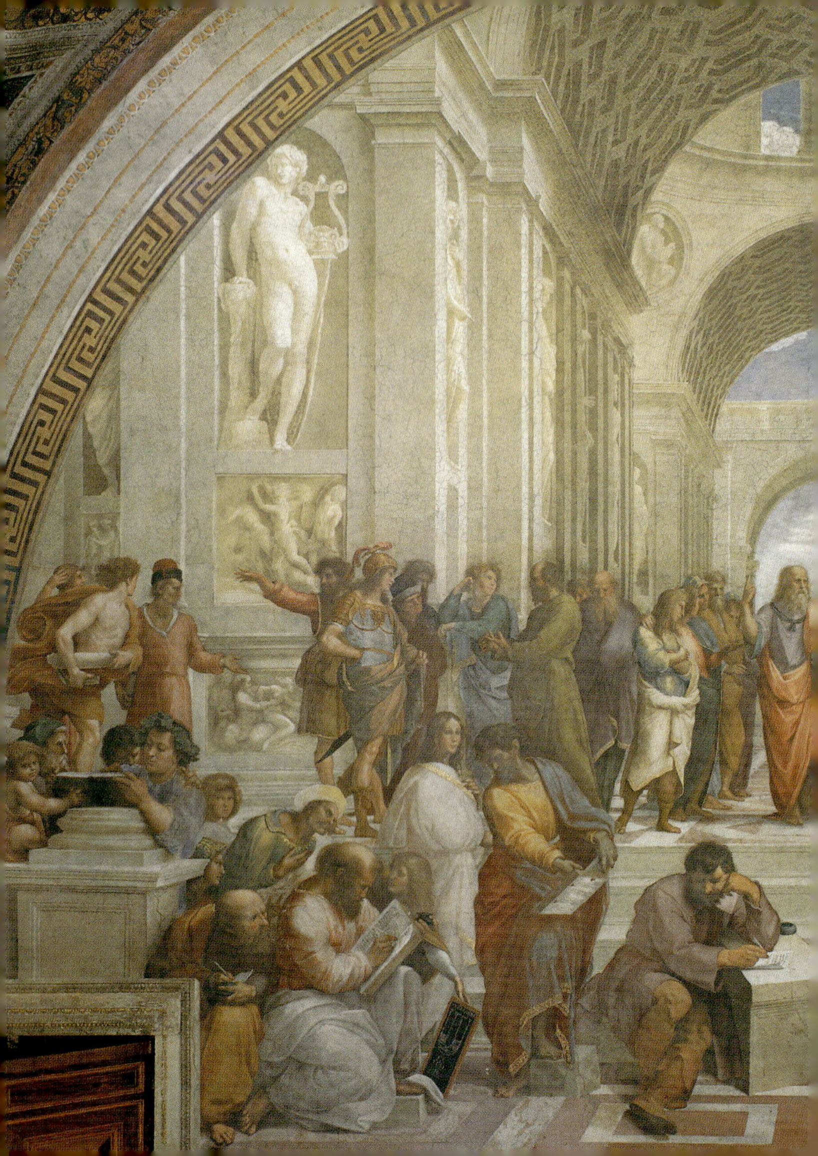

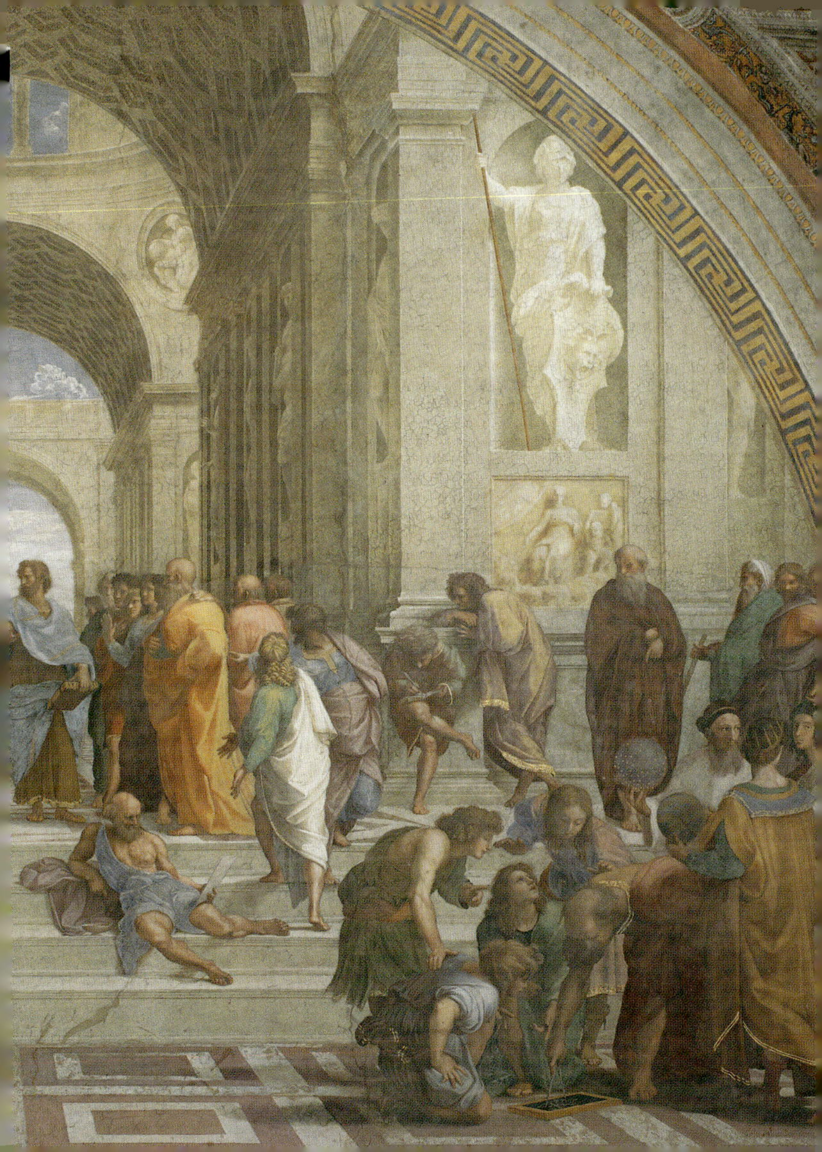

Raphaël

Urbino, 1483- Rome, 1520

Portrait de Baldassare Castiglione

VERS 1514-1515

huile sur toile
82 x 67 cm
Musée du Louvre
Paris

pp. 364-365

Raphaël

Urbino, 1483- Rome, 1520

L'Ecole d'Athènes

1509-1511

fresque
Musées du Vatican (Salle de la Signature)
Cité du Vatican

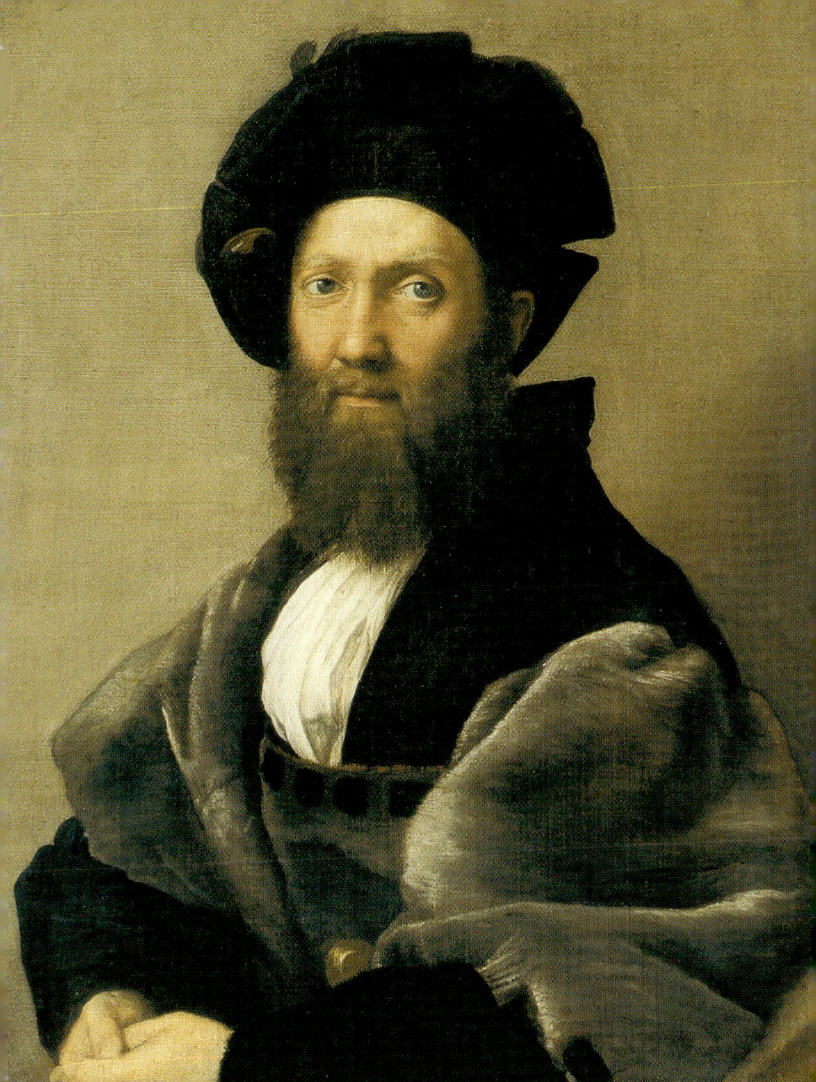

Raphaël

Urbino, 1483- Rome, 1520

La Transfiguration

1519-1520

huile sur bois
406,4 x 279, 4 cm
Musées du Vatican
Cité du Vatican

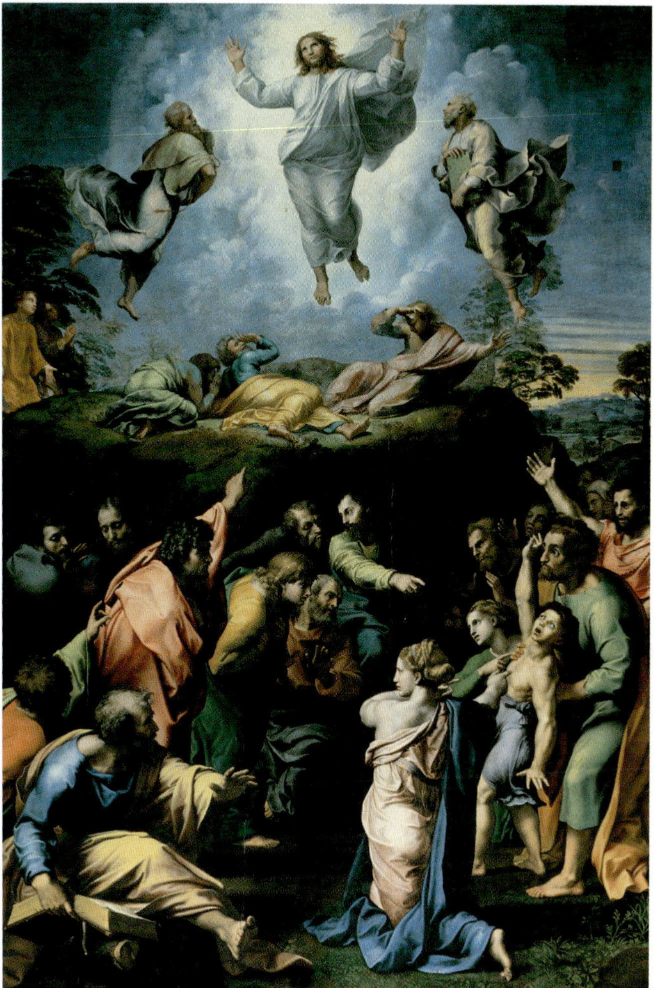

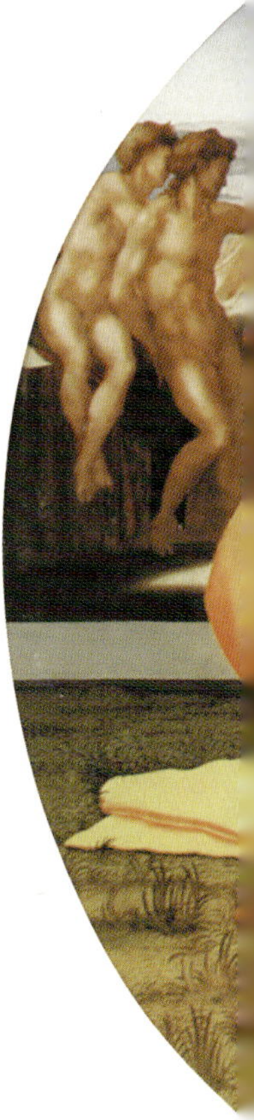

Michel-Ange (Michelangelo Buonarroti)

Caprese, Arezzo, 1475 – Rome, 1564

La Sainte Famille

Tondo Doni

1503-1504

détrempe sur bois
diam. 120 cm
Musée des Offices
Florence

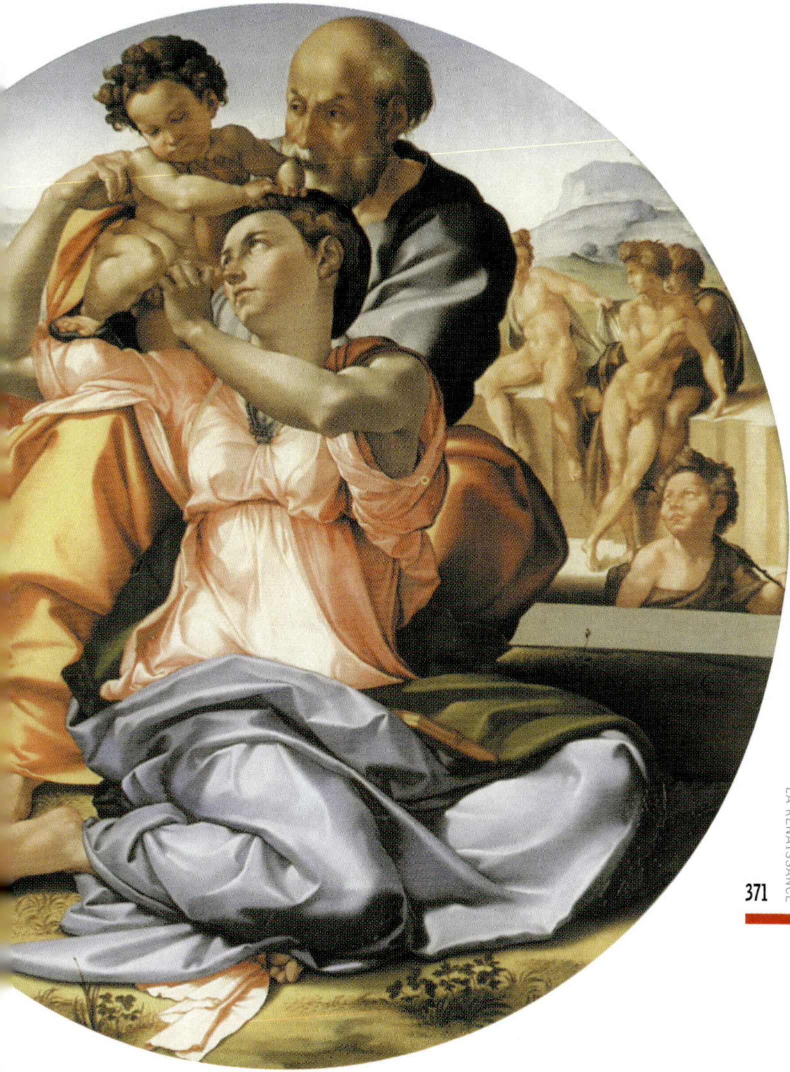

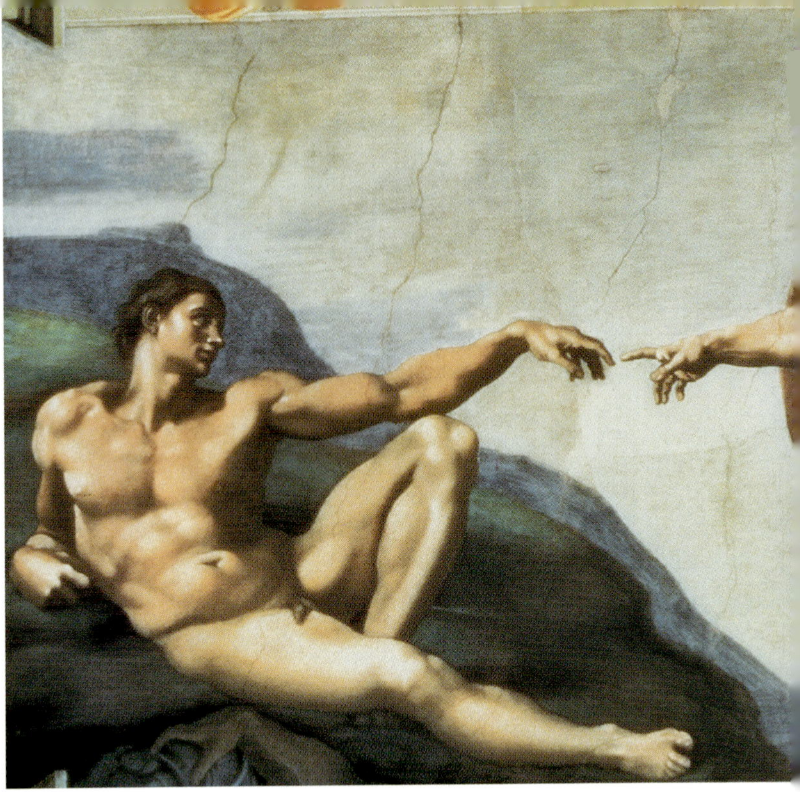

Michel-Ange
Caprese, Arezzo, 1475 – Rome 1564

La Création d'Adam

1510

fresque
Chapelle Sixtine (plafond)
Cité du Vatican

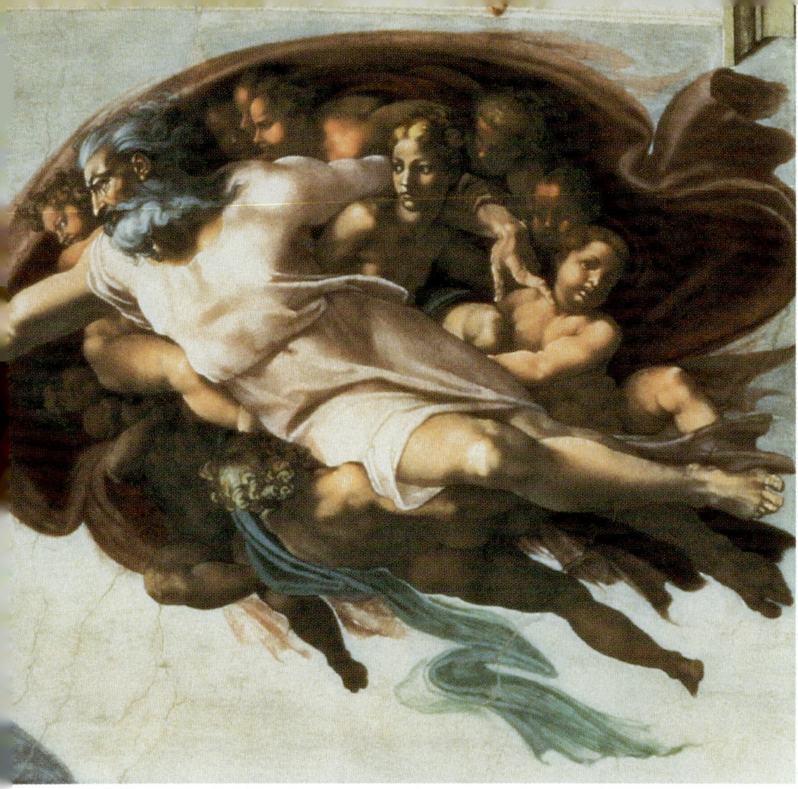

374

Michel-Ange

Caprese, Arezzo, 1475 – Rome, 1564

Le prophète Daniel

1508-1512

fresque
Chapelle Sixtine (plafond)
Cité du Vatican

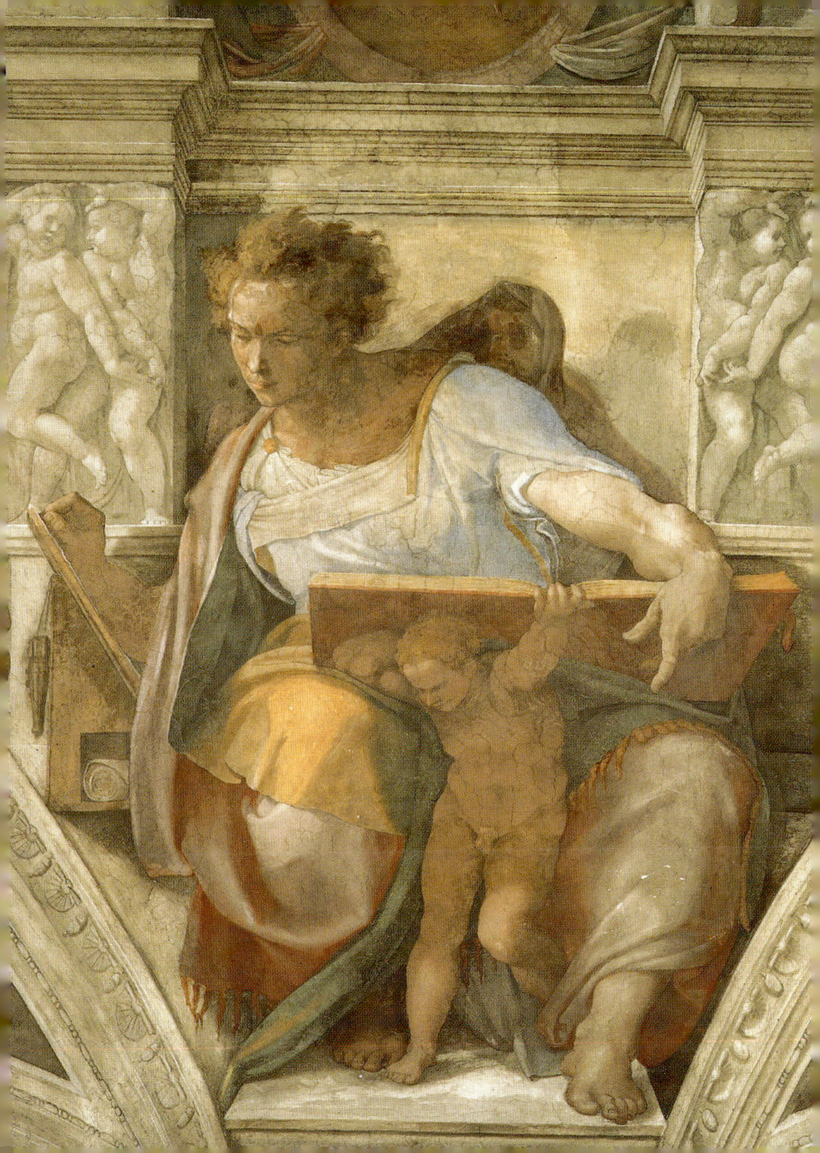

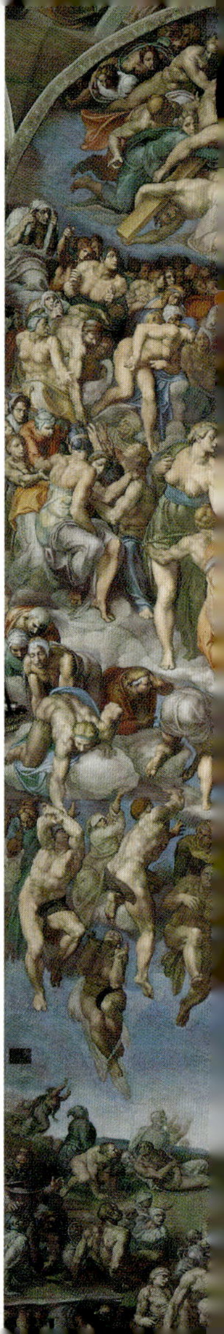

Michel-Ange

Caprese, Arezzo, 1475 – Rome,1564

Le Jugement Dernier

1536-1541

fresque
Chapelle Sixtine (plafond)
Cité du Vatican

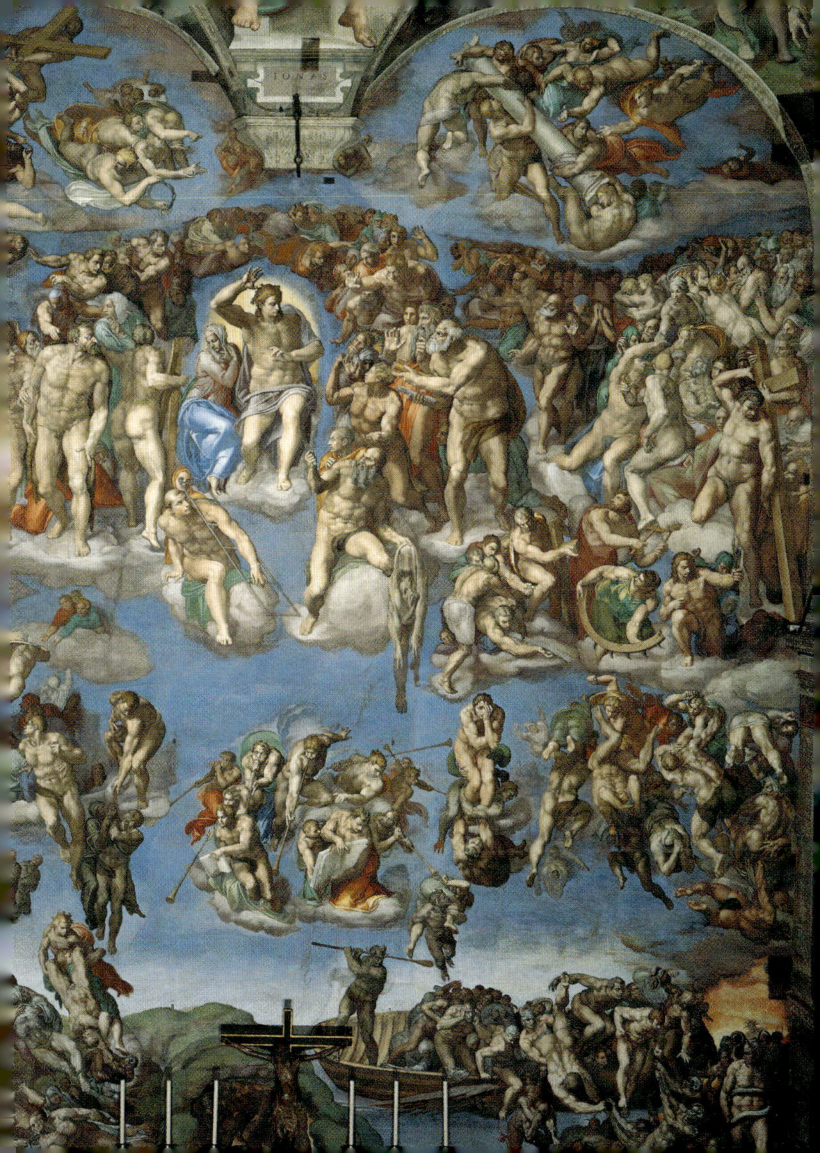
IONAS

378

Michel-Ange

Caprese, Arezzo, 1475 – Rome, 1564

Le damné

Détail du Jugement dernier

1536-1541

fresque
Chapelle Sixtine
Cité du Vatican

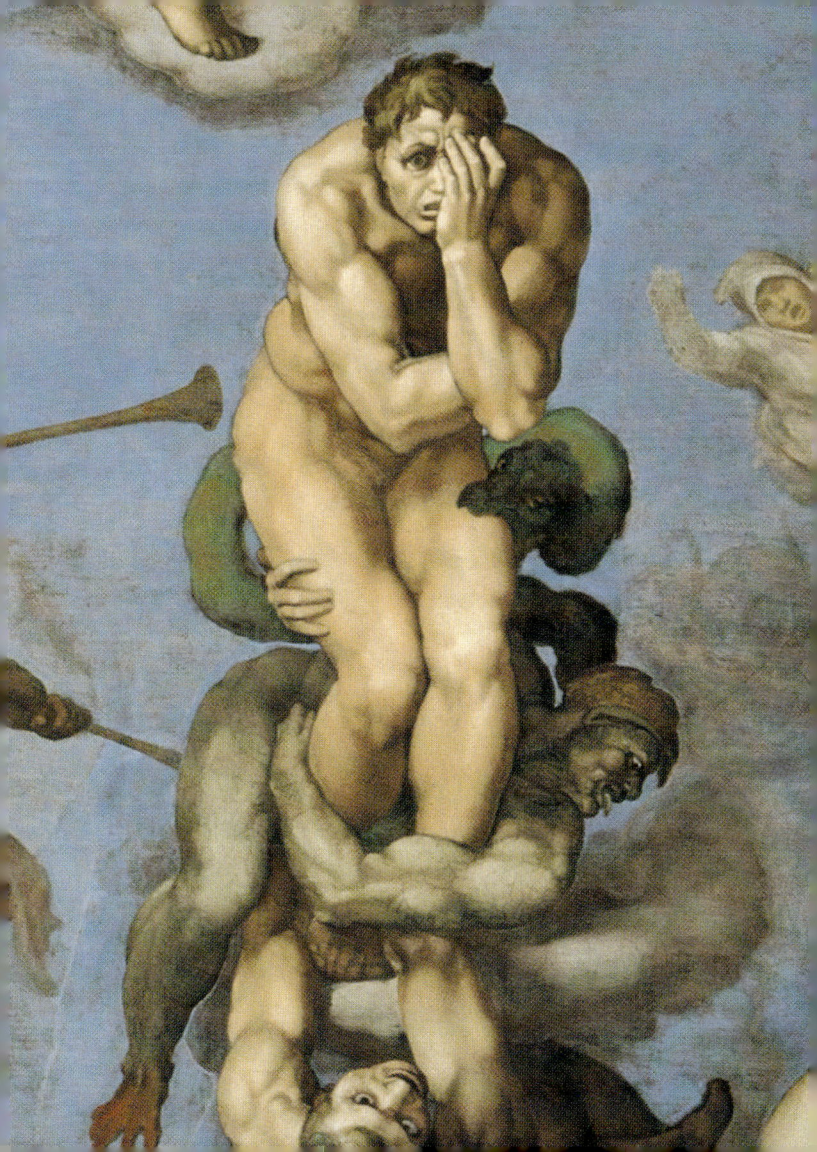

Le Corrège (Antonio Allegri)

Correggio, Reggio Emilia, 1489-1534

L'Assomption de la Vierge
(dôme)

Saint Hilaire
(pendantif)

1524-1530

fresque
Cathédrale
Parme

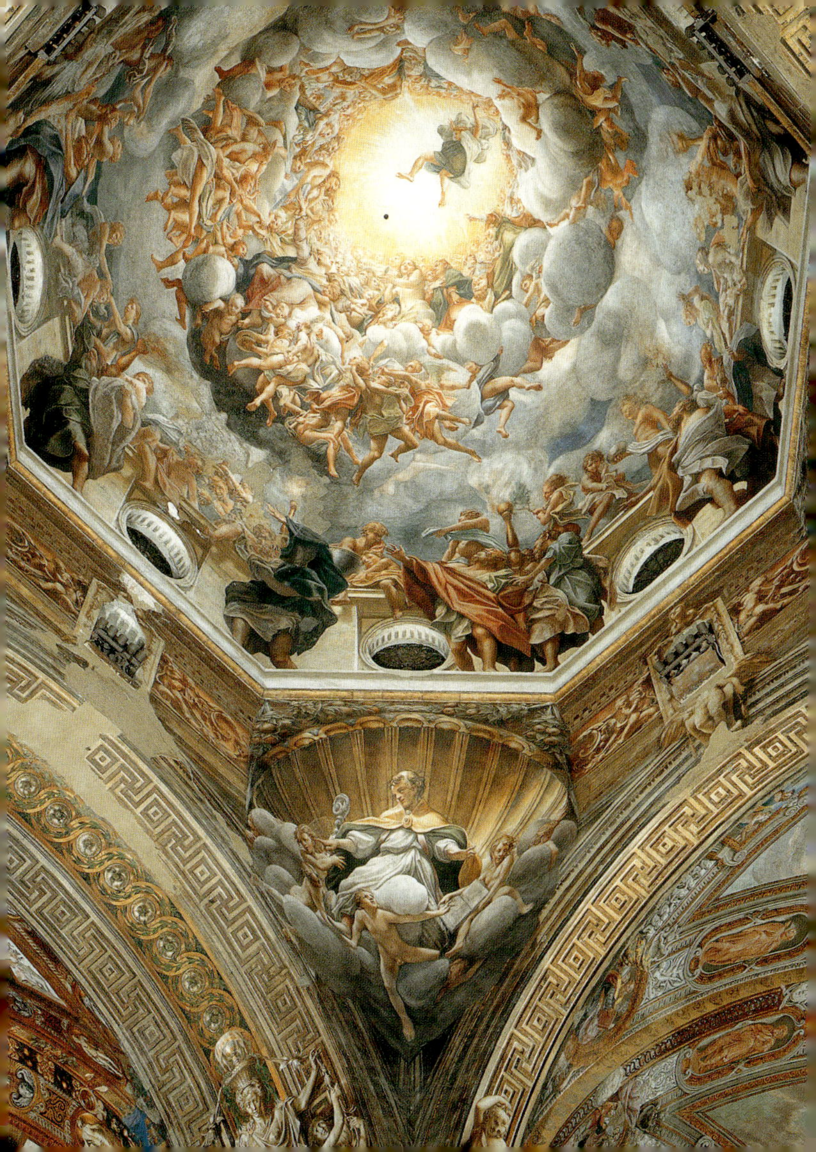

Le Corrège (Antonio Allegri)

Correggio, Reggio Emilia, 1489-1534

L'Adoration de l'Enfant

VERS 1524

huile sur toile
81 x 67 cm
Musée des Offices
Florence

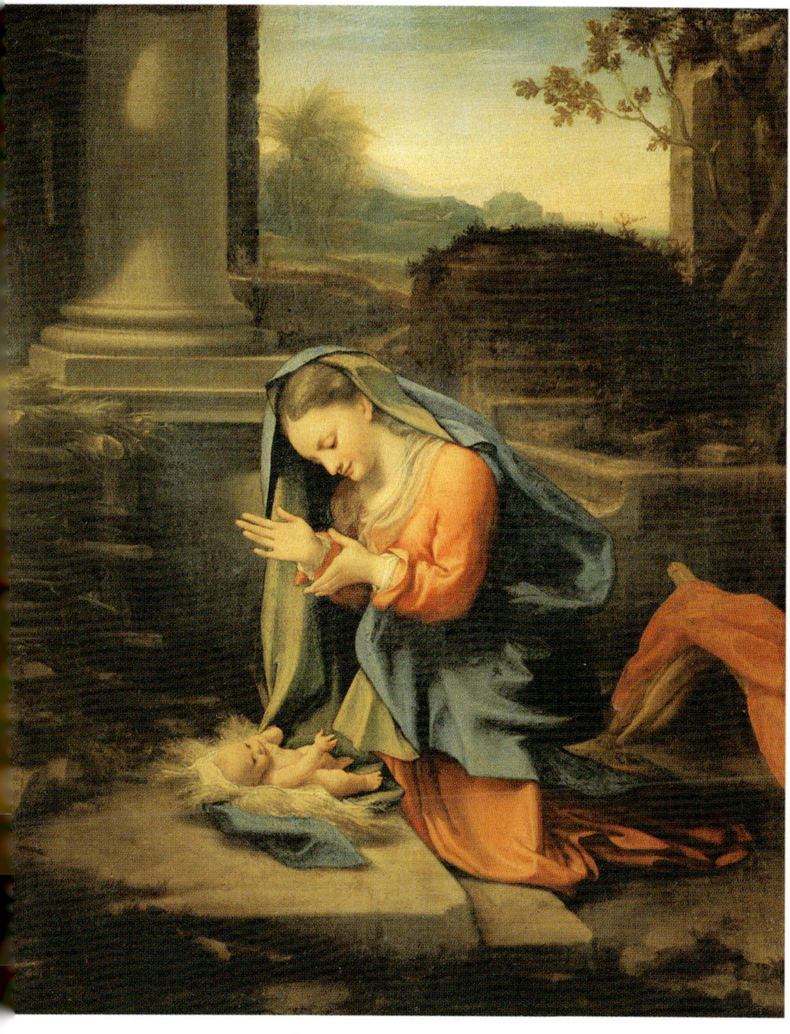

Le Corrège (Antonio Allegri)

Correggio, Reggio Emilia, 1489-1534

Danaé

VERS 1531

huile sur toile
161 x 193 cm
Villa Borghese
Rome

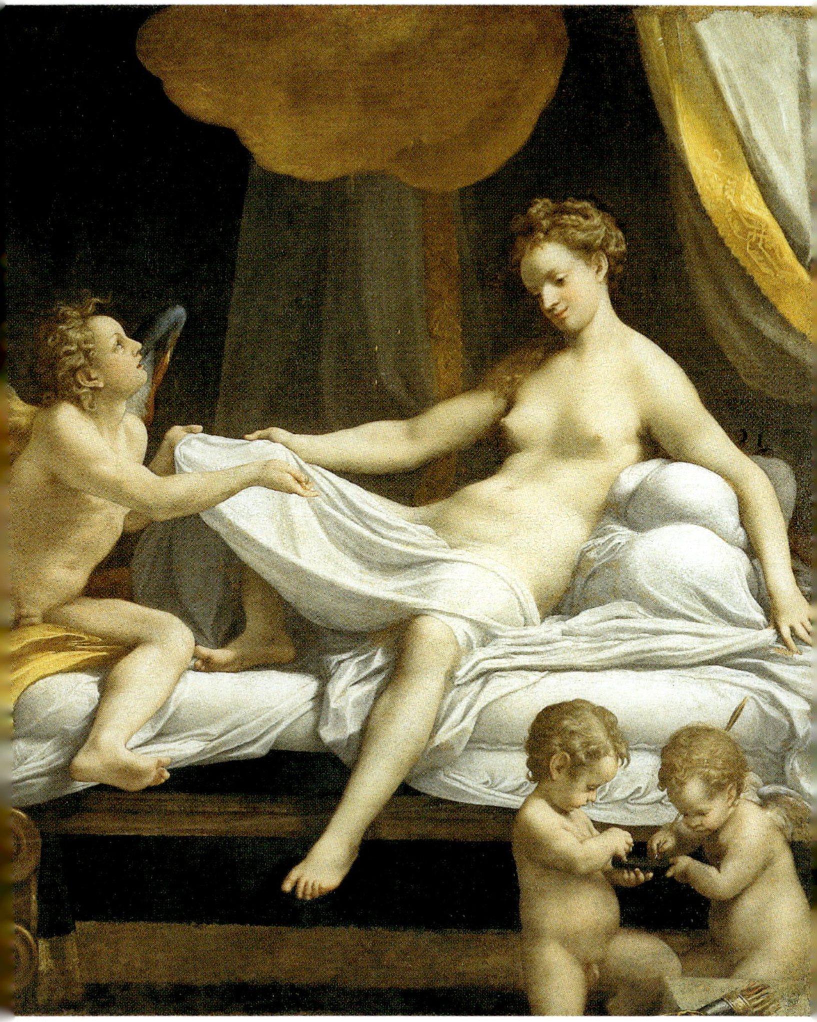

Giorgione (Giorgio da Castelfranco)

Castelfranco, vers 1477 – Venise, 1510

La Tempête

1506-1508

huile sur toile
82 x 73 cm
Galerie de l'Académie
Venise

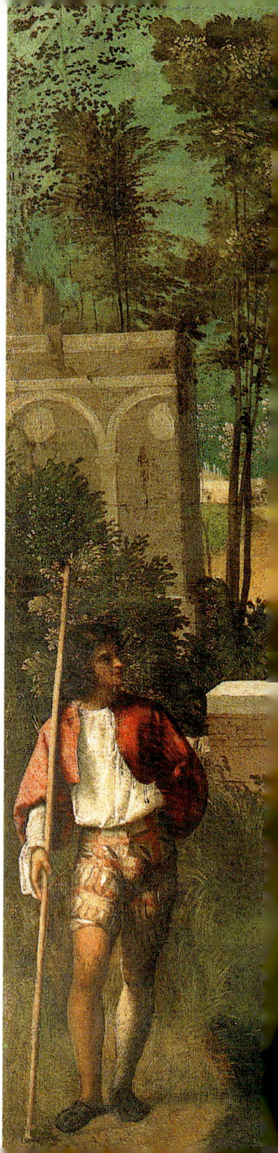

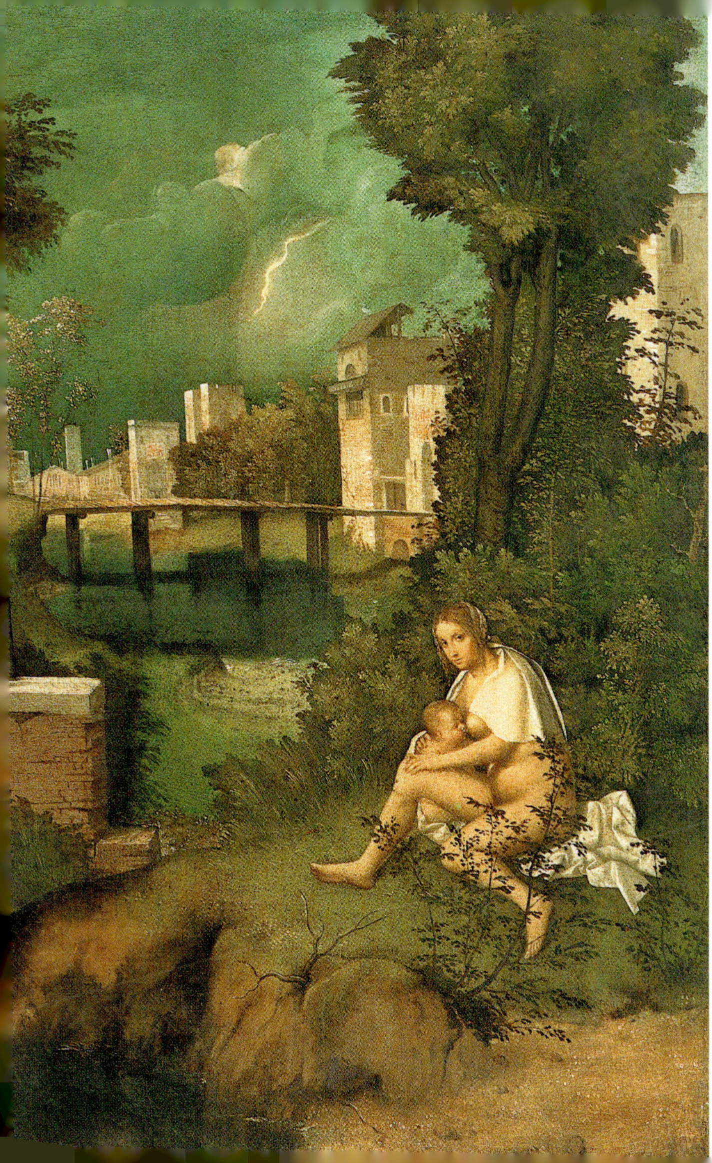

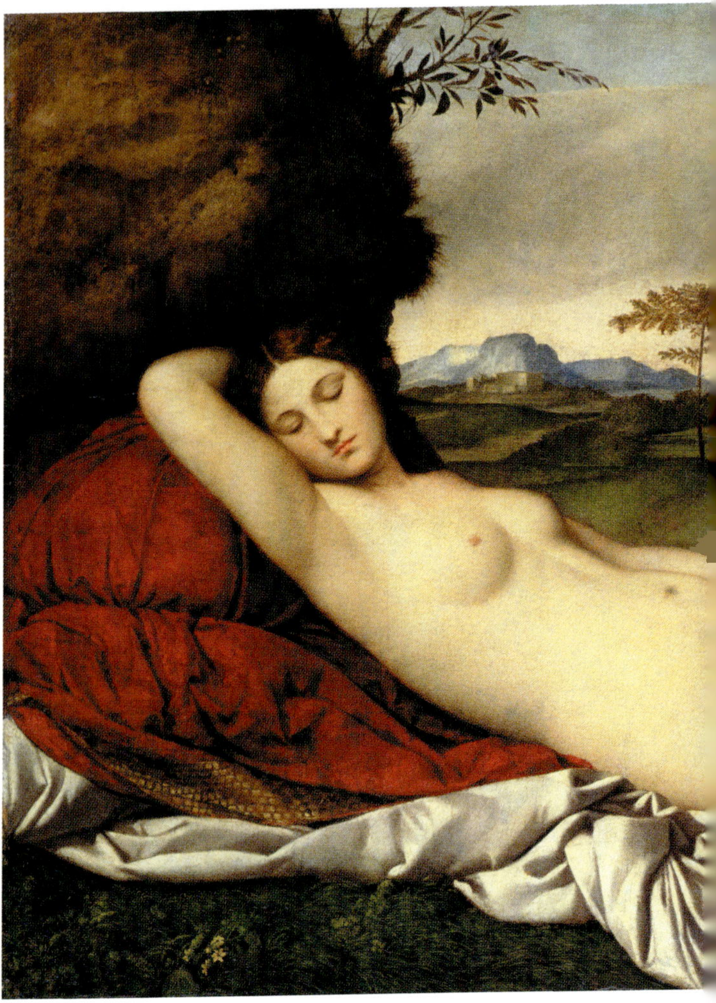

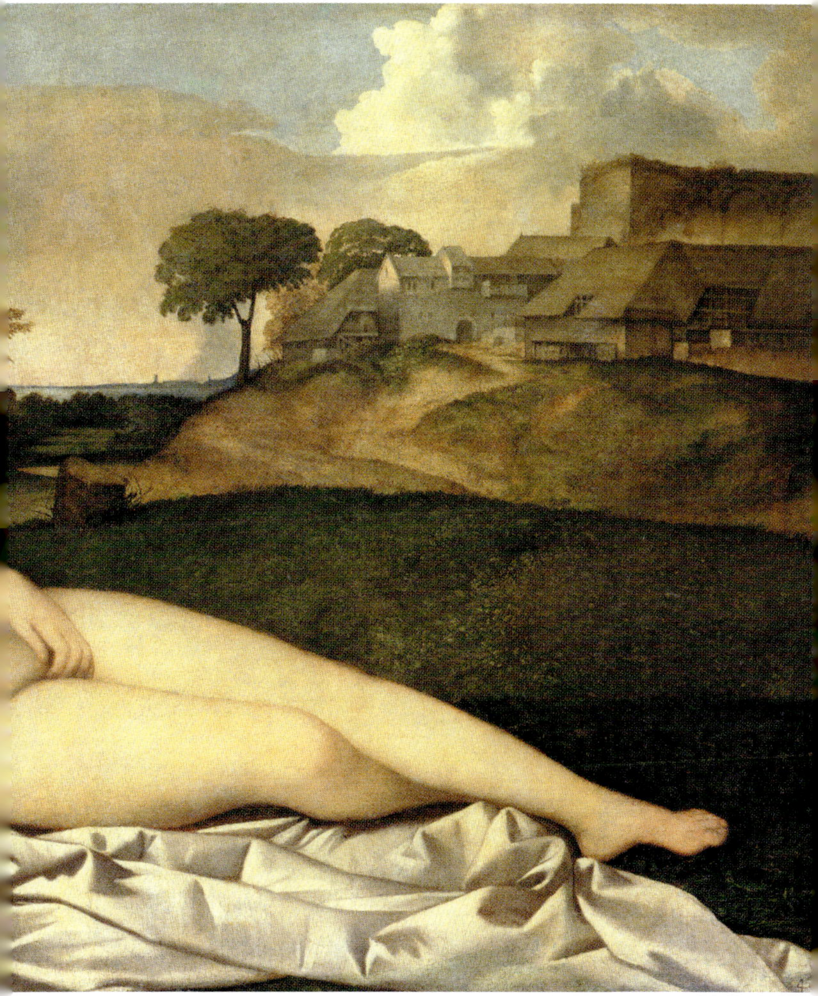

Giorgione

Castelfranco, vers 1477 – Venise, 1510

Portrait d'un homme en armure

1505-1510

huile sur toile
90 x 73 cm
Musée des Offices
Florence

pp. 388-389

Giorgione

Castelfranco, vers 1477 – Venise, 1510

Vénus endormie
(Vénus de Dresde)

1509

huile sur toile
108,5 x 175 cm
Gemäeldegalerie Alte Meister
Dresde

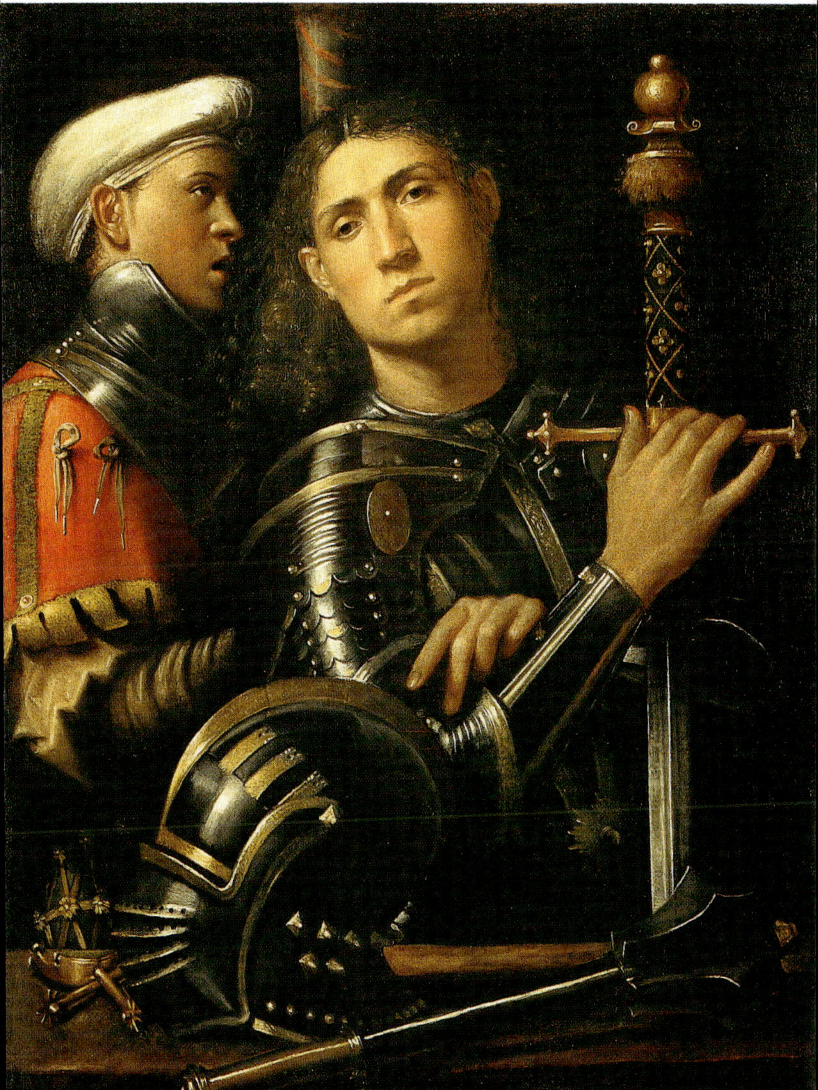

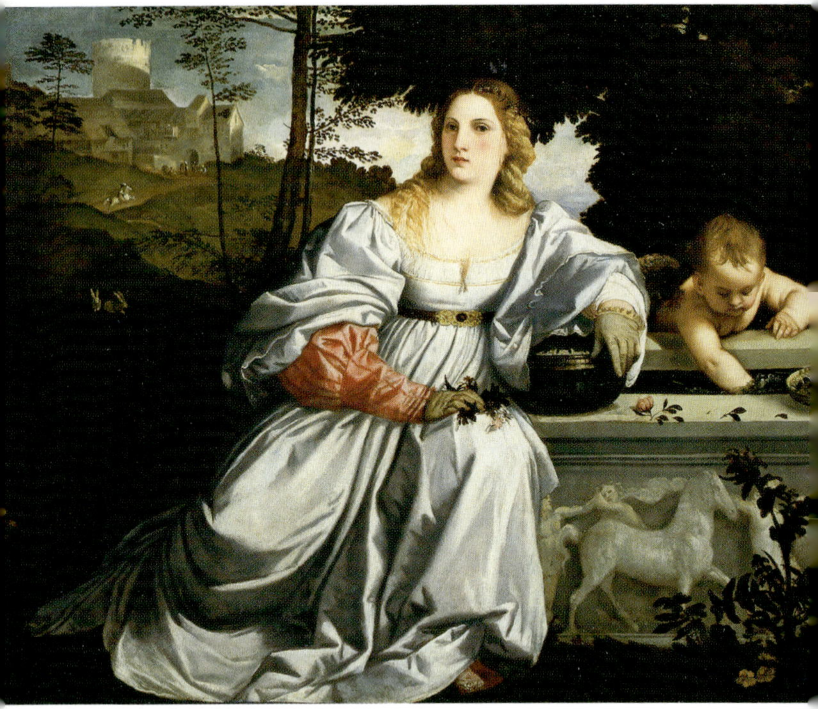

Le Titien (Tiziano Vecellio)

Pieve di Cadore, Belluno, vers 1490 – Venise, 1576

L'Amour sacré et l'Amour profane

1515

huile sur toile
118 x 279 cm
Villa Borghese
Rome

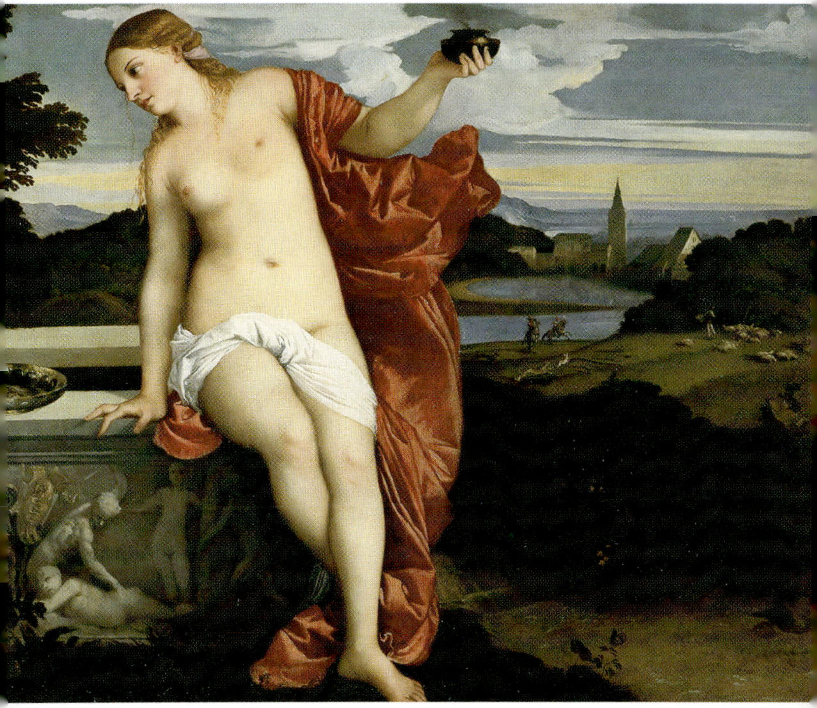

Le Titien

Pieve di Cadore, Belluno, vers 1490 – Venise, 1576

L'Assomption

1516-1518

huile sur bois
690 x 360 cm
Eglise Santa Maria Gloriosa dei Frari
Venise

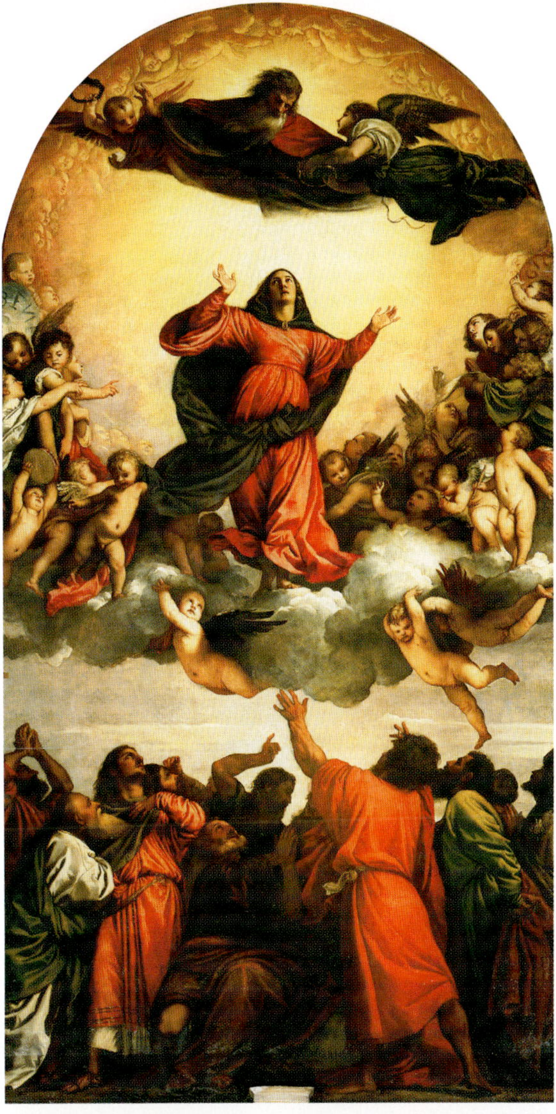

Le Titien

Pieve di Cadore, Belluno, vers 1490 – Venise, 1576

Portrait de Charles Quint avec son chien

1532-1533

huile sur toile
192 x 111 cm
Musée du Louvre
Madrid

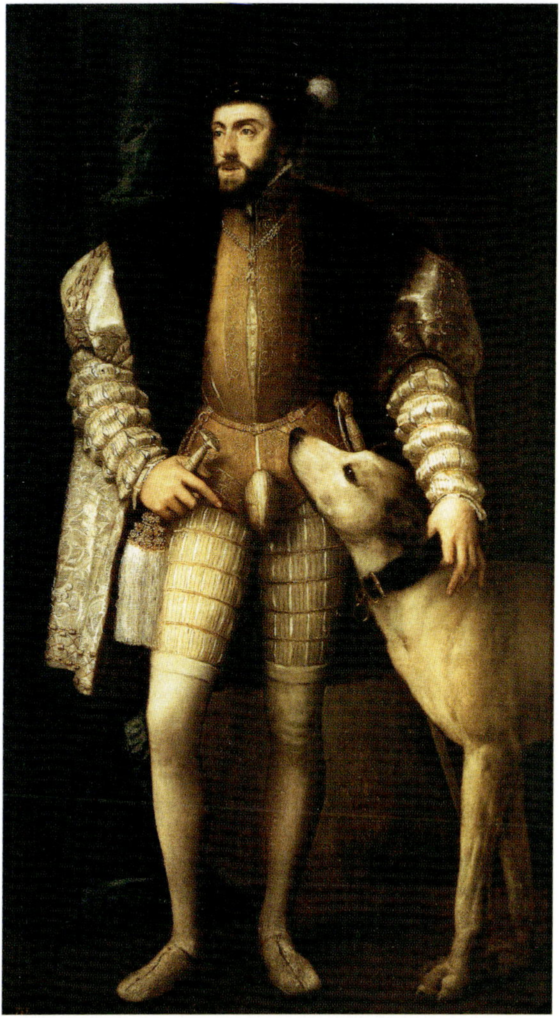

398

Le Titien

Pieve di Cadore, Belluno, vers 1490 – Venise, 1576

La pala Pesaro

1519-1526

huile sur toile
488 x 270 cm
Eglise Santa Maria Gloriosa dei Frari
Venise

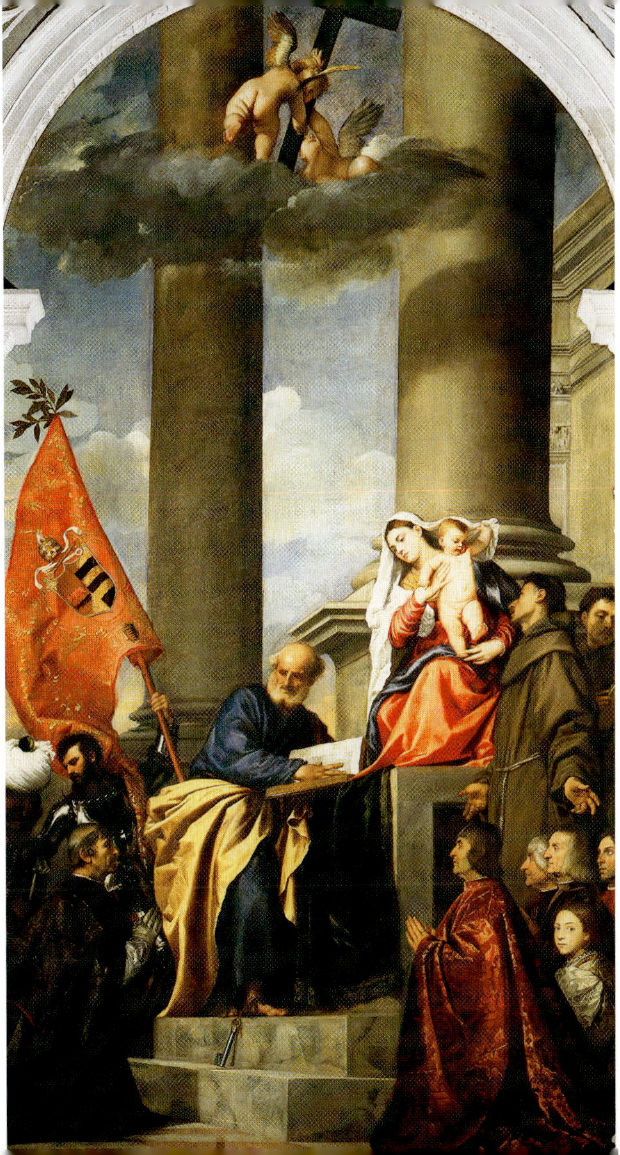

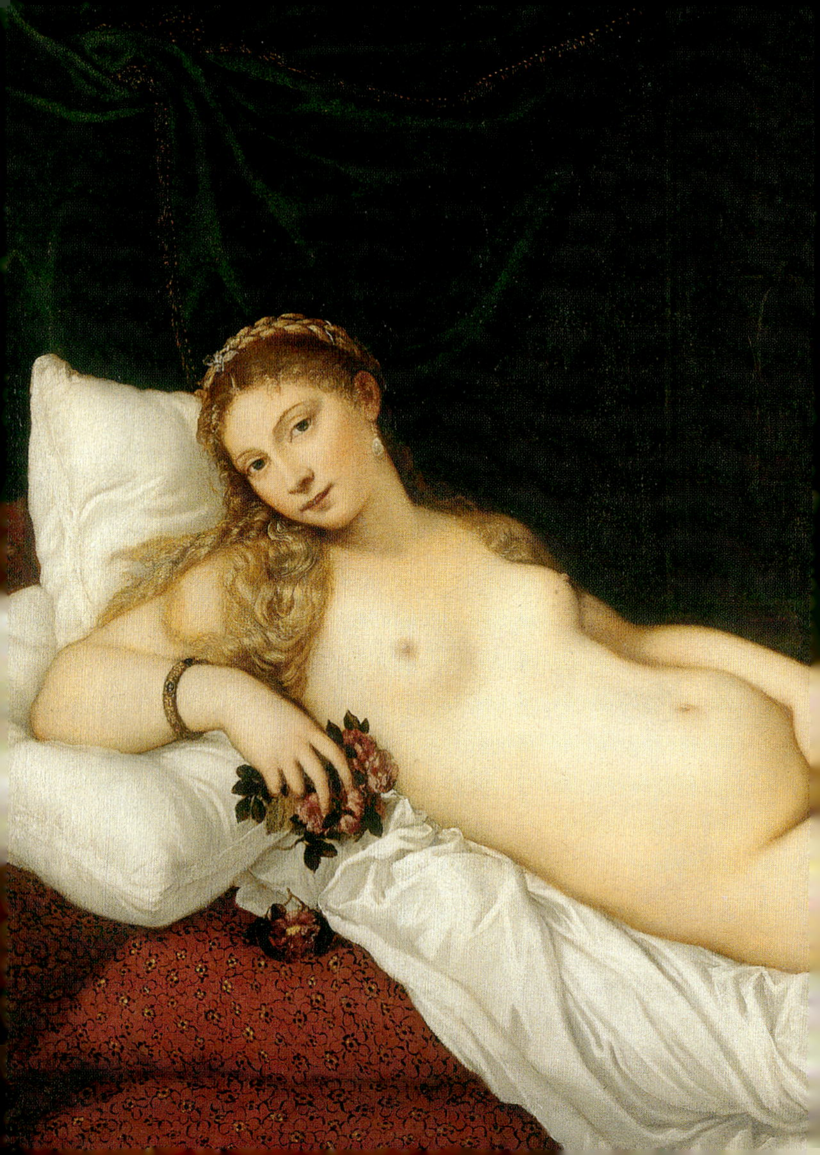

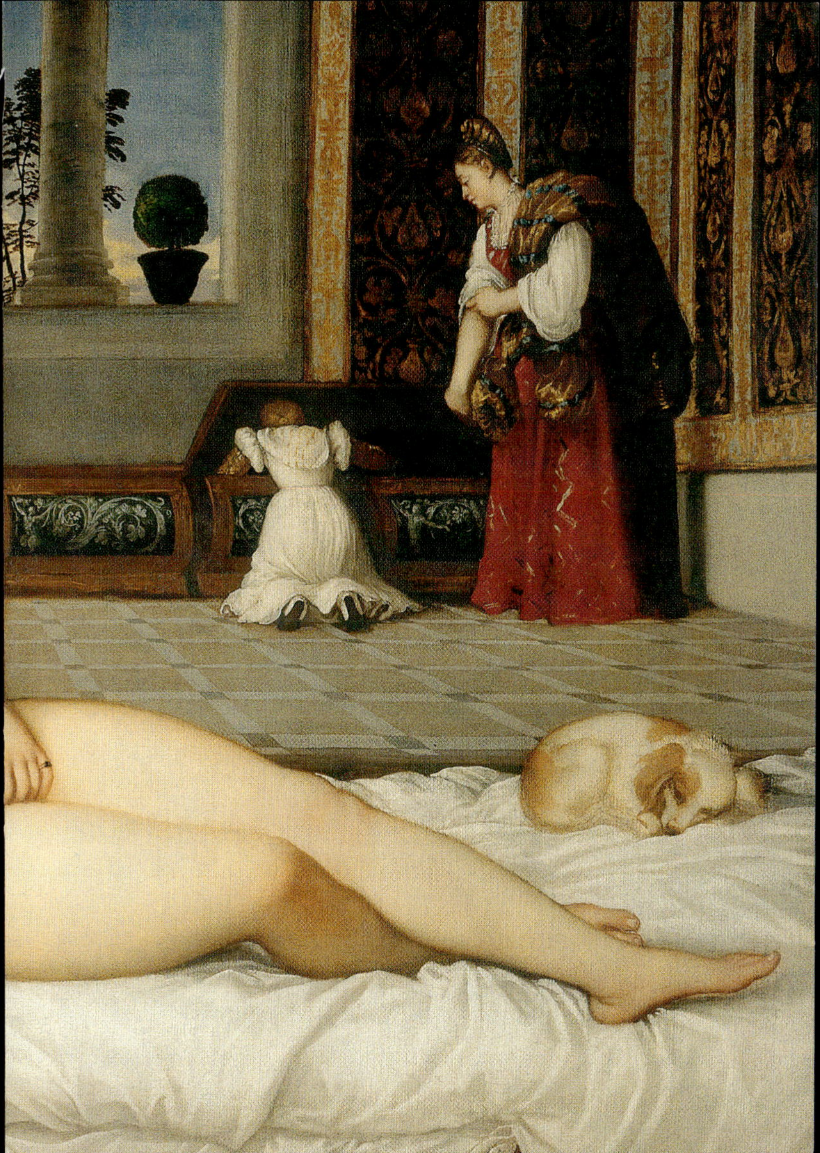

Le Titien

Pieve di Cadore, Belluno, vers 1490
– Venise, 1576

Auto-portrait

1566

huile sur toile
86 x 69 cm
Musée du Prado
Madrid

pp. 400–401

Le Titien

Pieve di Cadore, Belluno, vers 1490
– Venise, 1576

La Vénus d'Urbino

1538

huile sur toile
Musée des Offices
Florence

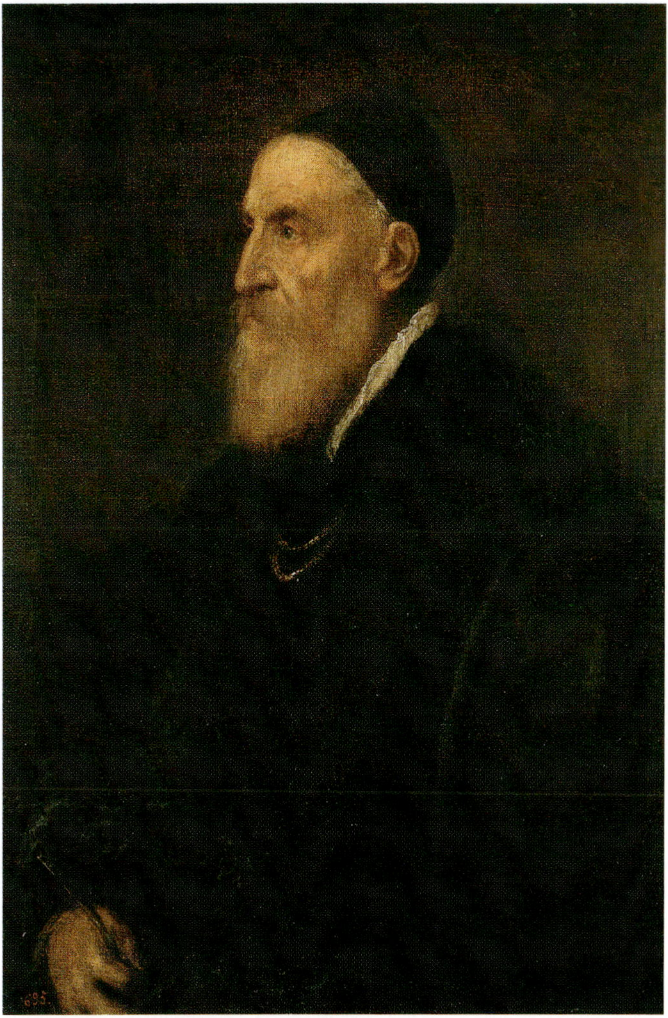

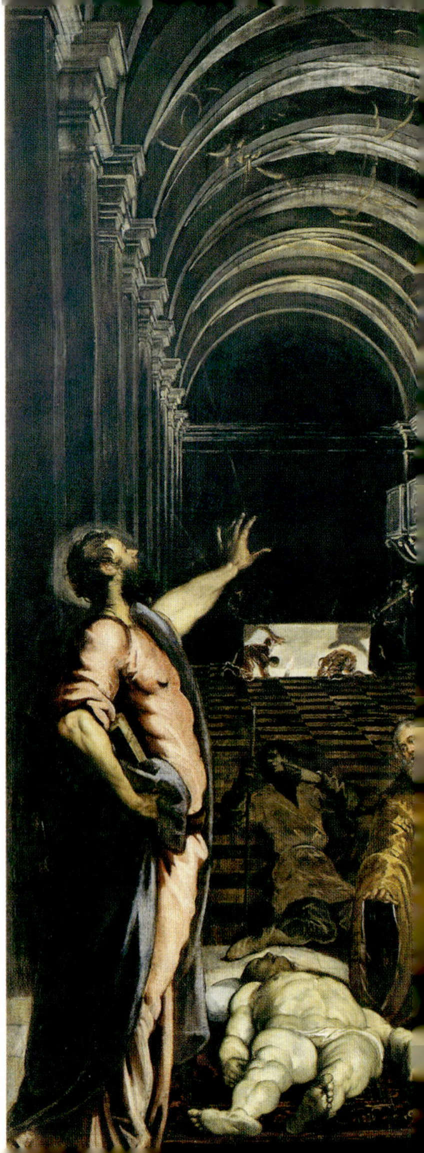

Le Tintoret (Jacopo Robusti)

Venise, 1518-1594

La découverte du corps de saint Marc

1562-1566

huile sur toile
400 x 400 cm
Pinacothèque de Brera
Milan

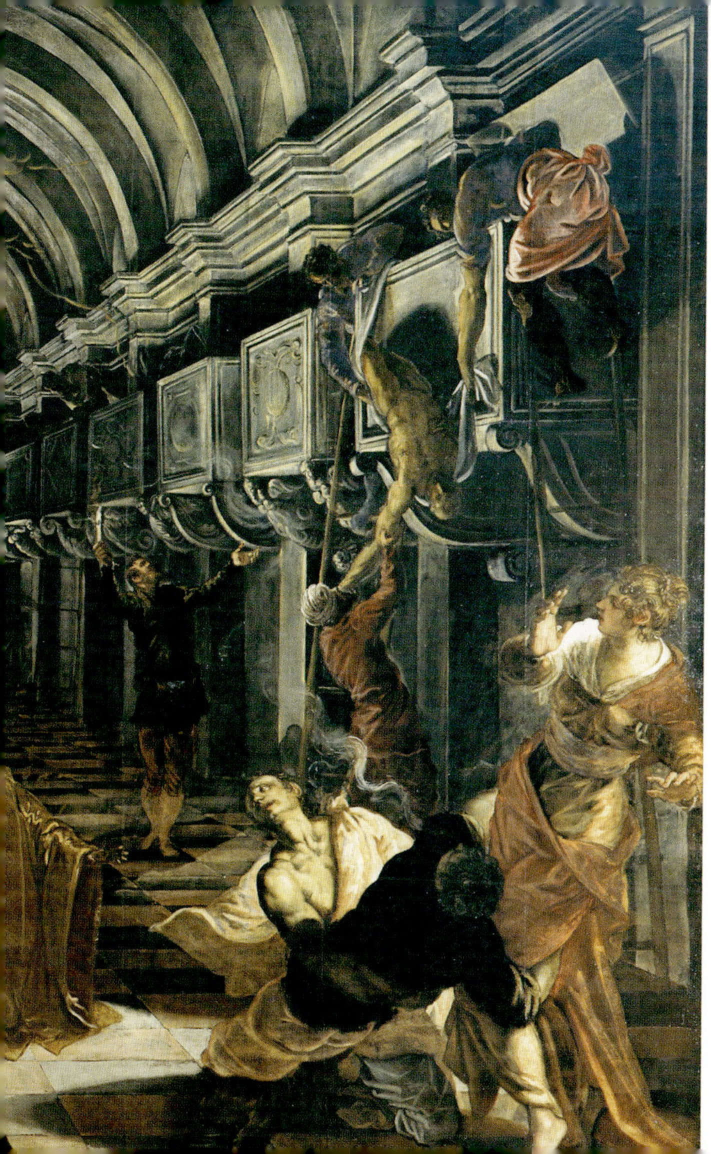

Le Tintoret

Venise, 1518-1594

Portrait du Procureur Jacopo Soranzo

1550

huile sur toile
106 x 89 cm
Galerie de l'Académie
Venise

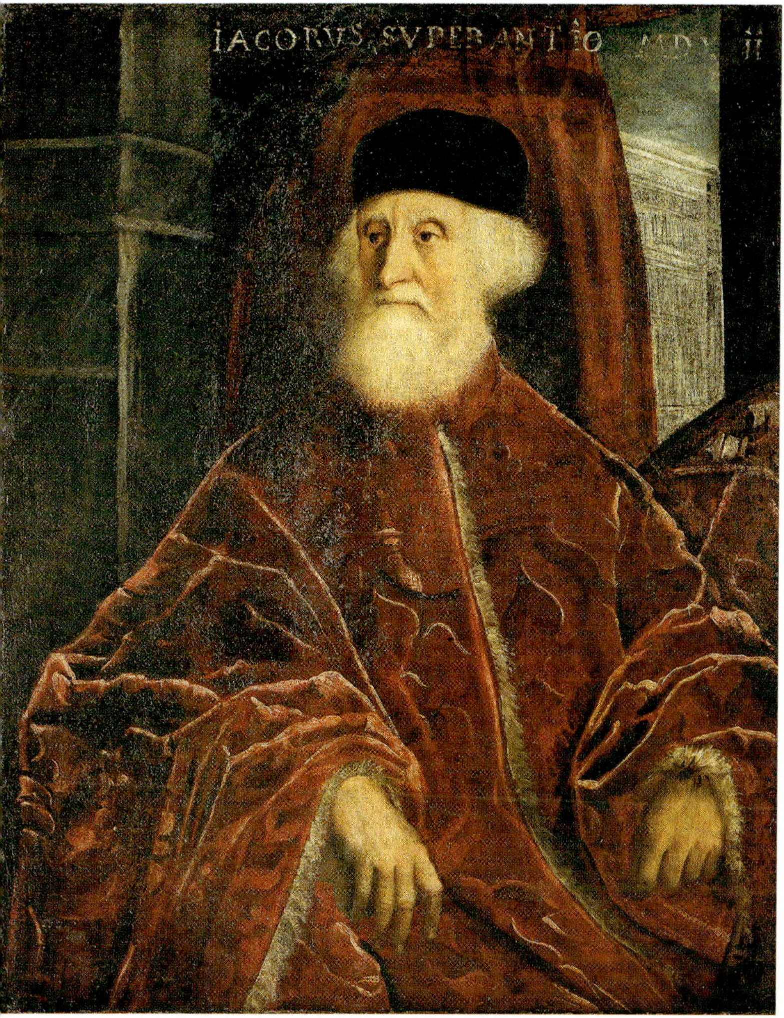
IACOBVS SVPERANTIO

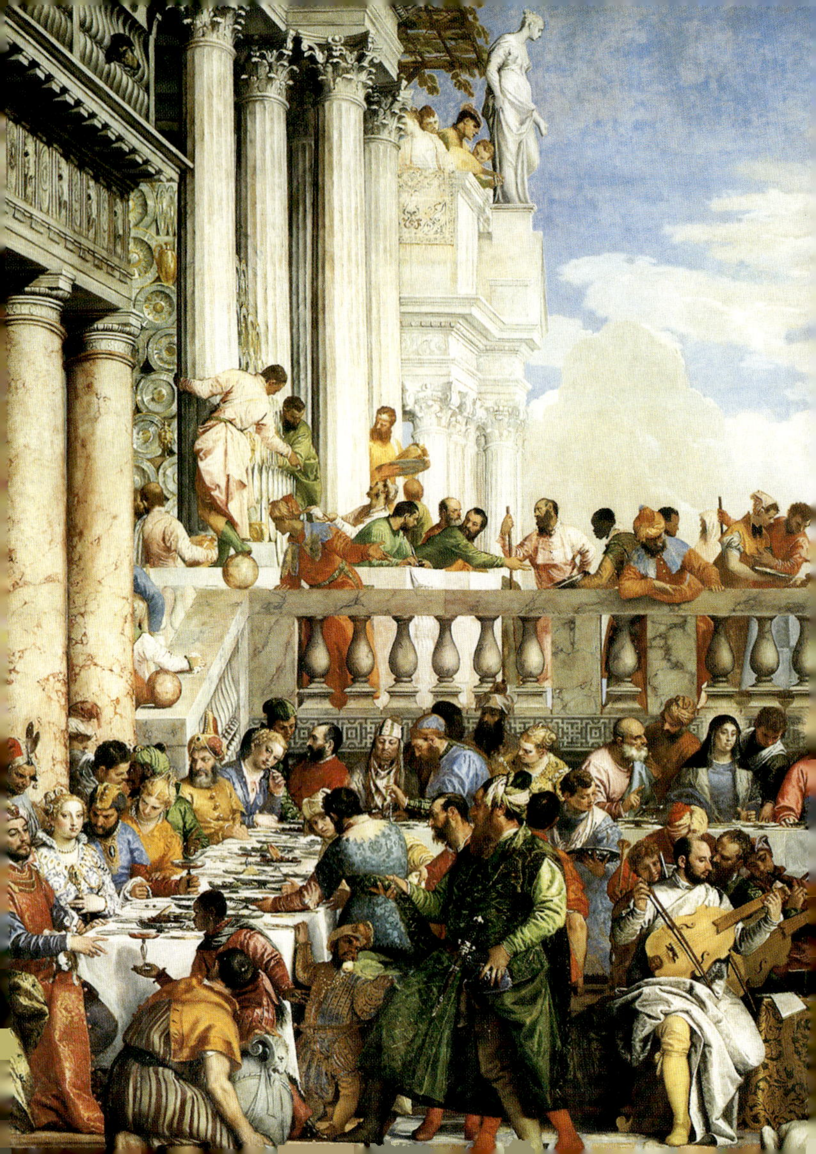

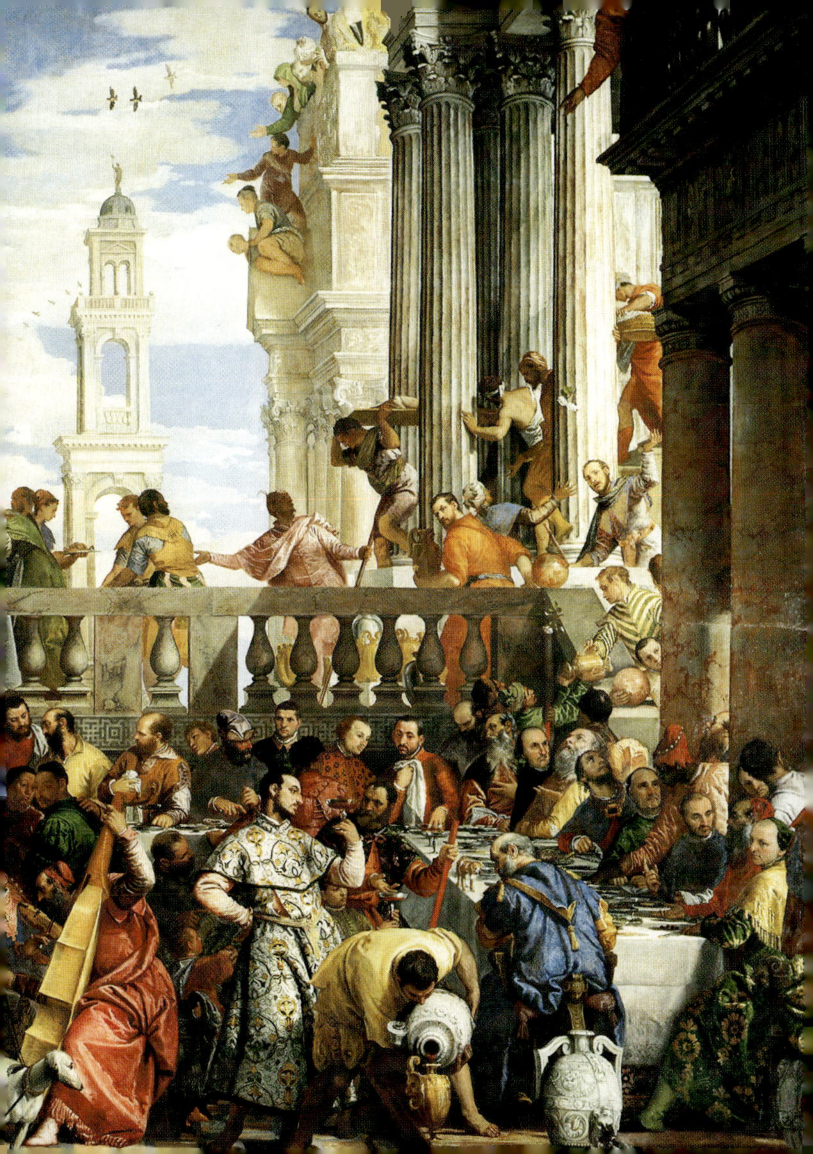

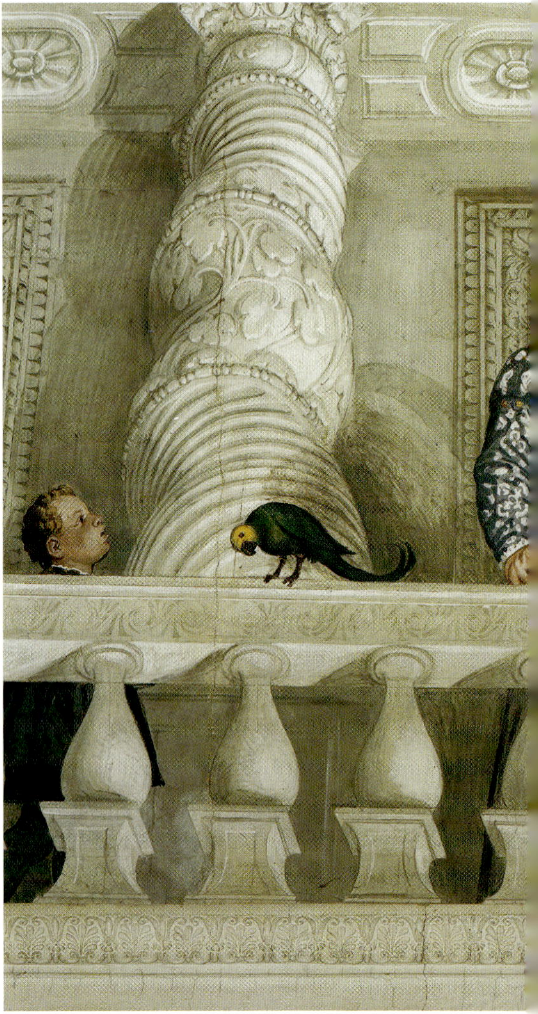

Véronèse (Paolo Caliari)

Vérone, vers 1528 – Venise, 1588

Membres de la Maison Barbaro

Salle de l'Olympe (détail du plafond)

VERS 1561

fresque
Villa Barbaro, Maser
Trévise

pp. 408–409

Veronèse

Vérone, vers 1528 – Venise, 1588

Les Noces de Cana

1562-1563

huile sur toile
666 x 990 cm
Musée du Louvre
Paris

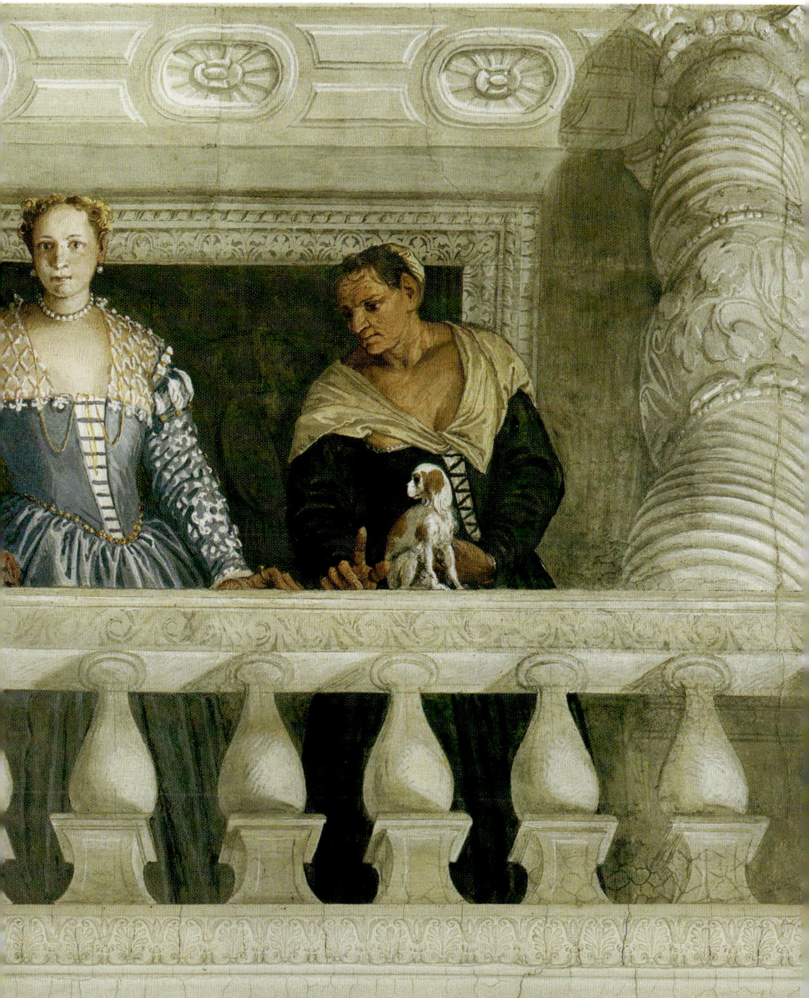

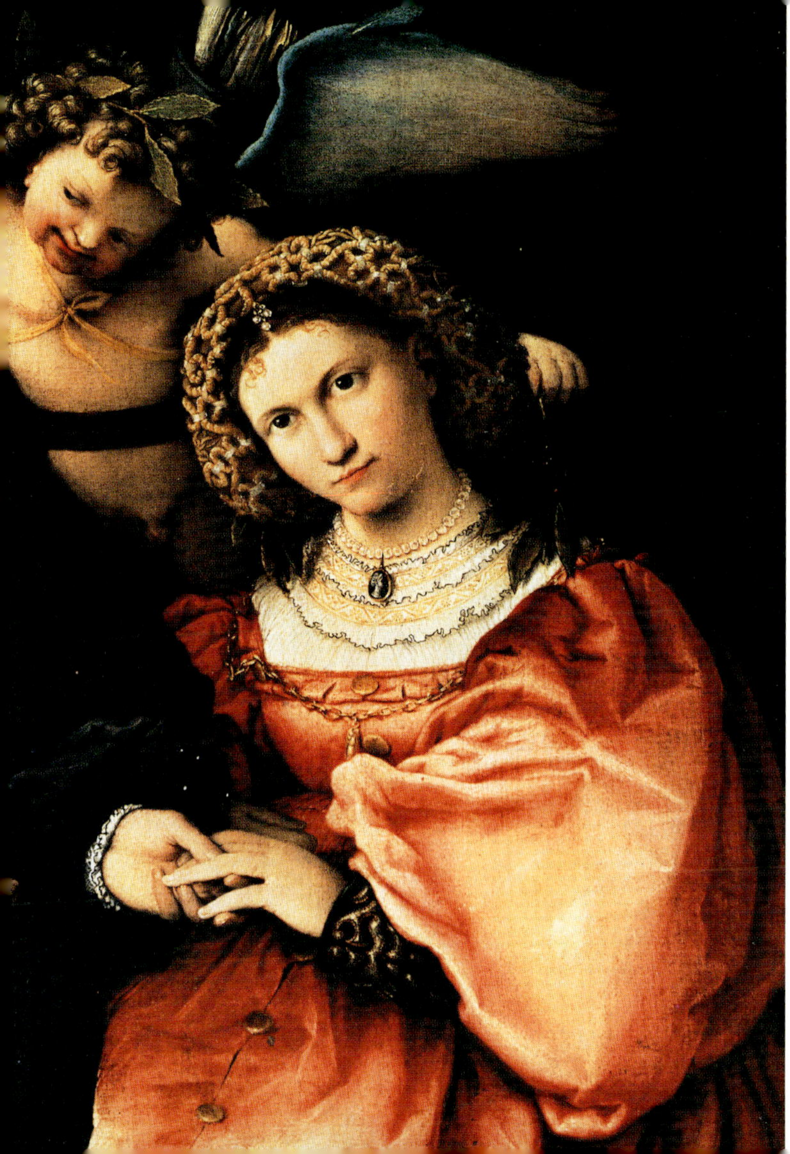

Albrech Dürer

Nuremberg, 1471-1528

Autoportrait à la fourrure

1500

huile sur bois
67 x 49 cm
Alte Pinakothek
Munich

pp. 412–413

Lorenzo Lotto

Venise, vers 1480 – Lorette, 1556

Les jeunes mariés

1523

huile sur toile
71 x 84 cm
Musée du Prado
Madrid

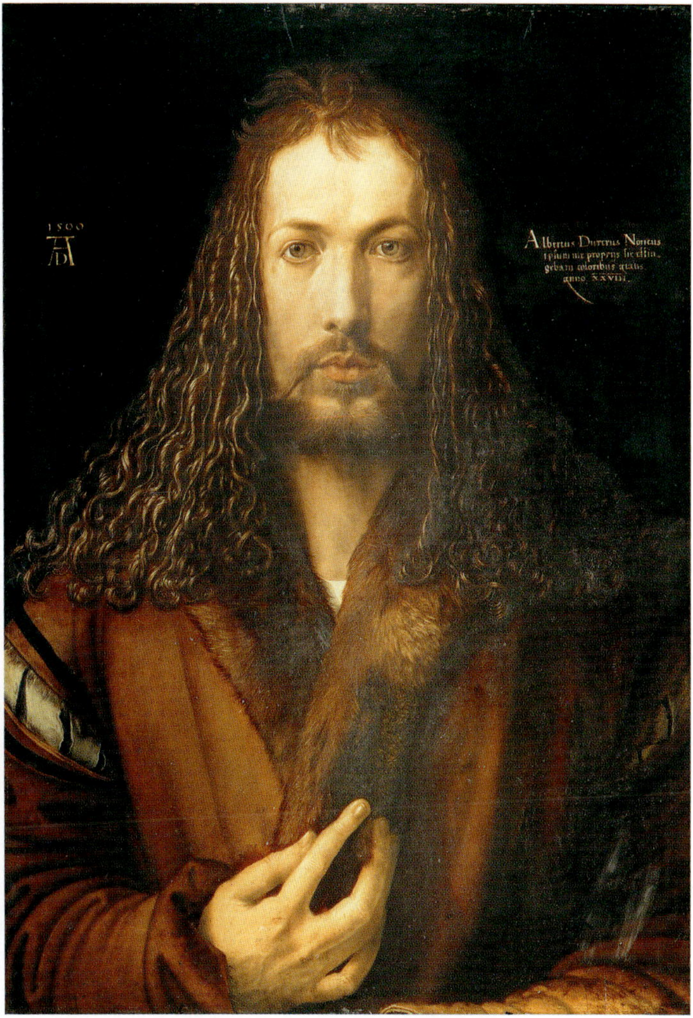
1500

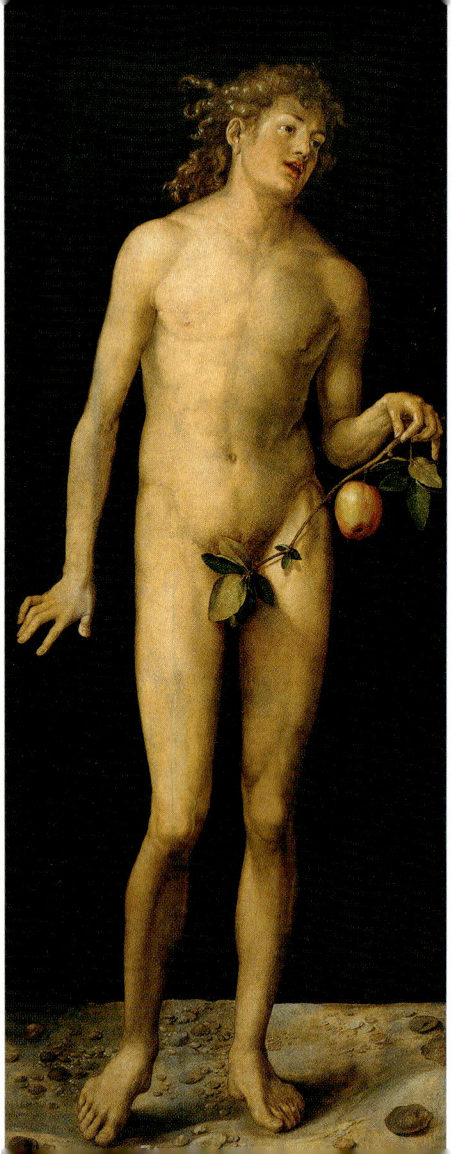

Albrech Dürer
Nuremberg, 1471-1528

Adam

1507

huile sur bois
Musée du Prado
Madrid

en face
Albrech Dürer
Nuremberg, 1471-1528

Eve

VERS 1507

huile sur bois
Musée du Prado
Madrid

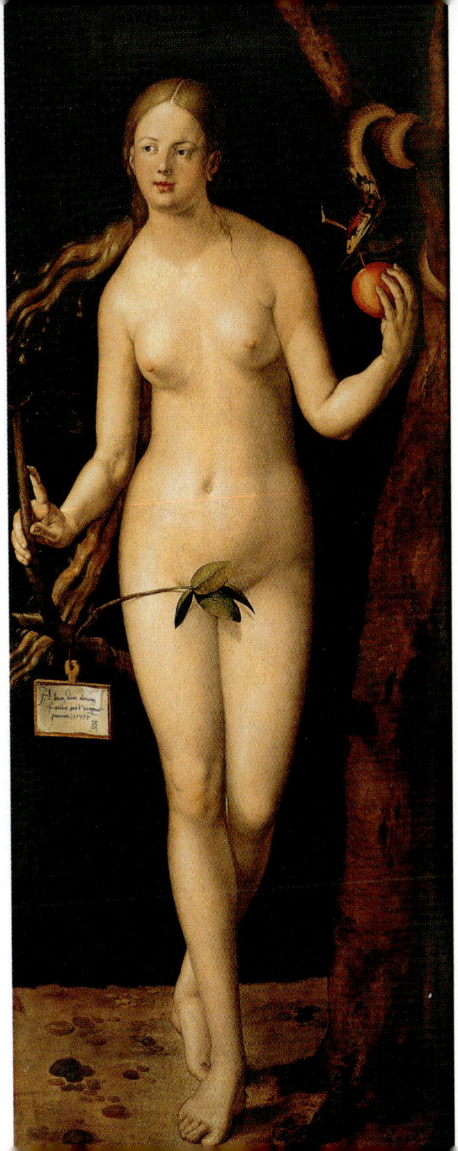

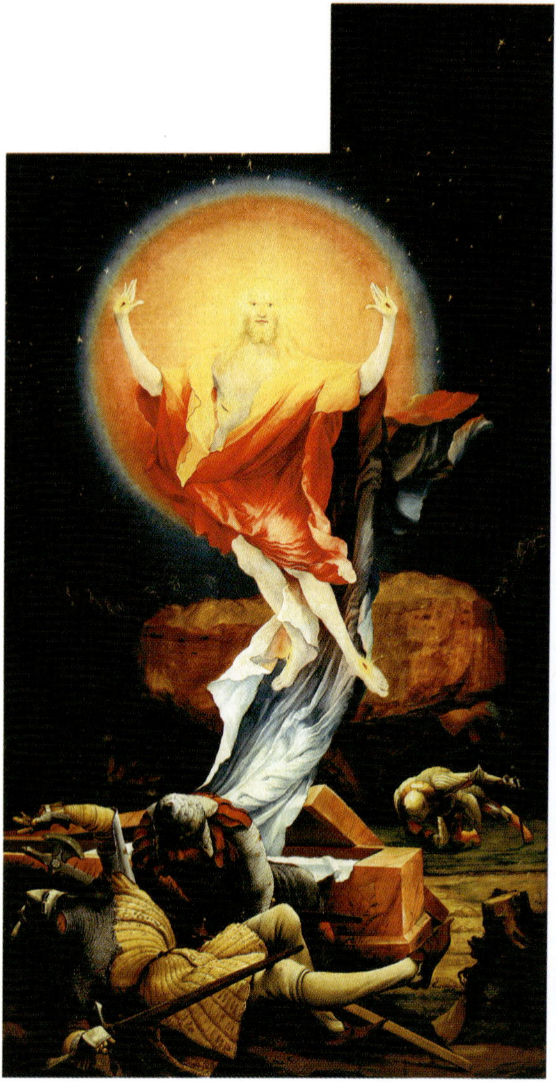

Matthias Grünewald

Würzburg, vers 1480- Halle, 1528

Résurrection et Annonciation

Retable d'Issenheim (diptyque)

1512-1516

huile sur bois
269 x 286 cm
Musée d'Unterlinden
Colmar

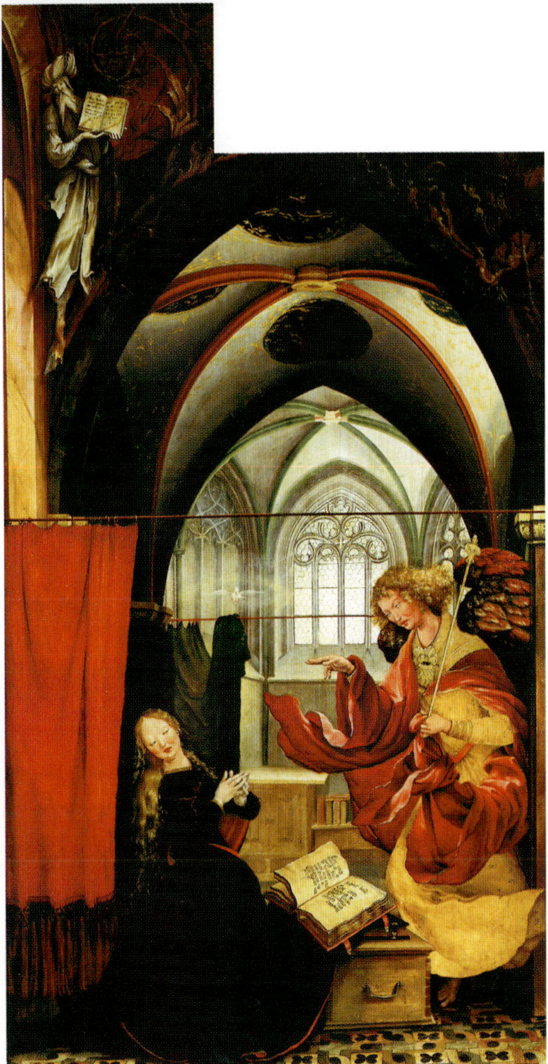

Lucas Cranach l'Ancien

Kronach, 1472 – Weimar, 1553

Portrait de Martin Luther

VERS 1523- 1524

parchemin monté sur bois
43, 6 x 29, 8 cm
Germanisches Nationalmuseum
Nuremberg

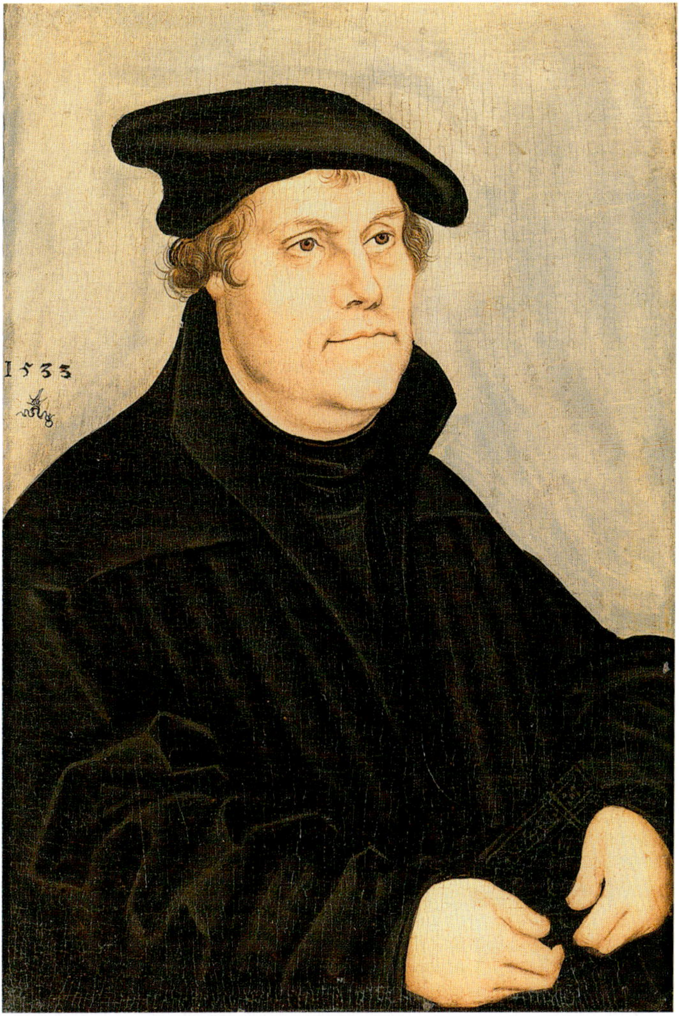
1533

Lucas Cranach l'Ancien

Kronach, 1472 – Weimar, 1553

Vénus et Cupidon

VERS 1531

huile sur bois
169 x 67 cm
Villa Borghese
Rome

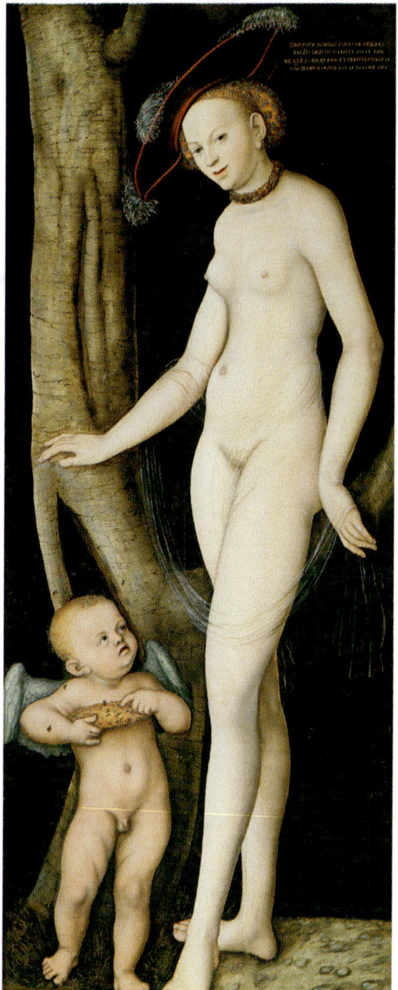

Albrecht Altdorfer
vers 1480 – Regenburg, 1538

Le martyr de saint Florian

VERS 1518

huile sur bois
76,4 x 67,2 cm
Musée des Offices
Florence

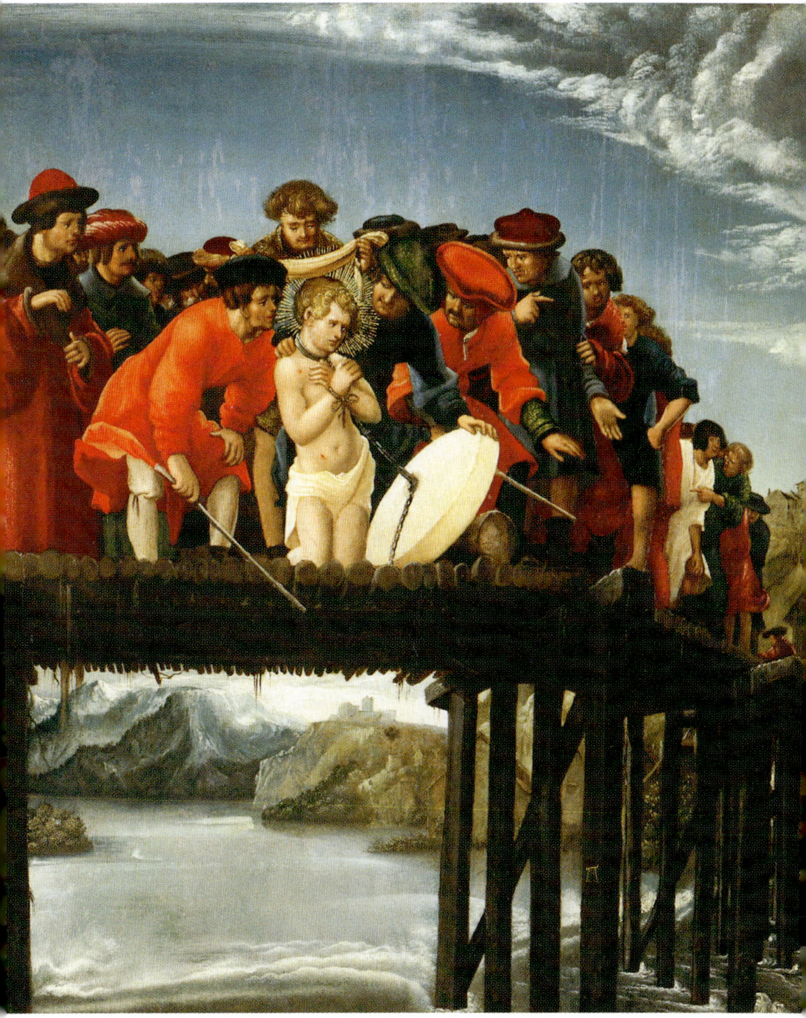

Albrecht Altdorfer
vers 1480 – Regenburg, 1538

Suzanne au bain

VERS 1526

huile sur bois
74,8 x 61,2 cm
Alte Pinakothek
Munich

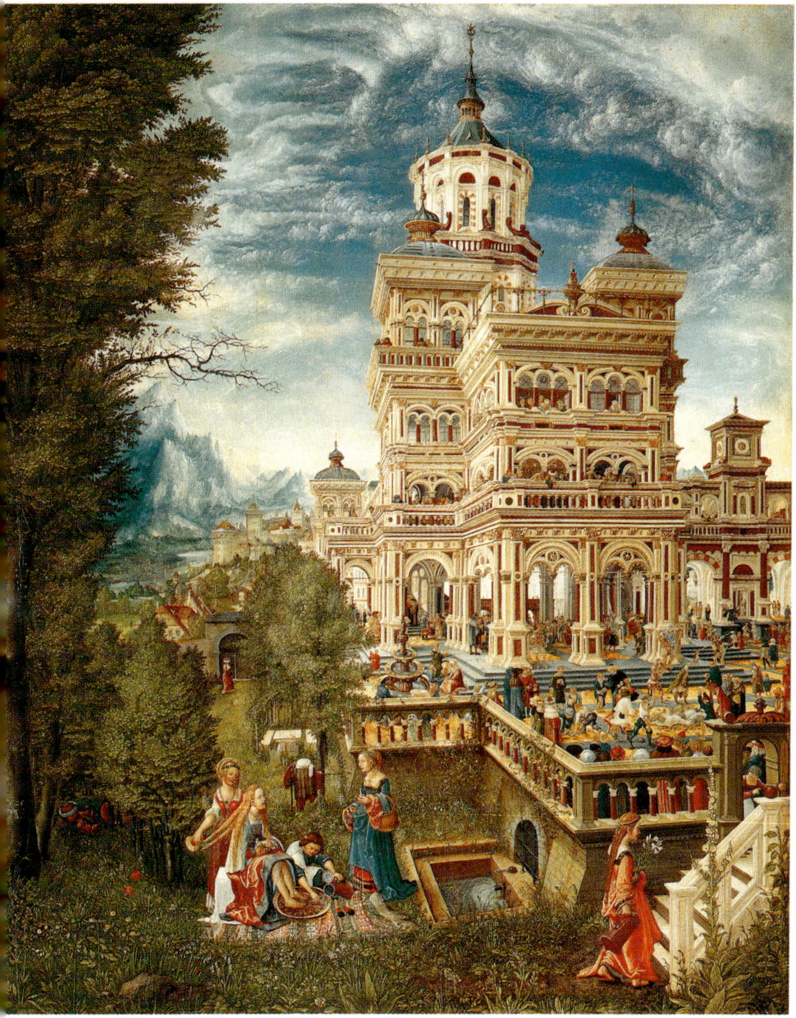

Hans Holbein le Jeune
Augusta, 1497/98 – Londres, 1543

L'Astronome Nicolaus Kratzer

VERS 1528

détrempe sur bois
83 x 67 cm
Musée du Louvre
Paris

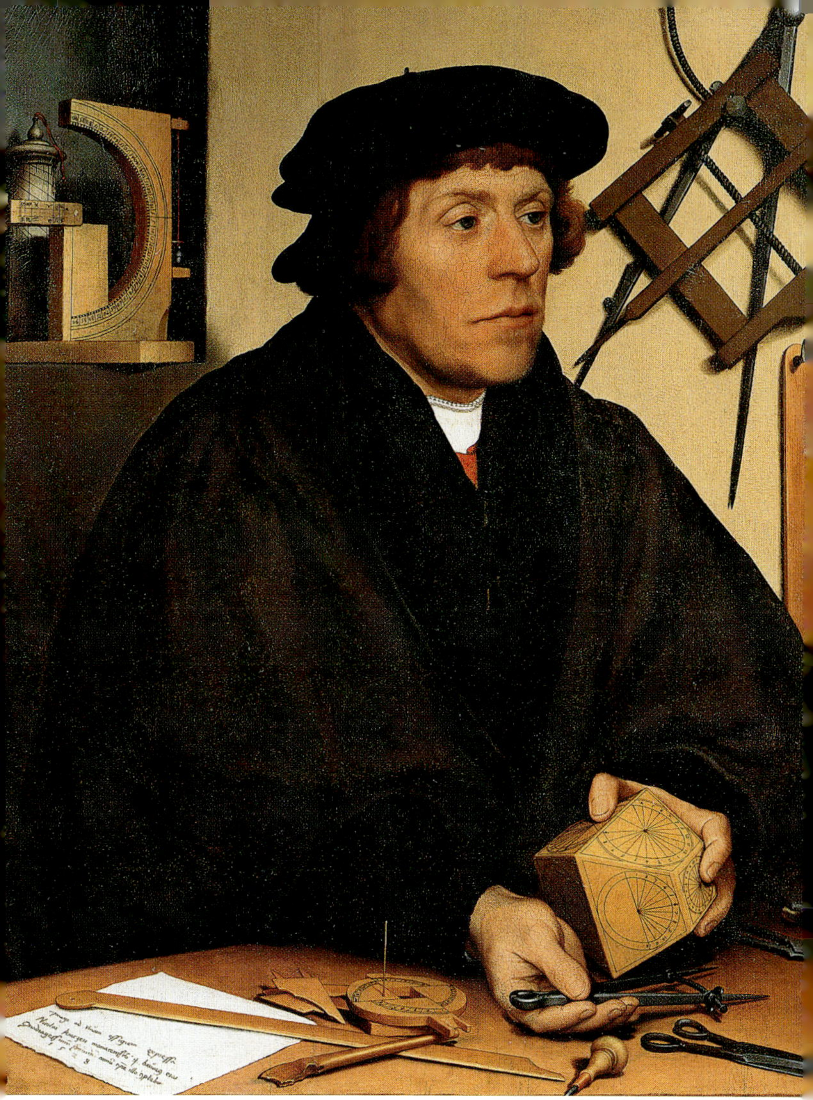

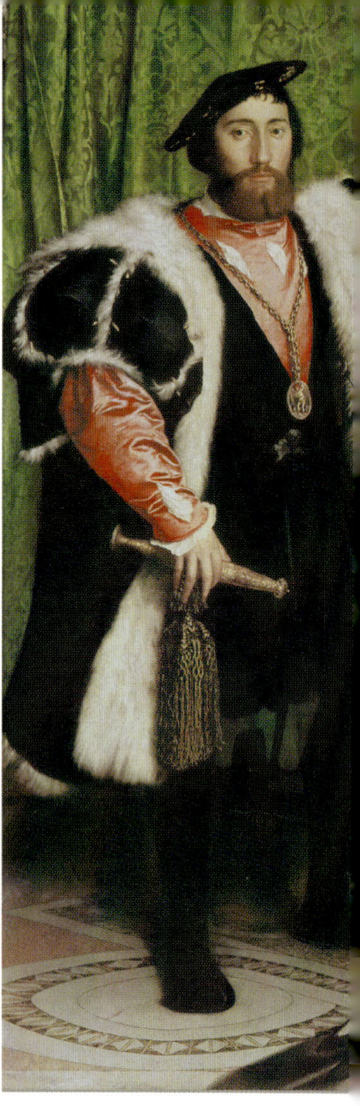

Hans Holbein Le Jeune

Augsbourg, 1497/98 – Londres, 1543

Les Ambassadeurs

VERS 1533

huile sur bois
207 x 209,5 cm
National Gallery
Londres

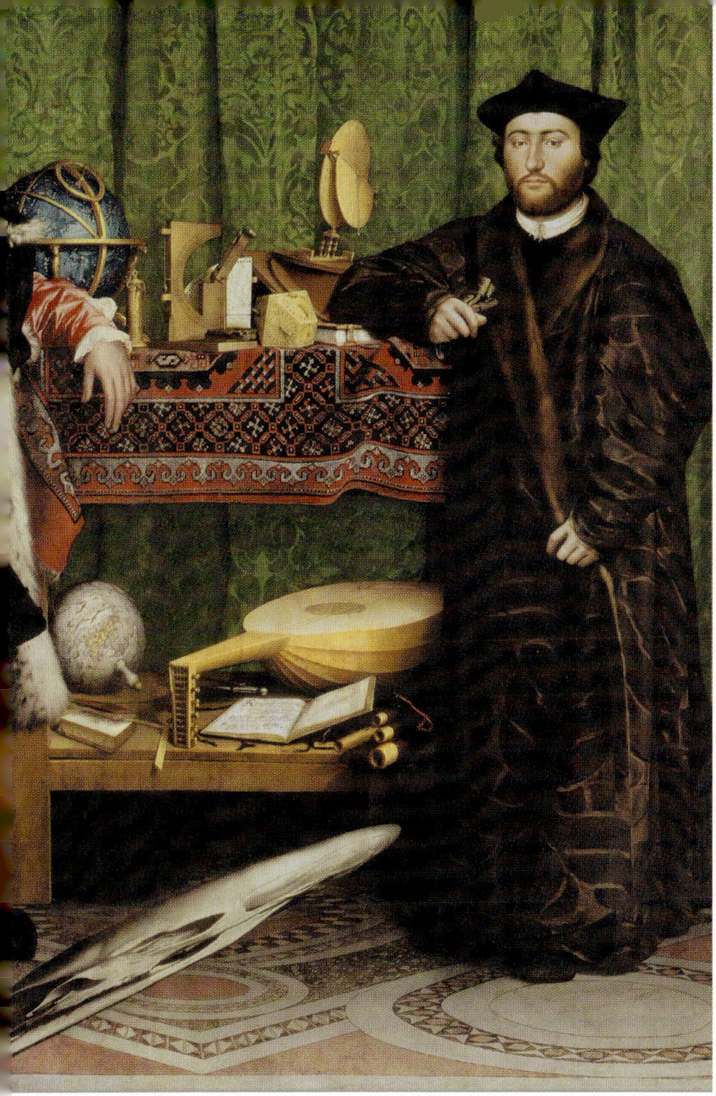

Andrea del Sarto
(Andrea d'Agnolo di Francesco)
Florence, 1486-1530

Madonne aux Harpies

1517

huile sur toile
207 x 178 cm
Musée des Offices
Florence

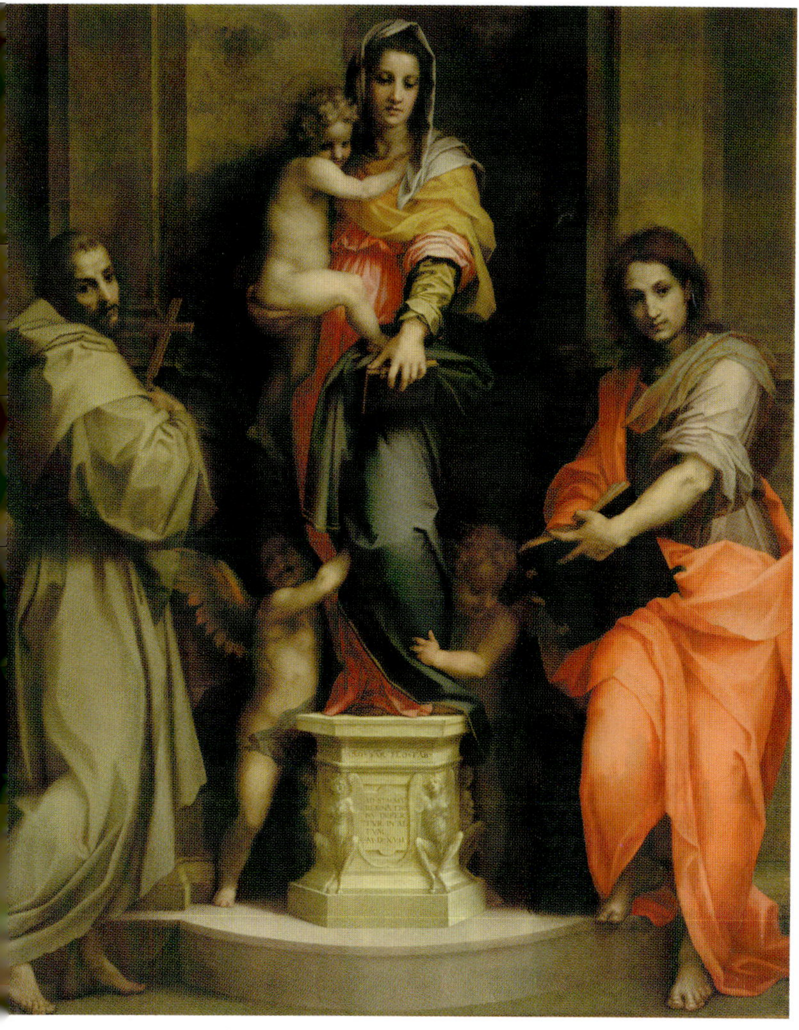

Pontormo (Jacopo Carrucci)

Empoli, 1494 – Florence, entre 1555 et 1557

Descente de croix

VERS 1527

huile sur bois
Eglise de la Santa Felicità (chapelle Capponi)
Florence

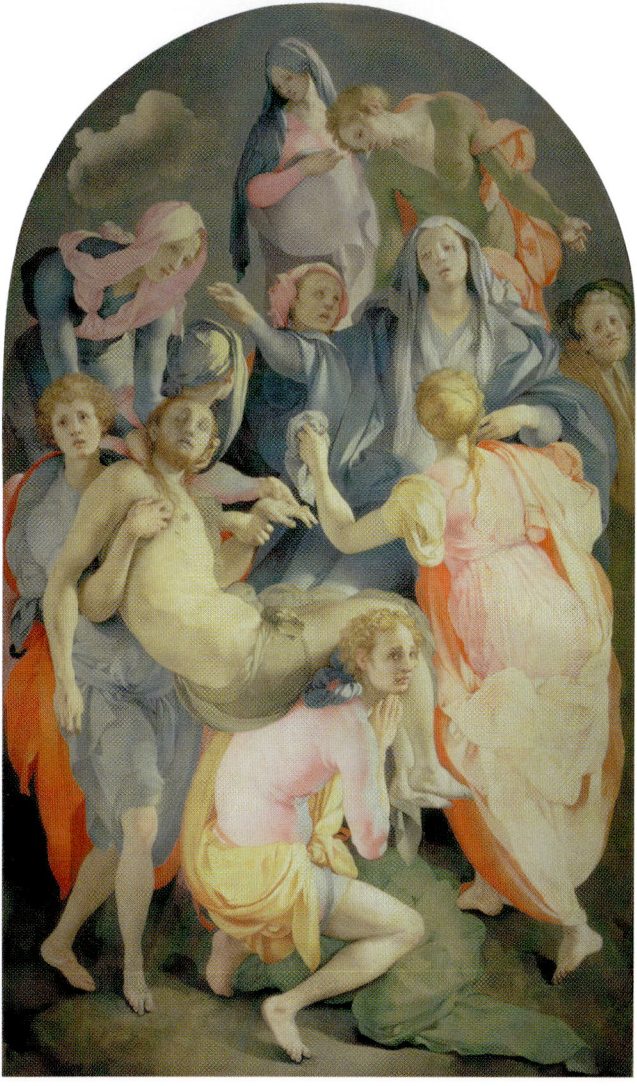

436

Rosso Fiorentino (Giovanni Battista di Jacopo)
Florence, 1494 – Fontainebleau, 1541

Descente de croix

1521

huile sur bois
Pinacothèque
Volterra

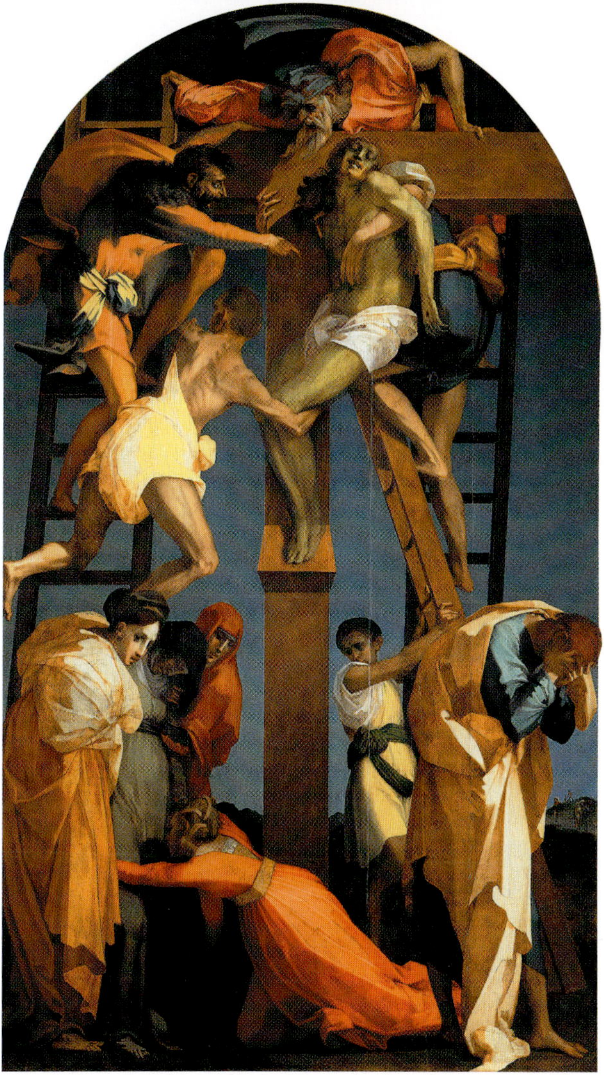

Le Parmesan (Francesco Mazzola)

Parme, 1503 – Casalmaggiore, Crémone, 1540

La Madone au long cou

1534-1540

huile sur bois
216 x 132 cm
Musée des Offices
Florence

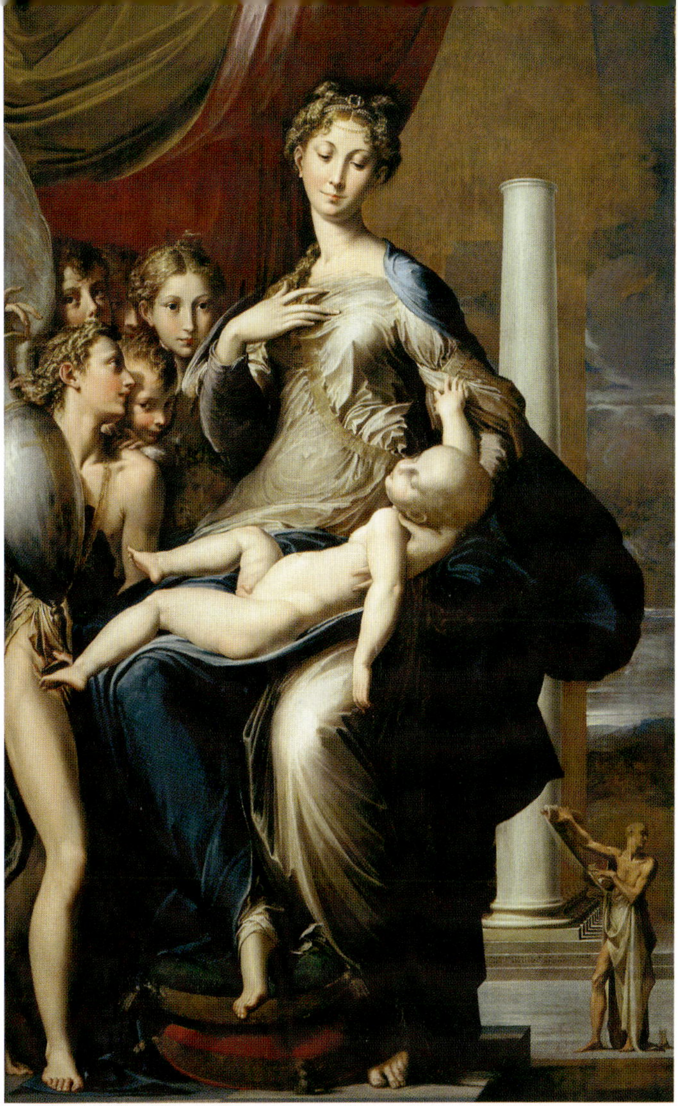

Agnolo Bronzino

Florence, 1503-1572

Portrait d'Eléonore de Tolède et de son fils, Giovanni de Médicis

VERS 1545

huile sur bois
115 x 96 cm
Musée des Offices
Florence

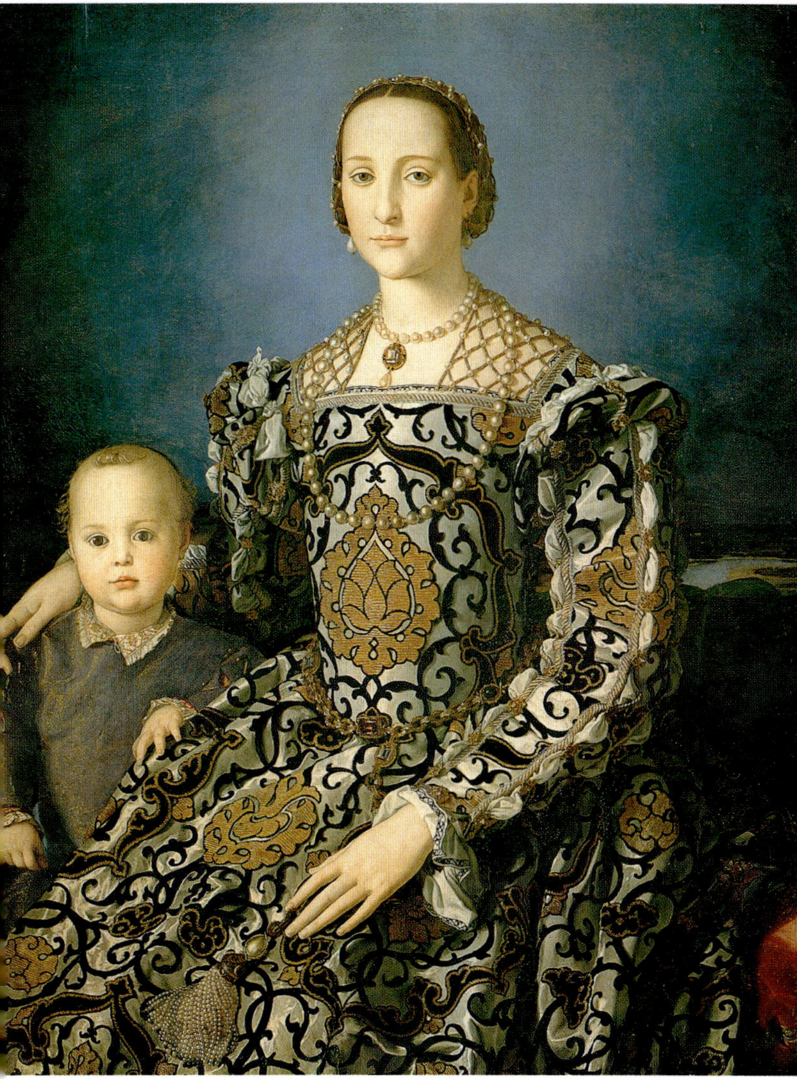

Jean Clouet

Bruxelles, vers 1475/80 – Paris, 1541

François Ier

1530-1535

huile sur bois
96 x 74 cm
Musée du Louvre
Paris

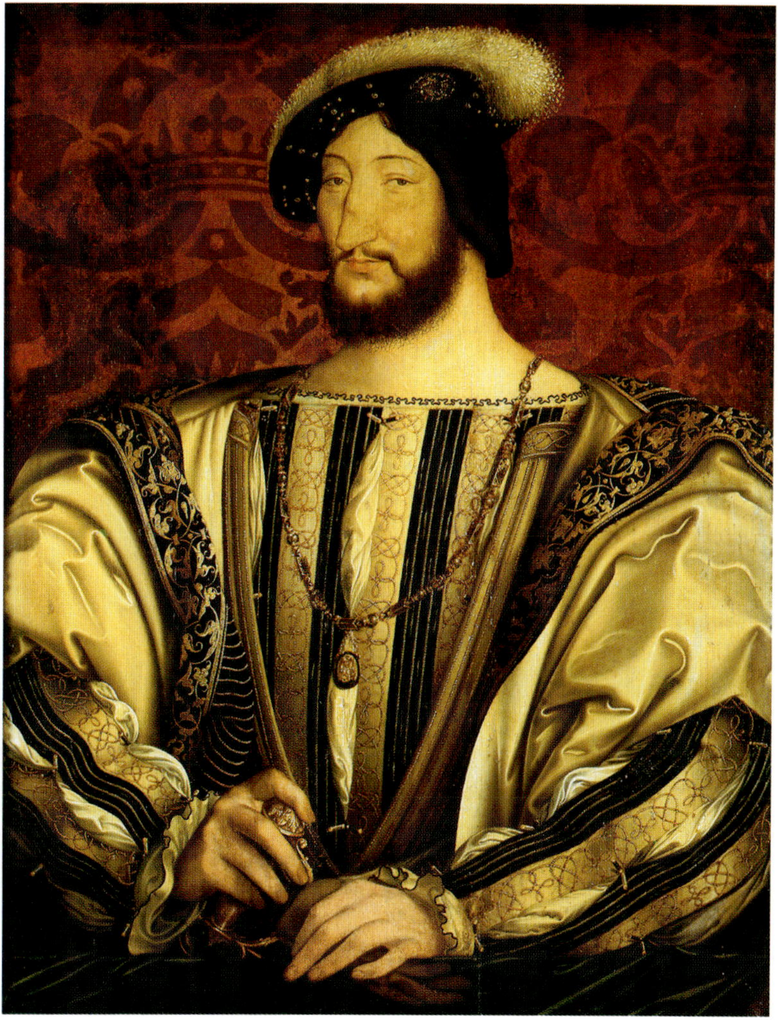

Jean Clouet

Bruxelles, vers 1475/80 – Paris, 1541

Le botaniste Pierre Quthe

1562

huile sur bois
91 x 70 cm
Musée du Louvre
Paris

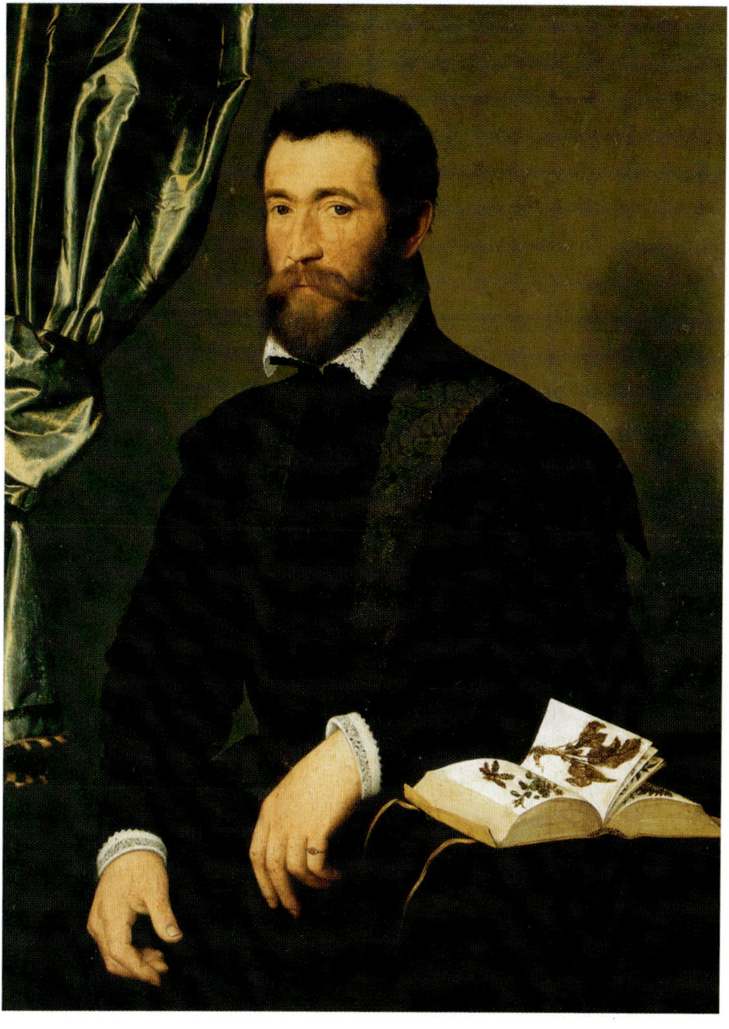

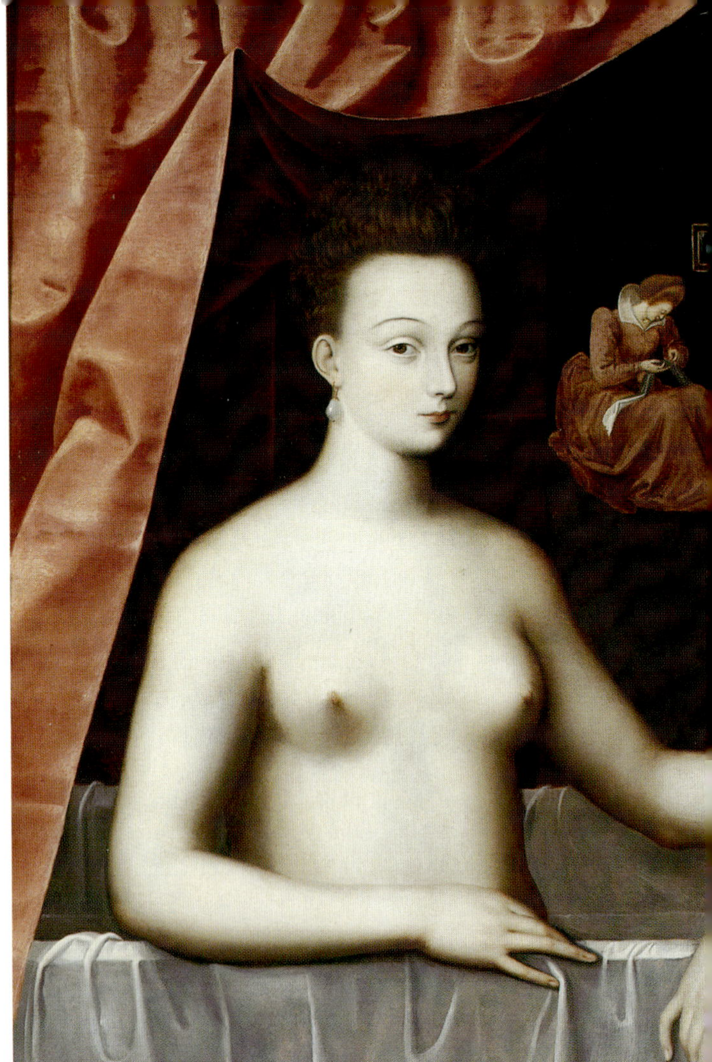

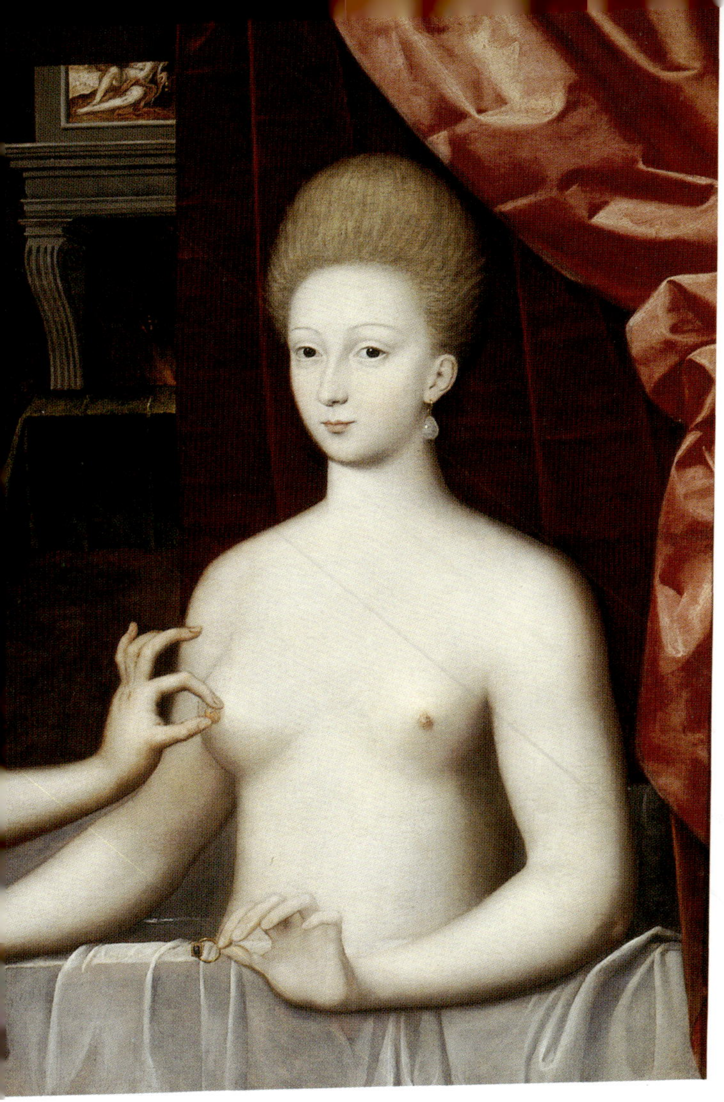

Alessandro Allori

Florence, 1535-1607

Le Christ et la femme adultère

1577

huile sur bois
378 x 275 cm
Eglise Santo Spirito
Florence

pp. 446-447

Ecole de Fontainebleau

Gabrielle d'Estrées et sa sœur

VERS 1594

huile sur bois
96 x 125 cm
Musée du louvre
Paris

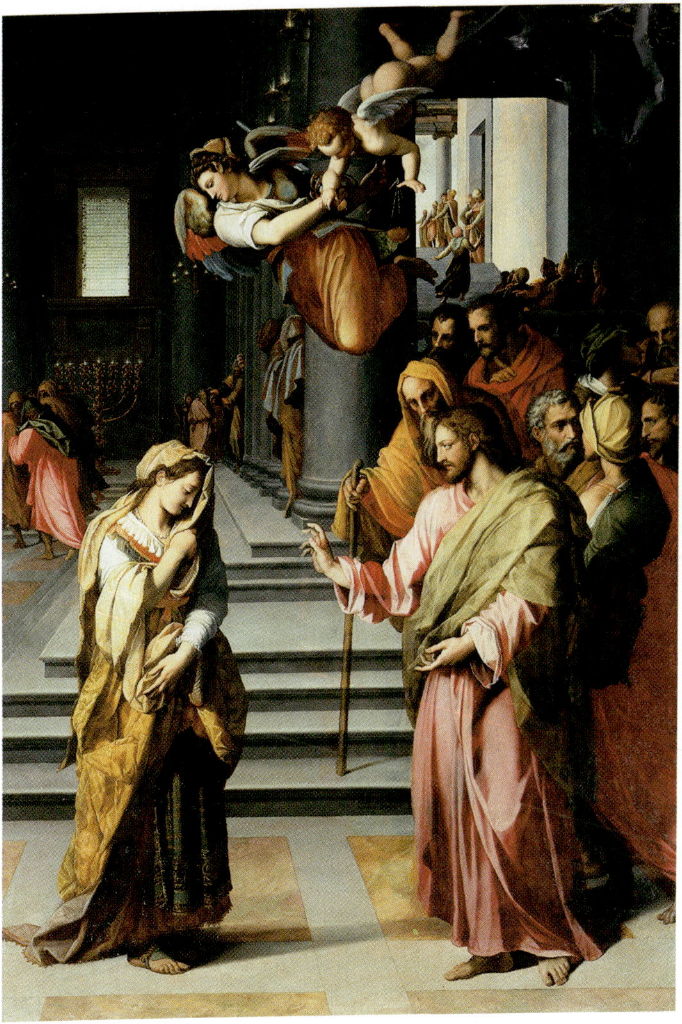

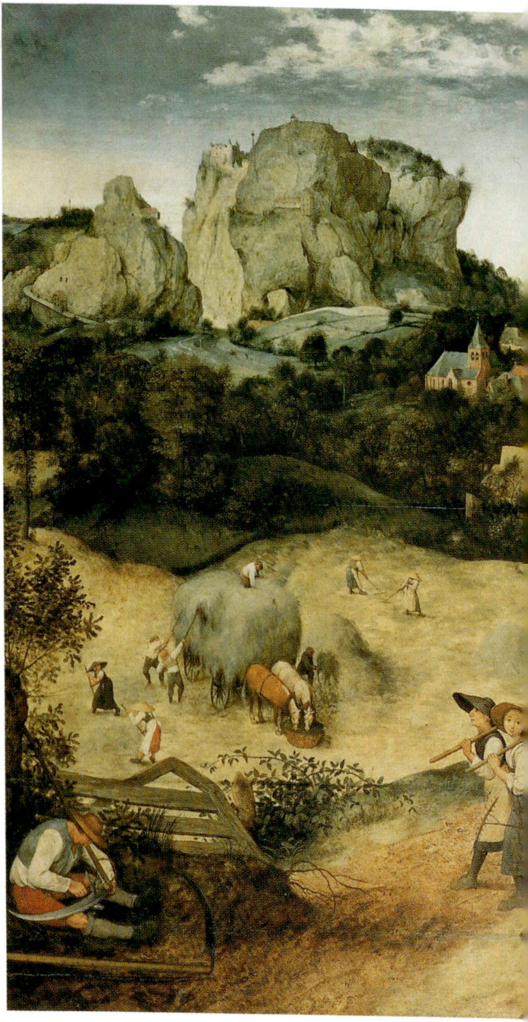

Pieter Bruegel l'Ancien

Breda, 1528 - Bruxelles, 1569

La fenaison

1565

huile sur bois
117 x 161 cm
Národni Galerie
Prague

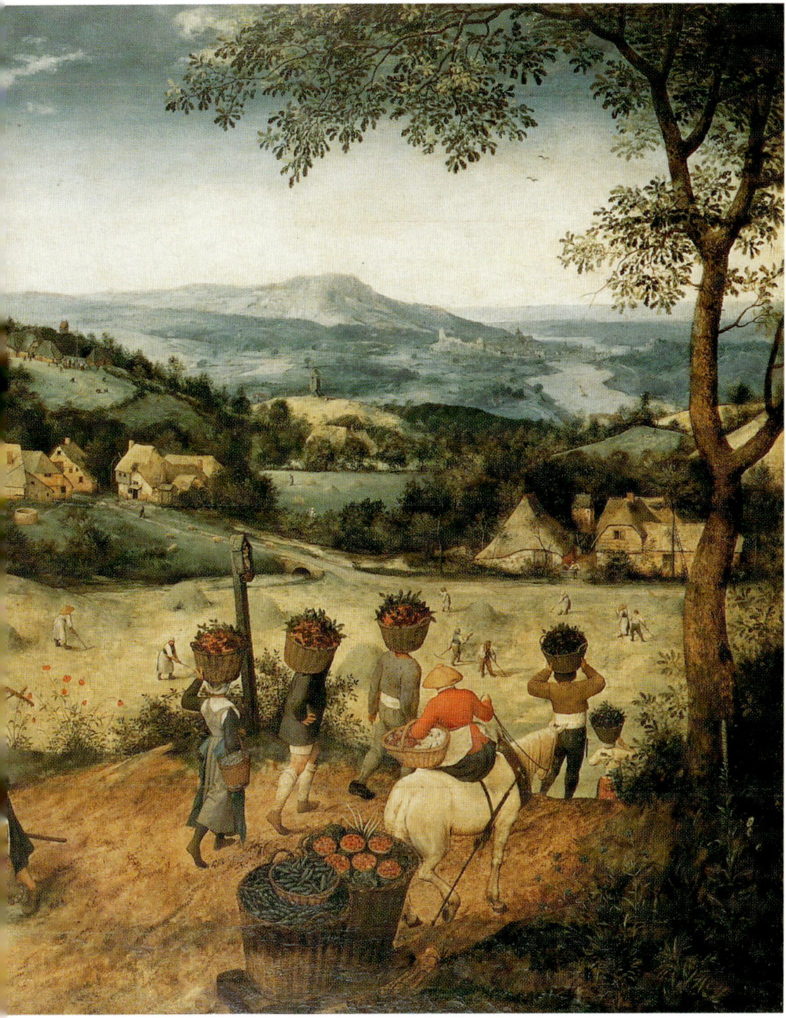

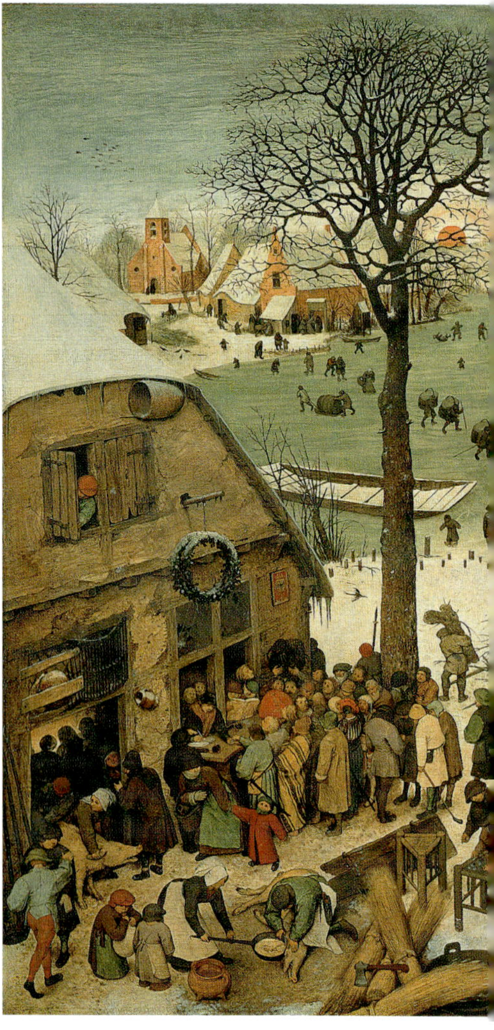

Pieter Bruegel l'Ancien

Breda, 1528 -Bruxelles, 1569

Le dénombrement de Bethléem

1566

détrempe sur bois
116 x 164 cm
Musées Royaux des Beaux-arts
Bruxelles

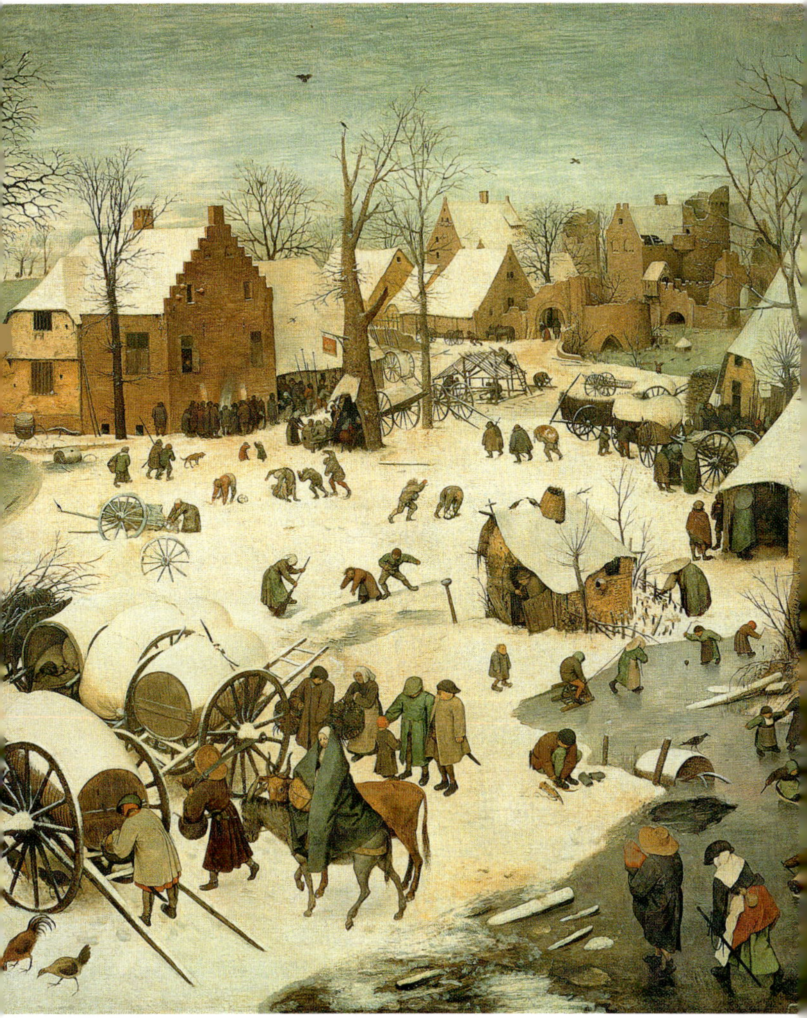

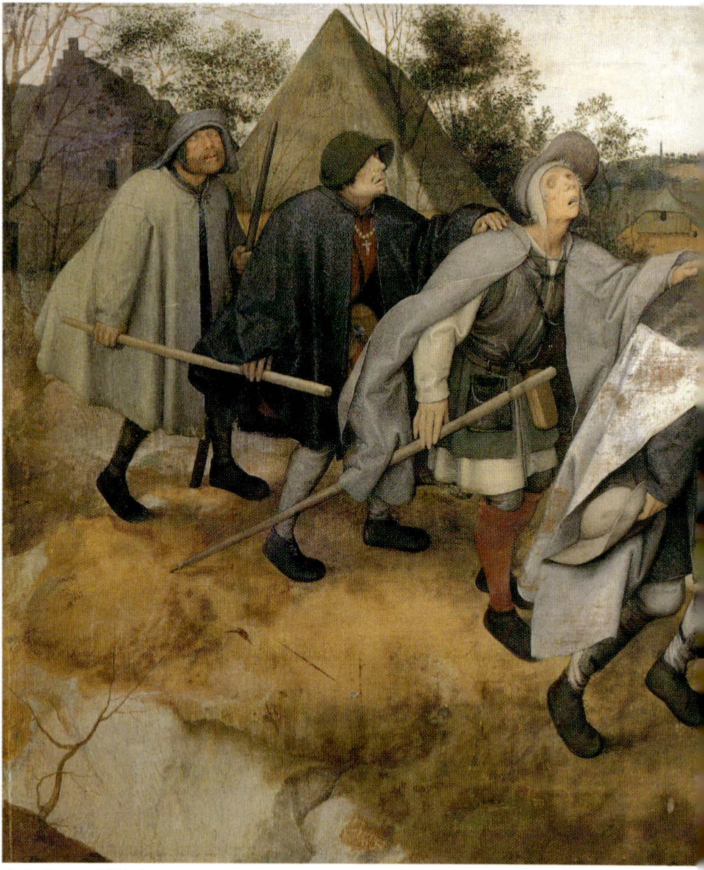

Pieter Bruegel l'Aîné
Breda, 1528-Bruxelles, 1569

La parabole des aveugles

1564

huile sur toile
86 x 154 cm
Musée national de Capodimonte
Naples

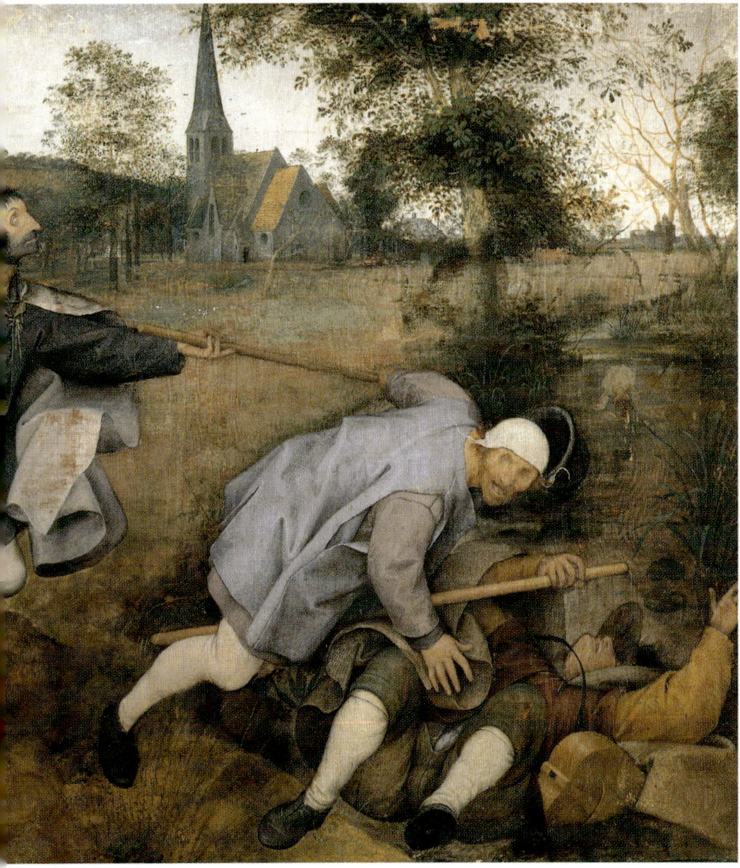

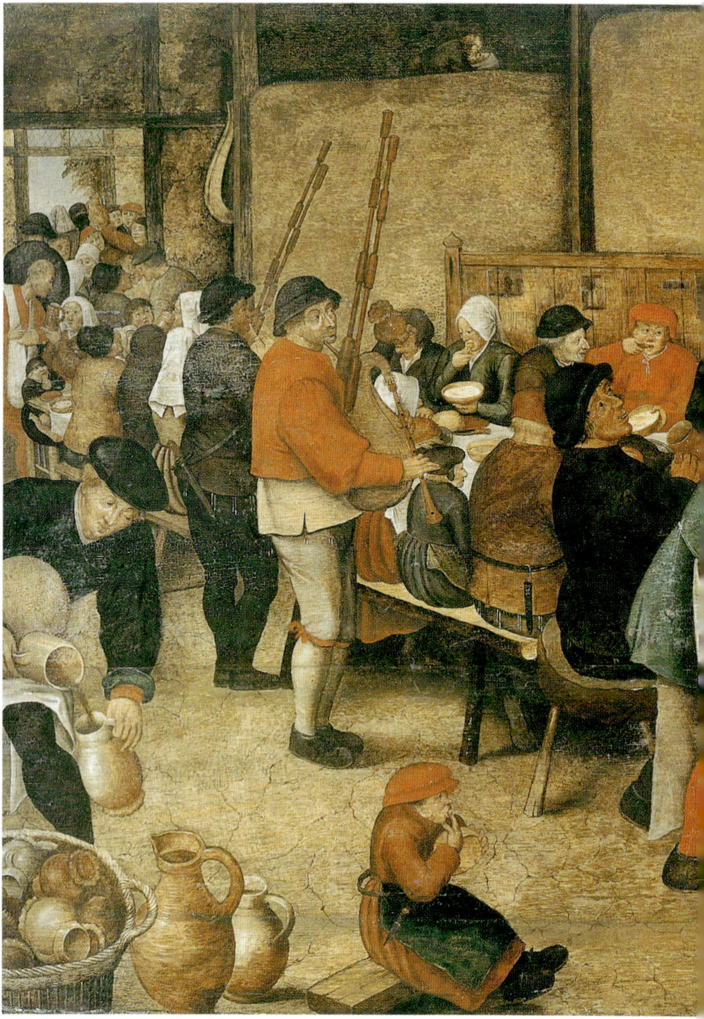

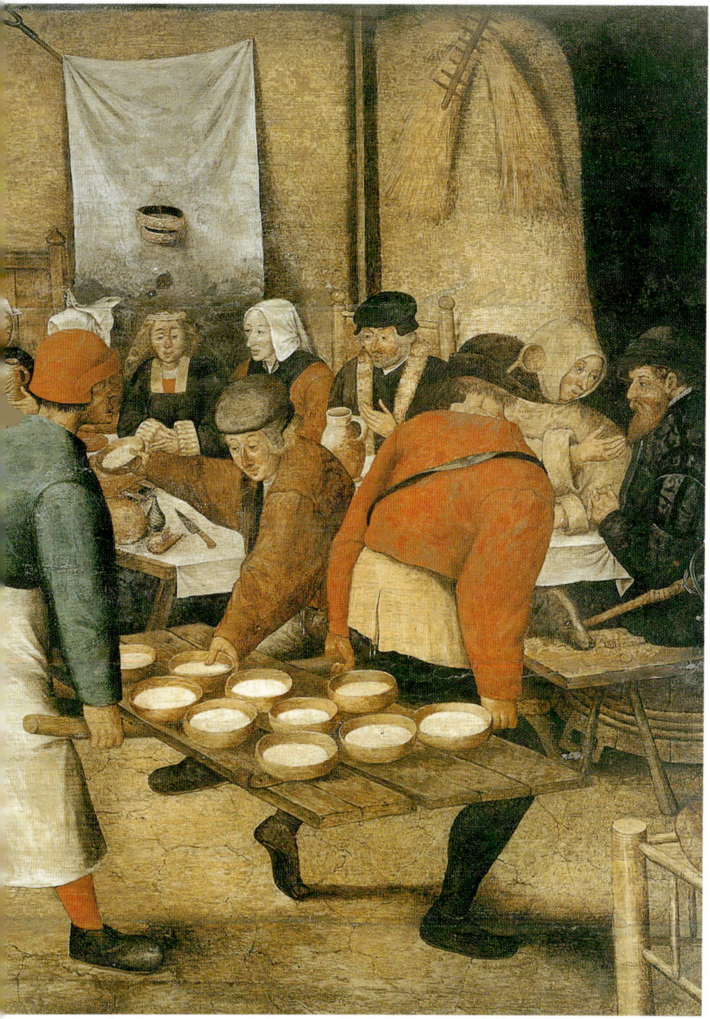

Giuseppe Arcimboldo
Milan, vers 1527-1593

L'Eté

1573

huile sur toile
76 x 63,5 cm
Musée du Louvre
Paris

pp. 456-457

Pieter Bruegel l'Ancien
Breda, 1528 -Bruxelles, 1569

Les noces villageoises

VERS 1568

huile sur bois
114 x 164 cm
Kunsthistorisches Museum
Vienne

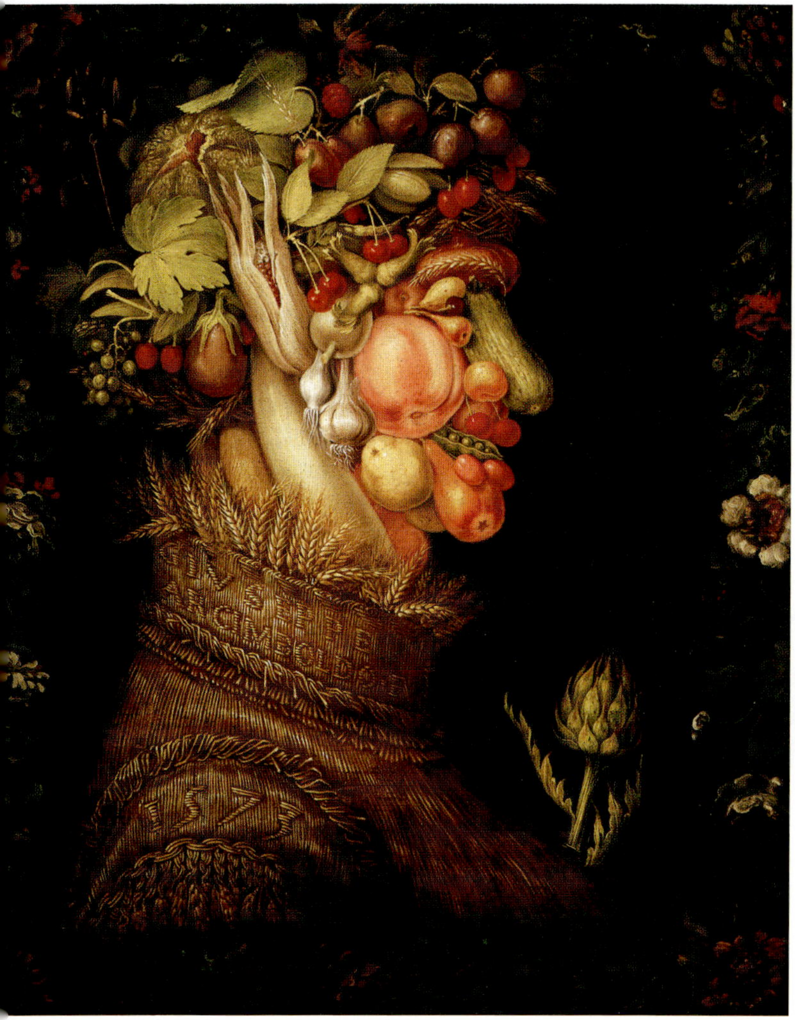

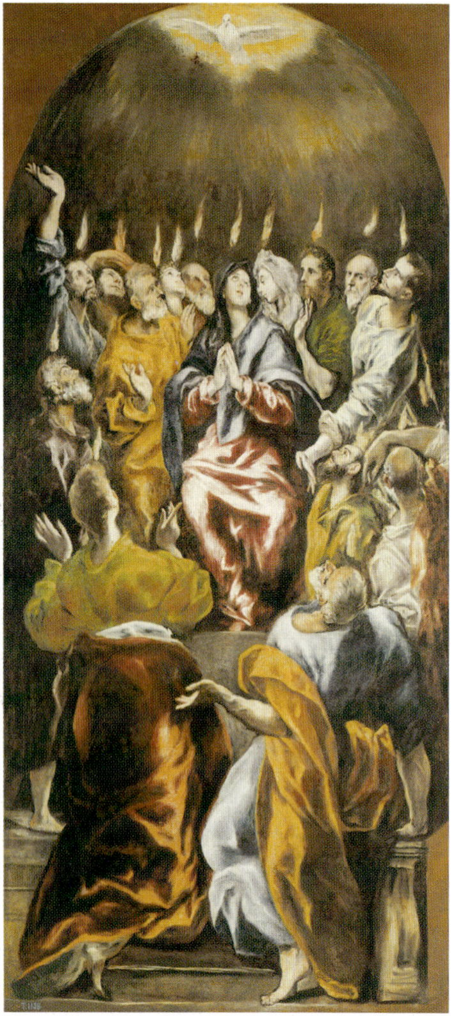

Le Greco (Domenikos Theotokopoulos)
Candie, 1541 – Tolède, 1614

La Pentecôte

1596-1600

huile sur toile
275 x 127 cm
Musée du Prado
Madrid

en face

Le Greco

Candie, 1541 – Tolède, 1614

L'Assomption de la Vierge

1607-1613

huile sur toile
323 x 167 cm
Musée de Santa Cruz
Tolède

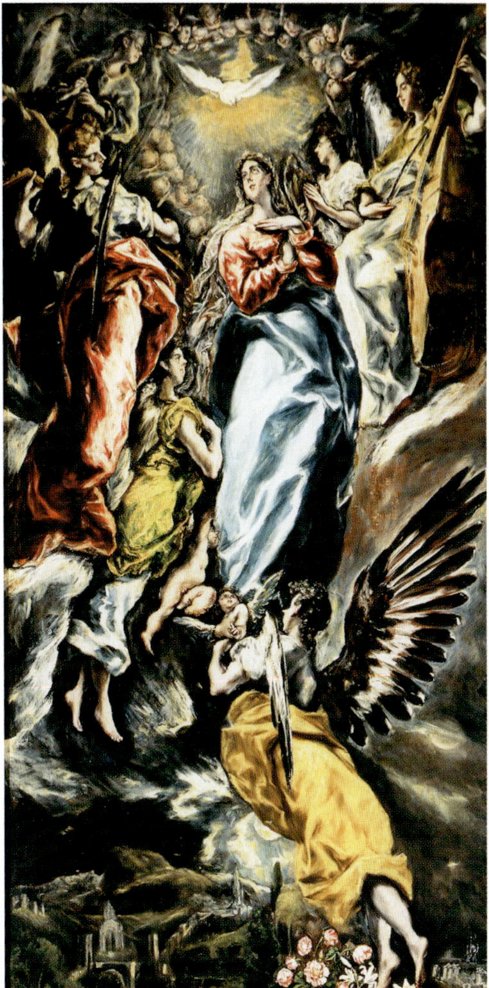

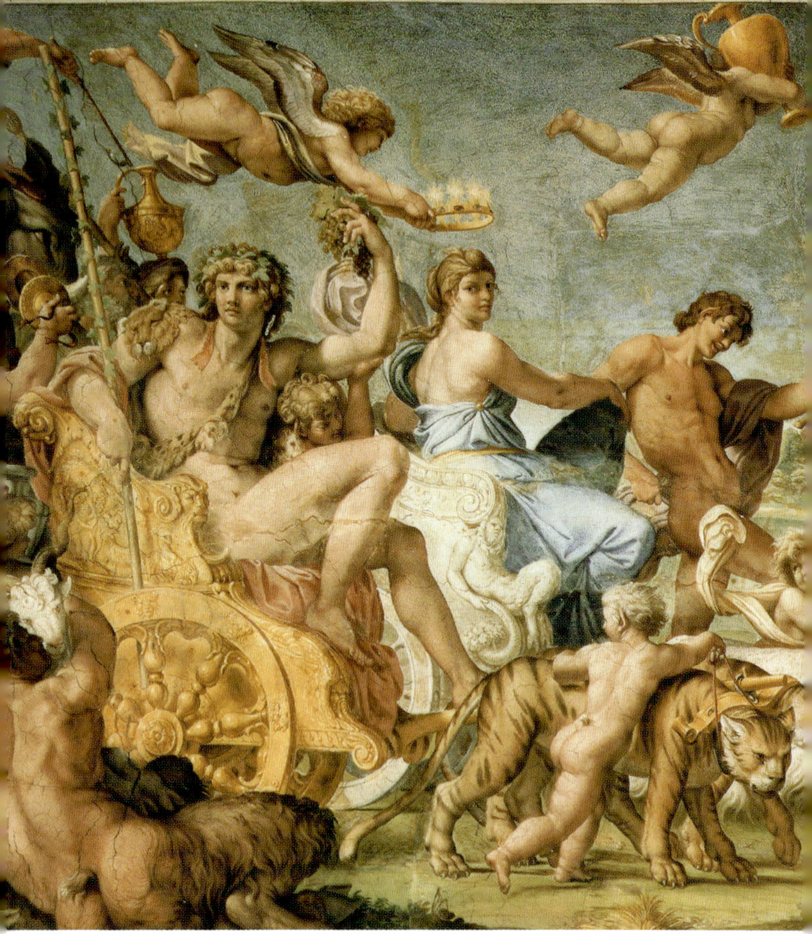

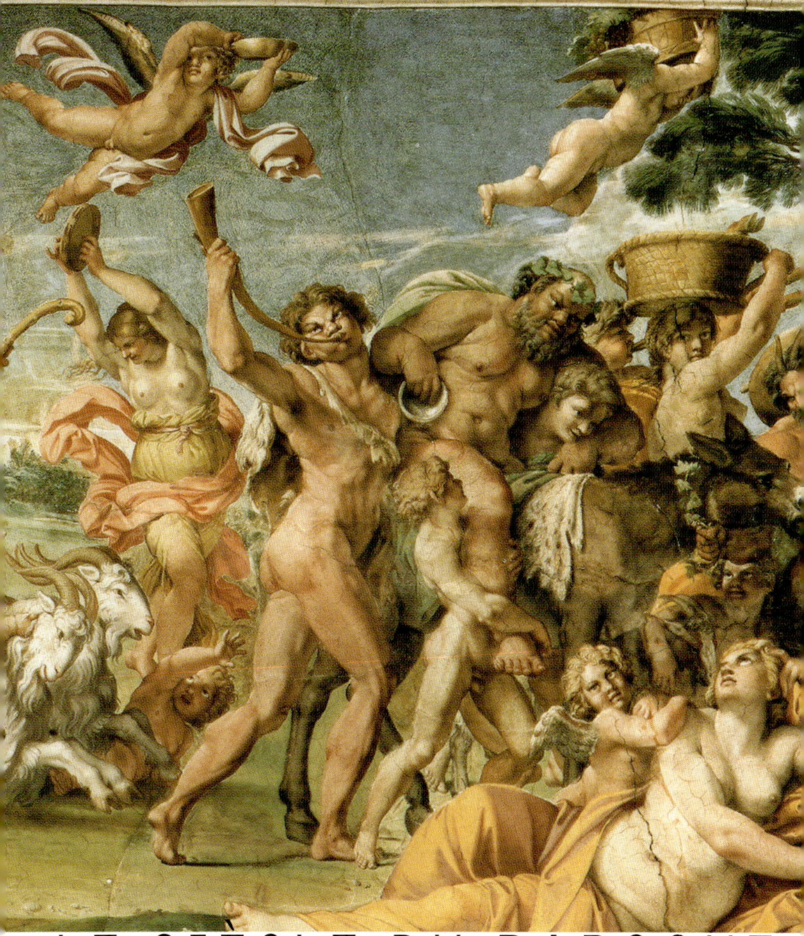

LE SIÈCLE DU BAROQUE

Même si le dix-septième siècle est souvent qualifié de siècle baroque, les styles de peintures de cette période furent variés et parfois contradictoires. Ce siècle s'ouvrit sur un peintre remarquable, Michelangelo Merisi da Caravaggio, surnommé Le Caravage, qui en dépit d'une vie brève (né en 1573, il mourut en 1610) laissa sa marque dans l'histoire de la peinture occidentale. Dans ses tableaux, Le Caravage accentuait les aspects plus humains des récits de la Bible, telles que la pauvreté des saints et leurs lieux de vie. Cette humanité non idéalisée est représentée en contrastes violents d'ombres et de lumière, ce qui accentue la nature dramatique et parfois violente de ses peintures. Ce langage visuel reposait essentiellement sur les effets de lumière.

Au début du dix-septième siècle, Rome était un véritable aimant pour les peintres, sculpteurs et architectes de toute l'Europe. Le continent européen était déchiré par les guerres de religion, et les pays tels que la Hollande, qui adhéra à la Réforme protestante, ne commandaient plus de peintures pour illustrer les enseignements de la Bible. Mais si l'Eglise cessait d'être un des plus grands clients des artistes des pays protestants, Rome était plus intéressé que jamais à recevoir leur aide pour affirmer la gloire de l'Eglise Catholique. De nombreuses et grandes églises furent décorées de fresques, de retables et de groupes sculptés. Un énorme contingent de peintres venant de France, d'Allemagne, des Pays-Bas et d'Espagne avait rejoint les peintres italiens. La nouvelle esthétique du Caravage, qui avait vécu à Rome de 1593 à environ 1606, eut une puissante influence sur certains d'entre eux, qui continuèrent à diffuser cette nouvelle conception de la lumière en Italie et dans toute l'Europe, donnant ainsi naissance au « caravagisme ».

En Espagne, les grands interprètes de la fonction dramatique de la lumière caravagesque furent les jeunes Velazquez (1599-1660) et Francisco de Zurbaran (1598-1664). Dans la péninsule ibérique ce style prit le nom de « *tenebrismo* » (ténébrisme). Le style caravagesque, appliqué aux sujets de la vie quotidienne fut représenté en Hollande par les peintres Hendrick Terbrugghen (1588-1629) et Gerrit van Honthorst (1590-1656). Le travail du Caravage sur la lumière joua aussi un rôle très important sur l'évolution de l'œuvre de Rembrandt. En France, bien que sa diffusion y ait été plus limitée, le caravagisme trouva un grand interprète dans la personne de Georges de La Tour (1593-1653).

C'est à la même époque que le langage plastique « baroque » commença à se constituer à Rome. Au début, ce style consistait en une série de grandes décorations dont les éléments dominants étaient l'illusionnisme et le mouvement. En perfectionnant encore les techniques de perspective développées durant les deux siècles précédents, les peintres du dix-septième siècle réalisèrent notamment de grandes structures architecturales peintes, destinées à tromper le regard du spectateur en l'attirant dans l'espace du tableau comme s'il était réel. Convenant fort bien à la glorification des saints, les grandes vues en perspective de personnages flottant dans le ciel devinrent très populaires au sein de l'Eglise catholique. Le style se répandit dans toute l'Italie et dans l'Allemagne catholique, ainsi qu'en Autriche, en Espagne et au Portugal. Ce fut aussi l'un des premiers mouvements artistiques à franchir l'océan Atlantique pour se diffuser, dès le dix-huitième siècle, dans les colonies espagnoles et portugaises des Amériques.

L'un des artistes les plus importants de l'école de peinture du *trompe-l'oeil* (représentation d'une fausse architecture sur les murs et les plafonds des églises, et des riches villas) fut le peintre jésuite Andrea Pozzo (1642-1709). Vers la fin du siècle il réalisa une immense fresque sur le plafond de l'église Saint-Ignace à Rome montrant *La Gloire de Saint Ignace*. Dans ce tableau, une structure architecturale monumentale en trompe-l'oeil s'étire vers le ciel. Des douzaines de figures y sont perchées ou flottent en son centre. Au milieu, au-dessus du faux édifice, Saint Ignace en personne, soutenu par les nuages et les anges, s'élève vers la lumière divine. La peinture en trompe-l'oeil ouvre l'espace tandis que le point de fuite montant vers le ciel donne la sensation de l'infini. Toutes les figures sont en mouvement et la scène entière est empreinte d'un grand dynamisme. Nous y sommes les témoins non seulement de la gloire d'un saint mais aussi du triomphe de l'artifice.

Dynamisme est le mot-clé pour comprendre l'art baroque, car les peintures baroques sont pleines de mouvements, même s'il ne s'agit pas d'œuvres monumentales comme les fresques sur les plafonds des églises. Ceci est vrai du grand peintre flamand Pieter Paul Rubens et de ses disciples, les peintres espagnols Bartolomé Esteban Murillo (1618-1682) et Jusepe de Ribera (1591-1652) qui, tout en soulignant les aspects dynamiques d'une scène, lui préféraient un traitement plus fluide des images, fondé sur la modulation de la couleur plutôt que sur le dessin linéaire ou l'utilisation du clair-obscur.

Cette tendance fut opposée, durant tout le dix-septième siècle, à un courant classique qui tenait le dessin de la figure, parfaitement traité par le clair-obscur à l'intérieur des contours, comme l'élément le plus important d'un tableau. Cette école était rattachée à la peinture de la Renaissance et se fondait plus que jamais sur les modèles de l'art classique grec et romain. Le classicisme du dix-septième siècle se développa essentiellement en France, où son principal représentant fut le peintre Nicolas Poussin (1594-1655), qui passa une grande partie de sa vie à Rome.

Enfin, l'histoire de la peinture du dix-septième siècle nécessite un chapitre spécial consacré aux peintres hollandais. Même si la Hollande s'était convertie au protestantisme – une religion iconoclaste – cette conversion eut lieu dans un climat général de tolérance. Cela explique, par exemple, le fait que Rembrandt traita de sujets religieux dans des peintures destinées à la dévotion privée. Les églises, cependant, ne commandaient plus d'œuvres aux artistes. Les nouveaux clients étaient des membres de la riche bourgeoisie de Haarlem, de Leyde, d'Amsterdam ou de Delft. On ne demandait plus à des peintres comme Vermeer, Pieter de Hooch (1629-1684), Jacob van Ruysdel (vers 1628-1682), Adrien van Ostade (1610-1685) et Jan Steen (1626-1679) de peindre des sujets religieux, mais plutôt des scènes de la vie domestique, des paysages, des vues de villes et des natures mortes. En vérité, c'étaient souvent les artistes eux-mêmes qui choisissaient les sujets qu'ils proposaient à leurs acheteurs. Cela conduisit à une nouvelle vision du monde, à une peinture plus intimiste, réalisée sur des tableaux de petites dimensions et représentant des personnages perdus dans leurs pensées ou en train d'exécuter leurs tâches quotidiennes. Il y eut aussi les célèbres commandes des guildes de Haarlem et d'Amsterdam, réalisées par Frans Hals (1582/3-1666) et Rembrandt, qui peignirent respectivement le *Banquet du corps des officiers de Saint Georges* et *La Ronde de Nuit,* deux portraits de groupe représentant des membres des guildes posant dans une auto-célébration.

Le Caravage (Michelangelo Merisi da Caravaggio)

Caravaggio, 1573 – Porto Ercole, Grossetto, 1610

La diseuse de bonne aventure

VERS 1594

huile sur toile
151,2 x 116 cm
Palais des Conservateurs, Pinacothèque
Rome

pp. 462–463

Annibal Carrache (Carracci)

Bologne, 1560- Rome 1609

Le Cortège triomphale de Bacchus et d'Ariane

VERS 1597-1604

fresque
Palais Farnese, Galerie Farnese
Rome

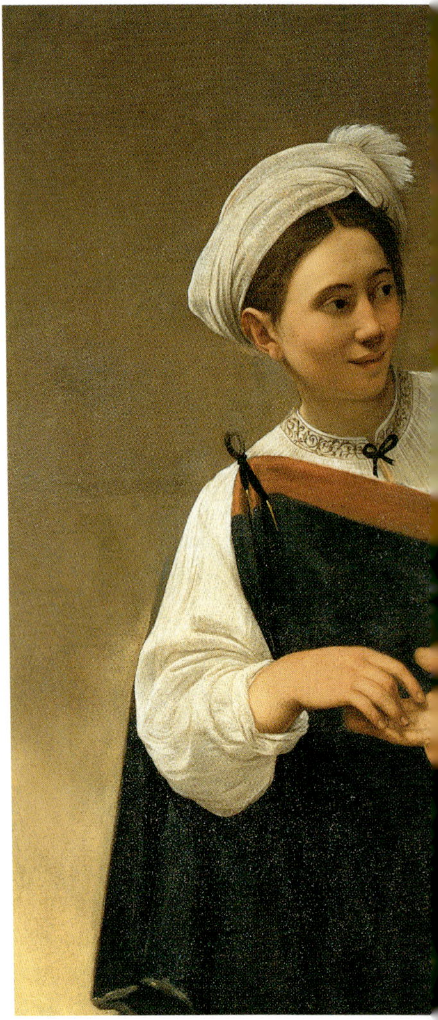

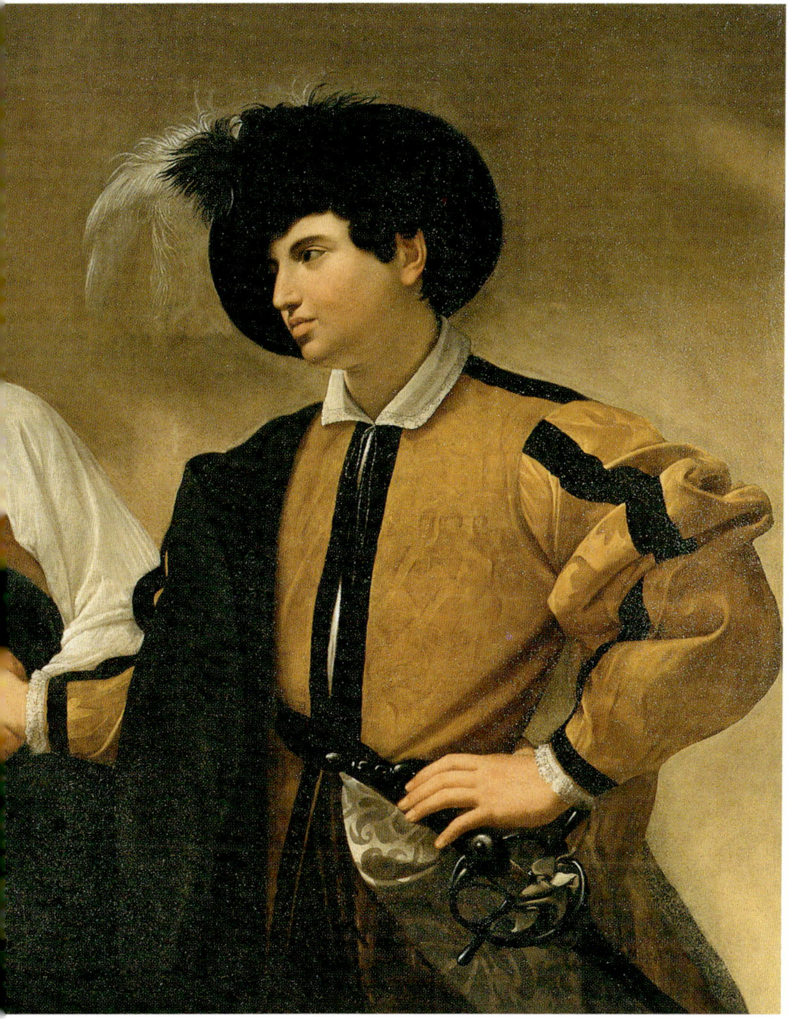

Le Caravage

Caravaggio, 1573 – Porto Ercole, Grossetto, 1610

Bacchus

VERS 1599

huile sur toile
93 x 85 cm
Musée des Offices
Florence

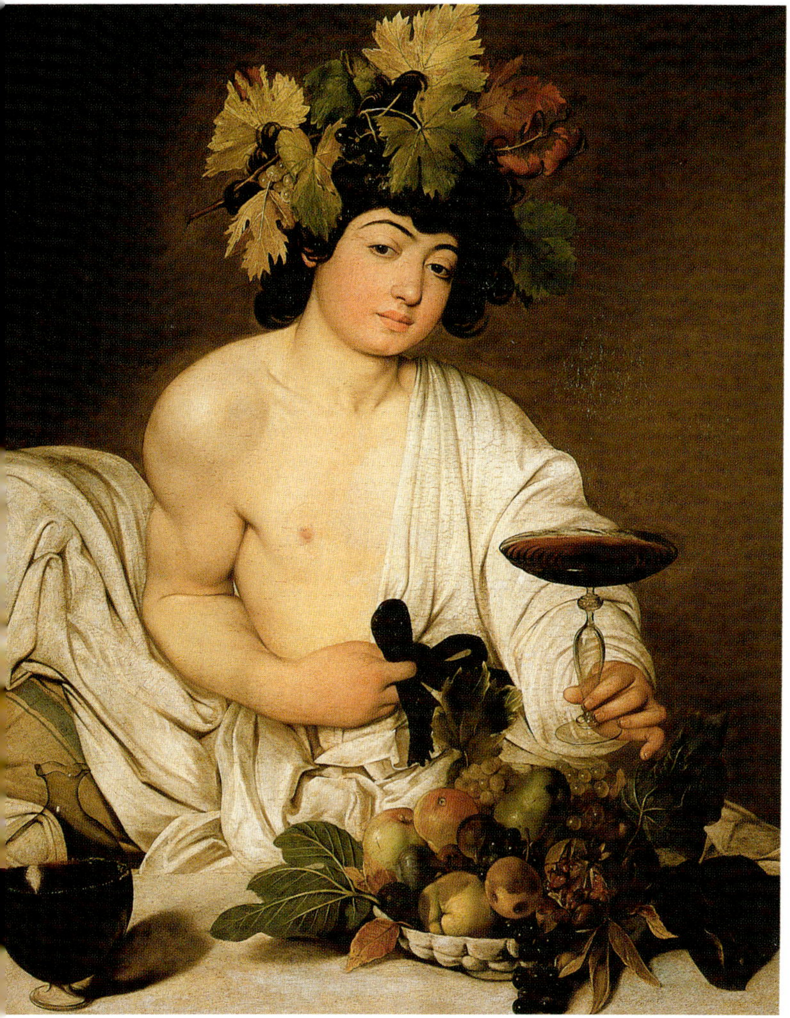

Le Caravage

Caravaggio, 1573 – Porto Ercole, Grossetto, 1610

Méduse

ENTRE 1594 ET 1599

huile sur toile transférée sur bois
diam. 55 cm
Musée des Offices
Florence

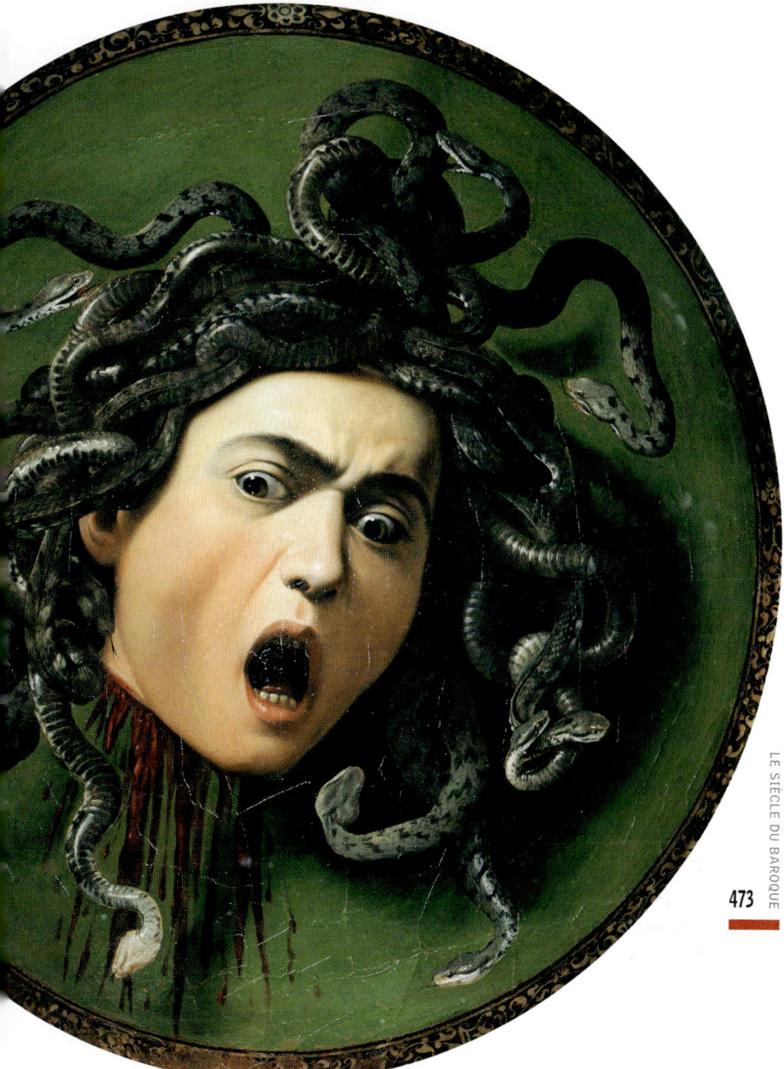

Le Caravage

Caravaggio, 1573 - Porto Ercole, Grosseto, 1610

Le souper à Emmaüs

1609

huile et détrempe sur toile
141 x 196,2 cm
Pinacothèque de Brera
Milan

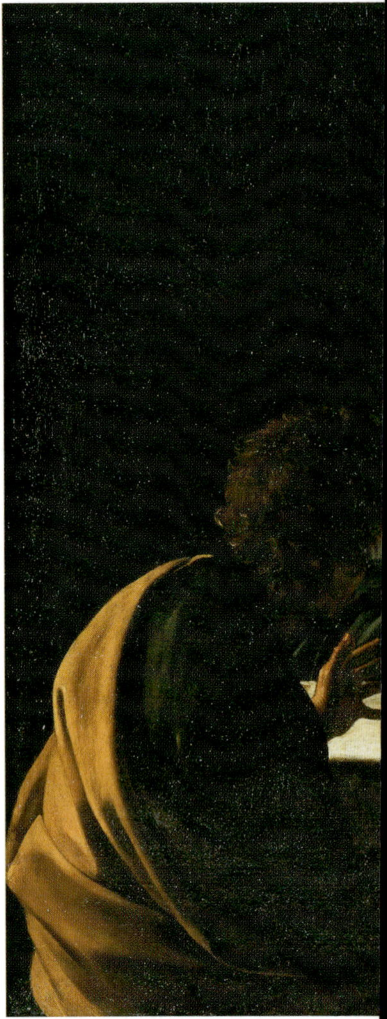

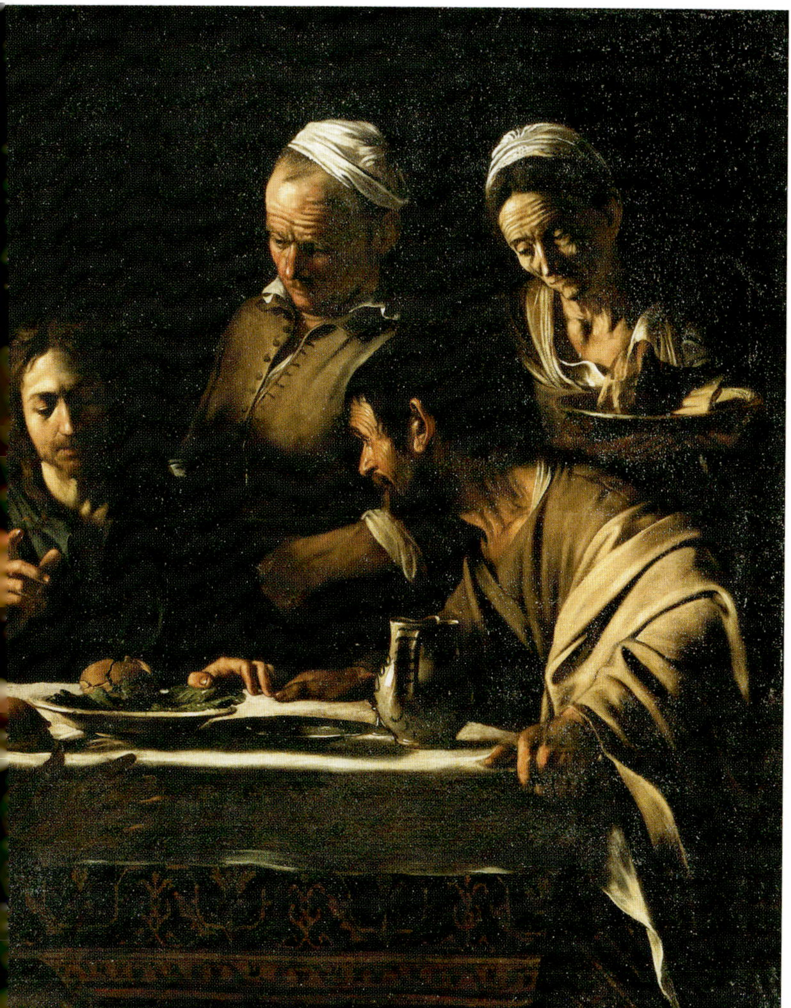

Le Caravage

Caravaggio, 1573 – Porto Ercole, Grossetto, 1610

La conversion de saint Paul

1601

huile sur toile
230 x 175 cm
Eglise Santa Maria del Popolo (chapelle Cerasi)
Rome

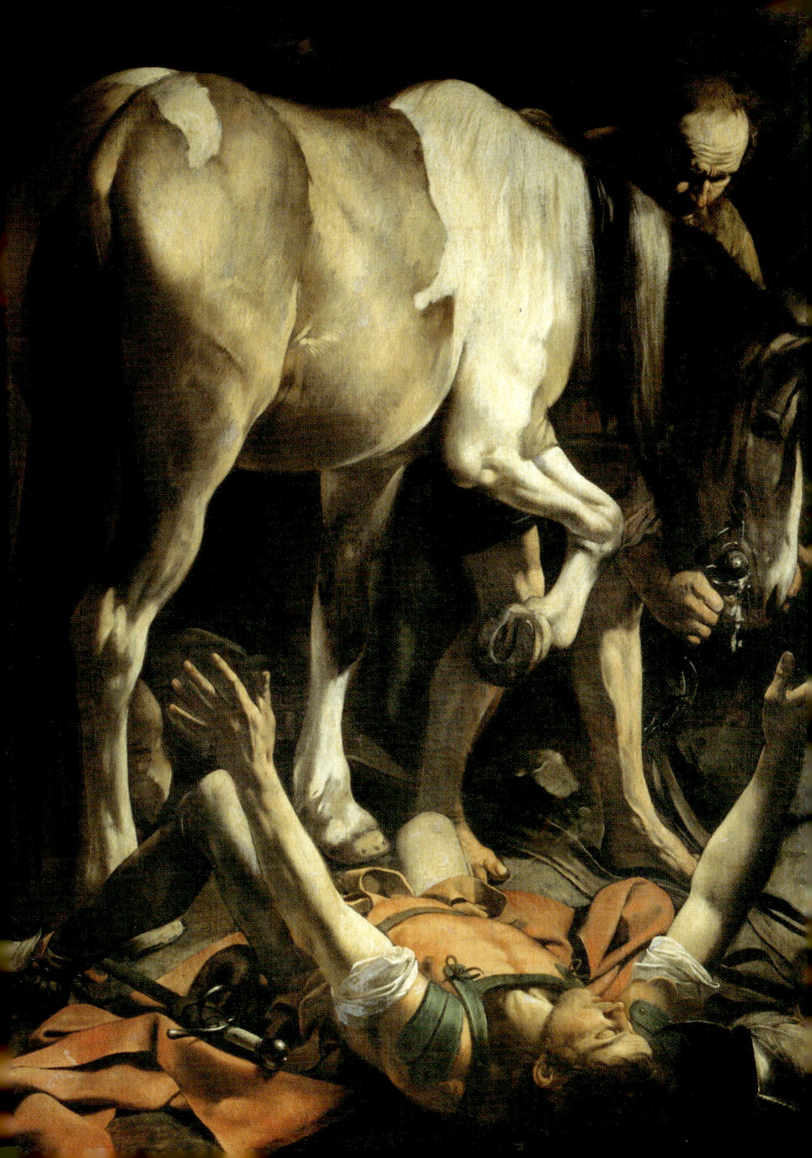

Gentileschi (Orazio Lomi)

Pise, 1563 - Londres, 1639

Judith et sa servante avec la tête d'Holopherne

1611-1612

huile sur toile
123 x 142,5 cm
Musées du Vatican
Cité du Vatican

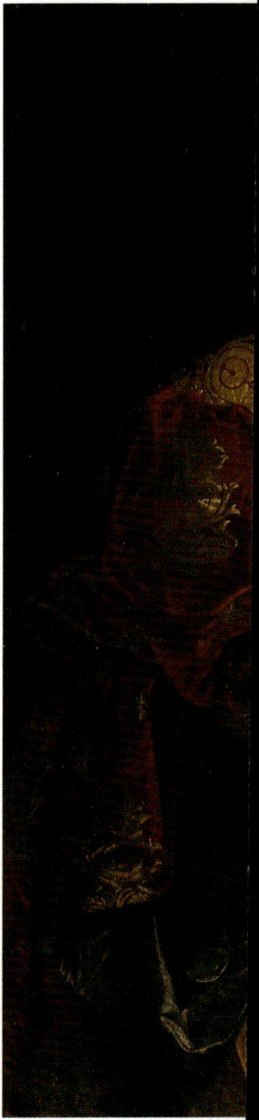

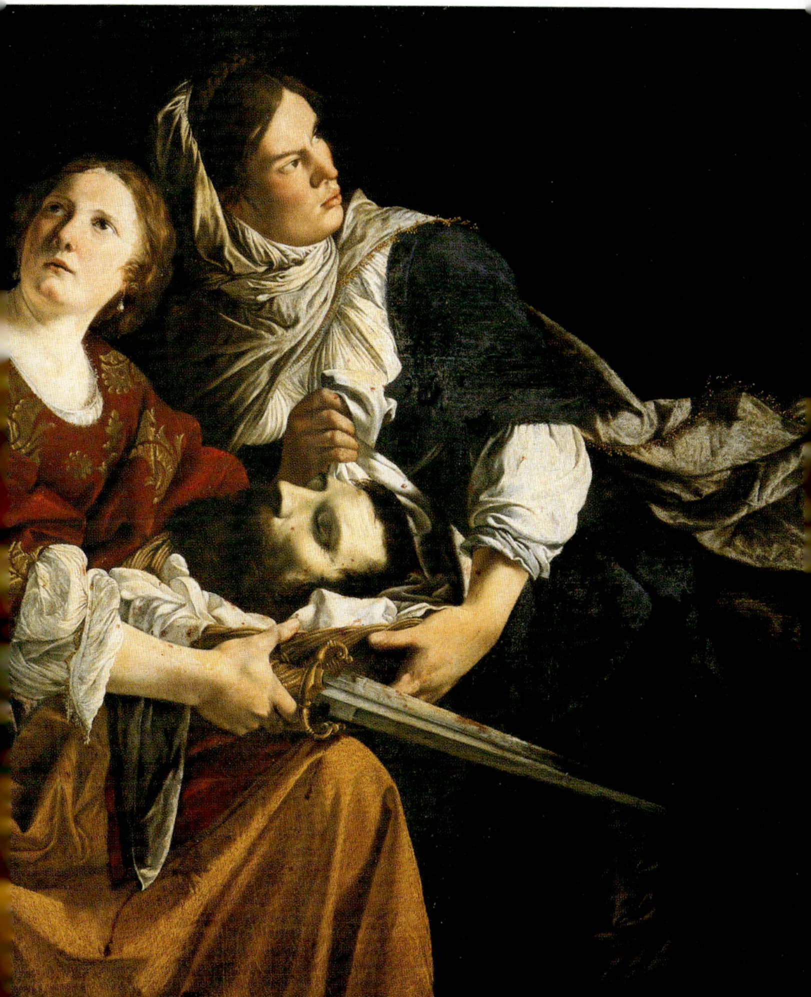

Artemisia Gentileschi (Lomi)
Rome, 1593 - Naples, vers 1652

Décollation d'Holopherne

VERS 1620

huile sur toile
199 x 162 cm
Musée des Offices
Florence

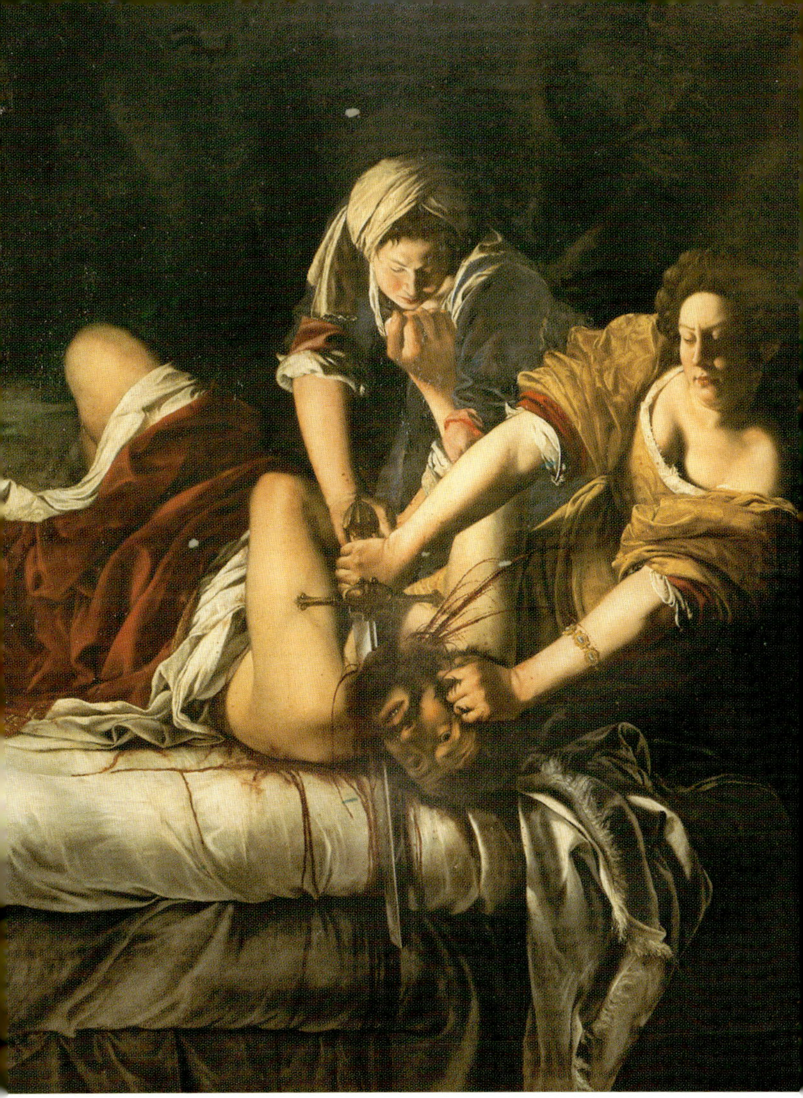

Artemisia Gentileschi

Rome, 1593- Naples, vers 1652

Judith et sa servante

VERS 1614

huile sur toile
114 x 93,5 cm
Palazzo Pitti, Galerie Palatine
Florence

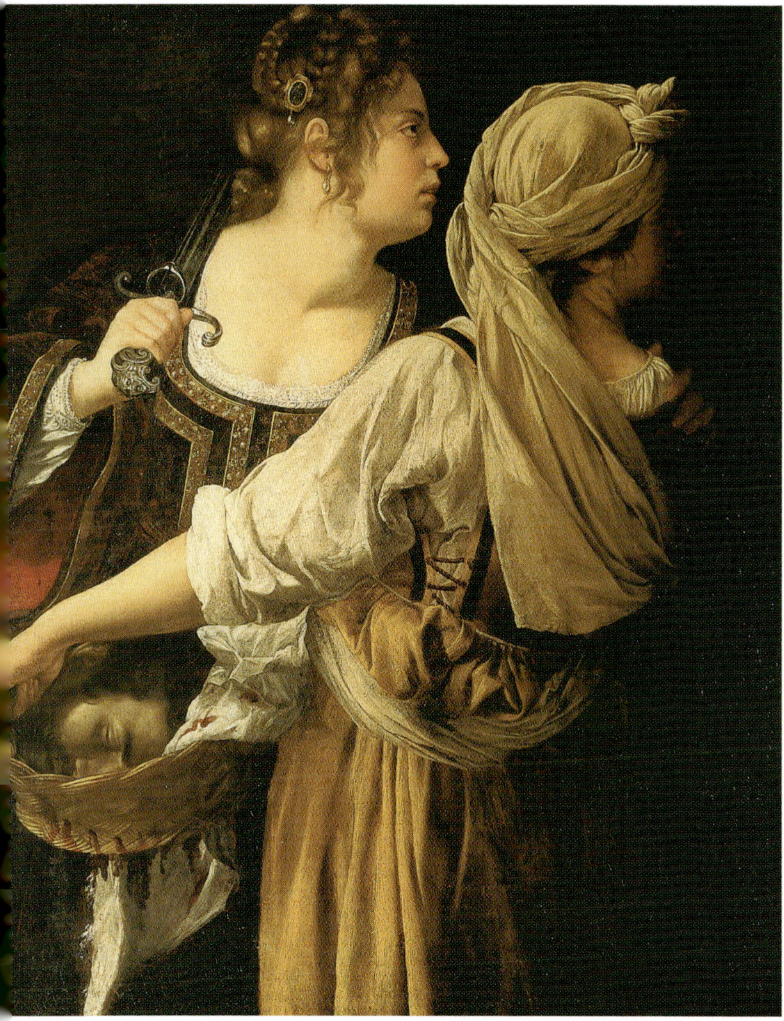

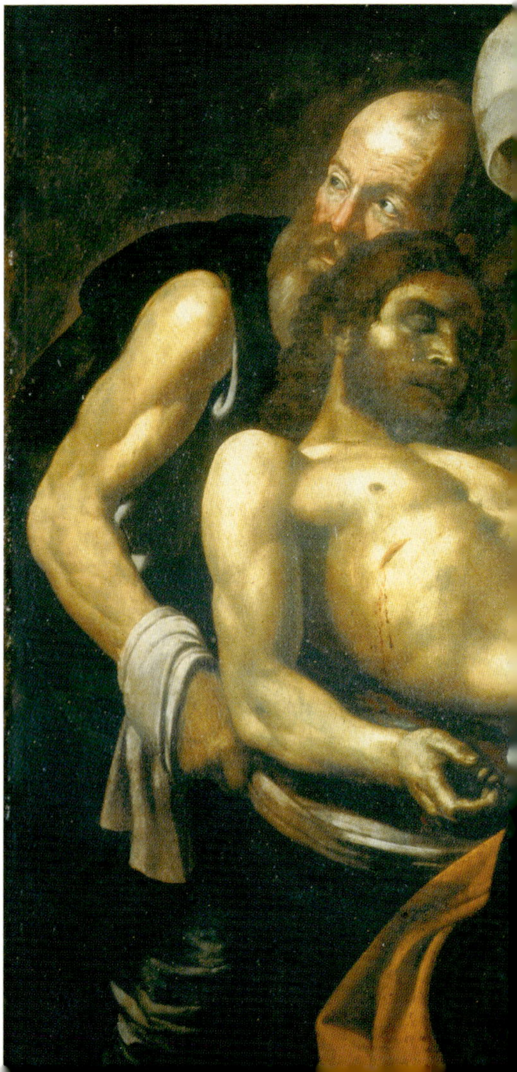

Battistello (Giovanni Battista Caracciolo)
Naples, vers 1570-1637

Christ au tombeau

VERS 1618-1621

huile sur toile
128 x 164 cm
Fondation Longhi
Florence

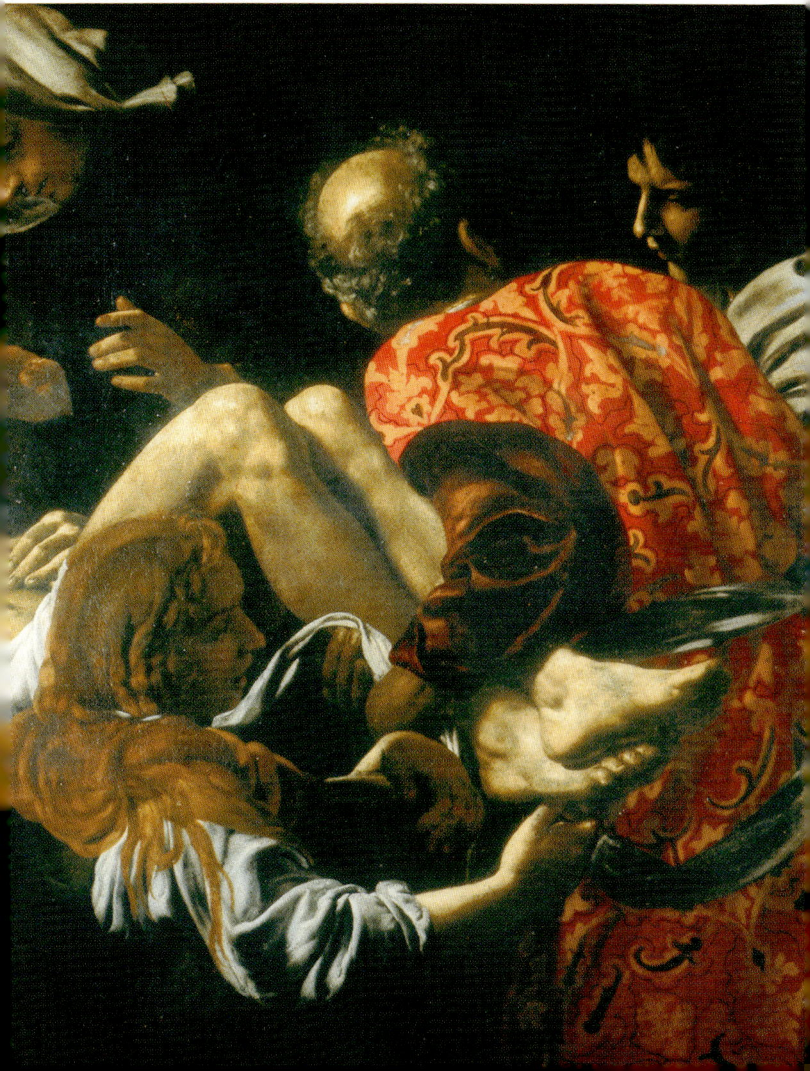

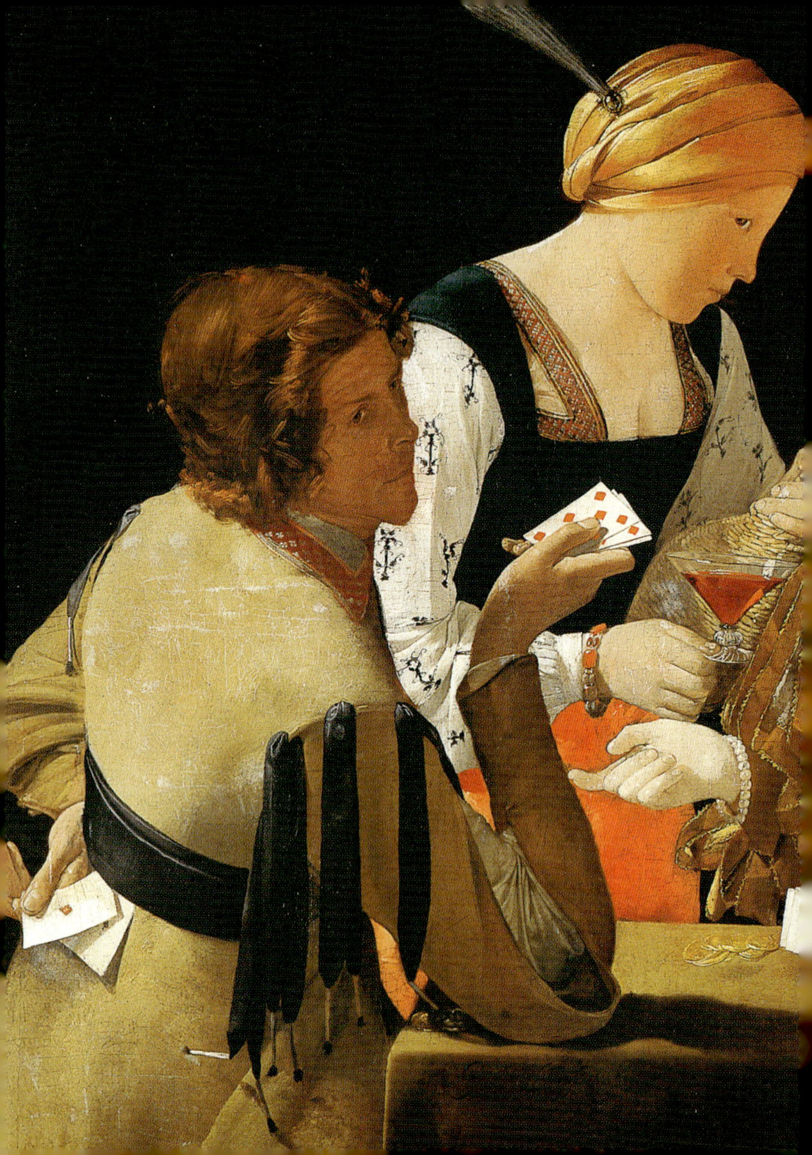

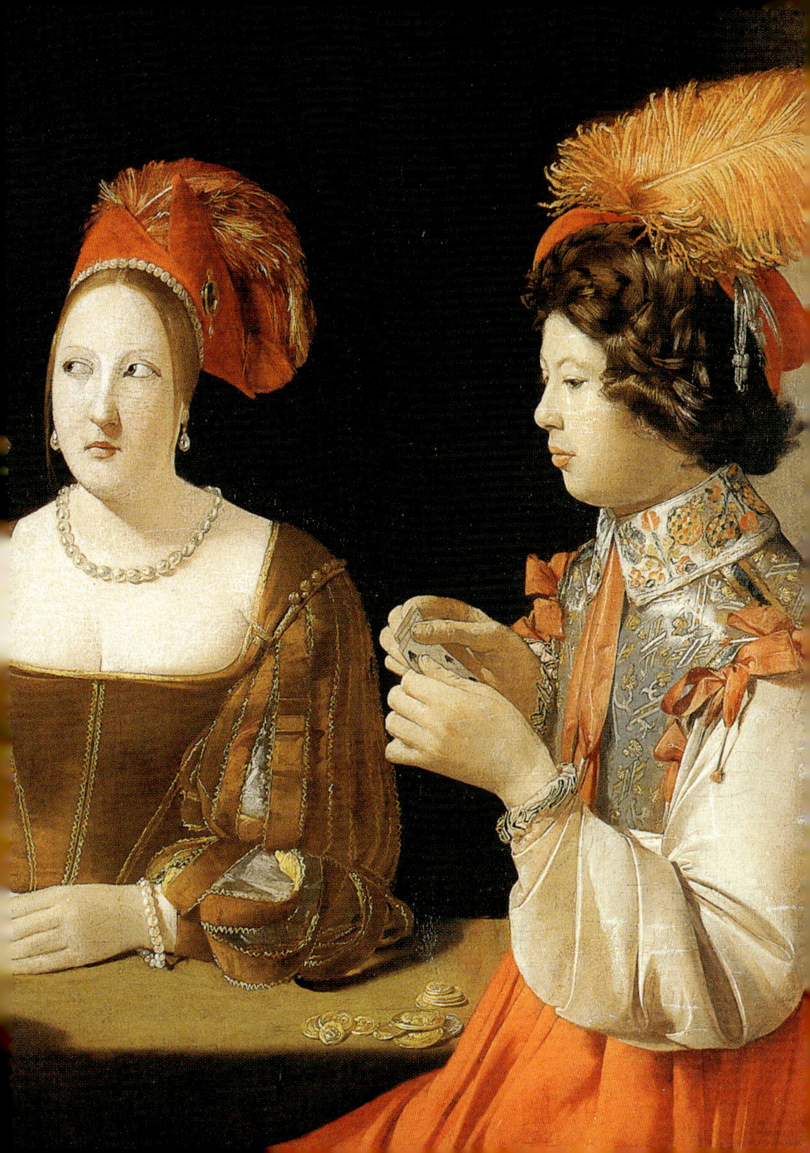

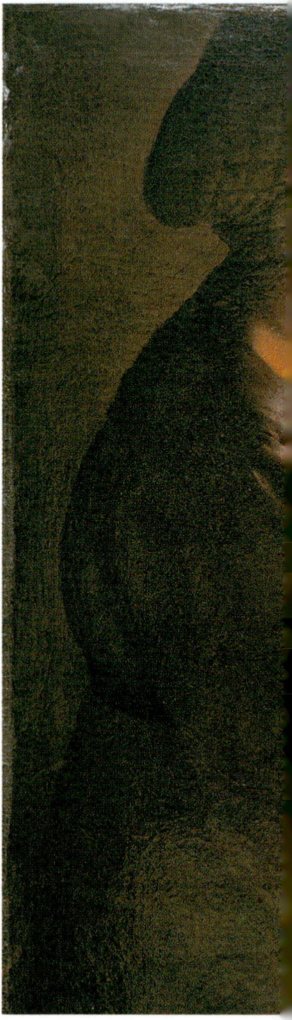

Georges de La Tour
Vic-sur-Seille, 1593-Lunéville, 1653

La Nativité

VERS 1640

huile sur toile
76 x 91 cm
Musée des Beaux-Arts
Rennes

pp. 486–487

Georges de La Tour
Vic-sur-Seille, 1593-Lunéville, 1653

Le Tricheur à l'as de carreau

VERS 1635-1640

huile sur toile
106 x 146 cm
Musée du Louvre
Paris

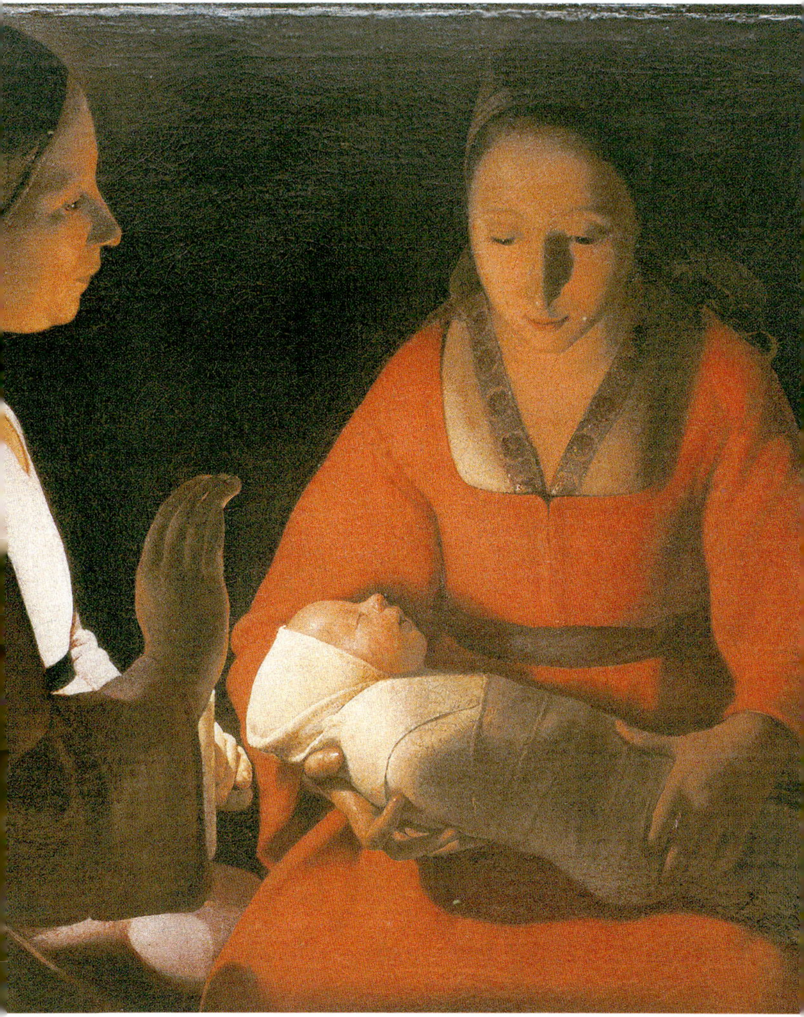

Georges de La Tour

Vic-sur-Seille, 1593 - Lunéville, 1653

La Madeleine pénitente

1640-1645

huile sur toile
128 x 94 cm
Musée du Louvre
Paris

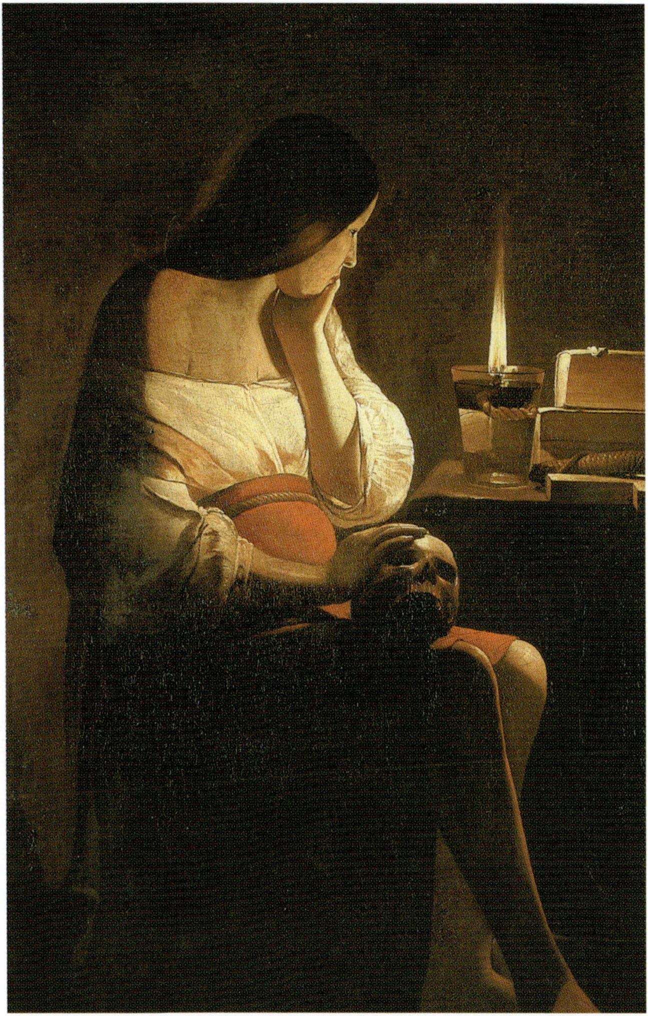

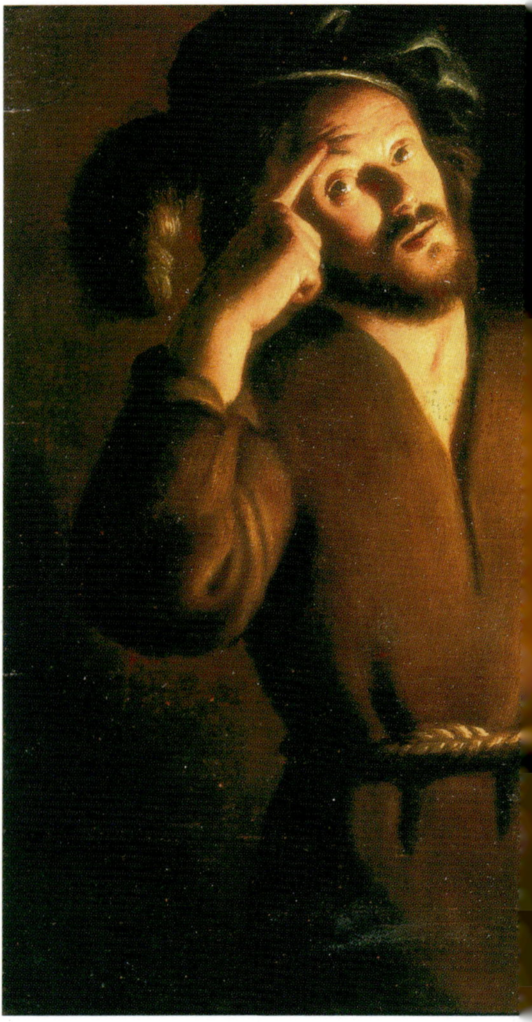

Trophime Bigot

Arles, 1579 – Avignon, 1650

Le Cellier

1620-1650

huile sur bois
25,3 x 36,5 cm
Musée des Offices
Florence

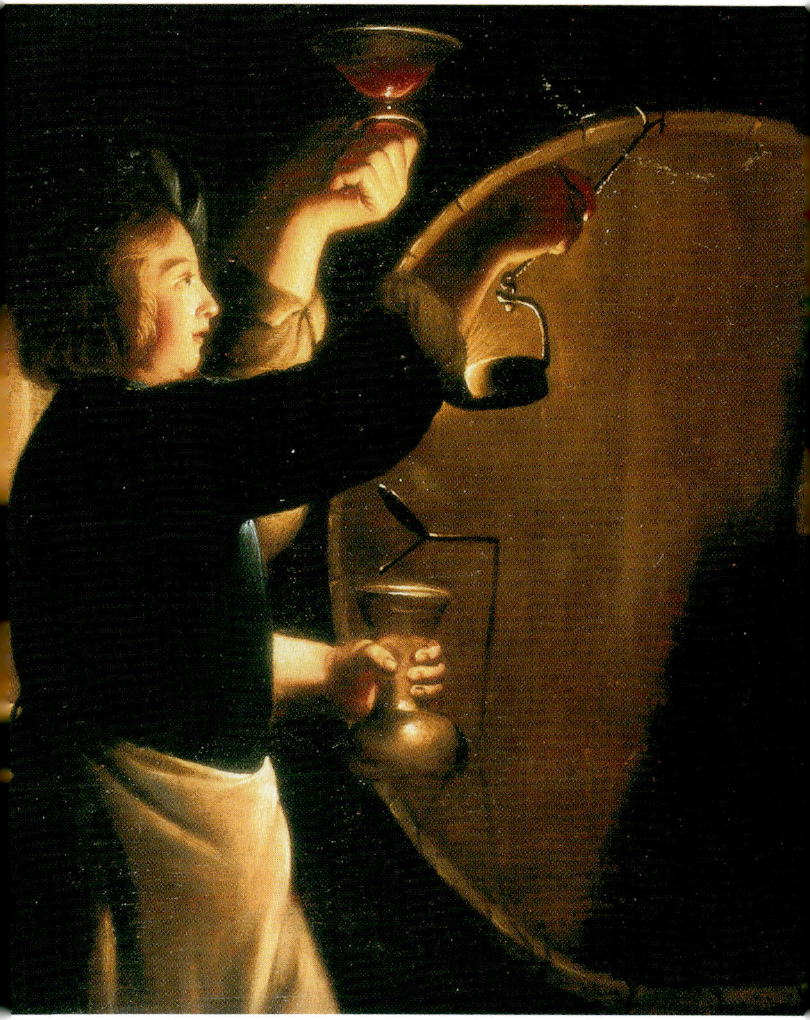

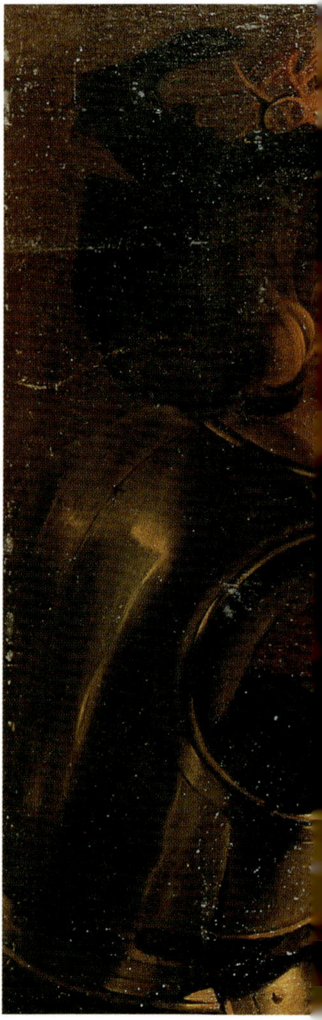

Disciple de Theodor van Baburen
Utrecht, 1595-1624

Le Reniement de Saint Pierre

VERS 1625

huile sur toile
87 x 106 cm
Musée national
Cracovie

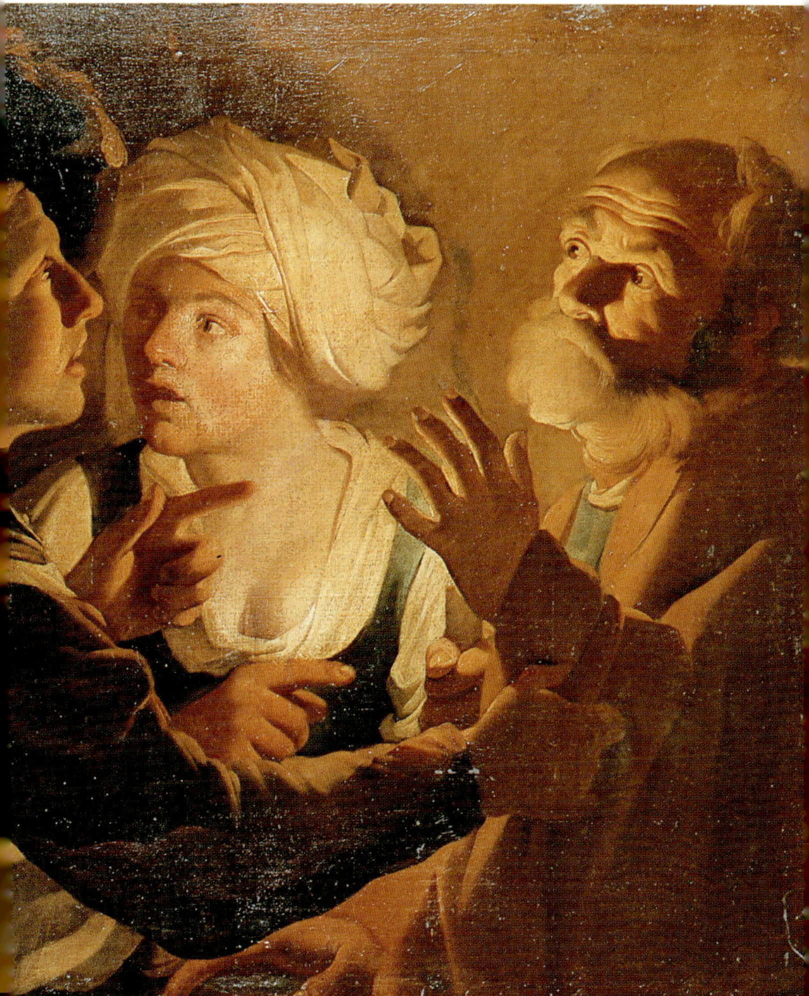

Hendrick Terbrugghen
Deventer, 1588 – Utrecht, 1629

Le concert

1628

huile sur toile
101 x 81 cm
Musée du Louvre
Paris

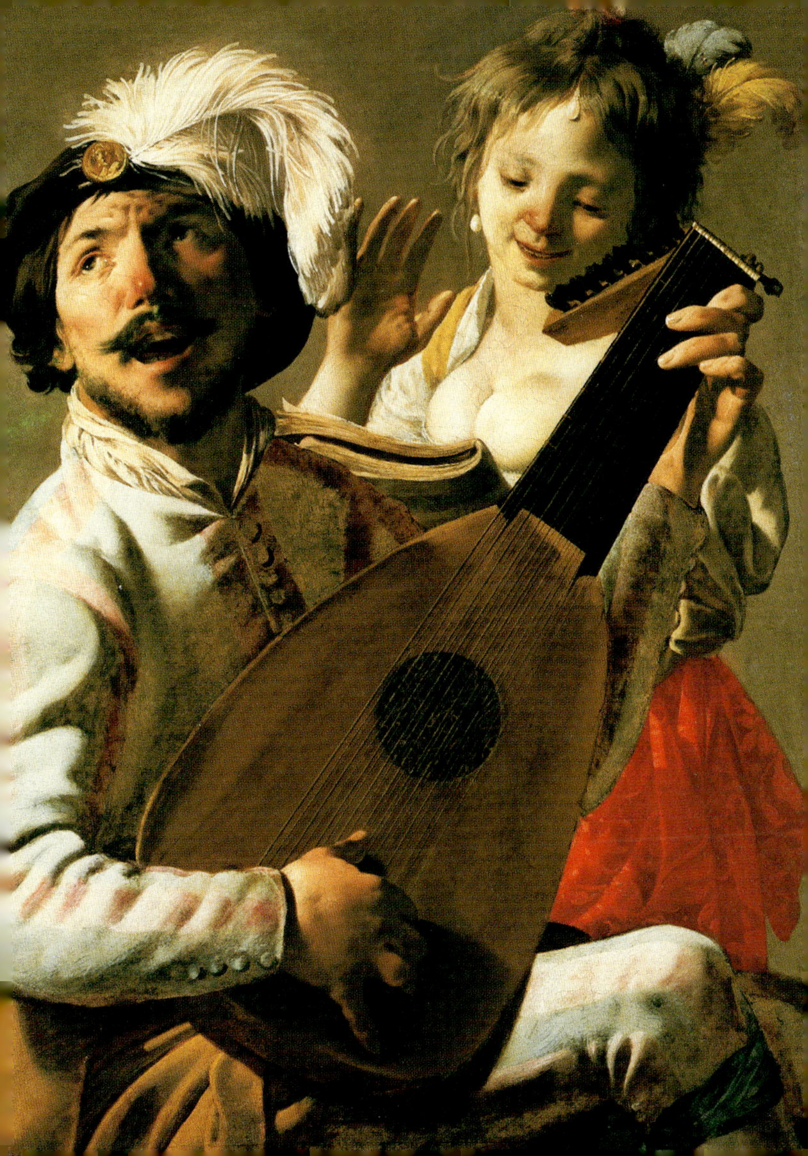

Gerrit van Honthorst
Utrecht, 1590-1656

L'Adoration des bergers

1617

huile sur toile
338,5 x 198,5 cm
Musée des Offices
Florence

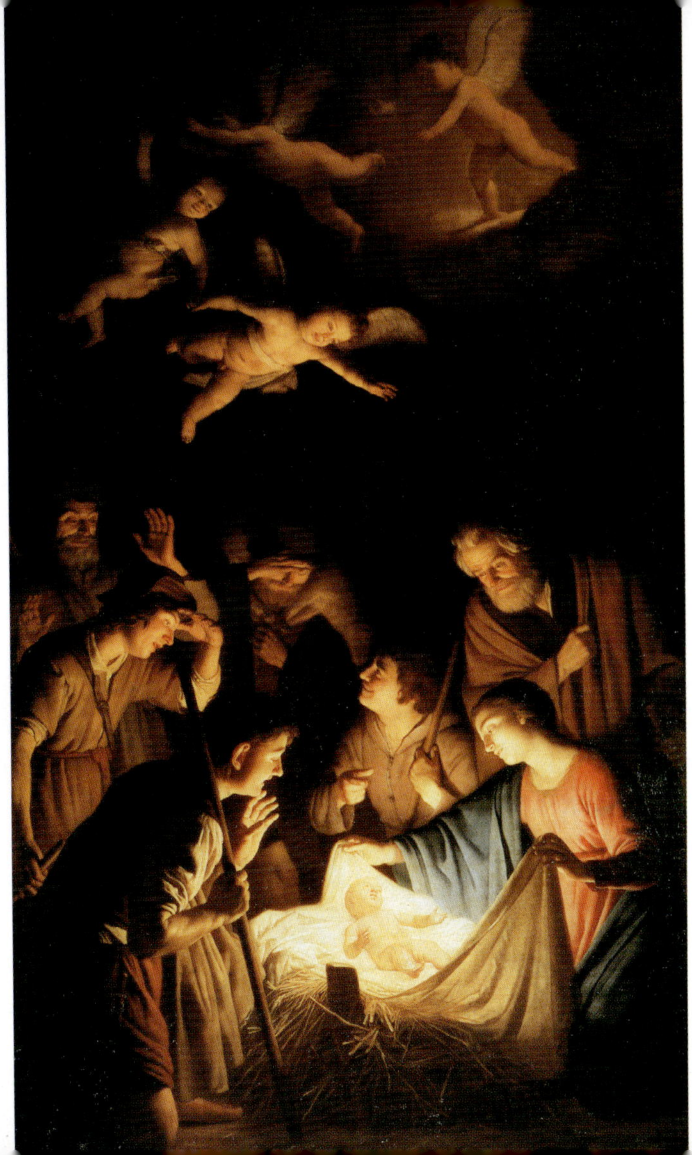

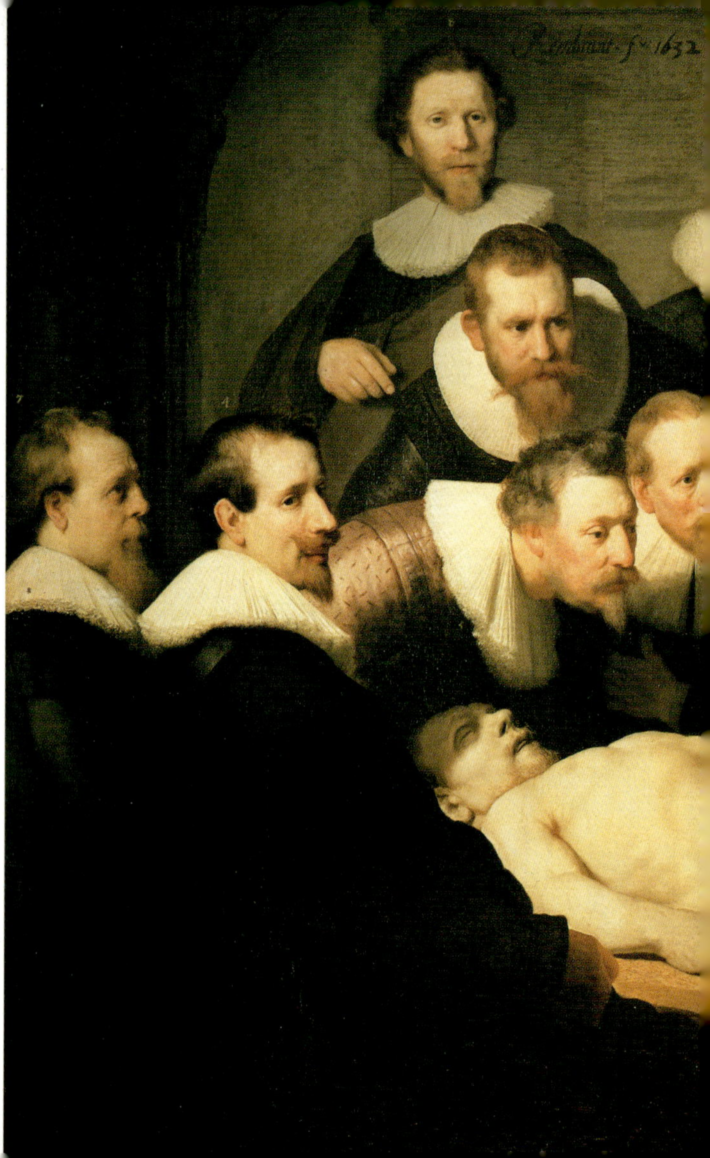
Rembrant. f. 1632

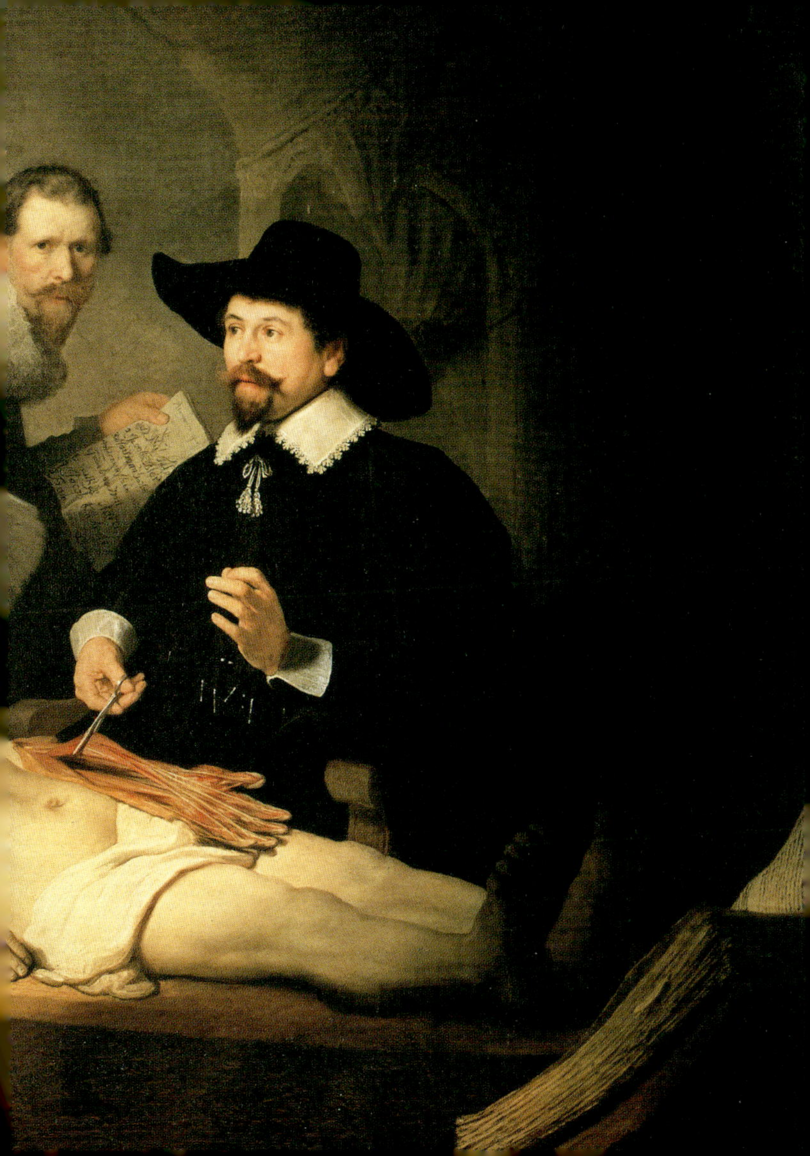

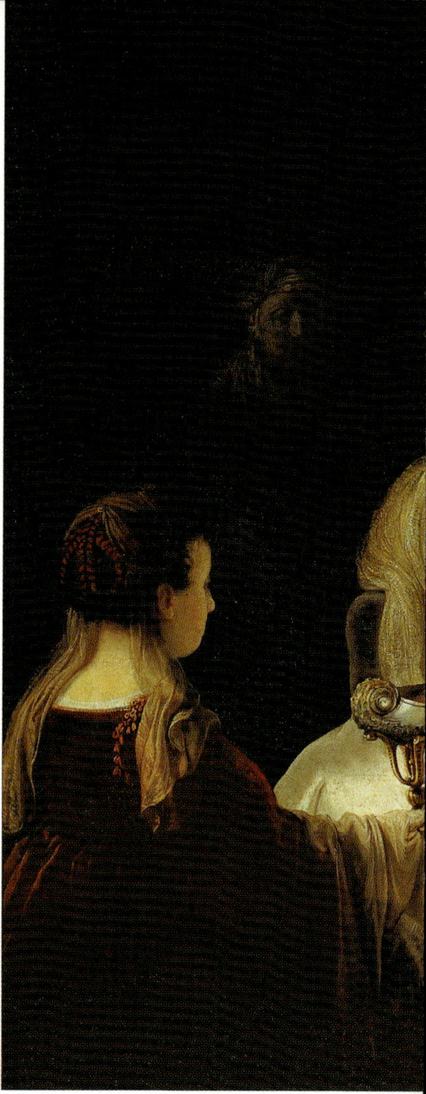

Rembrandt Harmenszoon van Rijn

Leyde, 1606 – Amsterdam, 1669

Artémise

1634

huile sur toile
142 x152 cm
Musée du Prado
Madrid

pp. 500-501

Rembrandt Harmenszoon van Rijn

Leyde, 1606 – Amsterdam, 1669

La Leçon d'anatomie du docteur Tulp

1632

huile sur toile
1695 x 216 cm
Mauritshuit
La Haye

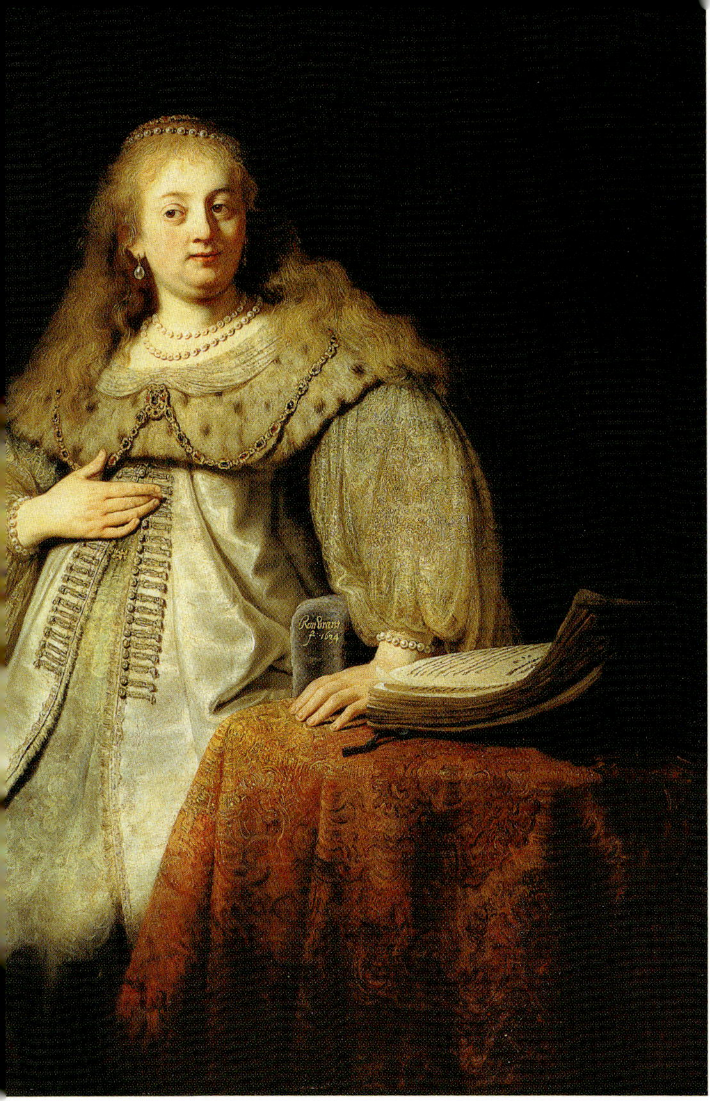
Rembrant
f. 1634

Rembrandt Harmenszoon van Rijn
Leyde, 1606 – Amsterdam, 1669

La Descente de croix

1634

huile sur toile
158 x 117 cm
Musée de l'Ermitage
Saint-Pétersbourg

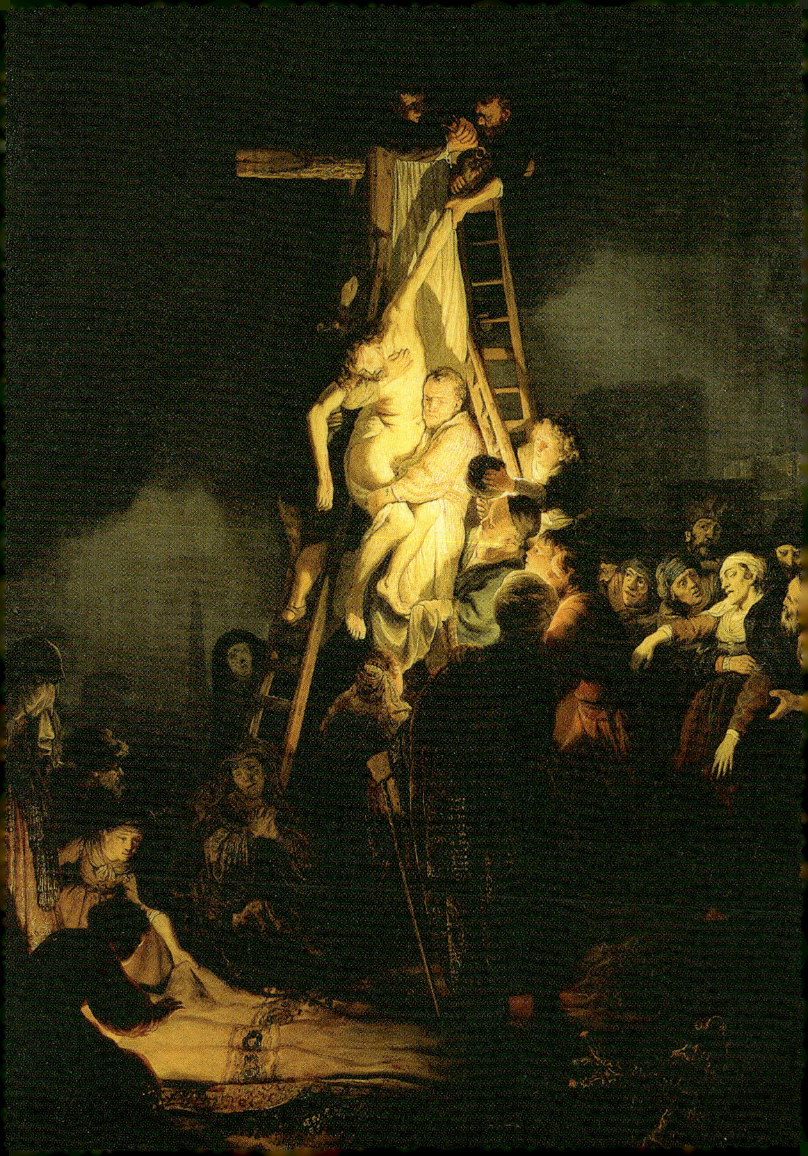

Rembrandt Harmenszoon van Rijn

Leyde, 1606 – Amsterdam, 1669

La Ronde de nuit

1642

huile sur toile
143 x 437 cm
Rijkmuseum
Amsterdam

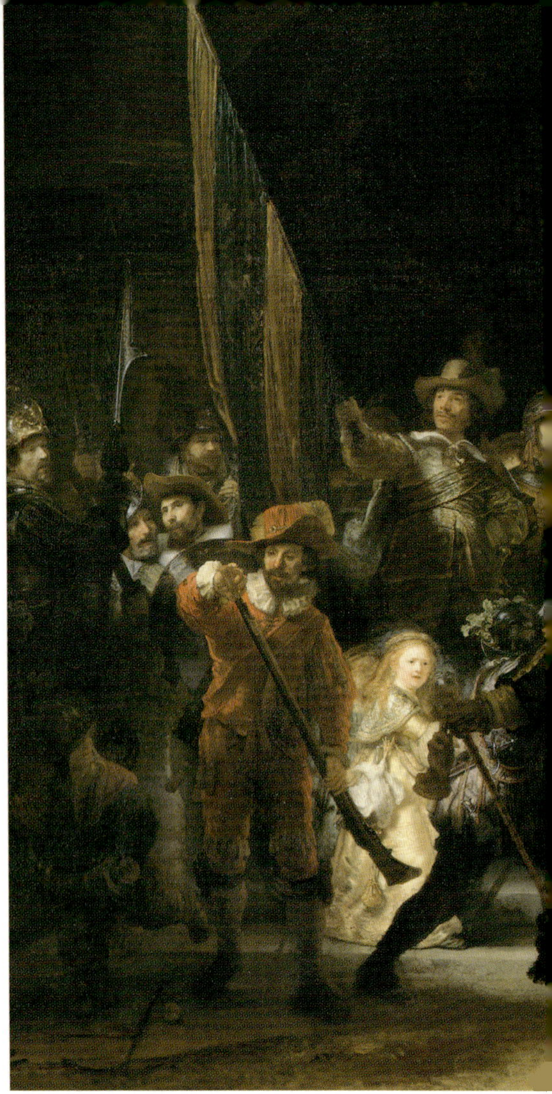

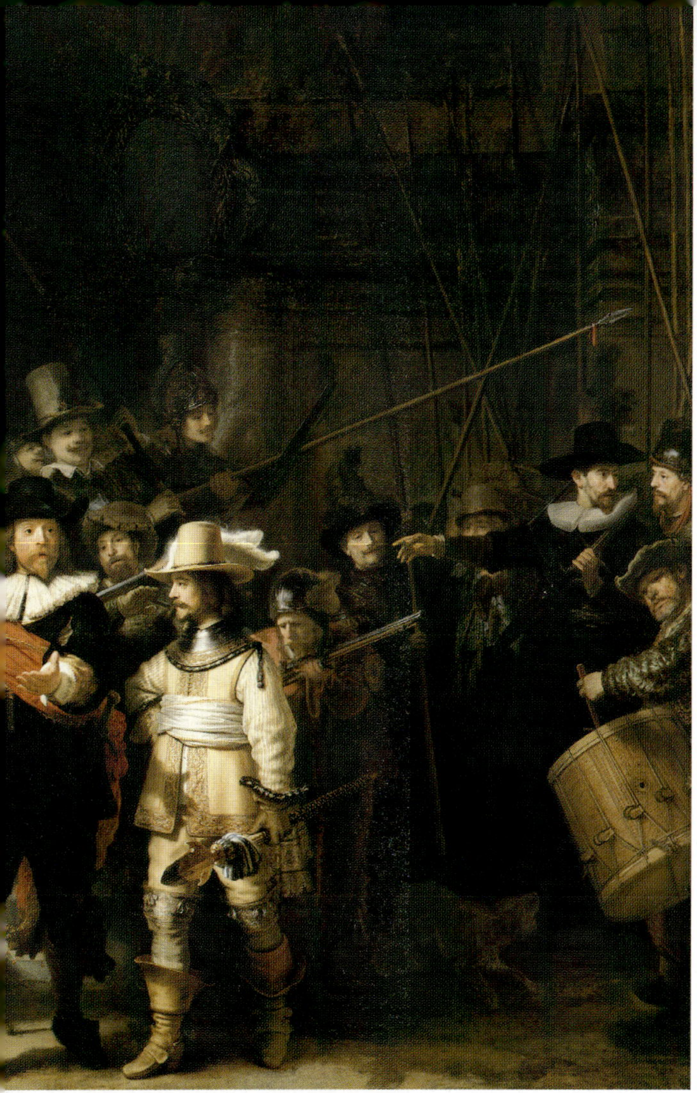

Rembrandt Harmenszoon van Rijn

Leyde, 1606 – Amsterdam, 1669

Bethsabée au bain

1654

huile sur toile
142 x 142 cm
Musée du Louvre
Paris

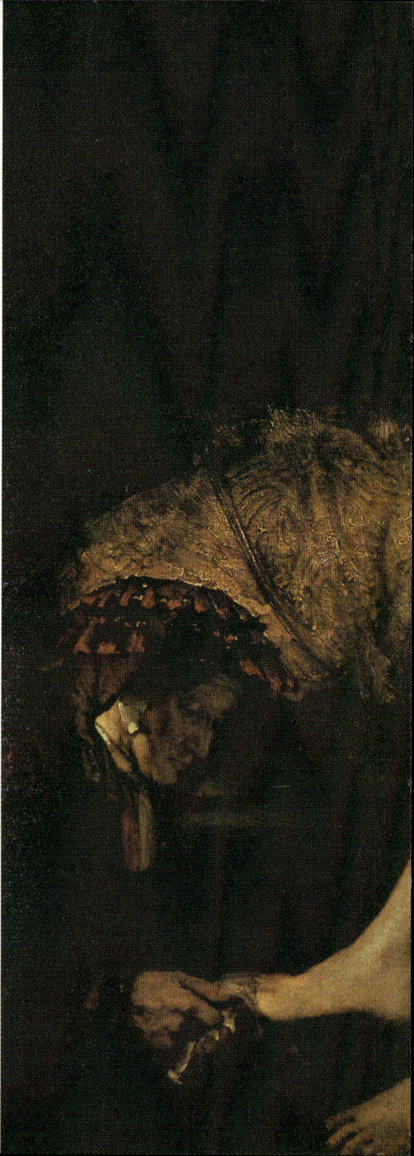

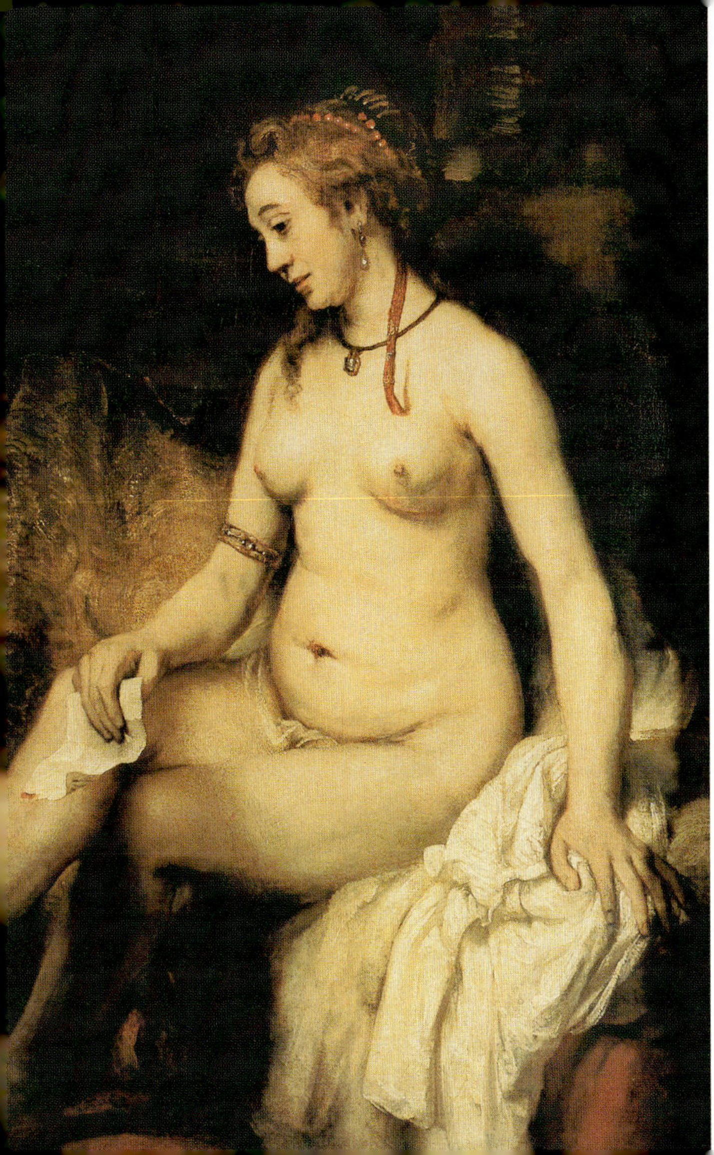

Rembrandt Harmenszoon van Rijn
Leyde, 1606 – Amsterdam, 1669

Autoportrait

1660

huile sur toile
85 x 61 cm
Musée des Offices
Florence

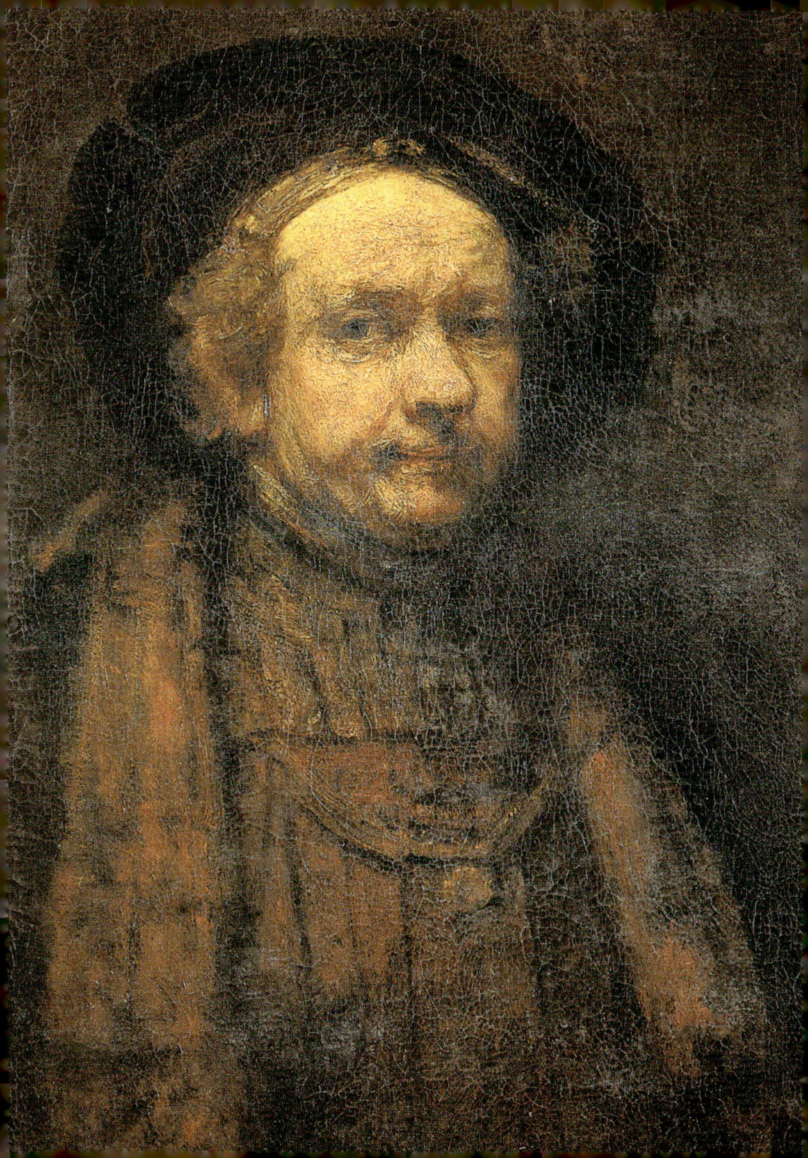

Rembrandt Harmenszoon van Rijn
Leyde, 1606 – Amsterdam, 1669

Portrait de Jeremias de Decker

1666

huile sur toile
71 x 56 cm
Musée de L'Ermitage
Saint-Pétersbourg

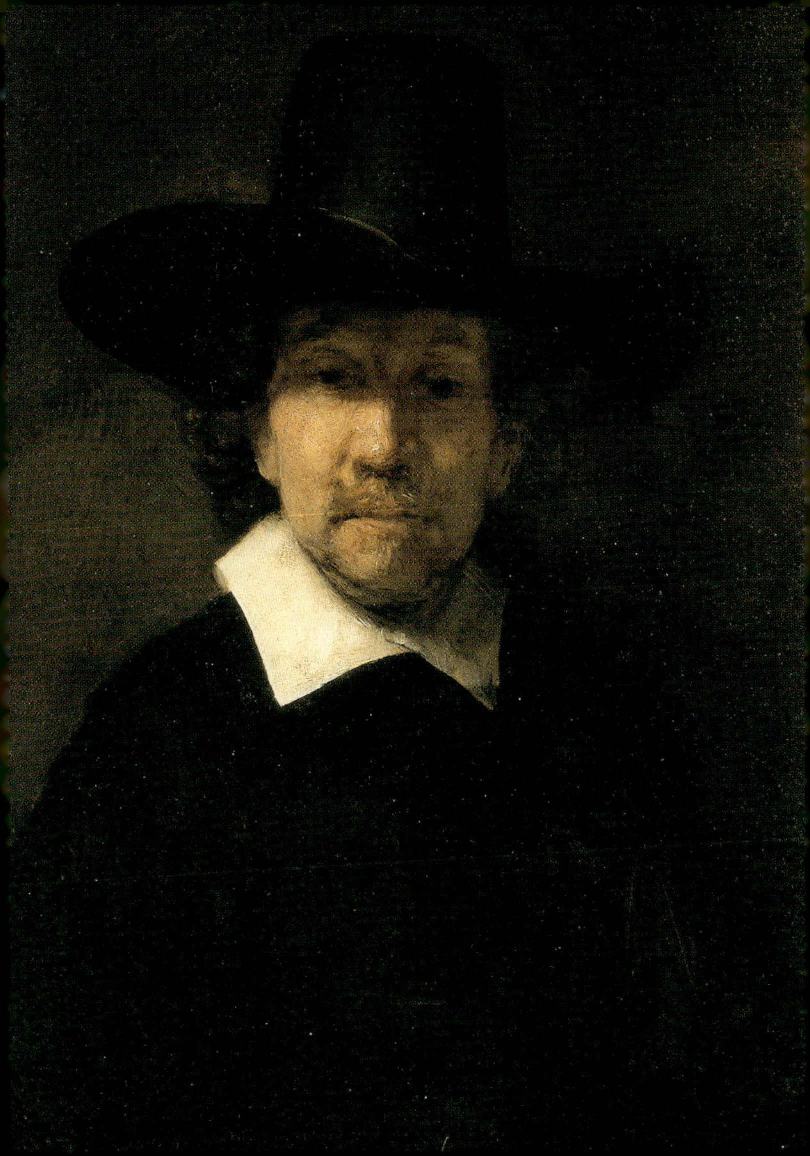

Gerrit Dou
Leyde 1613-1575

La femme hydropique

VERS 1663

huile sur toile
86 x 678 cm
Musée du Louvre
Paris

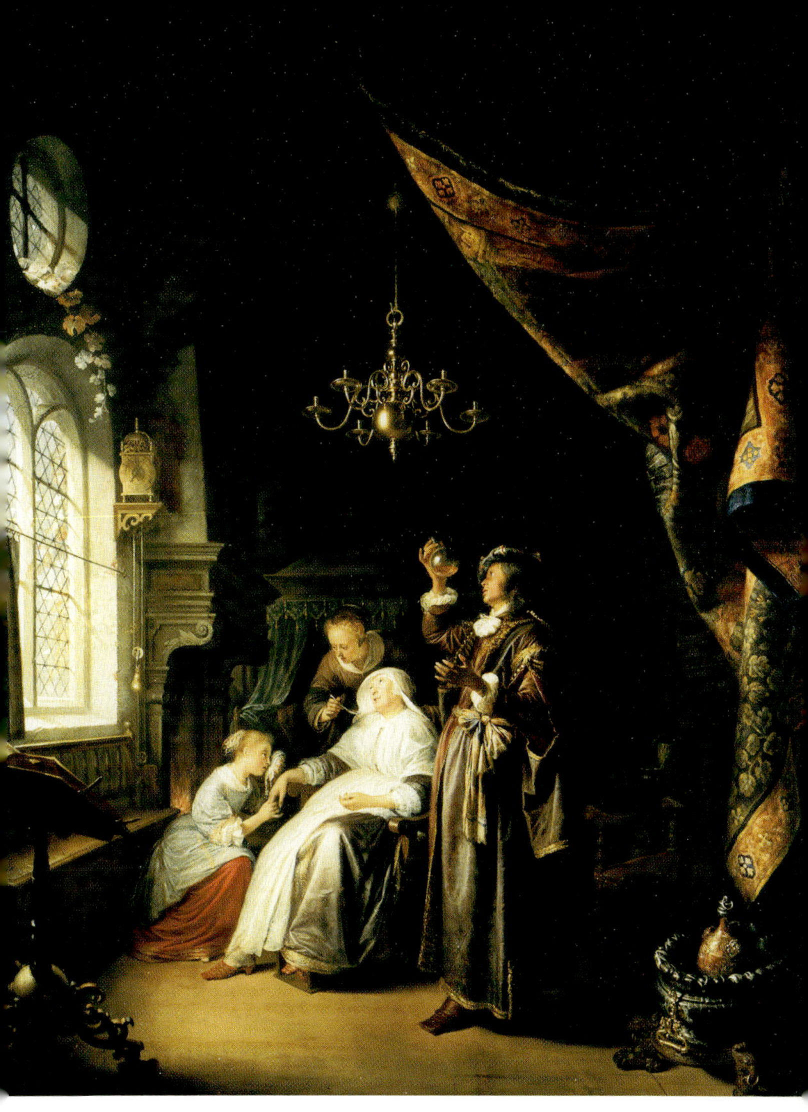

Gerrit Dou

Leyde 1613-1575

Jeune femme à sa fenêtre

1662

huile sur bois
38 x 29 cm
Galleria Sabauda
Turin

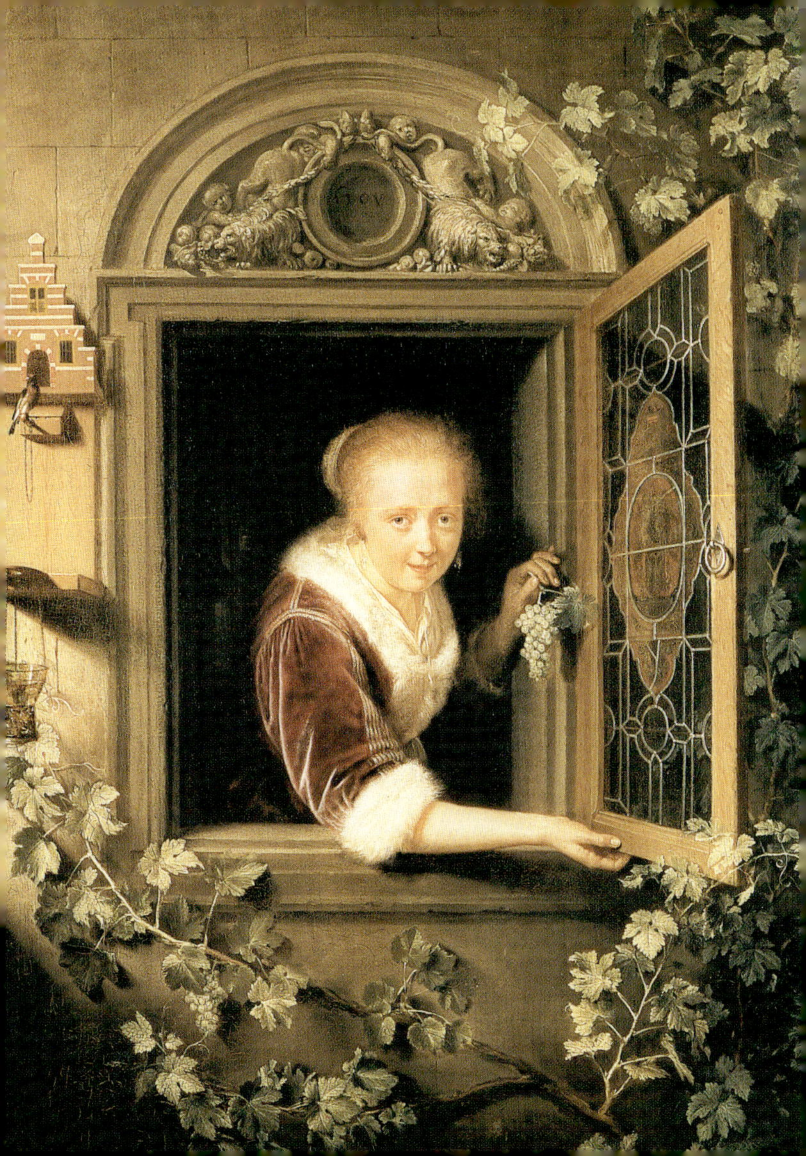

Juseppe de Rivera
Valencia, 1591- Naples, 1652

La Sainte Trinité

VERS 1635

huile sur toile
226 x 181 cm
Musée du Prado
Madrid

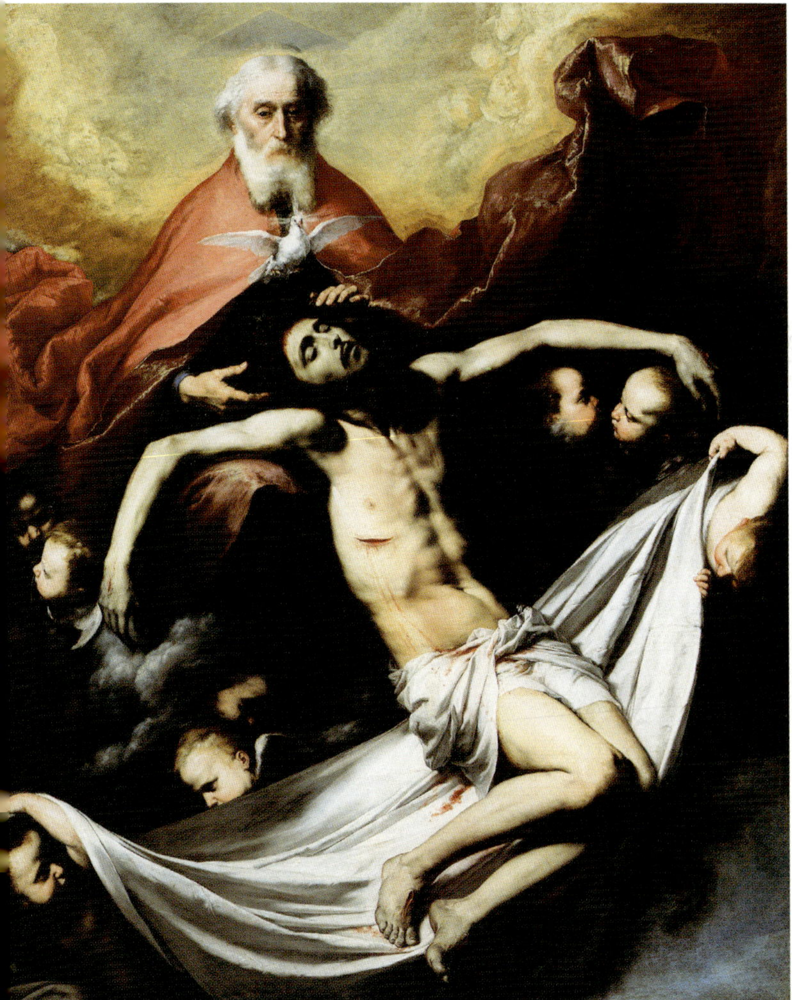

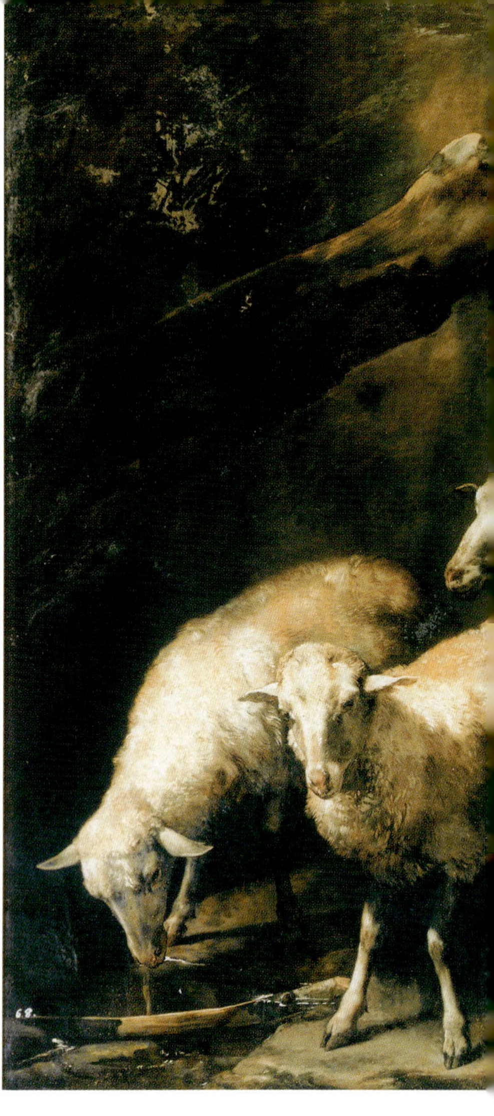

Juseppe de Rivera
Valencia, 1591- Naples, 1652

Jacob parmi les moutons

1632

huile sur toile
174 x 219 cm
San Lorenzo de El Escurial
Madrid

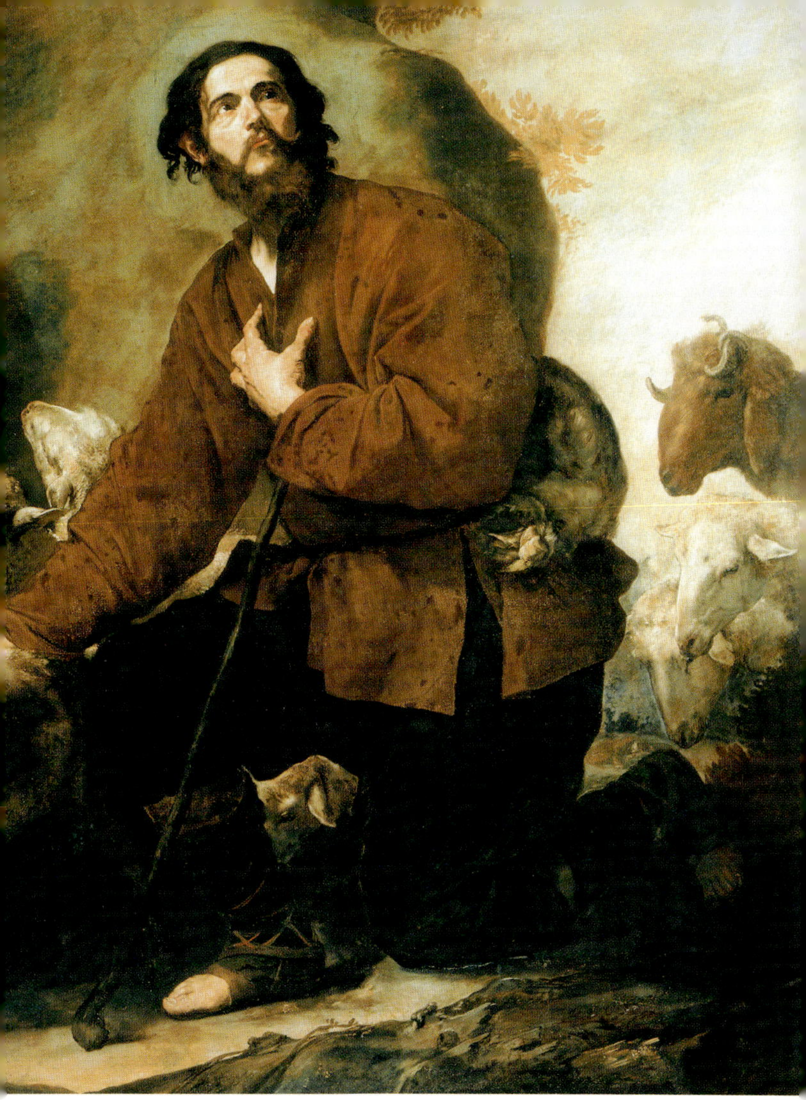

Francisco de Zurbarán

Fuente de Cantos, 1598 – Madrid, 1664

L'apparition de saint Pierre crucifié à saint Pierre Nolasque

1629

huile sur toile
179 x 233 cm
Musée du Prado
Madrid

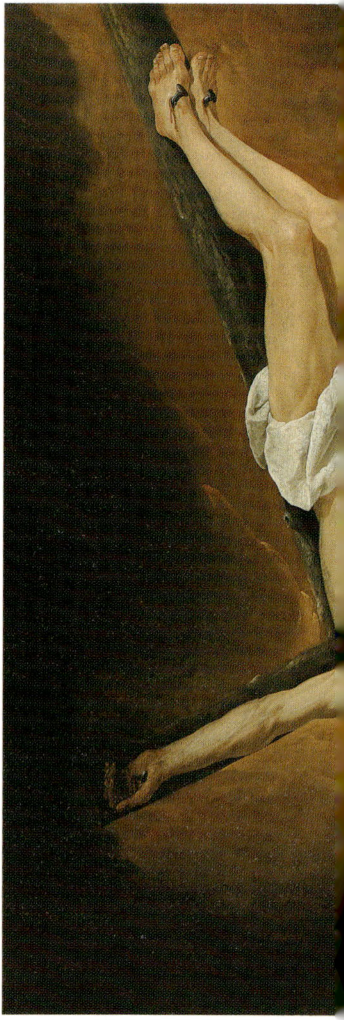

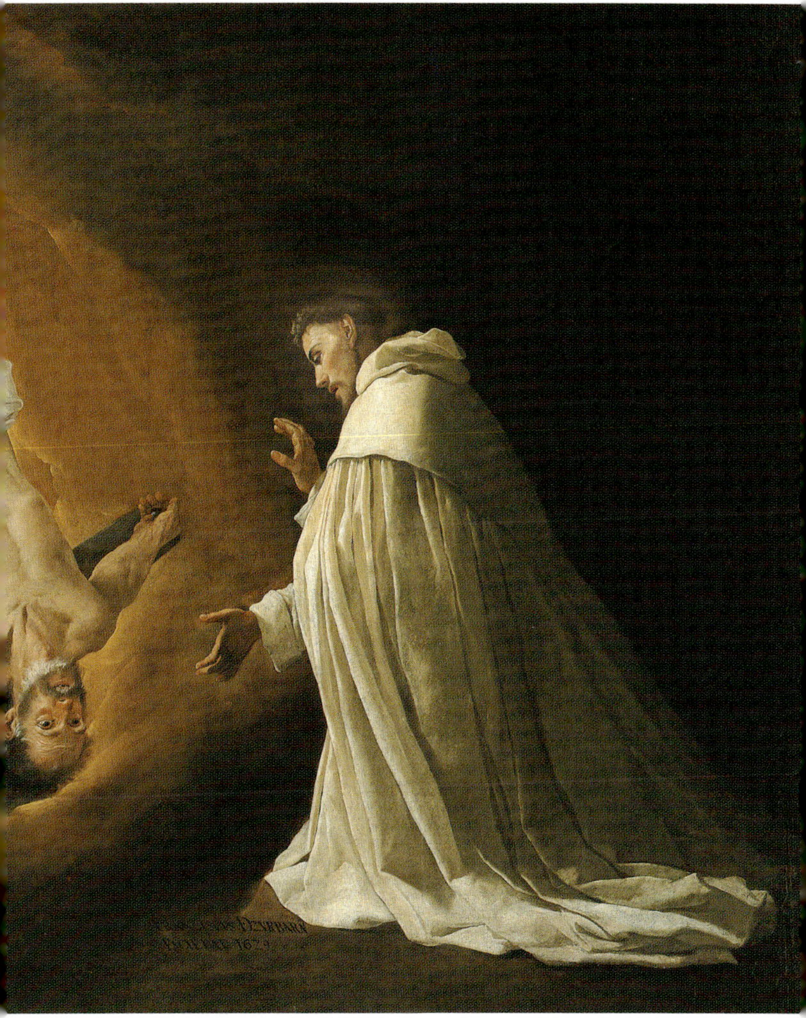

Francisco de Zurbarán
Fuente de Cantos, 1598 – Madrid, 1664
1629

Naissance de la Vierge

VERS 1627

huile sur toile
141 x 108, 6 cm
Fondation Norton Simons
Pasadena

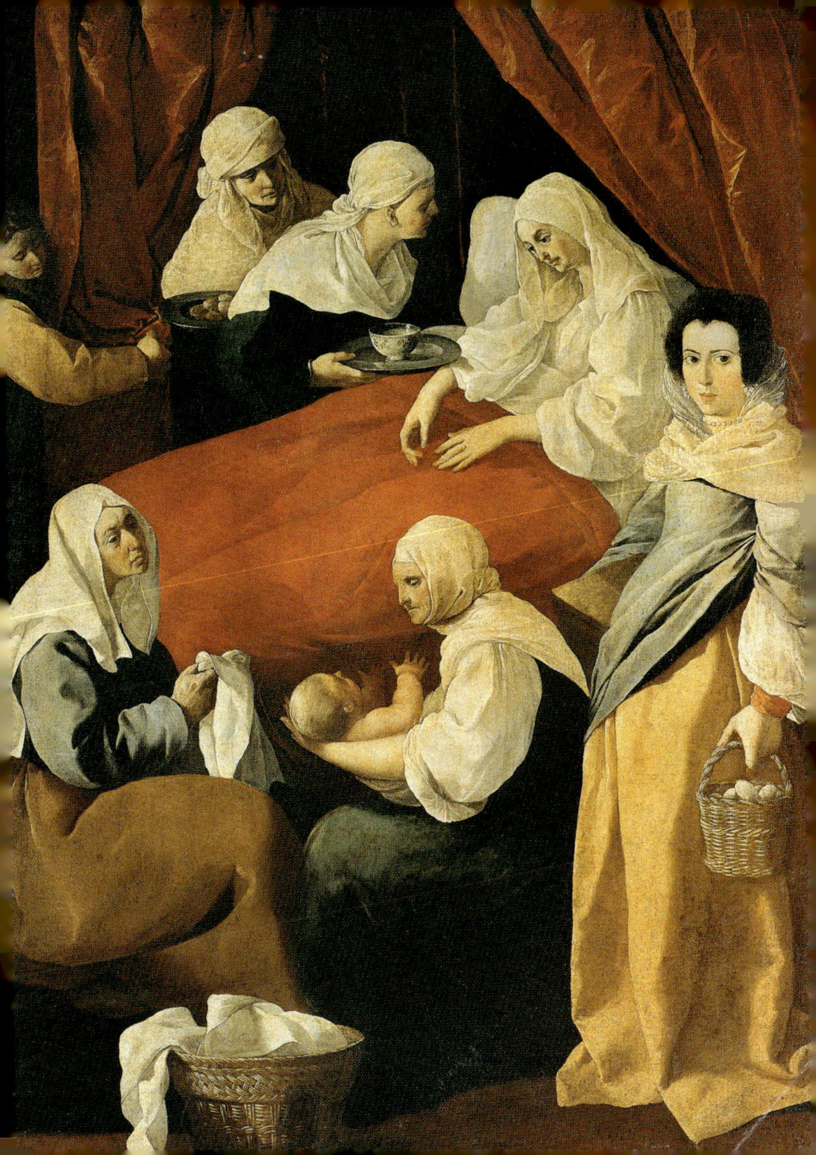

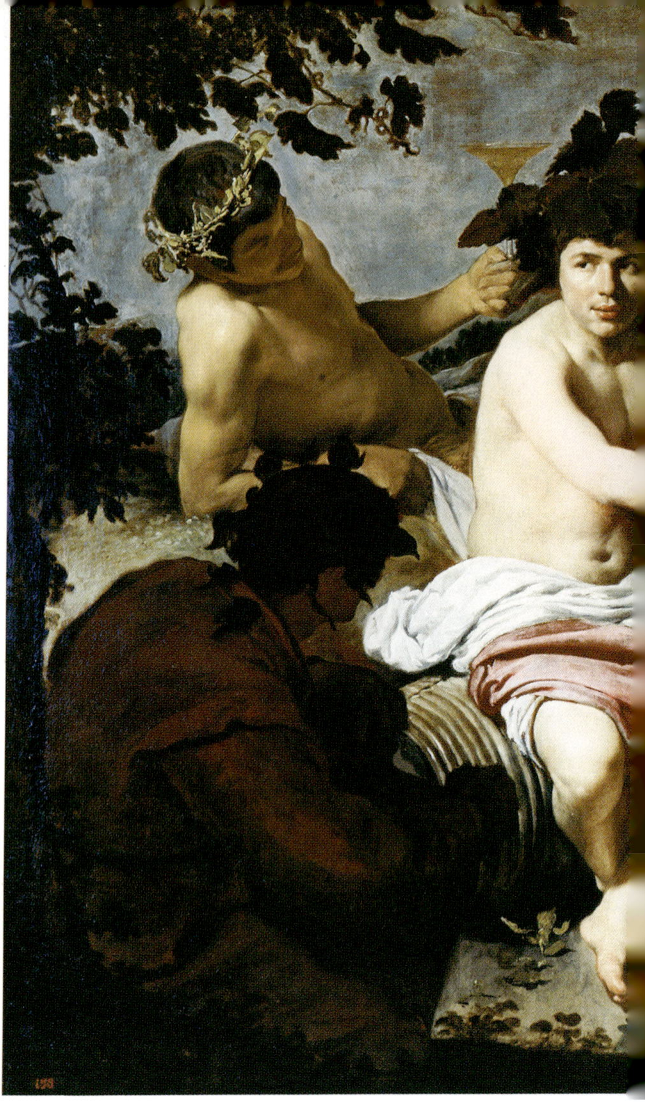

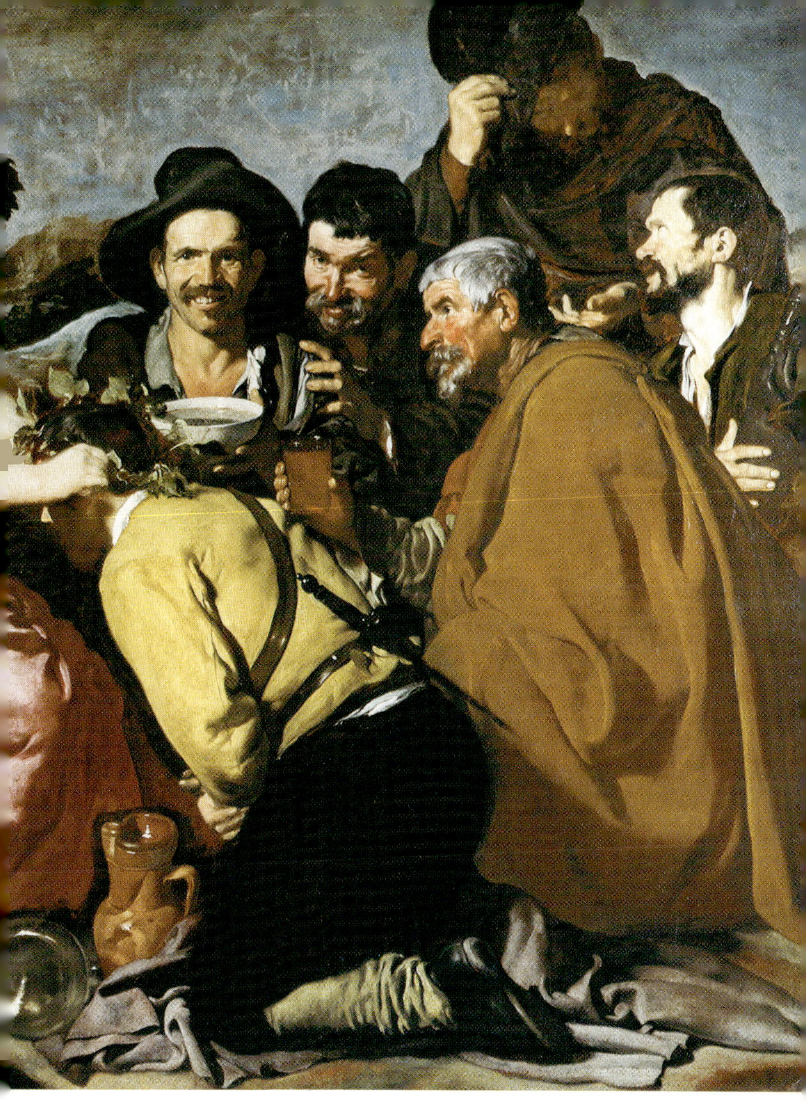

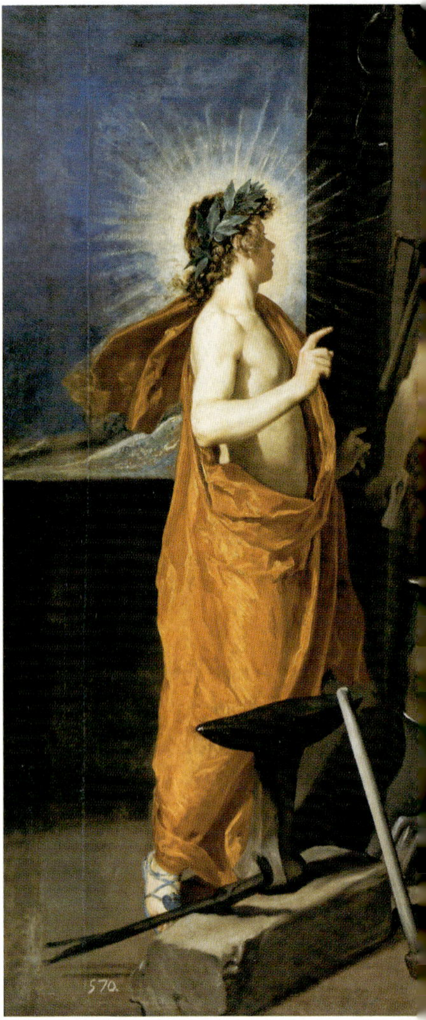

Diego Vélázquez
Séville, 1599 – Madrid, 1660

La Forge de Vulcain

1629

huile sur toile
223 x 290 cm
Musée du Prado
Madrid

pp. 526–527

Diego Vélázquez
Séville, 1599 – Madrid, 1660

Le Triomphe de Bacchus

VERS 1628

huile sur toile
165 x 225 cm
Musée du Prado
Madrid

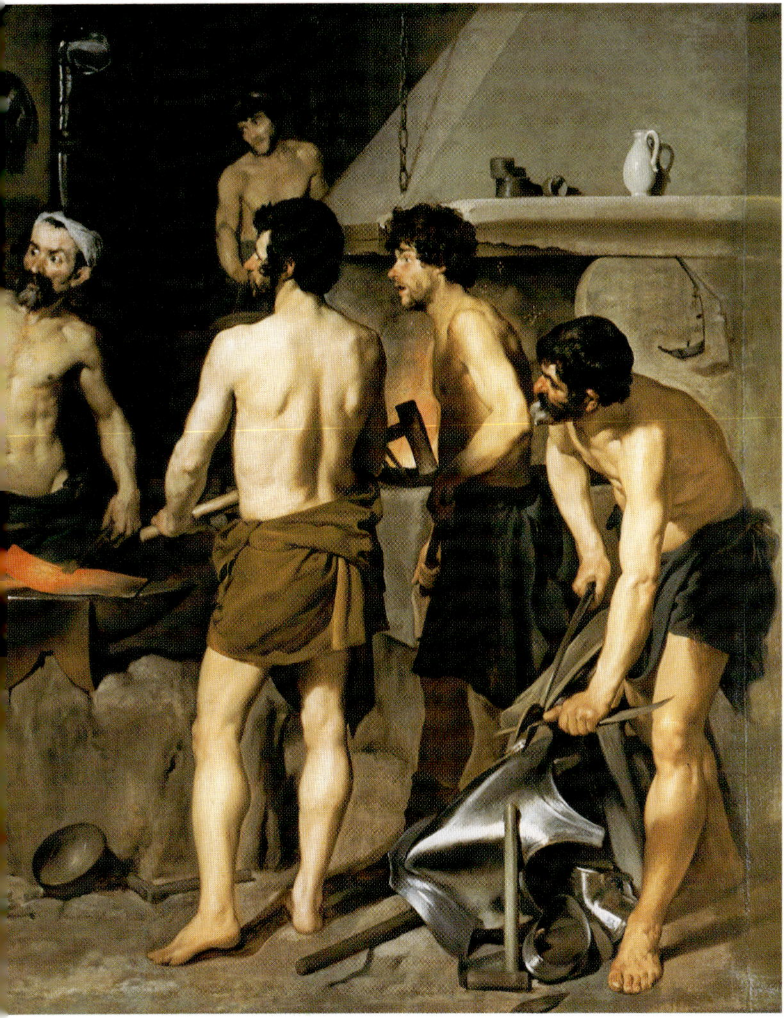

Diego Vélázquez

Séville, 1599 – Madrid, 1660

La Reddition de Breda

VERS 1635

huile sur toile
307 x 367 cm
Musée du Prado
Madrid

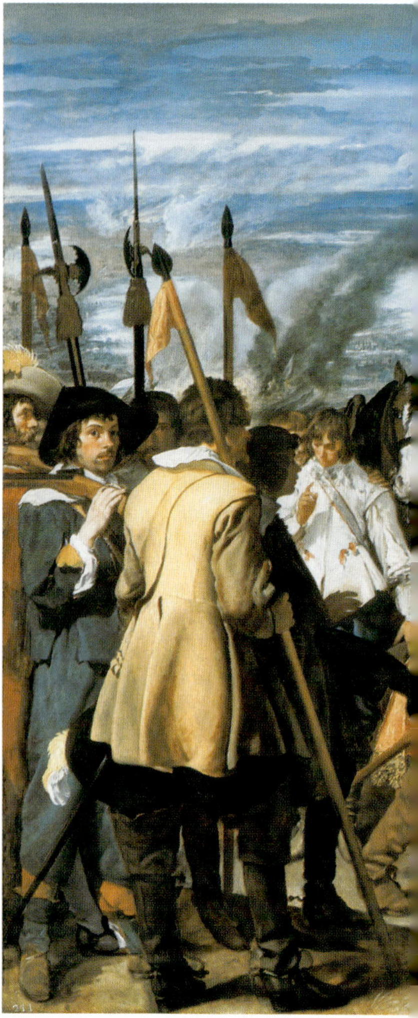

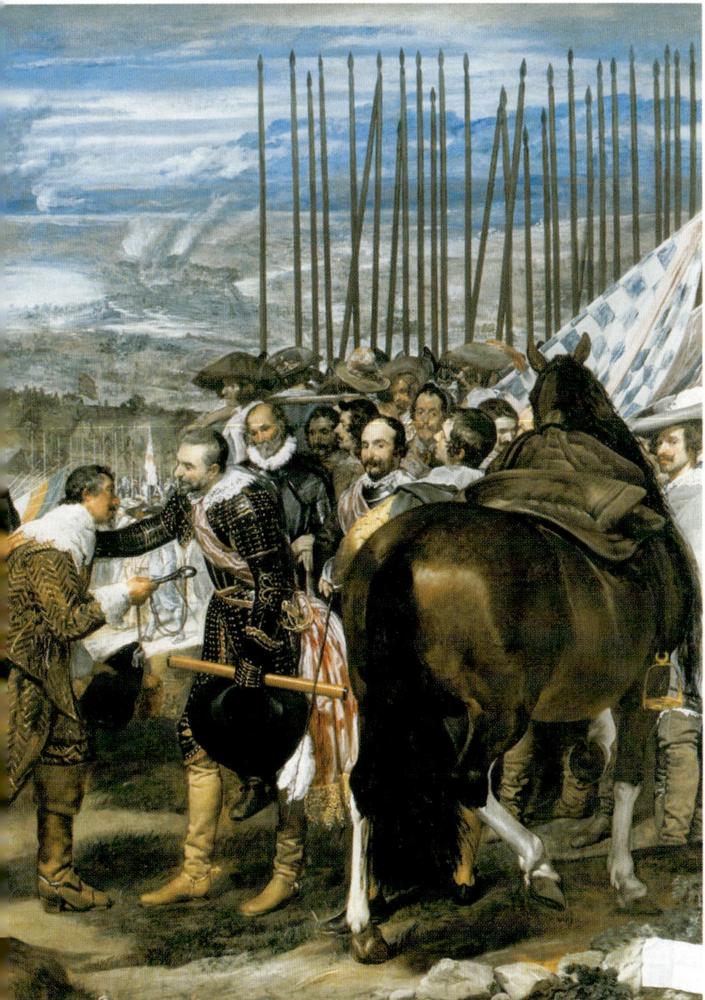

Diego Velázquez

Séville, 1599 – Madrid, 1660

Les Ménines

VERS 1656

huile sur toile
316 x 276 cm
Musée du Prado
Madrid

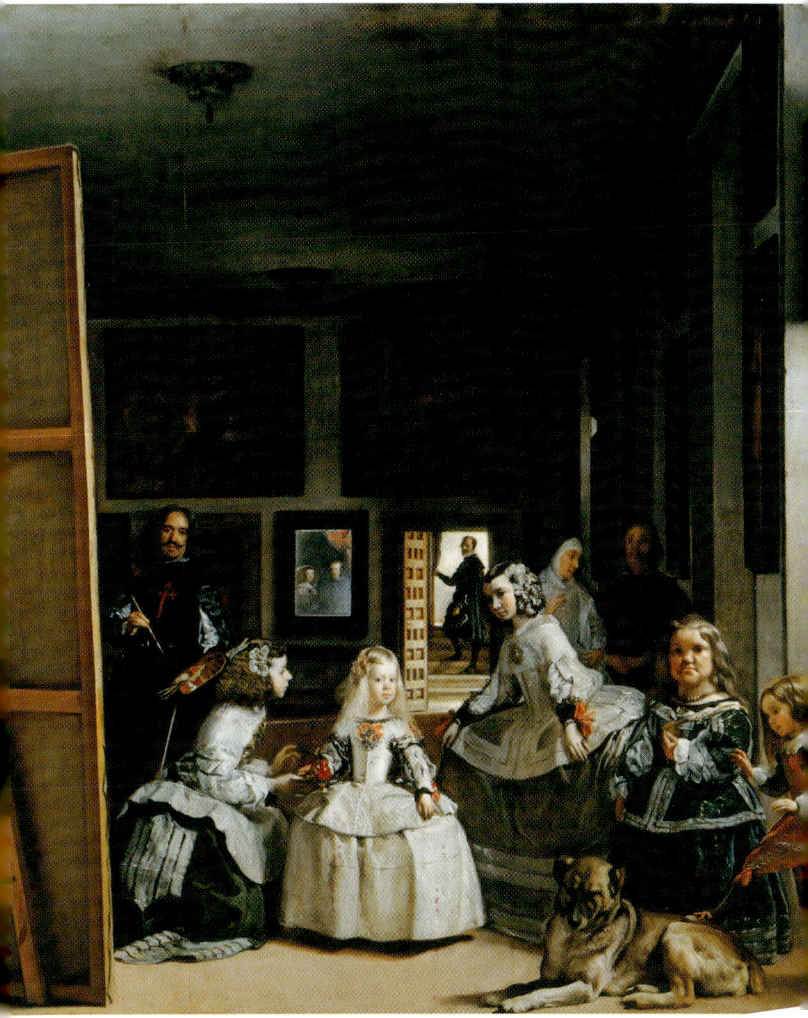

Diego Velázquez

Séville, 1599 – Madrid, 1660

Portrait de l'infante Marguerite d'Autriche

VERS 1660

huile sur toile
212 x 147 cm
Musée du Prado
Madrid

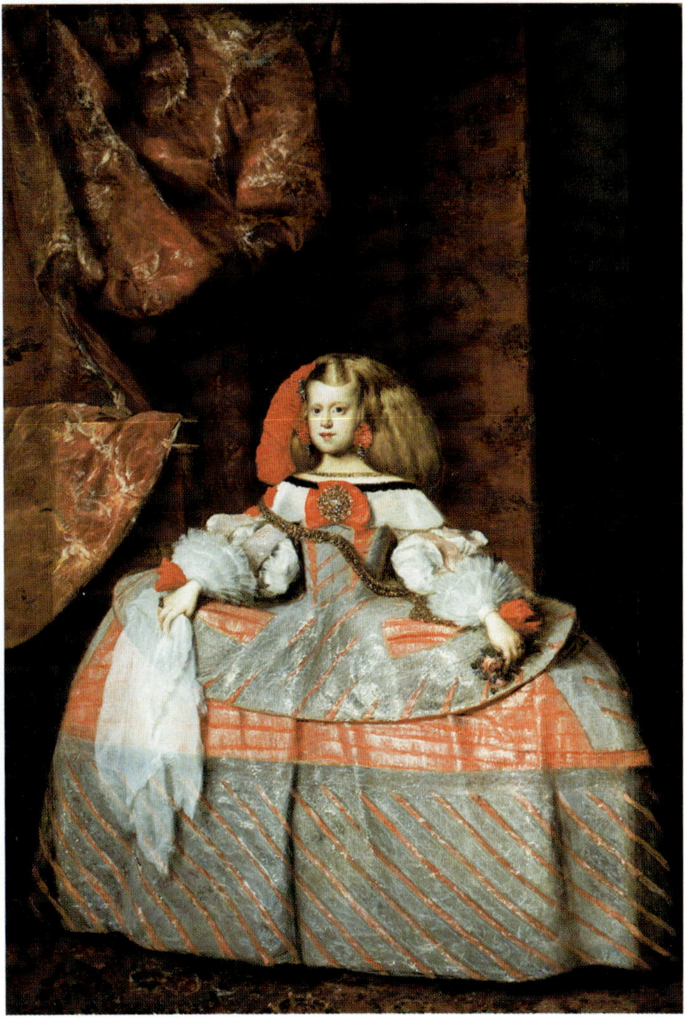

Diego Vélázquez
Séville, 1599 – Madrid, 1660

Les fileuses

VERS 1657

huile sur toile
220 x 289 cm
Musée du Prado
Madrid

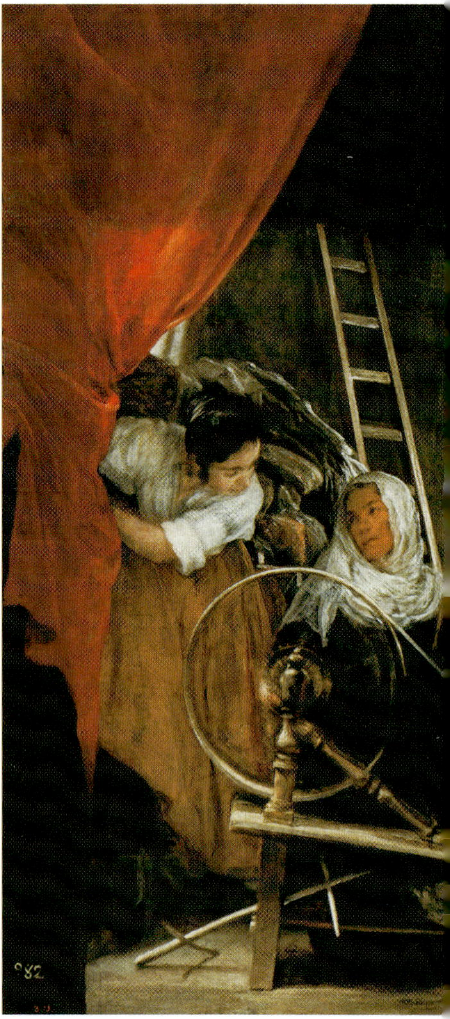

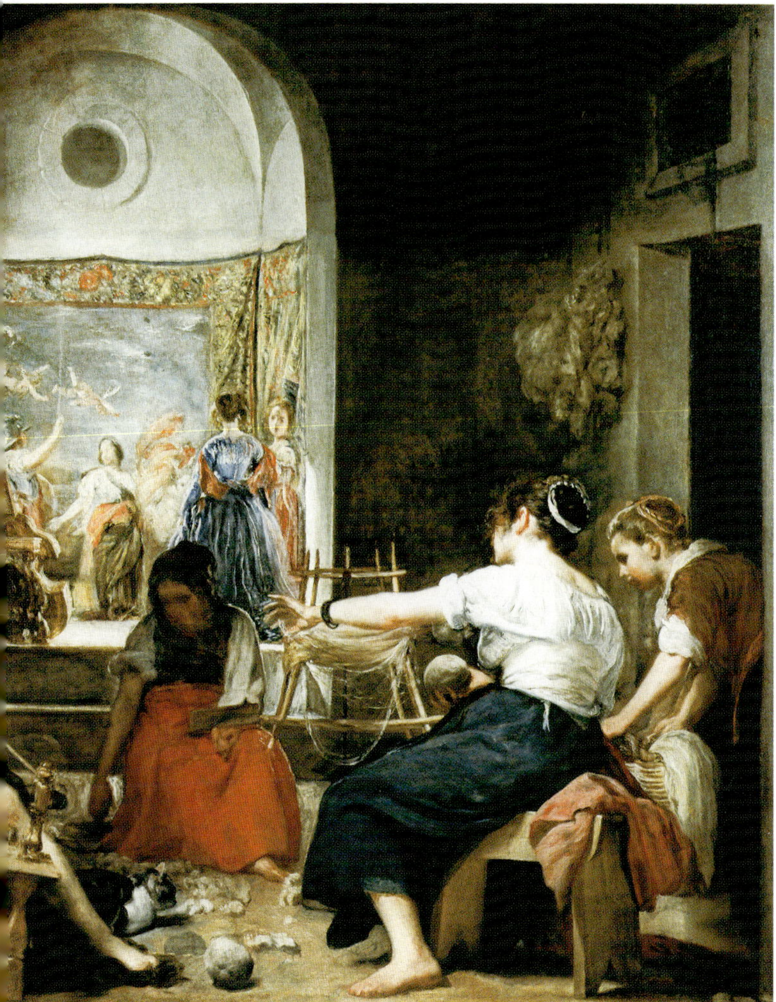

Bartolomé Esteban Murillo

Séville, 1618-1682

Mangeurs de pastèques et de raisins

VERS 1645-1646

huile sur toile
145,9 x 103,6 cm
Alte Pinakothek
Munich

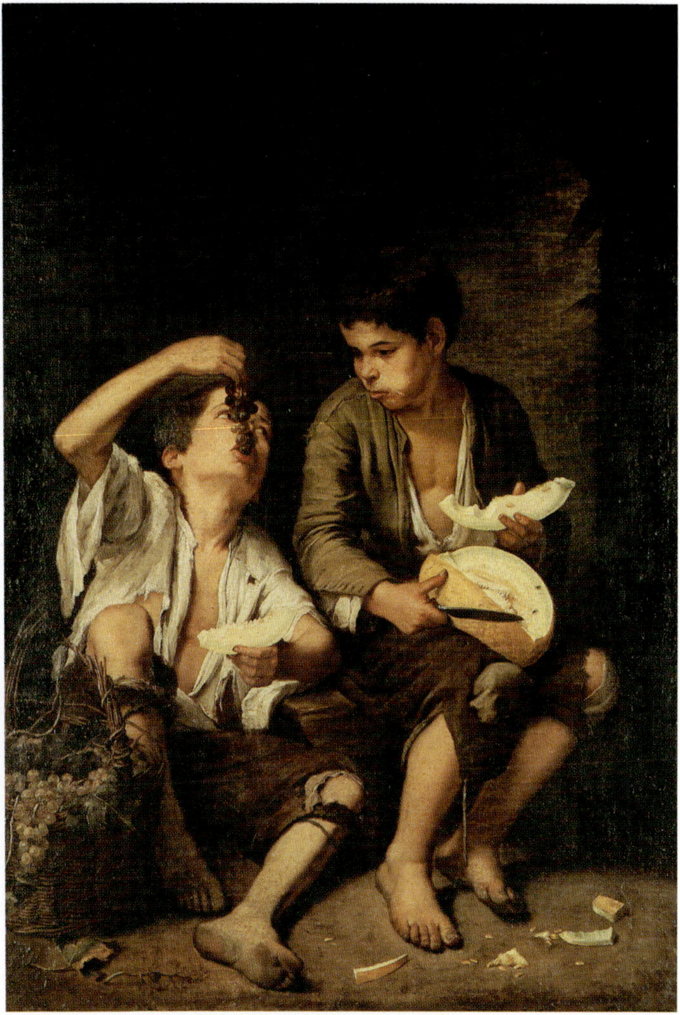

Bartolomé Esteban Murillo

Séville, 1618-1682

L'Adoration des bergers

VERS 1650

huile sur toile
187 x 228 cm
Musée du Prado
Madrid

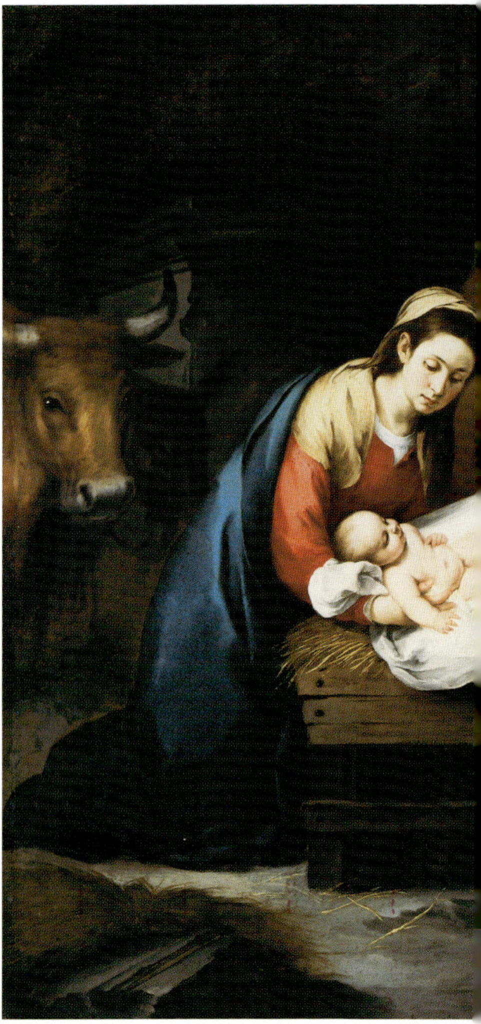

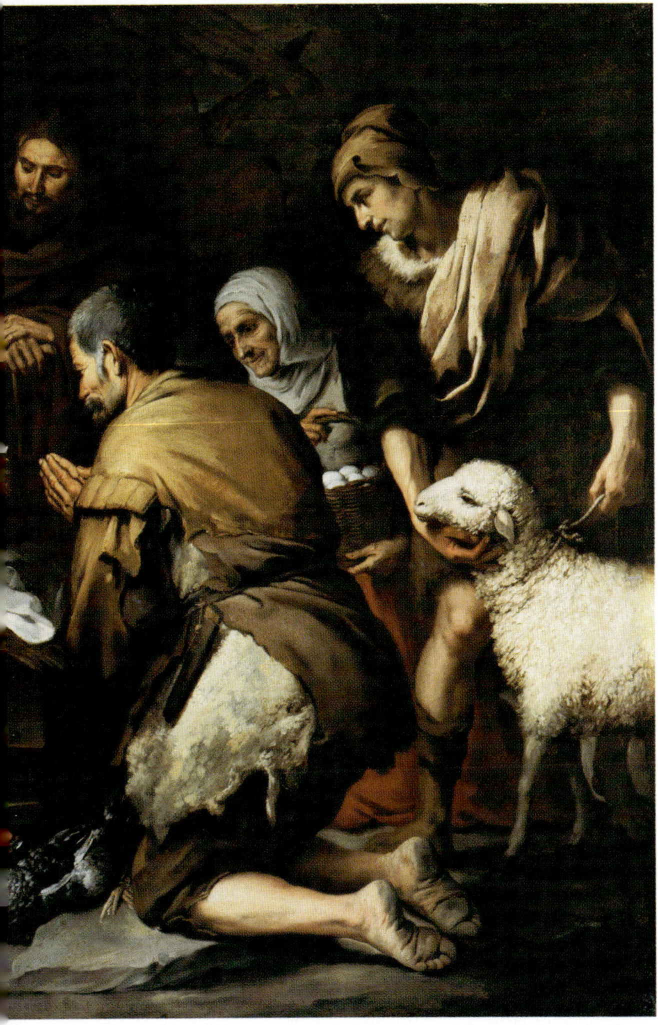

Annibale Carrache (Carracci)

Bologne, 1560 – Rome, 1609

Les trois Marie sur la tombe du Christ

FIN DU XVIème SIÈCLE

huile sur toile
121 x 145,5 cm
Musée de L'Ermitage
Saint-Pétersbourg

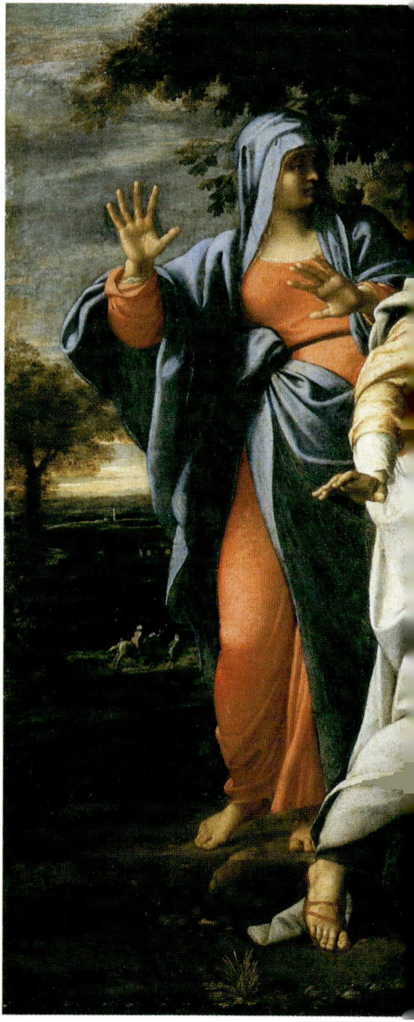

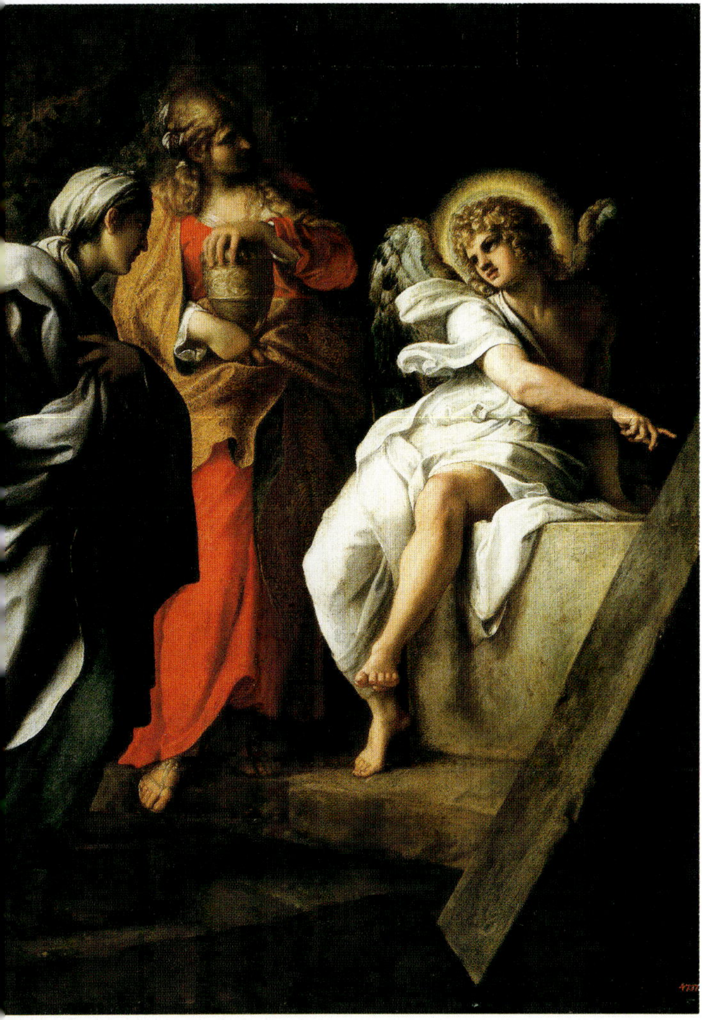

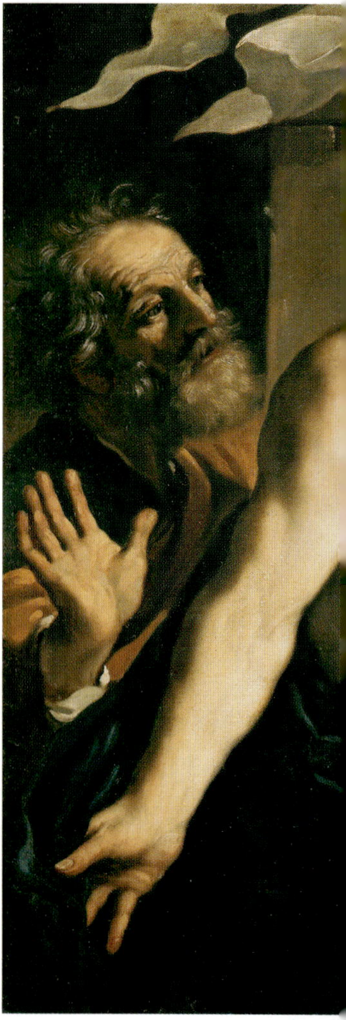

Le Guerchin (Giovanni Francesco Barbieri)

Cento, Ferrare, 1591 – Bologne, 1666

L'incrédulité de saint Thomas

1623

huile sur toile
115 x 142 cm
Musées du Vatican
Cité du Vatican

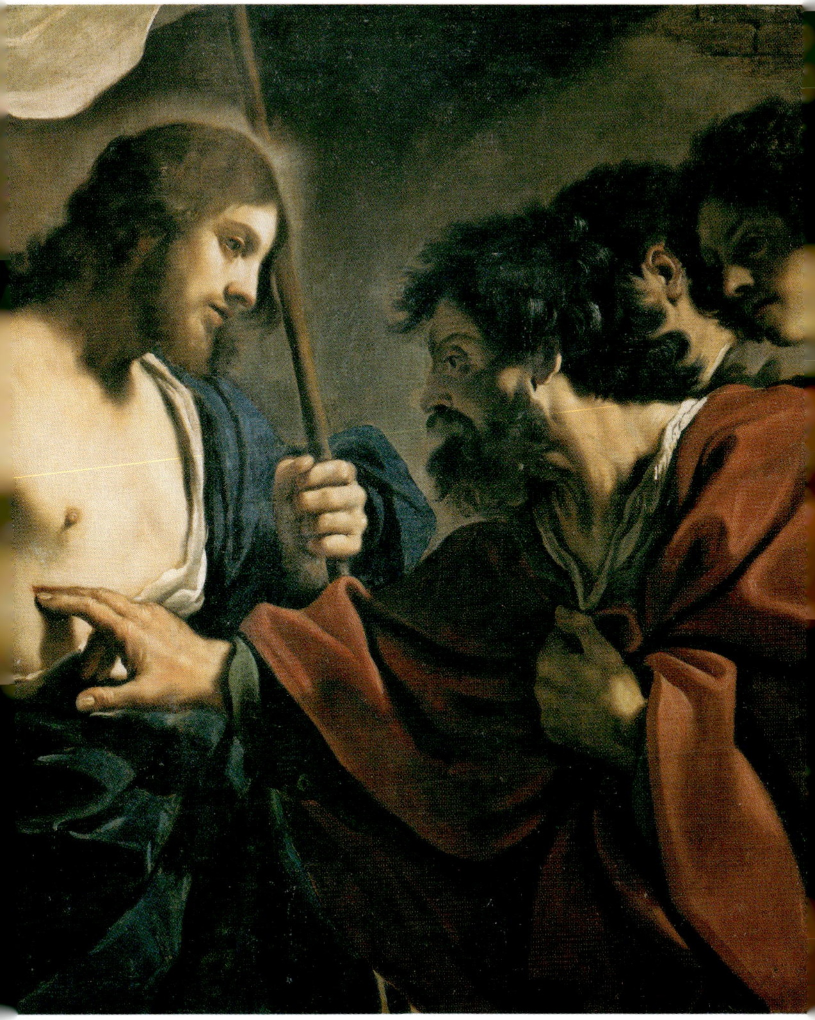

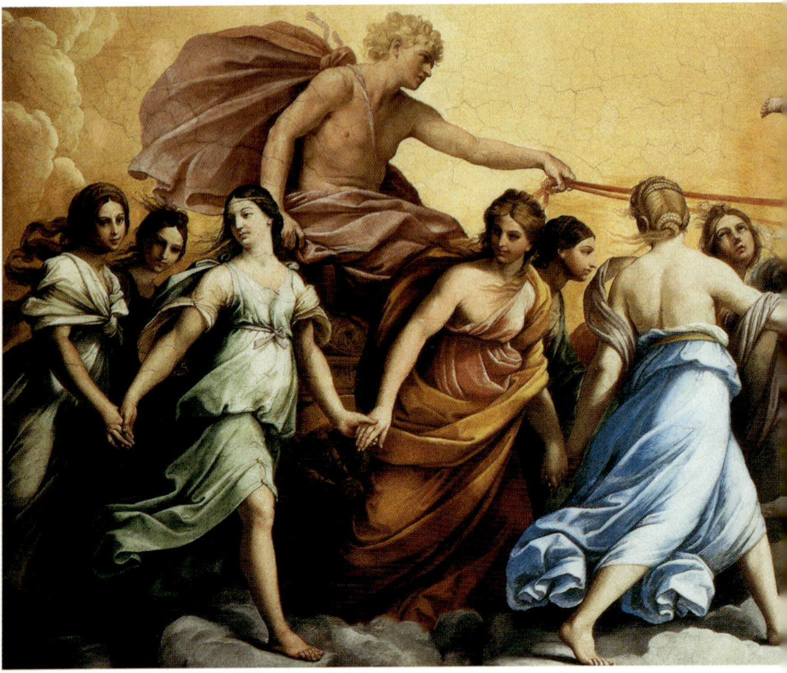

Guido Reni
Bologne, 1575-1642

L'Aurore

1613-1614

fresque
280 x 700 cm
Casino du palais Rospigliosi-Pallavicini
Rome

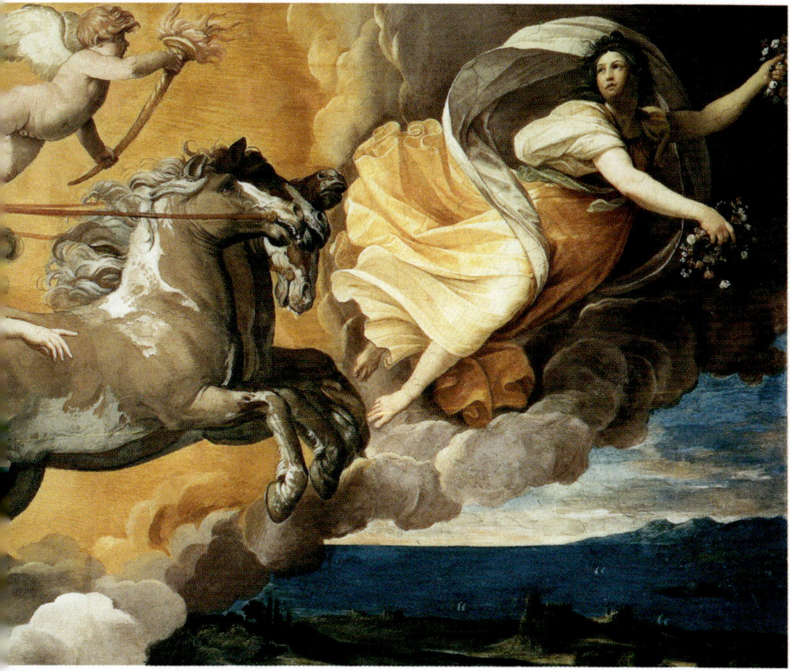

Guido Reni
Bologne, 1575-1642

L'enlèvement d'Hélène

1626-1629

huile sur toile
253 x 265 cm
Musée du Louvre
Paris

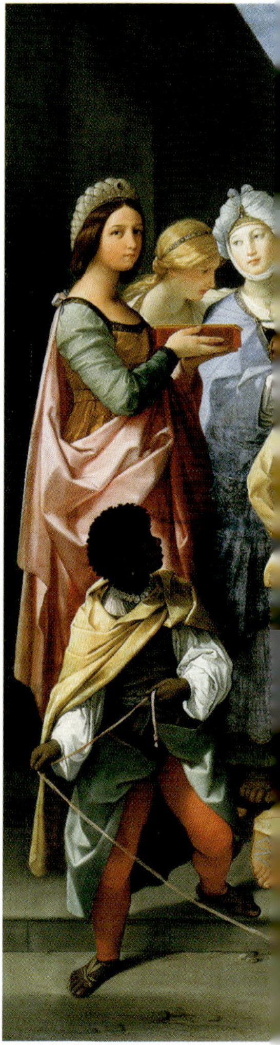

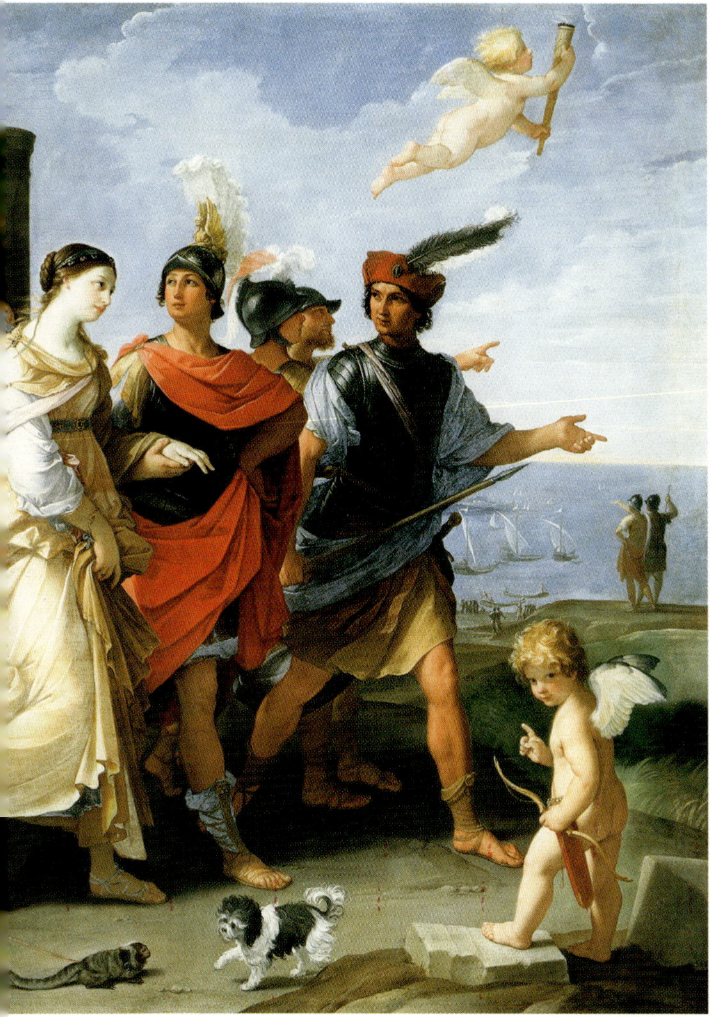

Domenico Fetti
Rome, 1589 - 1624

La drachme perdue

VERS 1617

huile sur toile
775 x 44 cm
Palazzo Pitti, galerie Palatine
Florence

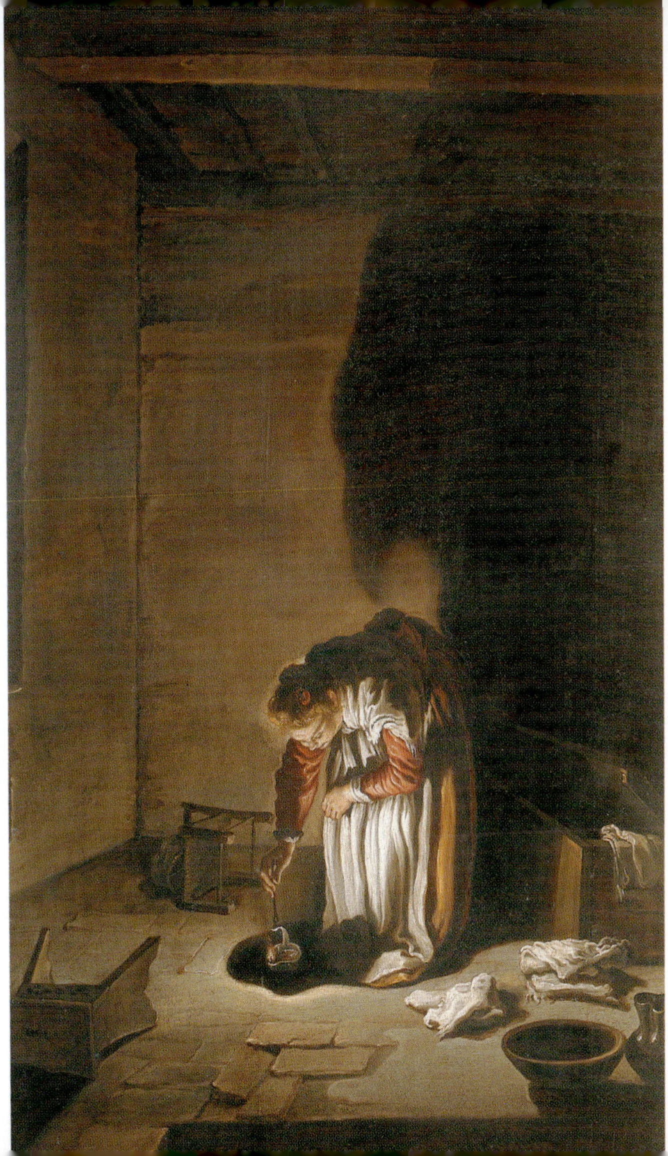

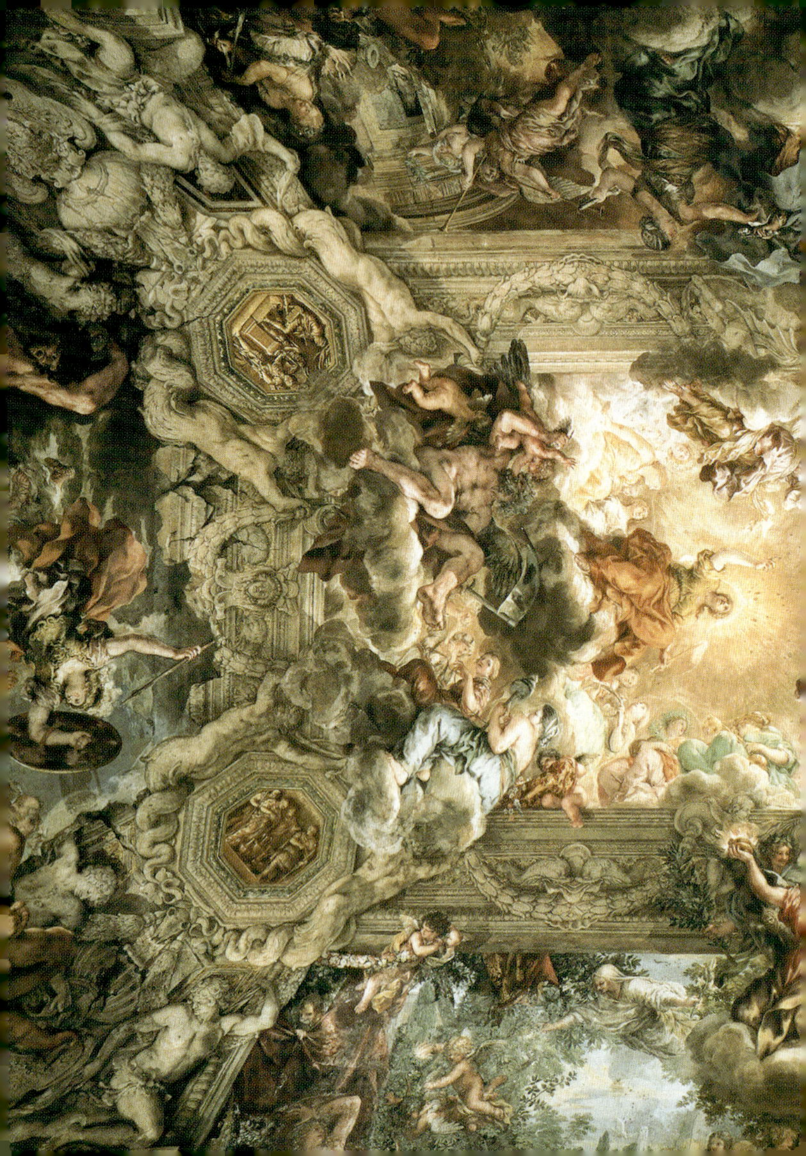

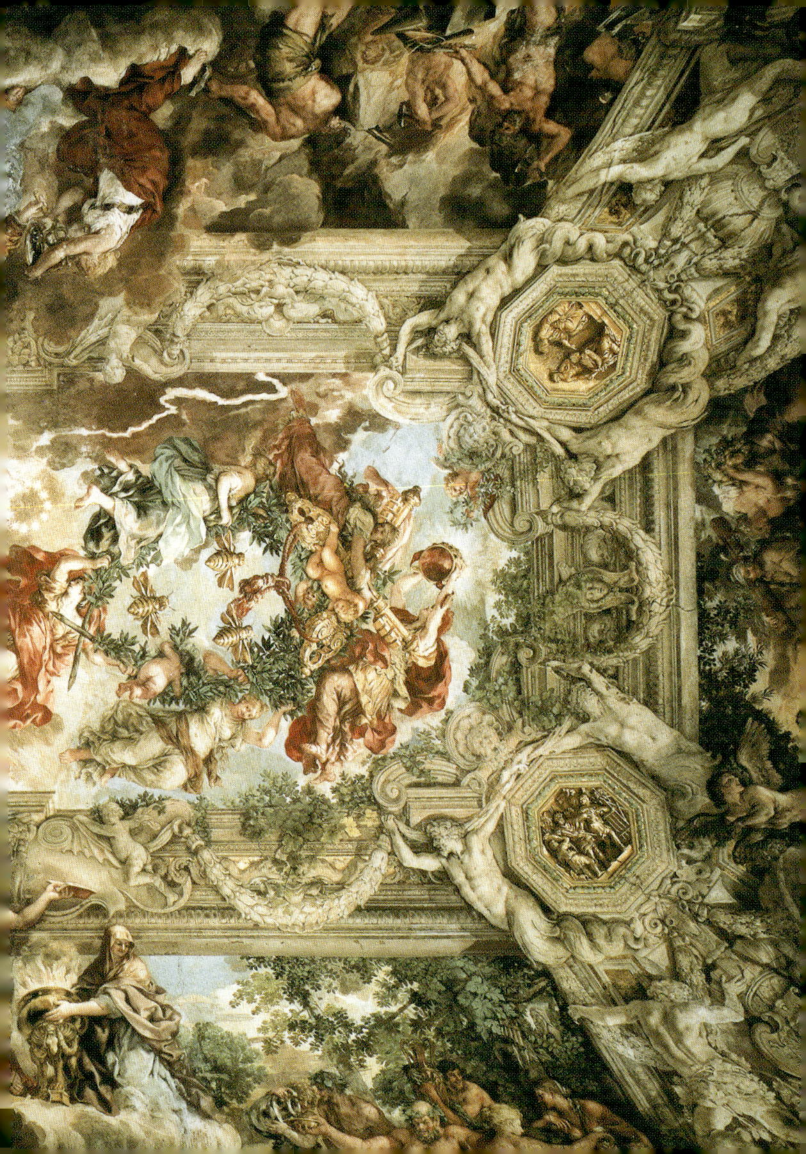

Baciccia (Giovanni Battista Gaulli)

Gênes, 1639 – Rome, 1709

Le triomphe du nom de Jésus

1674-1679

fresque
Eglise del Gésù
Rome

pp. 552-553

Pietro da Cortona (Pietro Berettini)

Cortone, 1596 – Rome, 1669

La Gloire des Barberini ou le triomphe de la Divine Providence

1633-1639

fresque
Palais Barberini
Rome

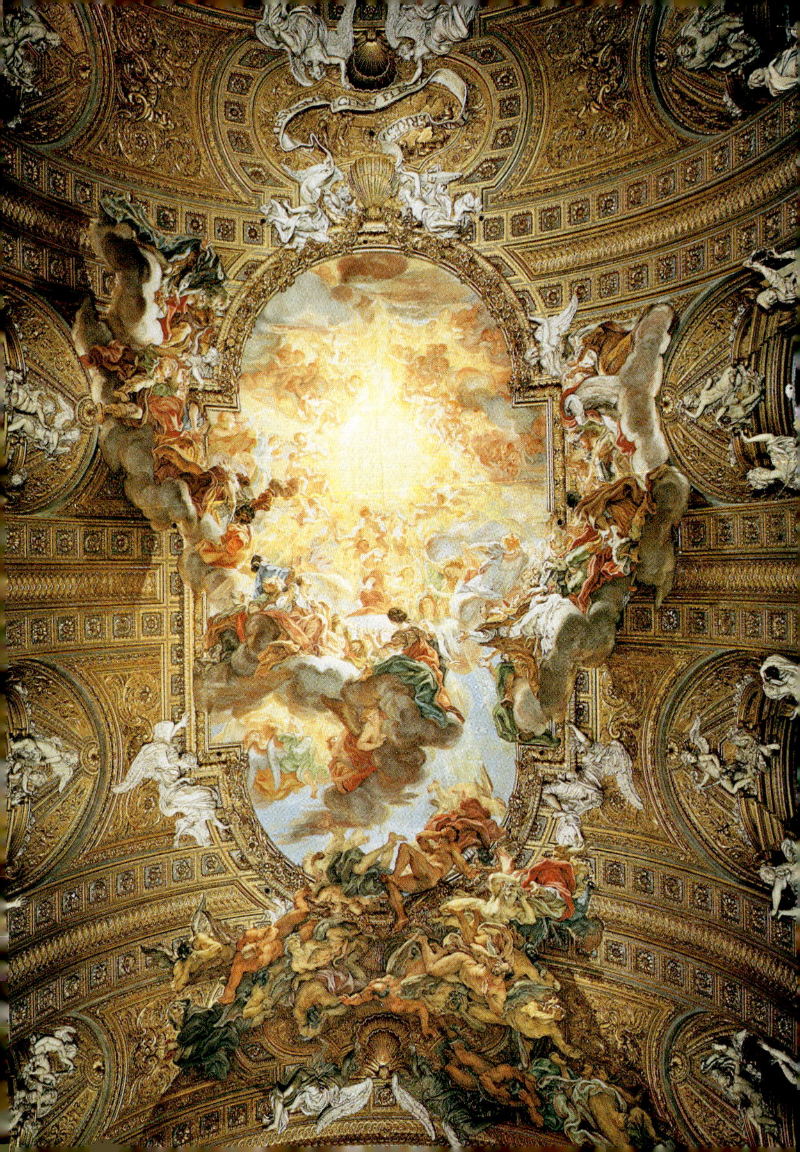

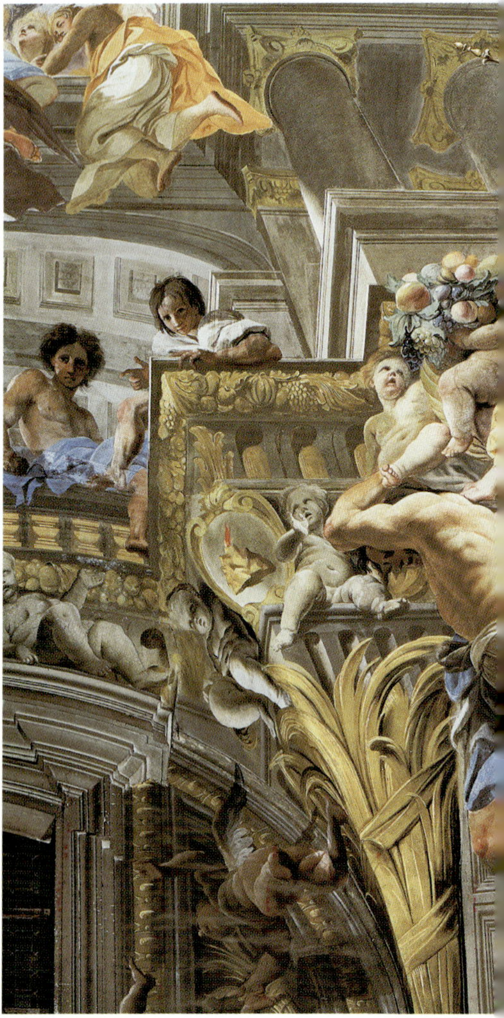

Andrea Pozzo

Trente, 1642 – Vienne, 1709

Allégorie de l'Europe

La Gloire de saint Ignace (détail du plafond)

1691-1694

fresque
Eglise Saint-Ignace
Rome

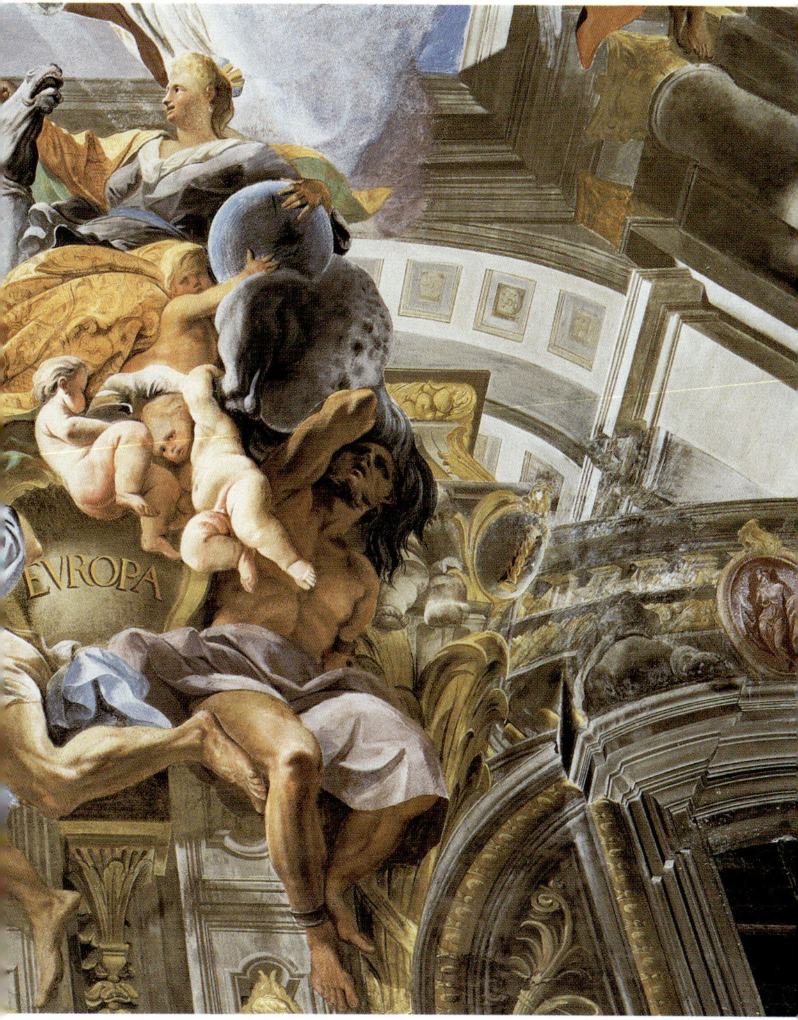
EVROPA

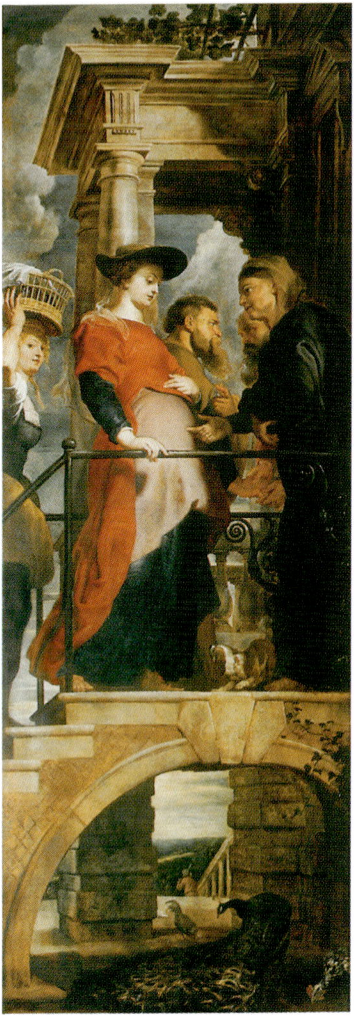

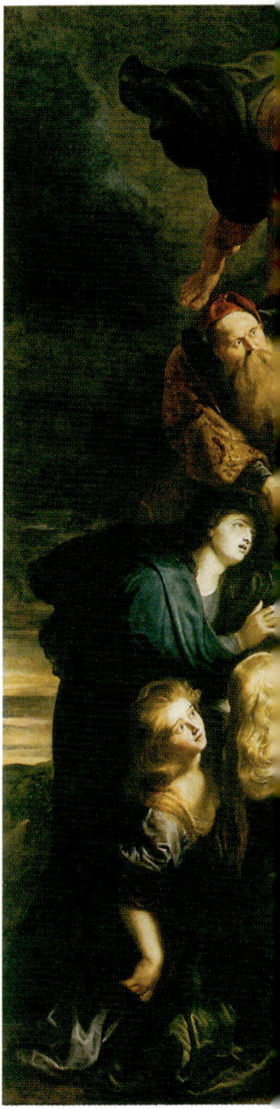

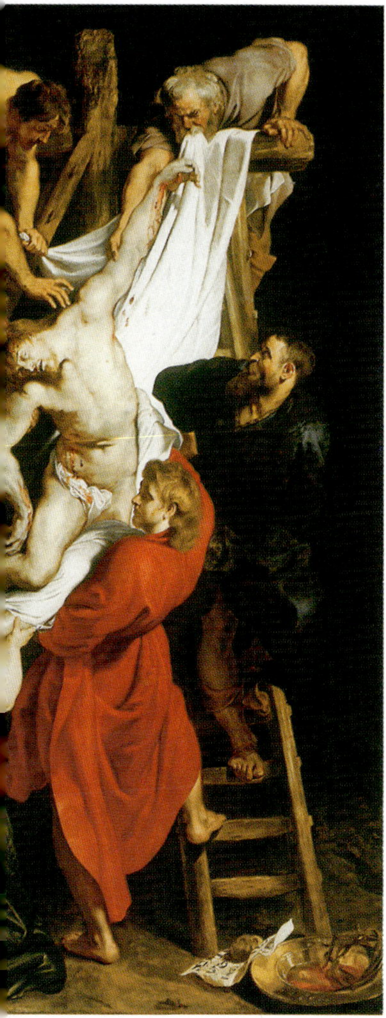
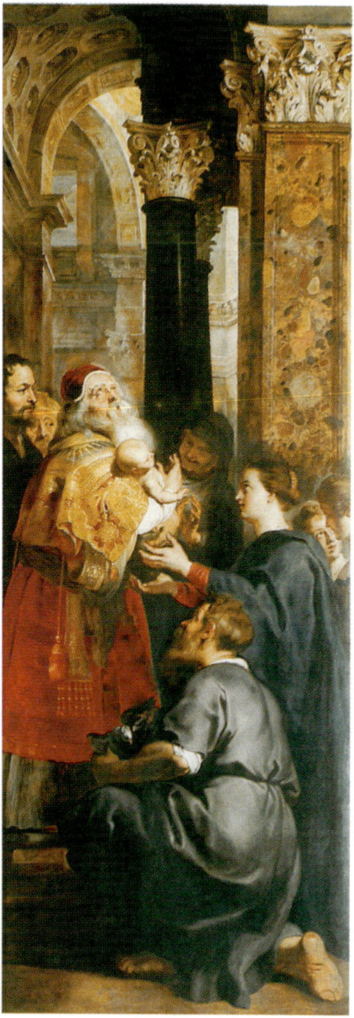

Peter Paul Rubens
Siegen, 1577 – Anvers, 1640

Les quatre philosophes

1611-1612

huile sur bois
164 x 139 cm
Palazzo Pitti, Galerie palatine
Florence

pp. 558-559

Peter Paul Rubens
Siegen, 1577 – Anvers, 1640

La Descente de Croix
triptyque

1608-1612

huile sur bois
420 x 460 cm
Onze Liebe Vrouve Kerk
Anvers

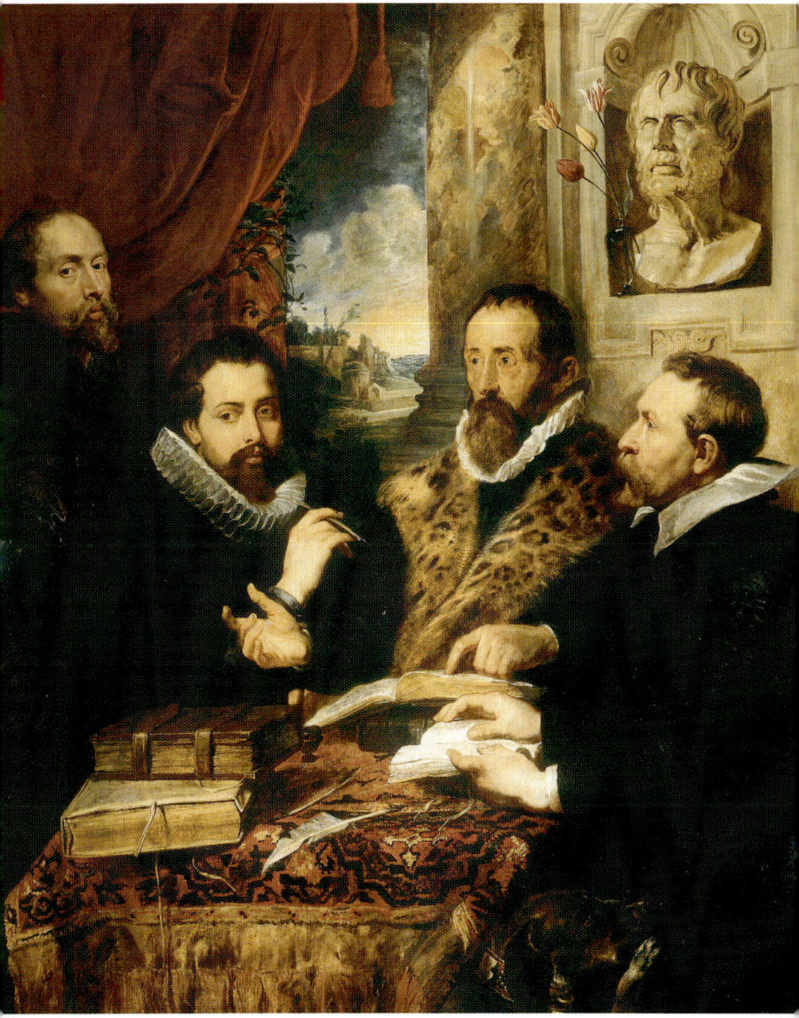

Peter Paul Rubens

Siegen, 1577 – Anvers, 1640

Le viol des filles de Leucippe

VERS 1618

huile sur toile
222 x 210 cm
Alte Pinakothek
Munich

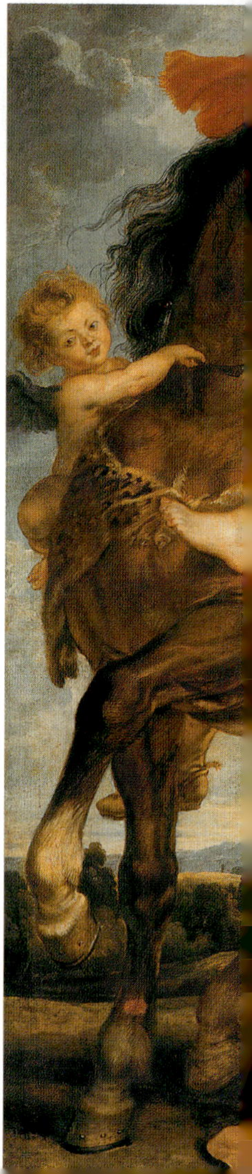

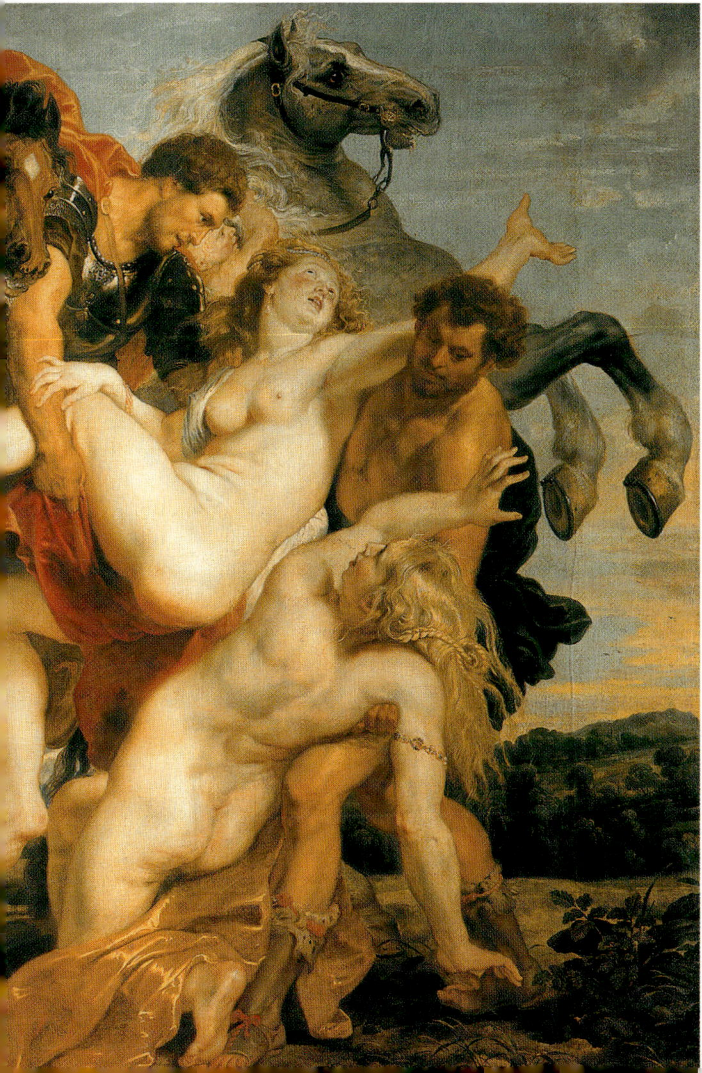

Peter Paul Rubens

Siegen, 1577 – Anvers, 1640

Marie de Médicis débarquant à Marseille

1621-1625

huile sur toile
394 x 295 cm
Musée du Louvre
Paris

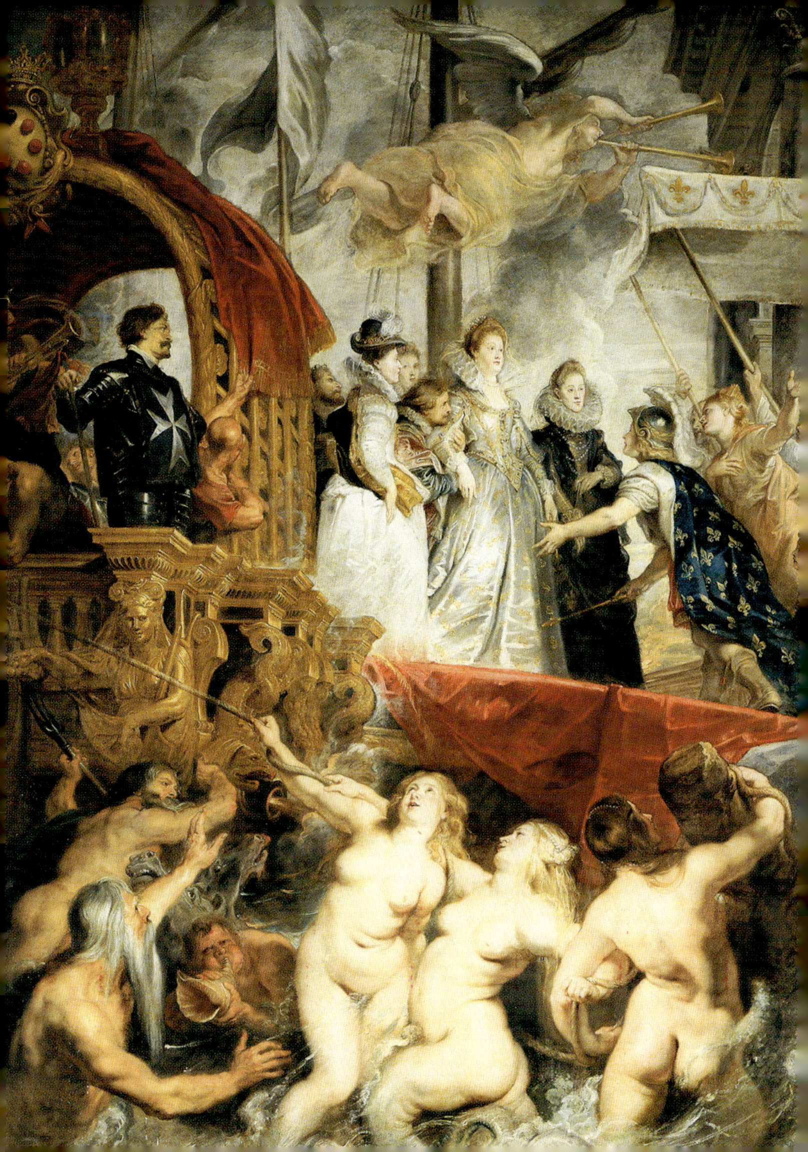

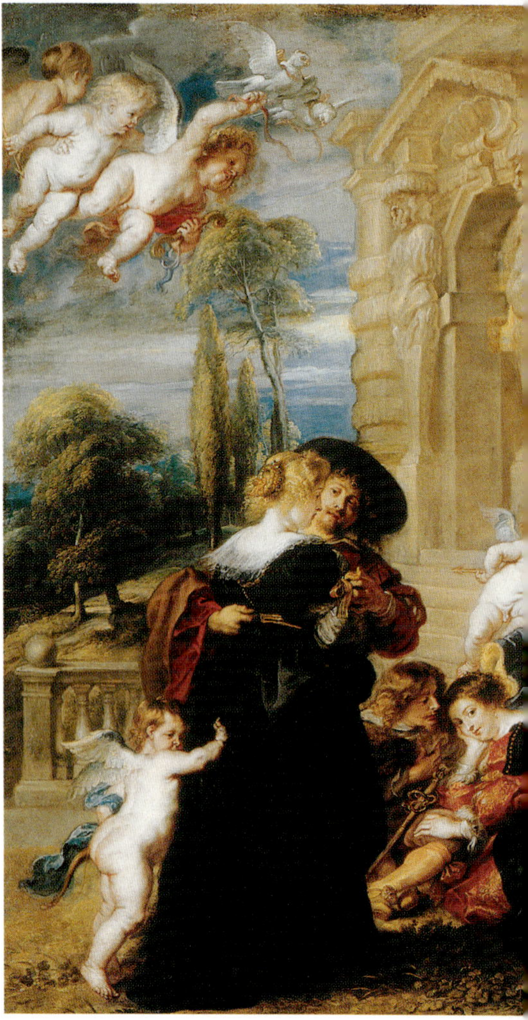

Peter Paul Rubens
Siegen, 1577 – Anvers, 1640

Le jardin d'amour

VERS 1633

huile sur toile
198 x 283 cm
Musée du Prado
Madrid

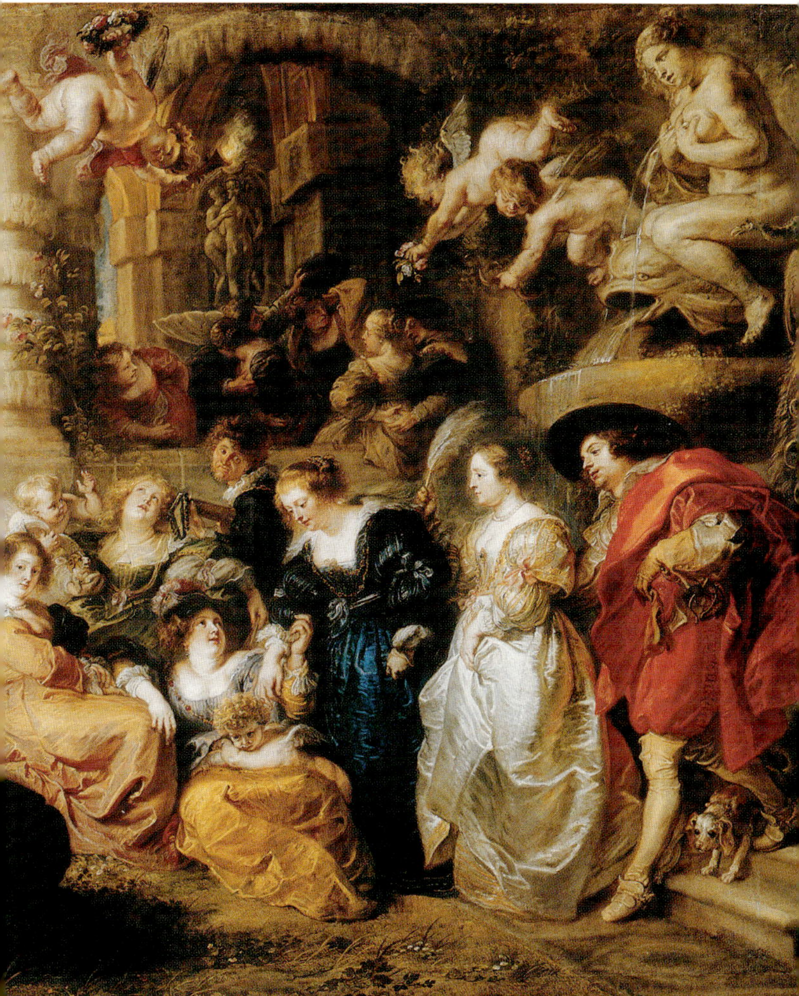

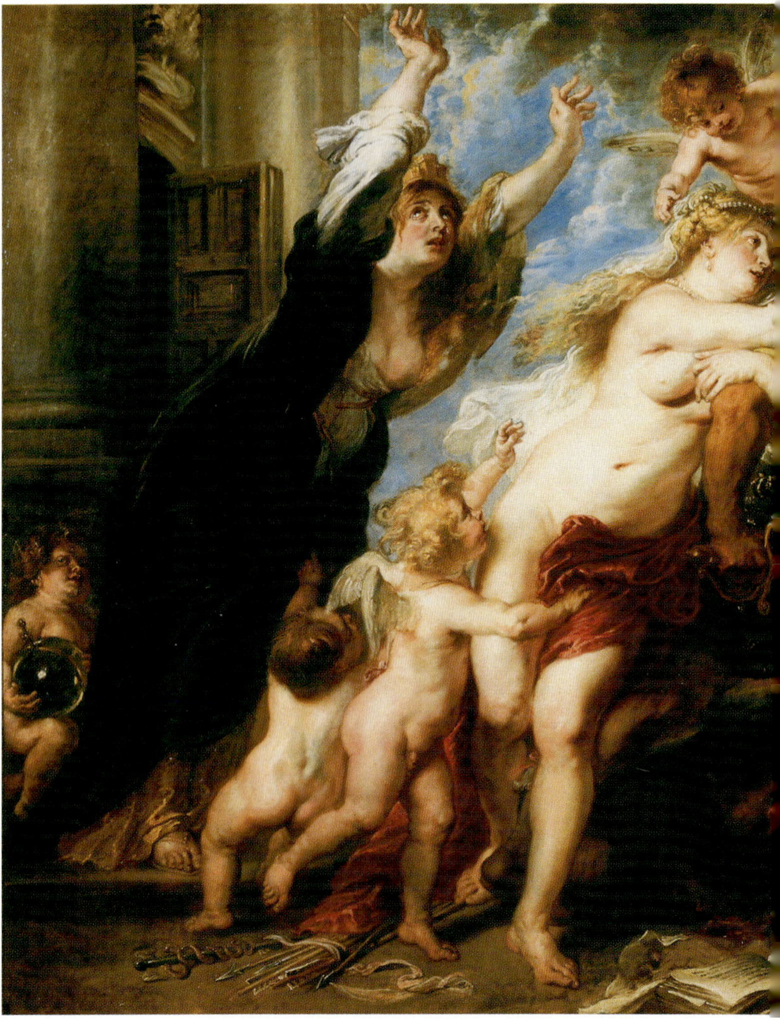

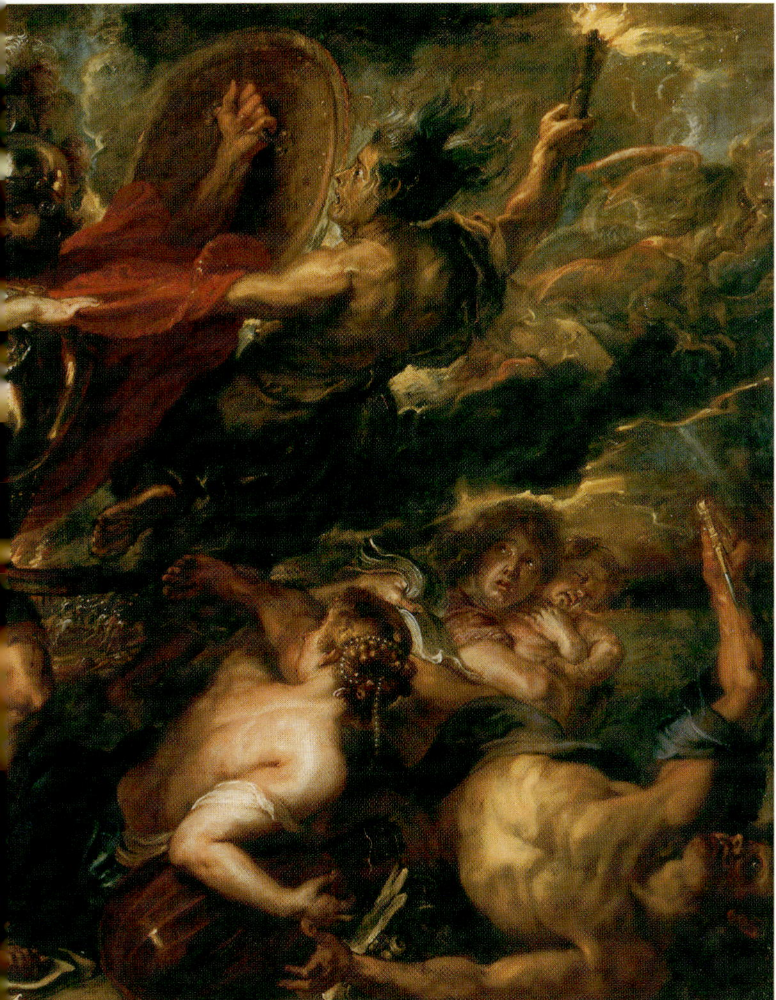

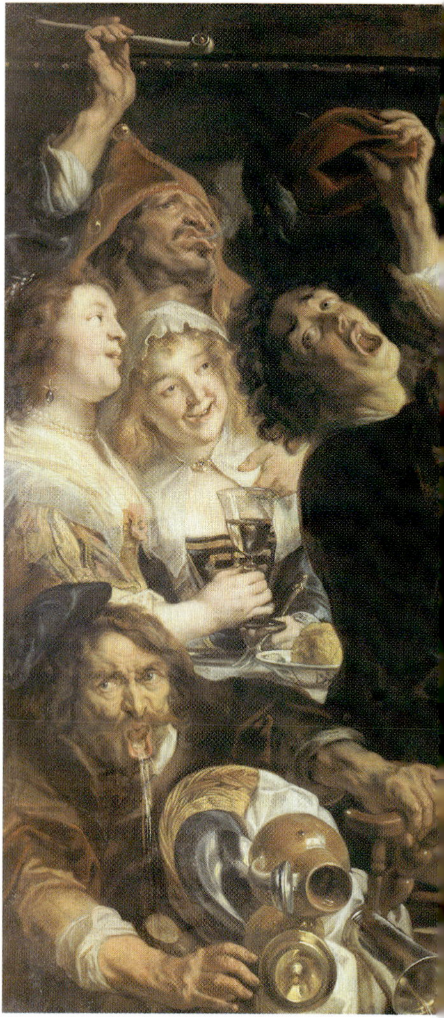

Jacob Jordaens

Anvers, 1593-1678

Le roi boit !

1640

huile sur toile
156 x 210 cm
Musées Royaux des Beaux-arts
Bruxelles

pp. 568-569

Peter Paul Rubens

Siegen, 1577 – Anvers, 1640

Les conséquences de la guerre

1637-1638

huile sur toile
206 x 342 cm
Palazzo Pitti, Galerie Palatine
Florence

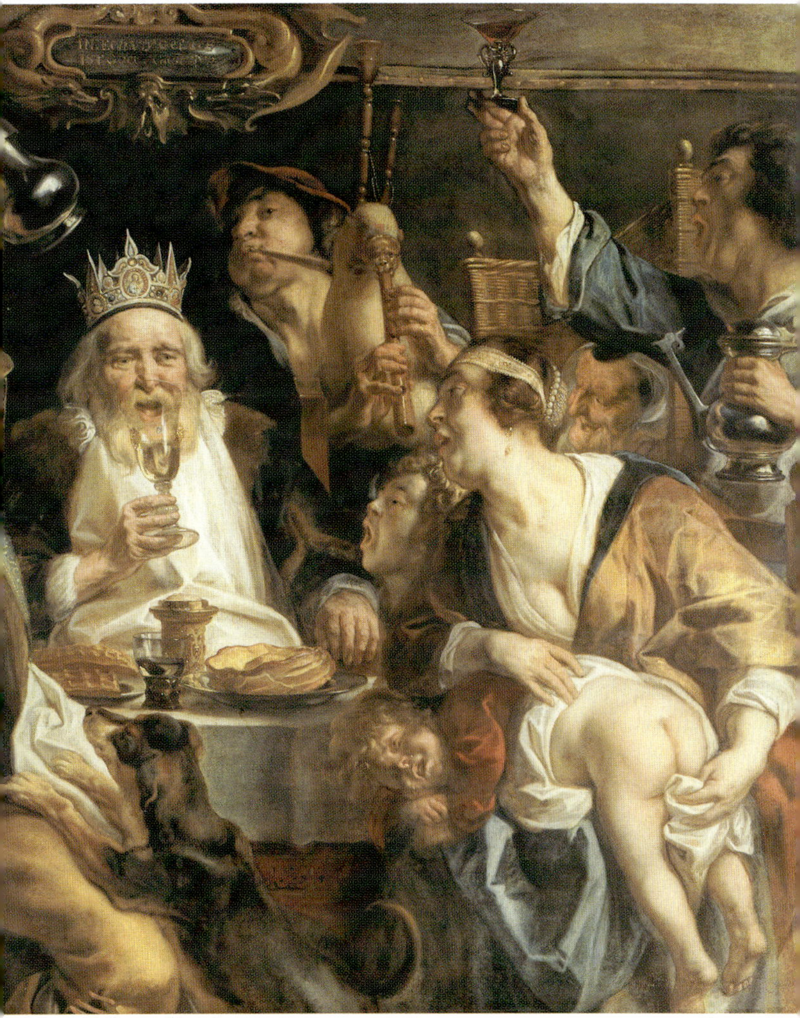

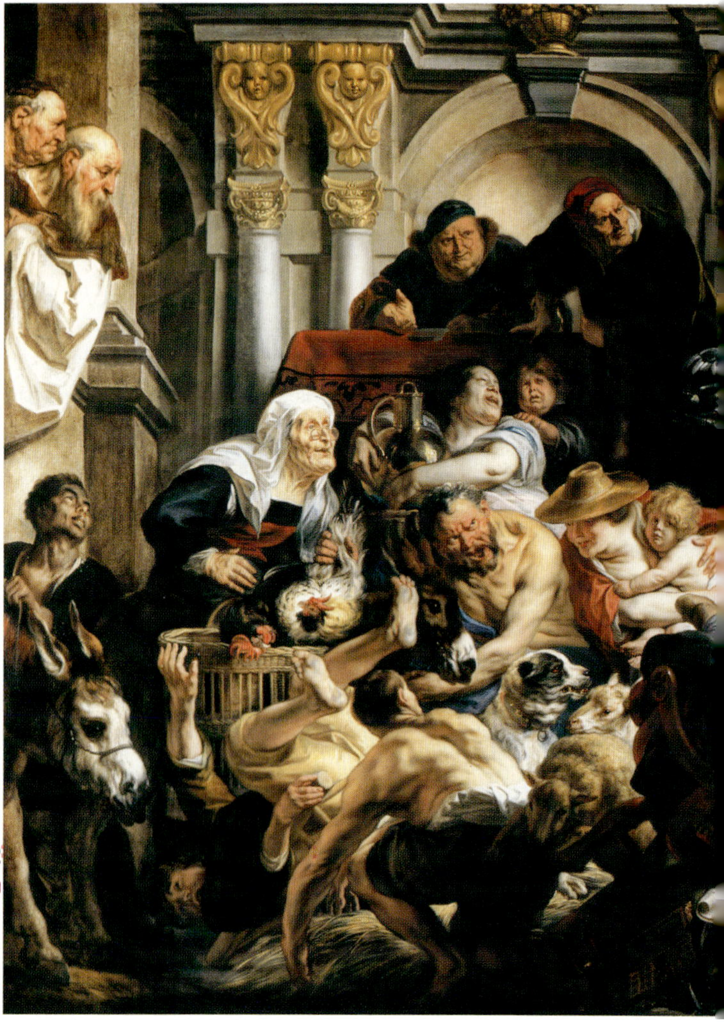

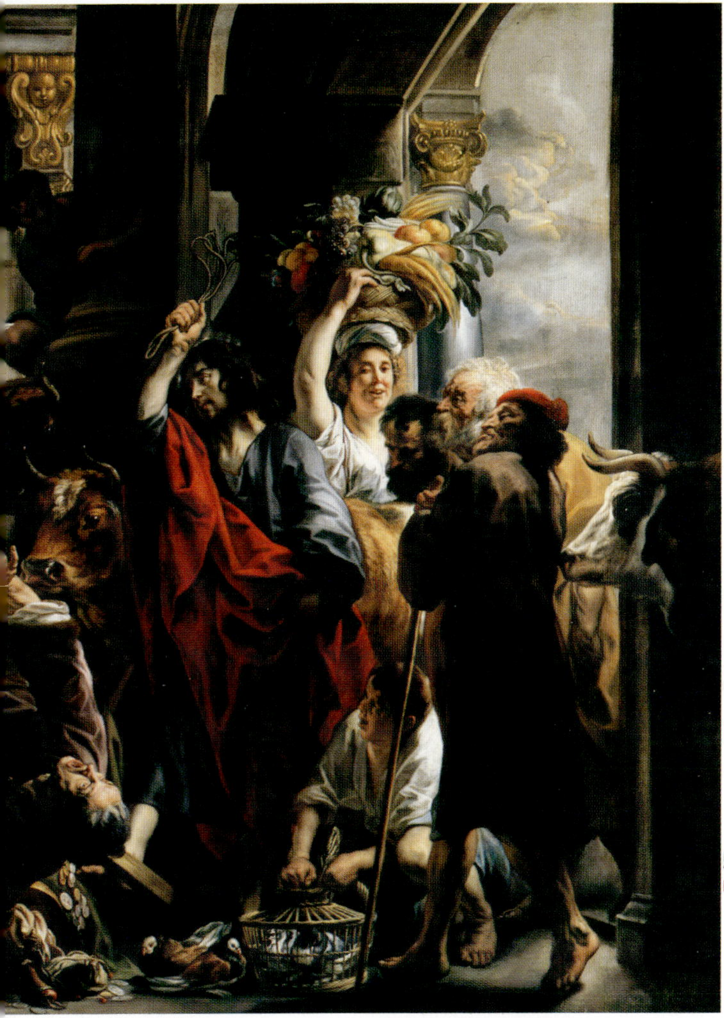

Anton Van Dyck

Anvers, 1599 - Londres, 1641

Charles Ier d'Angleterre en costume de chasse

VERS 1633

huile sur toile
266 x 207 cm
Musée du Louvre
Paris

pp. 572-573

Jacob Jordaens

Anvers, 1593-1678

Le Christ chassant les marchands du temple

VERS 1650

huile sur toile
288 x 436 cm
Musée du Louvre
Paris

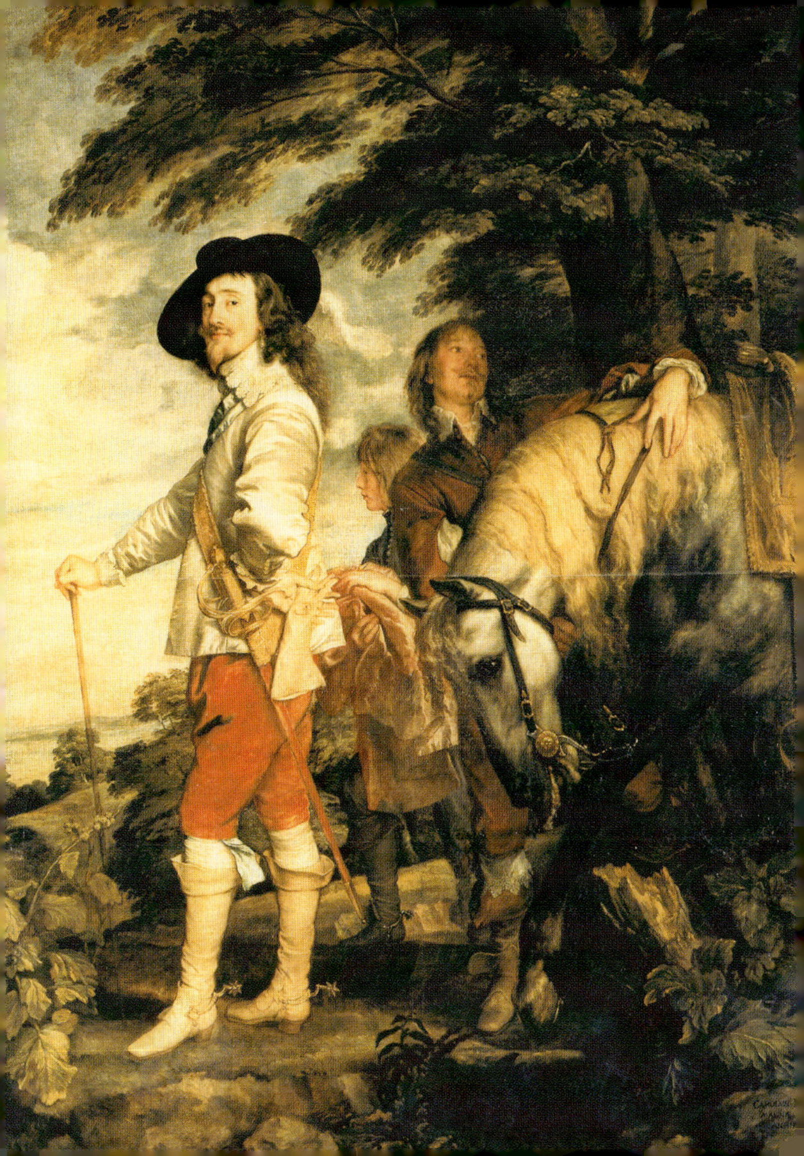

Anton Van Dyck

Anvers, 1599 - Londres, 1641

Portrait équestre de Charles Ier

1635-1640

huile sur toile
123 x 85 cm
Musée du Prado
Madrid

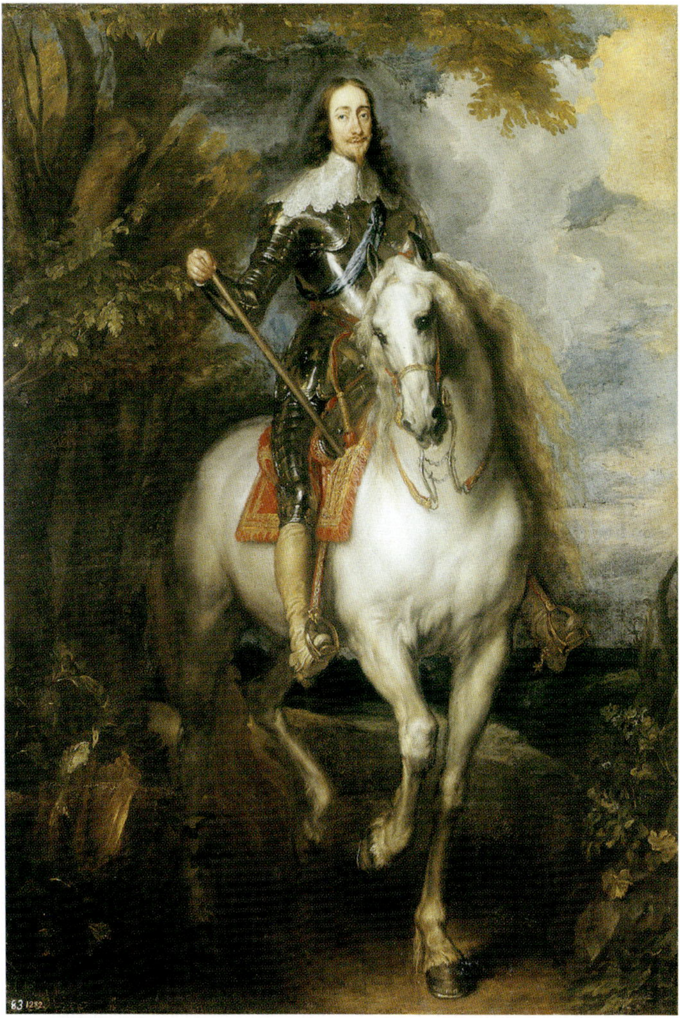

Anton van Dyck

Anvers, 1599 - Londres, 1641

Portrait de Marguerite de Lorraine

VERS 1634

huile sur toile
204 x 117 cm
Musée des Offices
Florence

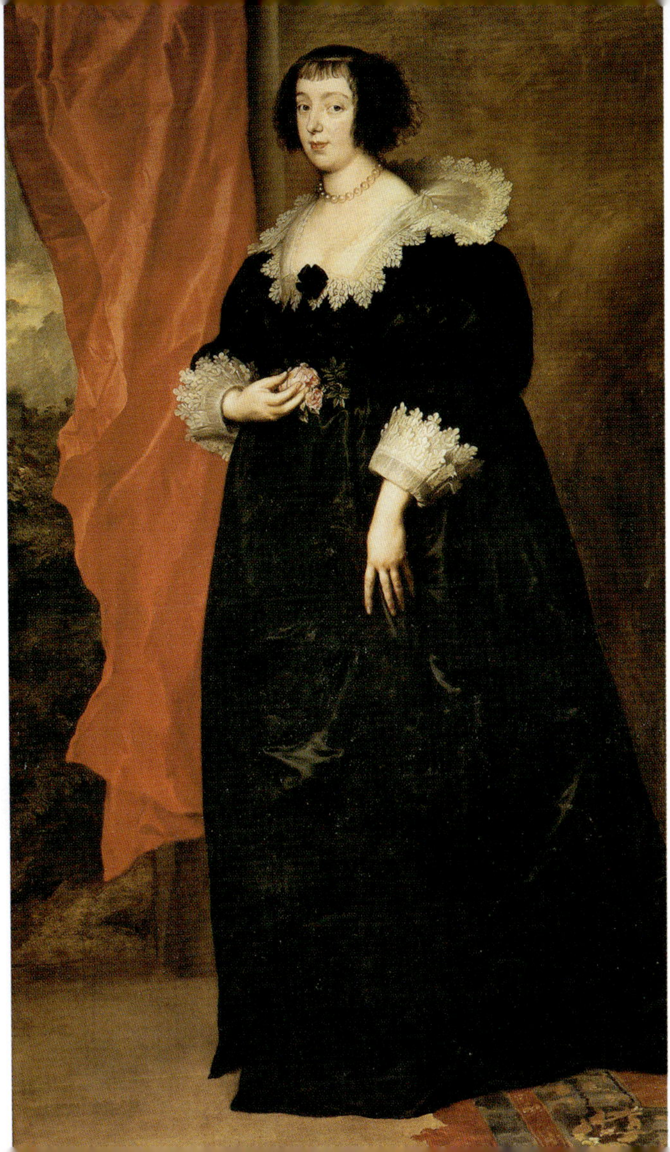

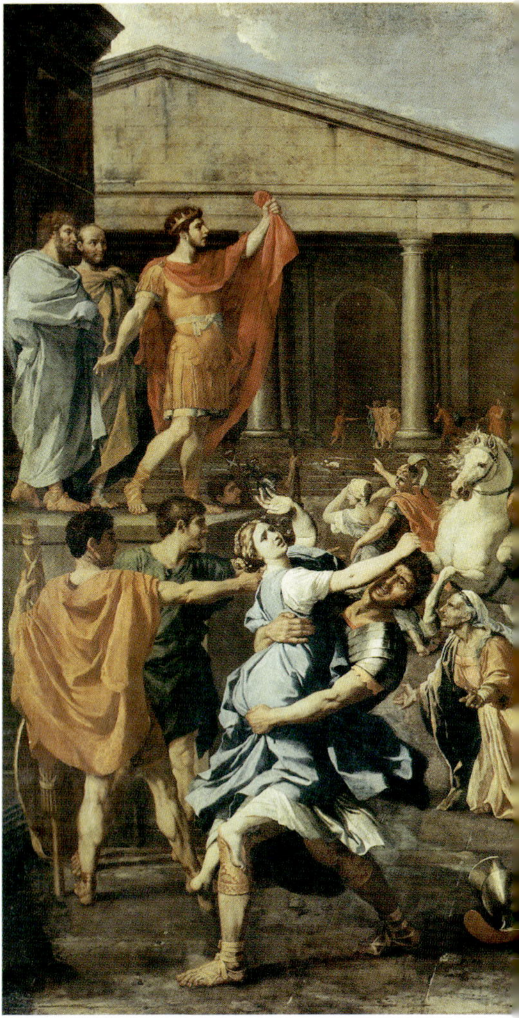

Nicolas Poussin

Les Andelys, 1594 – Rome, 1665

L'enlèvement des Sabines

VERS 1637

huile sur toile
159 x 206 cm
Musée du Louvre
Paris

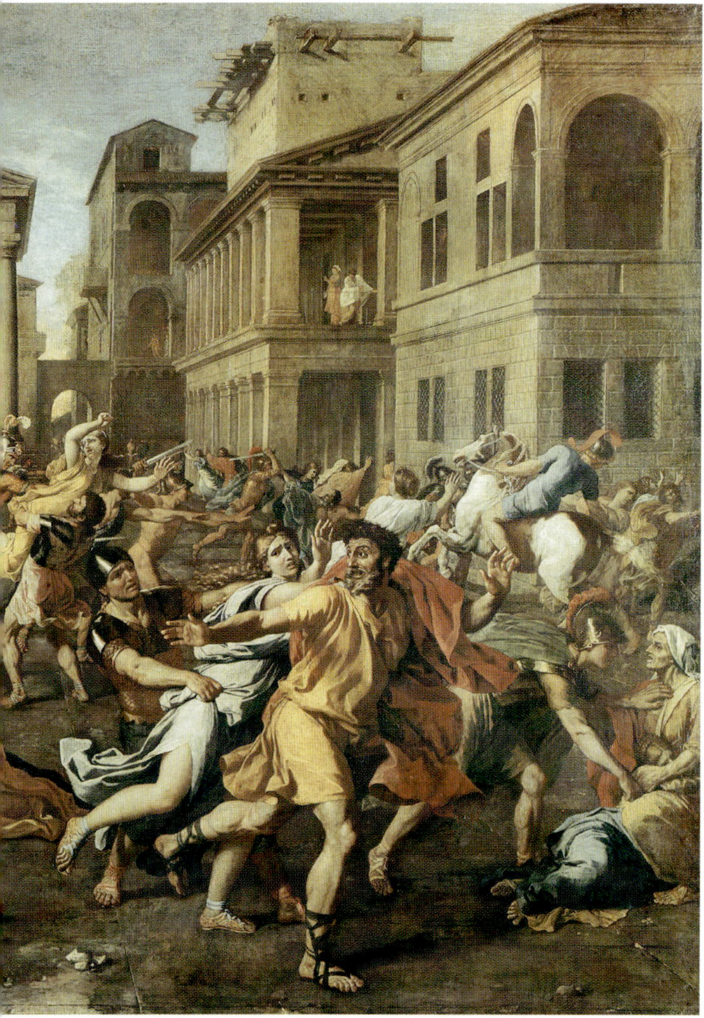

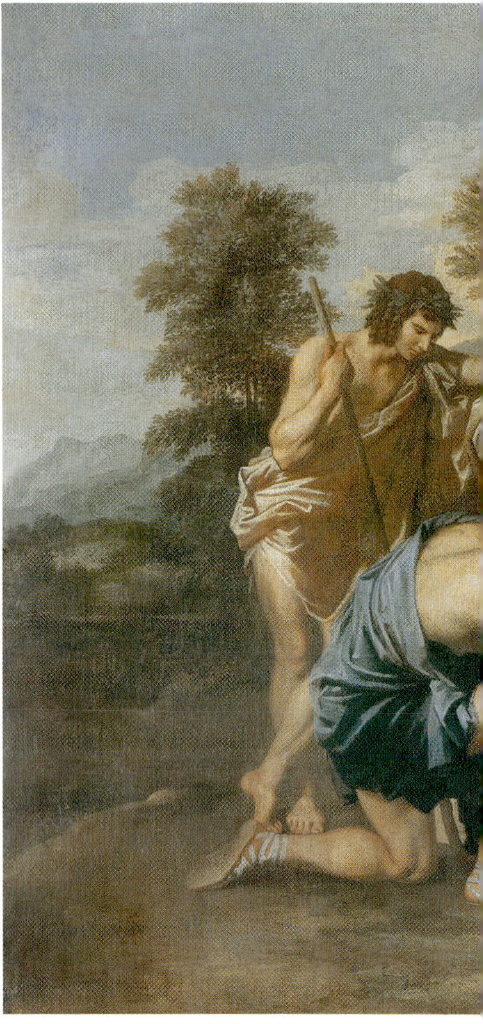

Nicolas Poussin

Les Andelys, 1594 – Rome, 1665

Les bergers d'Arcadie

VERS 1638-1640

huile sur toile
85 x 121 cm
Musée du Louvre
Paris

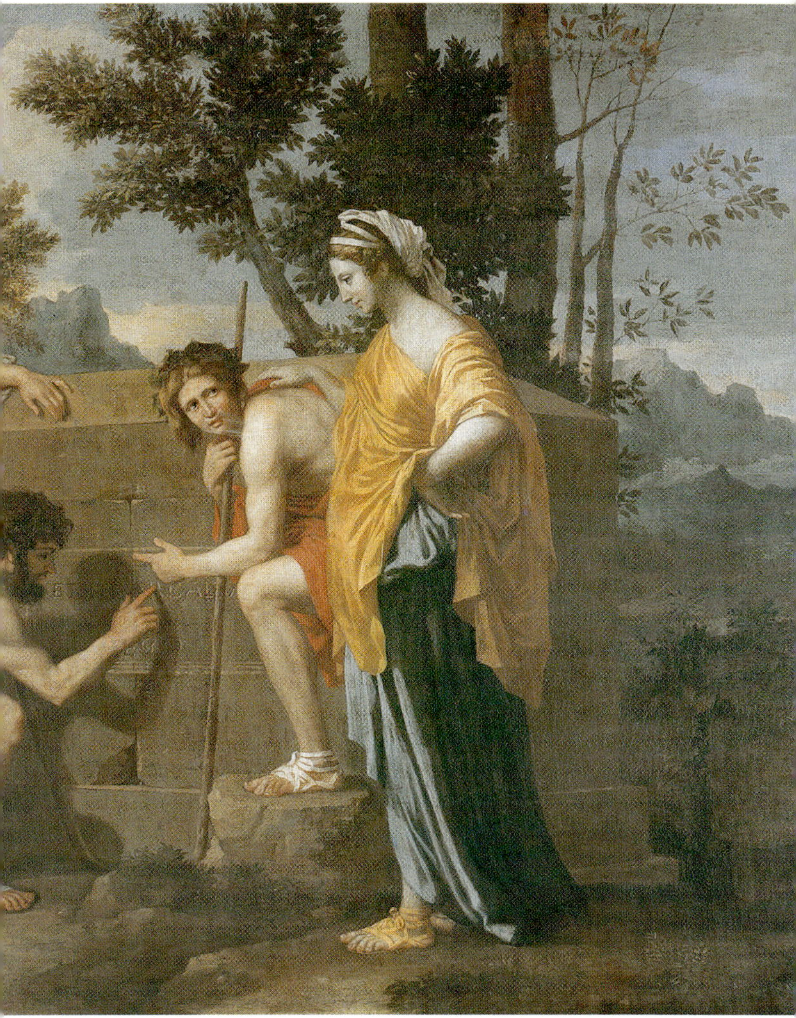

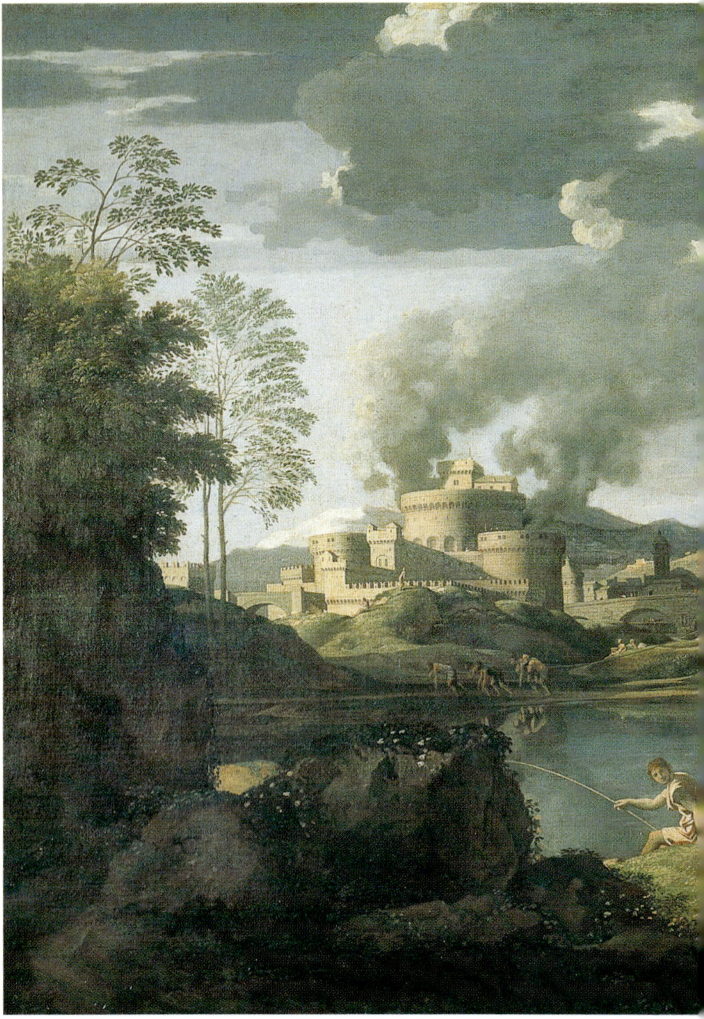

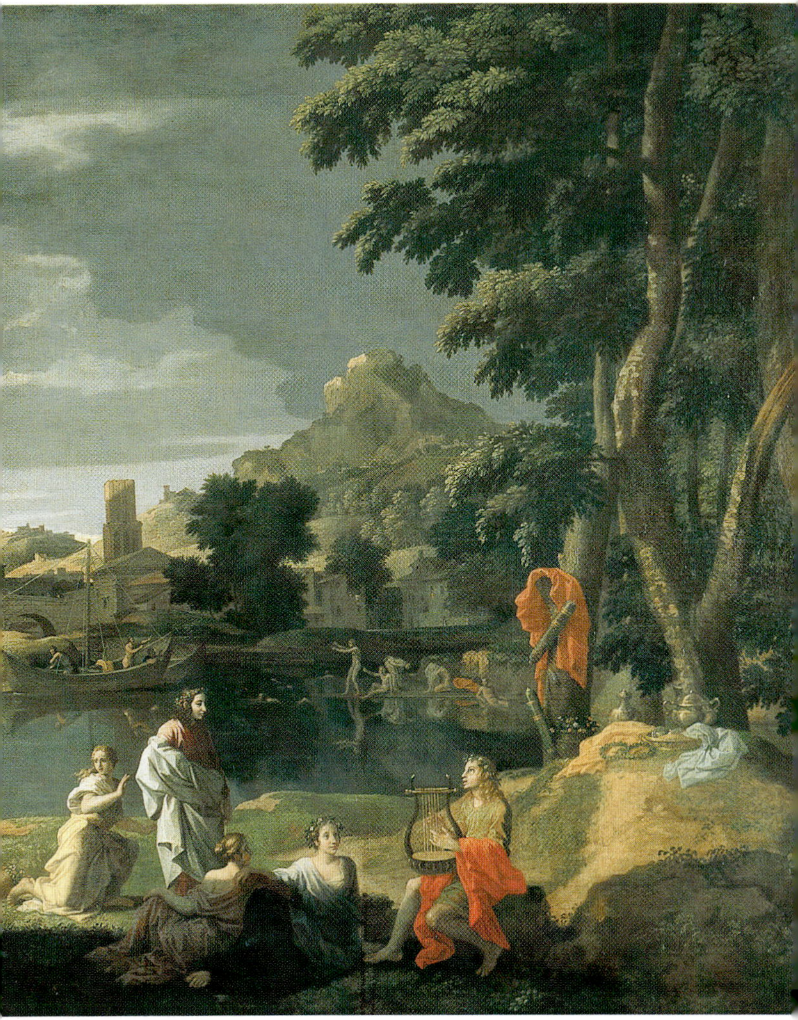

Claude Le Lorrain (Claude Gelée)

Chamagne, près de Mirecourt, 1600 – Rome, 1682

Débarquement de Cléopâtre

1642

huile sur toile
119 x 168 cm
Musée du Louvre
Paris

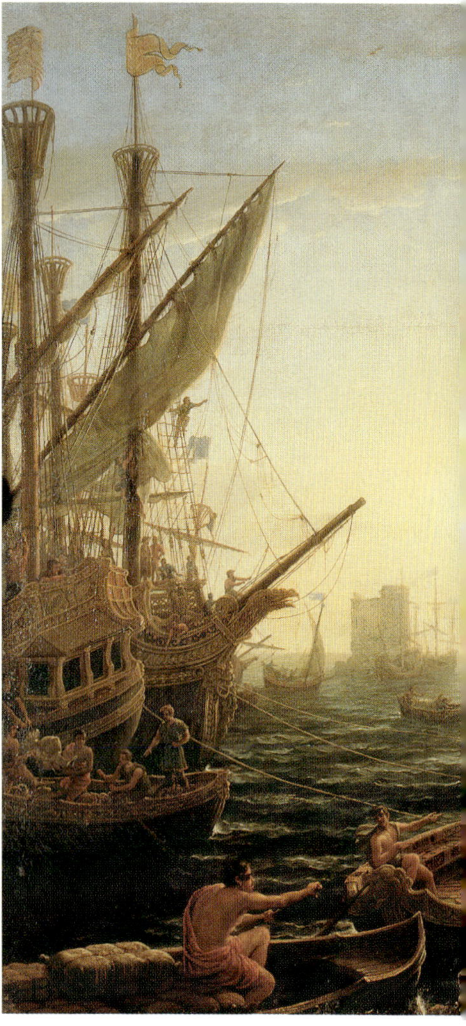

pp. 584-585

Nicolas Poussin

Les Andelys, 1594 – Rome, 1665

Orphée et Eurydice

VERS 1650

huile sur toile
124 x 200 cm
Musée du Louvre
Paris

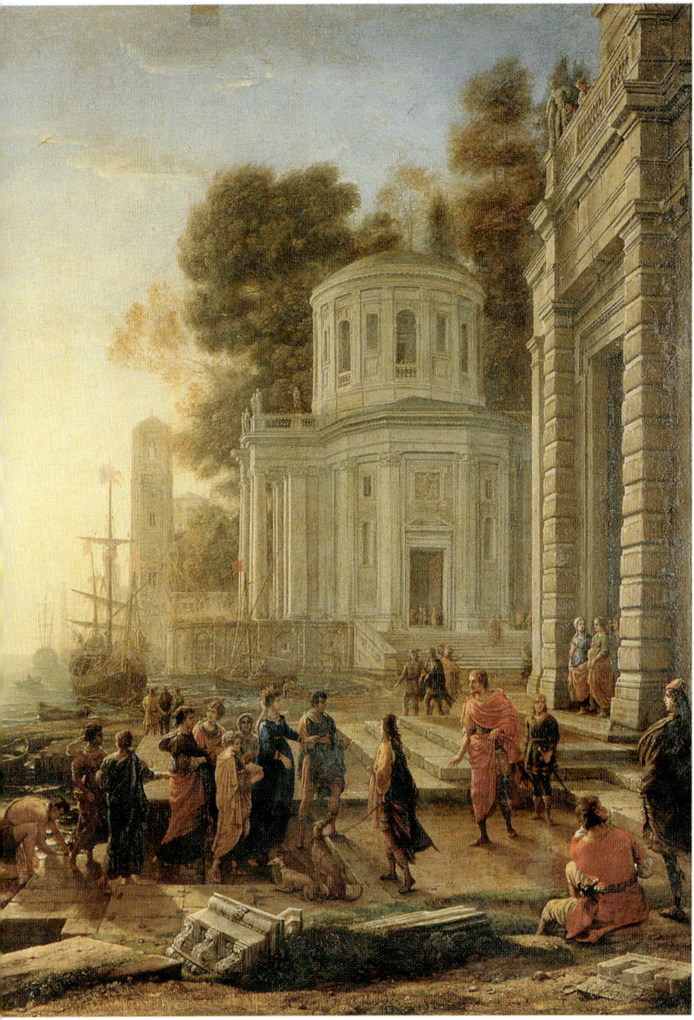

Claude Le Lorrain (Claude Gelée)

Chamagne, près de Mirecourt, 1600 – Rome, 1682

Ulysse rendant Chryséis à son père

1646

huile sur toile
119 x 150 cm
Musée du Louvre
Paris

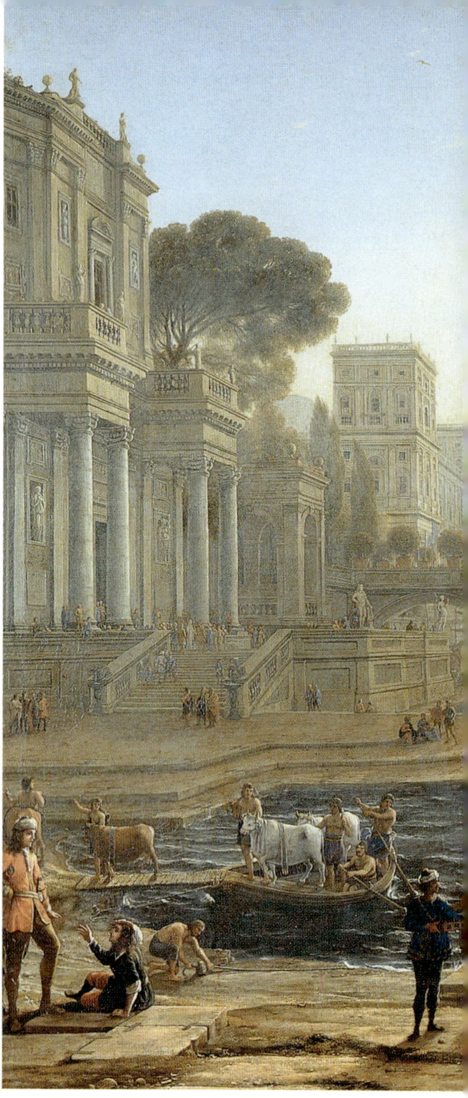

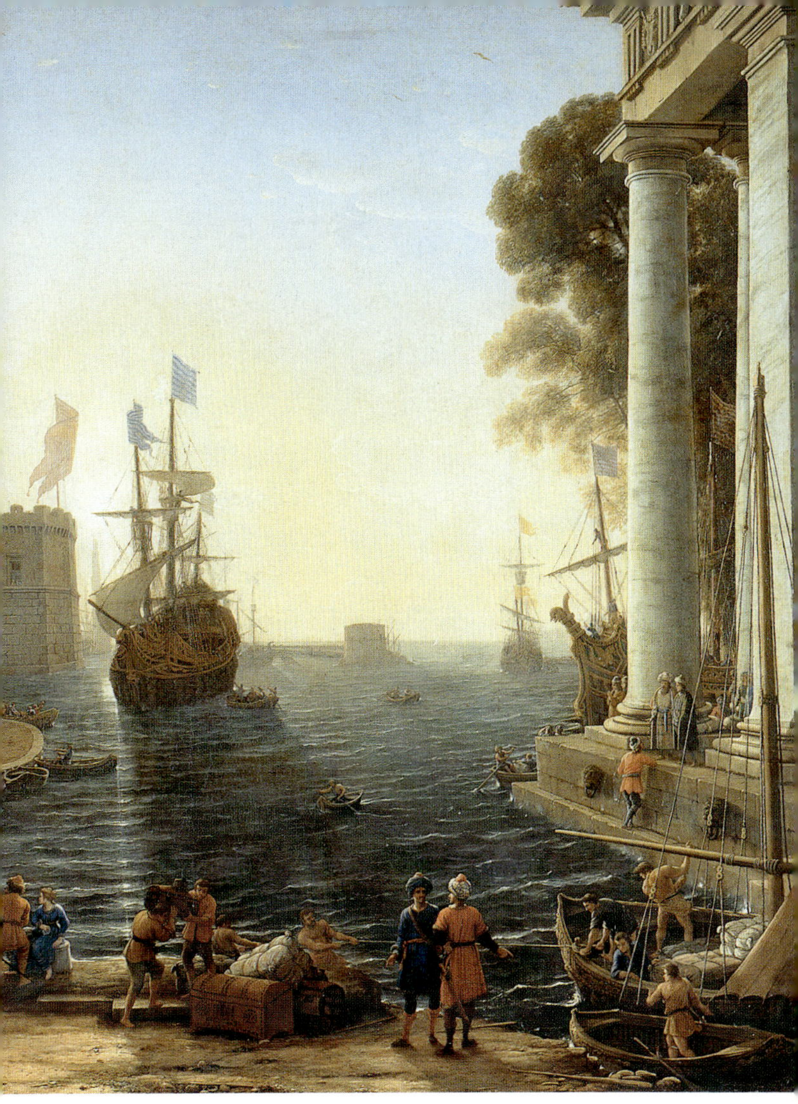

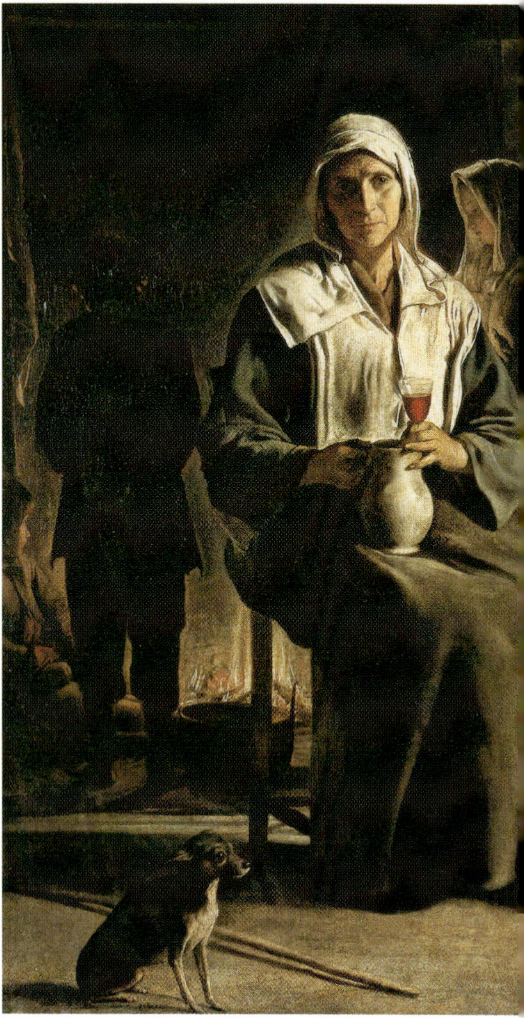

Louis Le Nain
Laon, 1583 – Paris, 1648

Le Repas des paysans

Vers 1643

huile sur toile
113 x 159 cm
Musée du Louvre
Paris

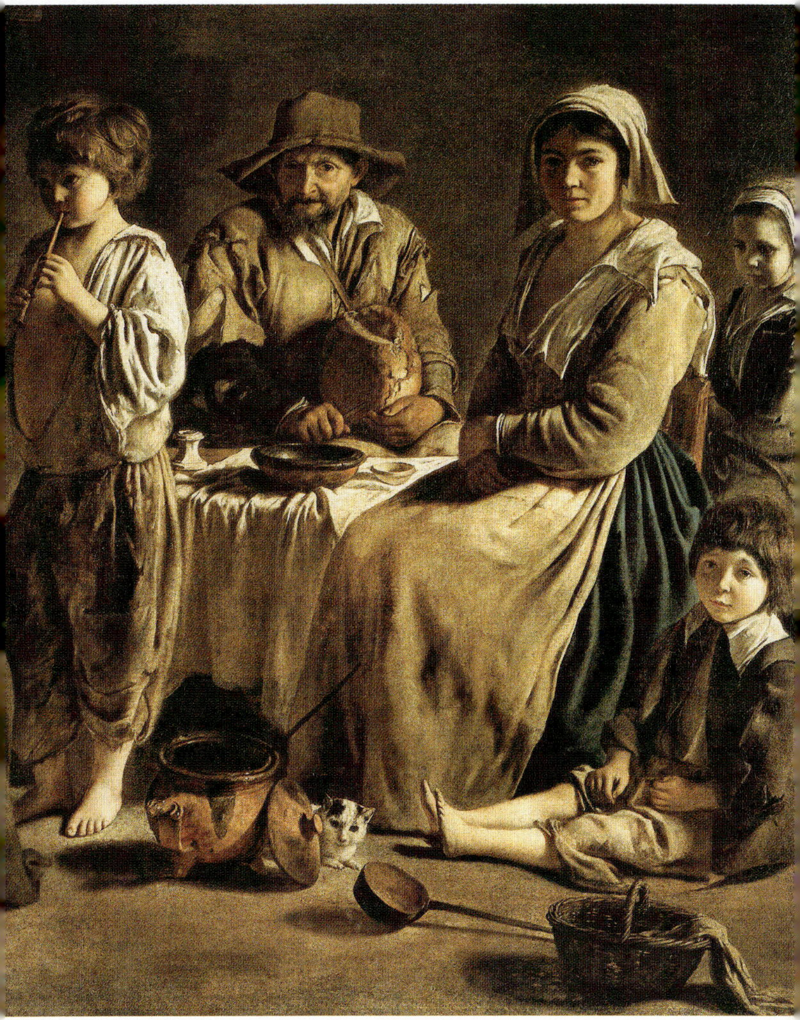

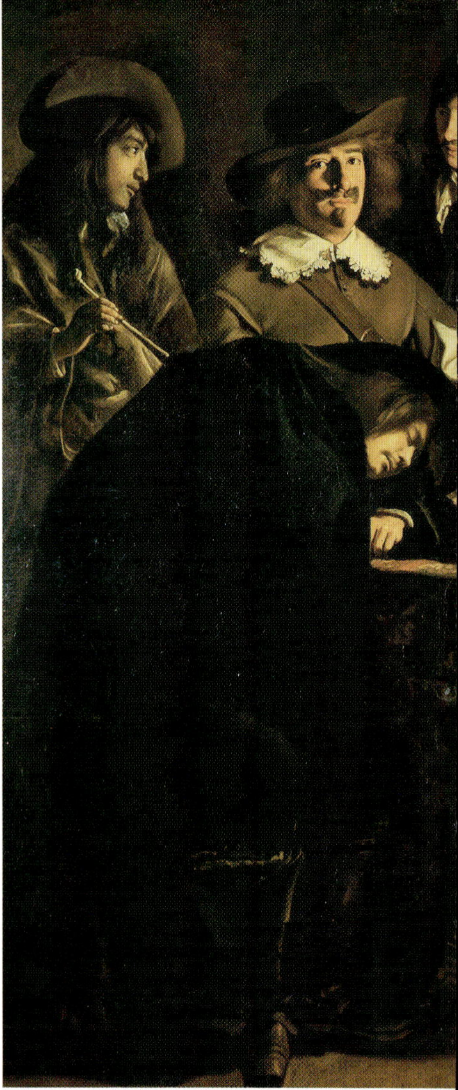

Louis Le Nain

Laon, 1583 – Paris, 1648

Les fumeurs

VERS 1643

huile sur toile
117 x 137 cm
Musée du Louvre
Paris

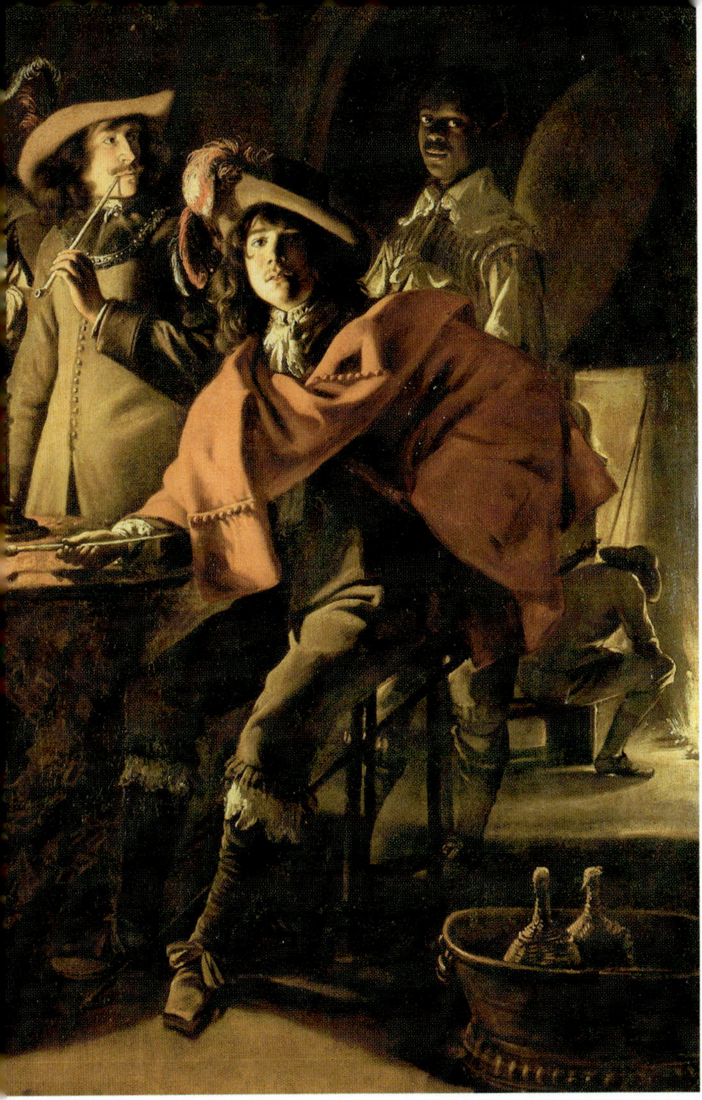

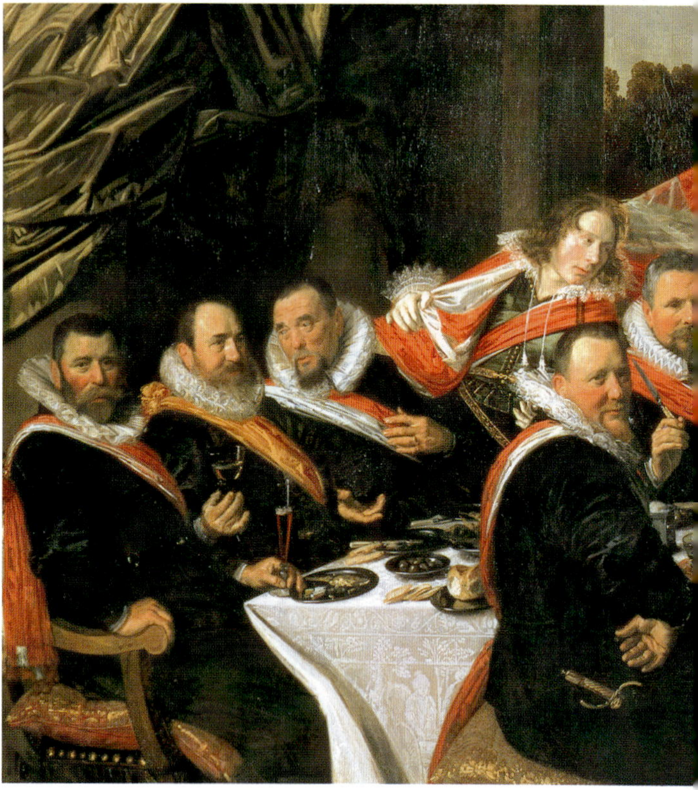

Frans Hals

Anvers, 1582/83 – Haarlem, 1666

Banquet du corps des officiers de Saint-Georges

1616

huile sur toile
175 x 324 cm
Musée Frans Hals
Haarlem

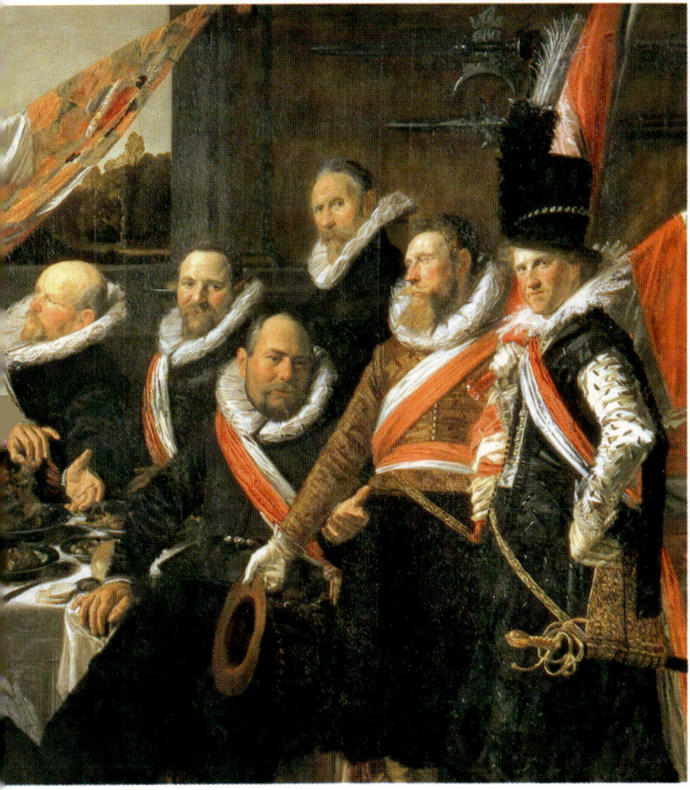

Frans Hals
Anvers, 1582/83 – Haarlem, 1666

Le joyeux joueur de luth

VERS 1623

huile sur bois
71 x 62 cm
Musée du Louvre
Paris

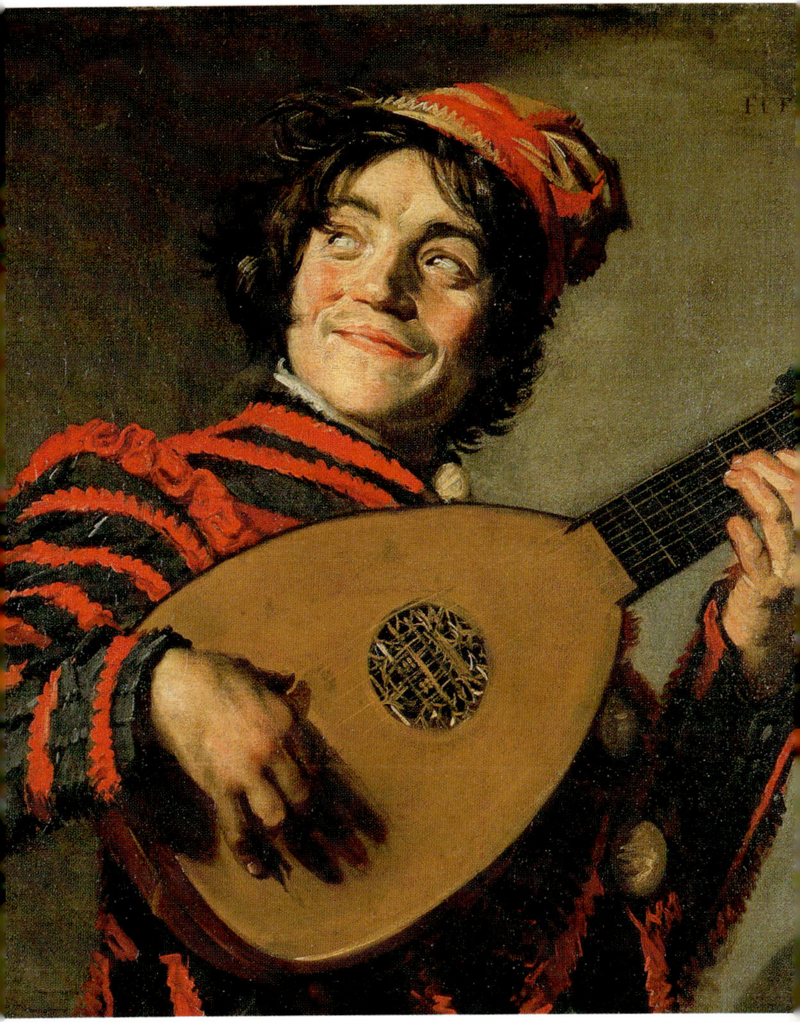

Frans Hals

Anvers, 1582/83 – Haarlem, 1666

Portrait de Willem van Heythuysen

VERS 1650

huile sur bois
46,5 x 37,5 cm
Musées Royaux des Beaux-arts
Bruxelles

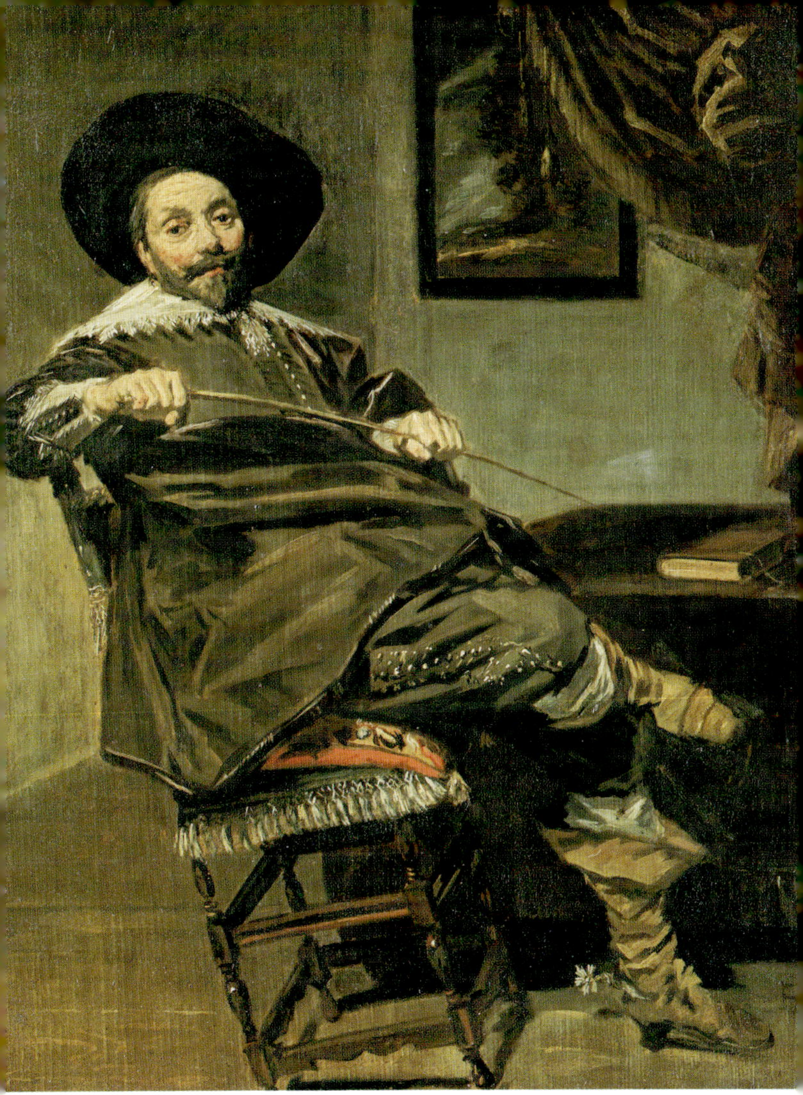

Carel Fabritius

Midden-Beemster, 1622 – Delft, 1654

Le Chardonneret

VERS 1654

huile sur bois
33,5 x 22,8 cm
Mauritshuis
La Haye

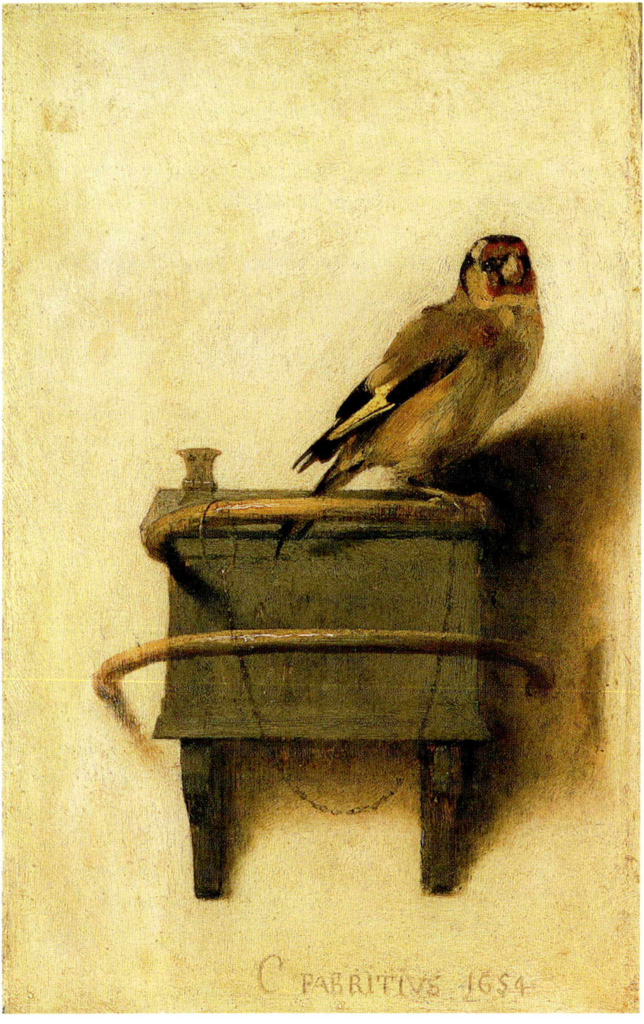
C FABRITIVS 1654

Jan Steen
Leyde, 1626-1679

La femme malade d'amour

1660

huile sur toile
62 x 52,1 cm
Alte pinakothek
Munich

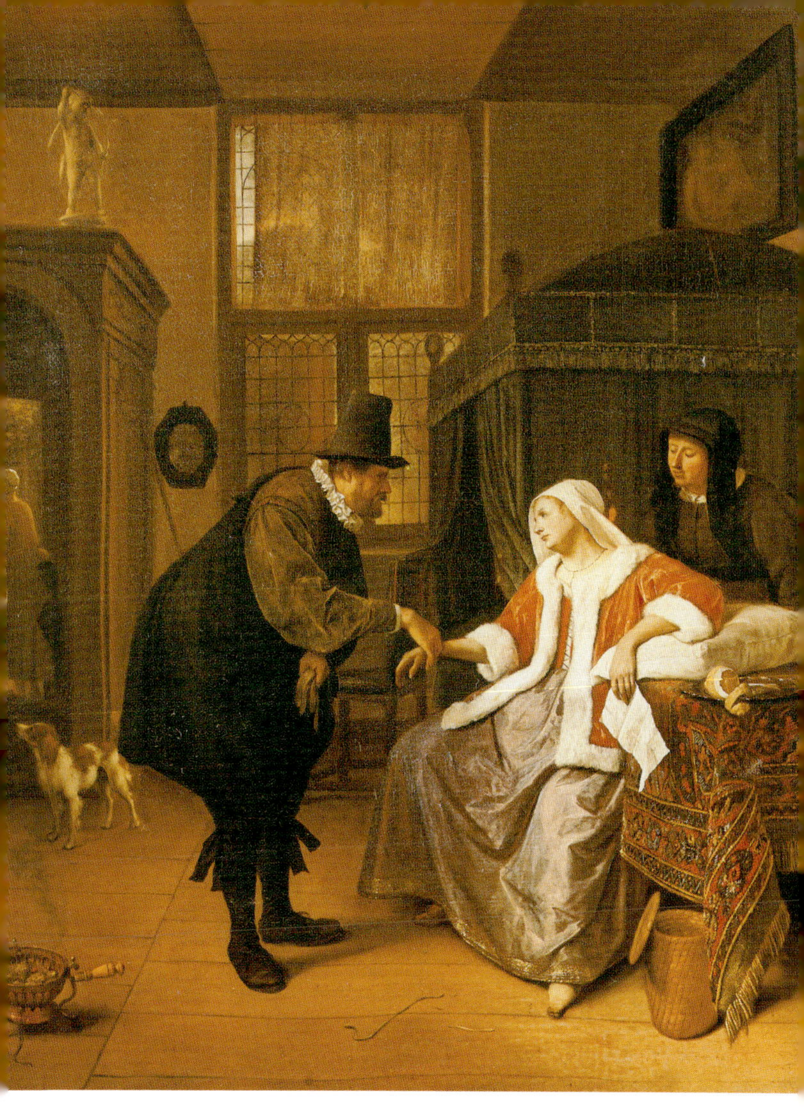

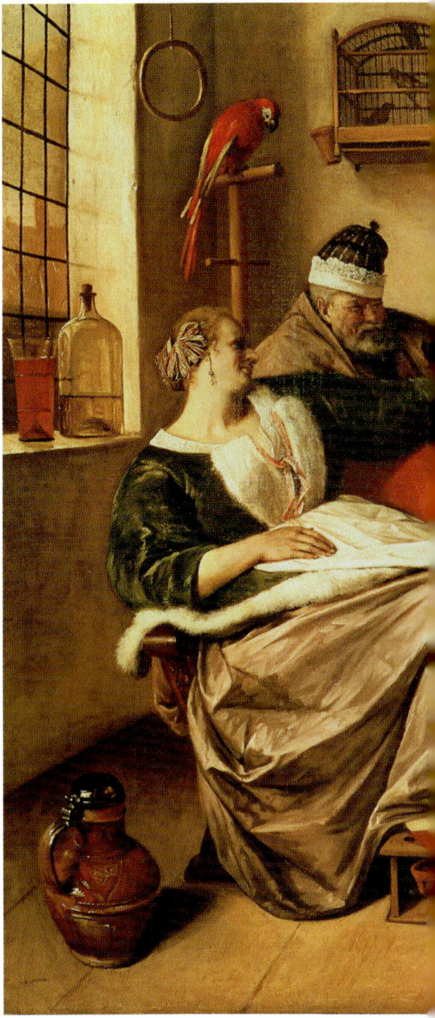

Jan Steen
Leyde, 1626-1679

La Joyeuse Compagnie

VERS 1663-1665

huile sur toile
134 x 163 cm
Mauritshuis
La Haye

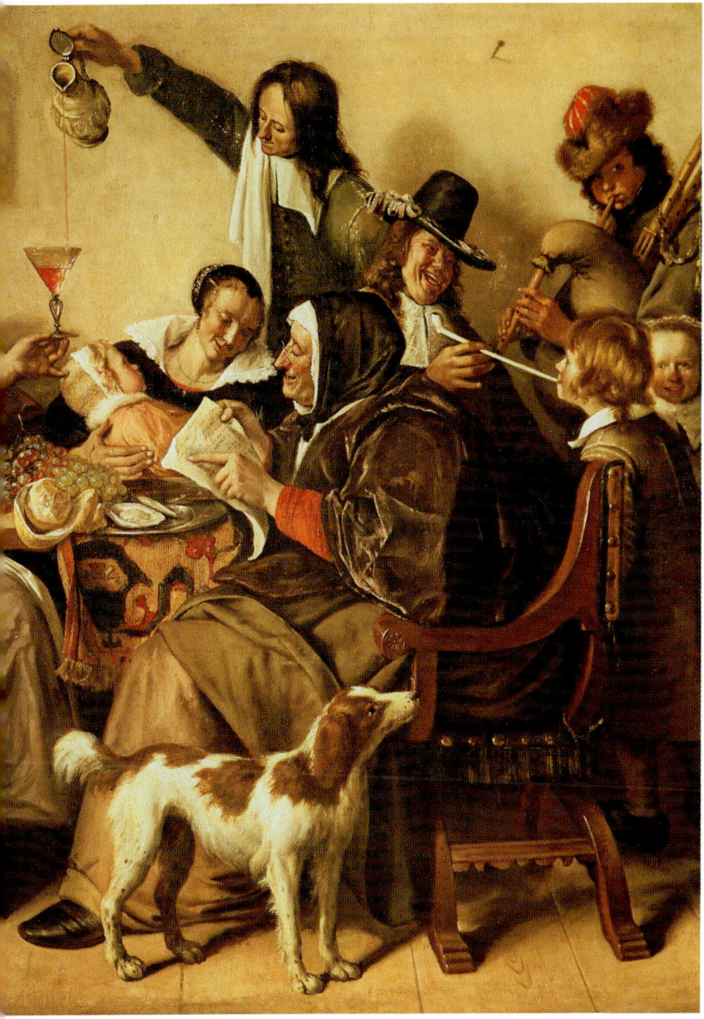

Pieter de Hooch

Rotterdam, 1629 – Amsterdam, après 1684

Femme en train de boire

1658

huile sur toile
69 x 60 cm
Musée du Louvre
Paris

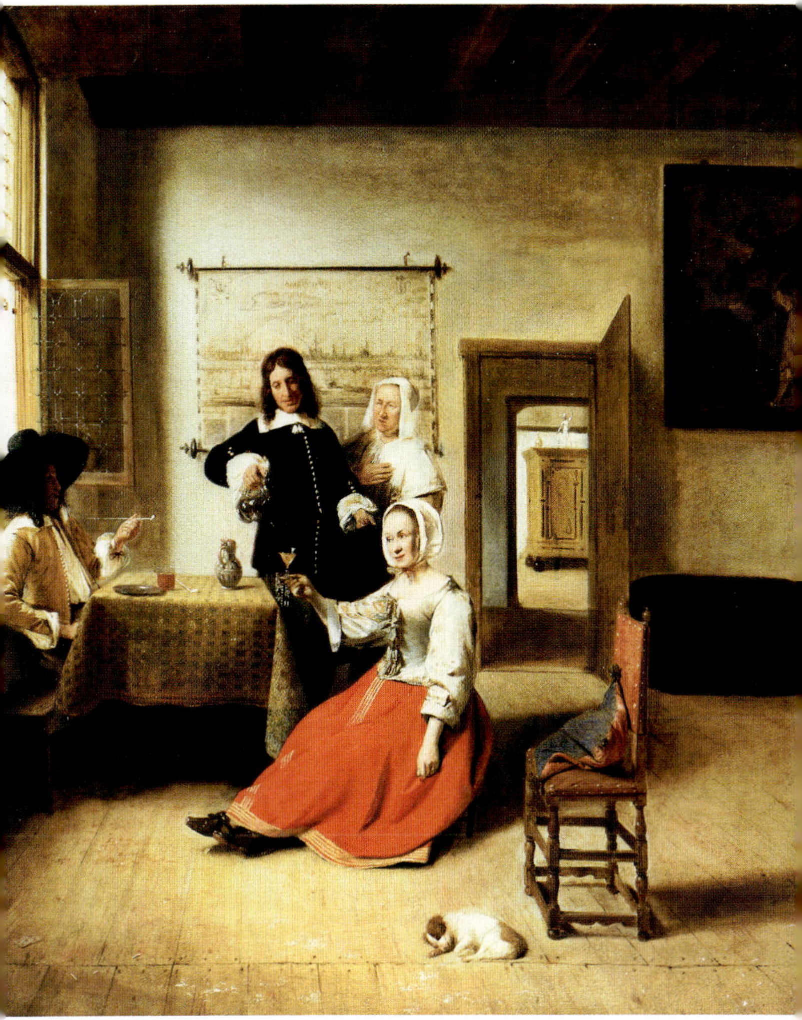

Pieter de Hooch

Rotterdam, 1629 – Amsterdam,
après 1684

La cour d'une maison hollandaise

1658-1660

huile sur toile
78 x 65 cm
Mauritshuis
La Haye

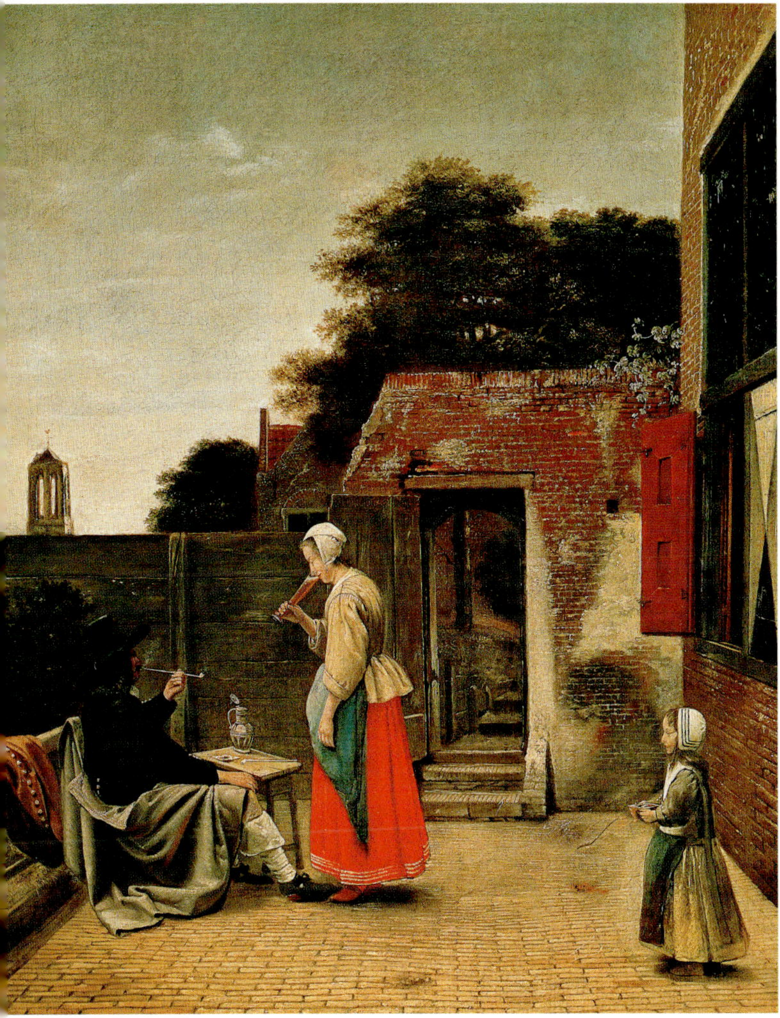

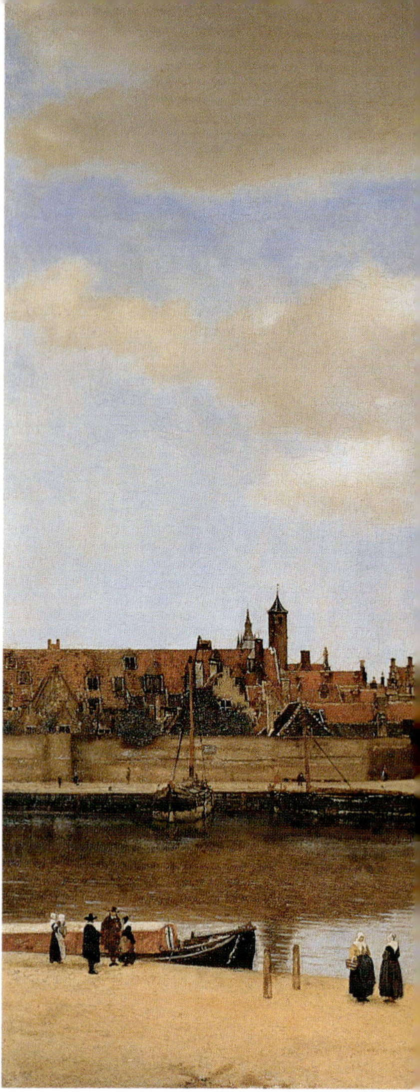

Jan Vermeer
Delft, 1632-1675

Vue de Delft

VERS 1660-1661

huile sur toile
98 x 117,5 cm
Mauritshuis
La Haye

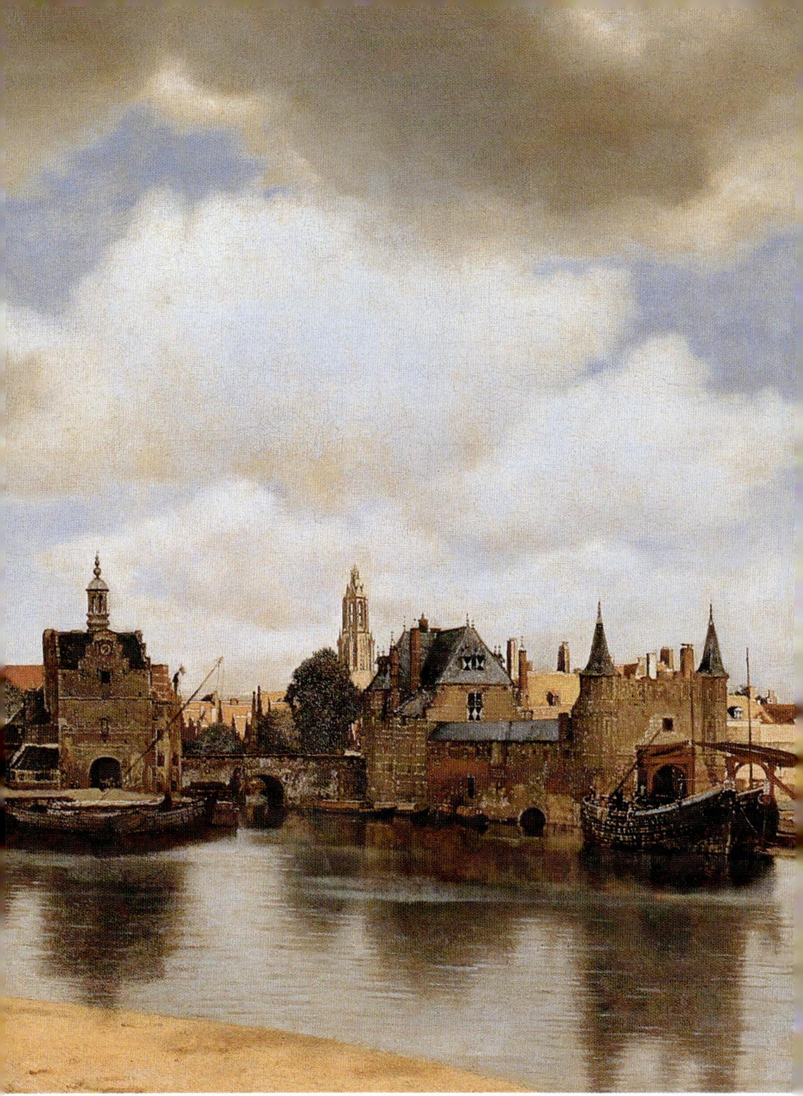

Jan Vermeer
Delft, 1632-1675

Jeune Fille à la perle

VERS 1665-1666

huile sur toile
44,5 x 39 cm
Mauritshuis
La Haye

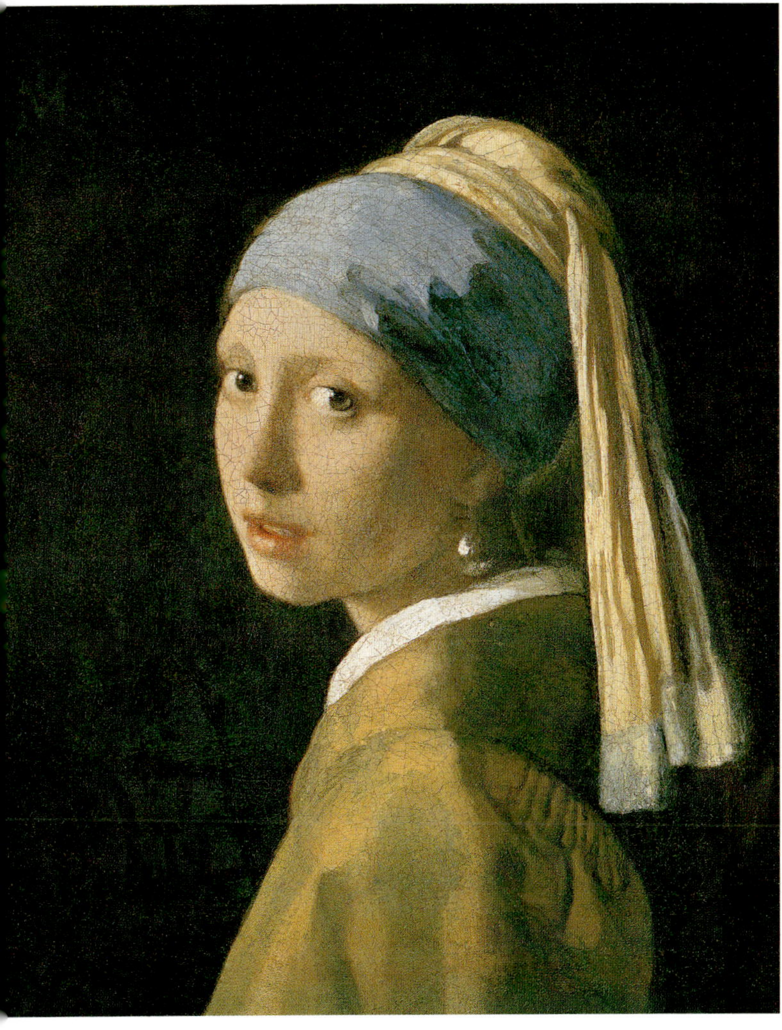

Jan Vermeer
Delft, 1632-1675

L'Astronome

1668

huile sur toile
51,5 x 45,5 cm
Musée du Louvre
Paris

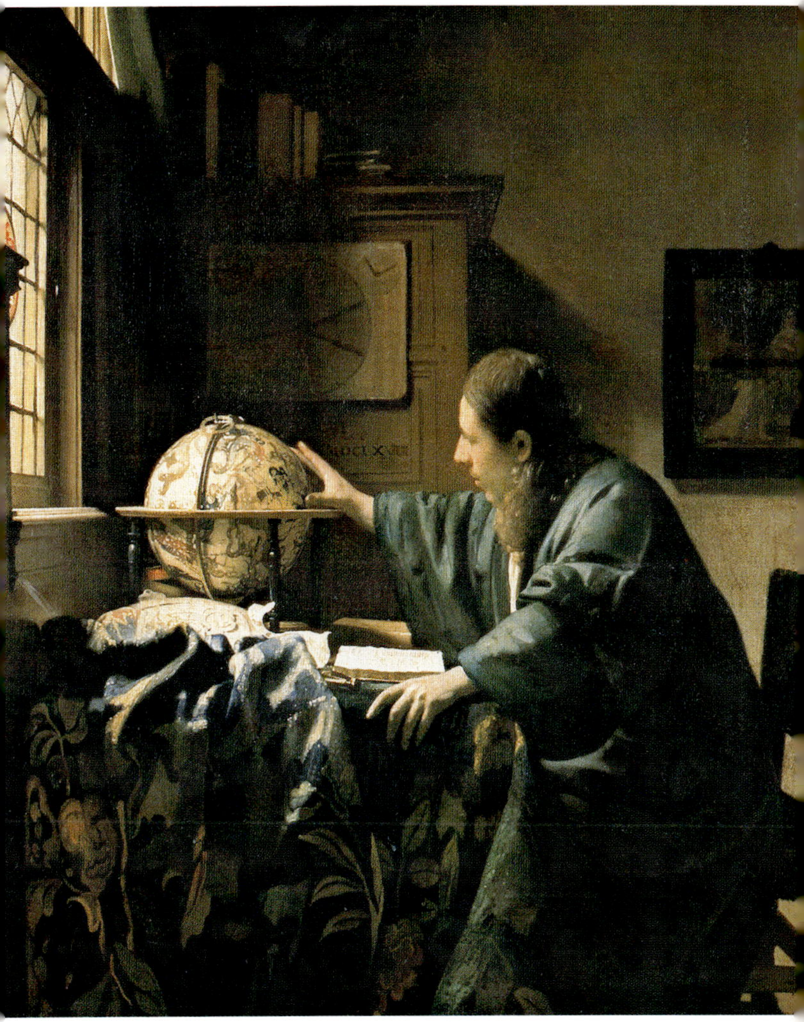

Jan Vermeer
Delft, 1632-1675

La Dentellière

1669-1670

huile sur bois transférée sur toile
24 x 20,5 cm
Musée du Louvre
Paris

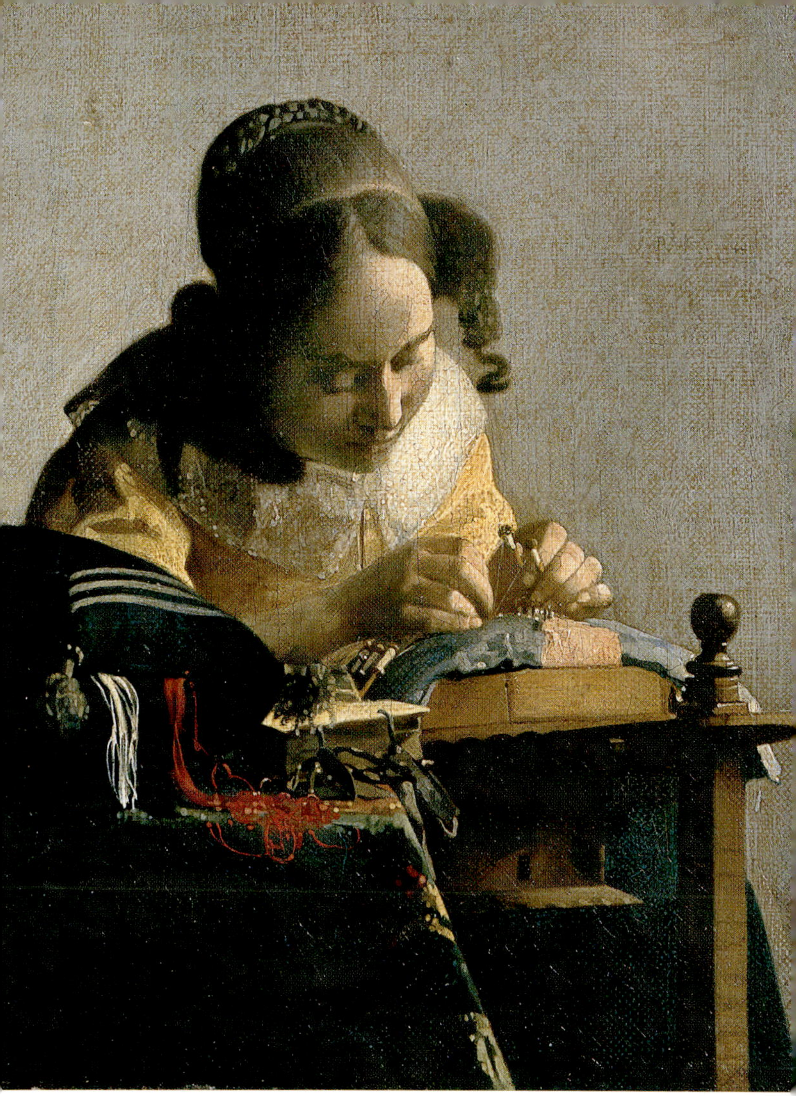

Willem Kalf

Rotterdam, 1619 – Amsterdam, 1693

Nature morte

1661

huile sur toile
76 x 62 cm
Musée Pouchkine
Moscou

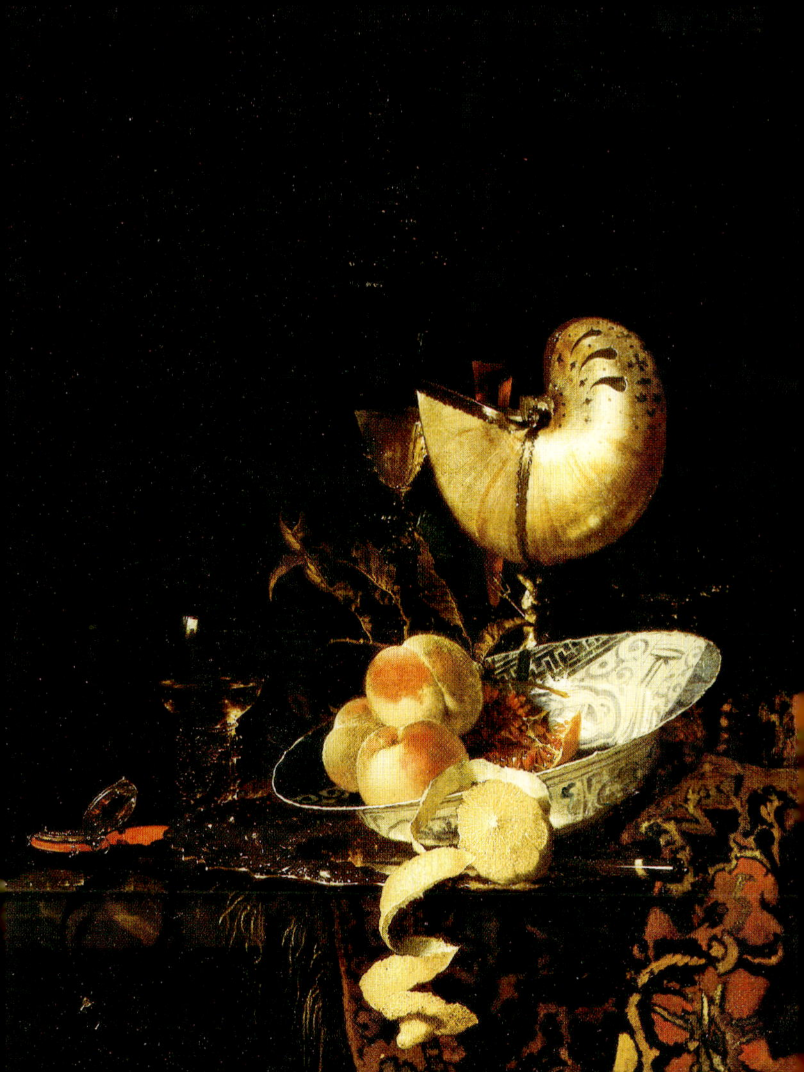

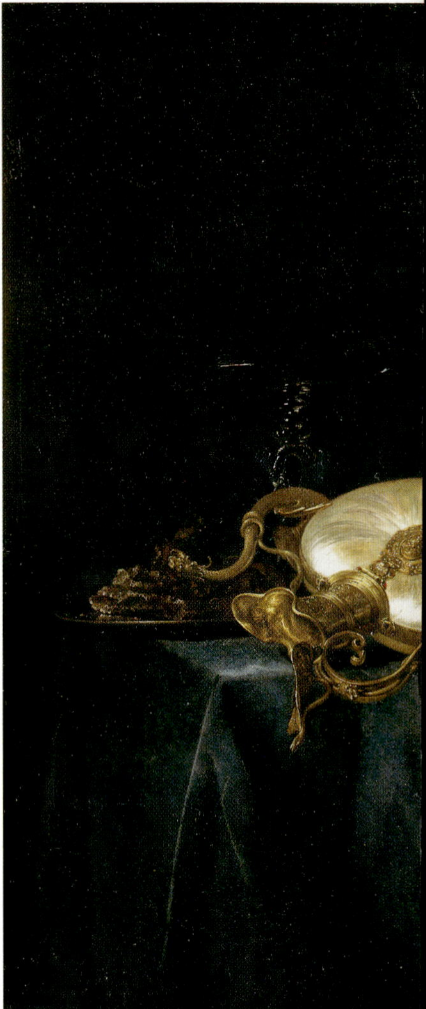

Willem van Aelst
Delft, 1626 – Amsterdam, 1683

Nature morte aux fruits

1653

huile sur toile
77 x 102 cm
Palazzo Pitti, Galerie Palatine
Florence

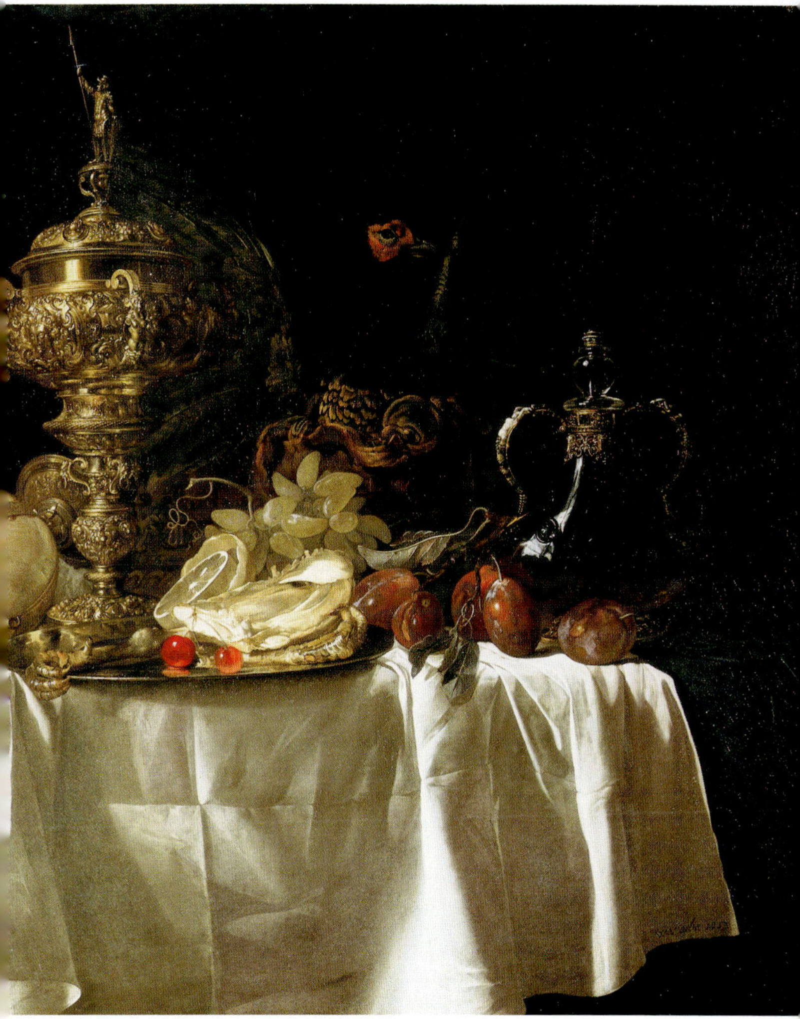

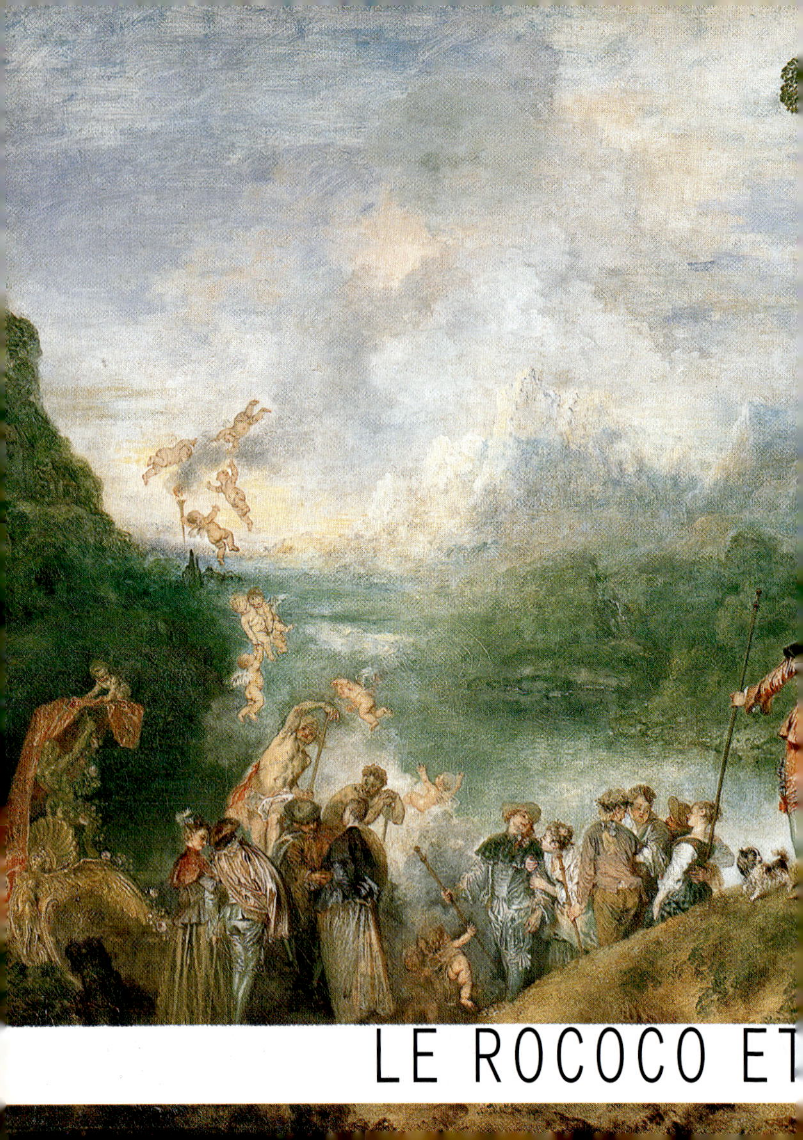

LE ROCOCO ET

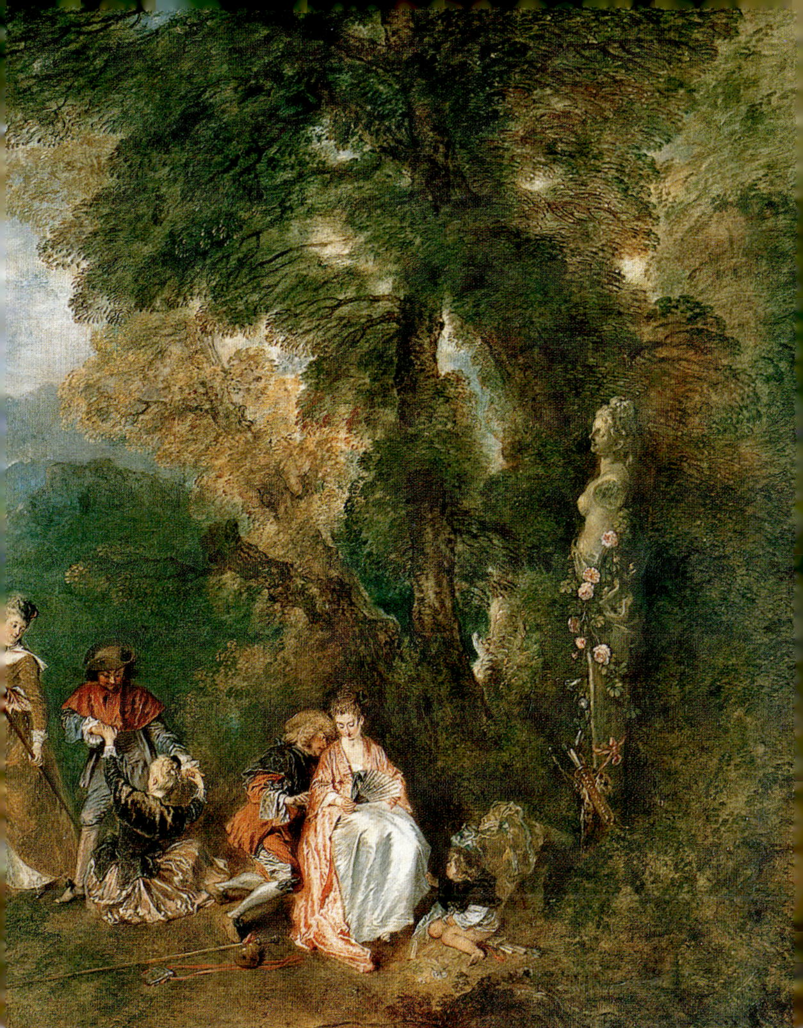

A PEINTURE DE *VEDUTE*

Le terme « rococo » fait référence à un style qui s'est développé en France dans les premières années du dix-huitième siècle. Il s'appliquait principalement à l'architecture, à la décoration intérieure et aux arts appliqués, et continua à prospérer durant la première moitié du siècle. En bref, le Rococo est un dérivé du Baroque, dont il conserve le dynamisme formel tout en le transférant à des éléments décoratifs plus épars et plus délicats. Bien qu'il soit facile d'isoler le rococo en architecture, dans le mobilier et la décoration intérieure, il est presque artificiel de parler d'un style rococo en peinture, ou tout au moins, de revendiquer ce seul style pour la peinture de la première moitié du dix-huitième siècle.

Apparu comme une forme d'art mondain à la cour du roi Louis XIV, le rococo peut se définir, en peinture, par les thèmes lascifs et frivoles de la vie de cour associés aux sujets galants et aux figures mythologiques de Vénus, de Pan et de Cupidon. En termes de style, les oeuvres de peintres comme Jean-Antoine Watteau (1684-1721), François Boucher (1703-1770) et Jean-Honoré Fragonard (1765-1770) se caractérisent par leurs compositions en diagonale, leur dynamisme, leurs couleurs brillantes, leurs textures douces et l'ambiguïté raffinée des personnages. Ces oeuvres montrent les jeux amoureux de bergers et de bergères idéalisées, dans un décor naturel qui est pourtant le fruit de l'artifice, où tout se réfère aux plaisirs des sens.

Pendant que le style ornemental rococo se développait dans l'architecture et les arts appliqués d'Europe, et que de nombreux peintres français se consacraient aux sujets sophistiqués de la vie de cour, un nouveau style de peinture apparaissait en Italie, notamment à Rome et à Venise, sous le nom de « *vedutismo* » ou peinture de vues (*vedute*). Ce type de peinture était né en Europe du Nord, notamment de Hollande, d'où était originaire son principal représentant, Gaspard van Wittel (1665-1736), installé à Rome en 1675. Gaspare Vanvitelli - comme on l'a appelé dans son pays d'adoption – réalisa une longue série de vues de villes italiennes, qui sont maintenant d'inestimables documents pour leur témoignage sur la vie quotidienne de l'époque. Van Wittel ouvrit donc la voie à la peinture de vues du dix-huitième siècle. A Rome, les principaux représentants de cette peinture furent Giovanni Paolo Pannini (1691/2-1765) et Giovanni Battista Piranesi (1720-1778) – ou Piranèse-, graveur, aquafortiste et architecte. Dans la seconde moitié du siècle, leurs oeuvres inspirèrent le peintre français Hubert Robert (1733-1808). A Venise, Giovanni Antonio Canal, connu sous le nom de Canaletto (1697-1768), et Francesco Guardi (1712-1793) furent les plus prestigieux peintres de vue de toute l'Italie.

Si la peinture de vues semble tout à fait spécifique à l'art italien, ce furent pourtant les collectionneurs et les clients étrangers à ce pays qui montrèrent le plus grand intérêt pour cet art. Les plus importants collectionneurs de Canaletto vivaient en Angleterre, et son neveu, Bernardo Bellotto (1720-1780), lui aussi peintre de vues, quitta Venise pour travailler à Dresde, à Munich, à Vienne et finalement à Varsovie, où il peignit de mémorables *vedute*..

Rosalba Carriera

Venise, 1675-1757

Henriette Anne Sophie de Modène

1723

pastel sur papier
59,5 x 46,5 cm
Musée des Offices
Florence

pp. 622-623

Jean-Antoine Watteau

Valenciennes, 1684 - Paris, 1721

L'Embarquement pour Cythère

1717

huile sur toile
129 x 194 cm
Musée du Louvre
Paris

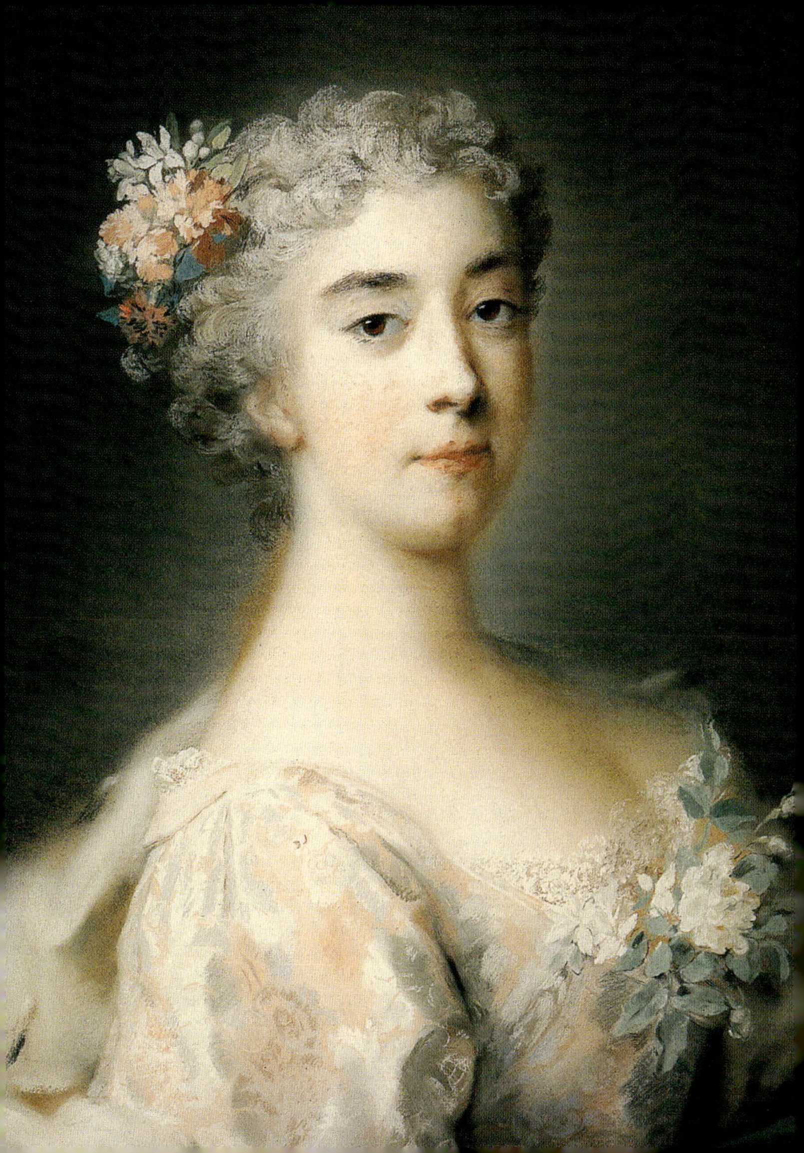

628

Jean-Antoine Watteau
Valenciennes, 1684 – Paris, 1721

Le guitariste

1715

huile sur bois
24 x 17 cm
Musée Condé
Chantilly

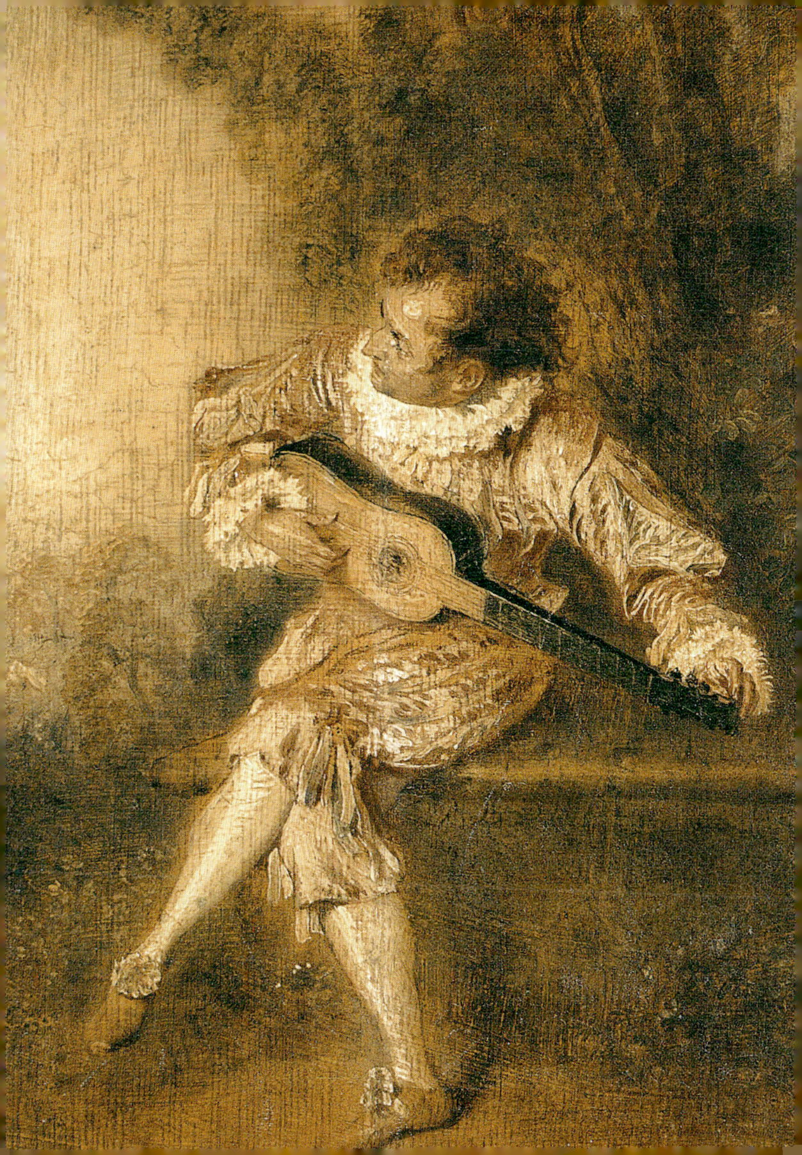

Jean-Antoine Watteau
Valenciennes, 1684 – Paris, 1721

Gilles

VERS 1719

huile sur toile
185 x 148 cm
Musée du Louvre
Paris

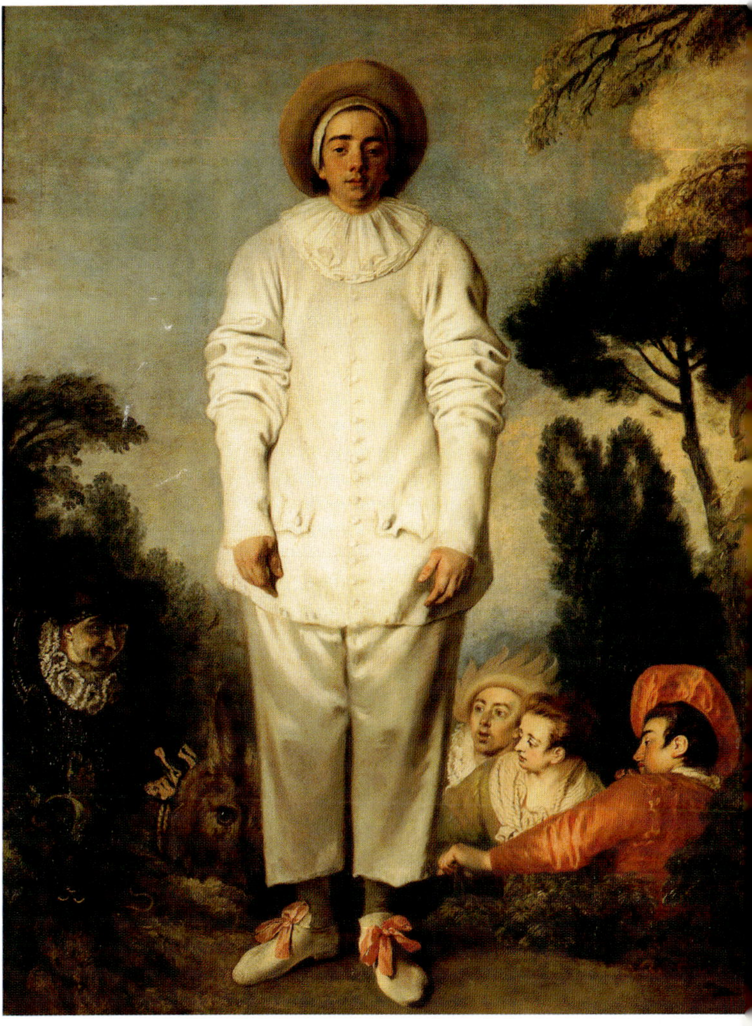

Jean-Marc Nattier

Paris, 1685 - 1766

Portrait de Catherine Ier de Russie

1717

huile sur toile
142,5 x 110 cm
Musée de L'Ermitage
Saint-Pétersbourg

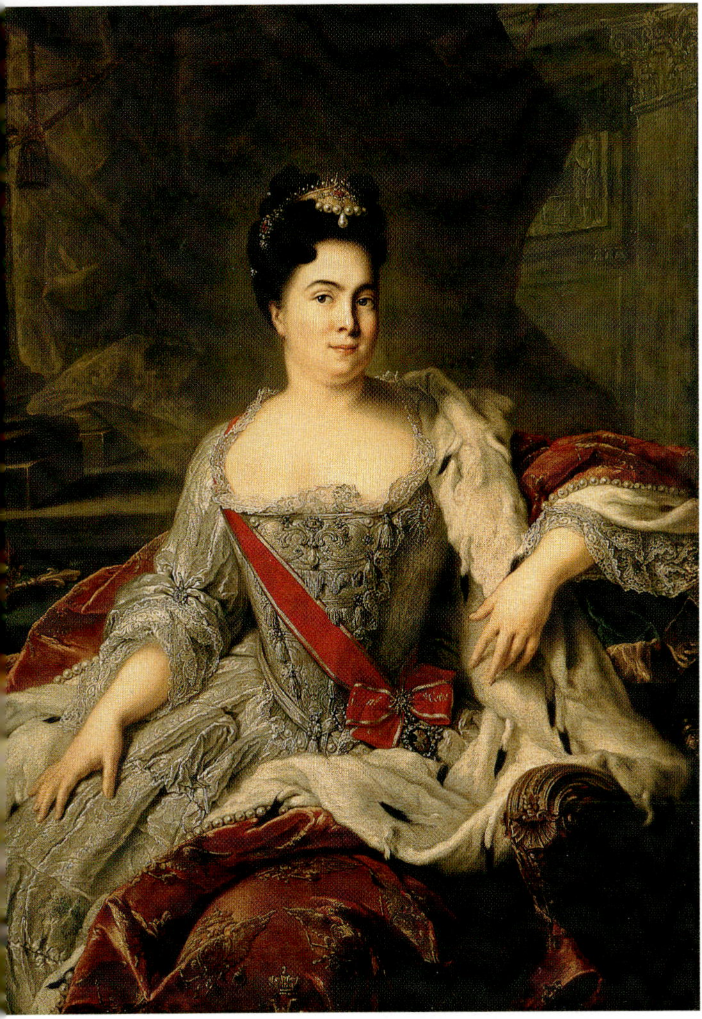

Jean-Etienne Liotard

Genève, 1702-1789

Marie Adélaïde de France en costume turc

1753

huile sur toile
50 x 56 cm
Musée des Offices
Florence

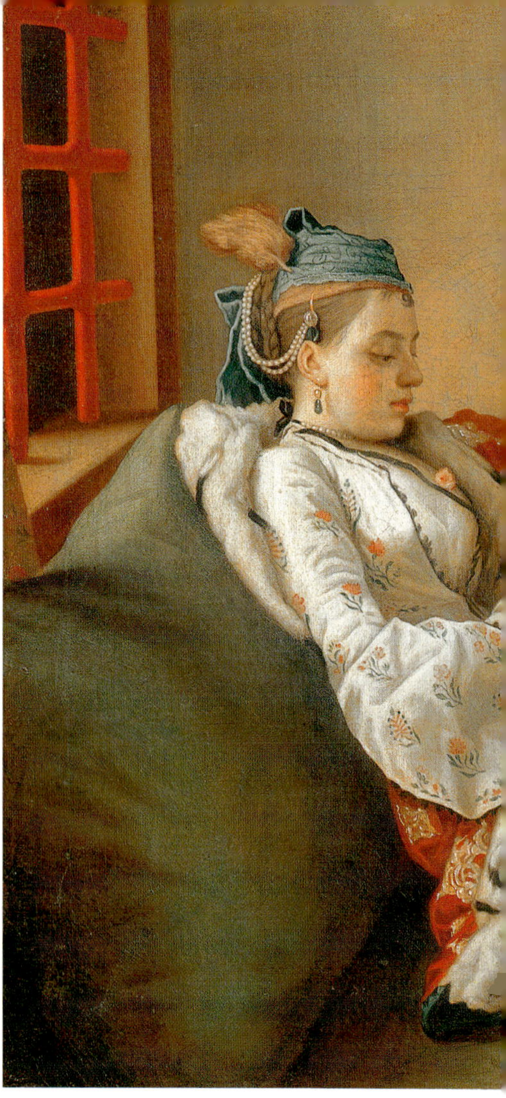

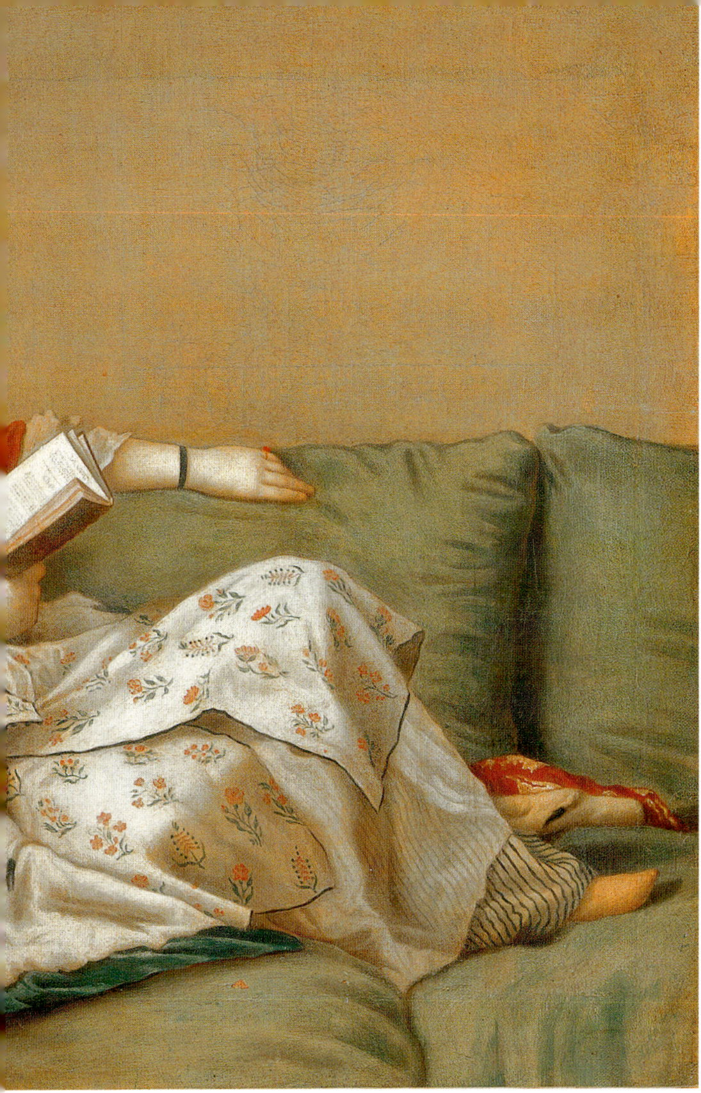

François Boucher
Paris, 1703-1770

Le déjeuner

1739

huile sur toile
81,5 x 65,5 cm
Musée du Louvre
Paris

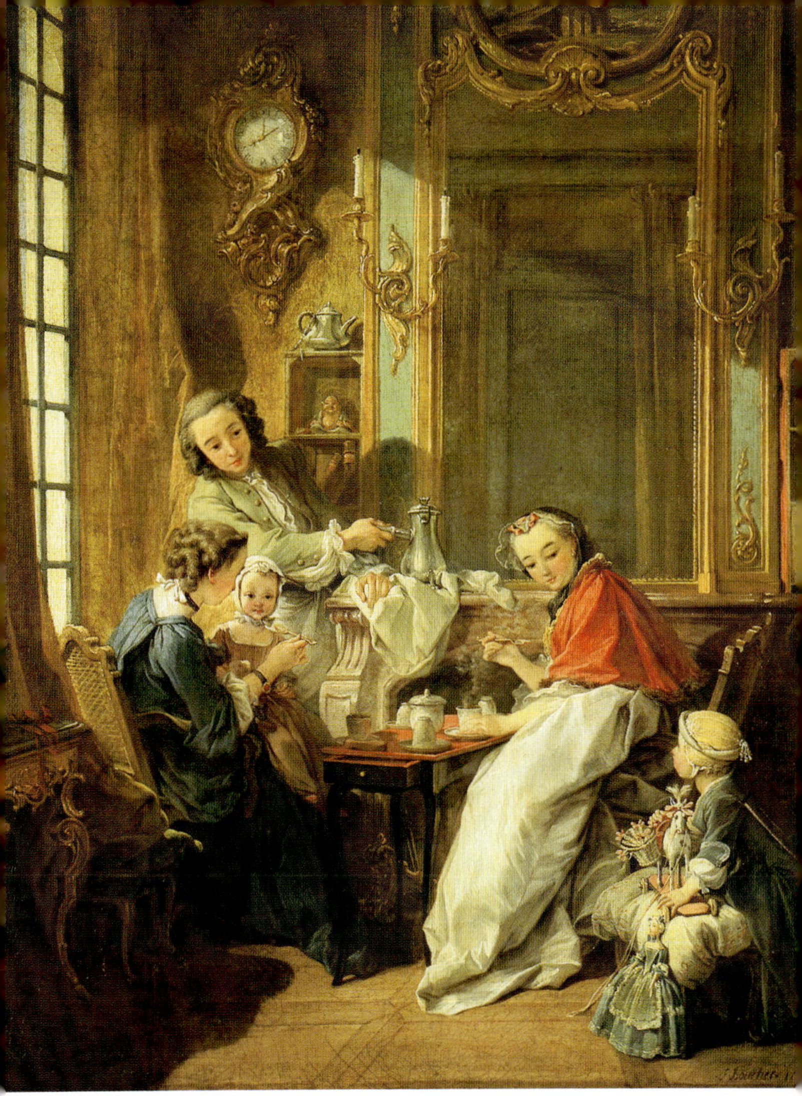

Jean-Honoré Fragonard
Grasse, 1732 – Paris, 1806

Les Baigneuses

1765

huile sur toile
64 x 80 cm
Musée du Louvre
Paris

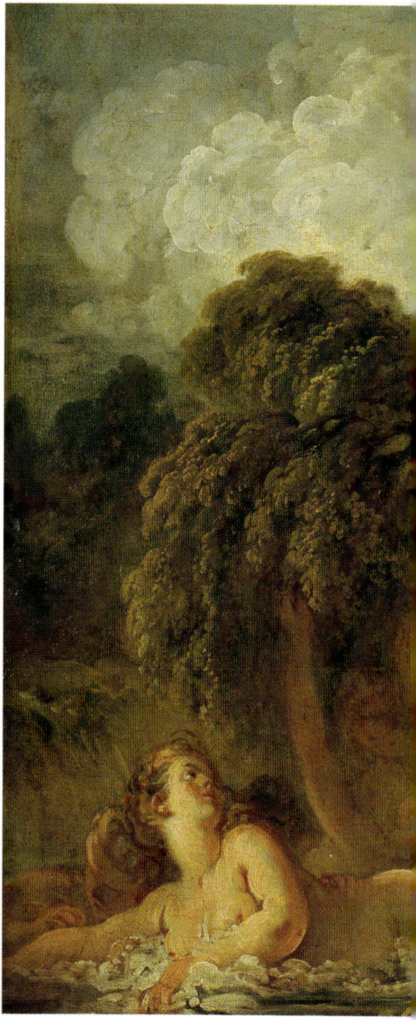

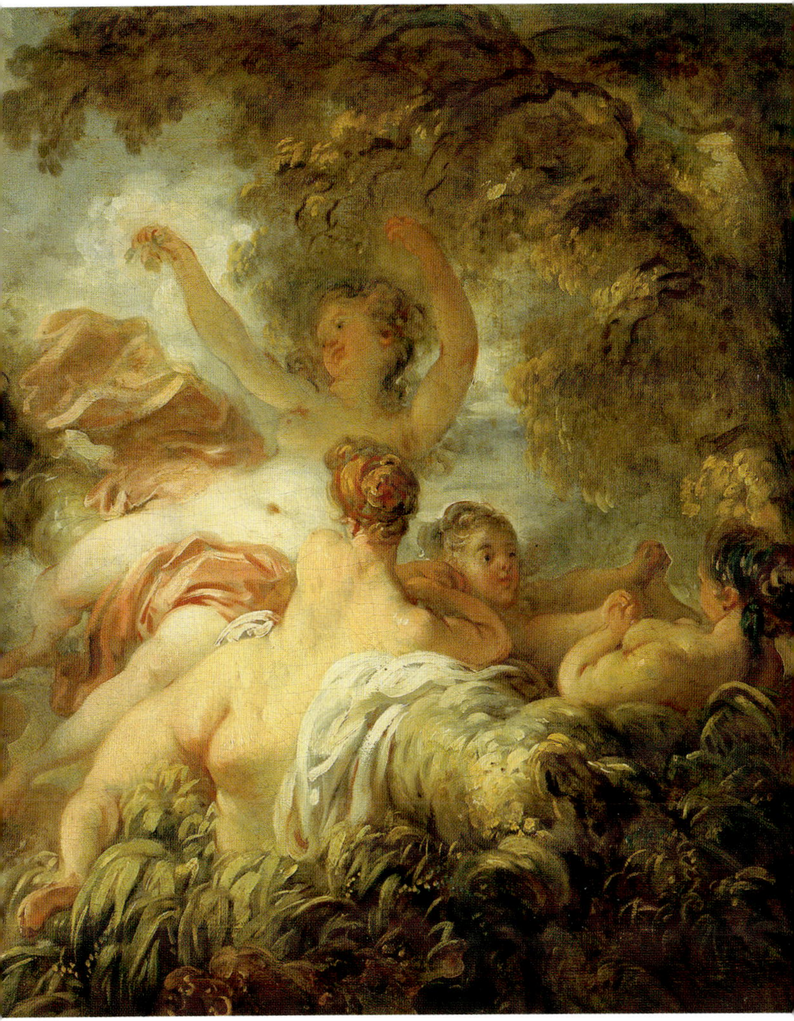

Jean-Honoré Fragonard

Grasse, 1732 – Paris, 1806

Les Hasards heureux de l'escarpolette

1767

huile sur toile
81 x 64,2 cm
Wallace Collection
Londres

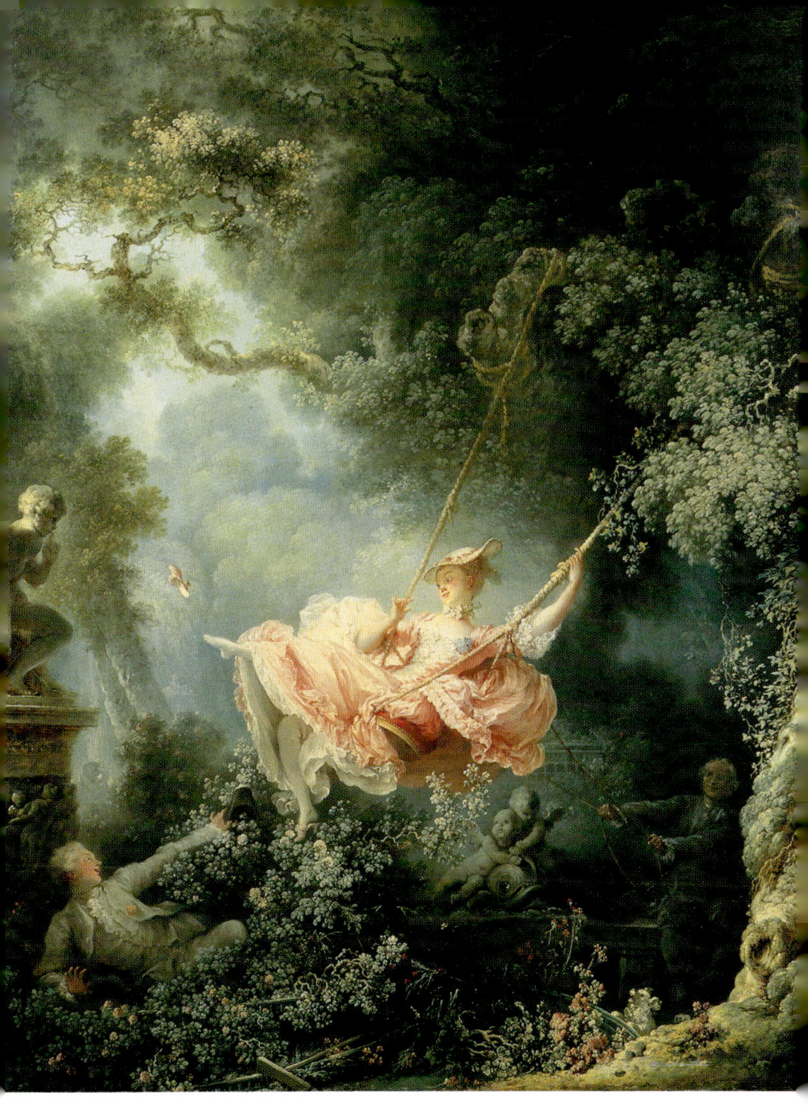

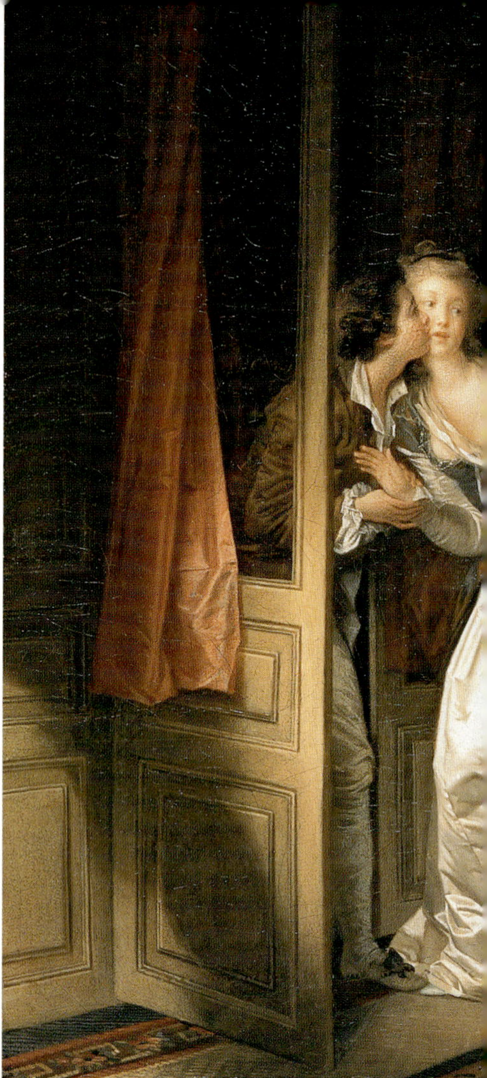

Jean-Honoré Fragonard

Grasse, 1732 – Paris, 1806

Le Baiser volé

1765-1770

huile sur toile
45 x 55 cm
Musée de L'Ermitage
Saint-Pétersbourg

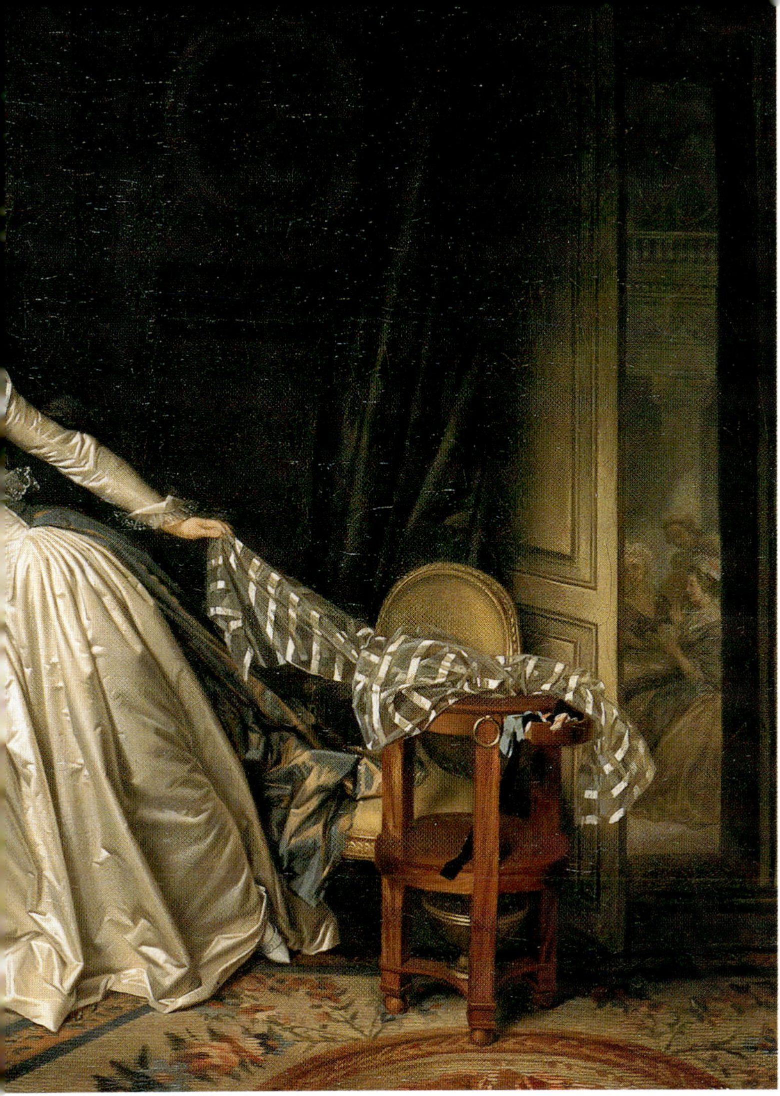

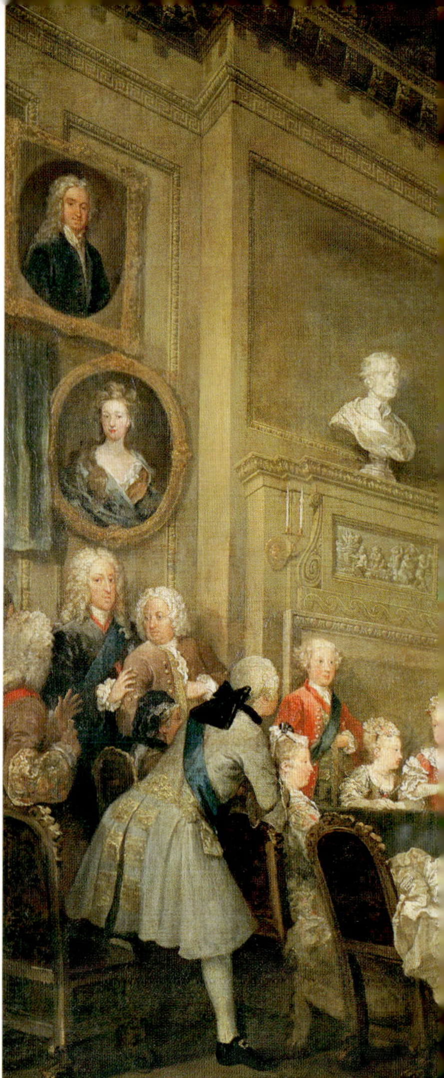

William Hogarth
Londres, 1697-1764

Récitation de l'impératrice des Indes
1732

huile sur toile
131 x 146,5 cm
Galway College
Dorset

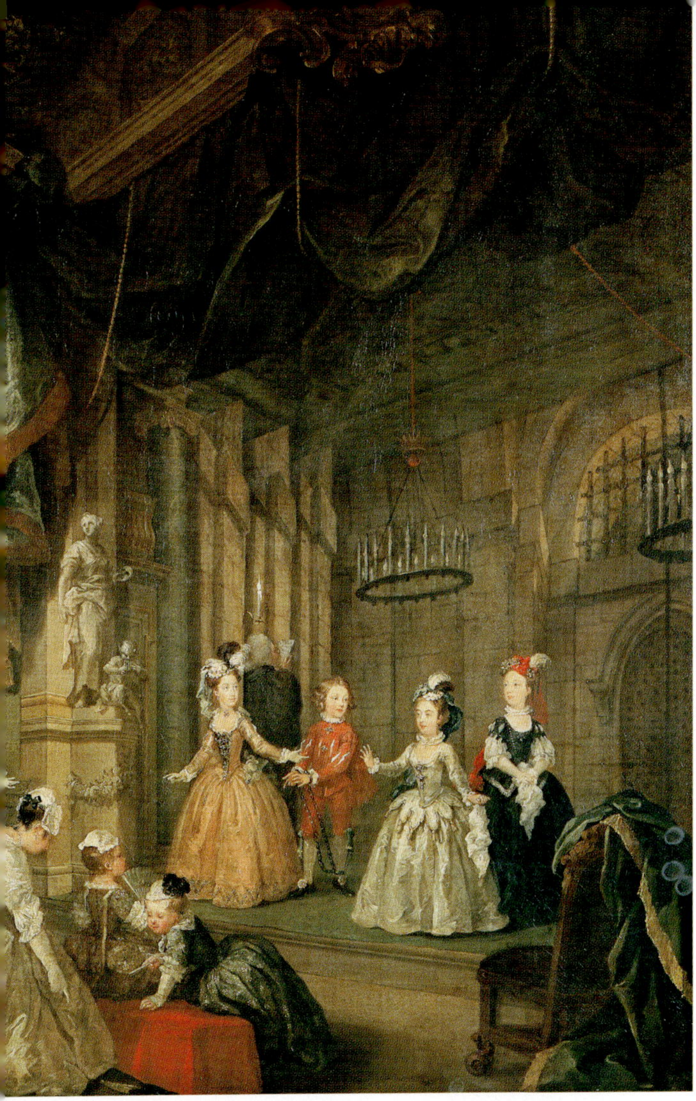

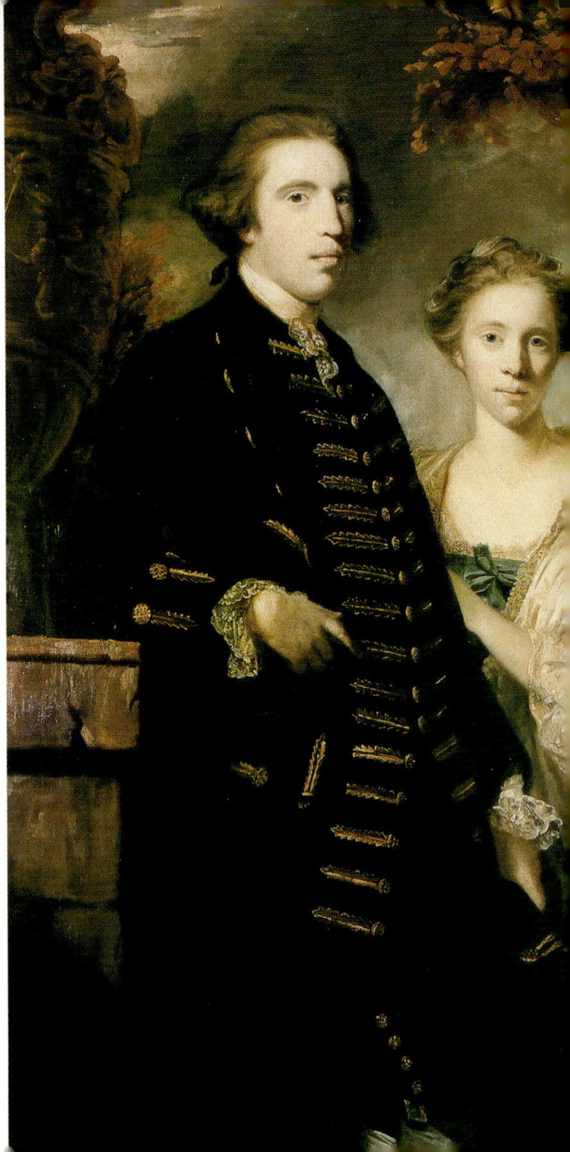

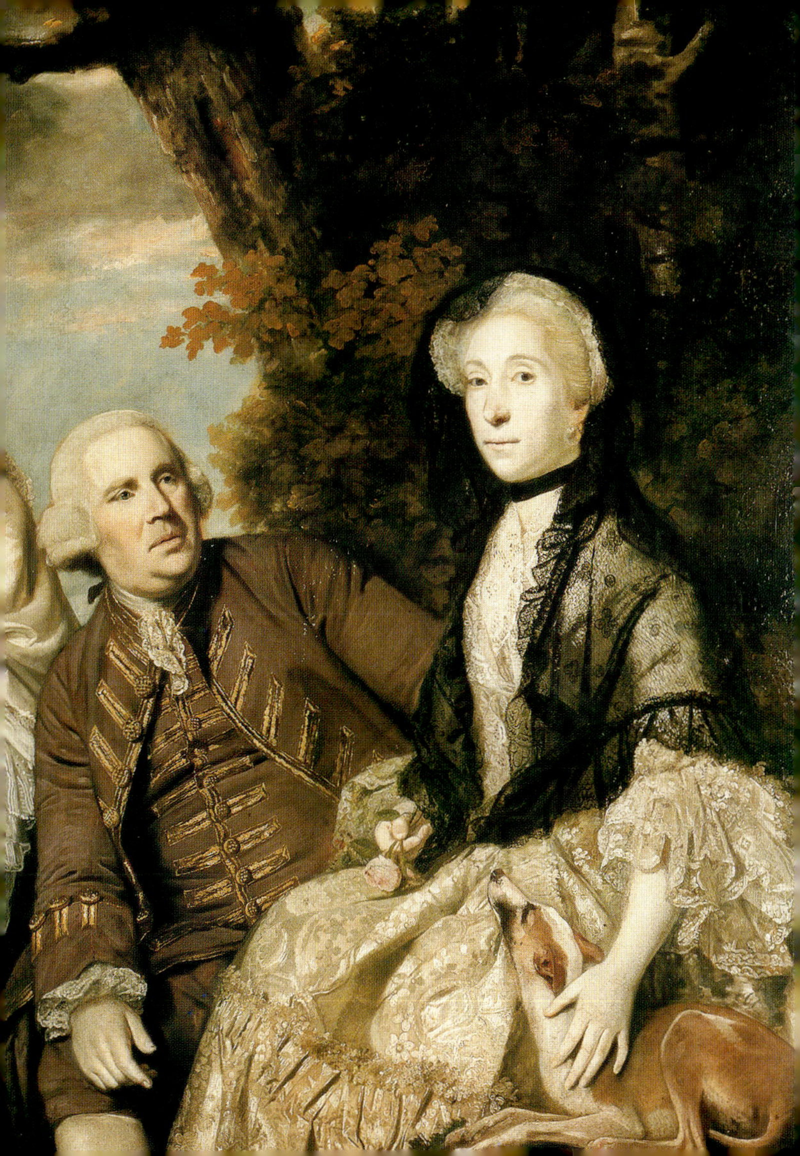

Thomas Gainsborough

Sudbury, Suffolk, 1727 – Londres, 1788

Conversation dans un parc

1746

huile sur toile
73 x 68 cm
Musée du Louvre
Paris

pp. 646-647

Joshua Reynolds

Plympton, Devon, 1723 – Londres, 1792

La famille Roffey

1765

huile sur toile
147,3 x 186,7 cm
Birmingham Art Gallery
Birmingham

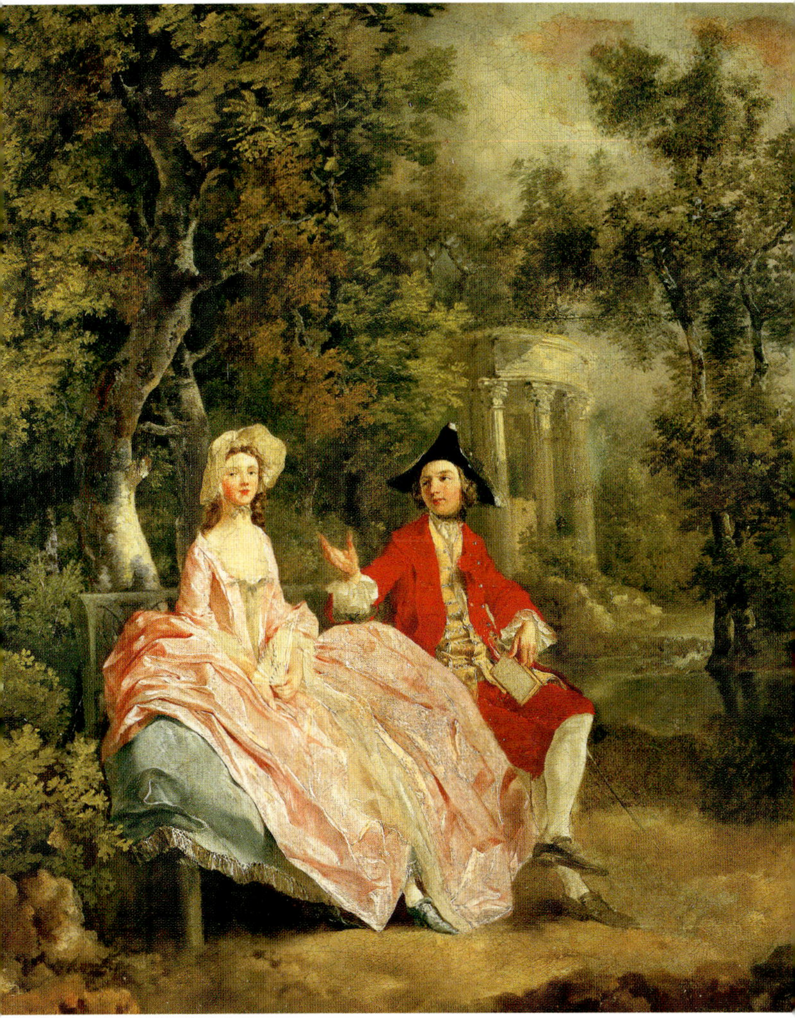

Thomas Gainsborough

Sudbury, Suffolk, 1727 – Londres, 1788

Portrait d'une femme en bleu (La duchesse de Beaufort)

1770-1780

huile sur toile
76 x 64 cm
Musée de L'Ermitage
Saint-Pétersbourg

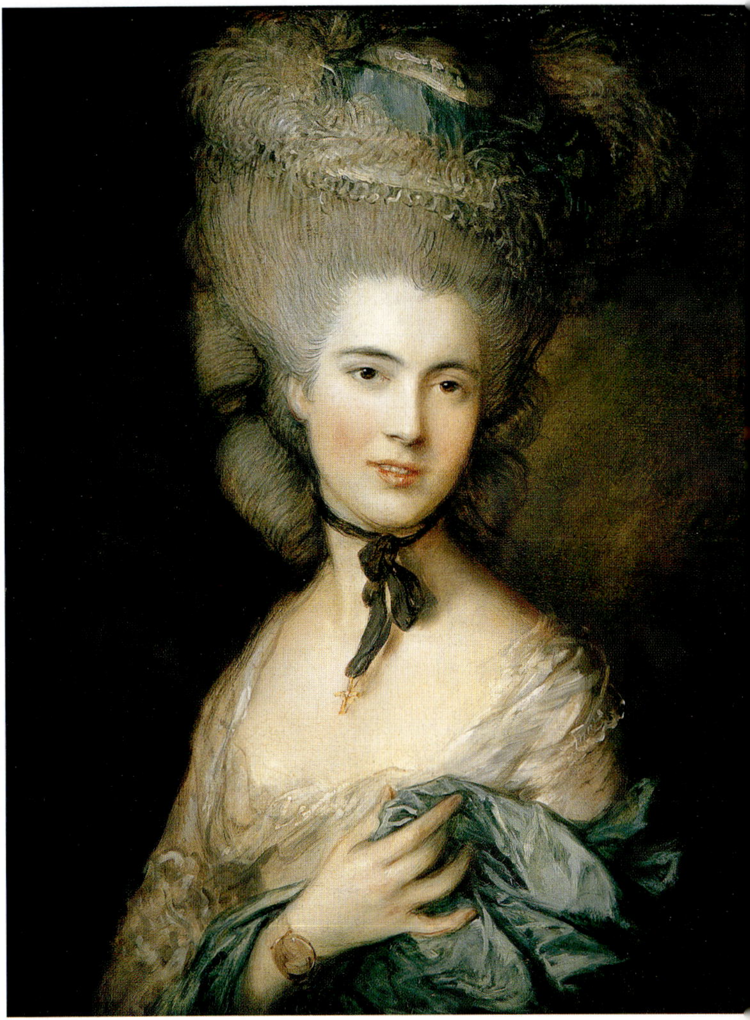

Angelica Kauffmann

Coire, 1741 – Rome, 1807

La famille royale de Naples

1783

huile sur toile
310 x 426 cm
Musée national de Capodimonte
Naples

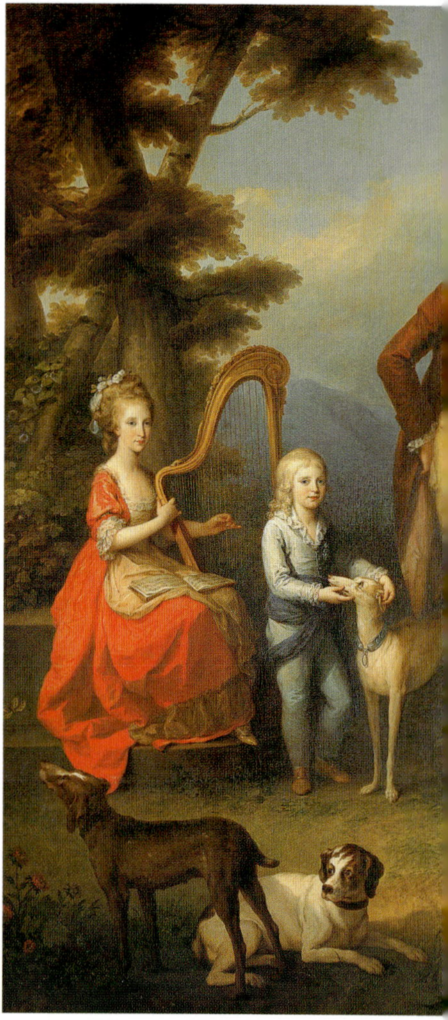

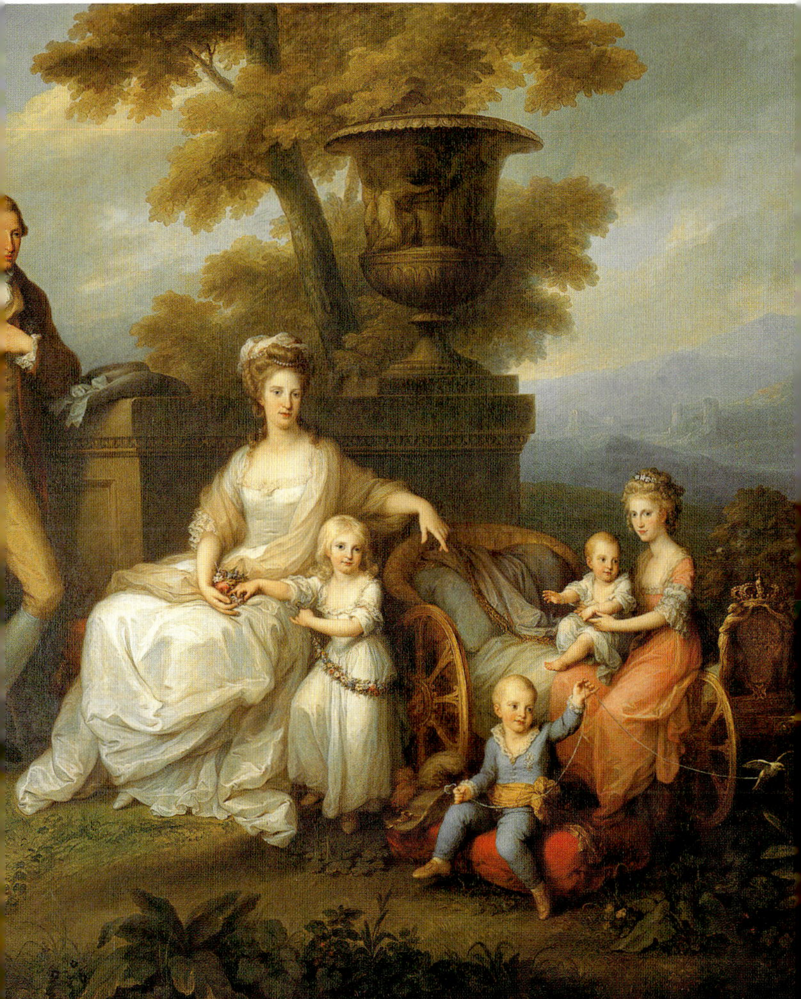

Angelica Kauffmann

Coire, 1741 – Rome, 1807

Portrait d'une jeune Bacchante

1801

huile sur toile
129 x 102 cm
Galleria nazionale d'arte antica
Rome

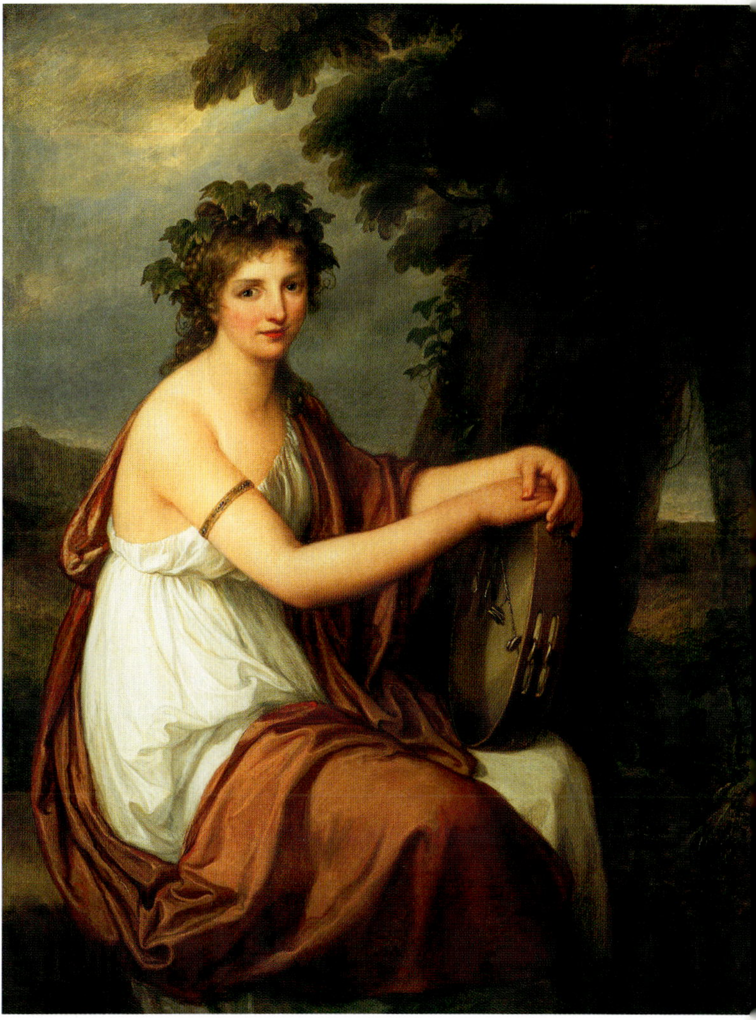

Elisabeth Vigée-Lebrun

Paris, 1755 - 1842

Autoportrait

1790

huile sur toile
100 x 81 cm
Musée des Offices
Florence

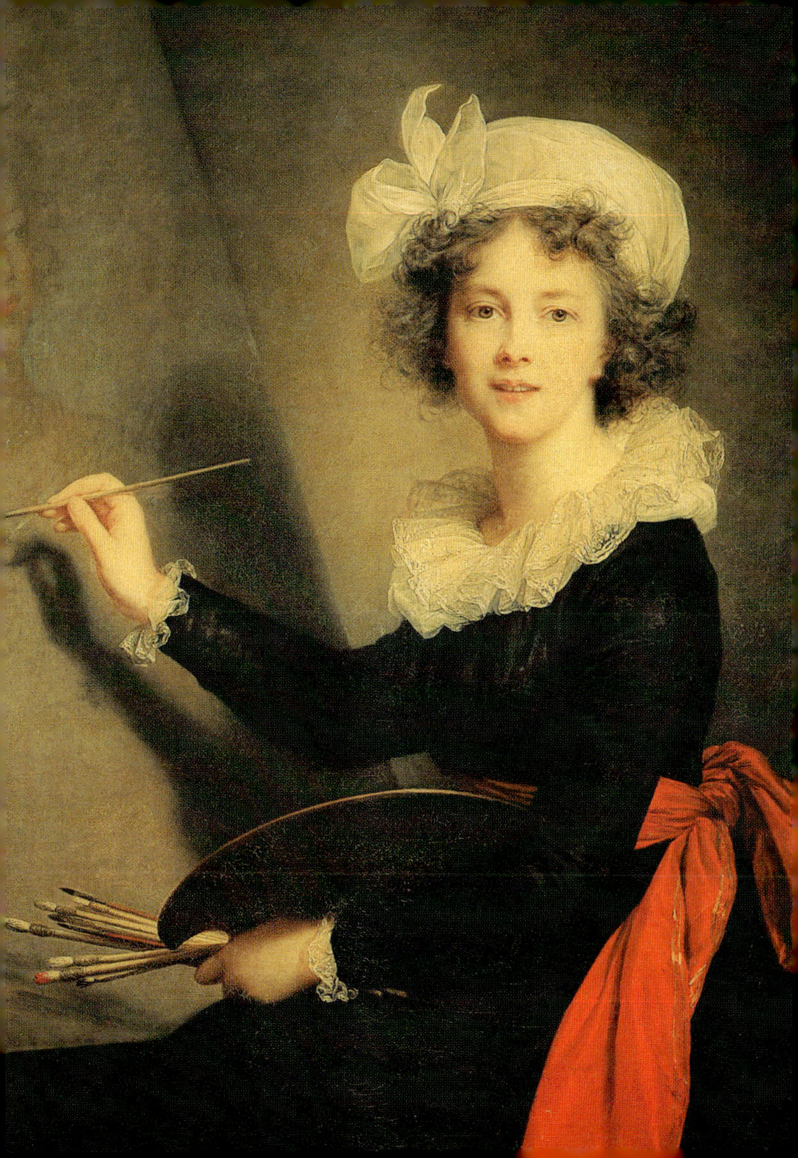

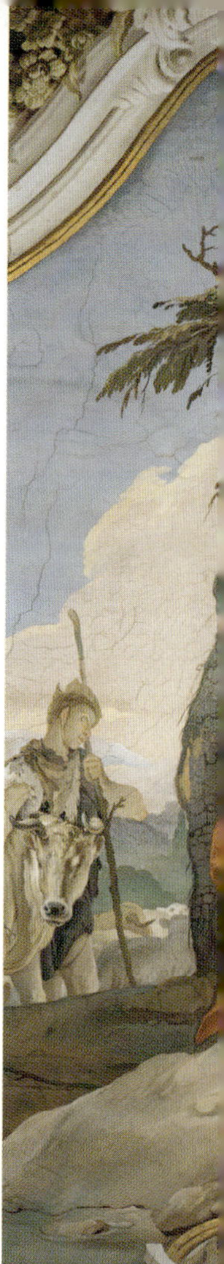

Giambattista Tiepolo

Venise, 1696 – Madrid, 1770

Rachel cachant les idoles volées à son père

1726-1729

fresque
400 x 500 cm
Palais de l'Archevêché
Udine

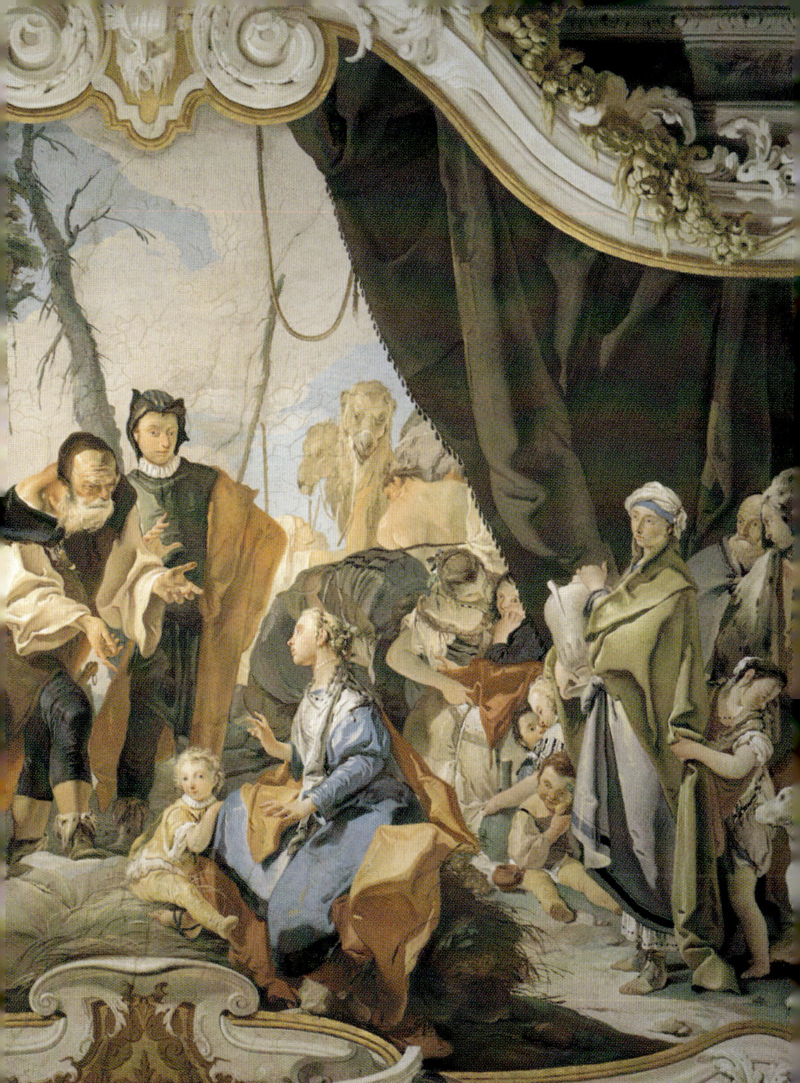

Sebastiano Ricci

Belluno, 1659 – Venise, 1734

Vierge à l'Enfant entourée de saints

1708

huile sur toile
406 x 208 cm
Eglise San Giorgio Maggiore
Venise

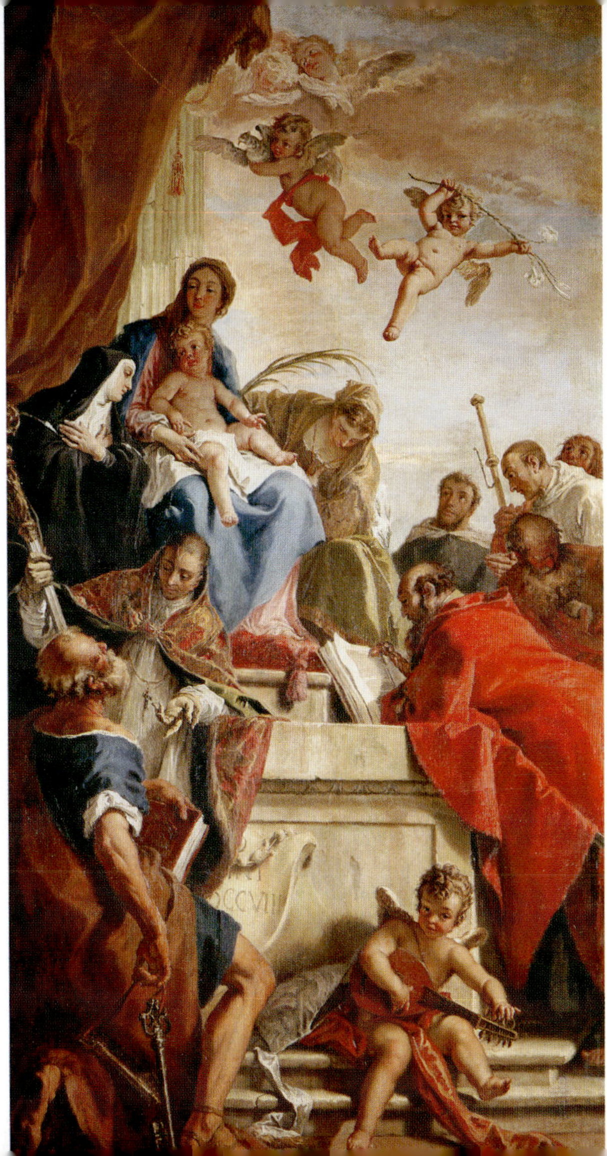

Jean-Baptiste-Siméon Chardin
Paris, 1699-1779

L'Enfant au toton

1738

huile sur toile
67 x 76 cm
Musée du Louvre
Paris

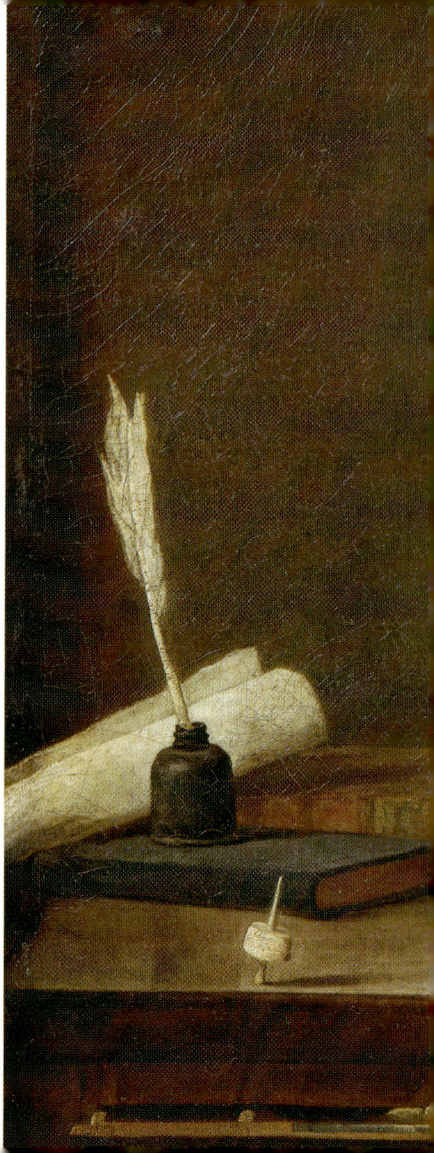

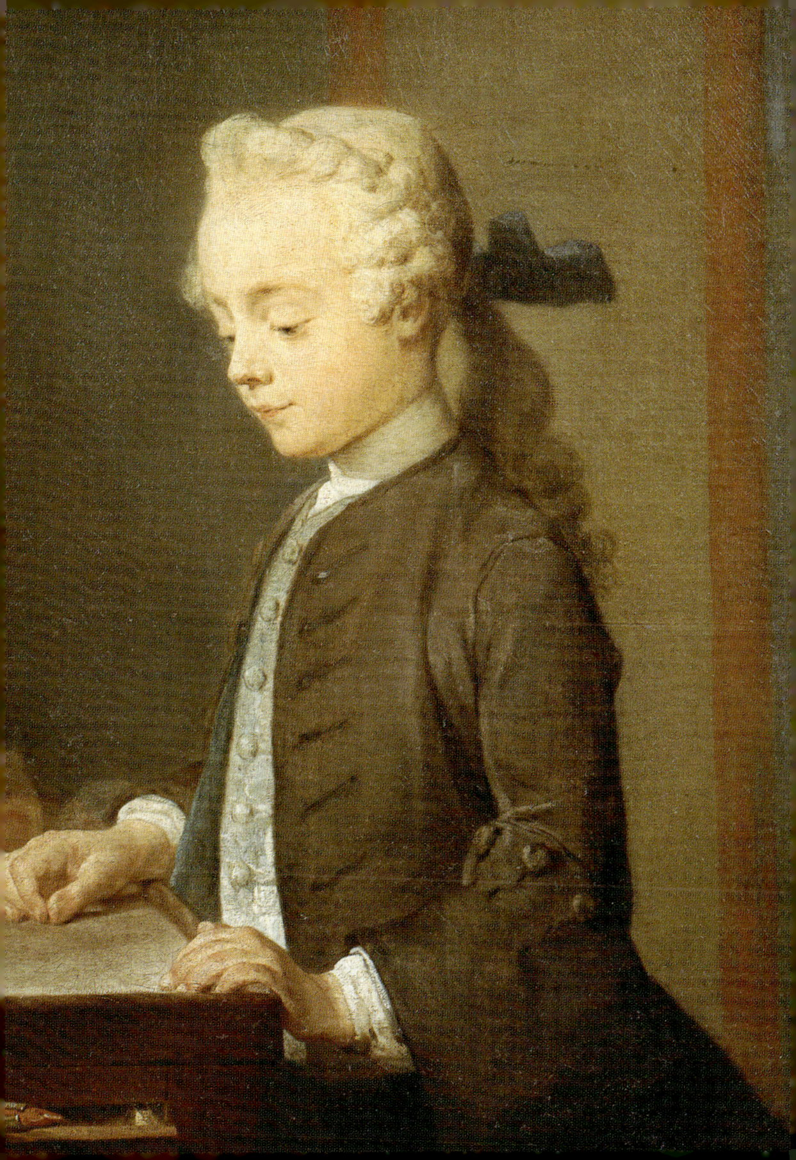

Jean-Baptiste-Siméon Chardin
Paris, 1699-1779

La Jeune fille au volant

1740

huile sur toile
82 x 66 cm
Musée des Offices
Florence

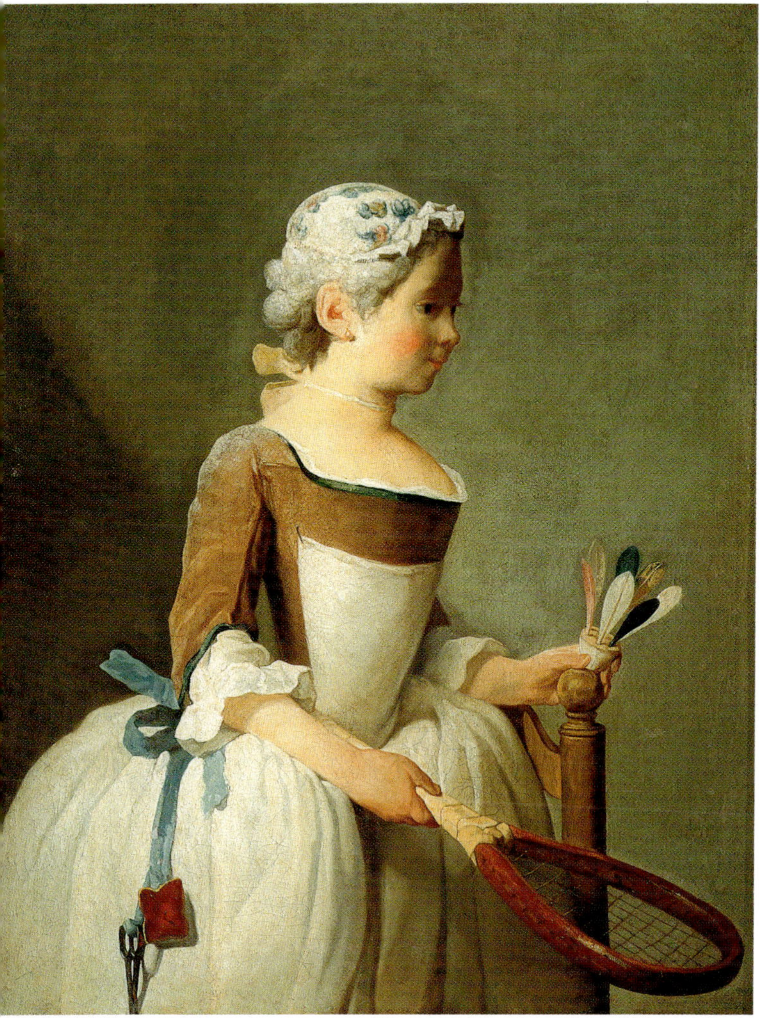

Jean-Baptiste-Siméon Chardin
Paris, 1699-1779

Nature morte

1763

huile sur toile
47 x 57 cm
Musée du Louvre
Paris

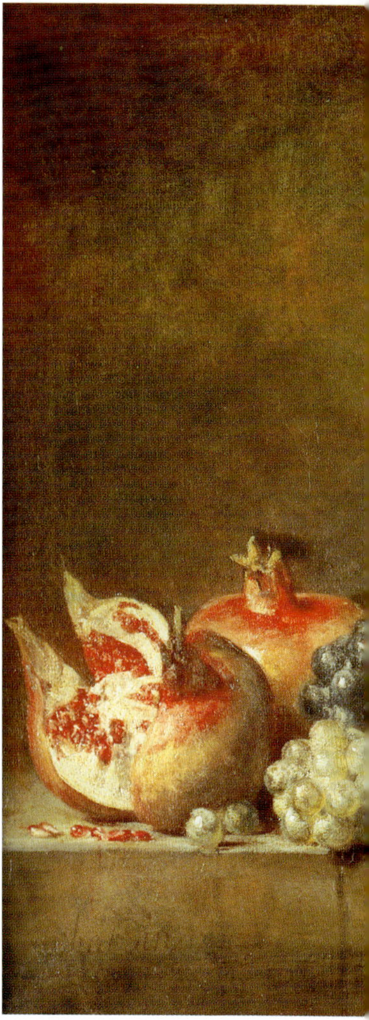

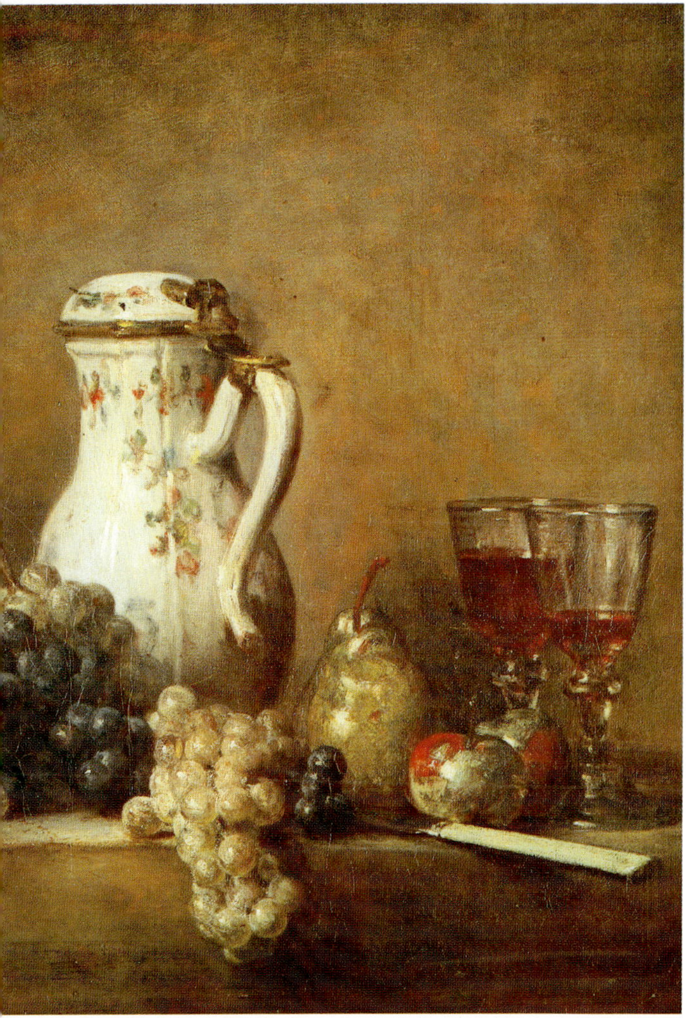

Jean-Baptiste-Siméon Chardin
Paris, 1699-1779

La Pourvoyeuse

1739

huile sur toile
47 x 38 cm
Musée du Louvre
Paris

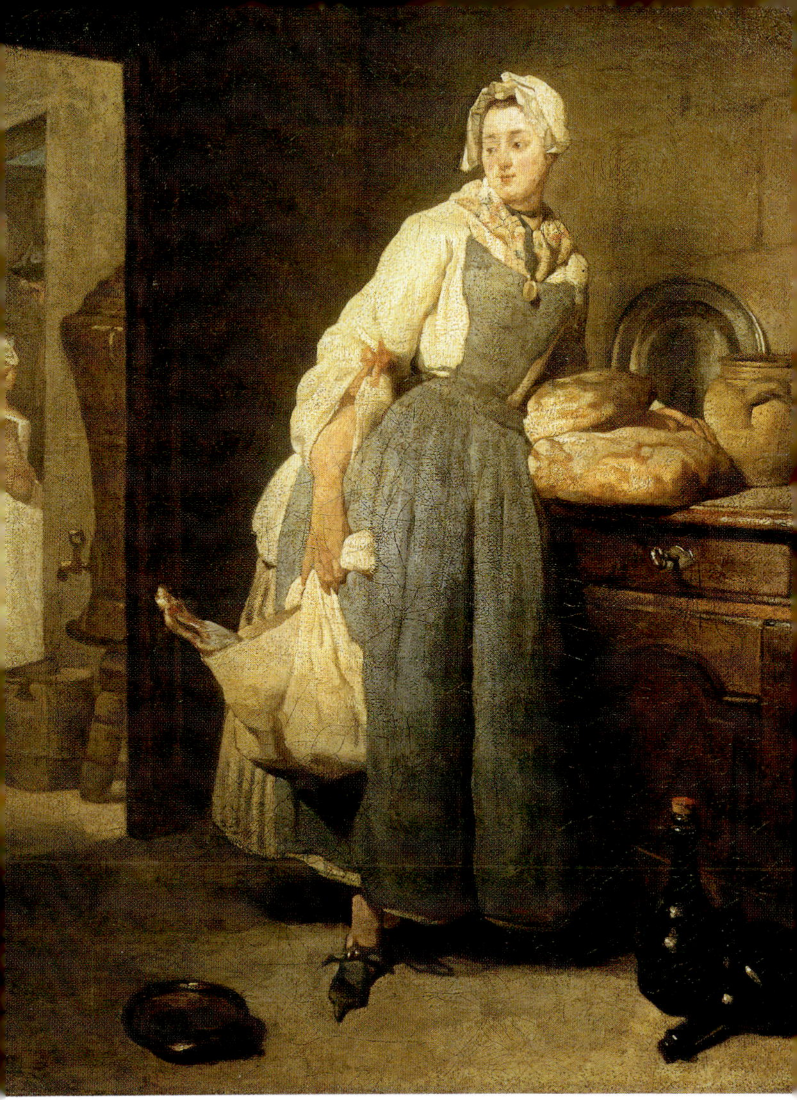

Jean-Baptiste-Siméon Chardin

Paris, 1699-1779

Les attributs des arts

1766

huile sur toile
112 x 140,5 cm
Musée de L'Ermitage
Saint-Pétersbourg

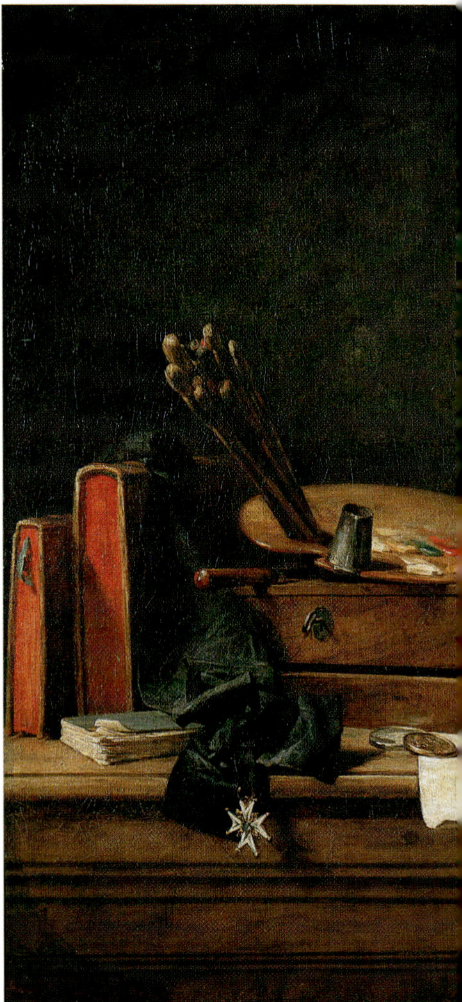

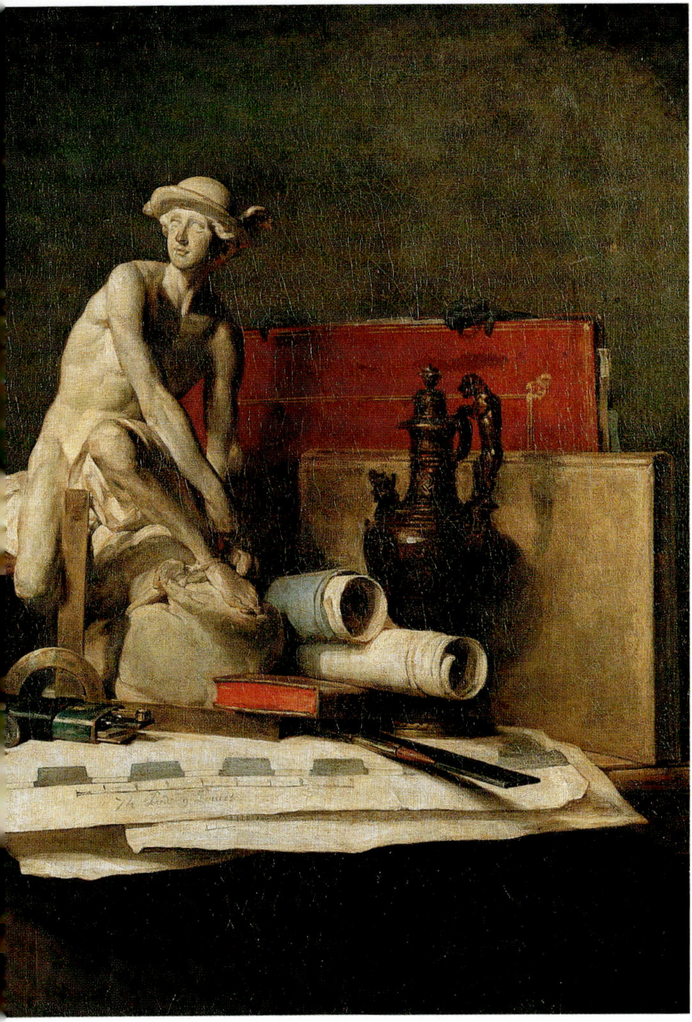

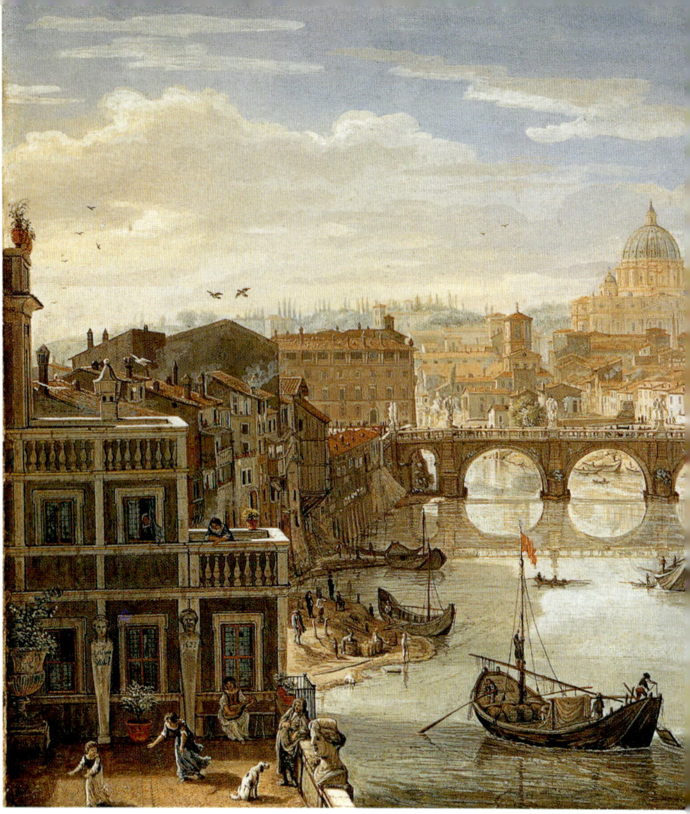

Gaspard van Wittel (Gaspare Vanvitelli)

Amersfoort, 1655-Rome 1736

Le Tibre au château Saint-Ange

1683

huile sur toile
48,5 x 98,5 cm
Palais Barberini
Galleria Nazionale d'Arte Antica
Rome

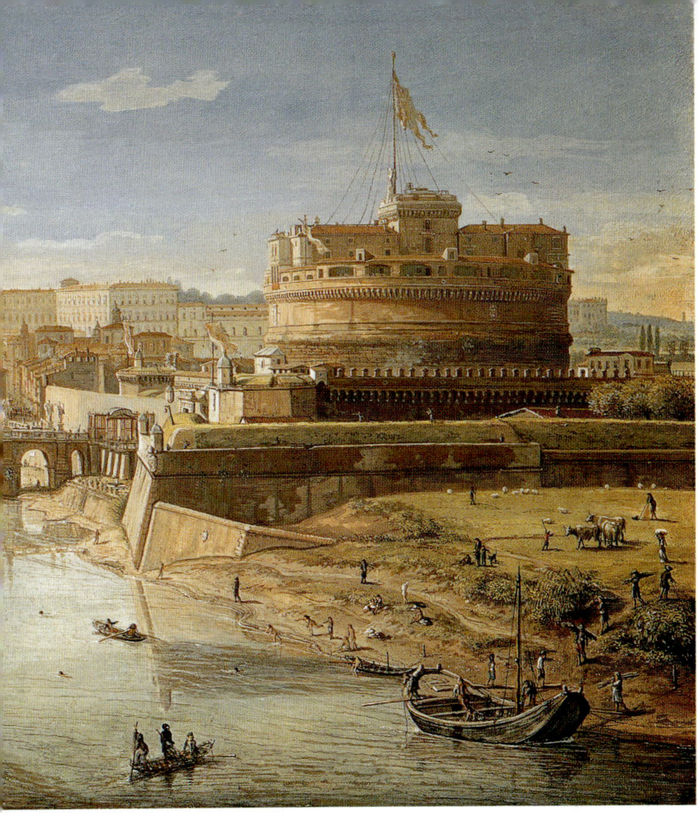

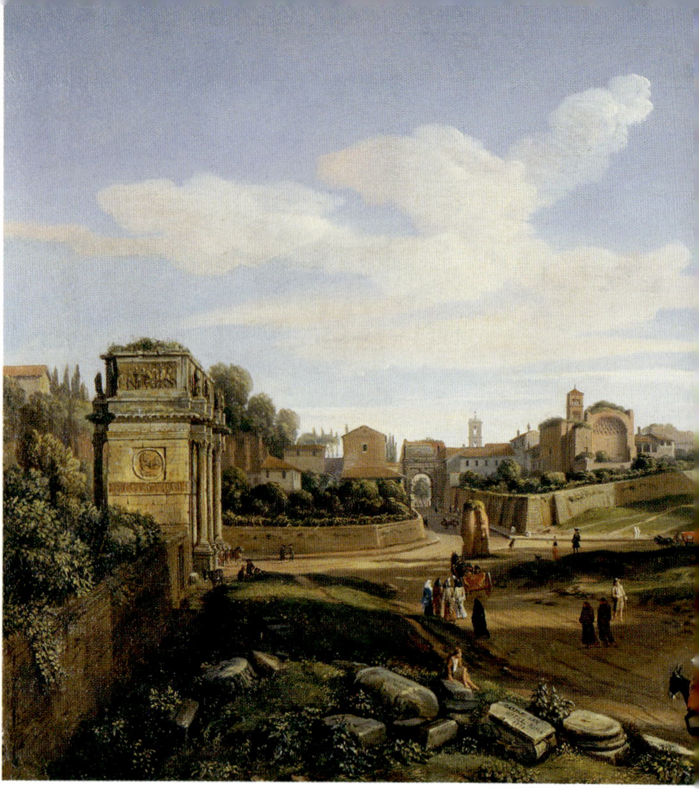

Gaspard van Wittel (Gaspare Vanvitelli)

Amersfoort, 1655-Rome 1736

Le Colisée et le Forum de Rome

1711

huile sur toile
53 x 107 cm
Galleria Sabauda
Turin

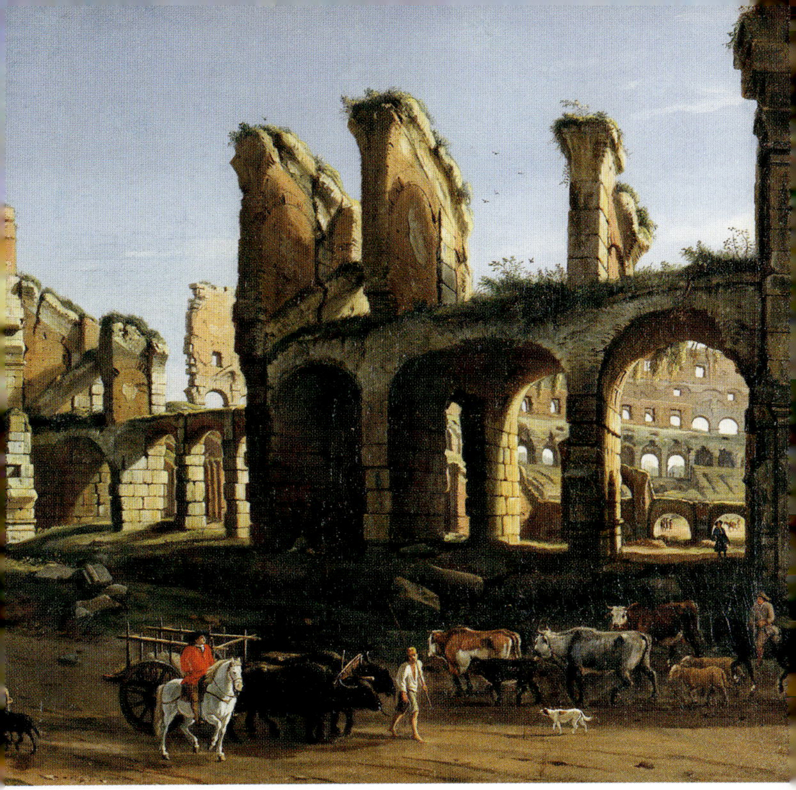

Giovanni Paolo Pannini

Plaisance, 1691/92 – Rome, 1765

Intérieur de Saint-Pierre à Rome

VERS 1754

huile sur toile
155 x 200 cm
Ca' Rezzonico
Venise

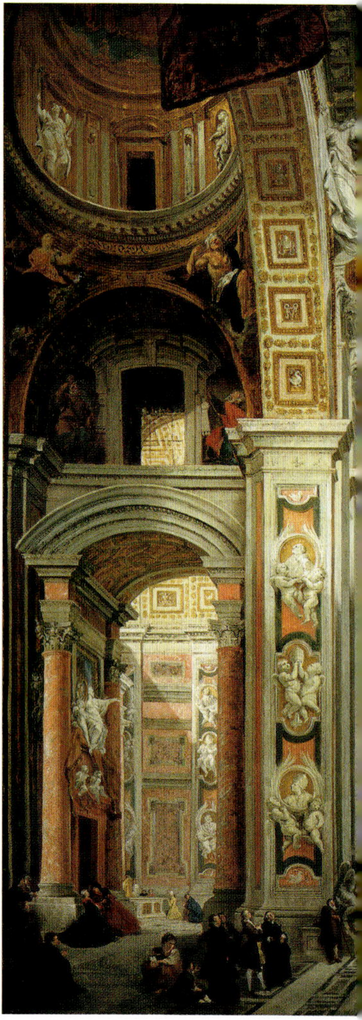

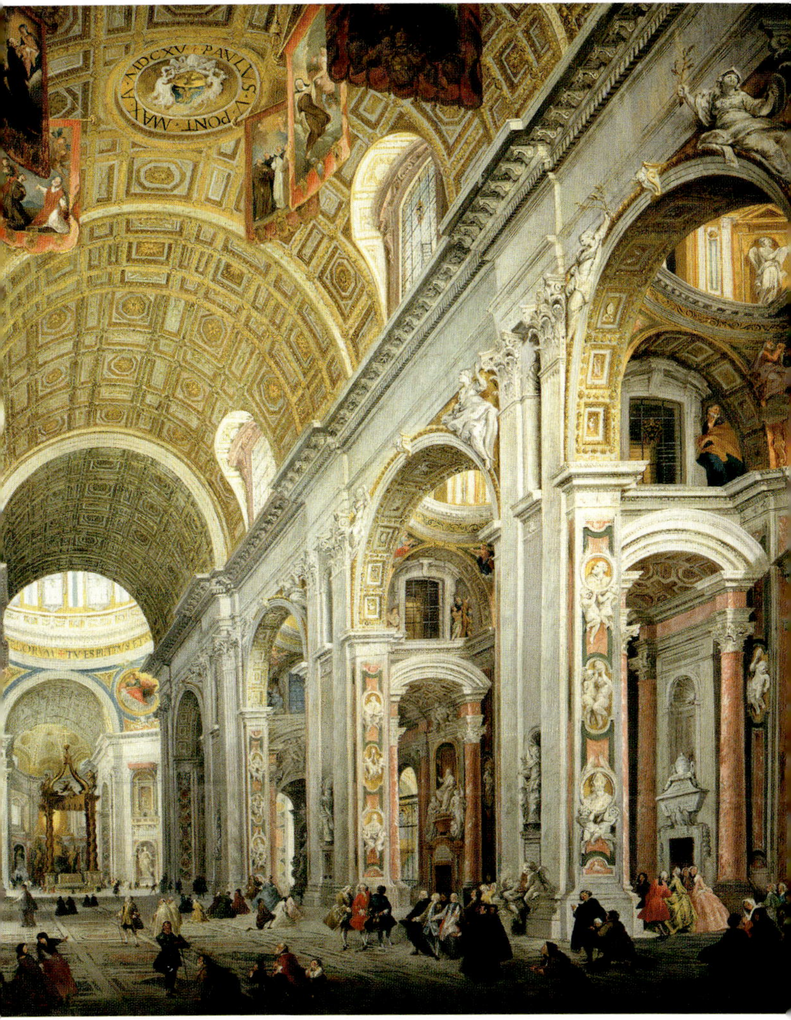
PAVLVS·V PONT·MAX·A·MDCXV

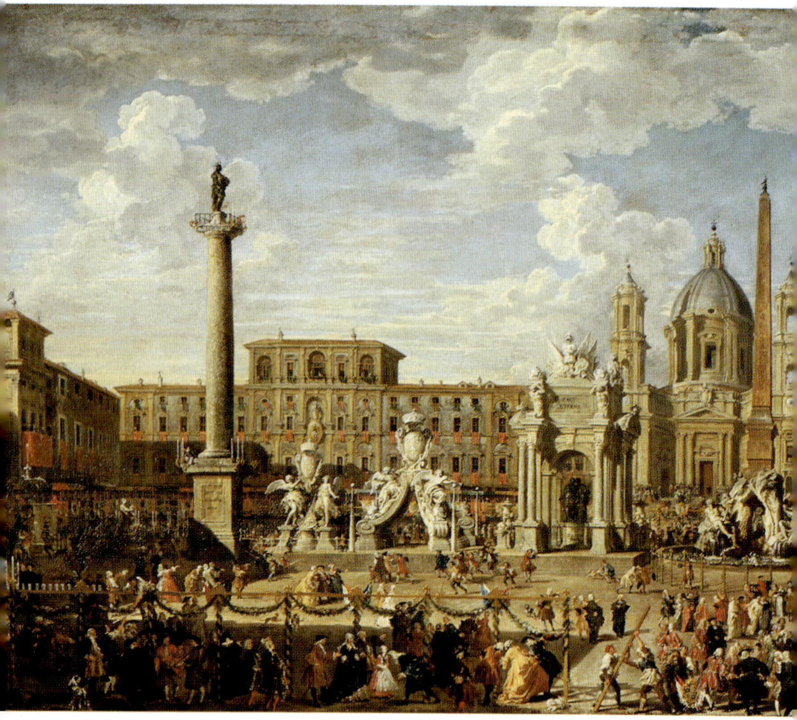

Giovanni Paolo Pannini

Plaisance, 1691/92 – Rome, 1765

678

Préparatifs de fête donnée à Rome pour la naissance du Dauphin

1729

huile sur toile
110 x 252 cm
Musée du Louvre
Paris

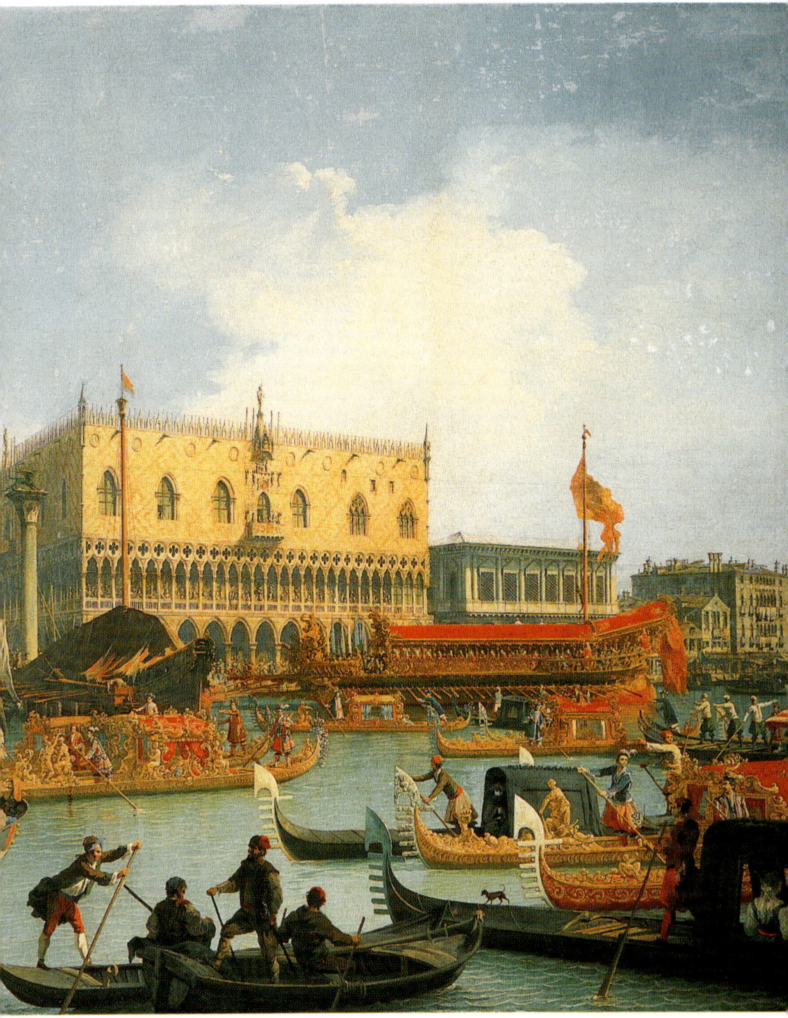

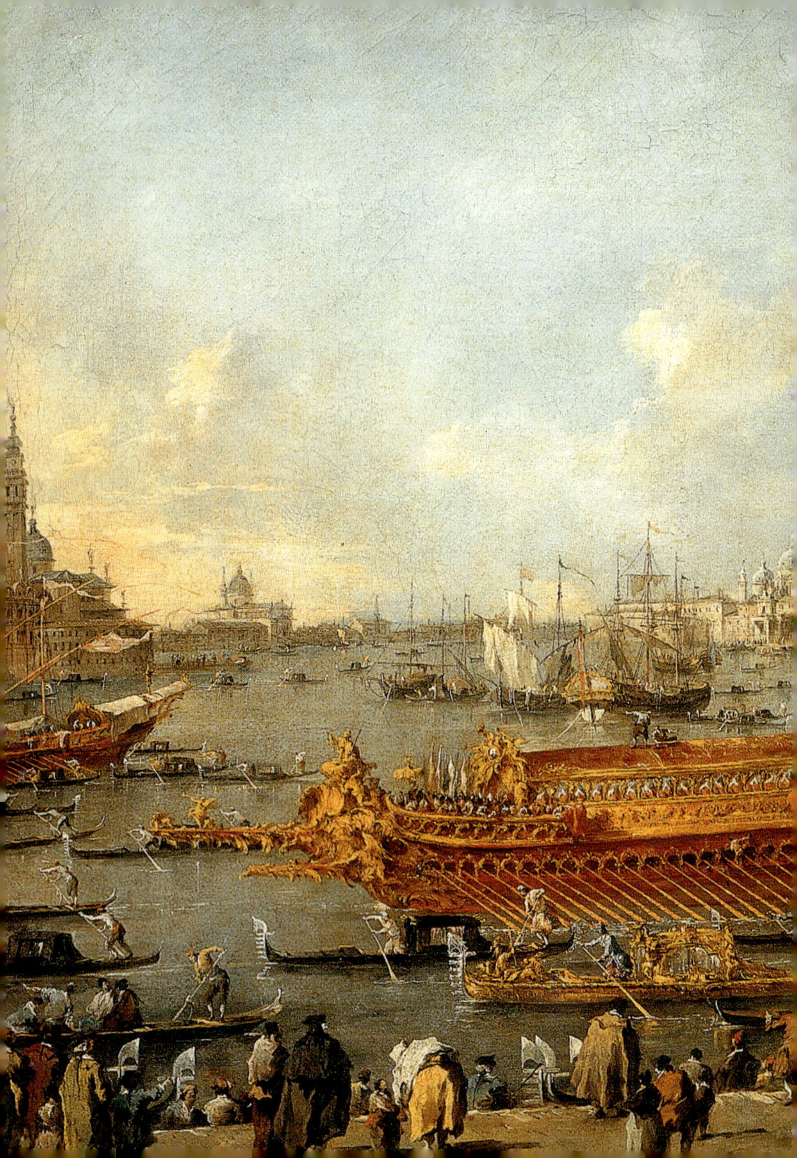

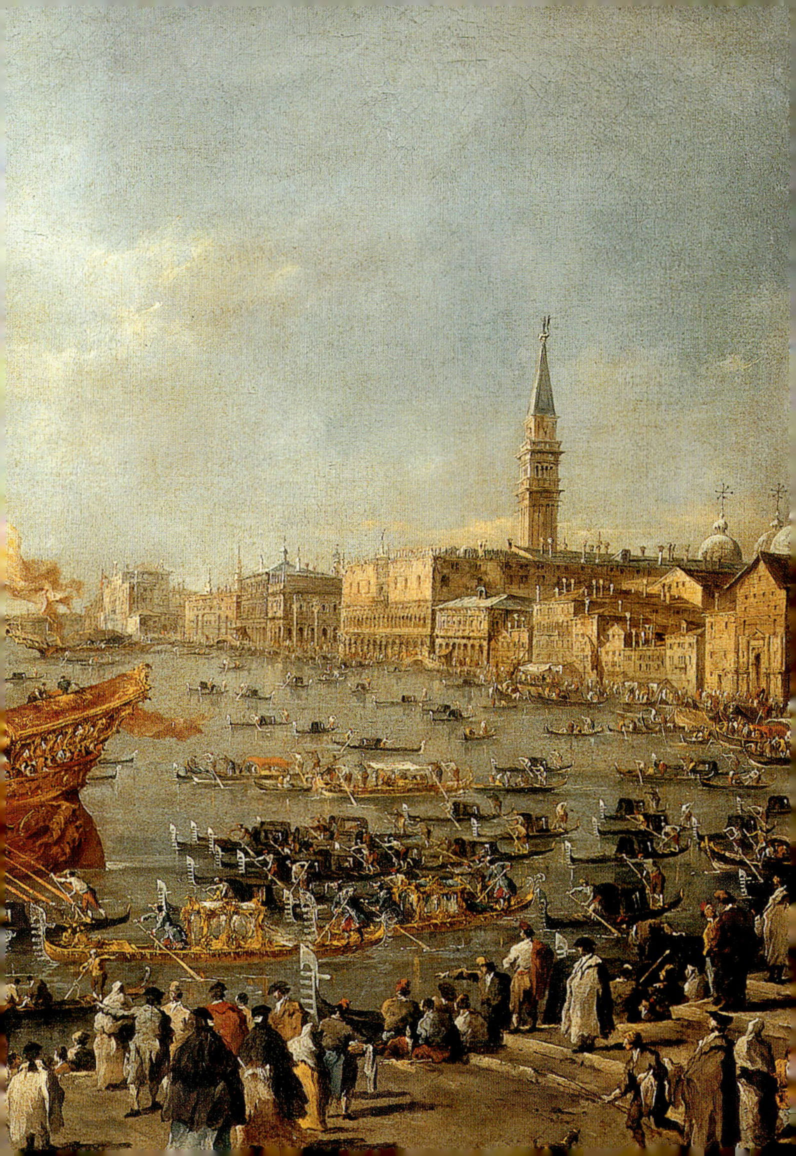

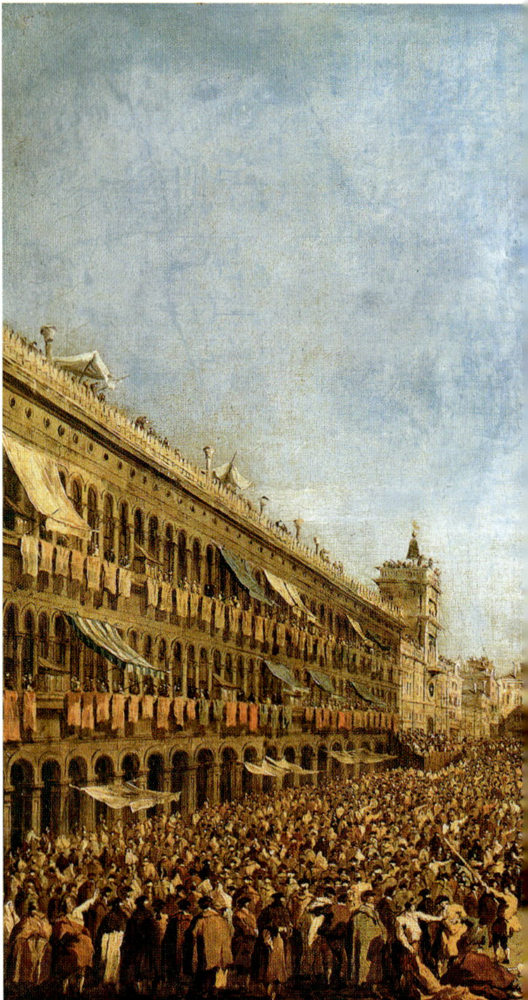

Francesco Guardi
Venise, 1712-1793

Le Doge porté par les gondoliers après son élection

1770

huile sur toile
67 x 100 cm
Musée du Louvre
Paris

pp. 684-685

Francesco Guardi
Venise, 1712-1793

Départ du Bucentaure pour le Lido

1766-1770

huile sur toile
66 x 101 cm
Musée du Louvre
Paris

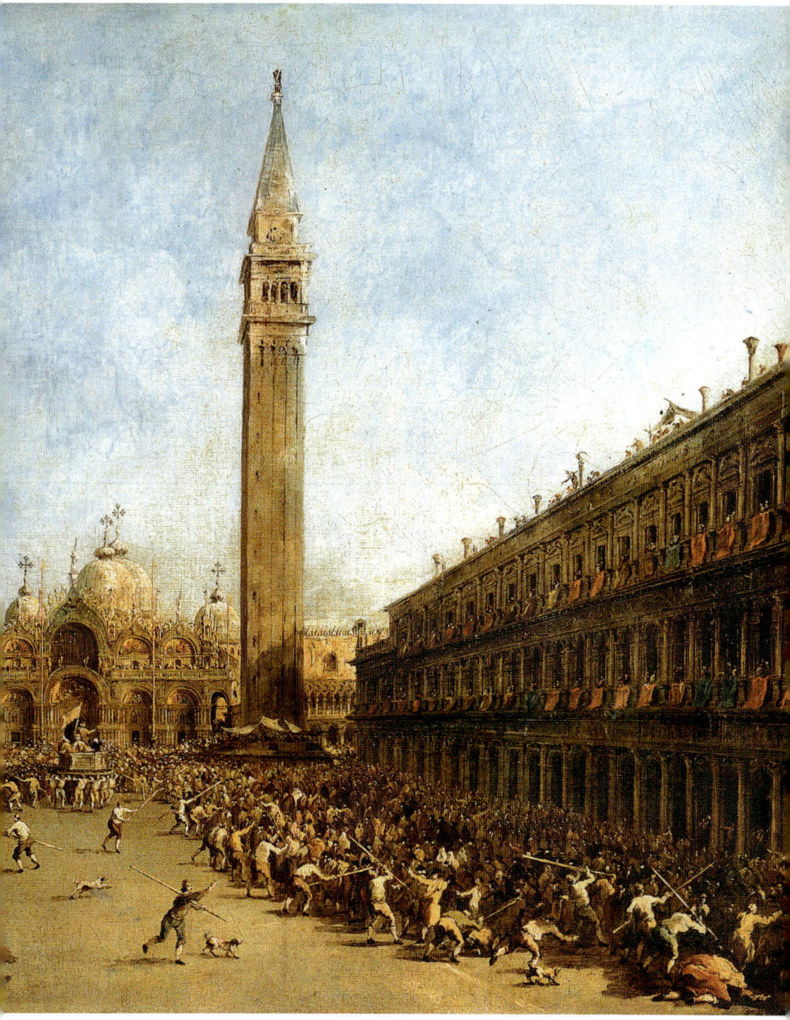

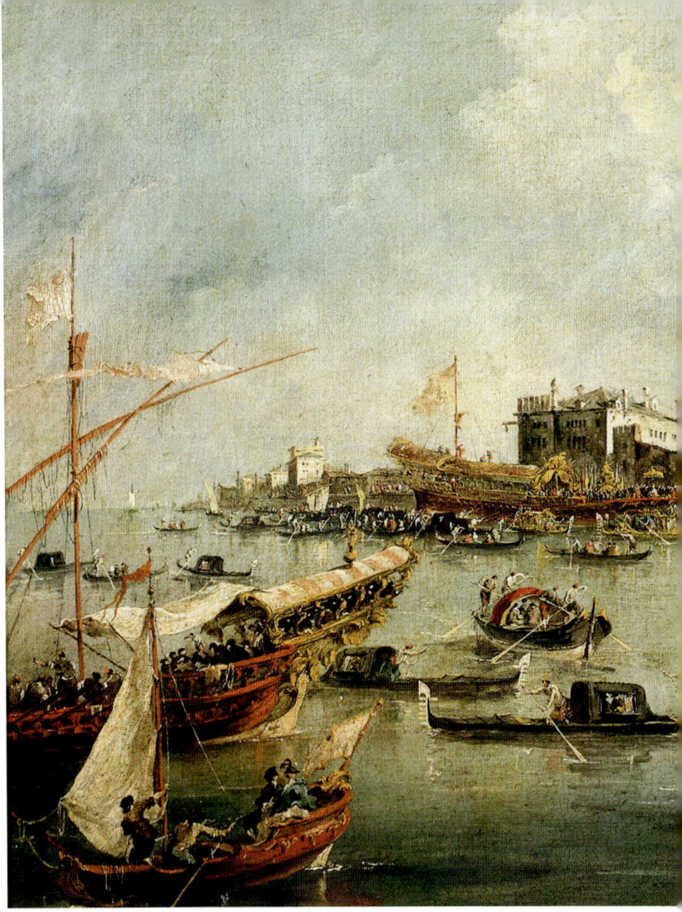

Francesco Guardi

Venise, 1712-1793

Le Bucentaure à San Niccolò

VERS 1768

huile sur toile
67 x 100 cm
Musée du Louvre
Paris

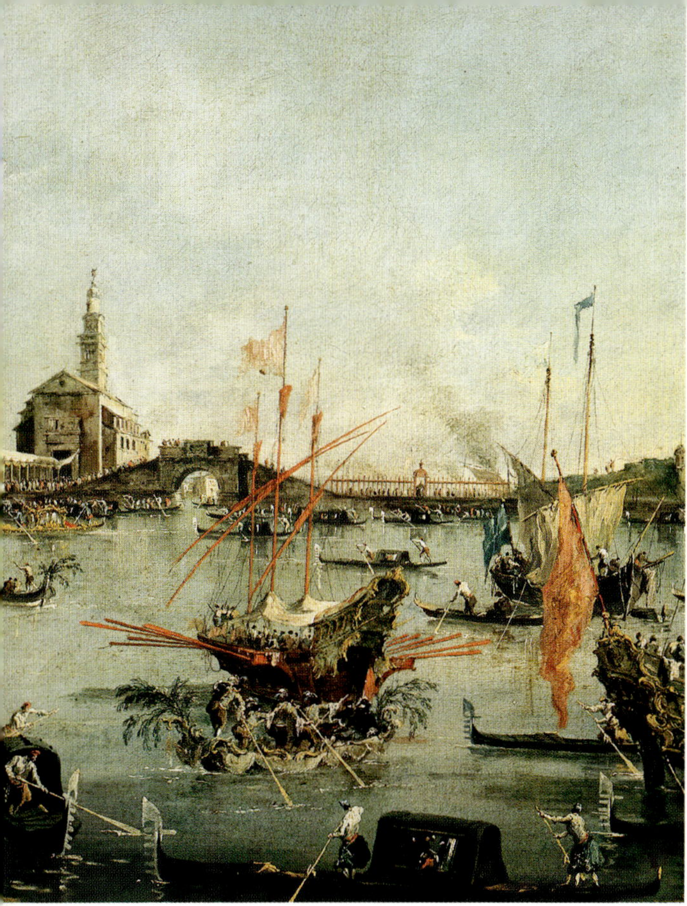

Bernardo Bellotto
Venise, 1720 – Varsovie, 1780

Le Colisée

1743-1744

huile sur toile
134 x 118 cm
Galerie Nationale
Parme

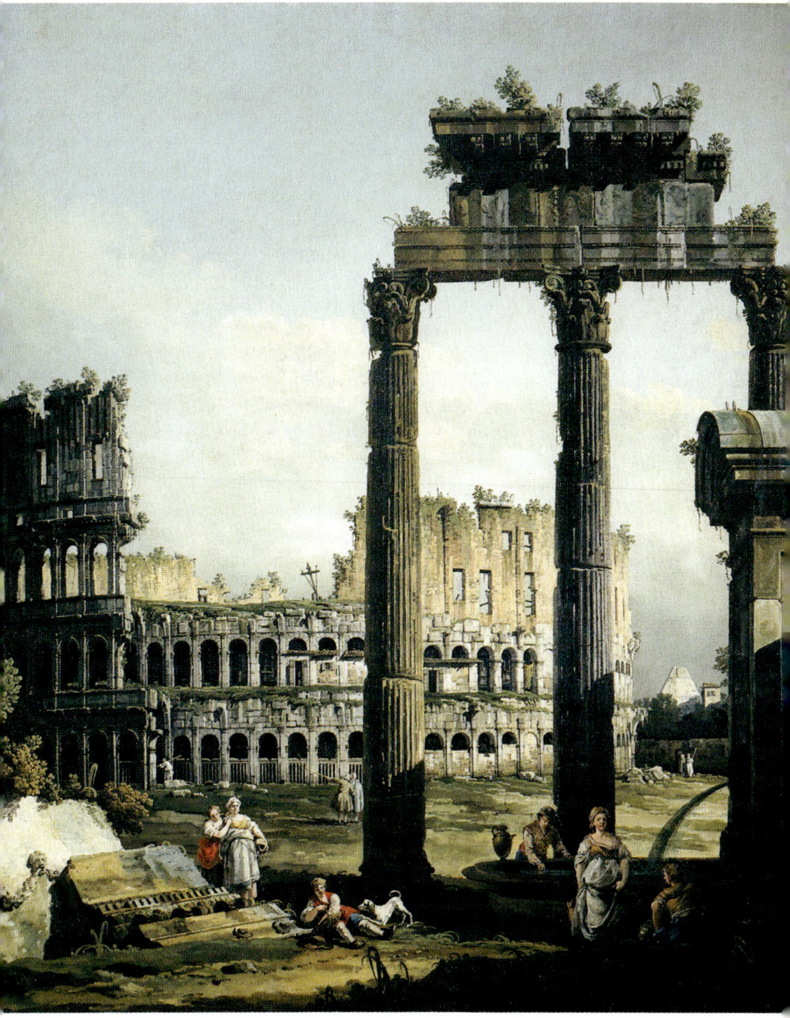

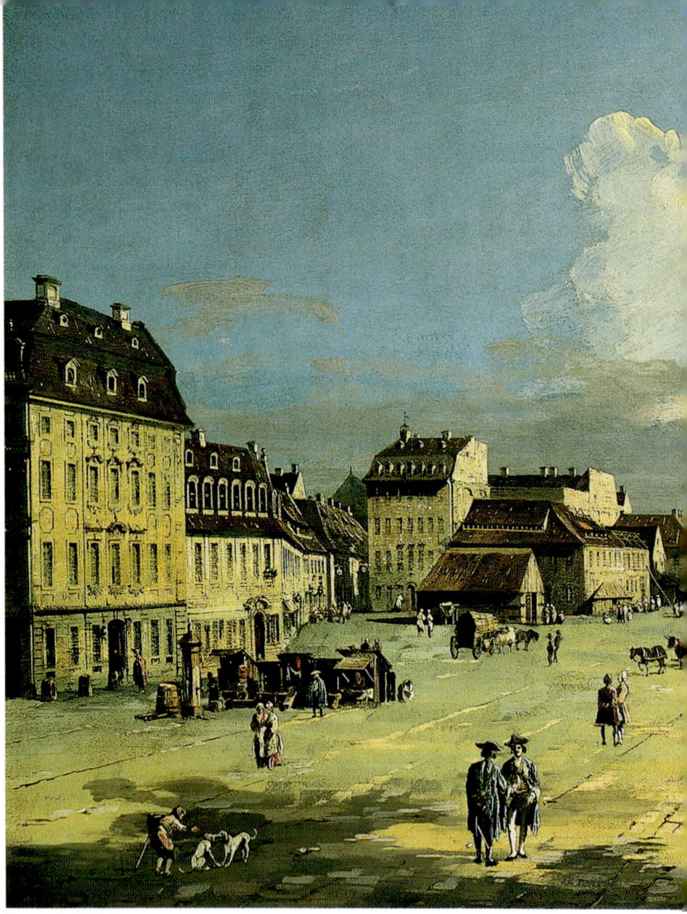

Bernardo Bellotto

Venise, 1720 – Varsovie, 1780

Vue de la place du marché à Dresde

APRÈS 1761

huile sur toile
84 x 52 cm
Palais Barberini, Galleria Nazionale d'Arte Antica
Rome

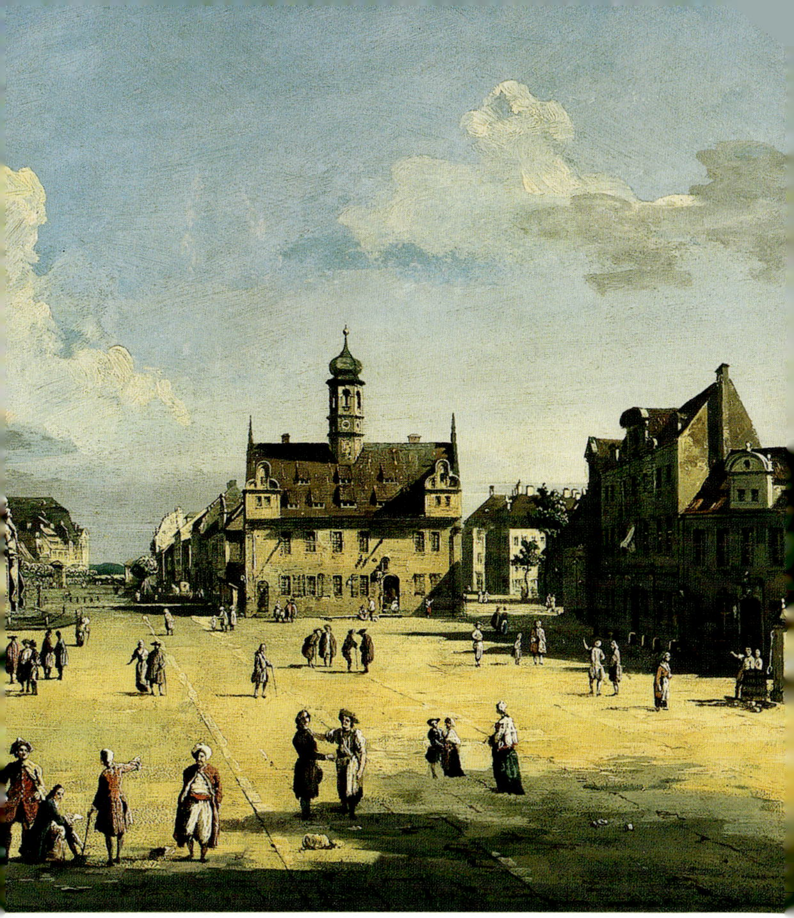

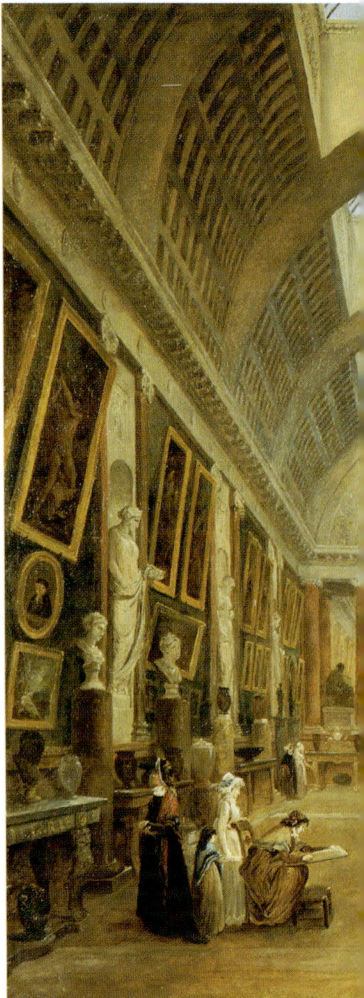

Hubert Robert

Paris, 1733-1808

694

Intérieur de la Grande Galerie du Musée du Louvre

1796

huile sur toile
112,5 x 143 cm
Musée du Louvre
Paris

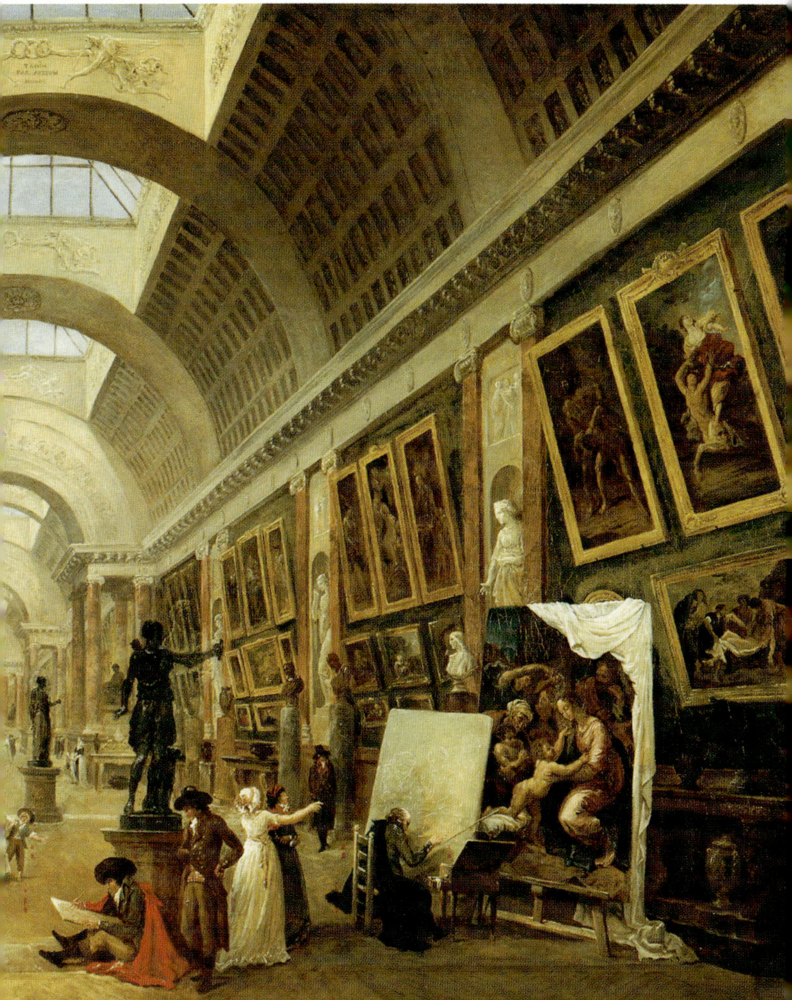

Hubert Robert
Paris, 1733-1808

Caprice architectural

1768

huile sur toile
139,1 x 106 cm
Barnard Castle, The Bowes Musuem
Country Durham

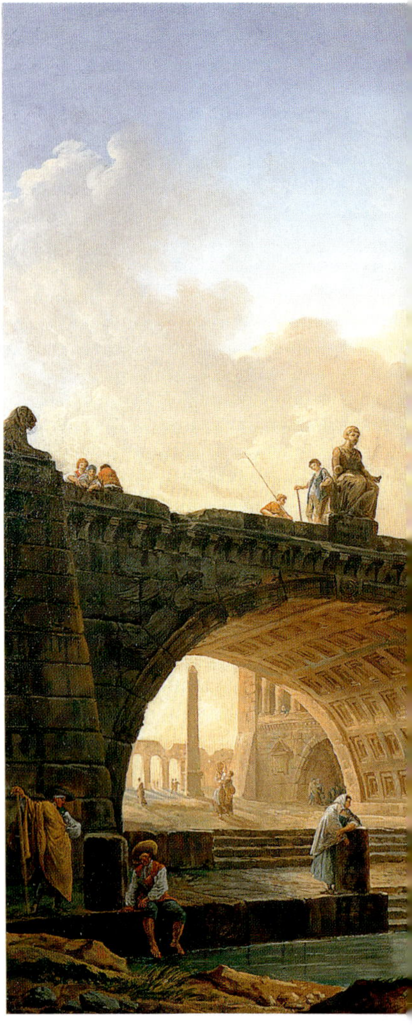

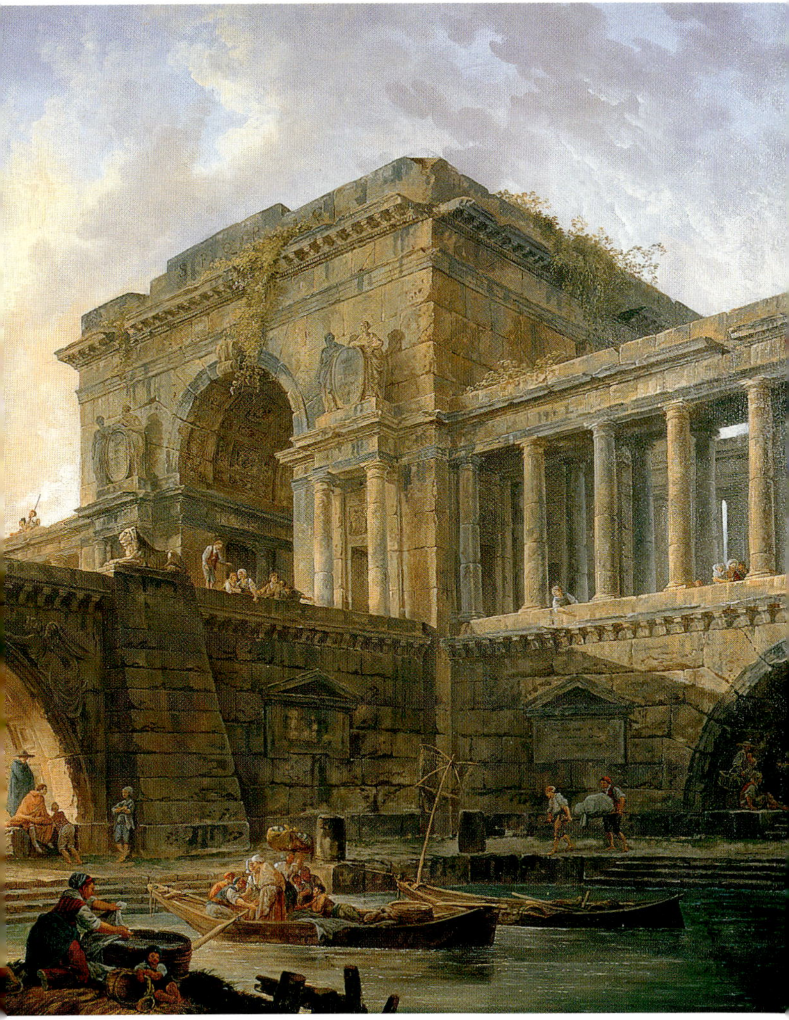

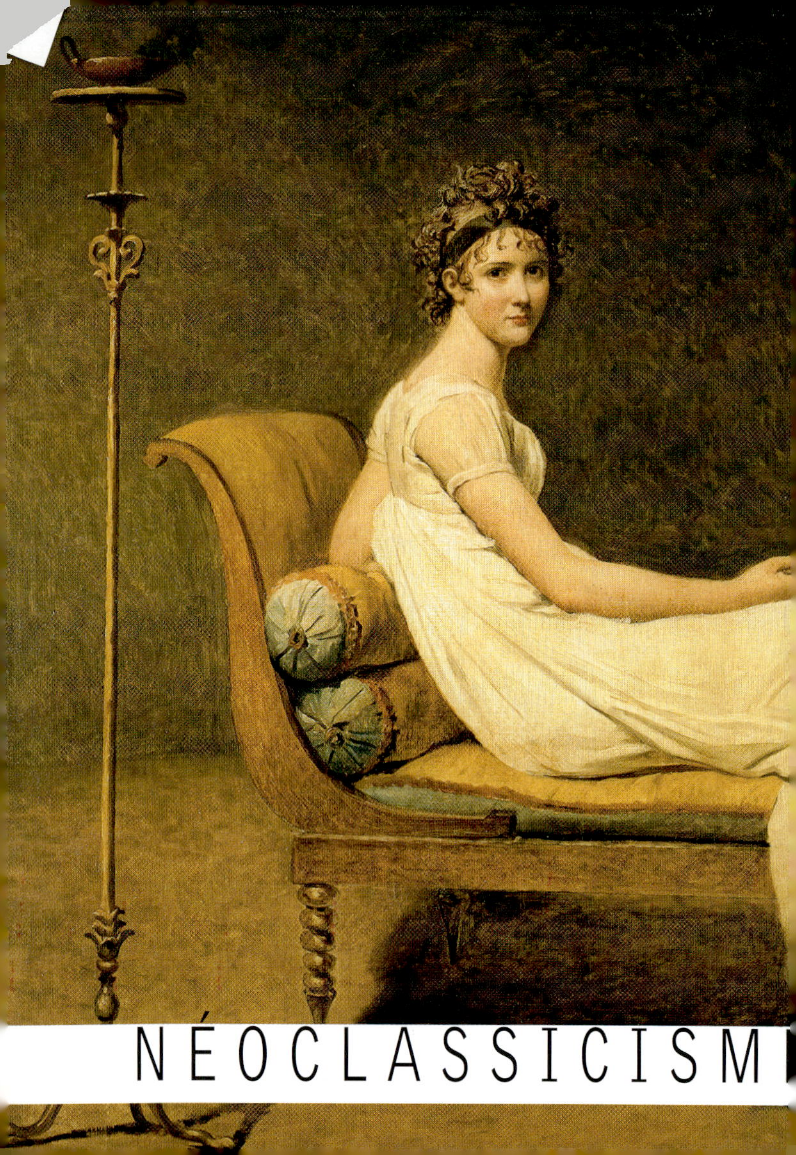

NÉOCLASSICISM

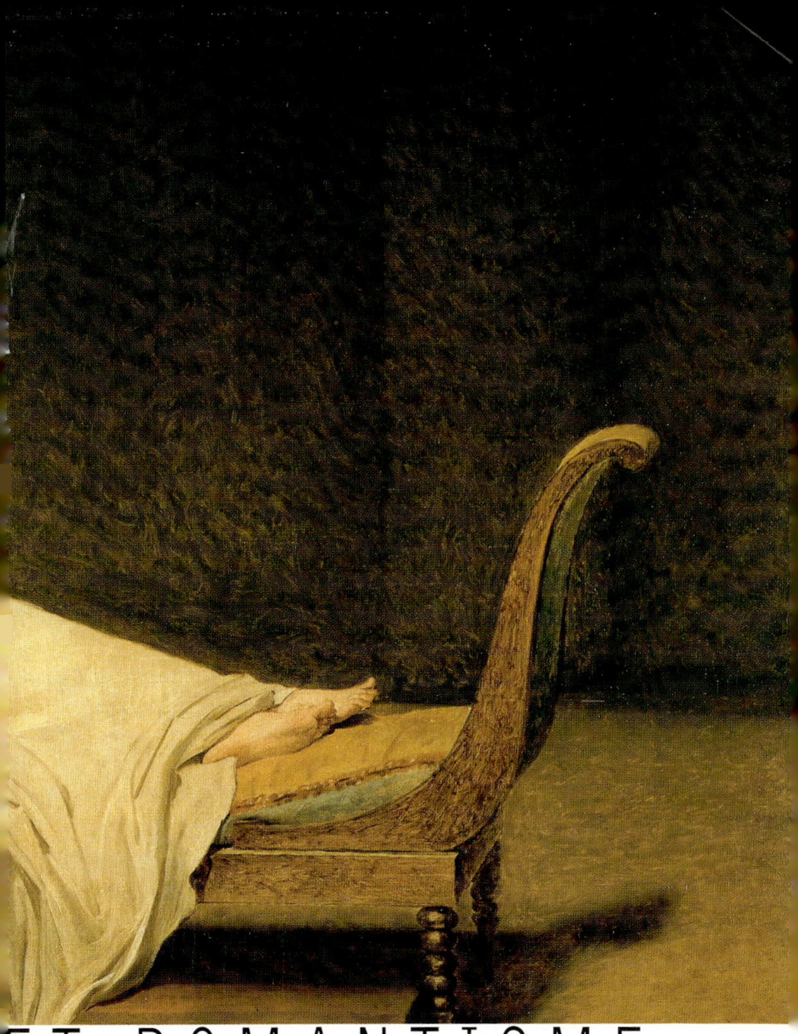

ET ROMANTISME

La peinture néoclassique, née au dix-huitième siècle, se développa jusqu'au milieu du dix-neuvième siècle. La raison de cette longévité s'explique par l'intensification des découvertes archéologiques. Des fouilles furent entreprises à Herculanum en 1738, puis dix ans plus tard des excavations furent pratiquées sur le site de la ville enfouie de Pompéi. L'intérêt pour le monde gréco-romain devint systématique, et dans de nombreux pays d'Europe la publication d'abrégés permit au public sachant lire de se familiariser avec les monuments de la Grèce ancienne. Parmi ces ouvrages, citons *Les Ruines des plus beaux monuments de la Grèce* de l'auteur français Julien-David Leroy (1724-1803), publié en 1758, ou *The Antiquities of Athens [Les Antiquités d'Athènes]*, 1762, écrit par l'Anglais James Stuart (1713-1788) et par Nicholas Revett (1720-1804). En 1755, l'historien de l'art allemand Johann Joachim Wincklelmann (1717-1768) publia le volume *Gedanken über die Nachahmung der griechischen Werke in der Malerei und Bildhauerkunst [Réflexions sur l'imitation des oeuvres des Grecs en peinture et sculpture*] à Dresde. Il publia aussi *Geschichte der Kunst des altertums* [*Histoire de l'art de l'Antiquité*] en 1764. Dans ces ouvrages, Wincklemann affirmait que l'art devait imiter la « noble simplicité » et la «sereine grandeur» de l'art grec. Il condamnait les excès de l'expressivité, considérés comme une erreur par les Grecs eux-mêmes, et prônait une beauté idéale, une expression du divin qui s'opposait à la beauté de la nature ne représentant, selon lui, que l'humanité.

On trouve l'une des premières expressions de cet idéal en peinture dans l'œuvre d'un autre Allemand, Anton Raphael Mengs (1728-1779), qui partageait les idées de Winckelmann et qui, comme lui, était allé vivre à Rome par amour de l'Antiquité. En 1761, Mengs réalisa une fresque intitulée *Parnasse* sur un plafond de la Villa Aldobrandini, à Rome, une oeuvre capitale pour les disciples des nouvelles idées néoclassiques. La nouvelle école d'art se développa dans le contexte culturel complexe du dix-huitième siècle, en réaction aux excès du Baroque et du caractère mondain et érotique du style rococo. Les thèmes galants furent remplacés par des thèmes de l'histoire antique que les artistes traitaient essentiellement par le dessin, élément fondamental de leurs peintures. L'interaction des couleurs et les compositions vertigineuses de l'art baroque et rococo laissèrent place à d'austères compositions fondées sur la ligne, le clair-obscur et les proportions classiques du corps humain. Une fois de plus, les artistes revenaient non seulement vers les sujets classiques mais aussi vers les techniques de peinture de la Renaissance. Soucieux de respecter scrupuleusement l'architecture, les costumes et les oeuvres de l'Antiquité, les peintres néoclassiques se tournèrent vers le style de Raphaël, du Corrège ou même des Carraci, comme on le voit dans les oeuvres de Mengs ou de l'artiste français Jean-Aguste-Dominique Ingres (1780-1867).

Jacques-Louis David (1748-1825), qui peignit *Le Serment des Horaces* en 1784, porta la peinture néoclassique à ses sommets. Dans ses compositions, l'architecture, les personnages disposés en frise et les vêtements témoignent d'un retour rigoureux aux formes classiques. Cette rigueur formelle, la composition structurée comme une frise, ainsi que la symétrie et la plasticité des figures, seront plus tard utilisés par David pour des scènes d'histoire contemporaine comme *Le couronnement de Napoléon 1er* (1808).
Le néoclassicisme a établi le clair-obscur, les proportions et la perspective classiques comme les éléments fondamentaux de la peinture. Même lorsque les sujets traités n'étaient ni mythologiques ni historiques, ces éléments constituaient des règles que les peintres étaient obligés de respecter, conformément à l'enseignement artistique officiel. Et si le sujet traité appartenait au domaine de l'orientalisme, les figures devaient elles aussi être représentées selon les canons et le rendu plastique typiques de l'utilisation traditionnelle du clair-obscur. Rapidement, de nombreux peintres contestèrent ces règles néoclassiques. Parmi eux, Eugène Delacroix (1798-1863), considéré comme un peintre romantique, ne se contenta pas de s'éloigner des sujets classiques. Pour le modelé de ses figures, il utilisa directement le pigment, sans avoir recours au clair-obscur plus traditionnel, et introduisit dans ses oeuvres drame et dynamisme. Au début, cependant, les peintres romantiques, ne s'opposaient aux artistes néoclassiques qu'en termes de choix du

sujet. Ils gardaient souvent la même technique de peinture, fondée sur le dessin, le clair-obscur et la plasticité des figures.

Globalement, on peut scinder la peinture romantique en deux périodes. La première, appelée Pré-romantique, s'étend de 1770 à 1800 environ et compte parmi ses artistes proéminents le peintre Johan Heinrich Füssli (1741-1825), le Français Girodet (1767-1824), élève de David, et le peintre allemand Caspar David Friedrich (1774-1840). Même si leurs tableaux représentaient des sujets tout à fait différents de ceux de l'art classique, ces artistes étaient toujours respectueux de la peinture académique. Le nouvel aspect de leur art résidait principalement dans le choix de leurs sujets, qui pouvaient être dérangeants, comme dans *Le Cauchemar* de l'artiste Füssli (né en Suisse puis naturalisé Anglais), ou contemplatifs, comme dans les paysages dramatiques de Friedrich.

Les premières décennies du dix-neuvième siècle virent se développer la deuxième période du Romantisme, nourrie d'un fort intérêt pour la liberté, l'histoire médiévale, l'histoire moderne et les civilisations contemporaines. Les artistes inventèrent de nouveaux modes de compositions et abordèrent des sujets entièrement différents. Parmi les oeuvres qui s'imposèrent alors en Europe, on trouve de grands tableaux comme le *Radeau de la Méduse* (1819) de Théodore Géricault (1791-1824), représentant un naufrage dans l'océan Indien ; *Le 3 mai 1808* (1814) de Francisco Goya (1746-1828), montrant une scène d'exécution ; *Dante et Virgile en Enfer* (1822) et *Les Massacres de Scio* (1824) d'Eugène Delacroix, décrivant un épisode de l'histoire contemporaine, la guerre entre Grecs et Turcs et montrant, au fond du tableau, les familles grecques attendant soit la mort, soit l'esclavage.

En dehors de leur puissant contenu politique, ces peintures ont en commun de s'être libérées des préceptes académiques. Revenant aux modèles des maîtres italiens comme Le Tintoret, Géricault bâtit le *Radeau de la Méduse* sur une composition dynamique et intensément dramatique – c'est-à-dire à l'opposé des idées néoclassiques. Quant à Goya, il donna dans *Le trois mai 1808* une description brutale, expressionniste et presque caricaturale d'un épisode de l'invasion de l'Espagne par Napoléon. Enfin Delacroix, avec la fluidité de ses gestes et sa nouvelle façon de construire les figures en modulant les pigments, qui rappelait Rubens, fit de la couleur l'élément fondamental du tableau.

Depuis lors, l'idée de l'art comme vision individuelle du monde et expression d'une rébellion intérieure, d'un refus de se conformer aux canons abstraits imposés, gagna en puissance. L'oeuvre de l'Anglais William Turner (1775-1851) est en ce sens un remarquable exemple de création et de vision originales.

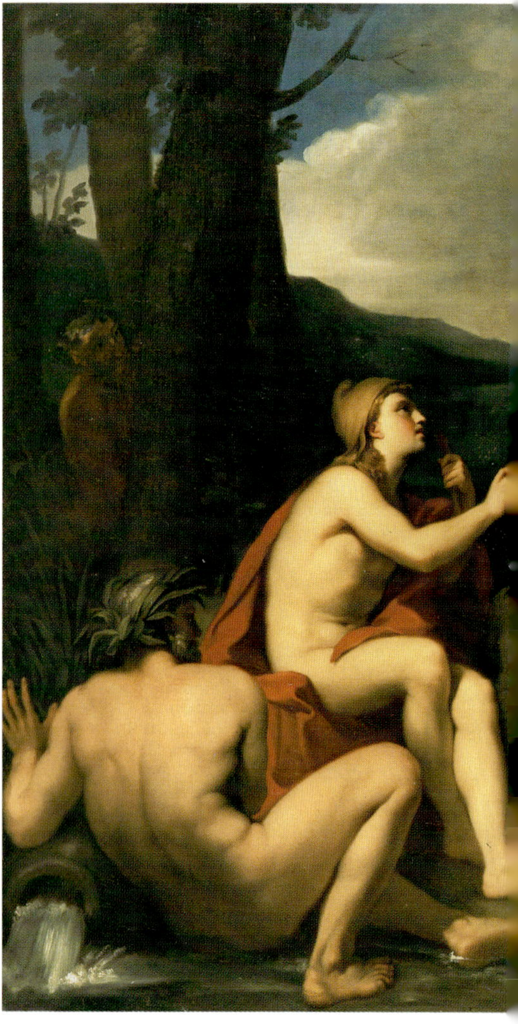

Anton Raphael Mengs
Aussig, Bohême, 1728 – Rome, 1779

Le Jugement de Pâris

VERS 1757

huile sur toile
226 x 295,5 cm
Musée de l'Ermitage
Saint-Pétersbourg

Jacques-Louis David
Paris, 1748 – Bruxelles, 1825

Madame Récamier

1800

huile sur toile
174 x 244 cm
Musée du Louvre
Paris

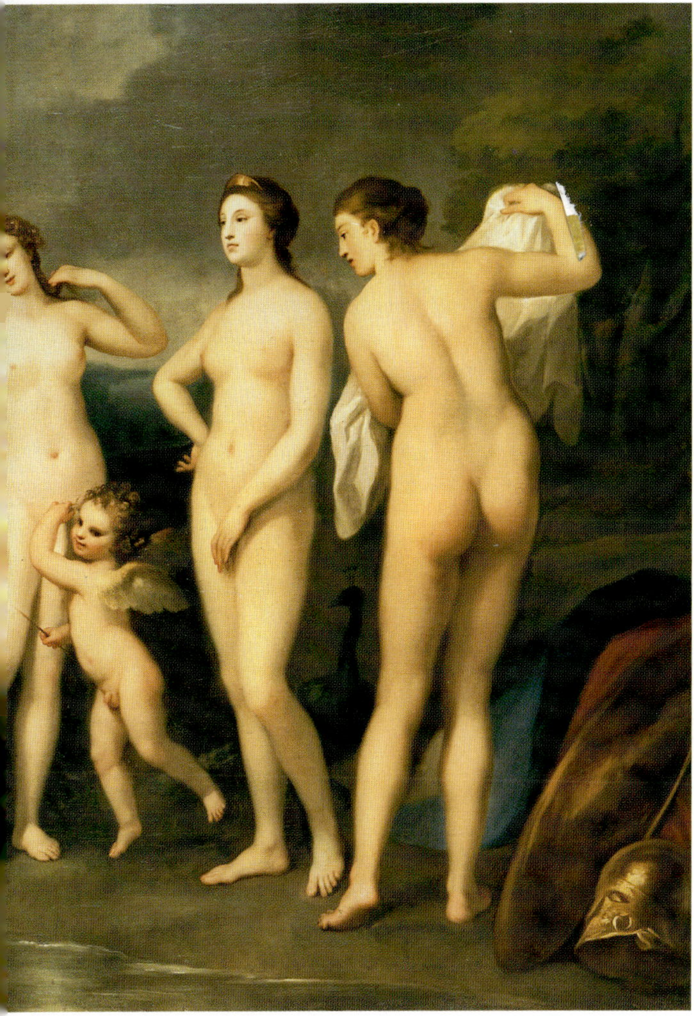

Jacques-Louis David
Paris, 1748 – Bruxelles, 1825

Le Serment des Horaces

1784

huile sur toile
330 x 425 cm
Musée du Louvre
Paris

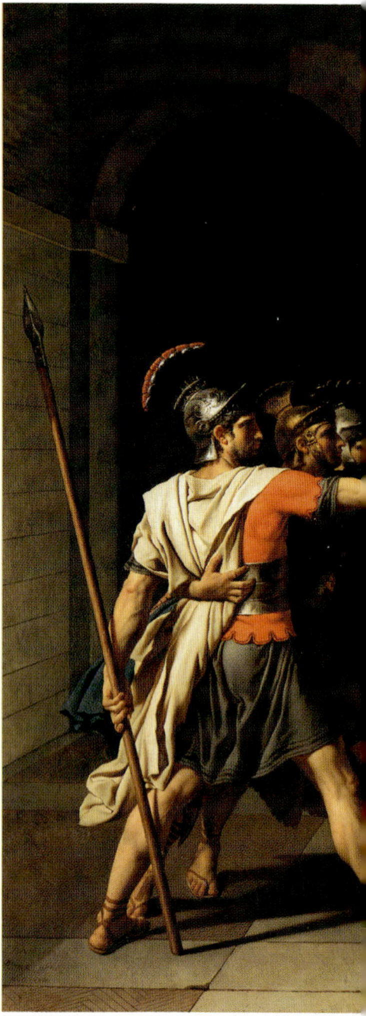

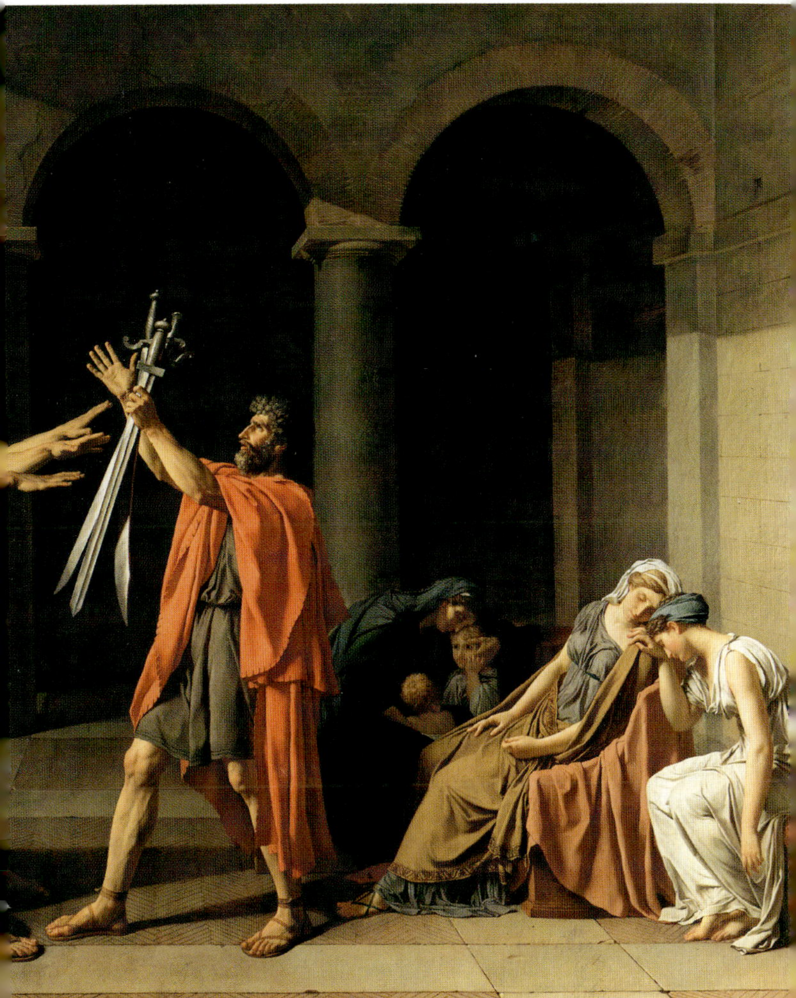

Jacques-Louis David

Paris, 1748 – Bruxelles, 1825

L'enlèvement des Sabines

1799

huile sur toile
385 x 522 cm
Musée du Louvre
Paris

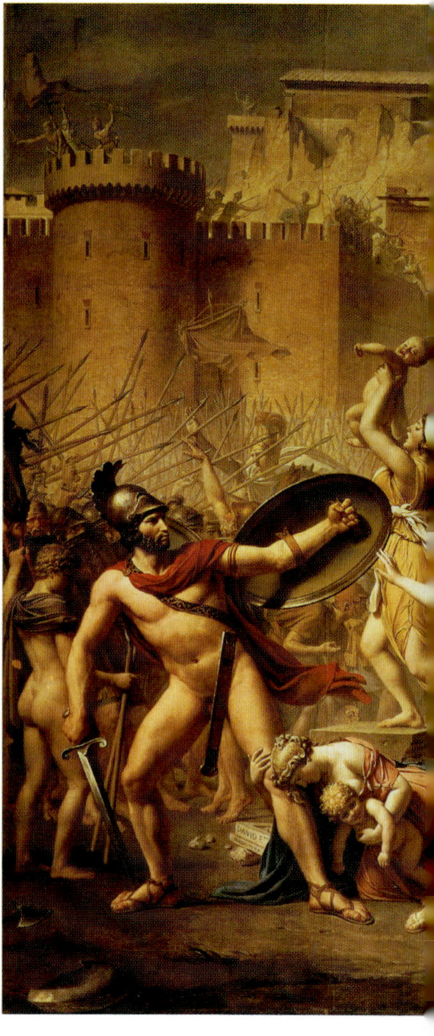

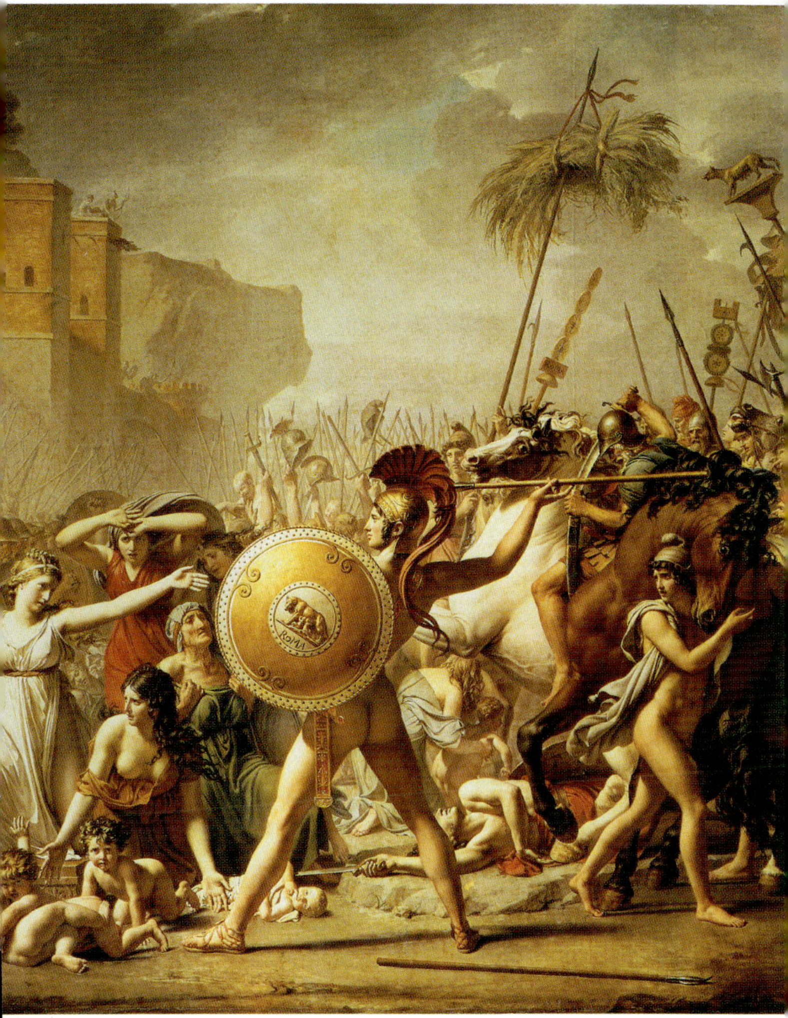
ROMA

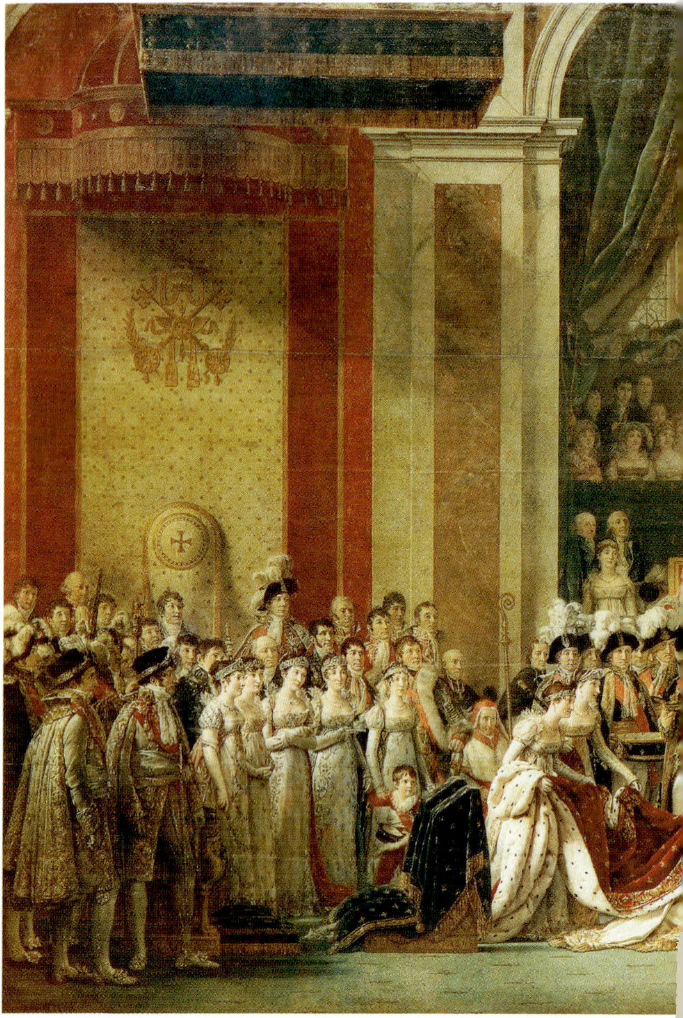

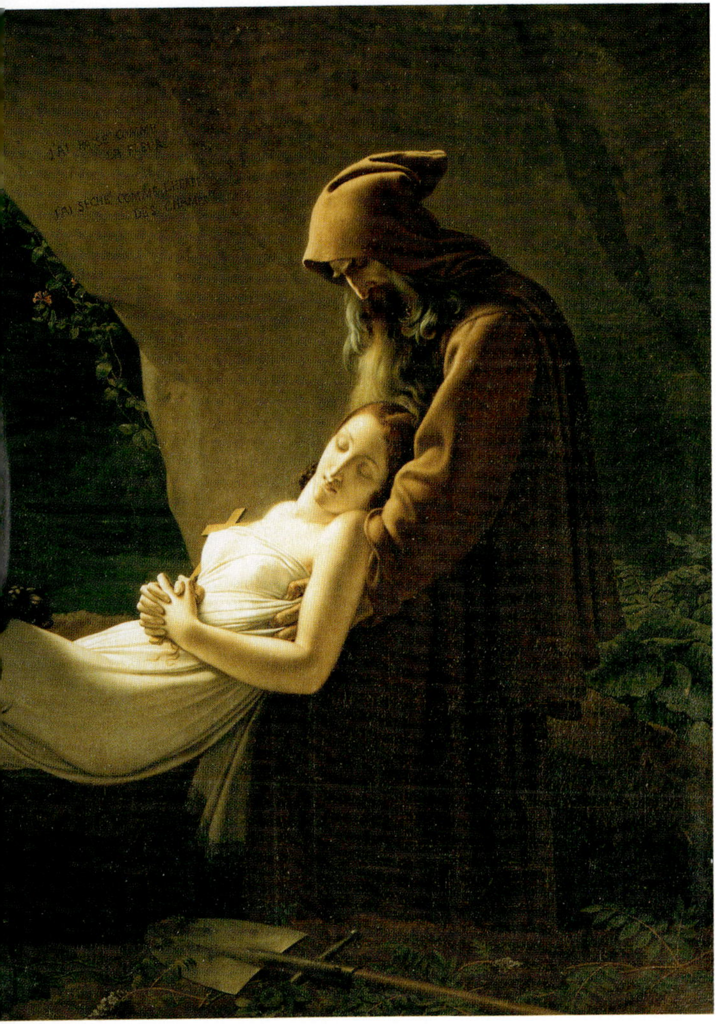

Jean Auguste Dominique Ingres
Montauban, 1780 – Paris, 1867

Oedipe et le Sphinx

1808

huile sur toile
189 x 144 cm
Musée du Louvre
Paris

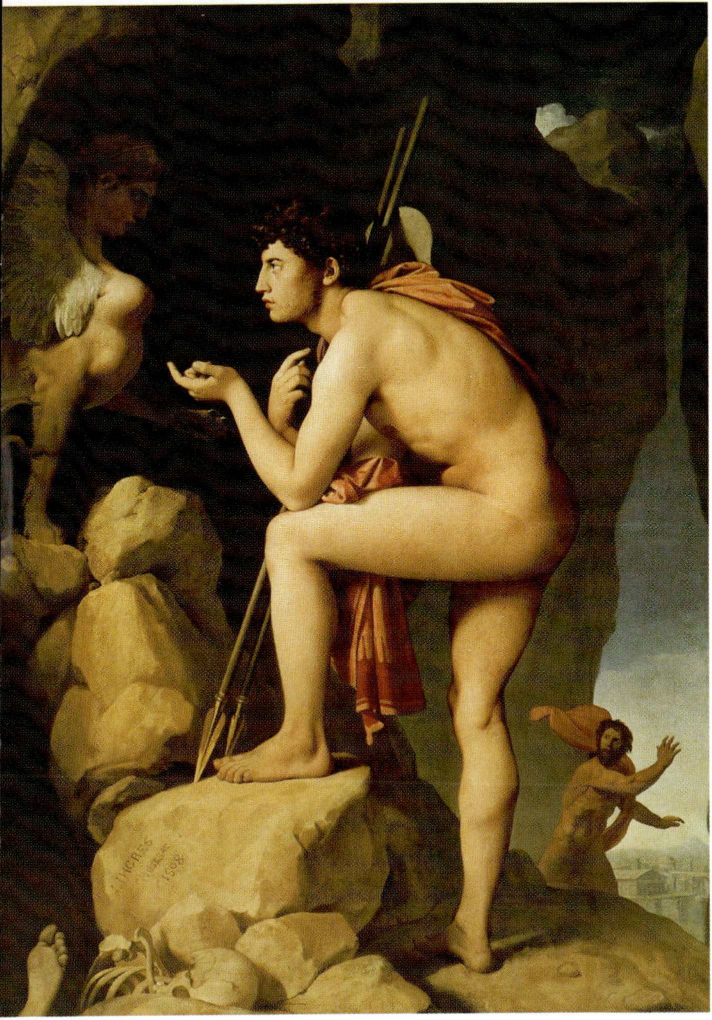
INGRES
1808

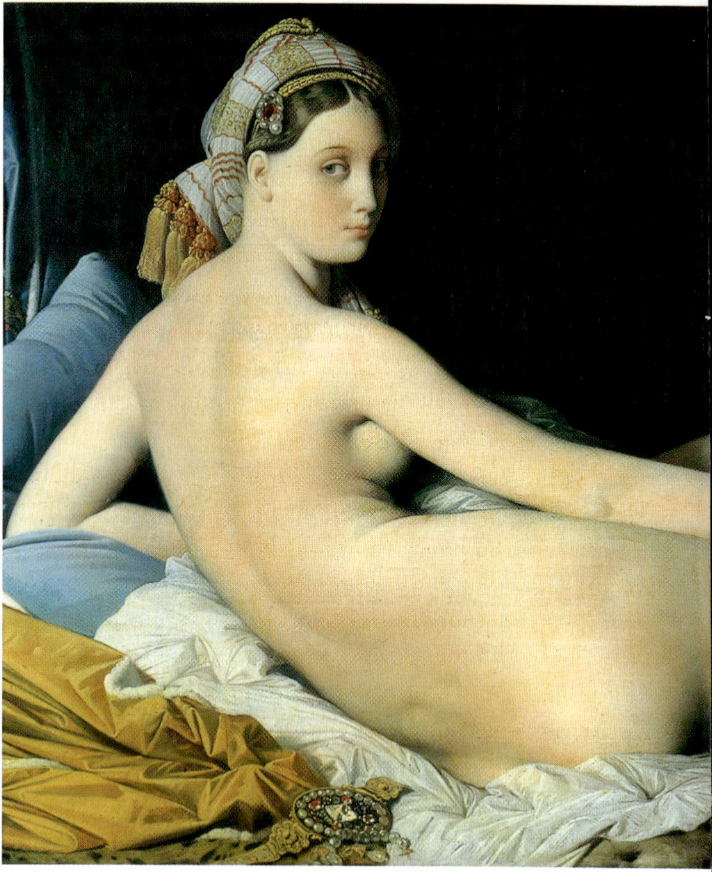

Jean Auguste Dominique Ingres
Montauban, 1780 – Paris, 1867

La grande Odalisque

1814

huile sur toile
91 x 162 cm
Musée du Louvre
Paris

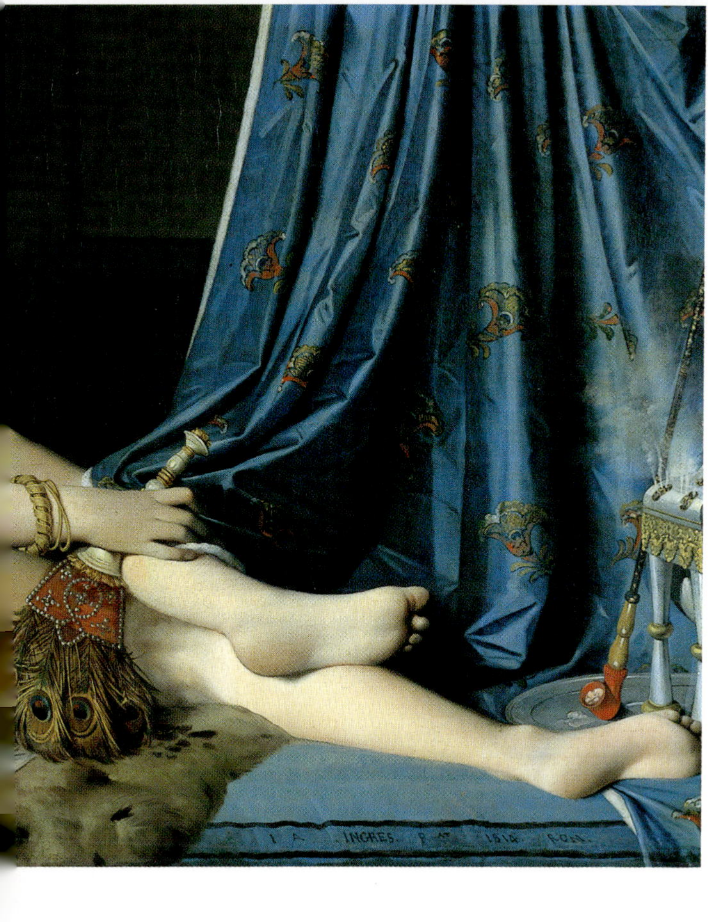
INGRES
1814

Jean Auguste Dominique Ingres
Montauban, 1780 – Paris, 1867

L'Apothéose d'Homère

1827

huile sur toile
386 x 512 cm
Musée du Louvre
Paris

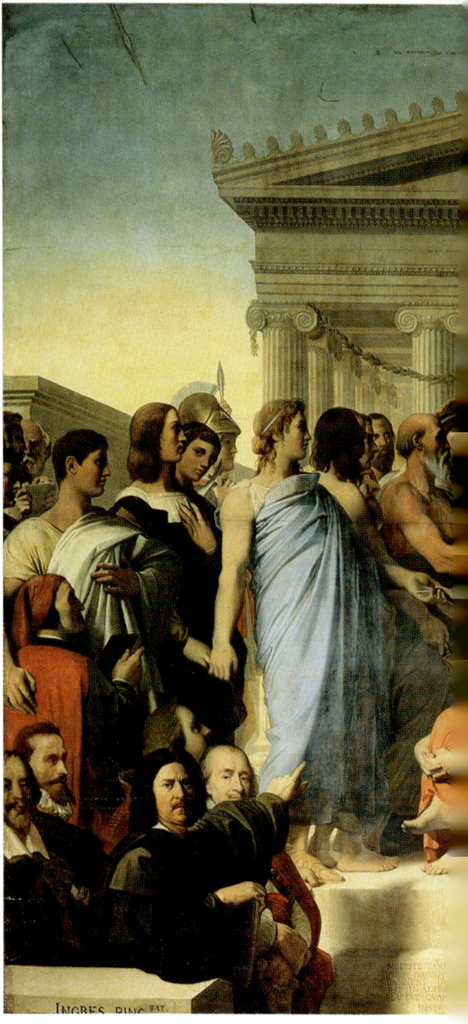

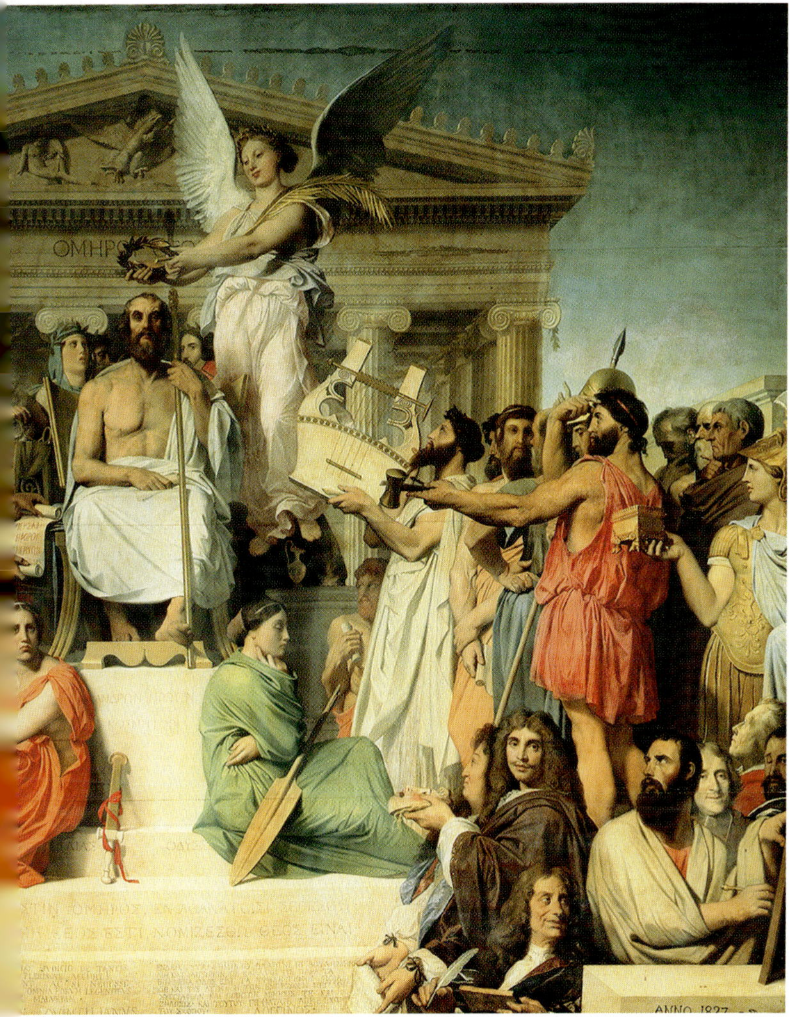
ANNO 1827

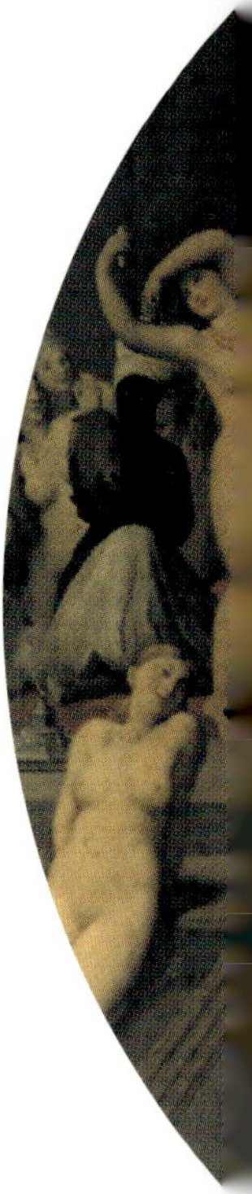

Jean Auguste Dominique Ingres
Montauban, 1780 – Paris, 1867

Le Bain turc

1862

huile sur toile
diam. 108 cm
Musée du Louvre
Paris

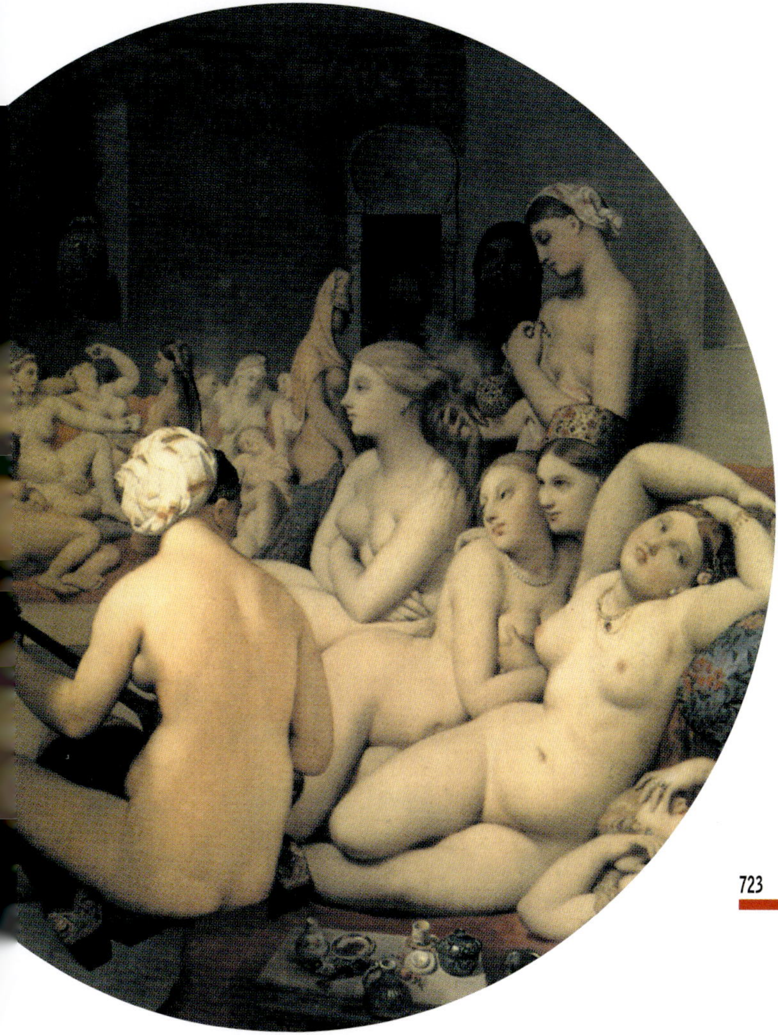

Francesco Hayez

Venise, 1791 – Milan, 1882

Les Vêpres siciliennes

1846

huile sur toile
225 x 308 cm
Galerie d'Art Moderne
Rome

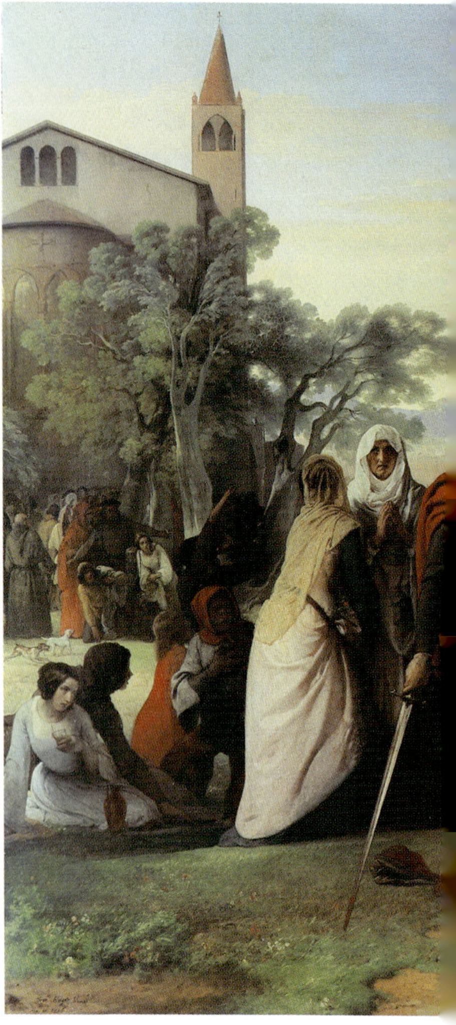

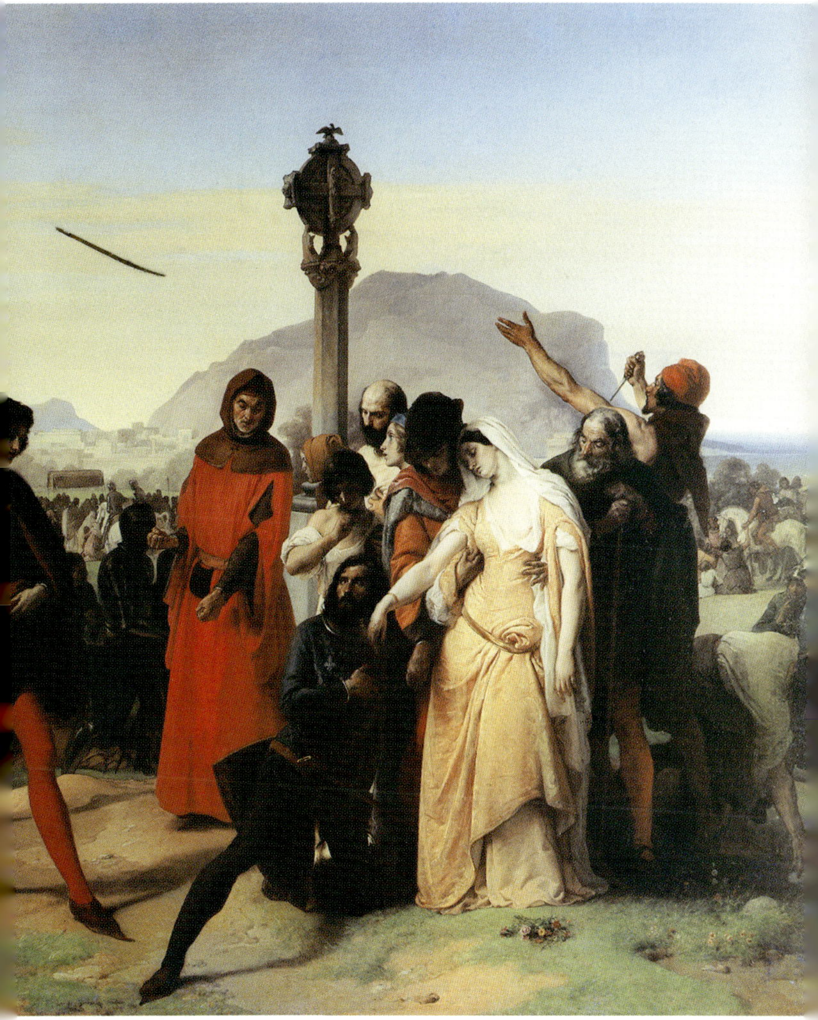

Francesco Hayez

Venise, 1791 - Milan, 1882

Le baiser

1859-1867

huile sur toile
55 x 40 cm
Pinacothèque de Brera
Milan

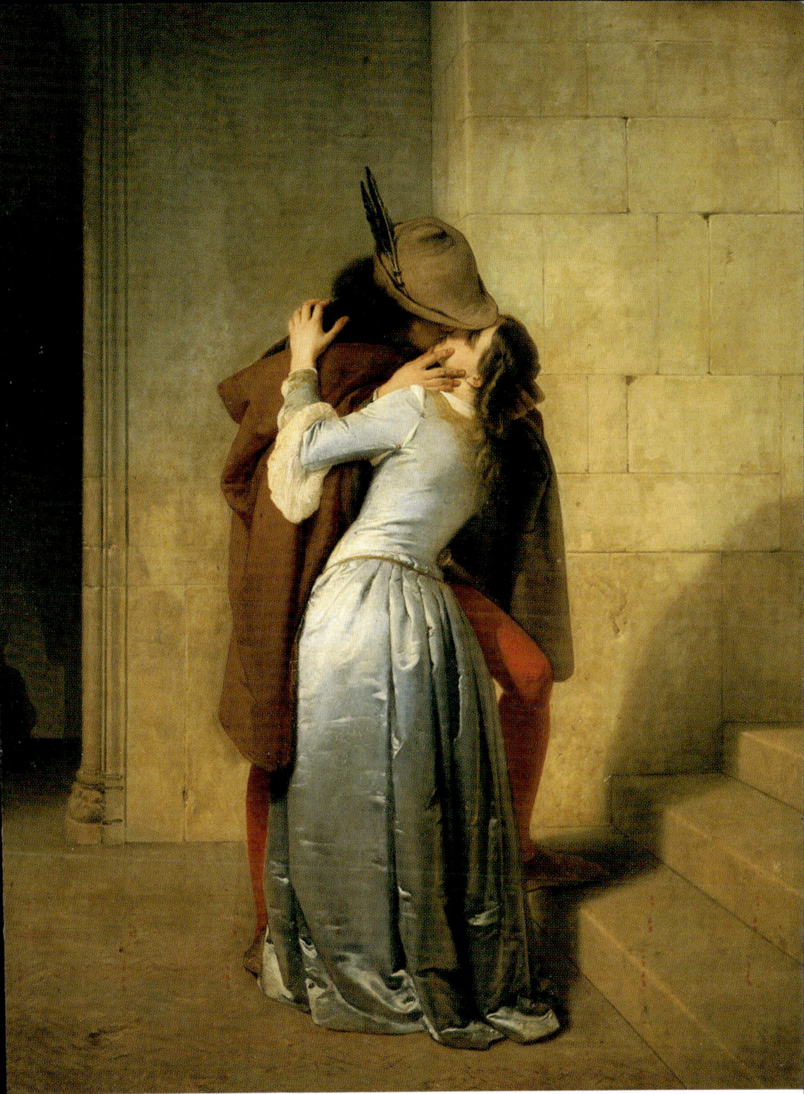

728

Jean-Baptiste Greuze
Tournus, 1725 – Paris, 1805

La cruche cassée

1785

huile sur toile
108 x 86 cm
Musée du Louvre
Paris

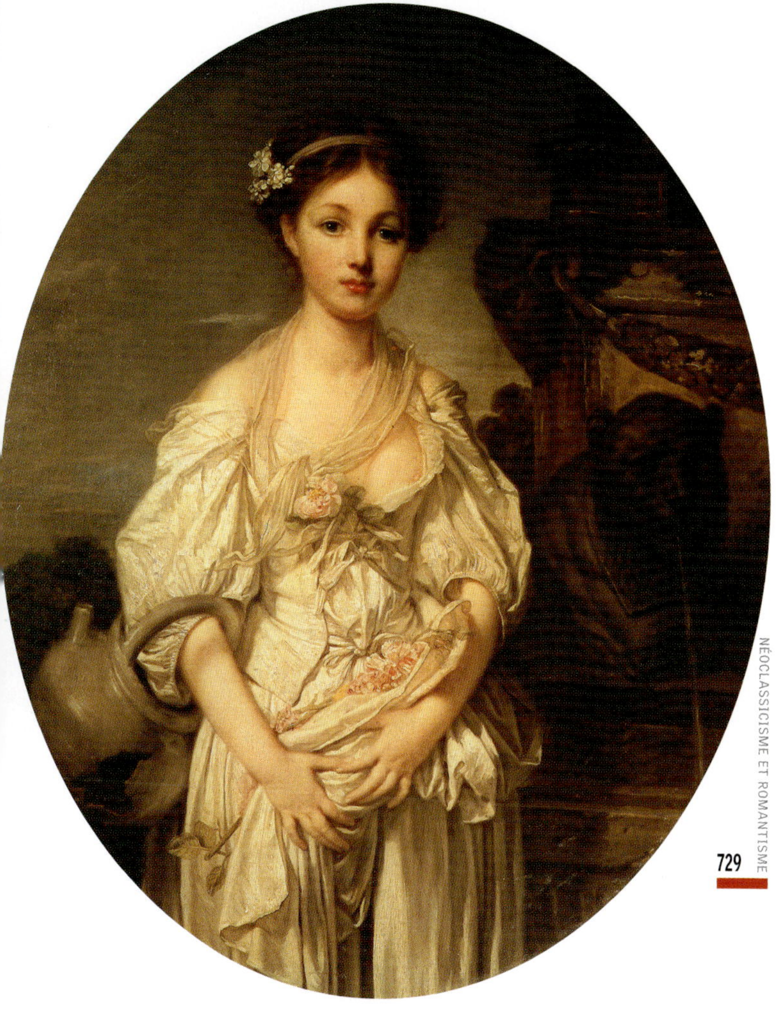

Francisco Goya y Lucientes

Fuendetodos, près de Saragosse, 1746 - Bordeaux, 1828

Famille de Charles IV

1800

huile sur toile
280 x 336 cm
Musée du Prado
Madrid

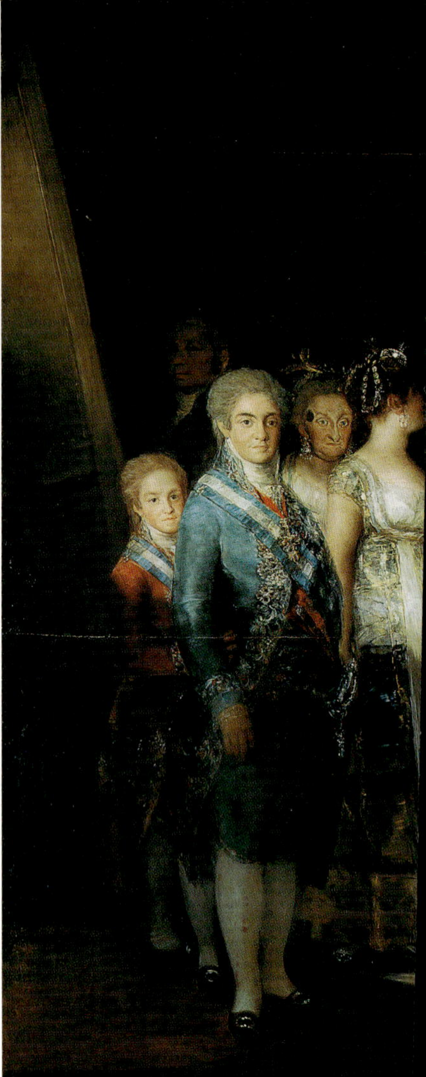

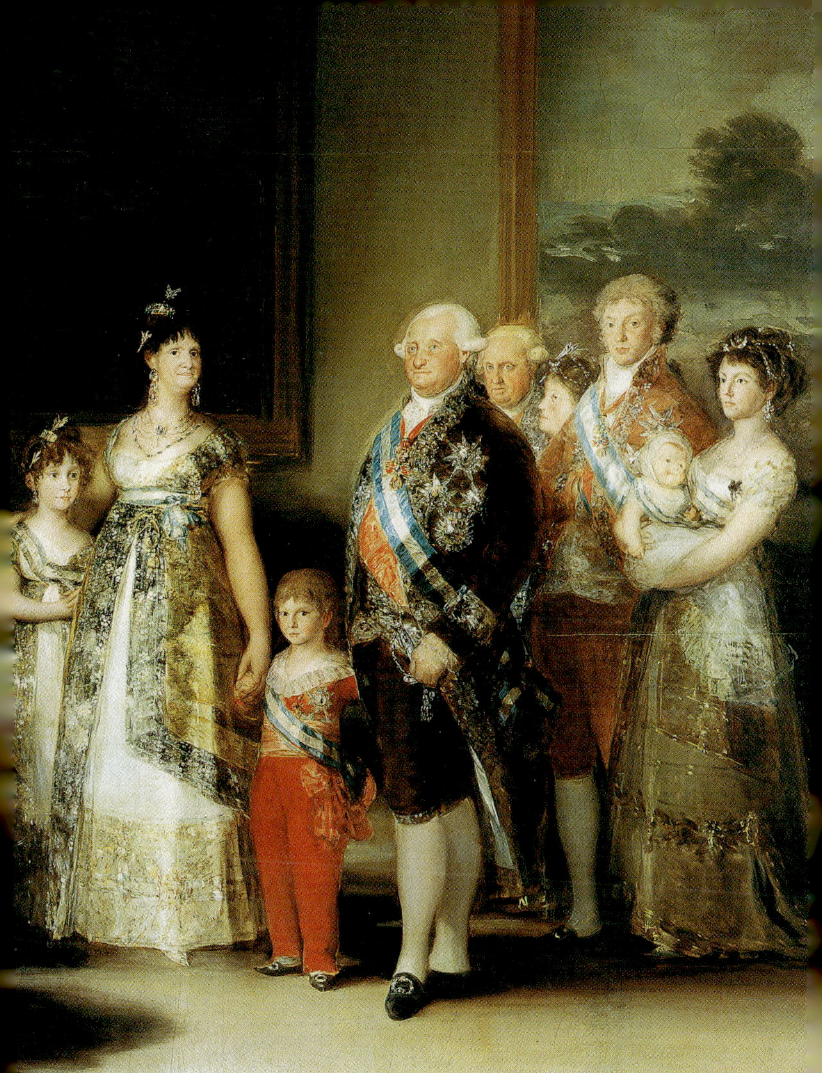

Francisco Goya y Lucientes

Fuendetodos, près de Saragosse, 1746 - Bordeaux, 1828

Le Colosse

VERS 1808

huile sur toile
116 x 105 cm
Musée du Prado
Madrid

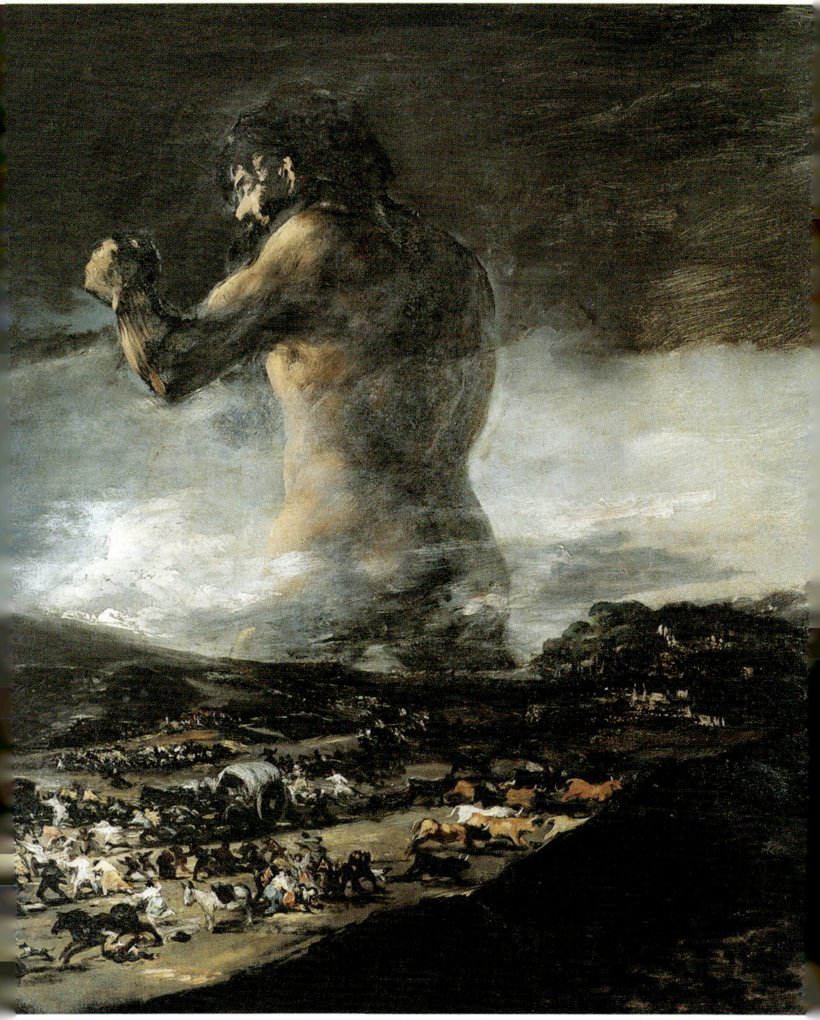

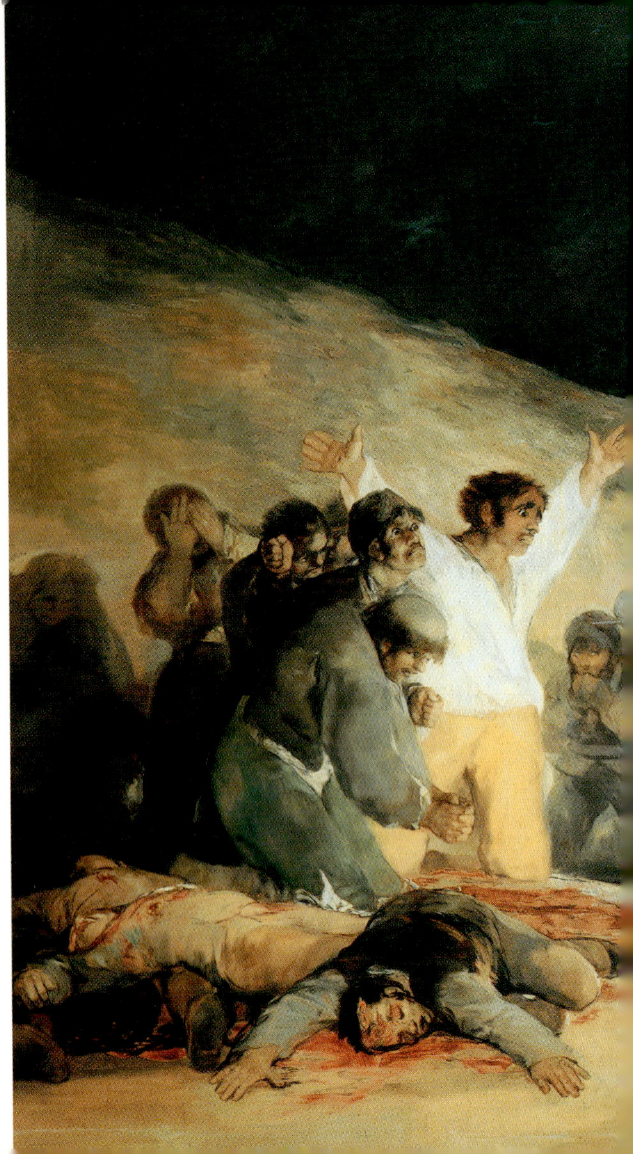

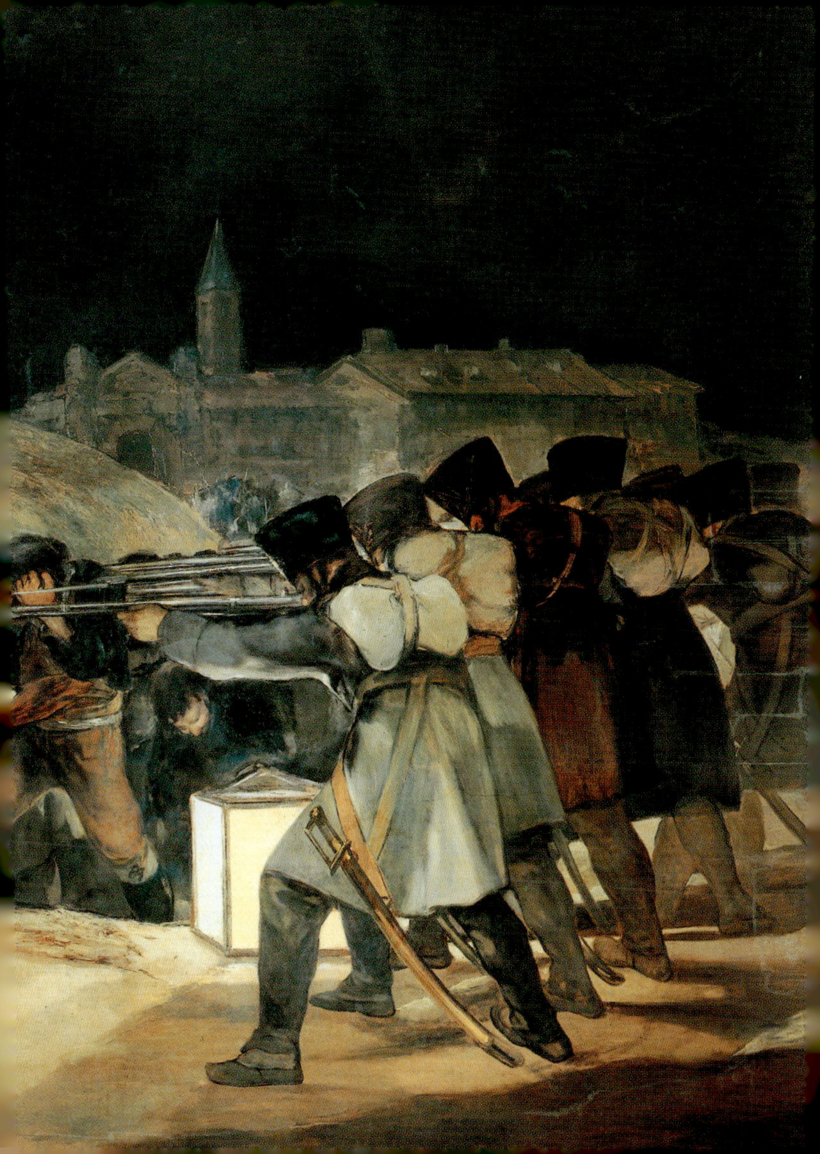

Francisco Goya y Lucientes

Fuendetodos, près de Saragosse, 1746 - Bordeaux, 1828

Saturne dévorant ses enfants

1820-1823

peinture murale transférée sur toile
146 x 83 cm
Musée du Prado
Madrid

pp. 734-735

Francisco Goya y Lucientes

Fuendetodos, près de Saragosse, 1746 - Bordeaux, 1828

Tres de Mayo

1814

huile sur toile
266 x 345 cm
Musée du Prado
Madrid

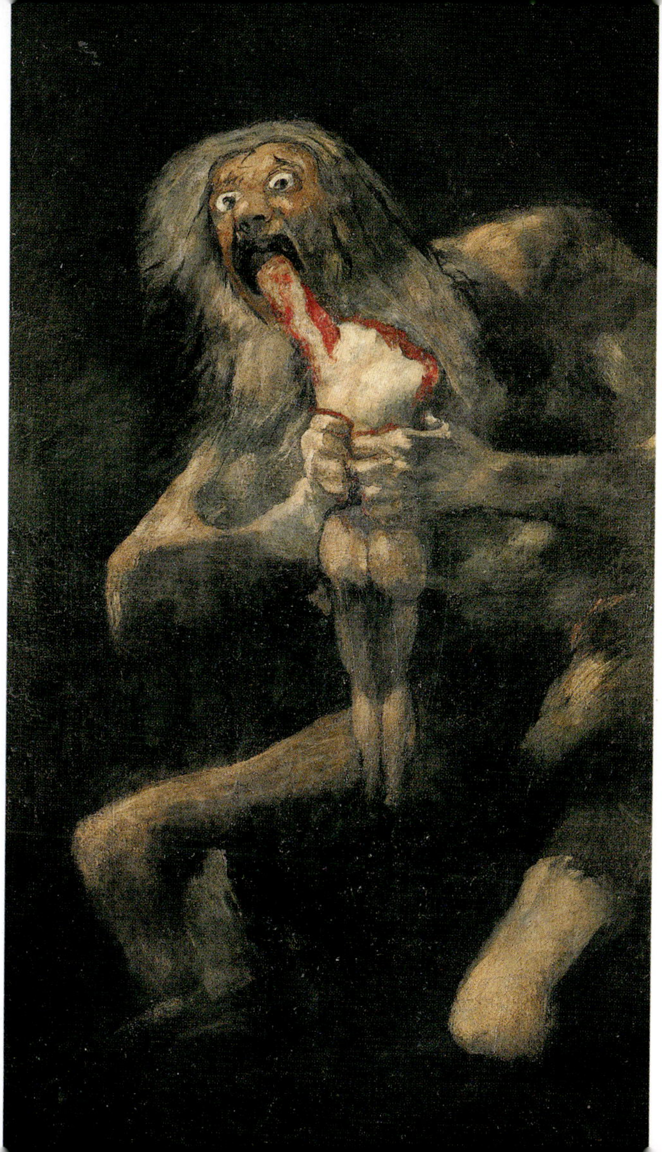

Caspar David Friedrich
Greifswald, 1774 – Dresde, 1840

L'Arbre aux corbeaux

VERS 1822

huile sur toile
59 x 74 cm
Musée du Louvre
Paris

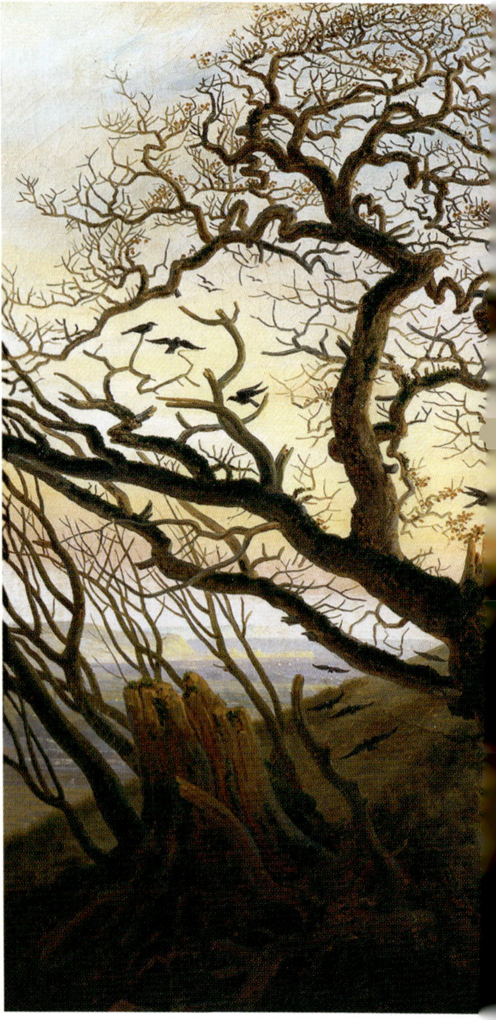

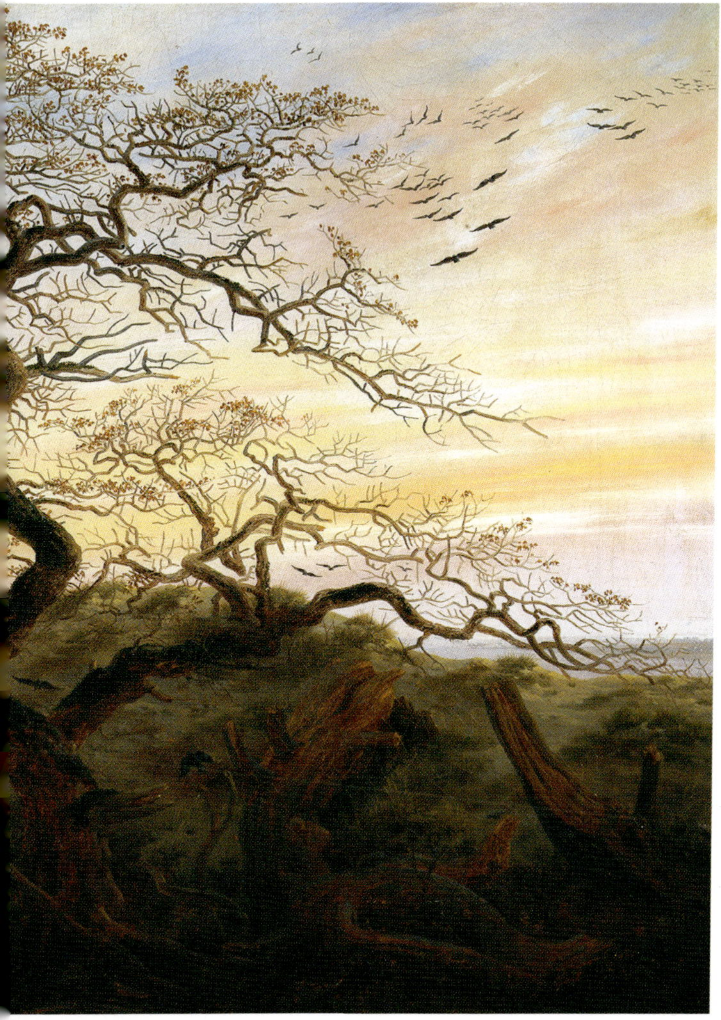

Caspar David Friedrich
Greifswald, 1774 – Dresde, 1840

La mer de glace

1822

huile sur toile
97 x 127 cm
Kunsthalle
Hambourg

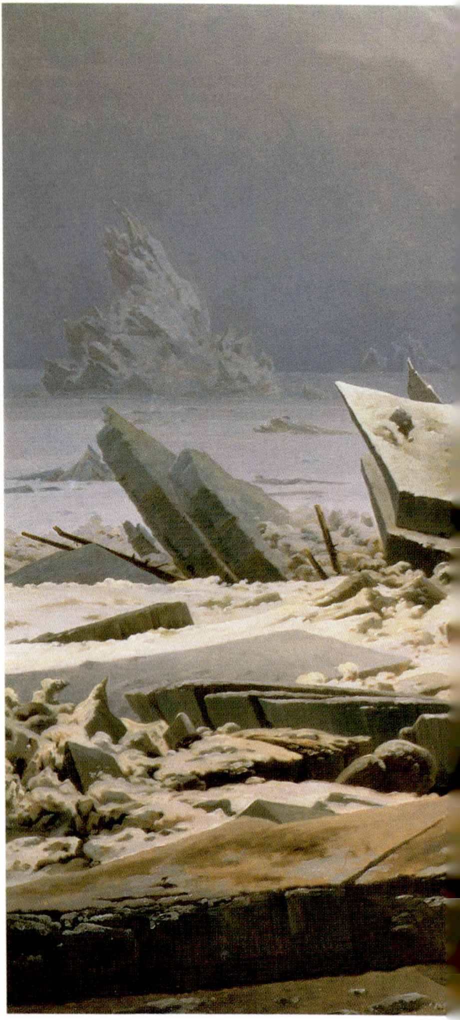

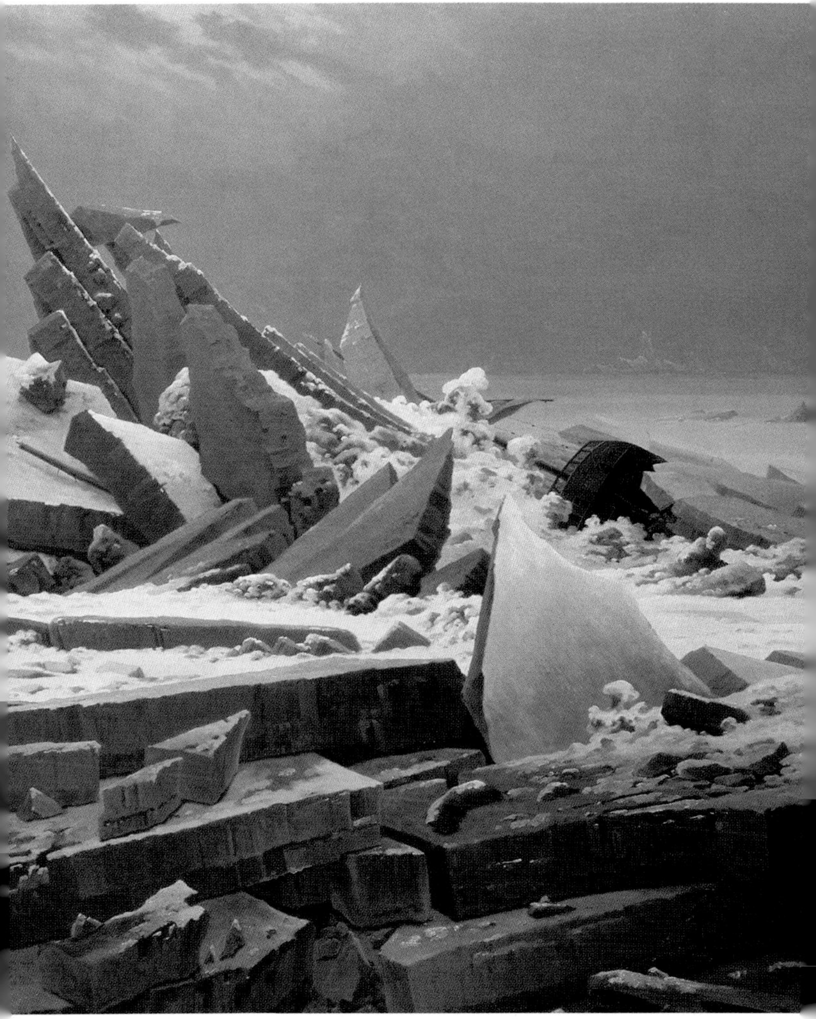

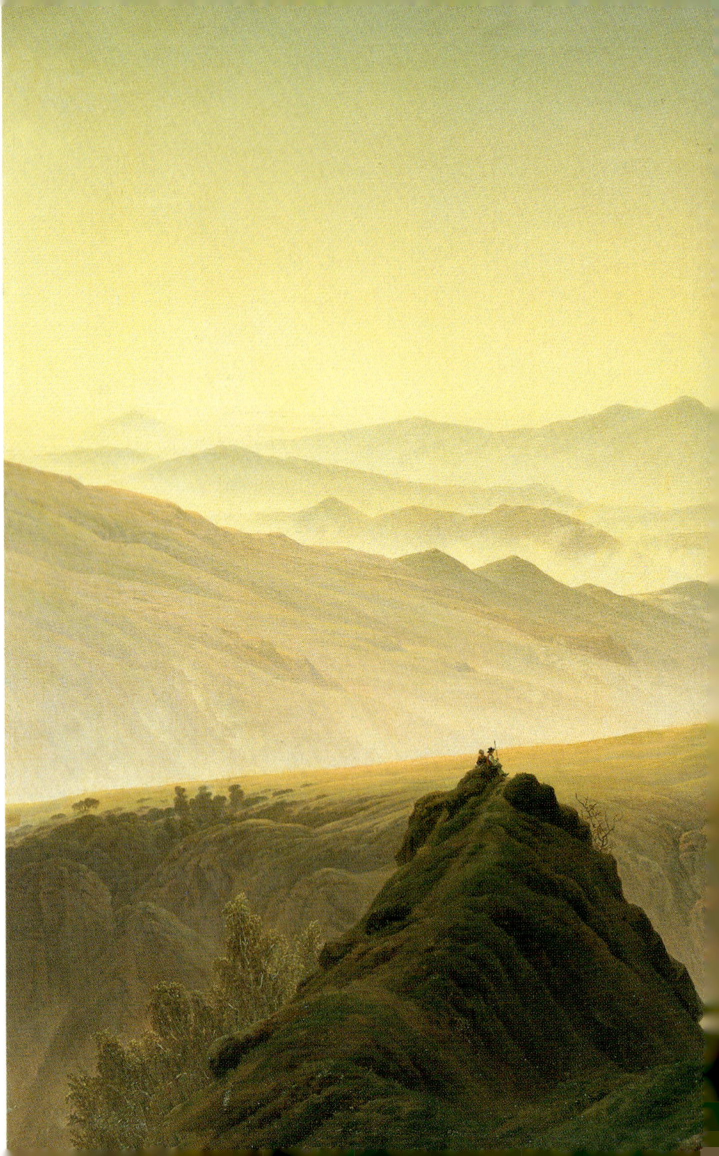

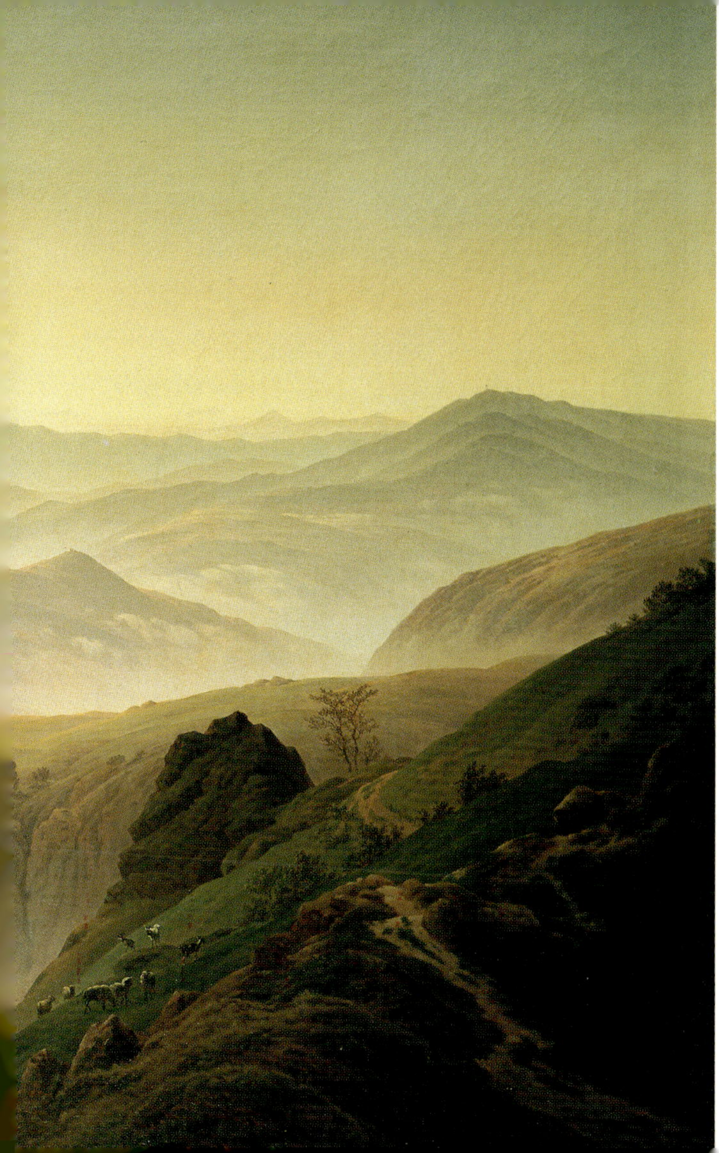

Marie-Guilhelmine Benoist
Paris, 1768-1826

Portrait d'une négresse

1800

huile sur toile
81 x 65 cm
Musée du Louvre
Paris

pp. 734-735

Caspar David Friedrich
Greifswald, 1774 - Dresde, 1840

Matin dans le Risengebirge

VERS 1823

huile sur toile
135 x 170 cm
Musée de L'Ermitage
Saint-Pétersbourg

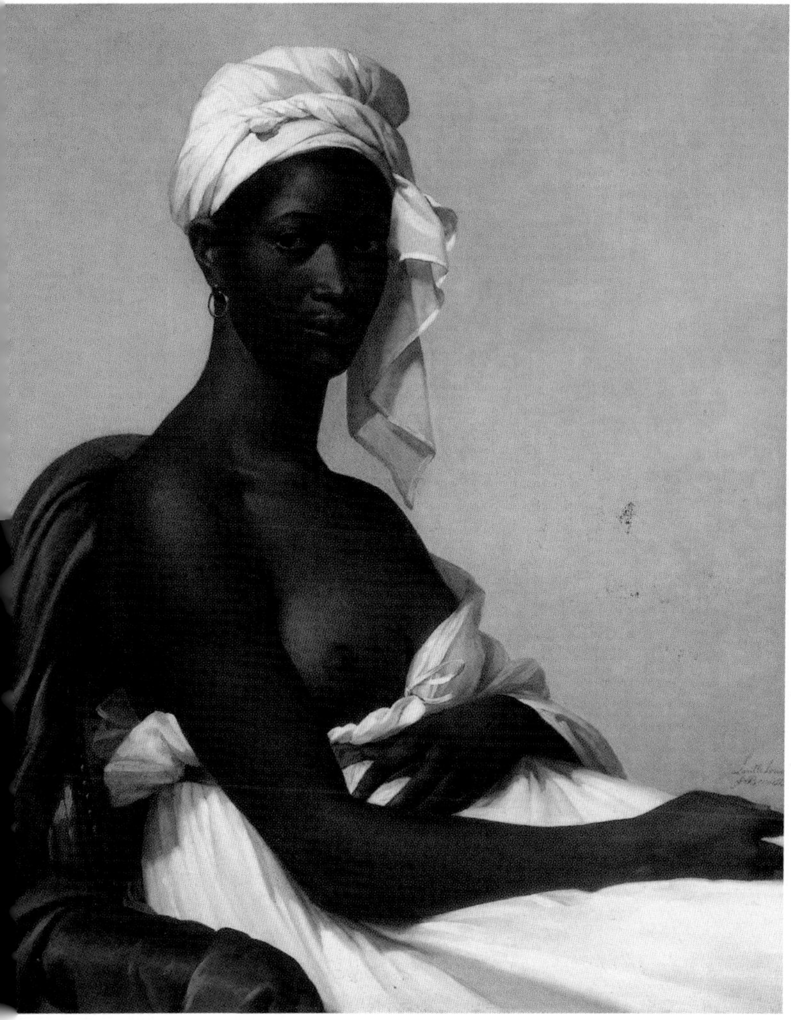

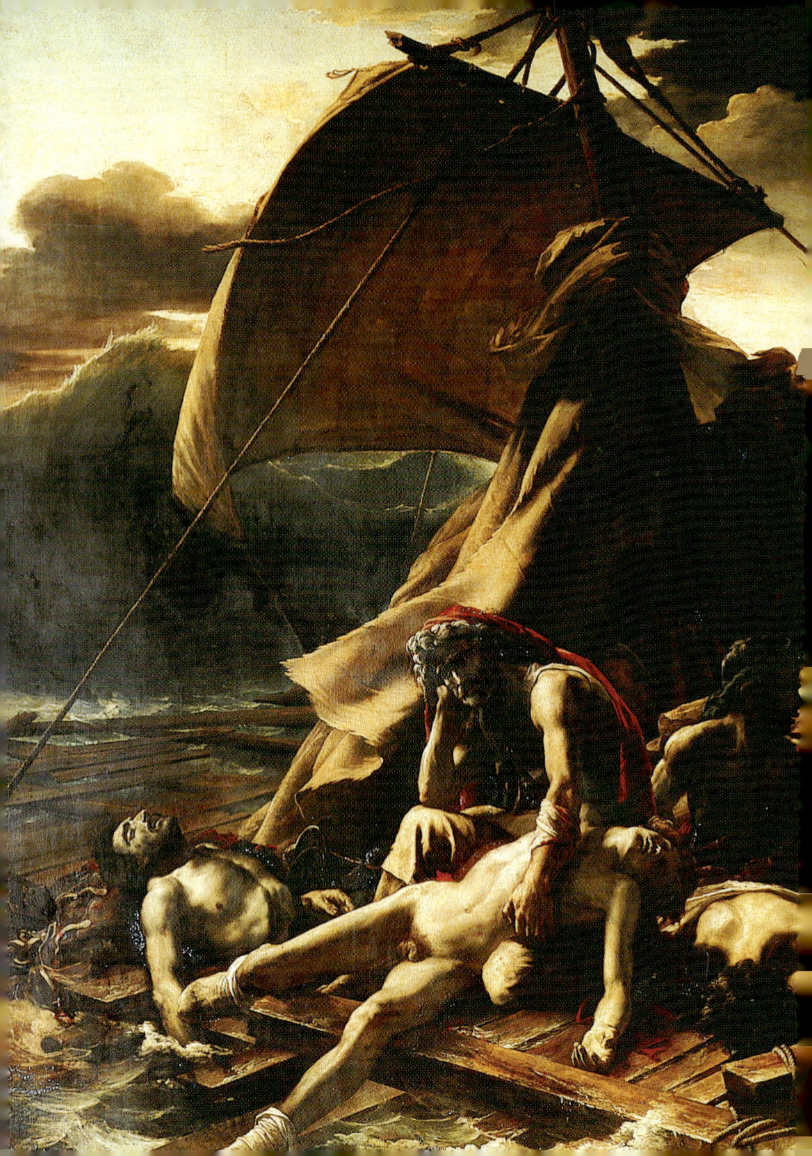

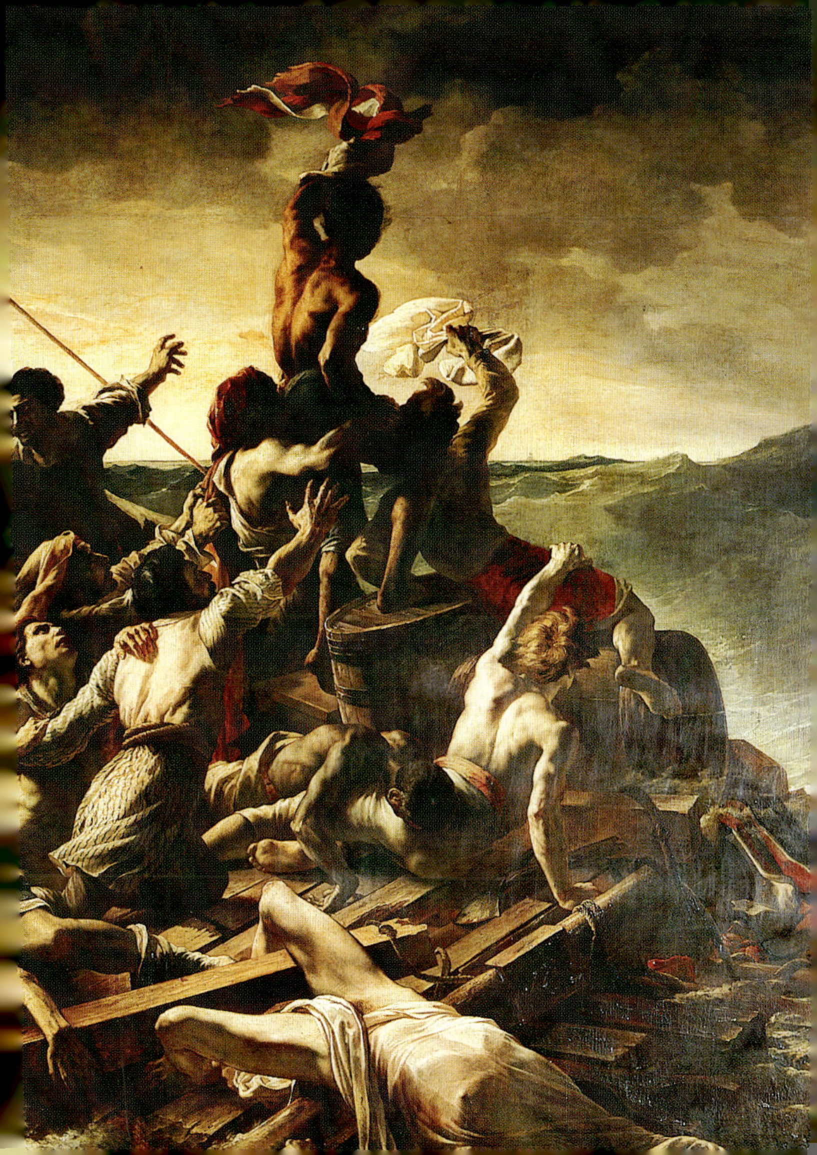

Eugène Delacroix

Charenton-Saint-Maurice, 1798 –
Paris, 1863

Les massacres de Scio

1824

huile sur toile
471 x 354 cm
Musée du Louvre
Paris

pp. 746-747

Théodore Géricault

Rouen, 1791 – Paris, 1824

Le Radeau de la Méduse

1819

huile sur toile
491 x 716 cm
Musée du Louvre
Paris

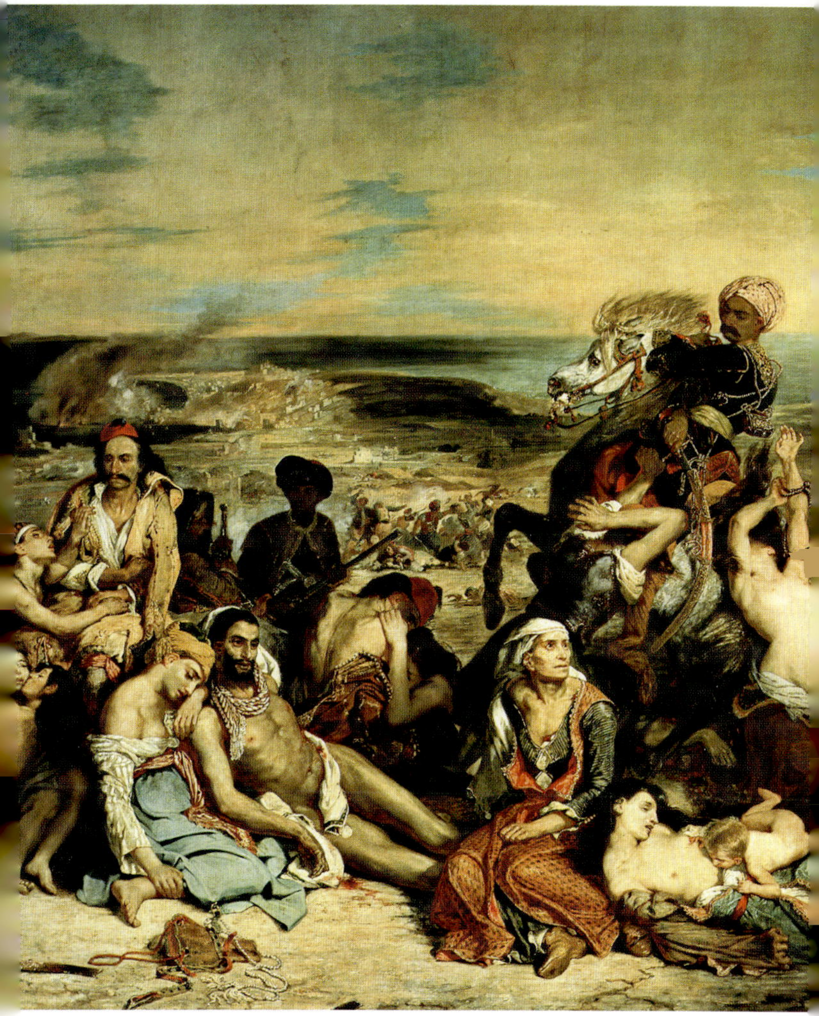

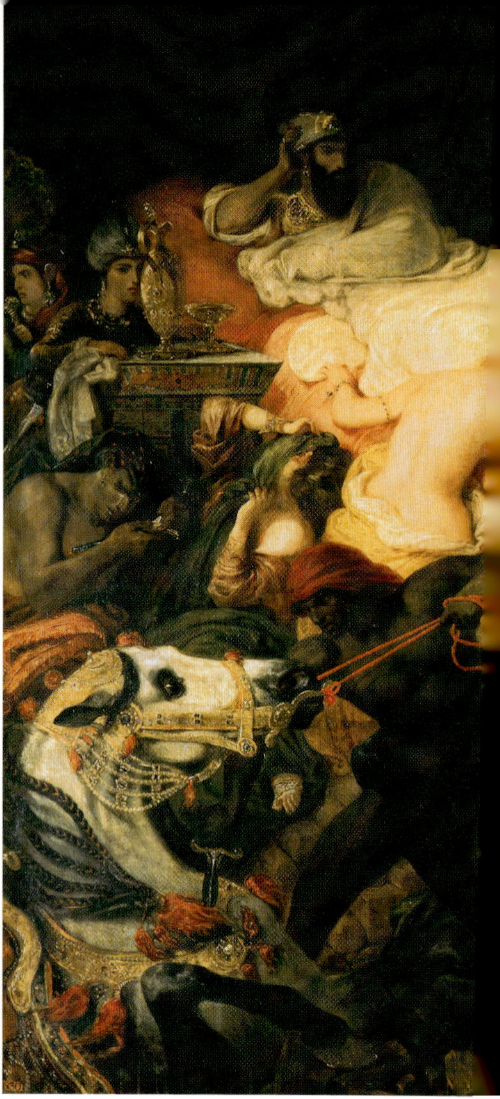

750

Eugène Delacroix
Charenton-Saint-Maurice, 1798 – Paris, 1863

La Mort de Sardanapale

1827

huile sur toile
395 x 495 cm
Musée du Louvre
Paris

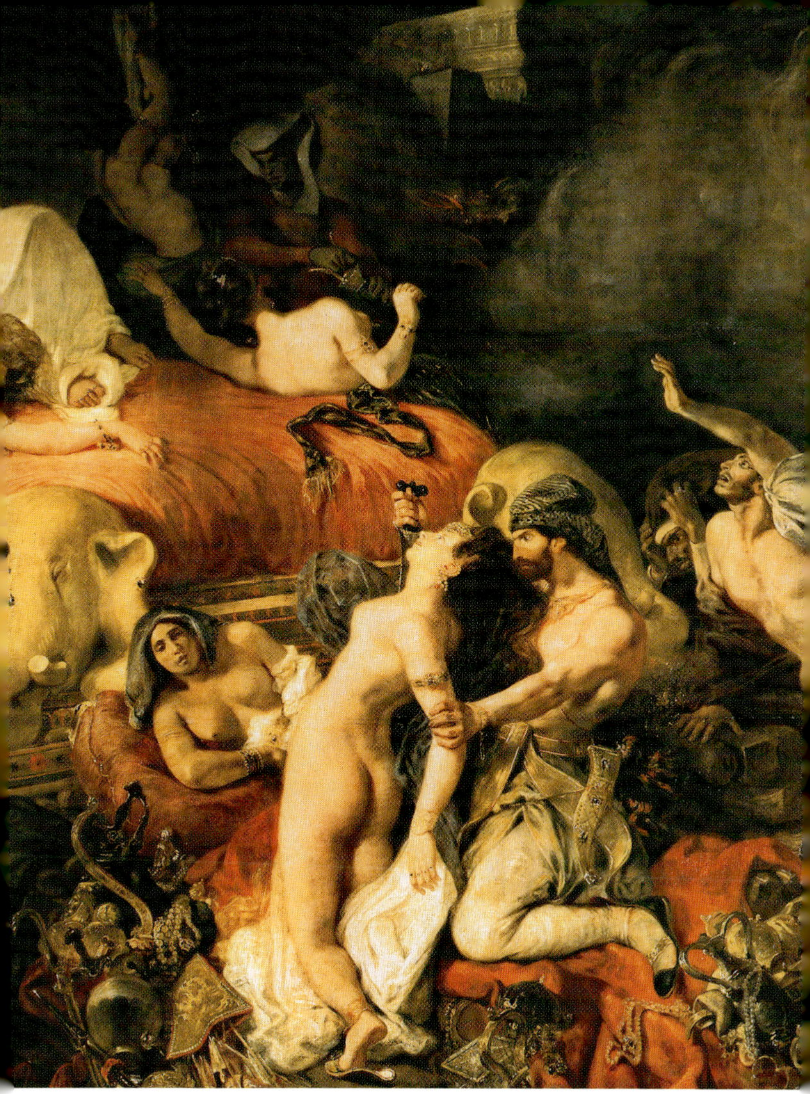

Eugène Delacroix

Charenton-Saint-Maurice, 1798 – Paris, 1863

La Liberté guidant le peuple

1830

huile sur toile
260 x 325 cm
Musée du Louvre
Paris

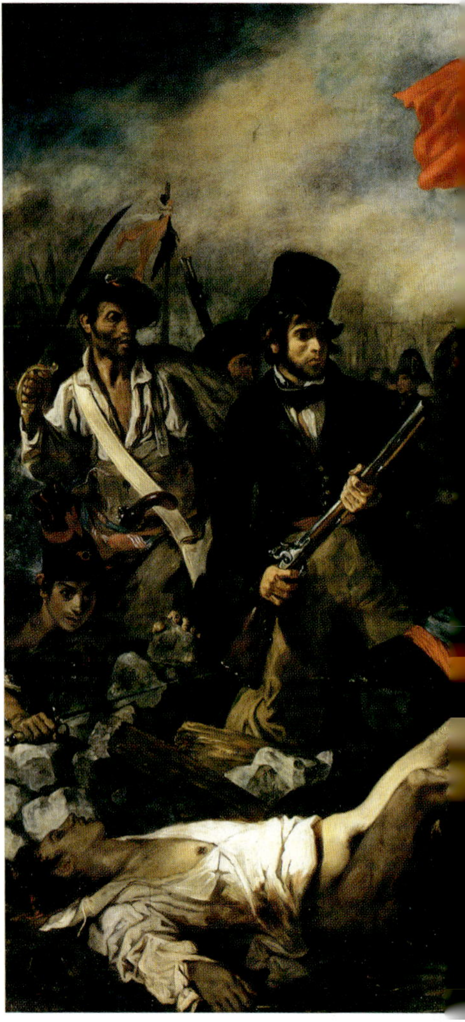

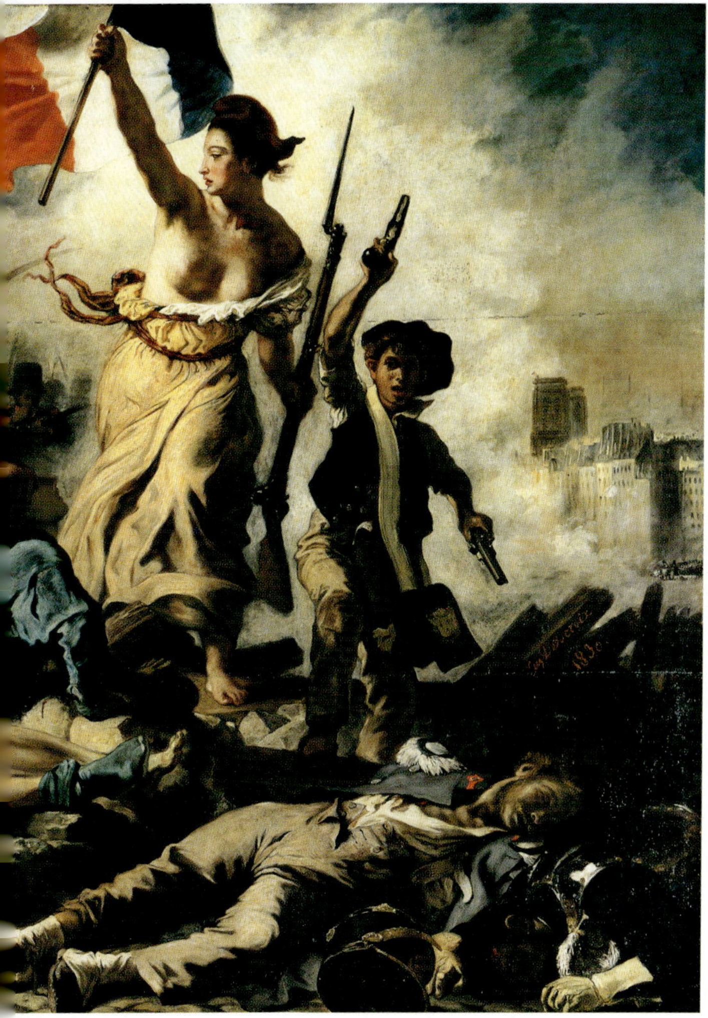

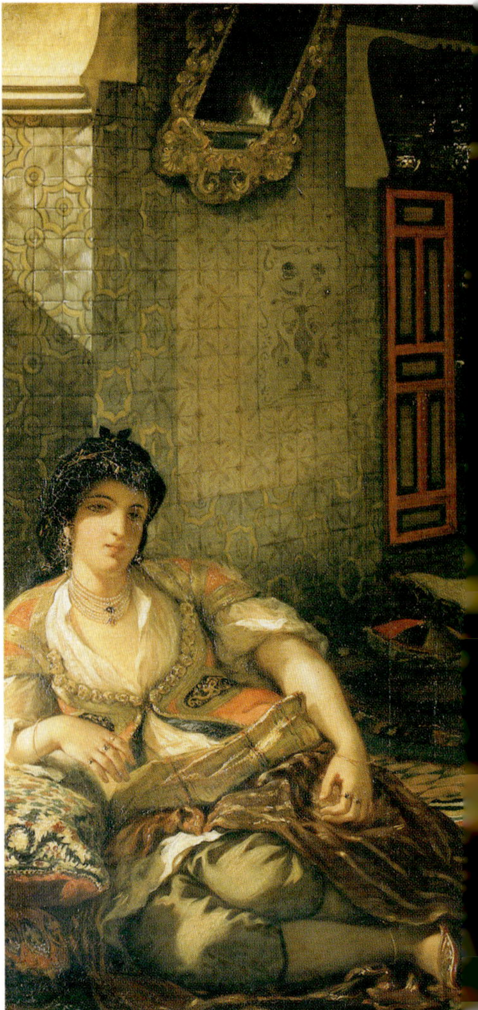

Eugène Delacroix
Charenton-Saint-Maurice,
1798 – Paris, 1863

Femmes d'Alger

1834

huile sur toile
180 x 229 cm
Musée du Louvre
Paris

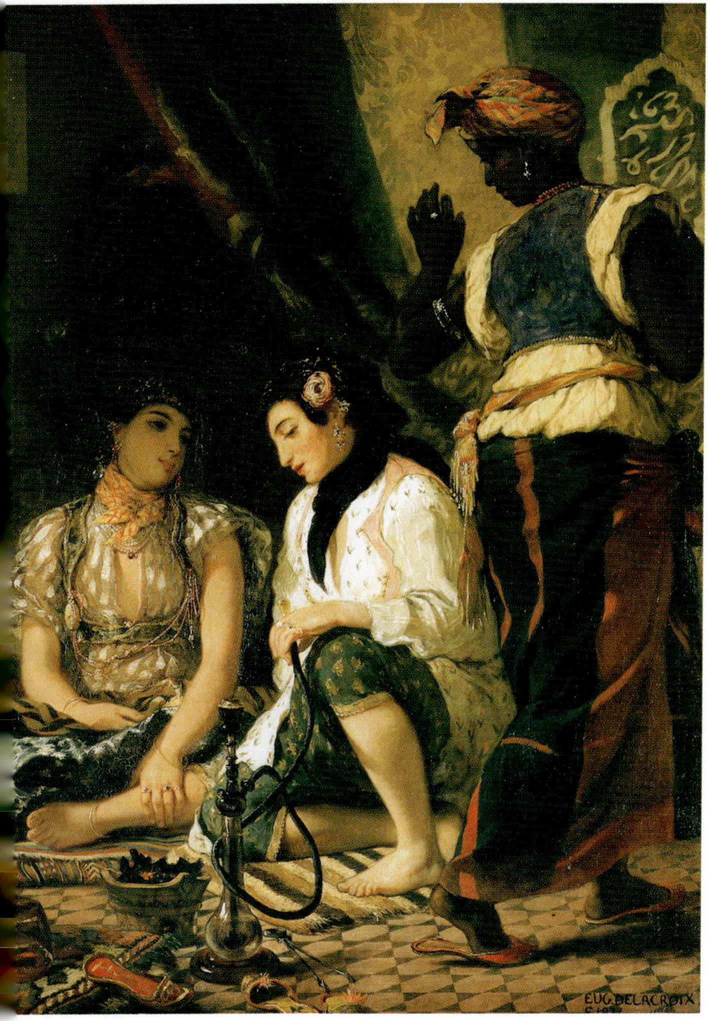
EUG.DELACROIX

Eugène Delacroix

Charenton-Saint-Maurice, 1798 –
Paris, 1863

Frédéric Chopin

1838

huile sur toile
45 x 38 cm
Musée du Louvre
Paris

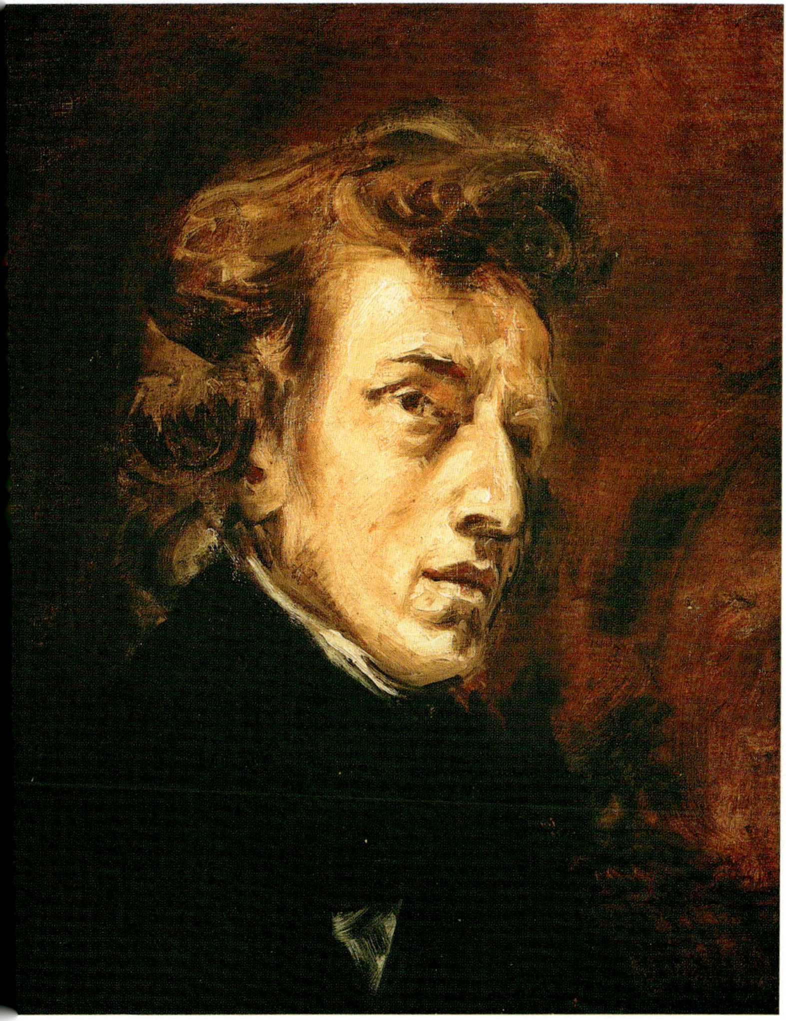

758

Johan Heinrich Füssli
Zurich, 1741 – Londres, 1825

Lady Macbeth

1784

huile sur toile
221 x 160 cm
Musée du Louvre
Paris

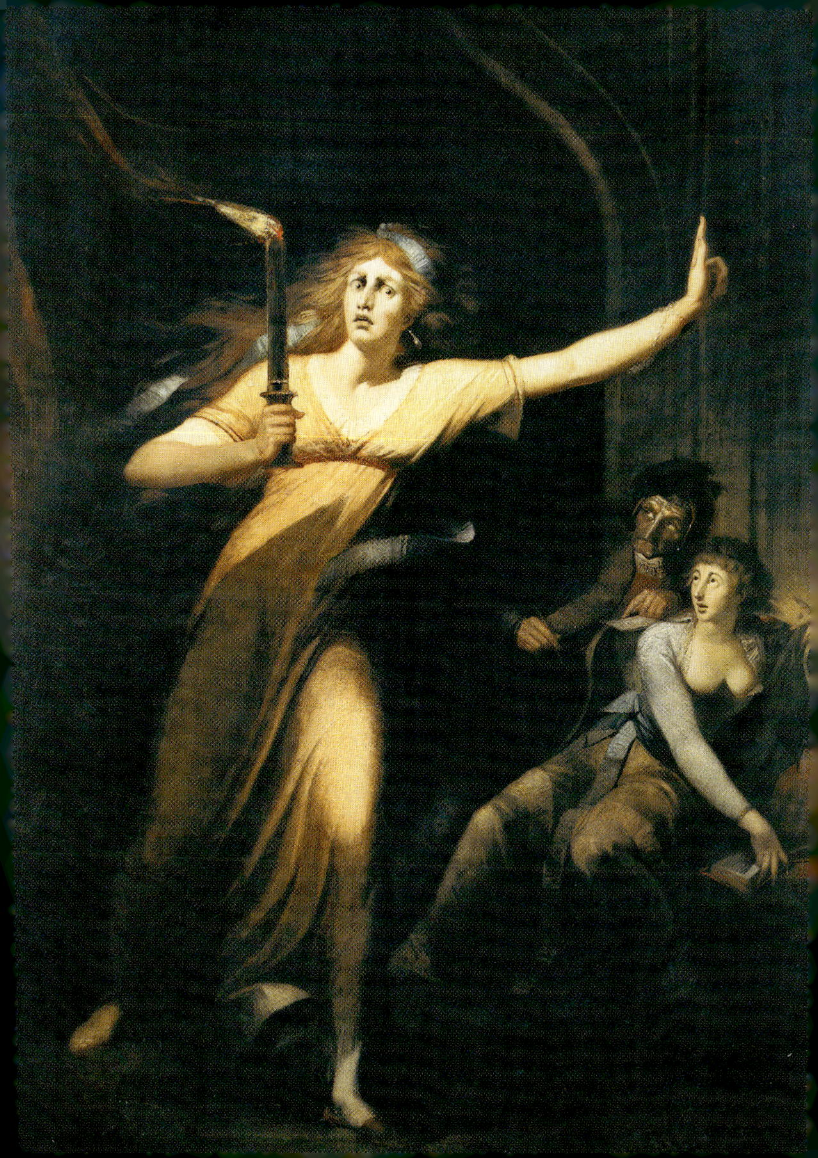

760

William Blake

Londres, 1757-1827

Frontispice de "Europe : une prophétie"

1794

gravure
23, 5 x 16, 5 cm
Pierpont Morgan Library

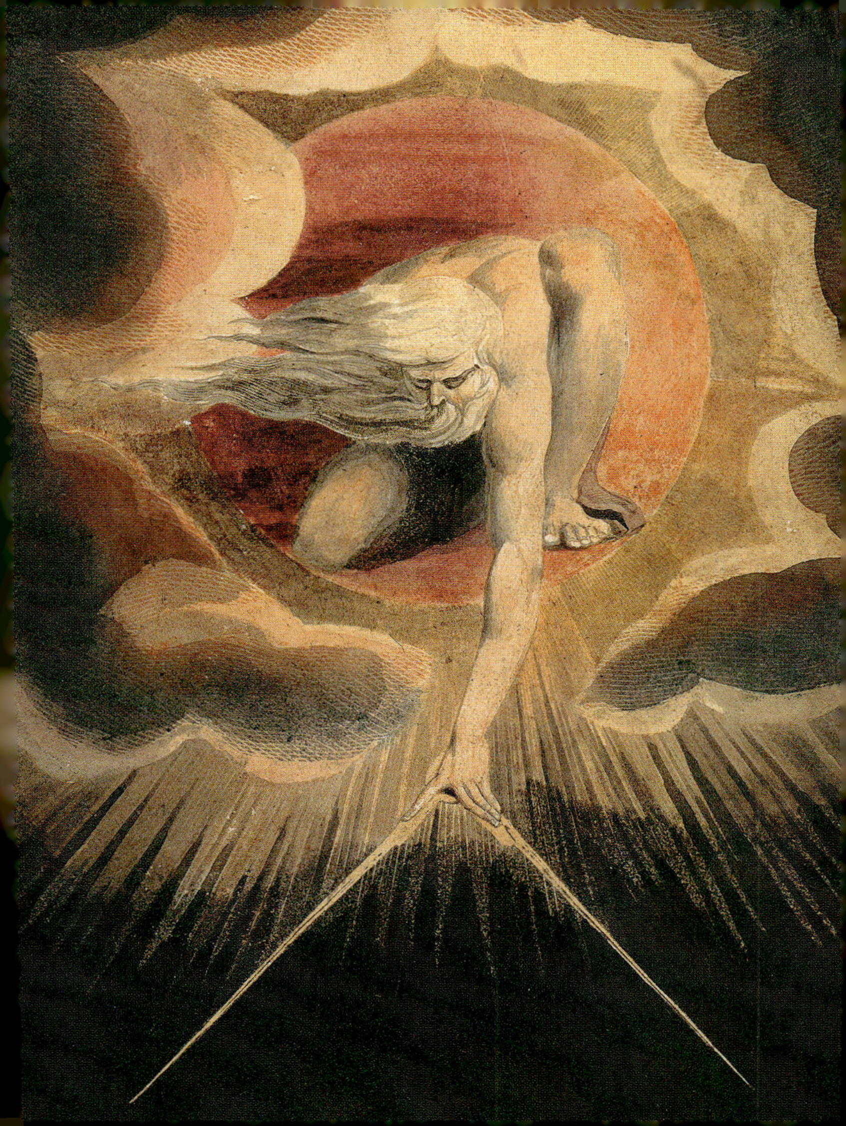

Joseph Mallord William Turner

Londres, 1775 – 1851

Paysage

VERS 1813

huile sur toile
123 x 93 cm
Musée du Louvre
Paris

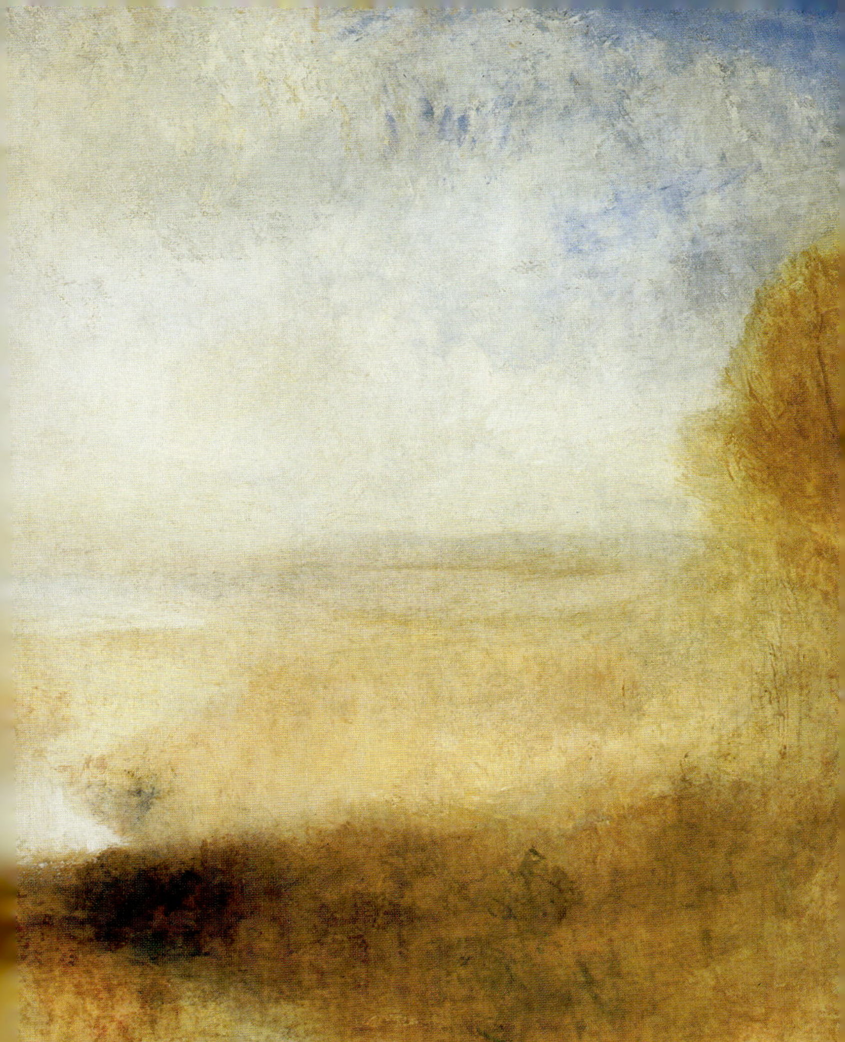

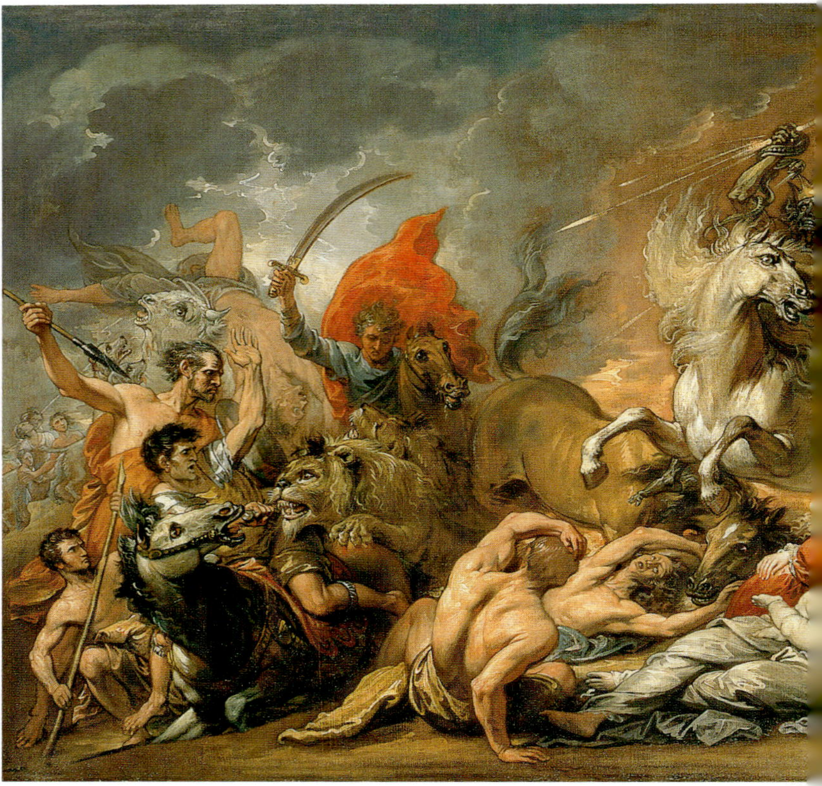

Benjamin West

Springfield, Pennsylvanie, 1738 –
Londres, 1820

764

La Mort sur un cheval pâle

1796

huile sur toile
59,5 x 128,5 cm
The Detroit Institute of Arts
Detroit

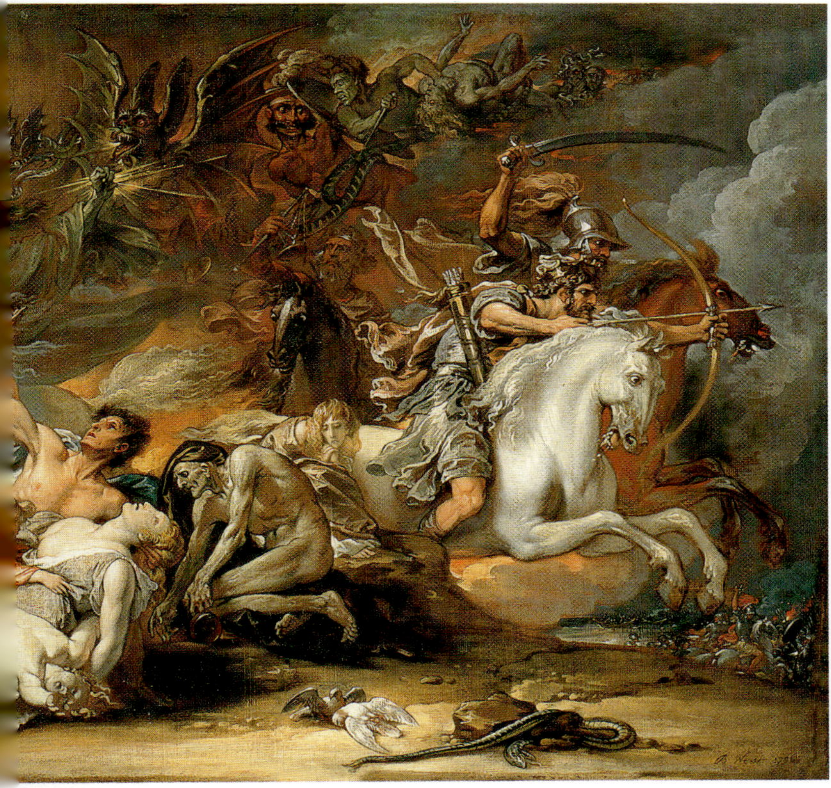

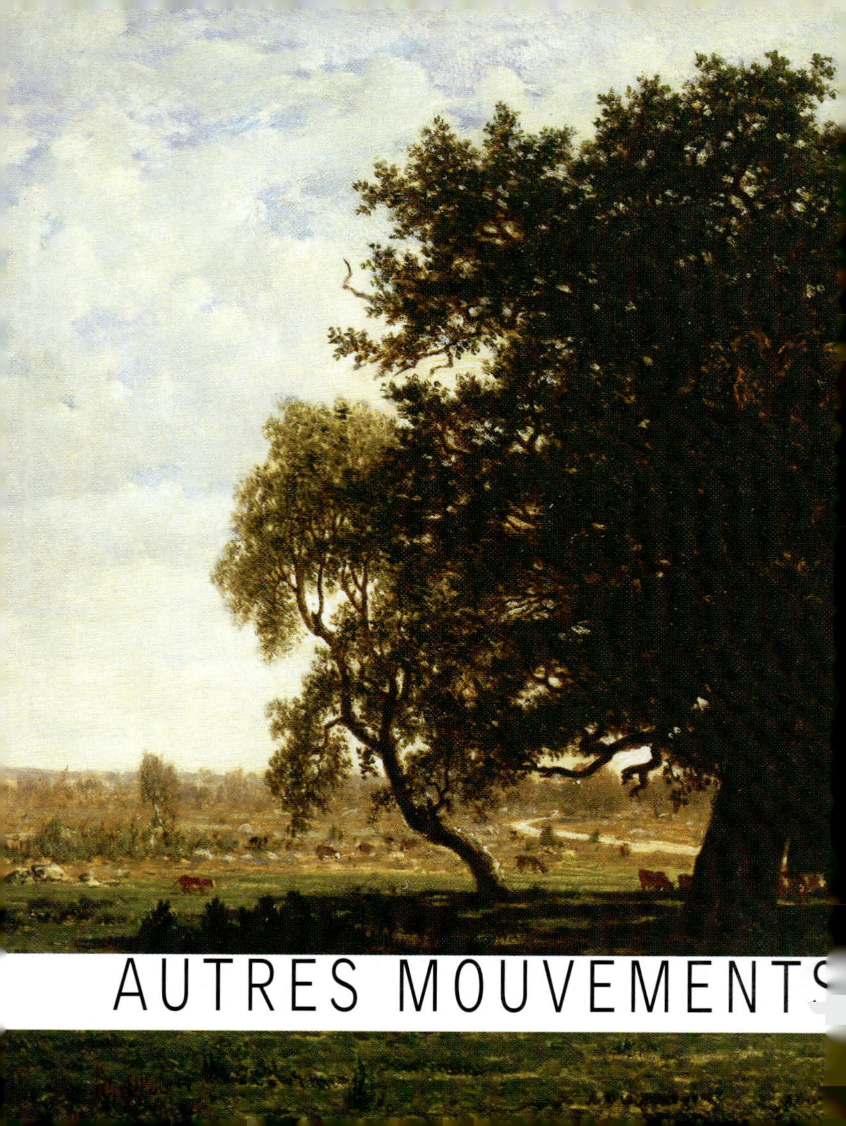

AUTRES MOUVEMENTS

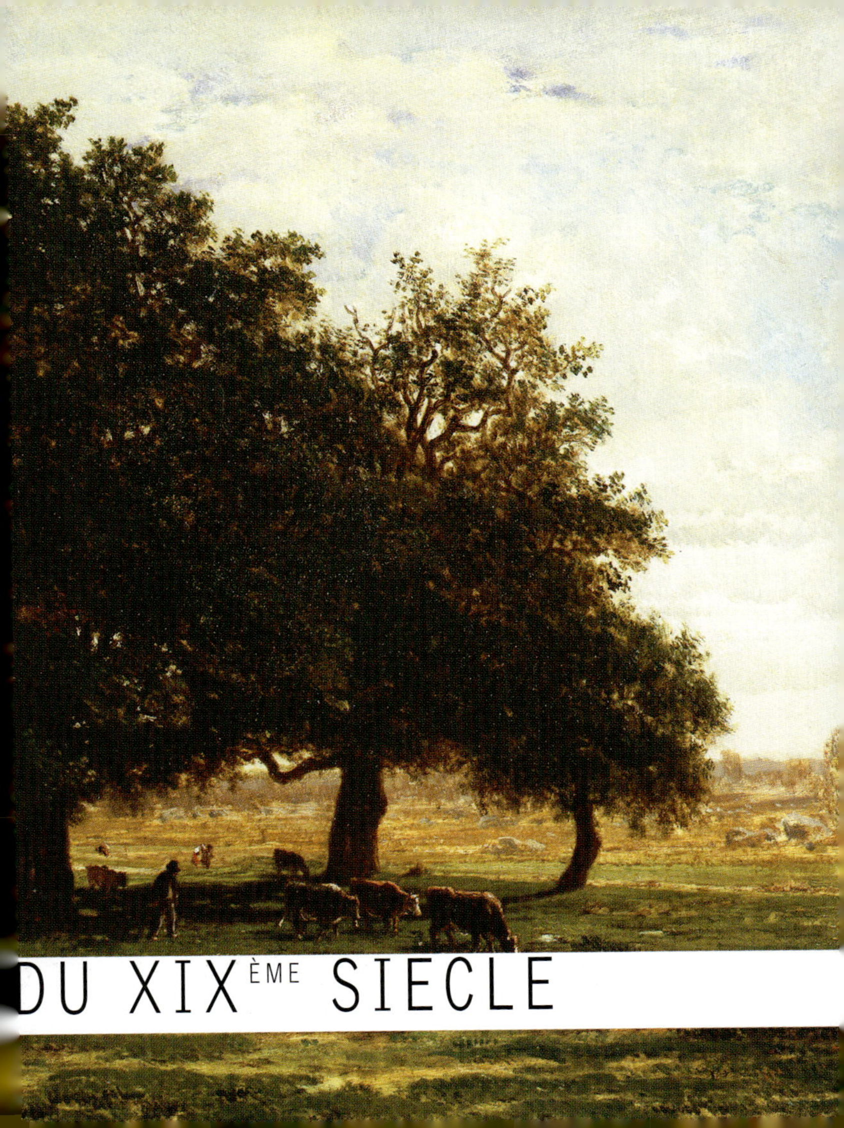

DU XIXème SIECLE

C'est certainement l'esprit rebelle du romantisme qui a encouragé un groupe d'artistes allemands vivant à Rome à fonder en 1809 une confrérie de peintre, la première du genre dans les temps modernes, qu'ils appellèrent la Confrérie de Saint-Luc. Ces jeunes gens, anciens élèves de l'académie de Vienne, fondèrent la confrérie en réaction à l'enseignement qu'ils avaient reçu et qui restait très influencé par l'art néoclassique. Ils le trouvaient en effet dénué de toute spiritualité et de toute pureté. Les principaux instigateurs de la Confrérie de Saint-Luc , Friedrich Overbeck (1789-1869), Franz Pforr (1788-1812) et Peter von Cornelius (1783-1867) considéraient que l'art était semblable à la prière et participait d'un sacerdoce. Ils souhaitaient retrouver les idéaux religieux du Moyen Age que, selon eux, le classicisme était incapable d'exprimer. Les peintres de la Confrérie de Saint-Luc allèrent jusqu'à s'installer dans un monastère abandonné, l'ex-couvent Saint-Isidore, sur le Pincio. Chacun d'eux y vivait dans une cellule de moine, subvenant à ses besoins et veillant à ceux du groupe, exactement comme des moines, et se consacraient à la peinture. Overbeck alla jusqu'à se convertir au catholicisme. Cette vie monastique dura environ deux ans, et se termina avec la mort de Pforr en 1812. Leur attirance pour les modes de vie des moines et le catholicisme, ainsi que leurs cheveux longs, valut aux membres de la Confrérie de Saint-Luc le surnom de « Nazaréens », terme qui, au début du moins, cherchait clairement à les ridiculiser.

Pour remettre l'art sur le « chemin de la vérité », qu'ils pensaient être celui du sentiment chrétien, ces peintres se tournèrent vers l'art du passé, et notamment celui des peintres de l'Italie du quinzième siècle comme Fra Angelico, Le Pérugin, Fra Filippo Lippi et Luca Signorelli, chez qui ils croyaient voir la simplicité et la pureté que l'art de leur temps avait perdues. Comme les artistes néoclassiques s'étaient inspirés des traités d'archéologie, les Nazaréens empruntaient leurs idées à *L'Histoire de la peinture en Italie* des frères Riepenhausen, qui vivaient aussi à Rome et dont le livre introduisit le public germanophone à la peinture italienne des quatorzième et quinzième siècles. Certains membres du groupe, cependant, puisèrent leur inspiration dans les débuts de la peinture allemande, et notamment dans l'œuvre d'Albrecht Dürer. Louis de Bavière remarqua les Nazaréens durant son séjour à Rome, et plusieurs membres du groupe rentrèrent en Allemagne sur l'invitation du prince héritier de Bavière. Ils eurent une très grande influence sur la peinture allemande du dix-neuvième siècle mais aussi sur certains artistes italiens, notamment dans l'école du « purismo » dirigée par Tommaso Minardi (1787-1871).

En 1848, de jeunes étudiants de l'Académie royale de Londres créèrent la Confraternité des peintres préraphaélites. Comme les Nazaréens du début du siècle, ils voulaient ramener la peinture à une forme d'expression plus simple et plus spirituelle. Ils se tournèrent donc vers les styles de peinture antérieurs à Raphaël (quinzième siècle, Italie), qu'ils tenaient pour les modèles d'une approche de l'art plus spontanée et plus naturelle. Les idées des Nazaréens, qui furent sans doute l'une des premières sources d'inspiration des Préraphaélites, étaient bien connues en Angleterre où un peintre du nom de William Dyce (1806-1864) les appliquait. Comme les Nazaréens, les Préraphaélites ne voulaient plus se soumettre aux conventions et aux canons de l'art officiel, qui imposait des choix théoriques, des types établis de compositions et même la façon de traiter la lumière. Cependant, les Préraphaélites différaient des Nazaréens, car même lorsqu'ils représentaient des sujets édifiants, ils avaient tendance à traiter la figure humaine avec plus de réalisme et la nature avec plus de détails, et attachaient une grande importance aux éléments des décors architecturaux et du paysage, comme dans le début de la peinture flamande.

Parmi les principaux membres des premières années de la Confraternité préraphaélite, il y avait les peintres William Holman Hunt (18227-1910), John Everett Millais (1829-1896) et Dante Charles Gabriel Rossetti (1828-1882). En 1850, les

Préraphaélites subirent les attaques féroces des critiques d'art, mais ils trouvèrent l'année suivante un défenseur en la personne de John Ruskin (1819-1900), un critique qui prônait la réhabilitation historique de ces « artistes italiens primitifs ». Plus tard, Edward Burne-Jones (1833-1898) et William Morris (1834-1896) reprirent les idées de Rossetti et créèrent le courant du Néo-préraphaélisme.

Refusant également les conventions des écoles officielles de peinture, de nombreux peintres de paysage tels que les peintres de l'Ecole de Barbizon tentèrent aussi d'élaborer d'autres propositions esthétiques. Dès 1822, Barbizon, un petit village à l'orée de la forêt de Fontainebleau, était devenu le lieu de prédilection d'un grand nombre d'artistes rejetant la tradition paysagiste fondée principalement sur le formalisme du paysage classique, le paysage d'histoire, ou les visions impétueuses des peintres romantiques. Même si ces artistes travaillaient ensuite dans leurs ateliers, ils voulaient avant tout établir un contact direct avec la nature. Sans constituer un véritable mouvement, ils partageaient la même admiration pour la peinture de paysage du dix-septième siècle hollandais et du dix-huitième anglais, représenté notamment dans l'œuvre de John Constable (1776-1837). Parmi la très longue liste des peintres qui ont vécu à Barbizon ou y ont séjourné (dont de nombreux artistes français), il faut mentionner Théodore Rousseau (1812-1867), Jean-François Millet (1814-1875) – célèbre pour ses peintures de travaux des champs – et Camille Corot (1796-1875).

Le peintre Gustave Courbet (1819-1877), qui devait devenir le père fondateur de l'école de la peinture « réaliste », découvrit Barbizon en 1841. Il partageait avec les peintres de cette école le goût pour les études de la nature et les thèmes de la vie quotidienne, ainsi qu'un fort intérêt pour la peinture hollandaise. Dans ce sens, sa peinture était elle aussi une forme de réaction contre le Néoclassicisme et le

Romantisme. La nouvelle peinture de paysage et l'œuvre originale de Courbet préparèrent le terrain pour la véritable révolution artistique du dix-neuvième siècle : l'Impressionnisme.

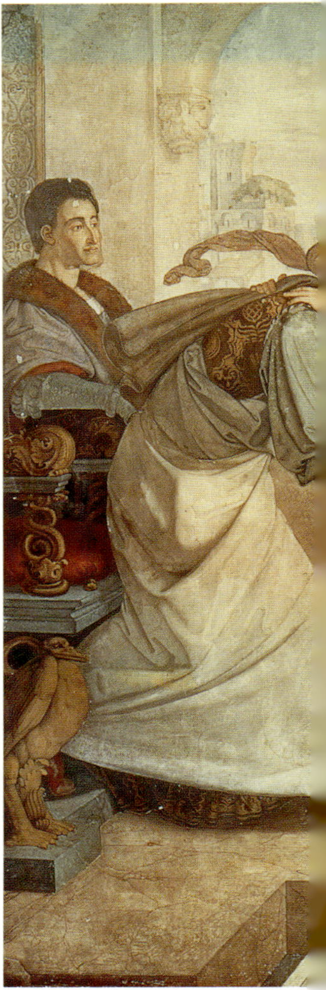

Peter von Cornelius

Düsseldorf, 1783 – Berlin, 1867

Joseph reconnu par ses frères

VERS 1815

fresque détachée
243 x 304 cm
Staatliche Museen
Berlin

pp. 766-767

Théodore Rousseau

Paris, 1812 – Barbizon, 1867

Chênes à Aspromonte

1850-1852

huile sur toile
63,5 x 99,5 cm
Musée du Louvre
Paris

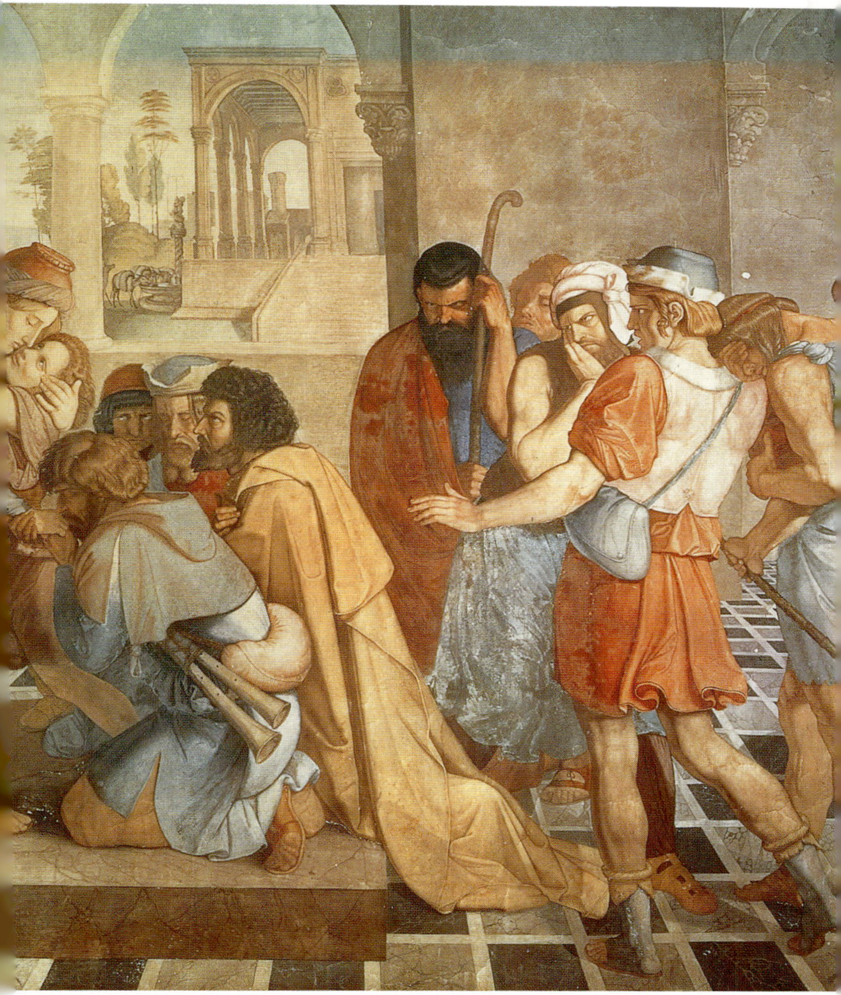

774

Friedrich Overbeck
Lubek, 1789 – Rome, 1869

L'Adoration des Mages

1813

huile sur bois
49,7 x 66 cm
Kunsthalle
Hambourg

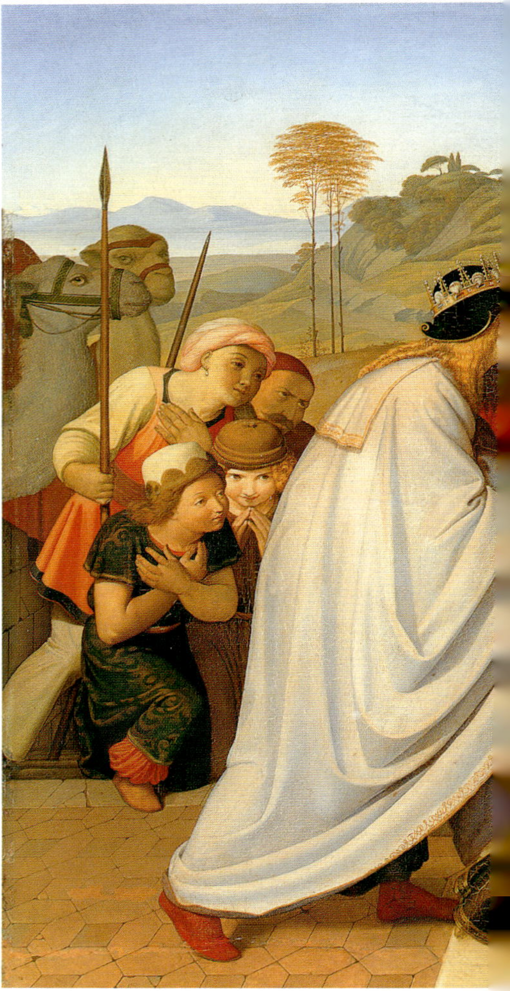

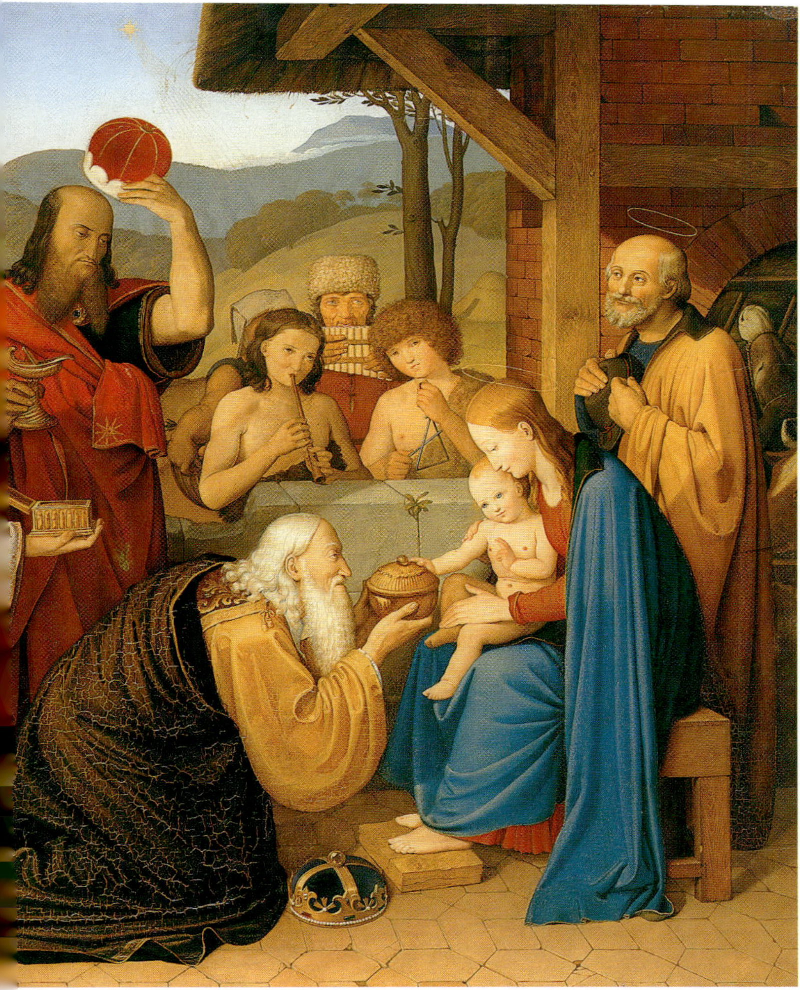

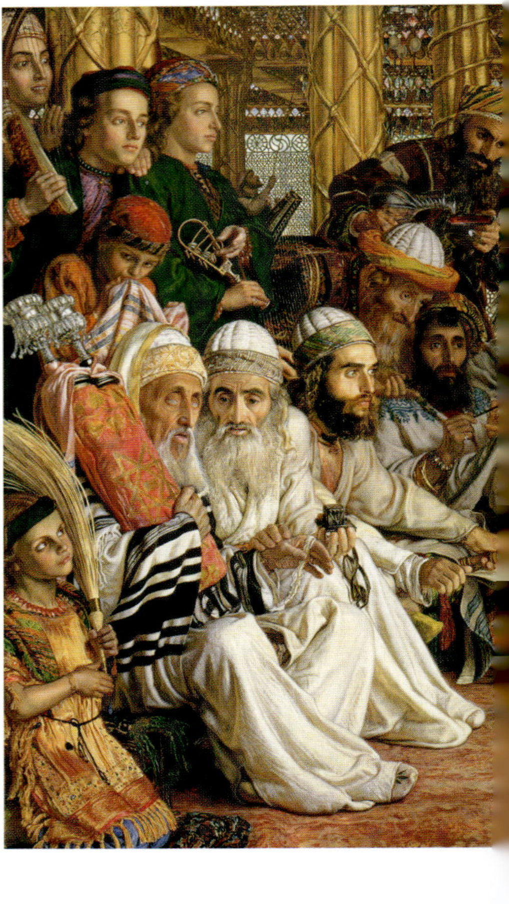

William Holman Hunt

Londres, 1827-1910

Le Sauveur dans le temple

1854-1860

huile sur toile
85,7 x 141 cm
Birmingham Art Gallery
Birmingham

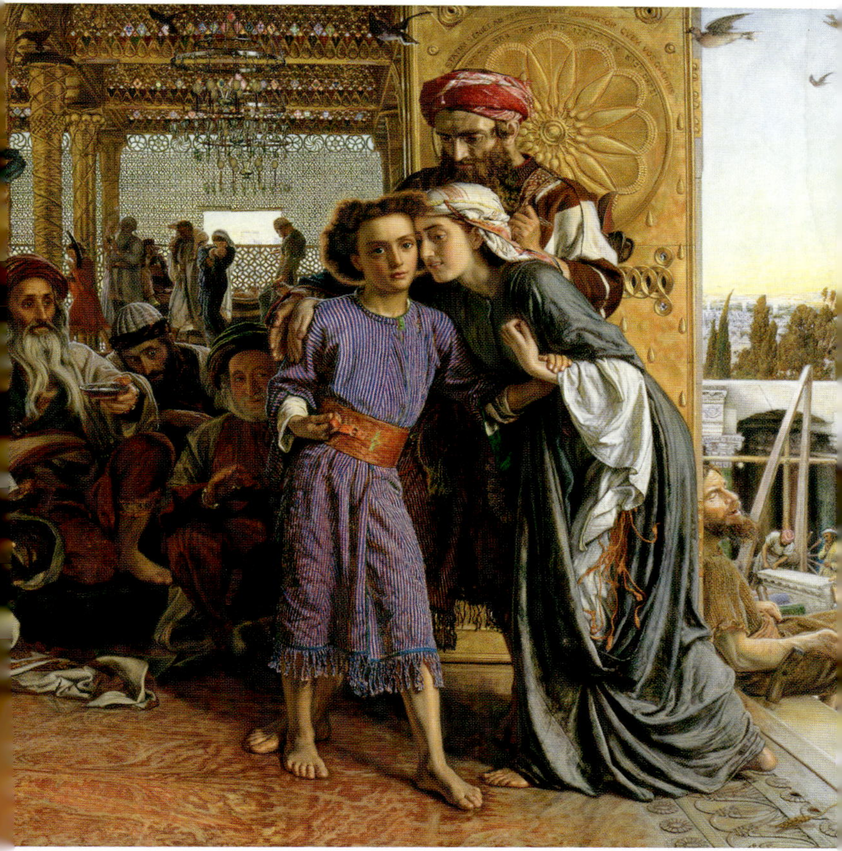

Dante Charles Gabriel Rossetti

Londres, 1828 – Birchington-on-Sea, 1882

Astarte Siriaca

1877

huile sur toile
185 x 109 cm
Manchester Art Gallery
Manchester

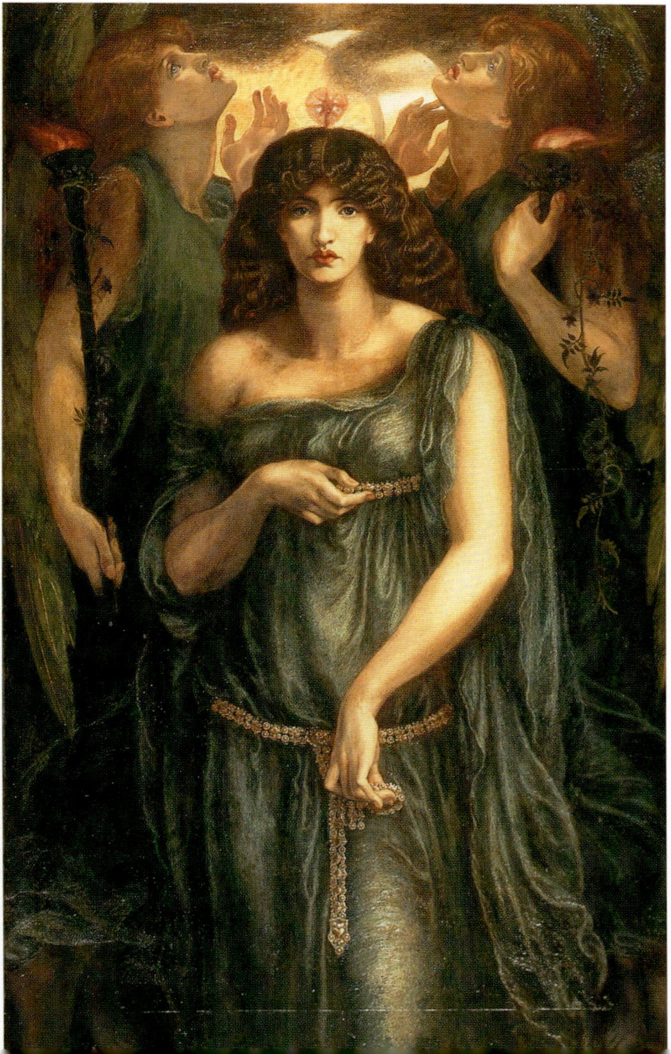

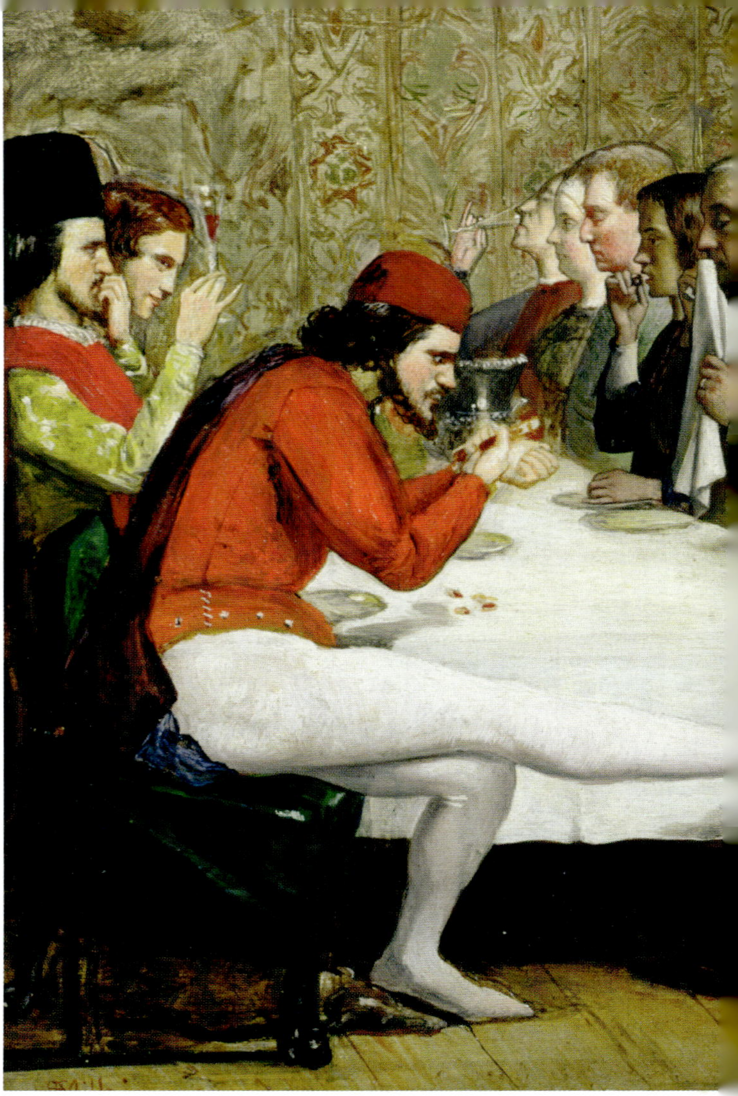

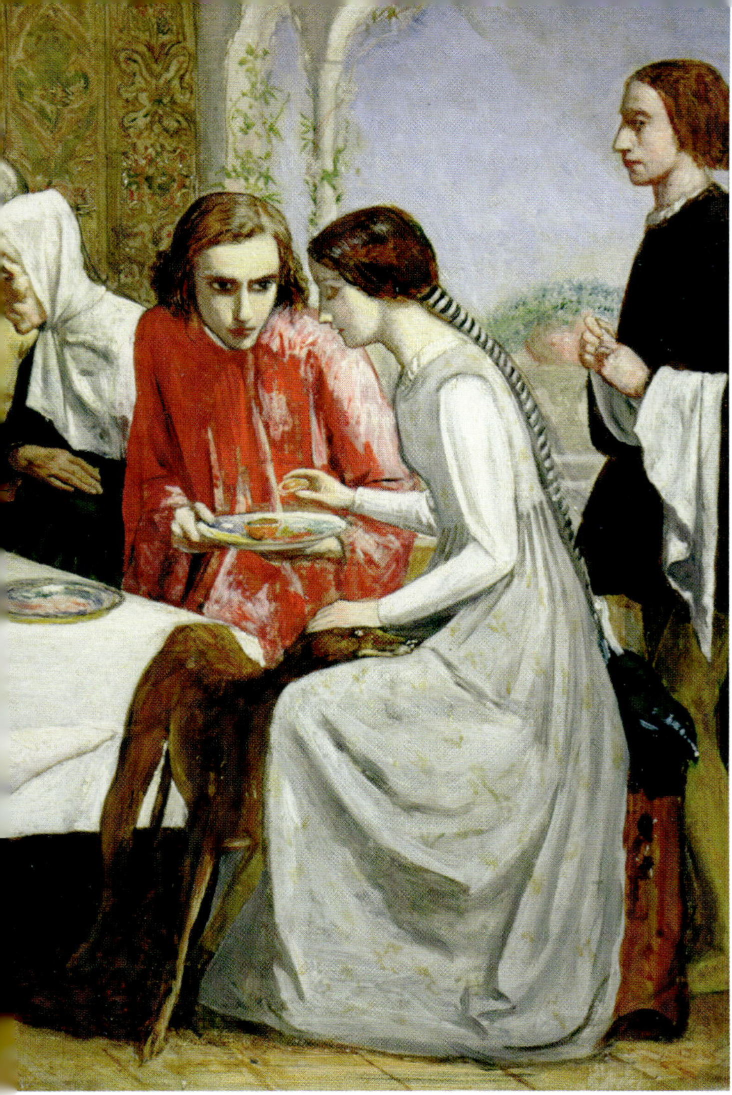

Edward Burne-Jones

Birmingham, 1833-Fulham, 1898

Le Récit de la prieure

1865-1898

gouache sur papier
103,5 x 62,8 cm
Delaware Art Museum
Washington D.C.

pp. 780-781

John Everett Millais

Southampton, 1829 - Londres, 1896

Lorenzo et Isabella

1849

huile sur bois
22 x 29,3 cm
Makins Collection
Washington D.C.

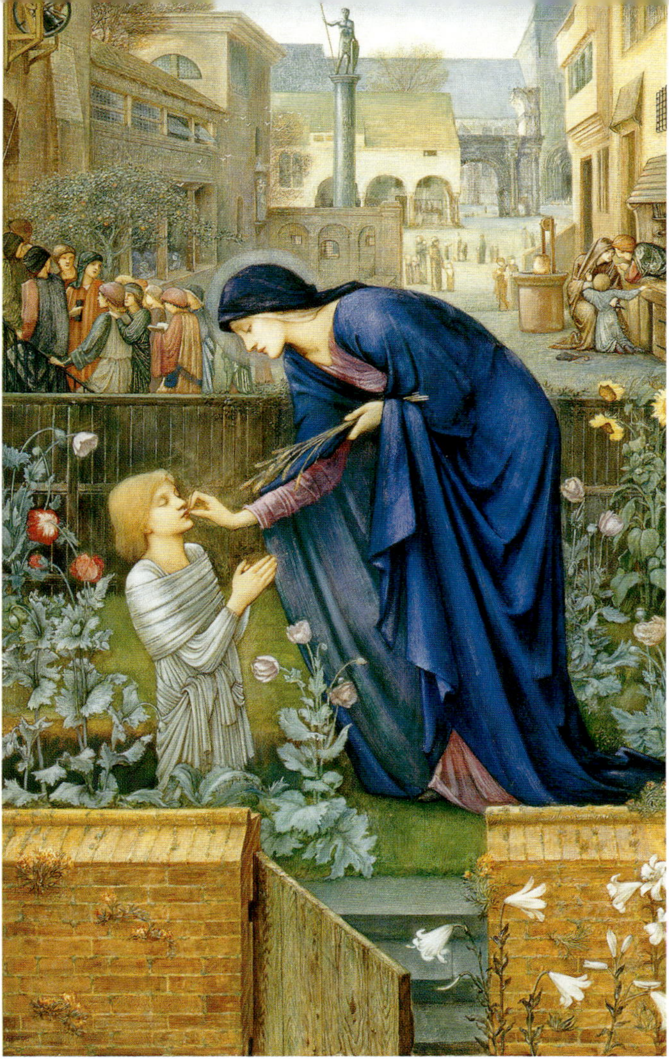

784

Ford Madox Brown

Calais, 1821 – Londres, 1893

Le Dernier regard sur l'Angleterre

1852-1853

huile sur bois
82,5 x 75 cm
Birmingham Art Gallery
Birmingham

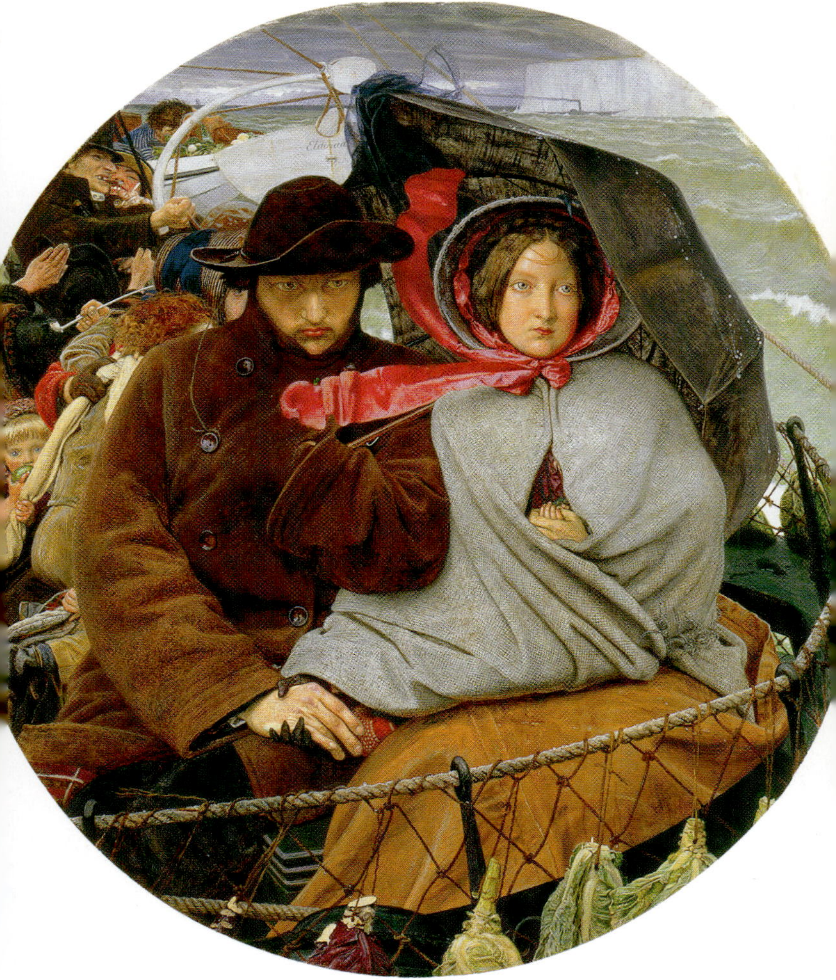

786

Jean-Baptiste Camille Corot
Paris, 1796 – Ville d'Avray, 1875

Souvenir de Mortefontaine

1864

huile sur toile
65 x 89 cm
Musée du Louvre
Paris

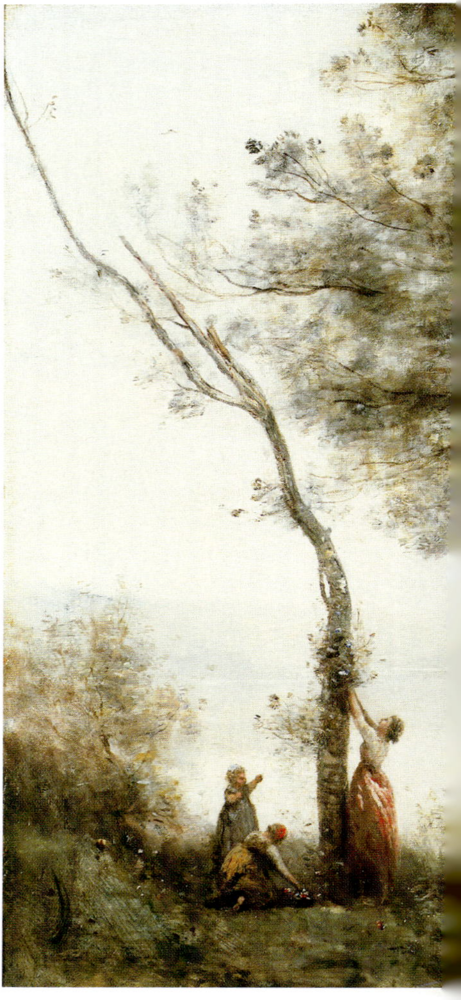

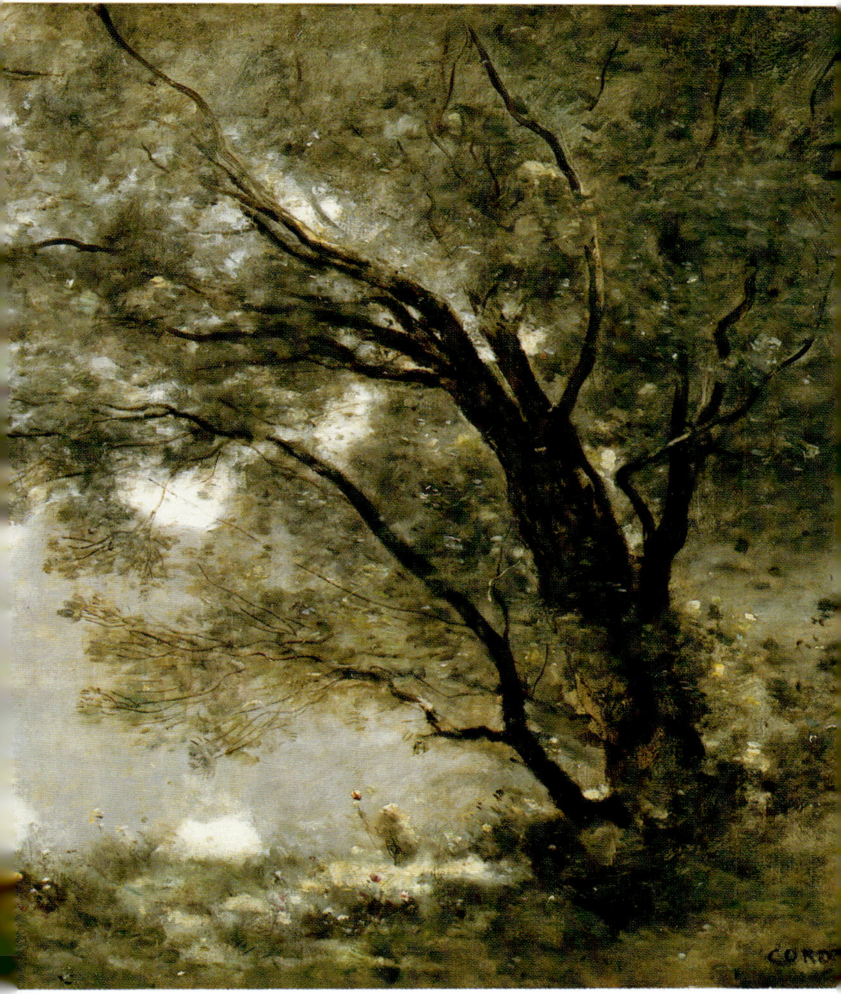

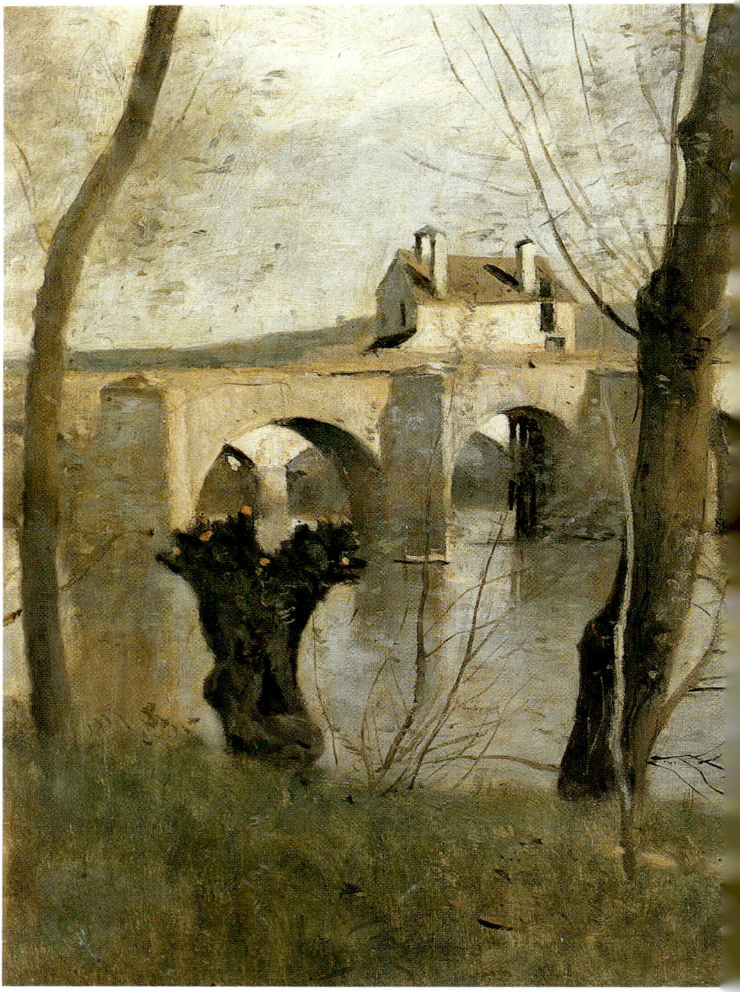

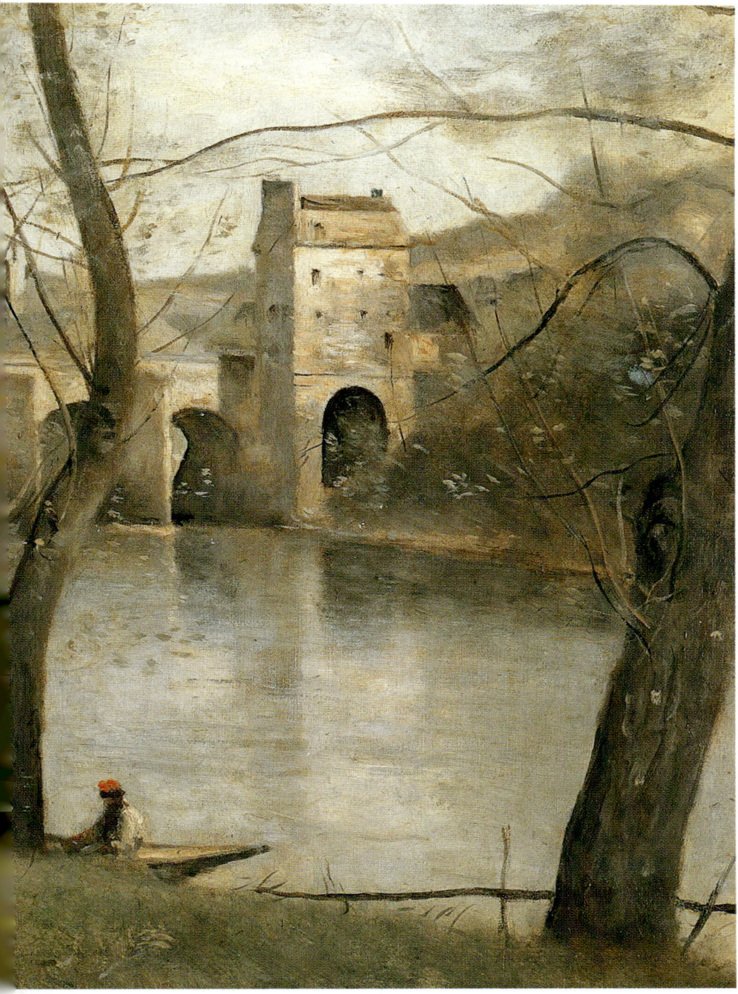

Jean-Baptiste Camille Corot

Paris, 1796 – Ville d'Avray, 1875

Dame en bleu

1874

huile sur toile
80 x 50,5 cm
Musée du Louvre
Paris

pp. 788–789

Jean-Baptiste Camille Corot

Paris, 1796 – Ville d'Avray, 1875

Le pont de Mantes

1868-1870

huile sur toile
38,5 x 55,5 cm
Musée du Louvre
Paris

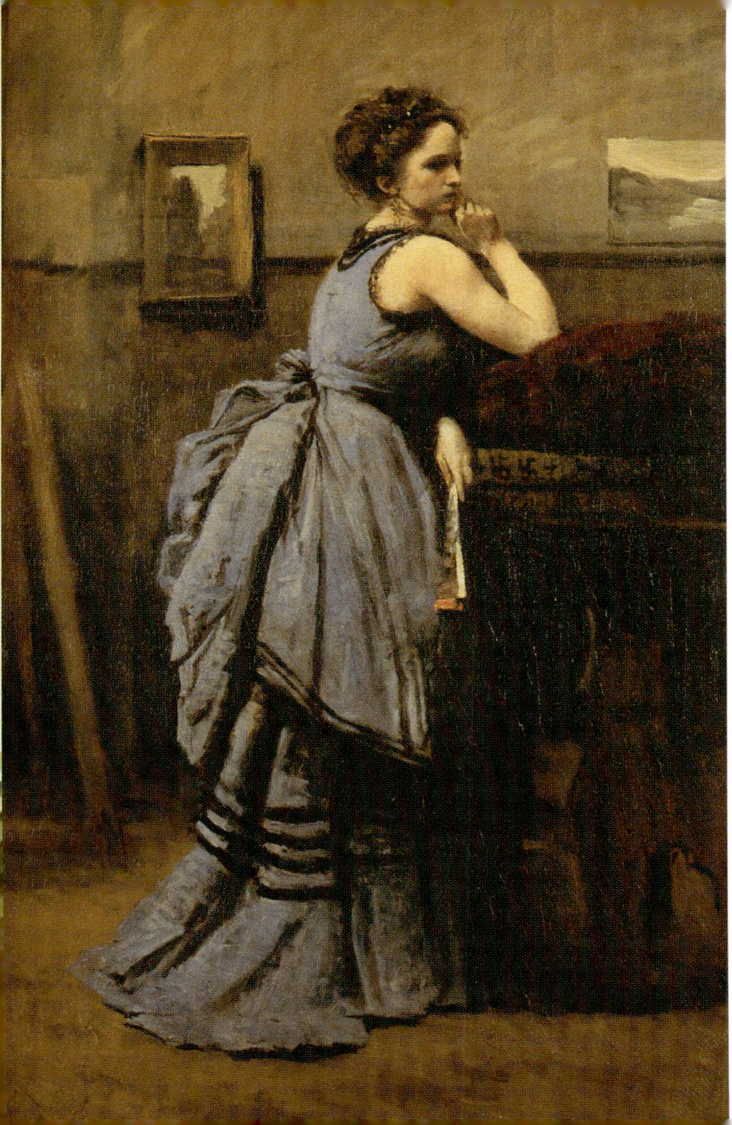

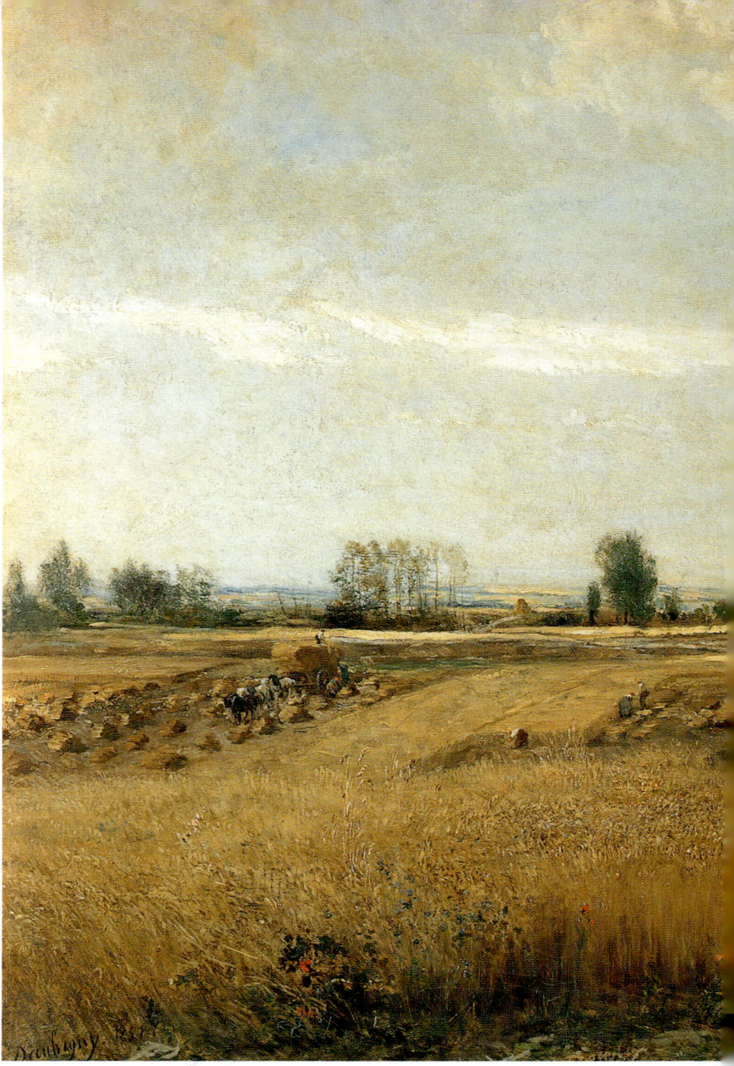

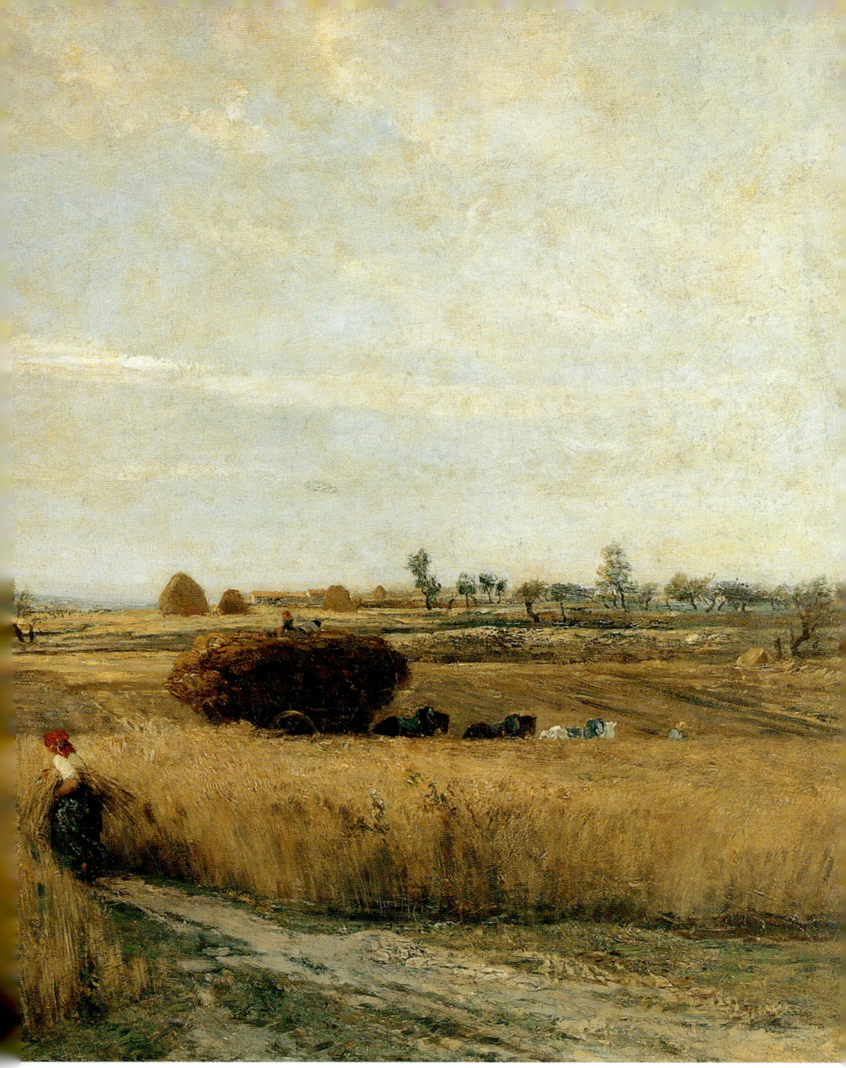

Jean-François Millet
Gruchy, 1814 – Barbizon, 1875

Les Glaneuses

1857

huile sur toile
83, 5 x 111 cm
Musée d'Orsay
Paris

pp. 792–793

Charles-François Daubigny
Paris, 1817-1878

La Moisson

1851

huile sur toile
135 x 196 cm
Musée d'Orsay
Paris

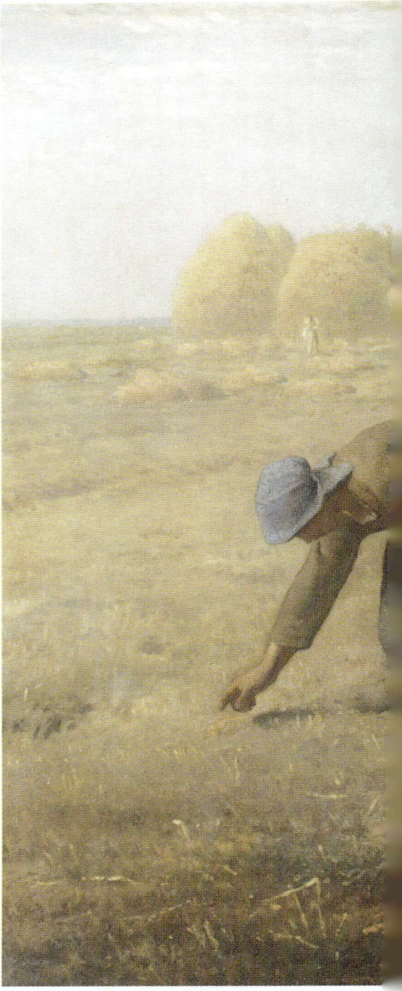

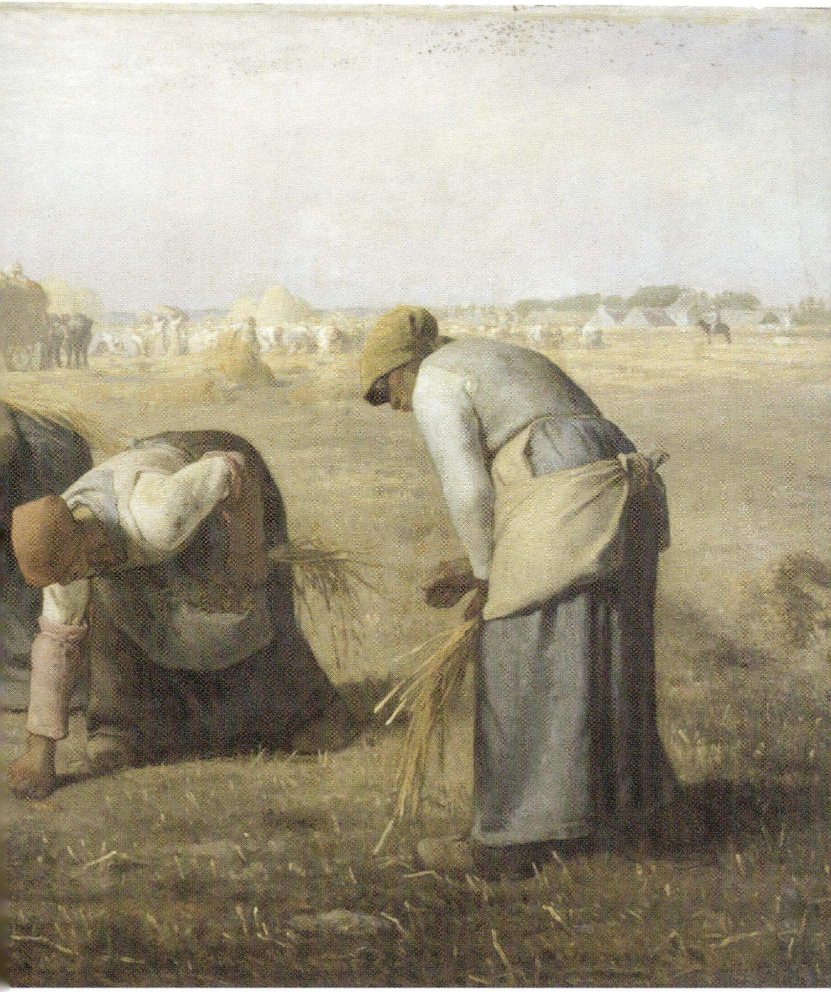

Jean-François Millet
Gruchy, 1814 – Barbizon, 1875

L'Angélus

1857-1859

huile sur toile
55,5 x 66 cm
Musée d'Orsay
Paris

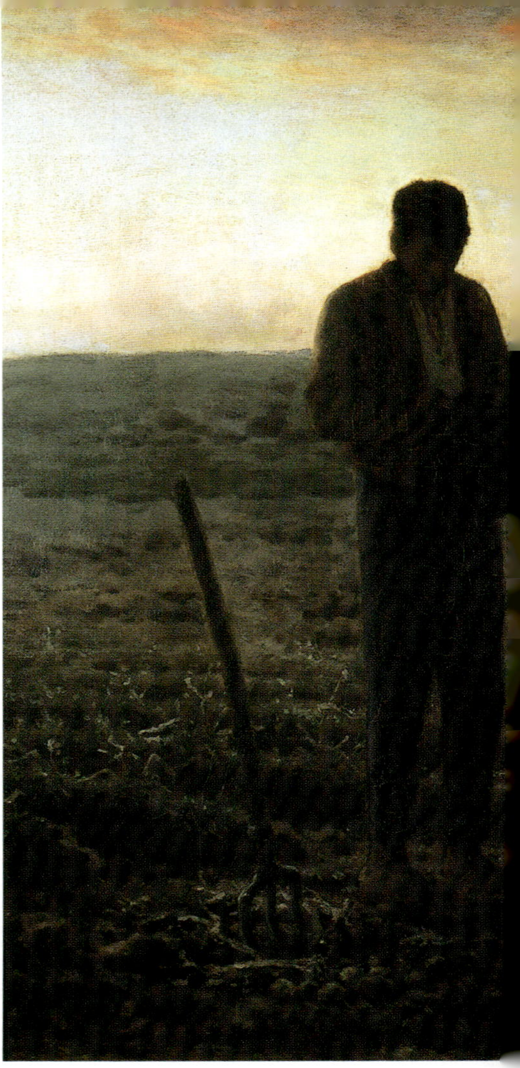

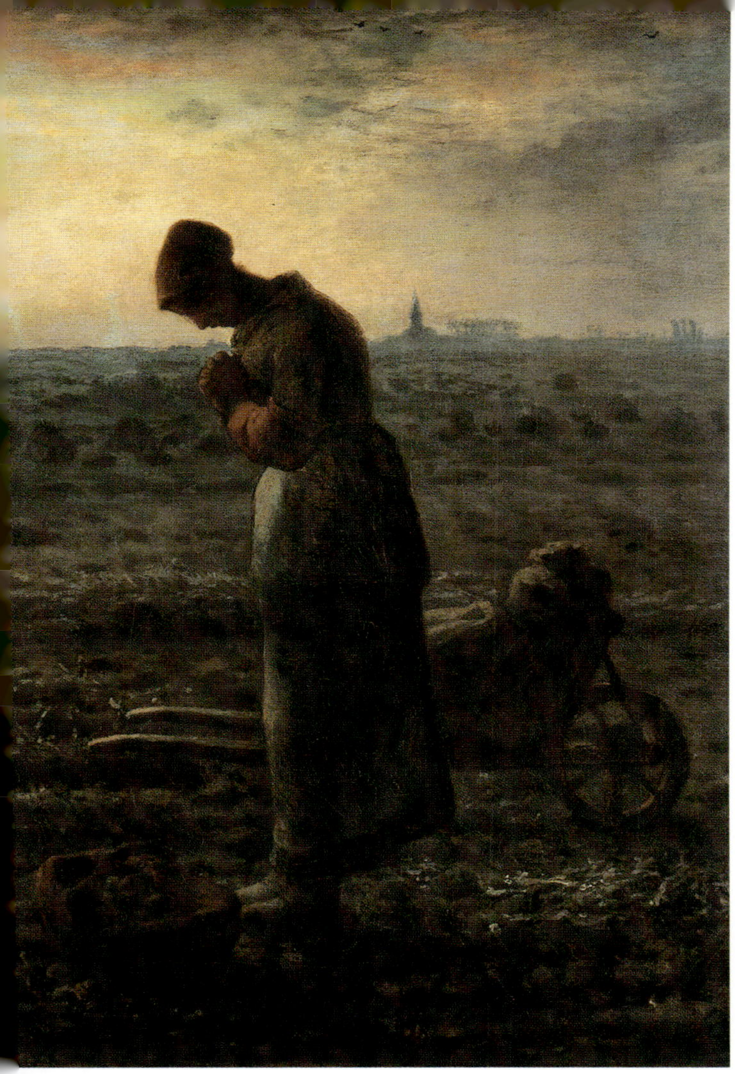

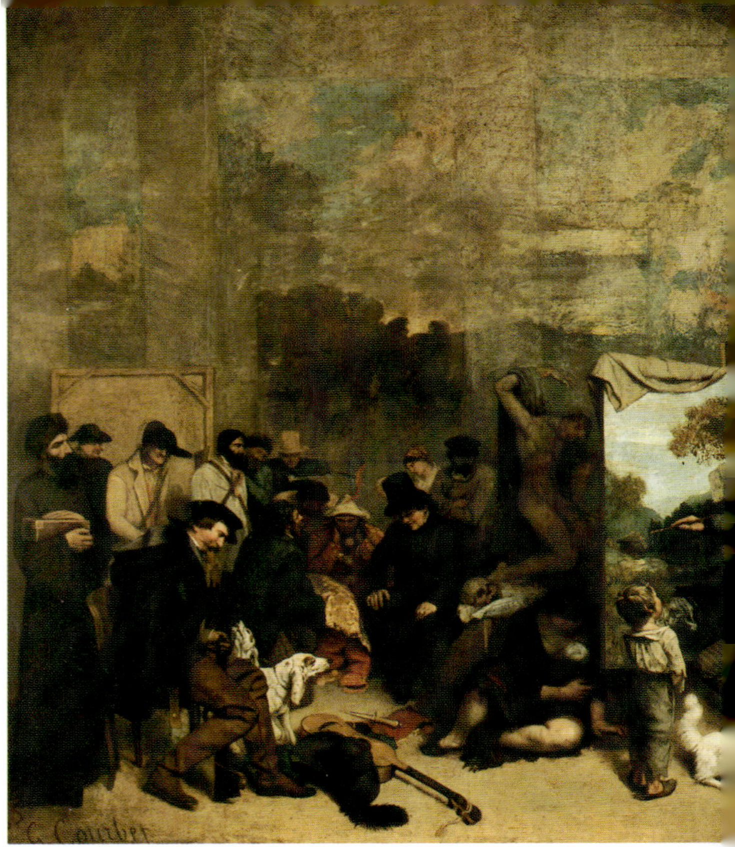

Gustave Courbet

Ornans, 1819 – La Tour-de-Peilz, 1877

L'Atelier du peintre

1855

huile sur toile
359 x 598 cm
Musée d'Orsay
Paris

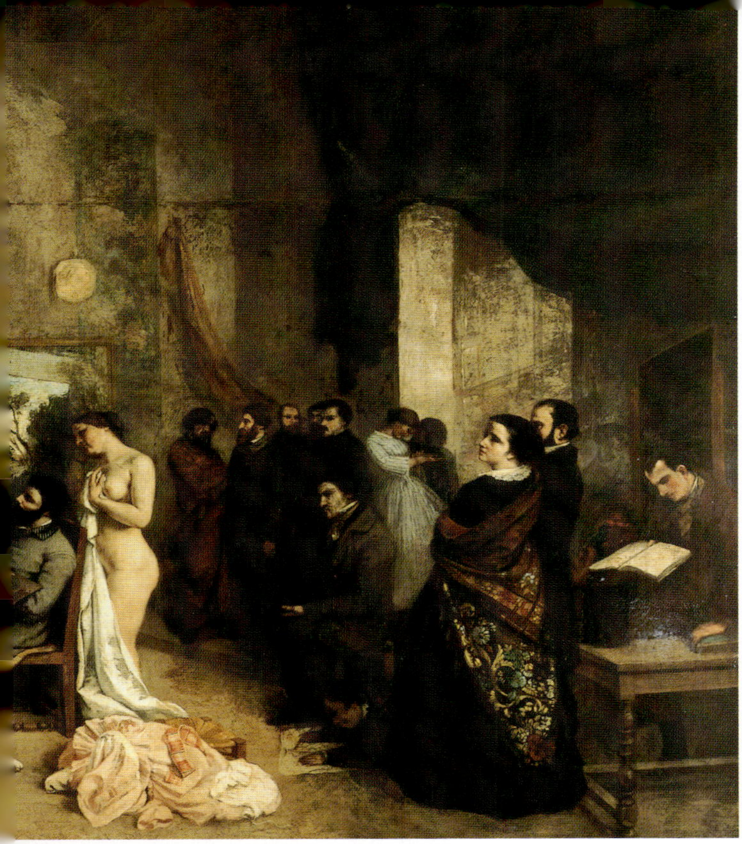

Winslow Homer

Boston, 1836 –
Scarboro, Maine,
1910

Nuit d'été

1890

huile sur toile
76,7 x 102 cm
Musée d'Orsay
Paris

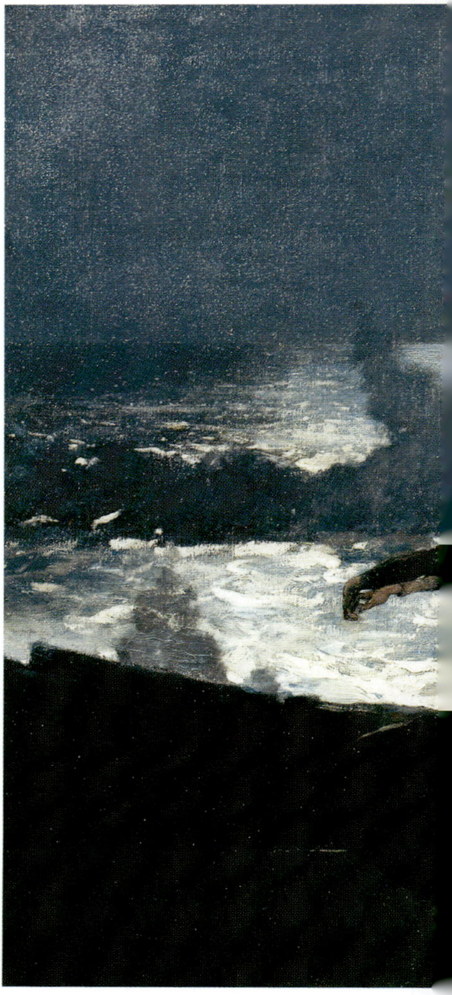

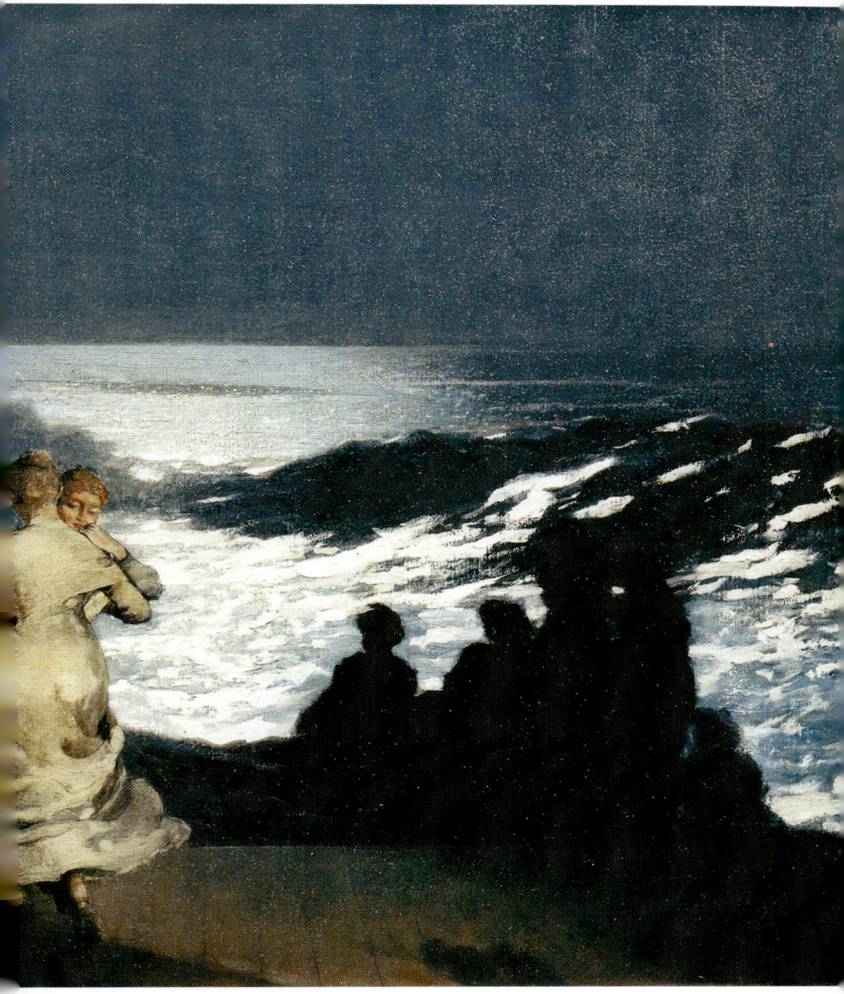

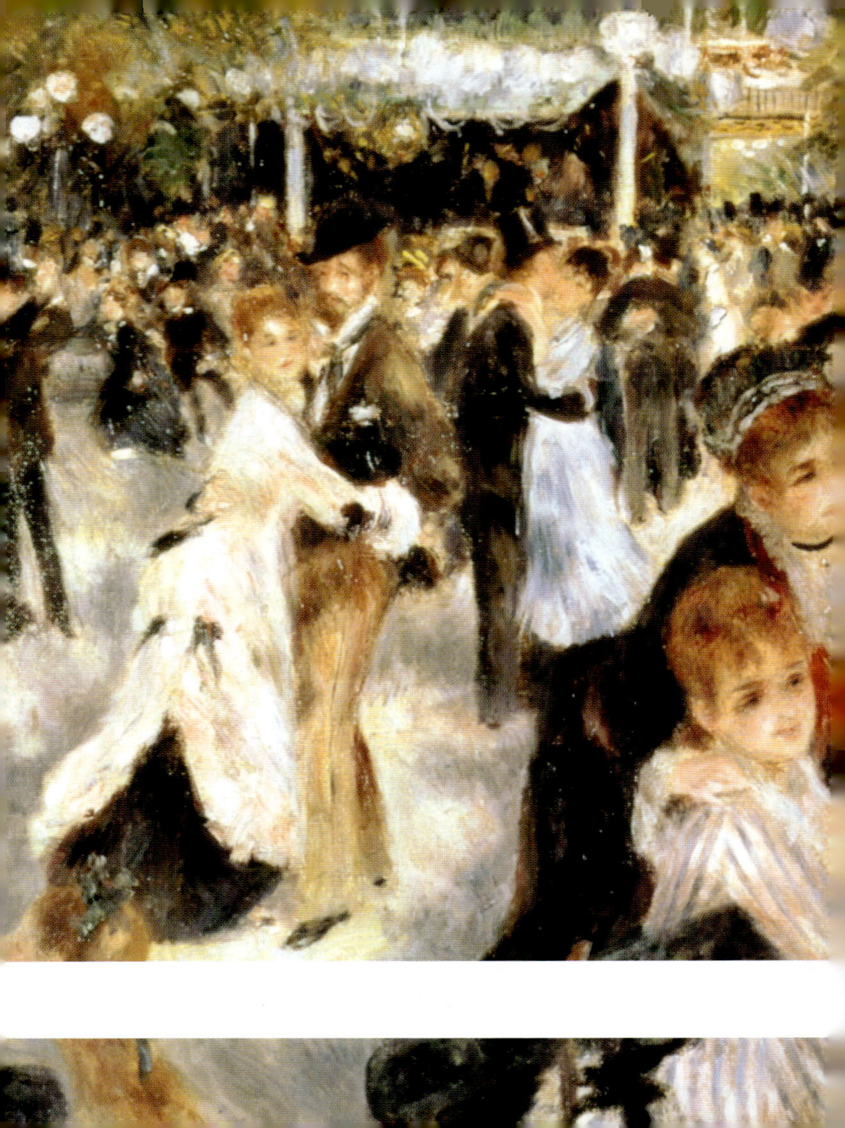

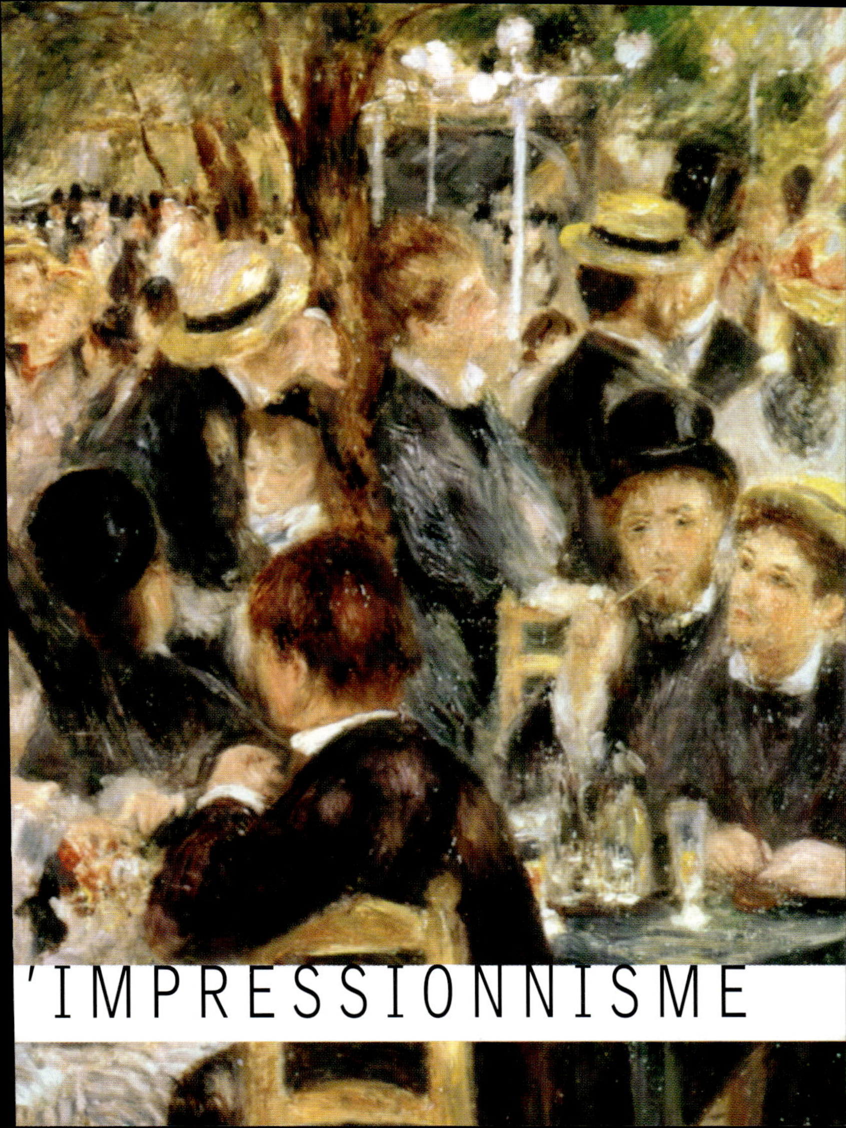

'IMPRESSIONNISME

L'Impressionnisme fut l'un des mouvements les plus intenses et les plus créatifs de toute l'histoire de l'art. Au début des années 1870, un groupe de peintres opposés aux conventions artistiques enseignées à l'Ecole des Beaux-arts de Paris et dans les écoles d'art françaises, décidèrent de s'associer pour montrer librement leurs oeuvres, sans être obligés de les soumettre au jury du Salon officiel, qui se tenait chaque année à Paris. Le jury du Salon était composé de professeurs des écoles d'art, et les artistes qui ne se soumettaient pas à leurs critères étaient tout simplement exclus.

Dans la tradition officielle, la formation d'un peintre demandait tout d'abord une pratique intensive du dessin (par la gravure aussi bien que par le moulage de plâtre). Ensuite venait le dessin de modèles vivants. Après seulement, il était possible de commencer à peindre mais non sans avoir réaliser des esquisses préliminaires et des dessins. Cette pratique, prônée par les peintres néoclassiques, avait été transmise par des siècles de tradition depuis la Renaissance et s'appliquait surtout à la peinture de sujets mythologiques, historiques et religieux ainsi qu'aux portraits, réalisés avec rigueur et application entre les quatre murs de l'atelier. Parmi les peintres « académiques » français les plus réputés, citons Horace Vernet (1789-1863), William-Adolphe Bouguereau (1825-1905) et Jean-Léon Gérôme (1824-1904). La tradition académique était également bien établie en Grande Bretagne où les artistes comme Lawrence Alma-Tadema (né en Hollande en 1836-1912), obtint une reconnaissance nationale et devint même chevalier. (Les reproductions du début de ce chapitre illustrent les oeuvres de ces peintres officiels ou « académiques »). Ainsi, à la fin du dix-neuvième siècle, ce conservatisme académique était devenu, pour beaucoup d'artistes, un véritable obstacle au processus créatif.

Les jeunes peintres dont Claude Monet (1840-1926), Auguste Renoir (1841-1919) et Camille Pissarro (1830-1903), qui fondèrent la *Société anonyme des artistes peintres, sculpteurs, graveurs, etc.*, étaient fort désireux d'exprimer une nouvelle vision de l'art et du monde. Vers la fin des années 1860, ils avaient déjà développé chacun à leur façon un nouveau langage plastique qui rencontrait l'opposition féroce des arbitres officiels de la culture. Voulant saisir des visions fugaces du monde, et exprimer la vitalité de la nature et le tourbillon vertigineux de la vie citadine, ils ne se servaient plus de moulages de plâtre et leurs figures ne tenaient plus compte des canons des proportions et de la beauté hérités de l'Antiquité. Ils ne faisaient plus de dessins préliminaires pour leurs compositions, mais les exécutaient directement au pinceau, appliquant la couleur sur la toile par touches rapides. Ainsi, non seulement ces jeunes peintres pouvaient saisir un sujet de façon instantanée, avant qu'il n'échappe à leur vue, mais ils parvenaient aussi à insuffler à leurs peintures une grande vitalité.

Parmi les premières peintures exprimant ces nouvelles idées, on trouve les tableaux consacrés à *La Grenouillère*, un restaurant situé sur les berges de la Seine, à l'extérieur de Paris, qui offrait aussi la possibilité de se baigner dans le fleuve grâce à des aménagements. *La Grenouillère* était très populaire auprès des Parisiens à la recherche de distractions pour leurs loisirs du dimanche. En 1869, Monet et Renoir installèrent leurs chevalets en plein air et travaillèrent côte à côte, dans une technique fondée sur de rapides coups de pinceaux, des lignes discontinues et des tâches de couleurs. Ils peignirent le restaurant, la petite île appelée le « Camembert », les installations sur la berge pour les nageurs, les barques, et la foule des promeneurs. Leurs oeuvres, du moins telles qu'elles apparurent au spectateur ordinaire, semblaient juste une série d'esquisses. Les détails avaient disparu, il n'y avait plus de description minutieuse des personnages mais leurs peintures éclataient de vie ! Ce qui était totalement nouveau, c'était que ces tableaux étaient incomparablement animés et vibraient de lumière et de couleurs. Tout cela irritait infiniment les maîtres de la peinture académique. Non seulement les jeunes peintres ne respectaient pas les méthodes de l'Ecole des Beaux-arts, mais ils ne respectaient pas non plus le choix traditionnel des sujets. Un nouveau vocabulaire plastique s'élabora peu à peu, véritable charnière dans l'histoire de la culture occidentale qui peut se comparer à l'influence des artistes de la Renaissance en leur temps. Car les Impressionnistes ont ouvert la voie au monde complexe et varié de l'art moderne.

Ces jeunes peintres étaient influencés par des artistes majeurs comme Edouard Manet (1832-1883). Quelques années plus tôt en effet, Manet, qui n'était pourtant pas un véritable adepte de la peinture en plein air, avait innové dans le langage plastique de l'époque avec des coups de pinceau rapides et fragmentaires et une simplification des figures, s'inspirant notamment des maîtres anciens comme DiegoVelazquez et Frans Hals. Cette technique contribua à la vivacité et au dynamisme de ses compositions. De plus, Manet peignit des sujets tout à fait contemporains.

La première exposition des oeuvres de ce groupe de peintres rebelles eut lieu en 1874. Parmi eux, il faut mentionner Monet, Renoir, Pissarro, Paul Cézanne (1839-1906), Edgar Degas (1834-1917), Alfred Sisley (1839-1899), Berthe Morisot (1641-1895) et le premier professeur de Monet, Eugène Boudin (1824-1898). Tous ces artistes avaient de fortes personnalités, et ils n'étaient pas toujours d'accord. A la première exposition du groupe, fut présentée la peinture de Claude Monet, *Impression, soleil levant*. La toile avait été réalisée en 1872, et représentait l'estuaire de la Seine au Havre, à l'aube. Il était pratiquement impossible de reconnaître les structures du port de la ville. Un soleil orange surgissait d'un épais brouillard, déposant des rehauts oranges sur l'eau agitée du fleuve. Deux ou trois embarcations se déplaçaient sur l'eau, brossées en touches larges et rapides comme le reste du tableau. En bref, le tableau témoignait d'une grande indifférence pour les détails, et d'une capacité surprenante à rendre une atmosphère par une technique apparemment sommaire. On ne voyait plus un sujet mais l'expression d'une sensation.

Le critique Louis Leroy (1812-1885) prit ce tableau pour cible, et s'en inspira pour affliger tous les peintres participant à l'exposition du nom d' « Impressionnistes» dans un article pour le journal *Le Charivari.* Voilà donc l'origine de la définition de l'« impressionnisme » actuel, un terme qui peut sembler assez vague et qui ne parvient pas à décrire de façon adéquate la complexité de la création qui allait enrichir l'histoire de la peinture.

Il y eut encore sept autres expositions, qui ne présentaient pas toujours les oeuvres des mêmes artistes. Seul Pissarro participa aux huit manifestations. Même si les peintres rassemblés sous le nom d'Impressionnistes restèrent des amis leurs vies durant, leurs carrières prirent des directions séparées et chacun d'eux continua à travailler à sa façon. Monet et Pissarro furent à l'origine des « séries » de peintures représentant le même sujet avec le même point de vue, mais à différents moments de la journée. Ils montraient ainsi comment l'apparence d'un sujet ou d'un lieu varie selon les circonstances et l'heure à laquelle on les voit. La longévité de Monet lui permit de poursuivre ses recherches jusqu'à un point avancé. Vers la fin de sa carrière, il avait créé un style dans lequel l'acte de poser un coup de pinceau, notamment dans la peinture de ses nymphéas, semble être le principal protagoniste de la toile.

On peut reconnaître aux peintres impressionnistes d'avoir été les premiers à libérer la peinture de l'idée que l'art dépend de règles prédéterminées et de conventions imposées – un système qui tend à réprimer aussi bien les personnalités que l'ensemble de la culture. La peinture impressionniste révéla l'apparence changeante du monde sous une lumière naturelle et chatoyante. La nature y devenait une source de connaissances et de découvertes, riche de nouveaux thèmes. Et elle était aussi, avant tout, un puissant appel à se libérer de toute conformité, dans l'art comme dans la vie.

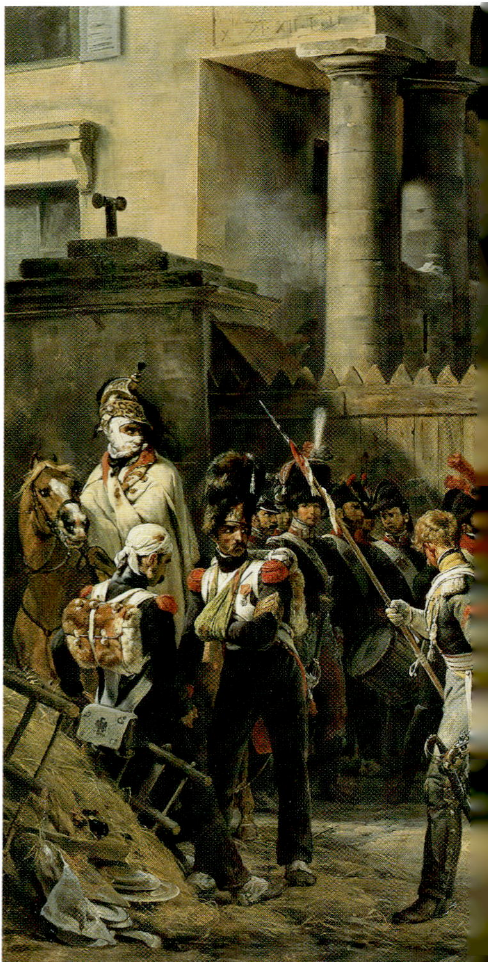

Horace Vernet
Paris, 1789 -1863

La barrière de Clichy, défense de Paris en 1814

1820

97,5 x 130,5 cm
Musée du Louvre
Paris

Pierre-Auguste Renoir
Limoges, 1841 – Cagnes, 1919

Bal du Moulin de la Galette

1876

huile sur toile
130 x 175 cm
Musée d'Orsay
Paris

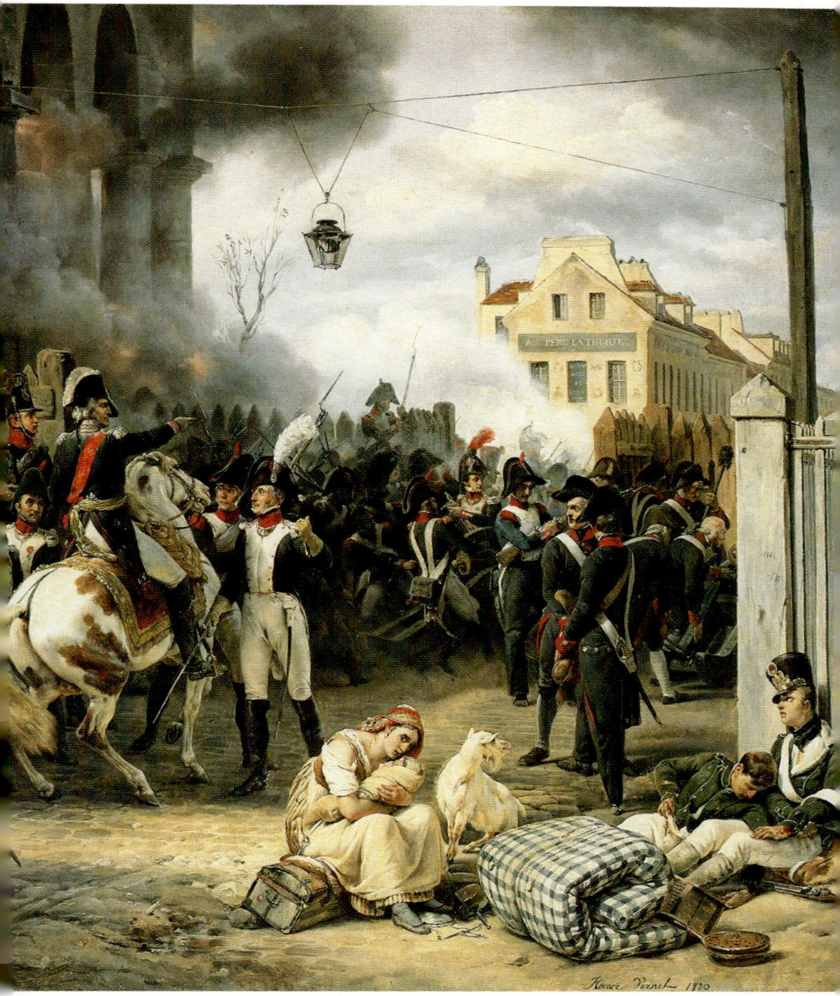
Horace Vernet 1820

810

Charles Gleyre

Chevilly, 1808 – Paris, 1874

Daphnis et Chloé

1862

huile sur bois
23,5 x 18,5 cm
huile sur bois
Musée cantonal des Beaux-arts
Lausanne

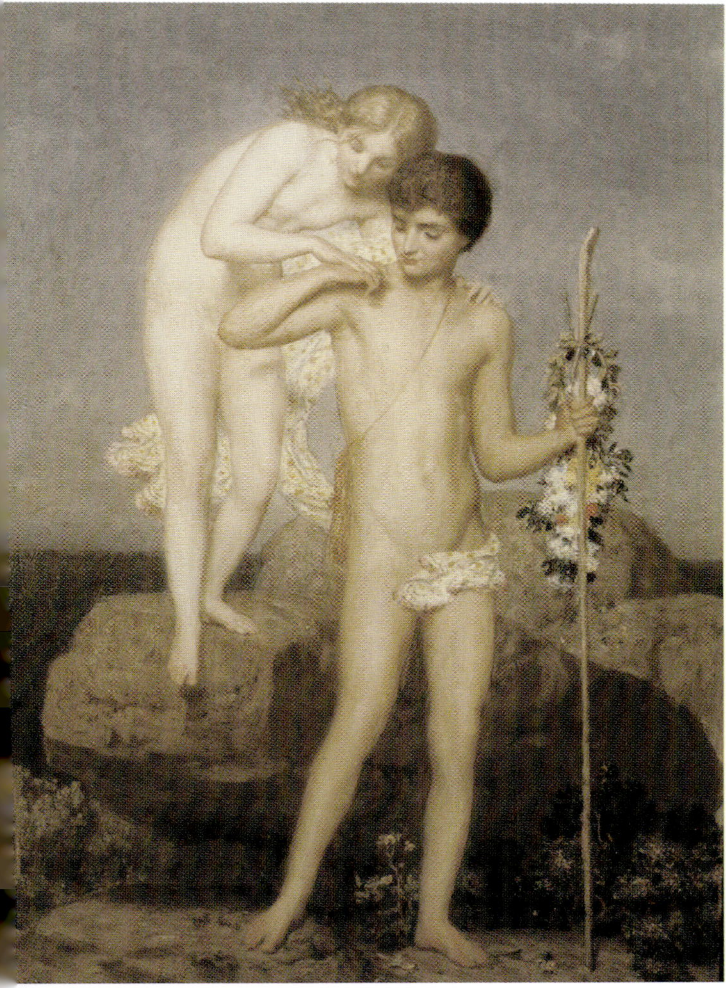

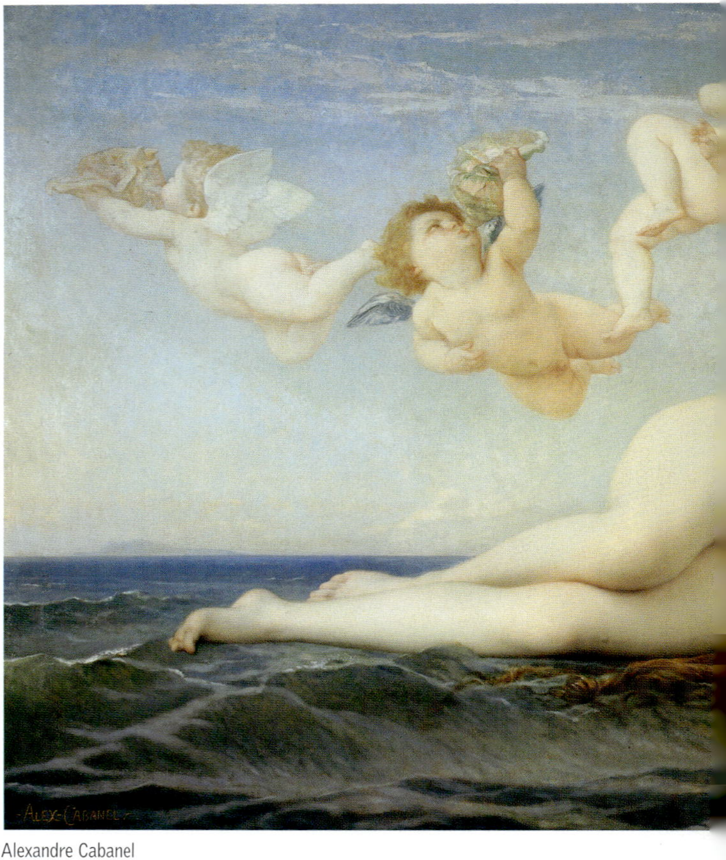

Alexandre Cabanel

Montpellier, 1823 – Paris, 1889

La Naissance de Vénus, 1863
huile sur toile
130 x 225 cm
Musée d'Orsay
Paris

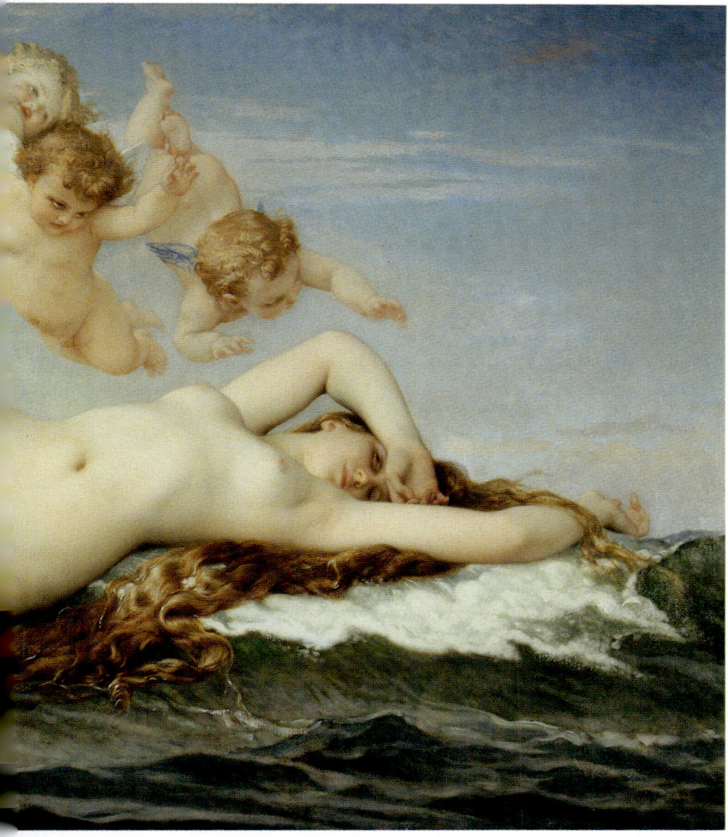

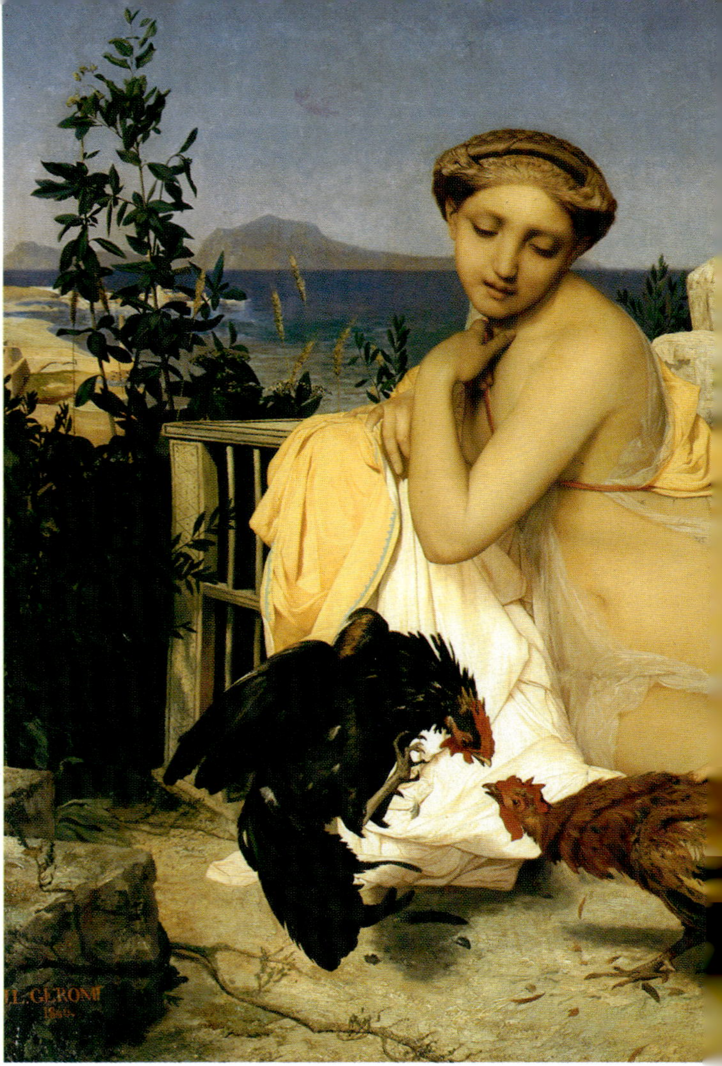

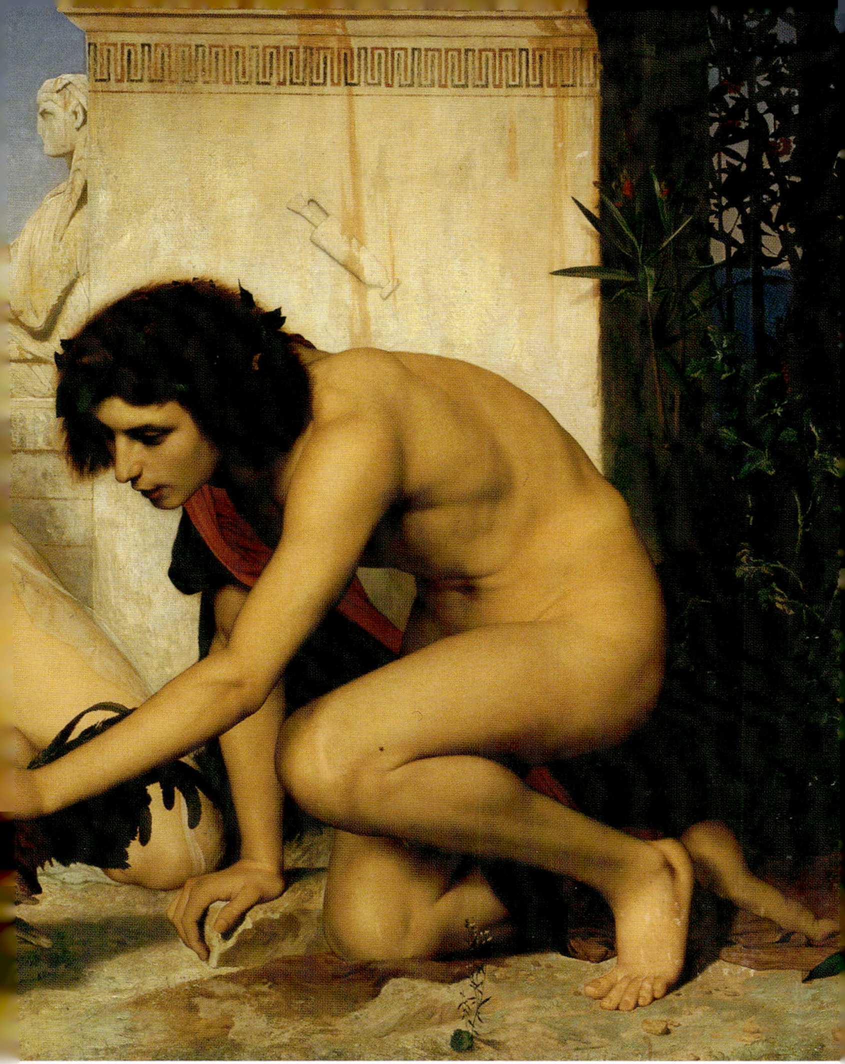

William-Adolphe Bouguereau
La Rochelle, 1825-1905

Tobias faisant ses adieux à son père

1860

huile sur toile
Musée de L'Ermitage
Saint-Pétersbourg

pp. 814-815

Jean-Léon Gérôme
Vésoul, 1824 - Paris, 1904

Combat de coqs

1846

huile sur toile
143 x 204 cm
Musée d'Orsay
Paris

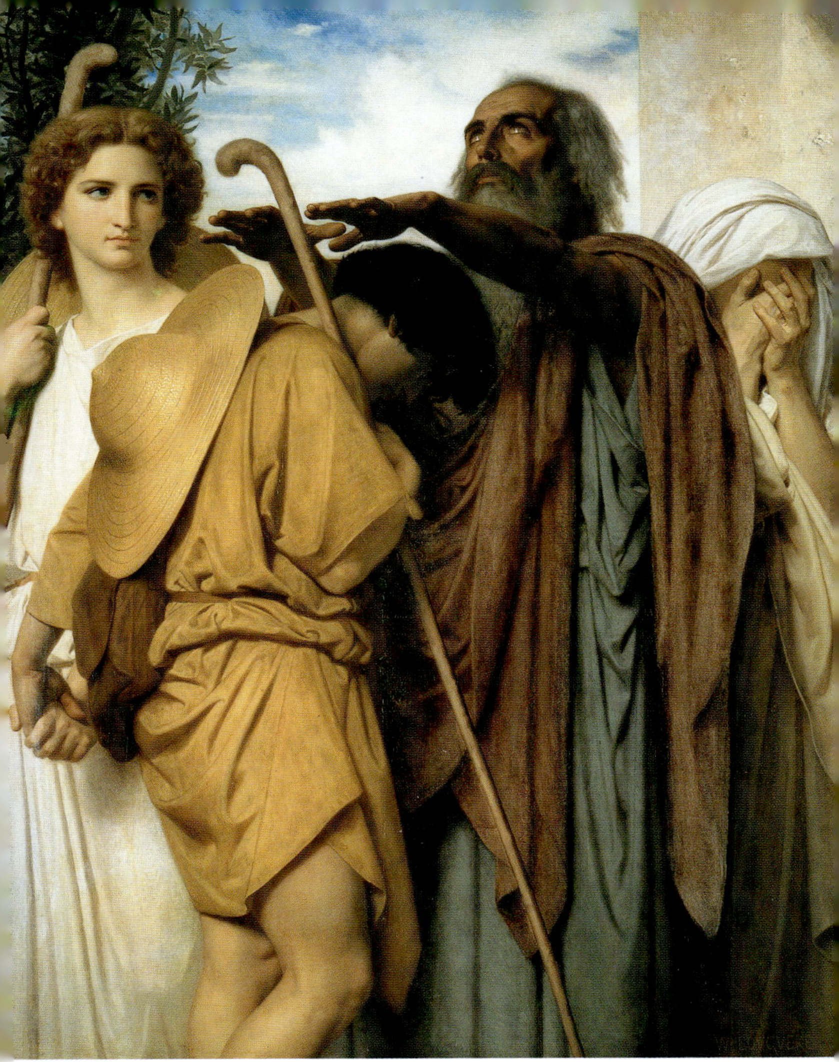

William-Adolphe Bouguereau

La Rochelle, 1825-1905

Naissance de Vénus

1879

huile sur toile
300 x 215 cm
Musée d'Orsay
Paris

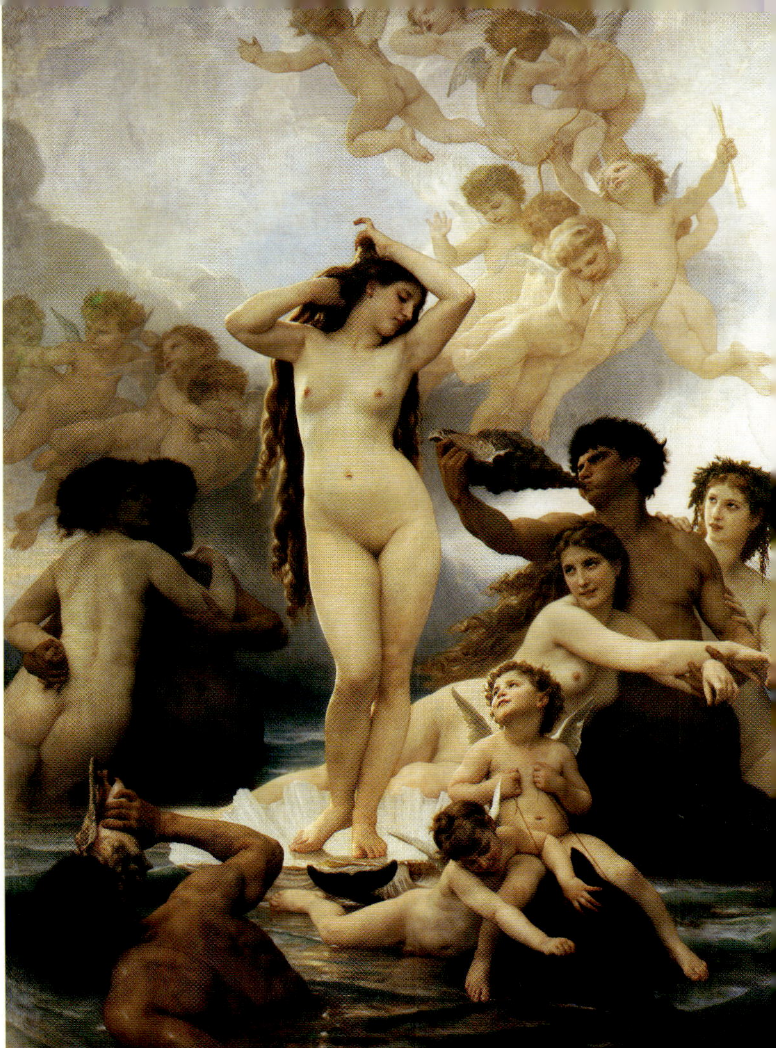

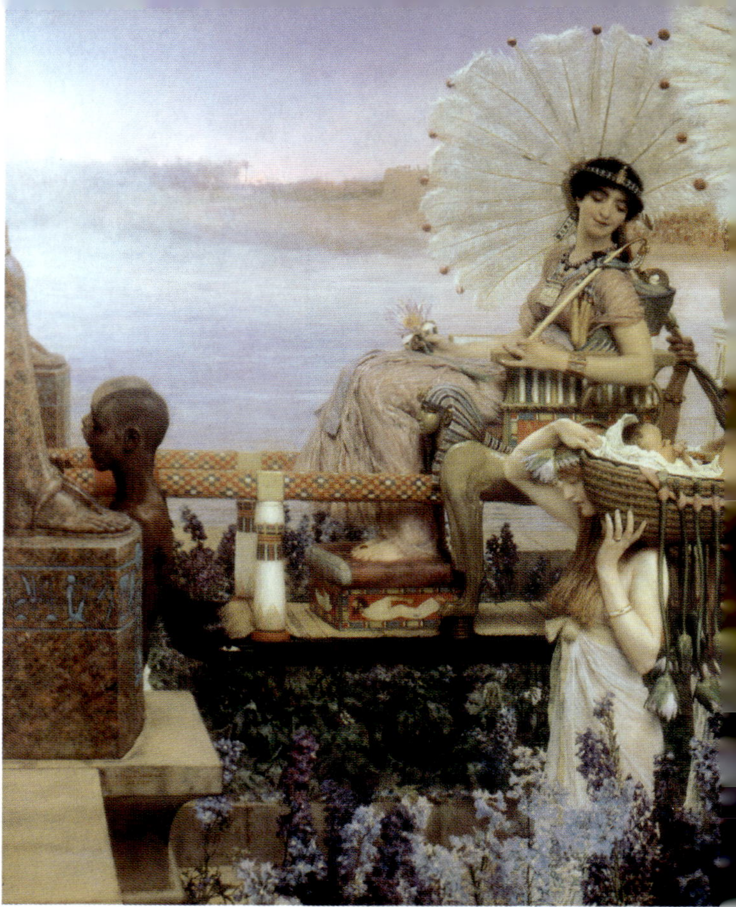

Lawrence Alma-Tadema

Dronrijp, Frisia 1836 – Wiesbaden, 1912

Découverte de Moïse par la fille de Pharaon

1904

huile sur toile
137,7 x 213,4 cm
Collection privée

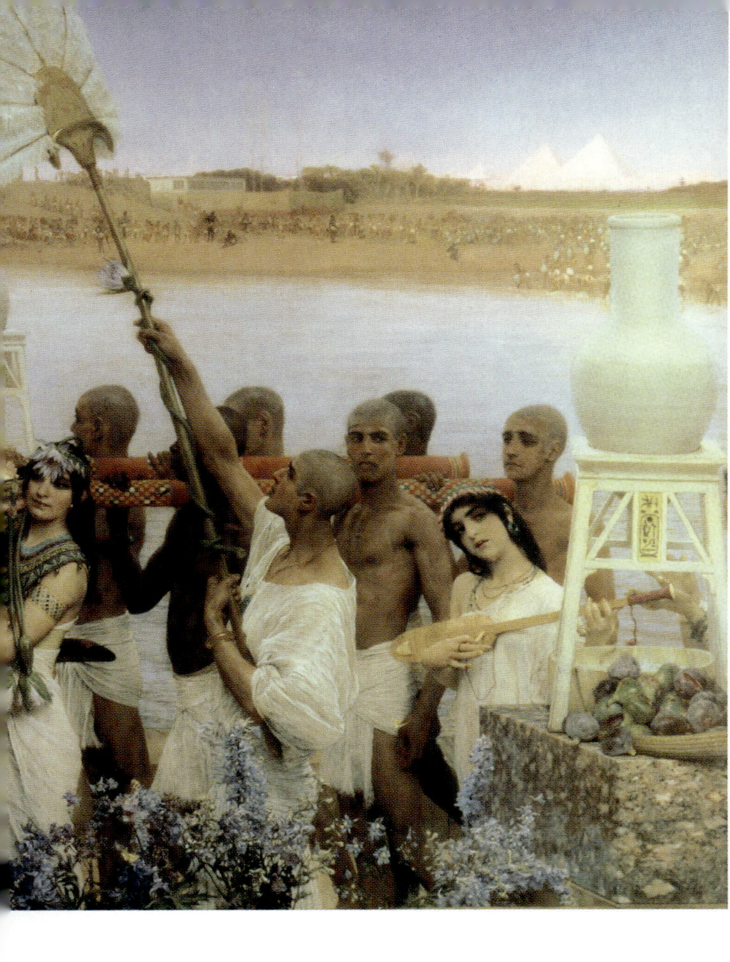

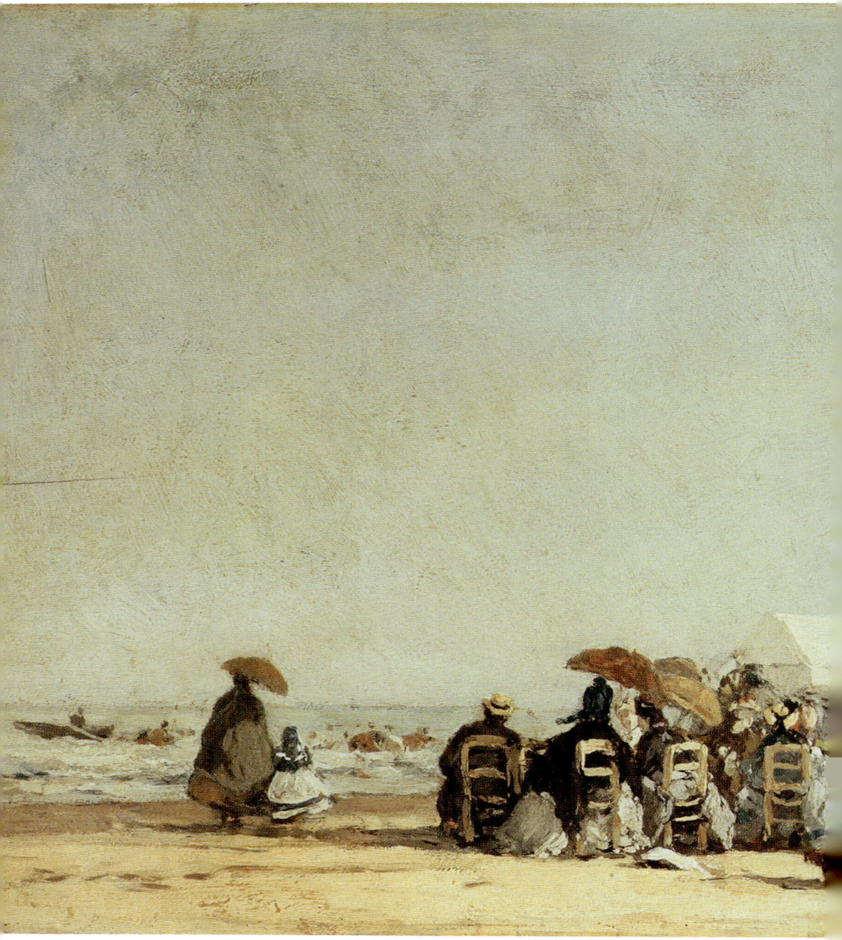

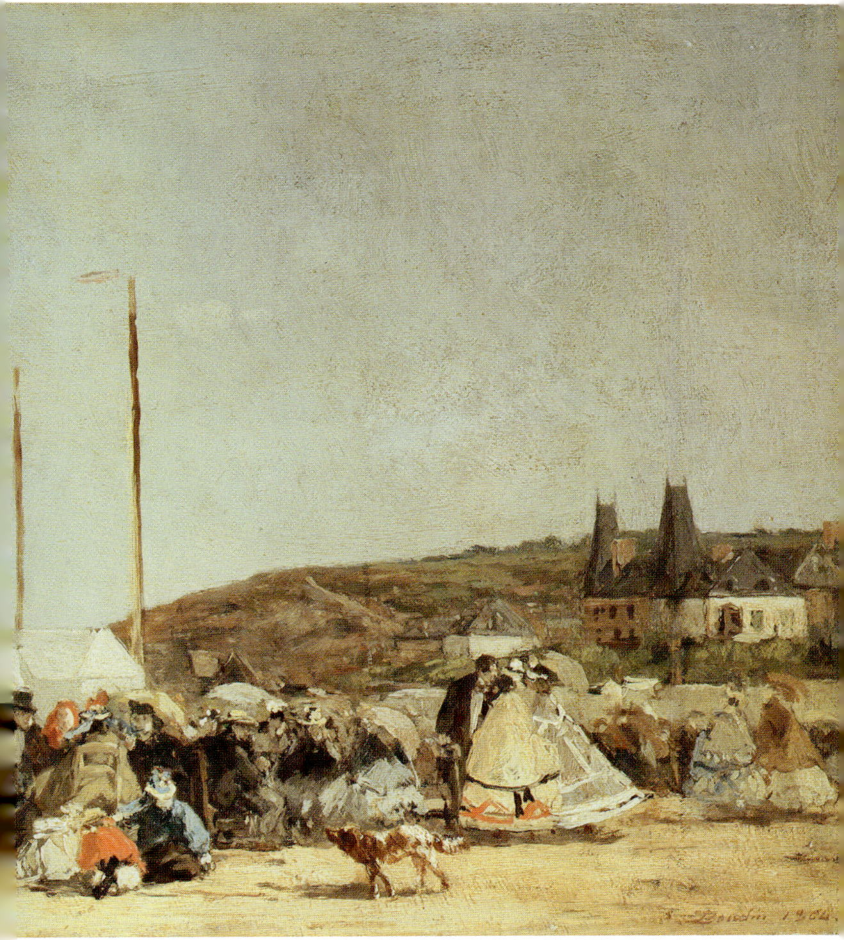

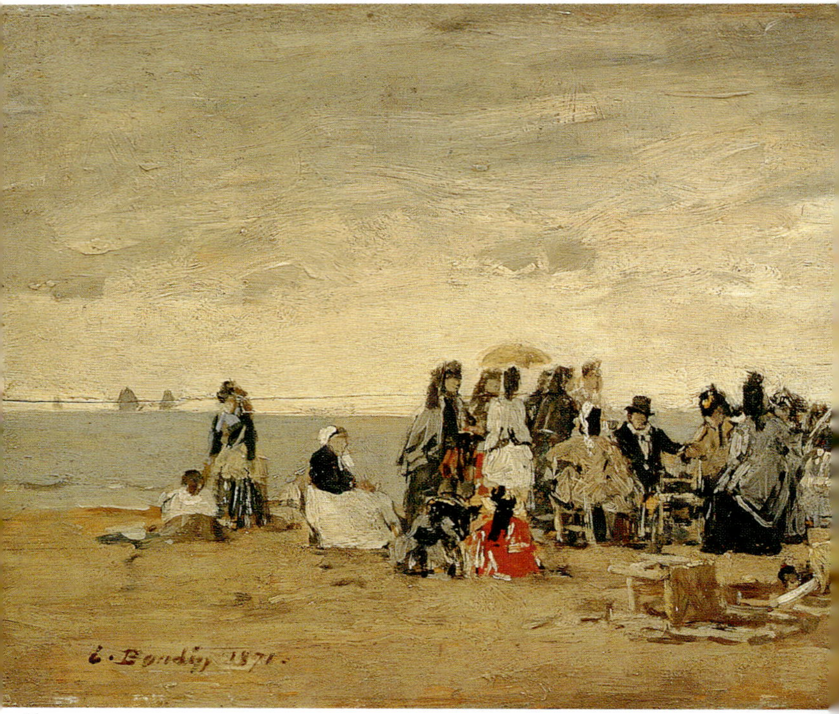

Eugène Boudin
Honfleur, 1824 – Deauville, 1898

La Plage de Trouville

1871

huile sur bois
19 x 46 cm
Musée Pouchkine
Moscou

pp. 822–823

Eugène Boudin
Honfleur, 1824 – Deauville, 1898

La Plage de Trouville

1864

huile sur toile
26 x 48 cm
Musée d'Orsay
Paris

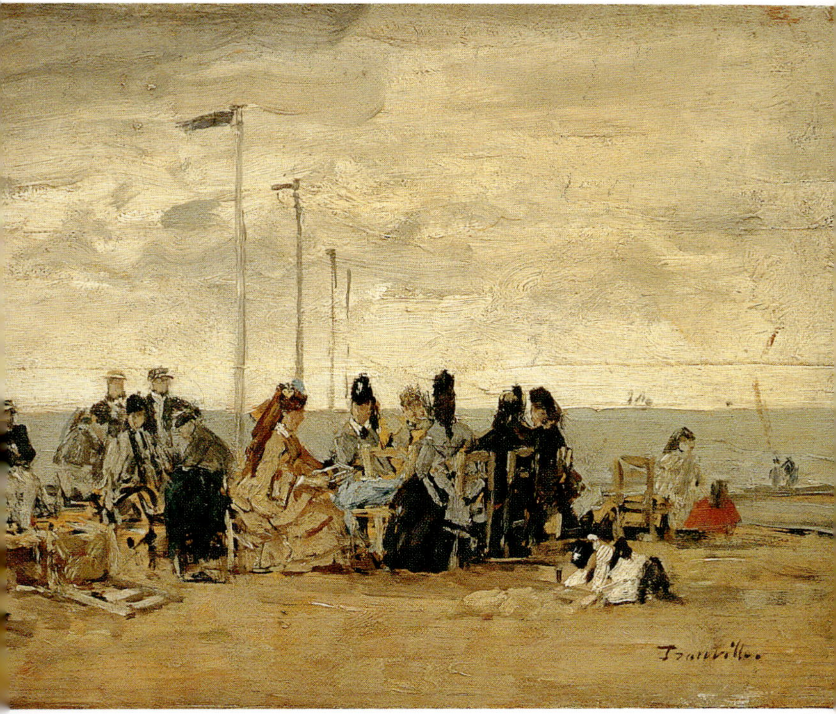

Johan-Barthold Jongkind
Lattrop, 1819, Grenoble, 1891

La Seine et Notre-Dame de Paris

1864

huile sur toile
42 x 56,5 cm
Musée d'Orsay
Paris

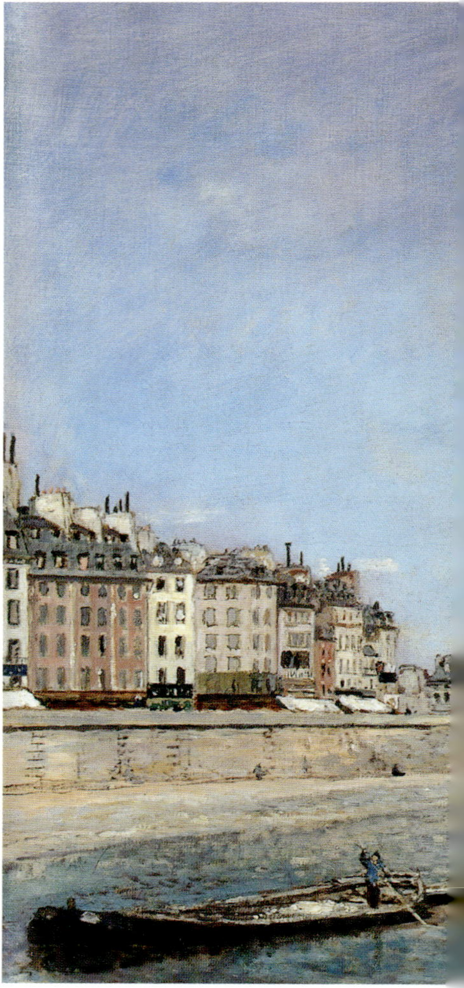

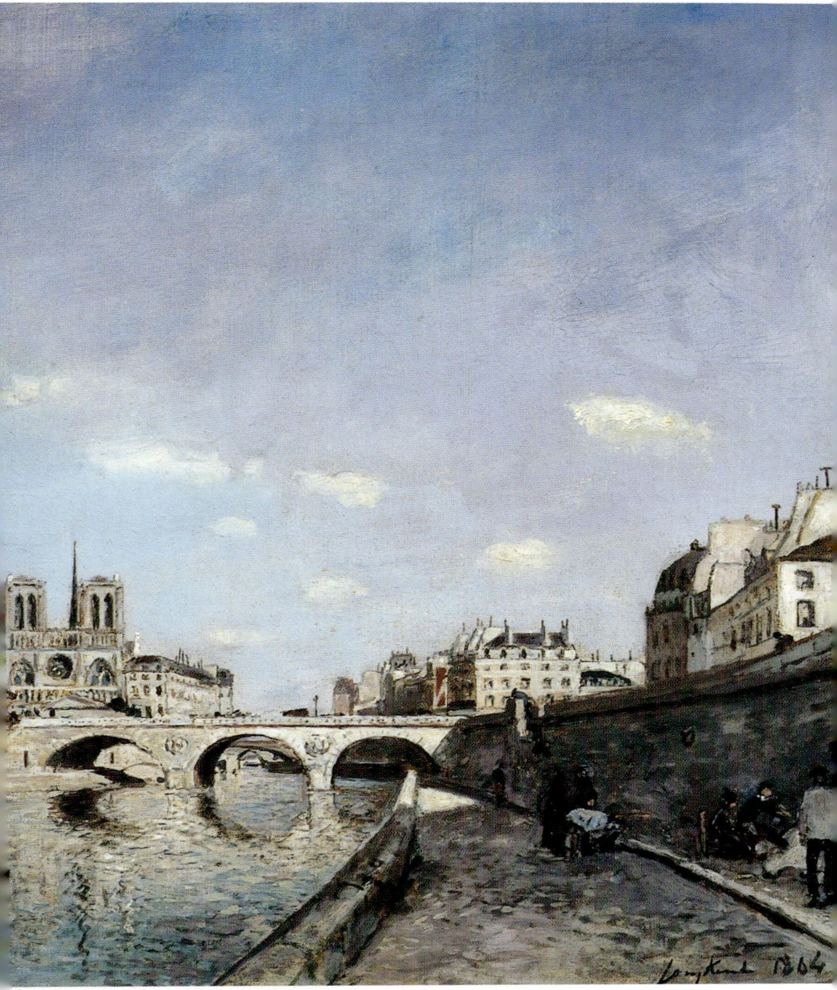

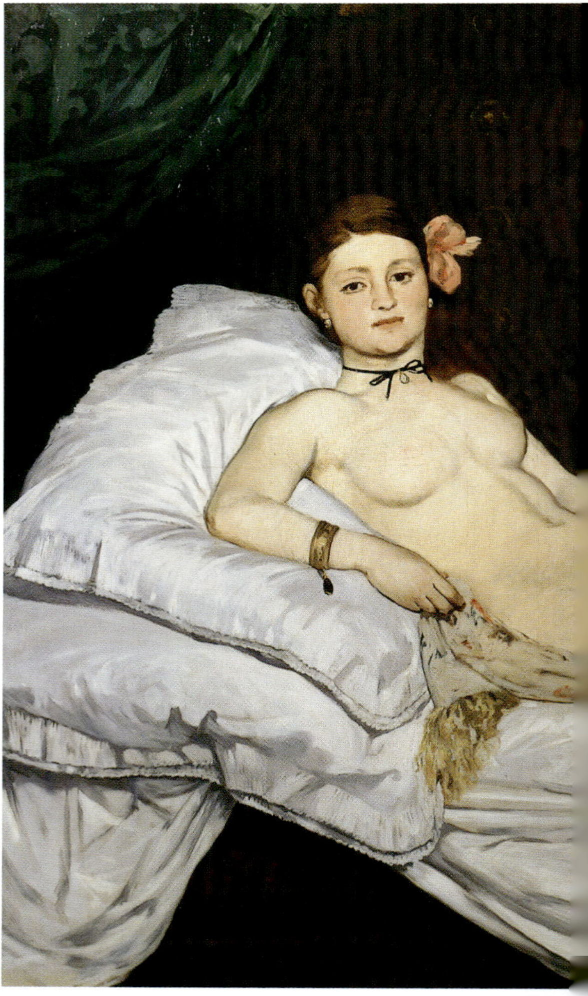

Edouard Manet
Paris, 1840- Giverny, 1926

Olympia

1863

huile sur toile
103 x 190 cm
Musée d'Orsay
Paris

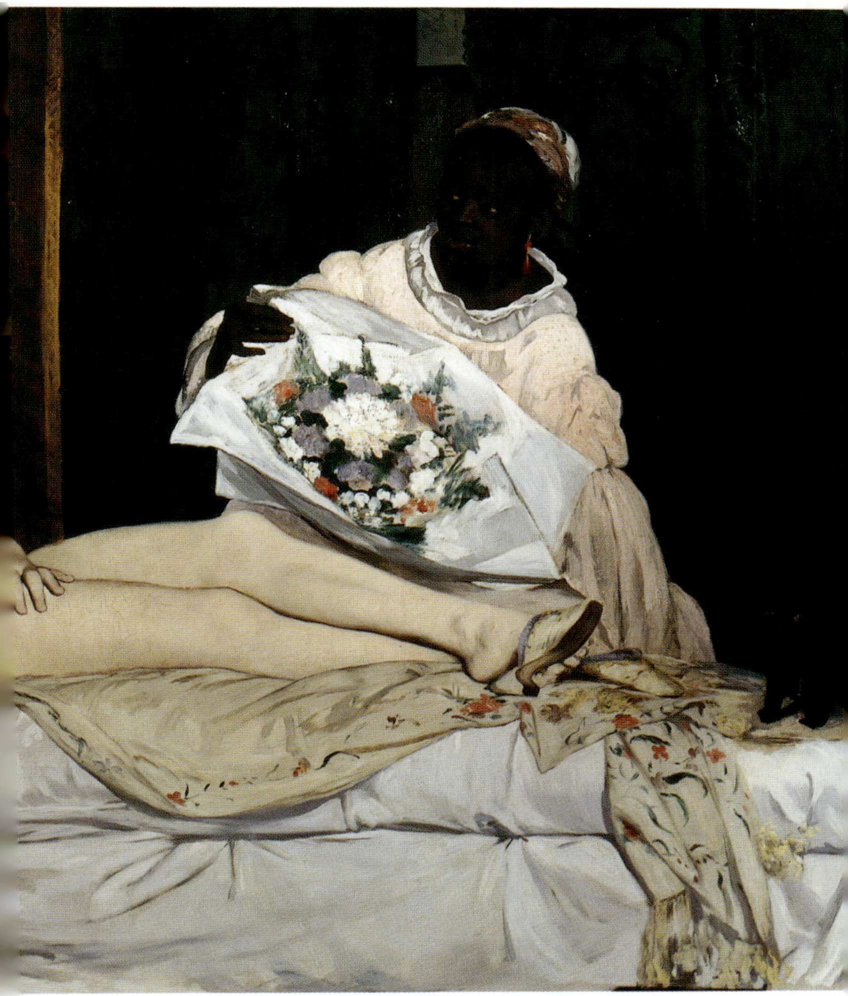

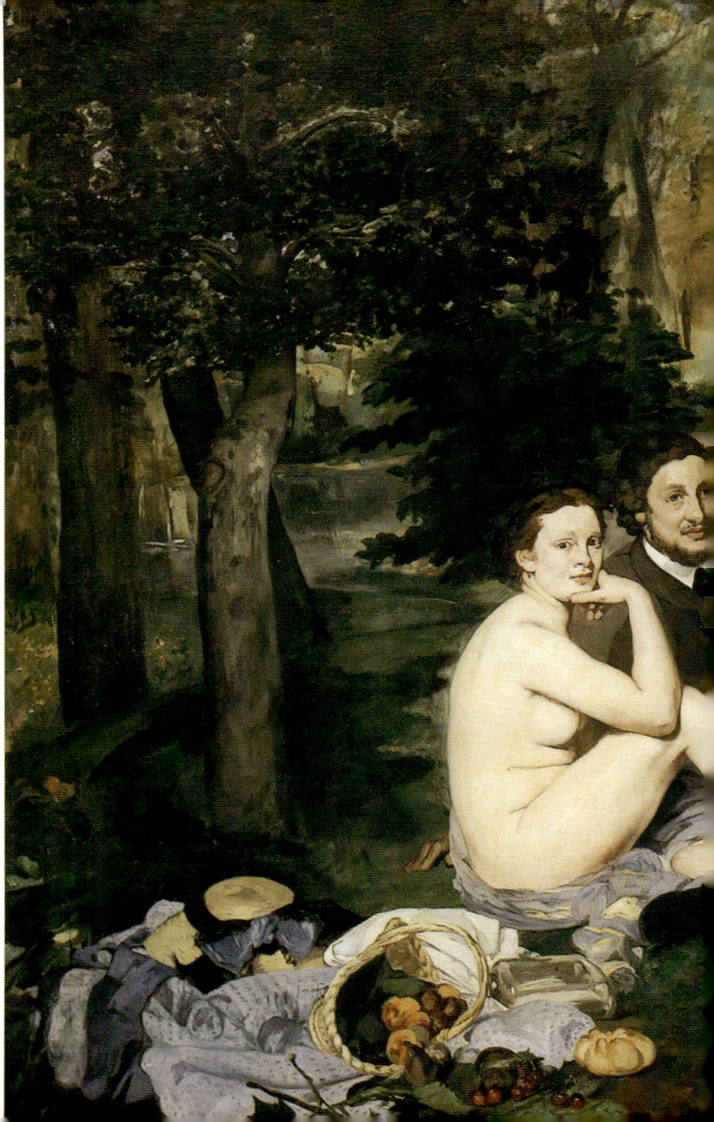

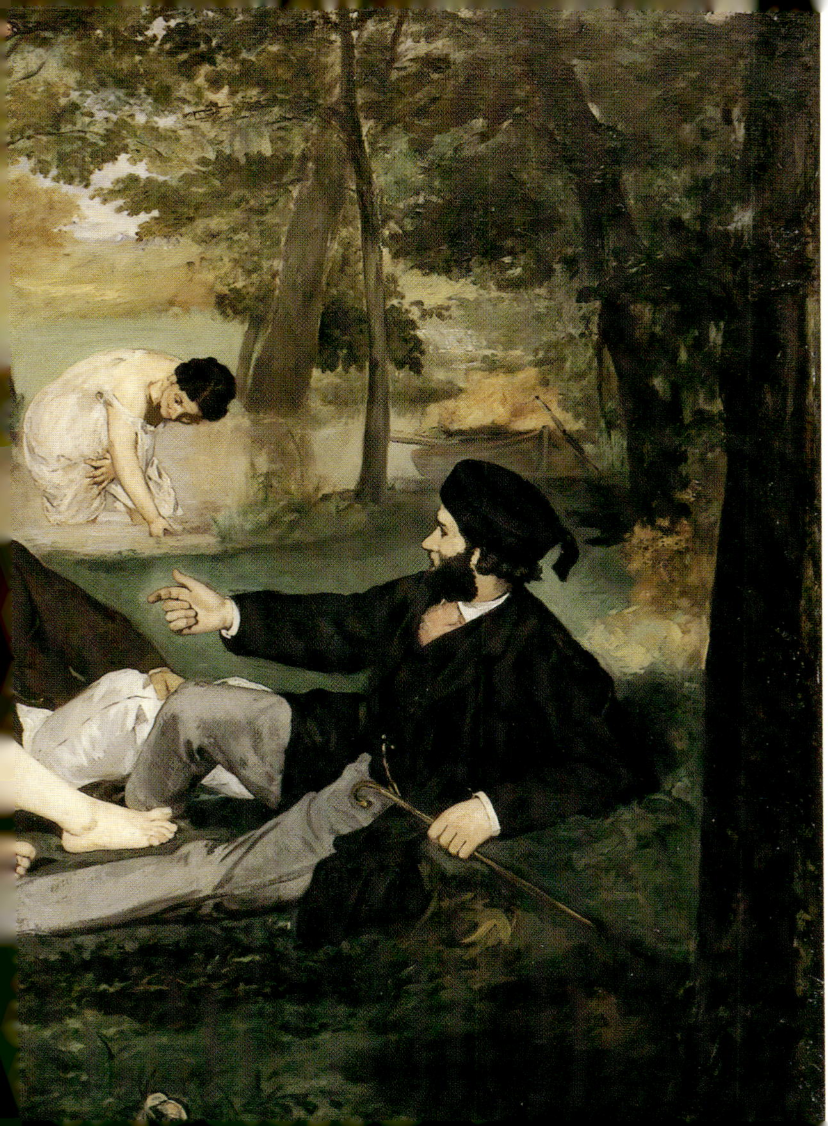

Edouard Manet

Paris, 1840- Giverny, 1926

Le Balcon

1868-1869

huile sur toile
170 x 124 cm
Musée d'Orsay
Paris

Edouard Manet

Paris, 1840- Giverny, 1926

Le Déjeuner sur l'herbe

1863

huile sur toile
208 x 264 cm
Musée d'Orsay
Paris

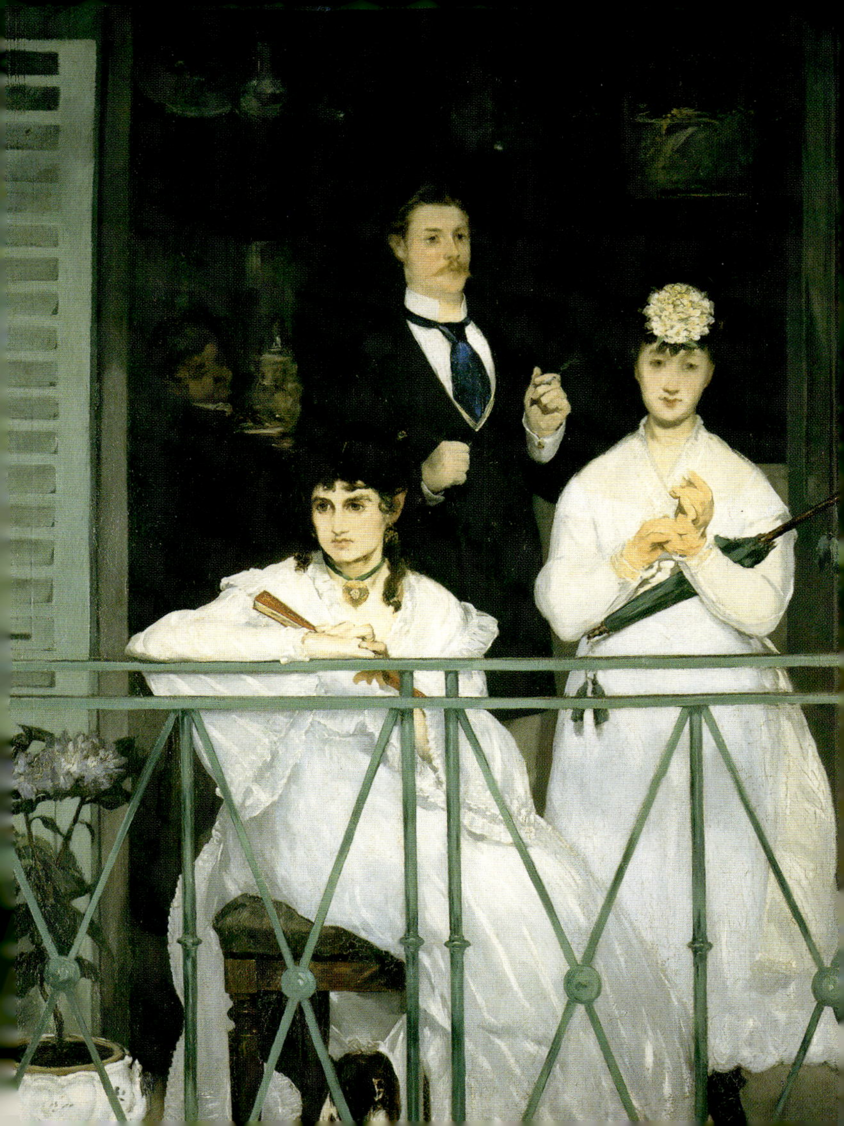

Edouard Manet

Paris, 1840- Giverny, 1926

834

Monet travaillant sur sa barque-atelier à Argenteuil

1874

huile sur toile
82,5 x 100,5 cm
Neue Pinakothek
Munich

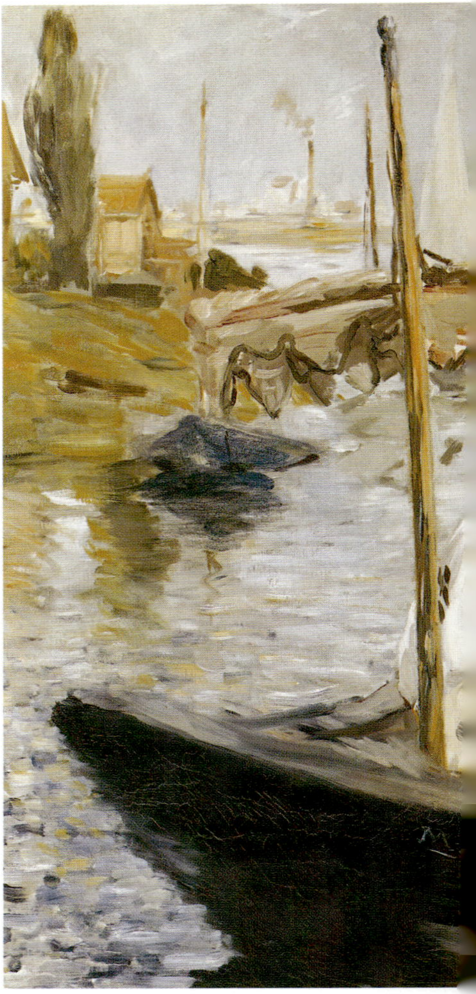

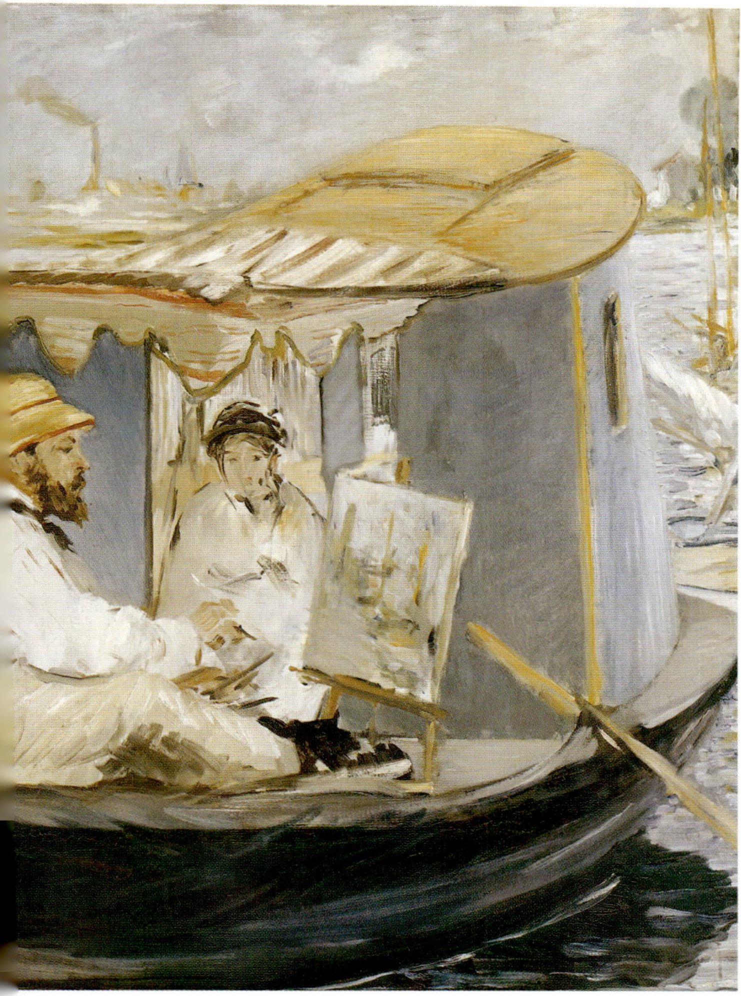

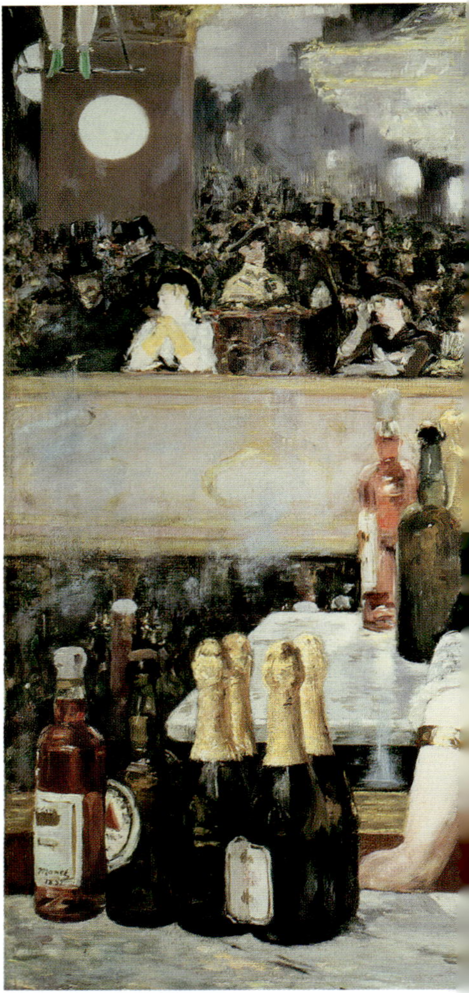

Edouard Manet
Paris, 1840- Giverny, 1926

Bar aux Folies-Bergère

1881-1882

huile sur toile
96 x 130 cm
Courtauld Institute Galleries
Londres

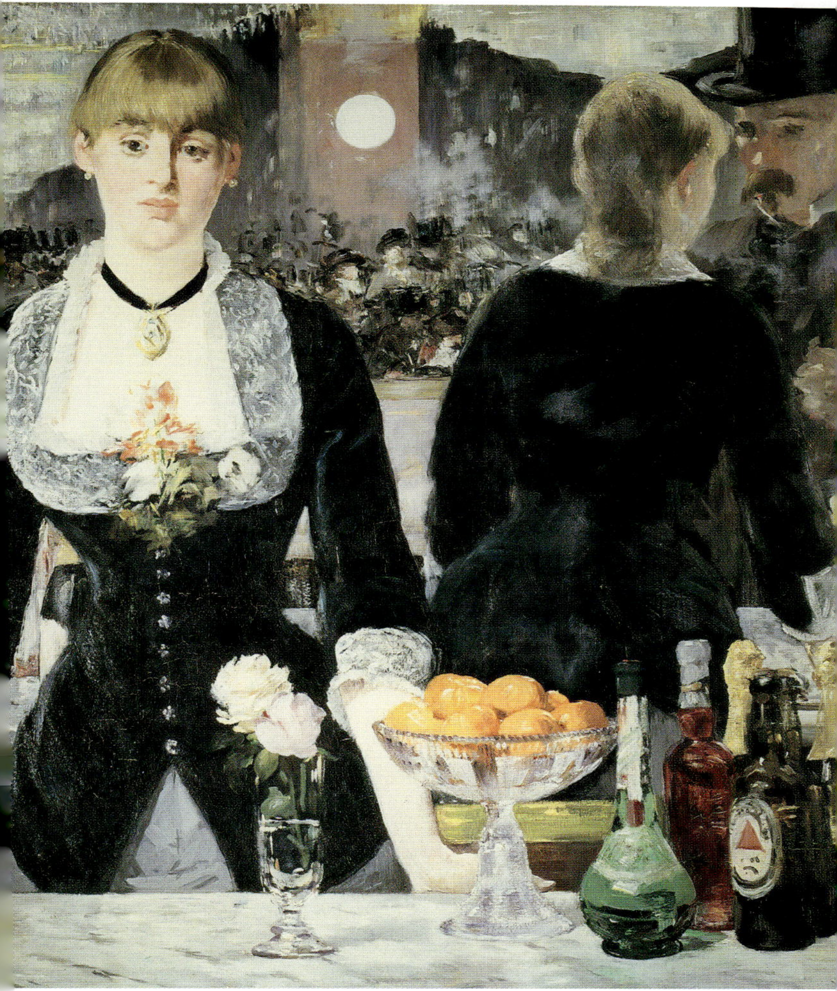

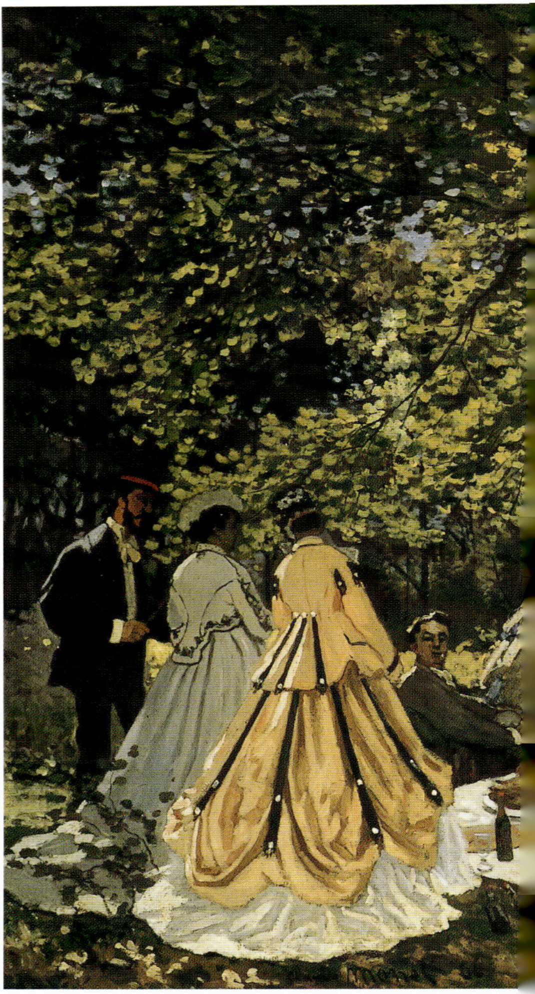

Claude Monet

Paris, 1840- Giverny, 1926

Le Déjeuner sur l'herbe

(étude)

1866

huile sur toile
130 x 181 cm
Musée Pouchkine
Moscou

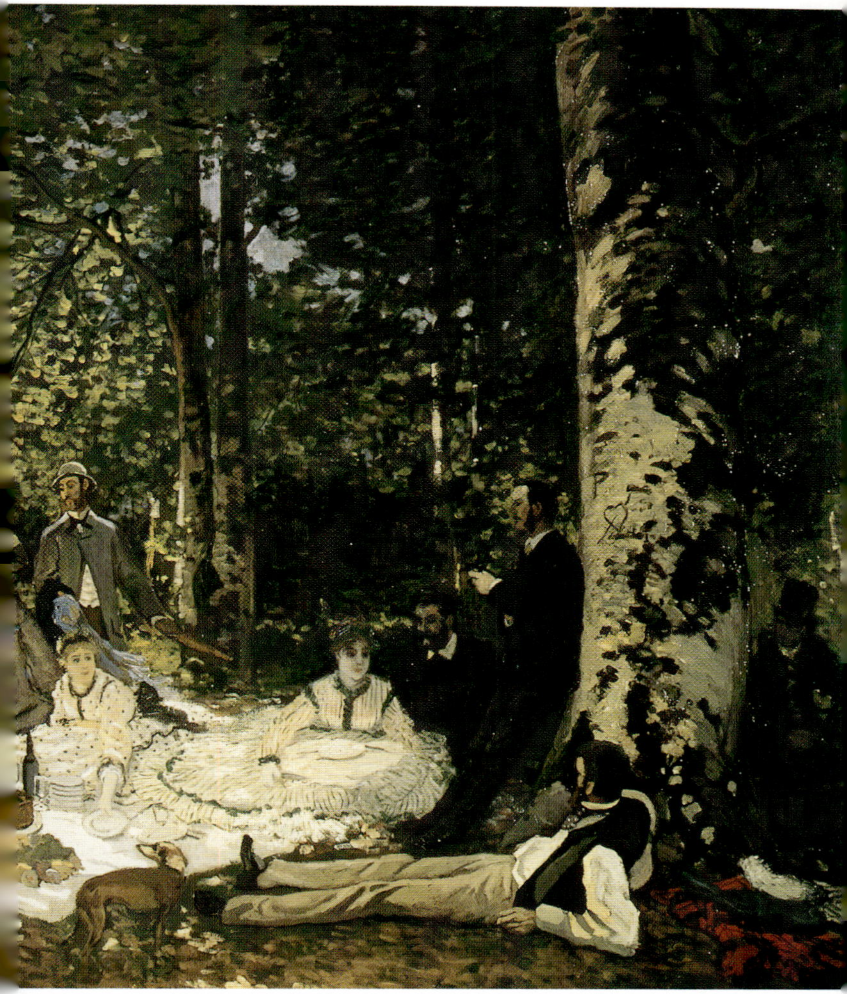

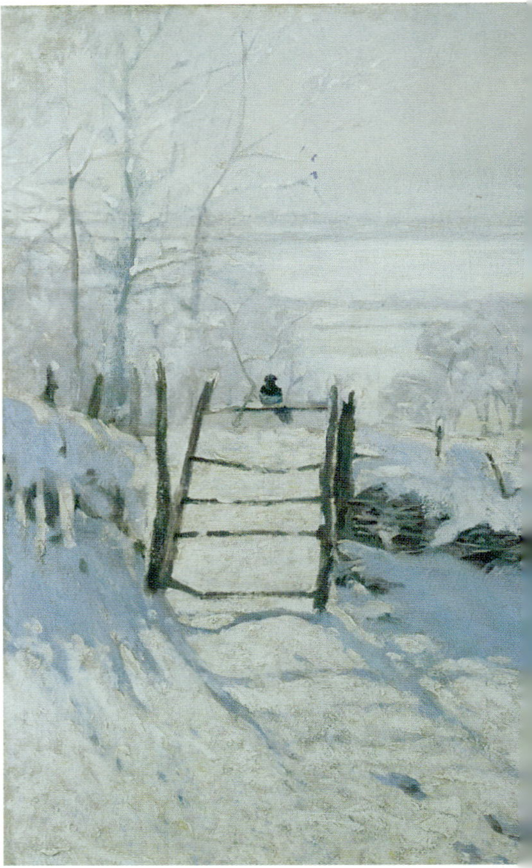

840

Claude Monet
Paris, 1840- Giverny, 1926

La Pie

1869

huile sur toile
89 x 130 cm
Musée d'Orsay
Paris

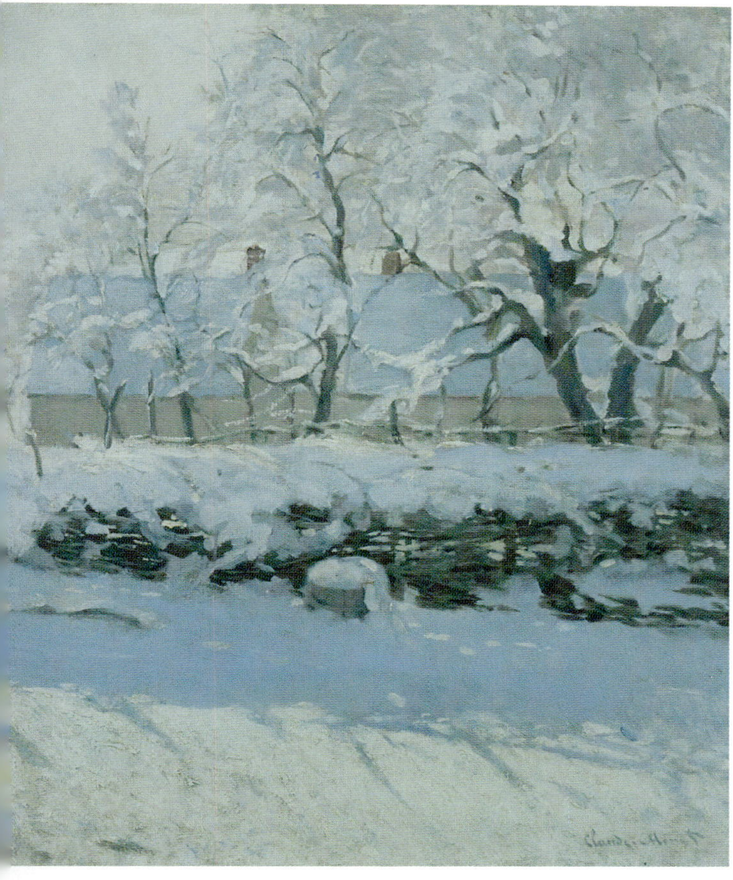

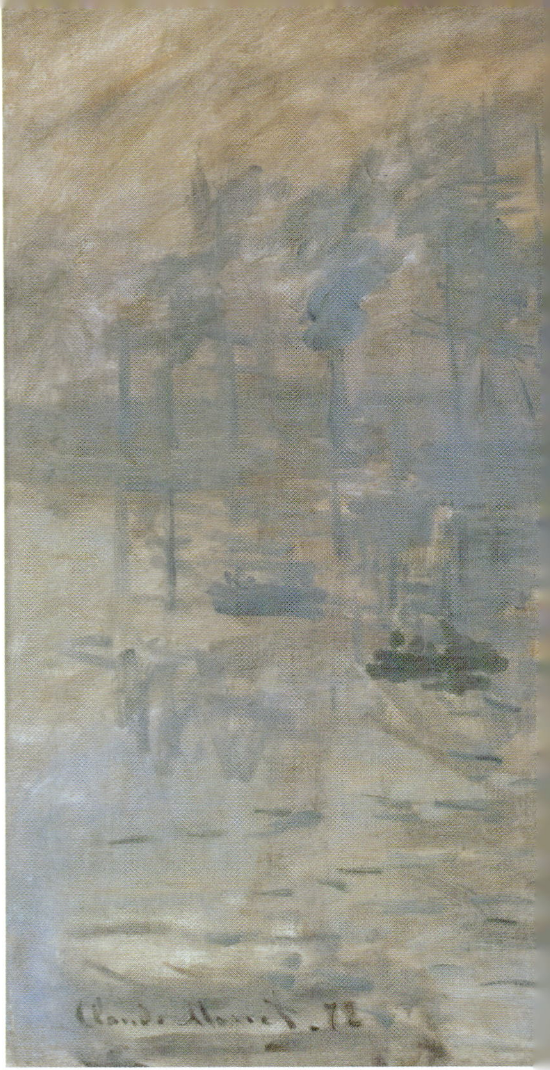

Claude Monet

Paris, 1840- Giverny, 1926

Impression, soleil levant

1872

huile sur toile
48 x 63 cm
Musée Marmottan
Paris

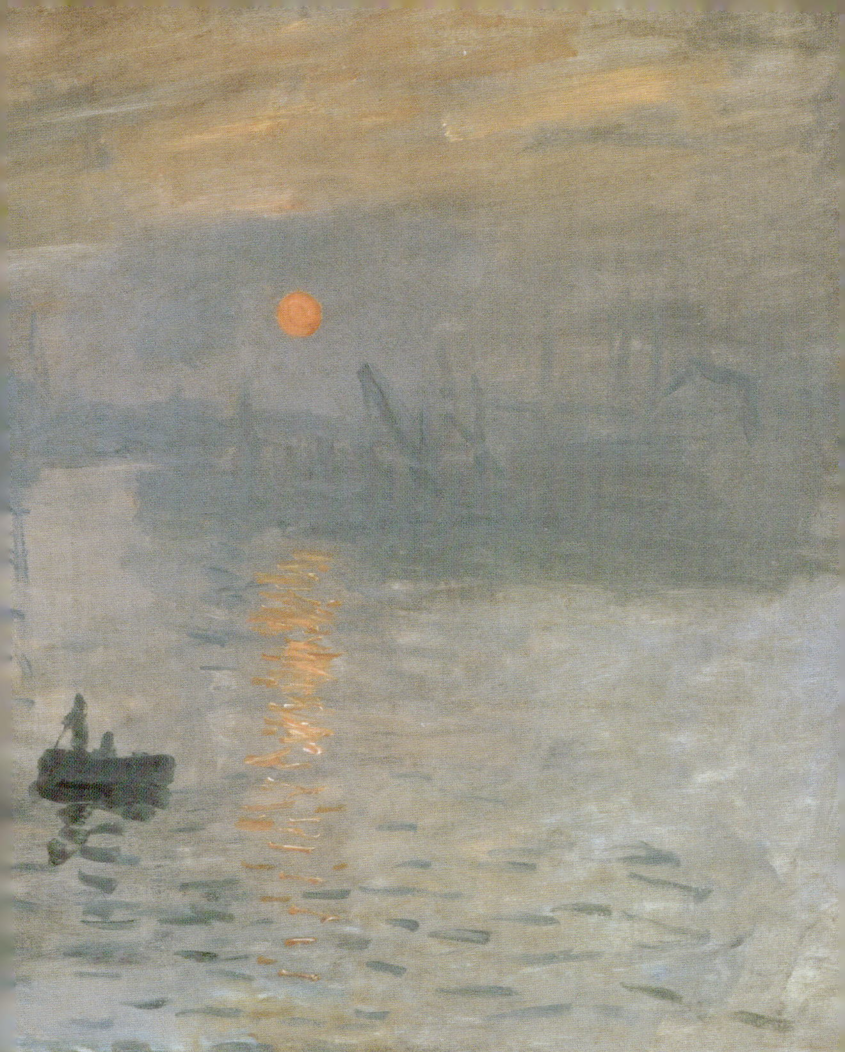

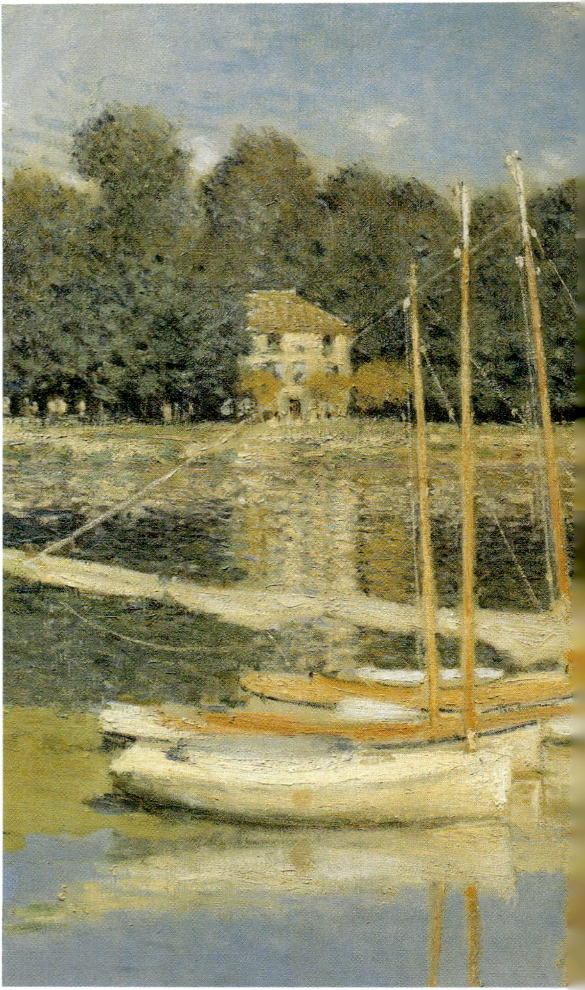

Claude Monet

Paris, 1840-
Giverny, 1926

844

Le pont d'Argenteuil

1874

huile sur toile
60,5 x 80 cm
Musée d'Orsay
Paris

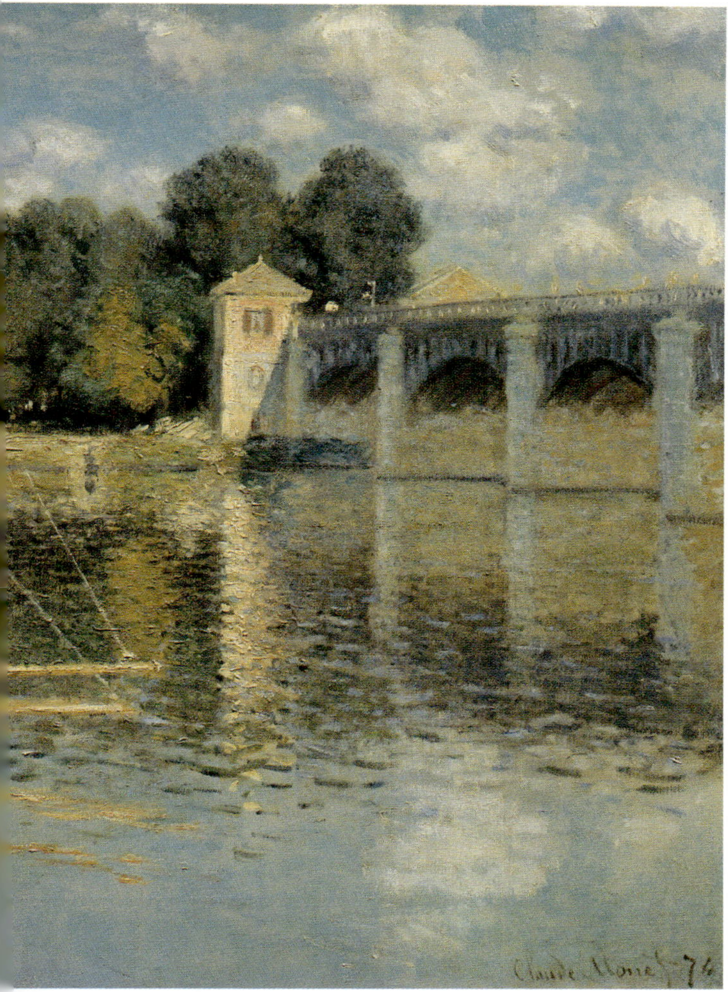
Claude Monet 74

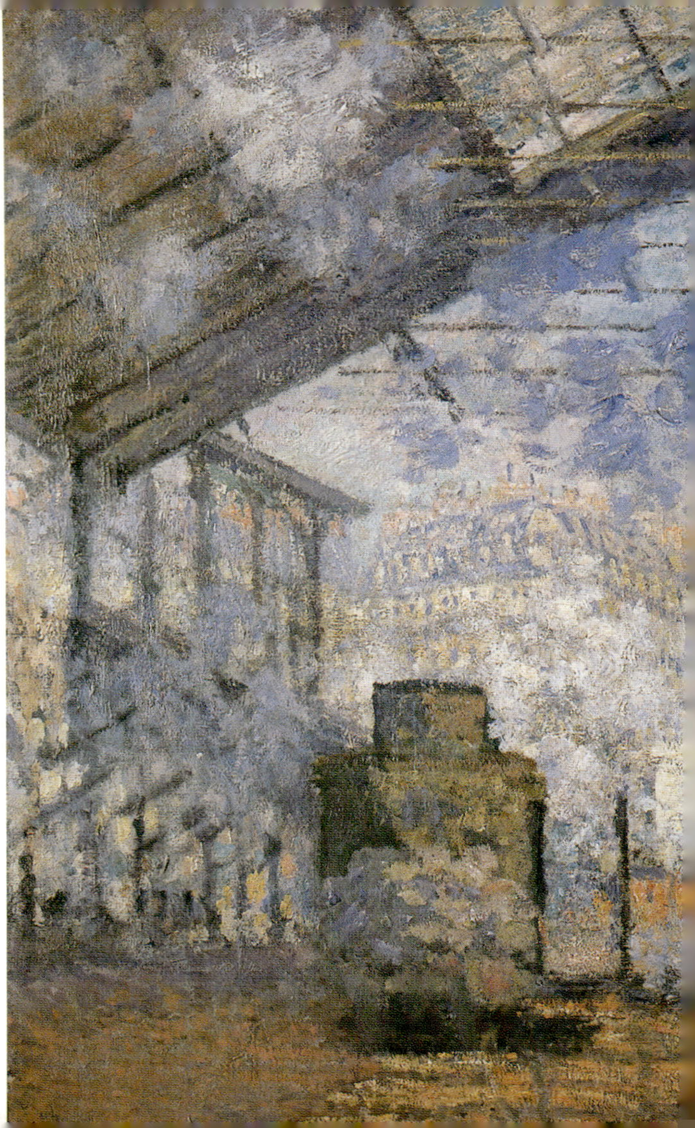

Claude Monet
Paris, 1840- Giverny, 1926

La Cathédrale de Rouen, le portail et la tour d'Albane, plein soleil

1894

huile sur toile
107 x 73 cm
Musée d'Orsay
Paris

pp. 846-847

Claude Monet
Paris, 1840- Giverny, 1926

La Gare Saint-Lazare

1877

huile sur toile
15,5 x 104 cm
Musée d'Orsay
Paris

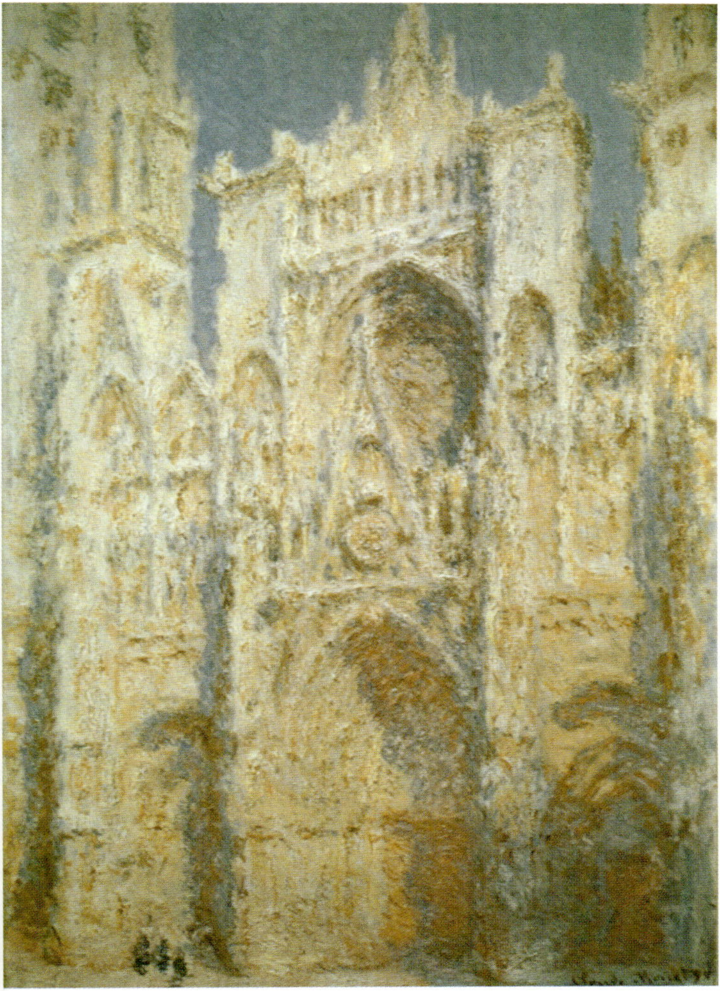

850

Claude Monet

Paris, 1840- Giverny, 1926

Les Nymphéas

1899

huile sur toile
89 x 93 cm
Musée Pouchkine
Moscou

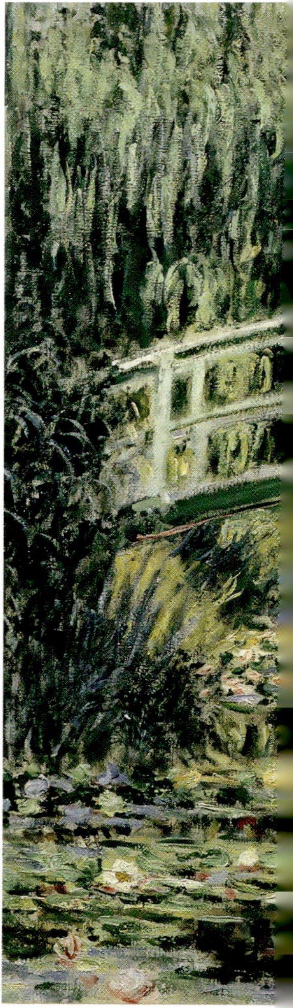

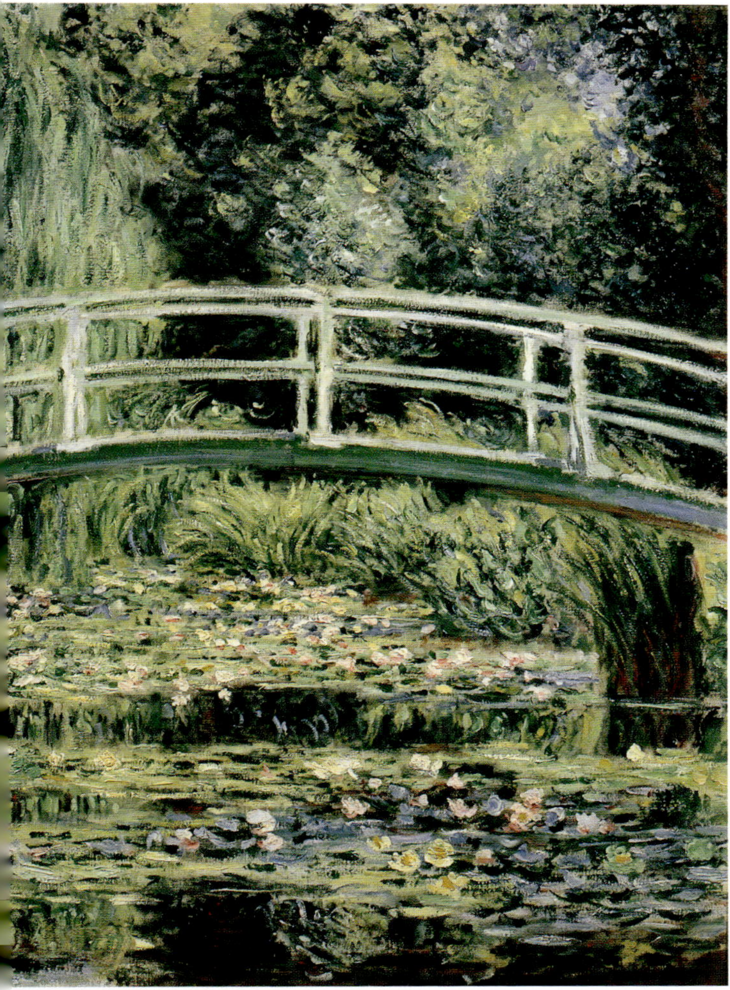

Claude Monet

Paris, 1840 – Giverny, 1926

Londres, le Parlement, trouée de soleil dans le brouillard

1904

huile sur toile
81 x 92 cm
Musée d'Orsay
Paris

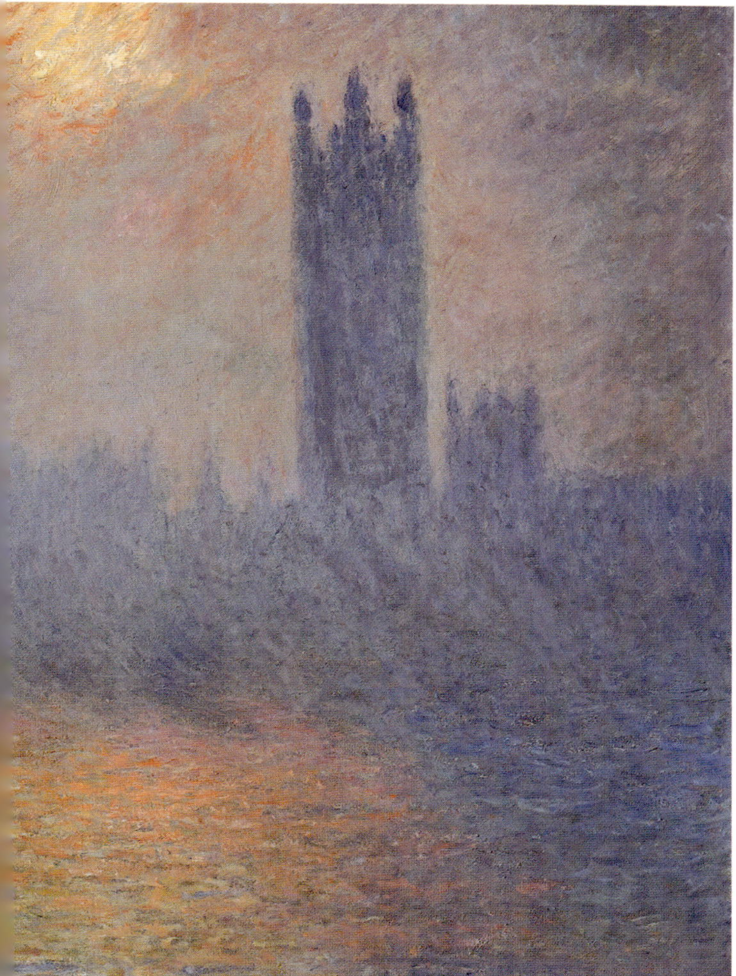

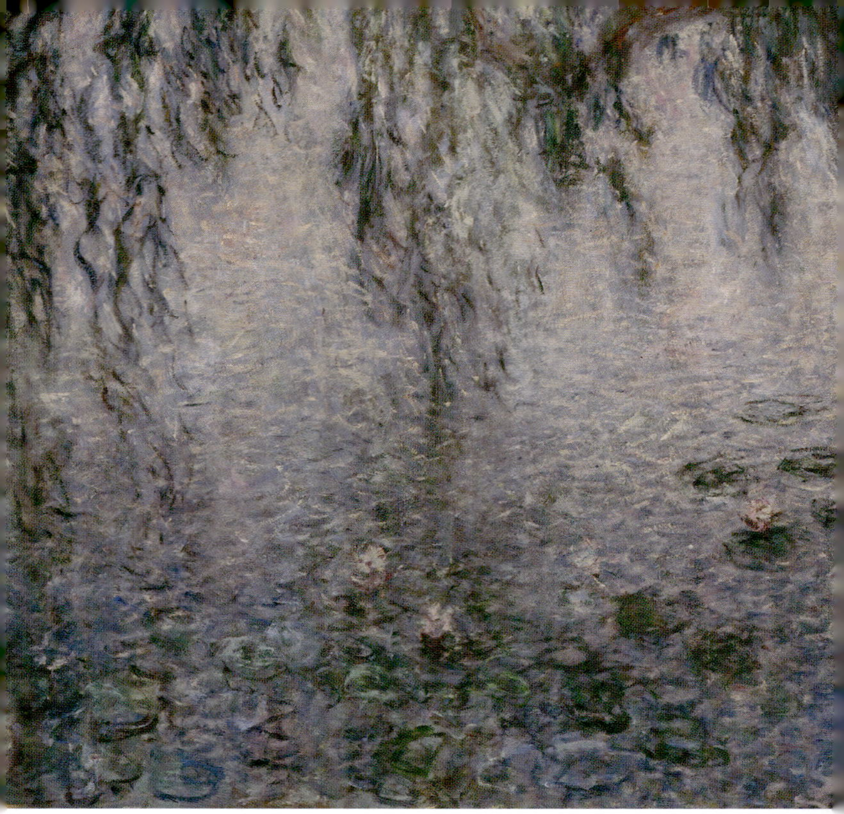

Claude Monet

854 Paris, 1840 – Giverny,1926

Les Nymphéas : le saule
(panneau central)

1920

huile sur toile
Musée de l'Orangerie
Paris

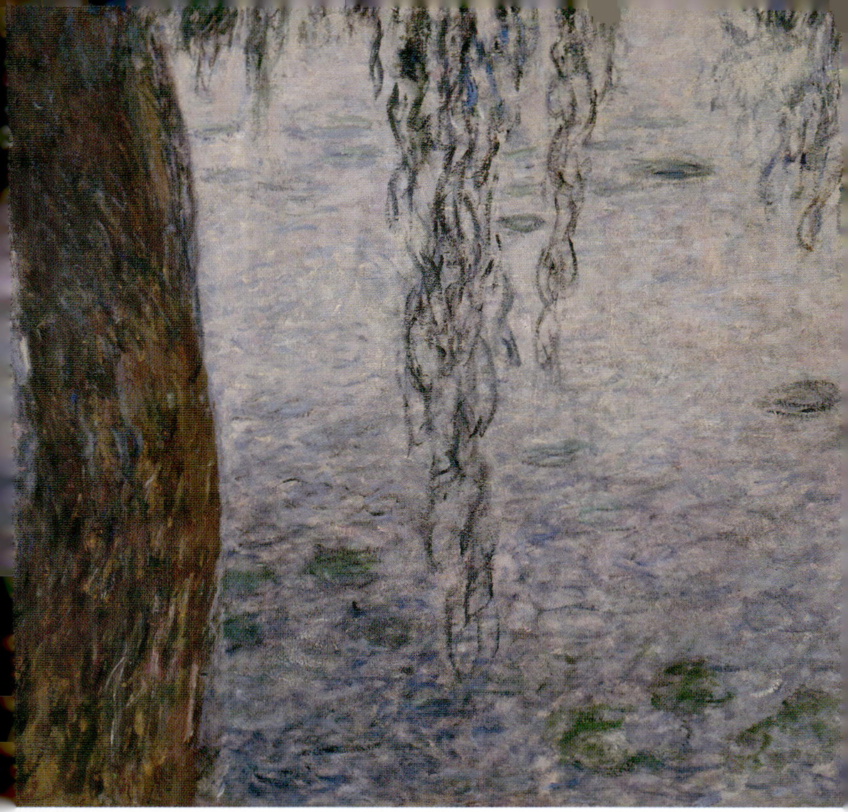

Pierre-Auguste Renoir
Limoges, 1841 – Cagnes, 1919

La Grenouillère

1869

huile sur toile
59 x 80 cm
Musée Pouchkine
Moscou

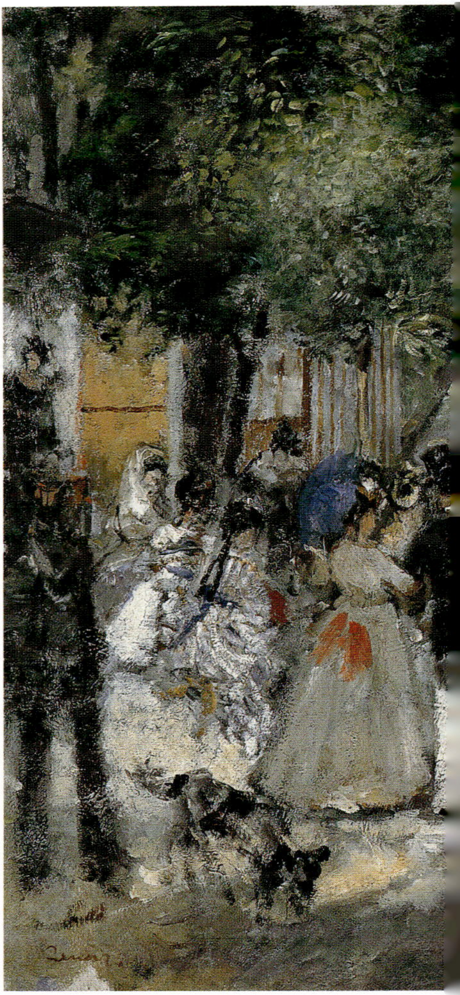

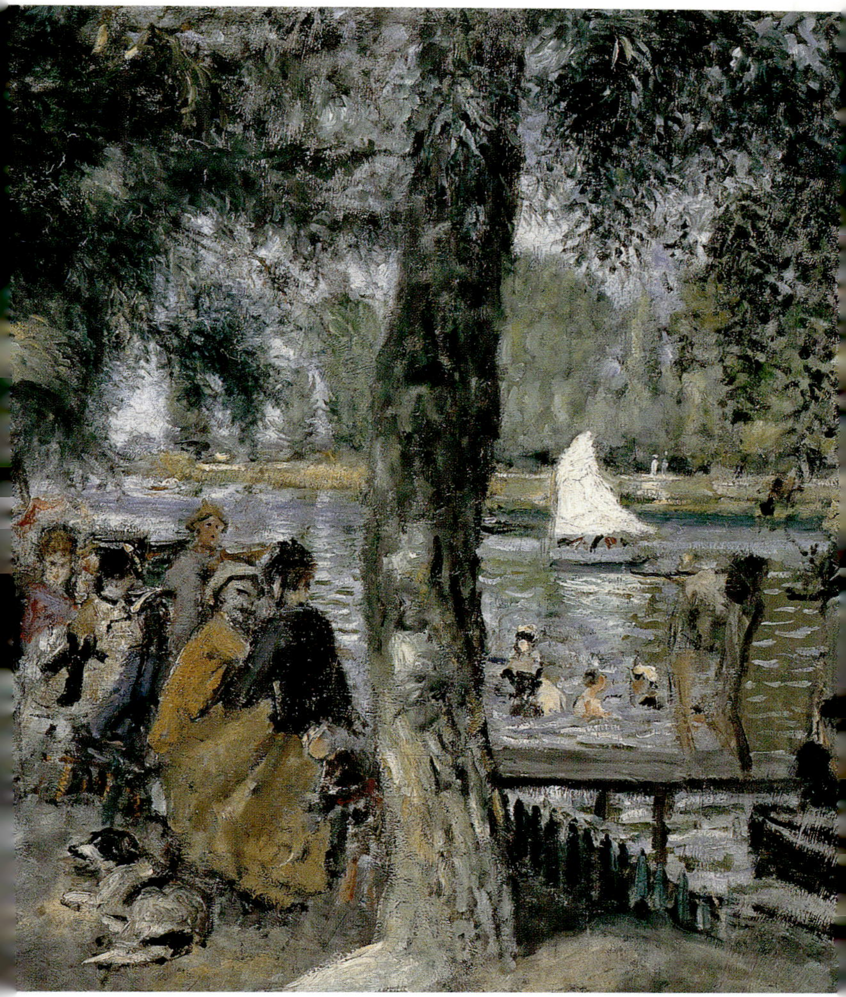

Pierre-Auguste Renoir
Limoges, 1841 – Cagnes, 1919

La Loge

1874

huile sur toile
80 x 63 cm
Courtauld Institute Galleries
Londres

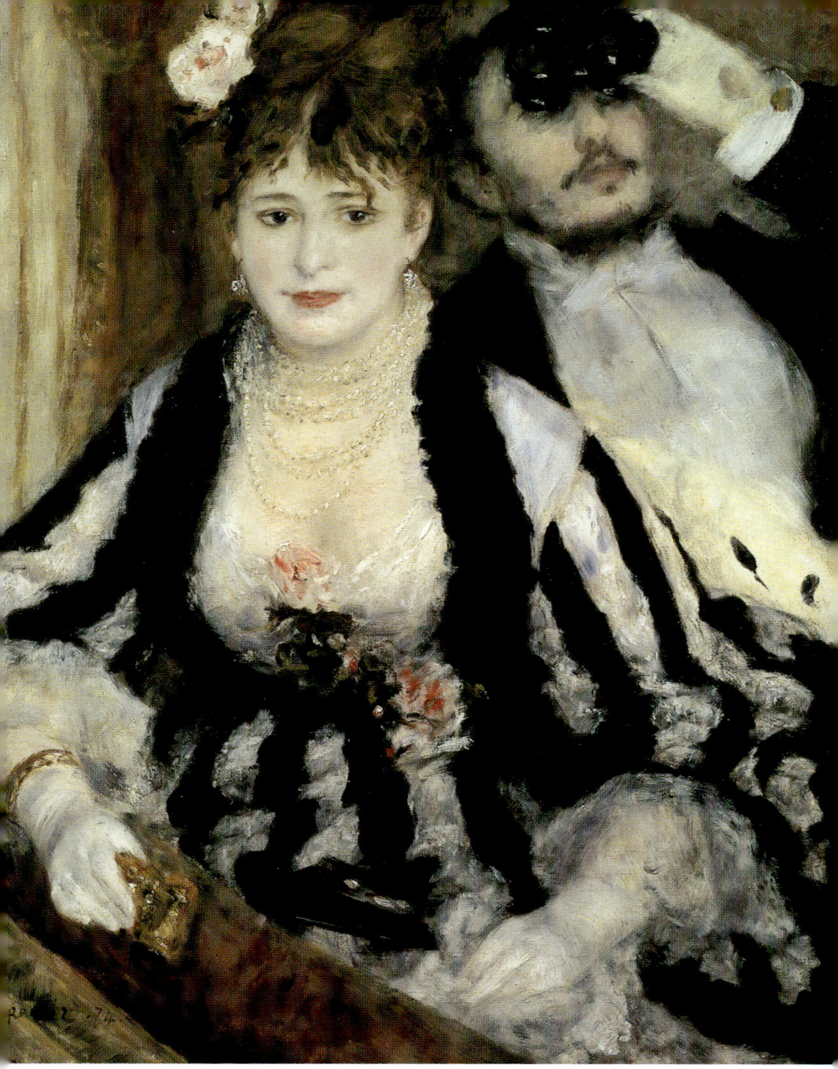

860

Pierre-Auguste Renoir
Limoges, 1841 – Cagnes, 1919

La Balançoire

1876

huile sur toile
92 x 73 cm
Musée d'Orsay
Paris

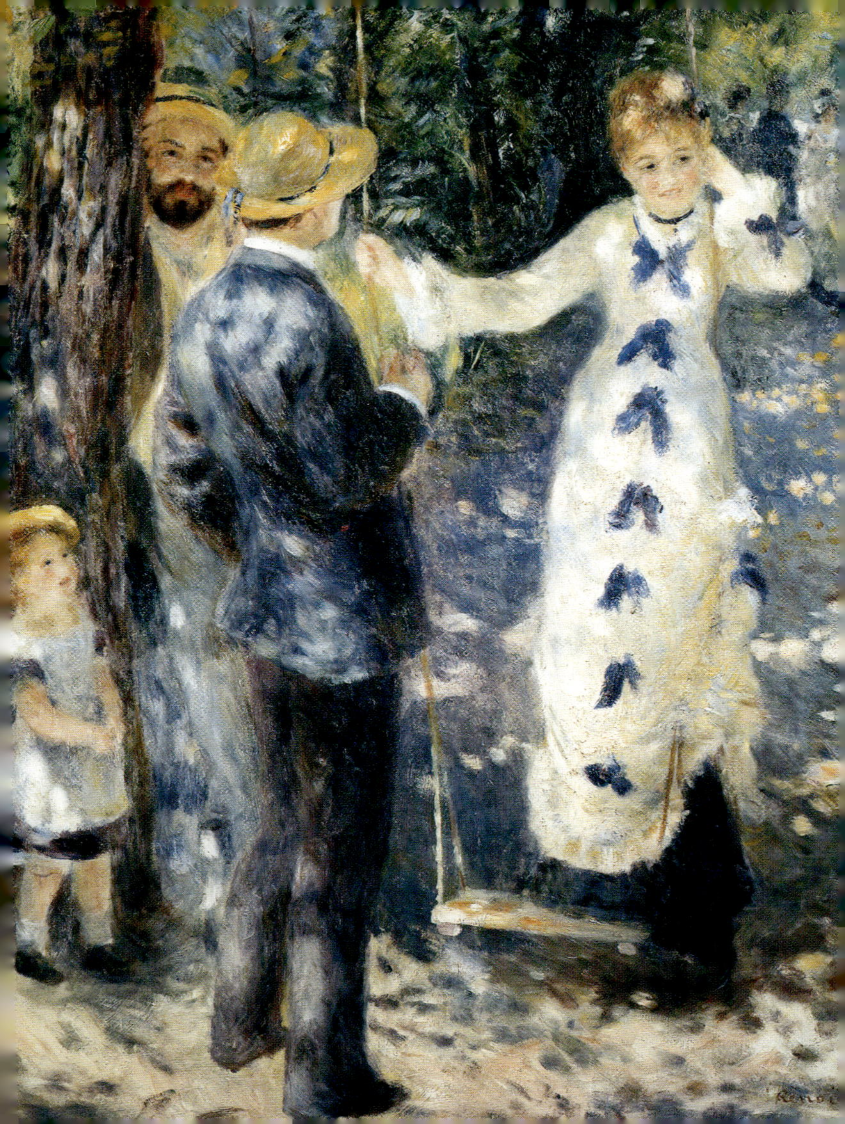

Pierre-Auguste Renoir

Limoges, 1841 – Cagnes, 1919

Mademoiselle Samary

1877

huile sur toile
56 x 47 cm
Musée Pouchkine
Moscou

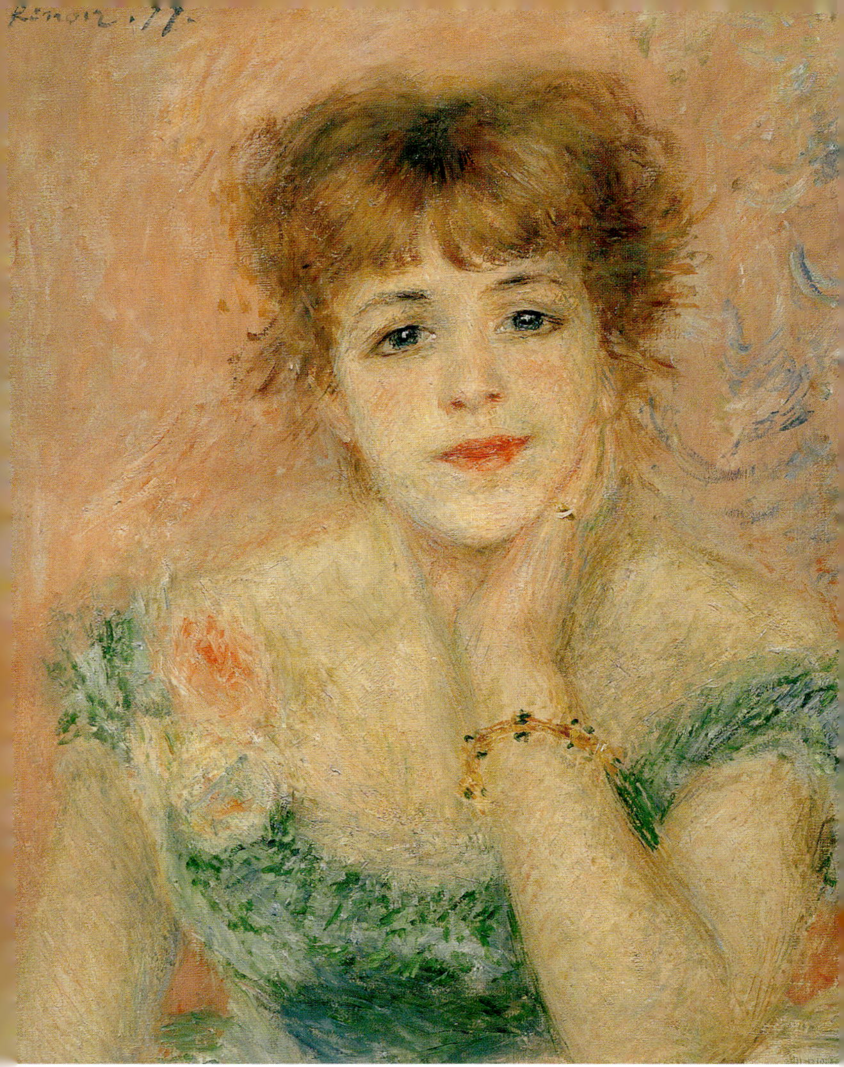
Renoir. 77.

864

Camille Pissarro

Saint-Thomas, Antilles danoises, 1830 – Paris, 1903

Les Toits rouges

1877

huile sur toile
554,5 x 65,5 cm
Musée d'Orsay
Paris

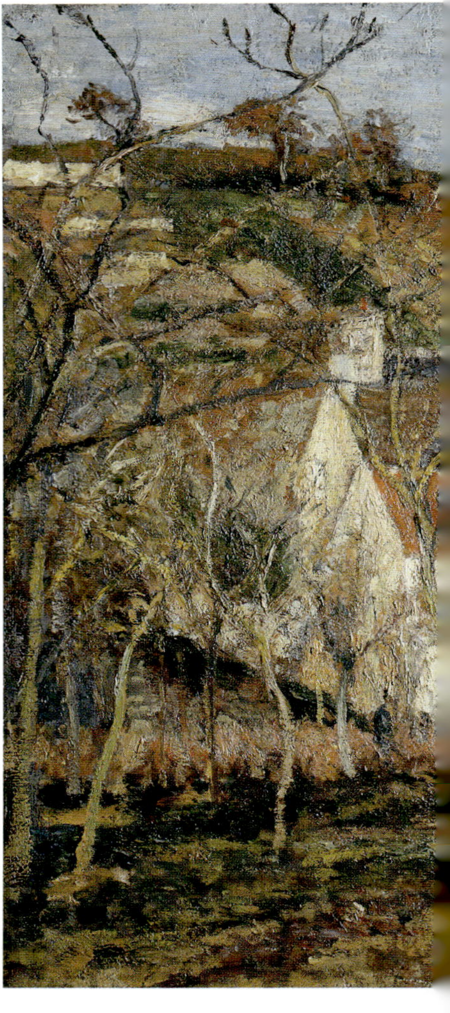

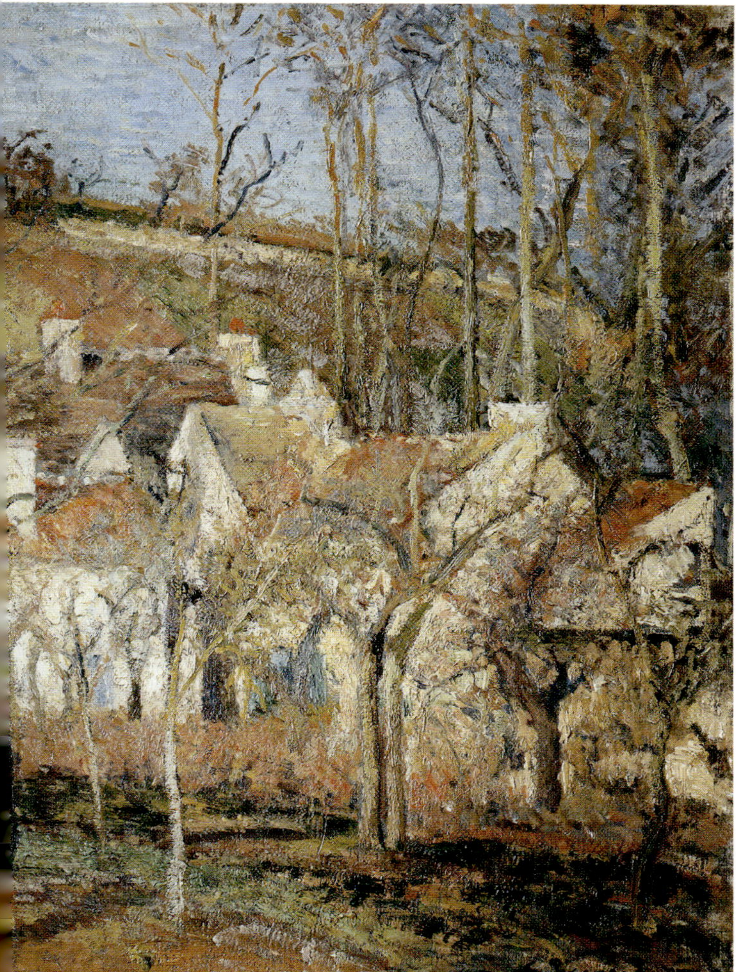

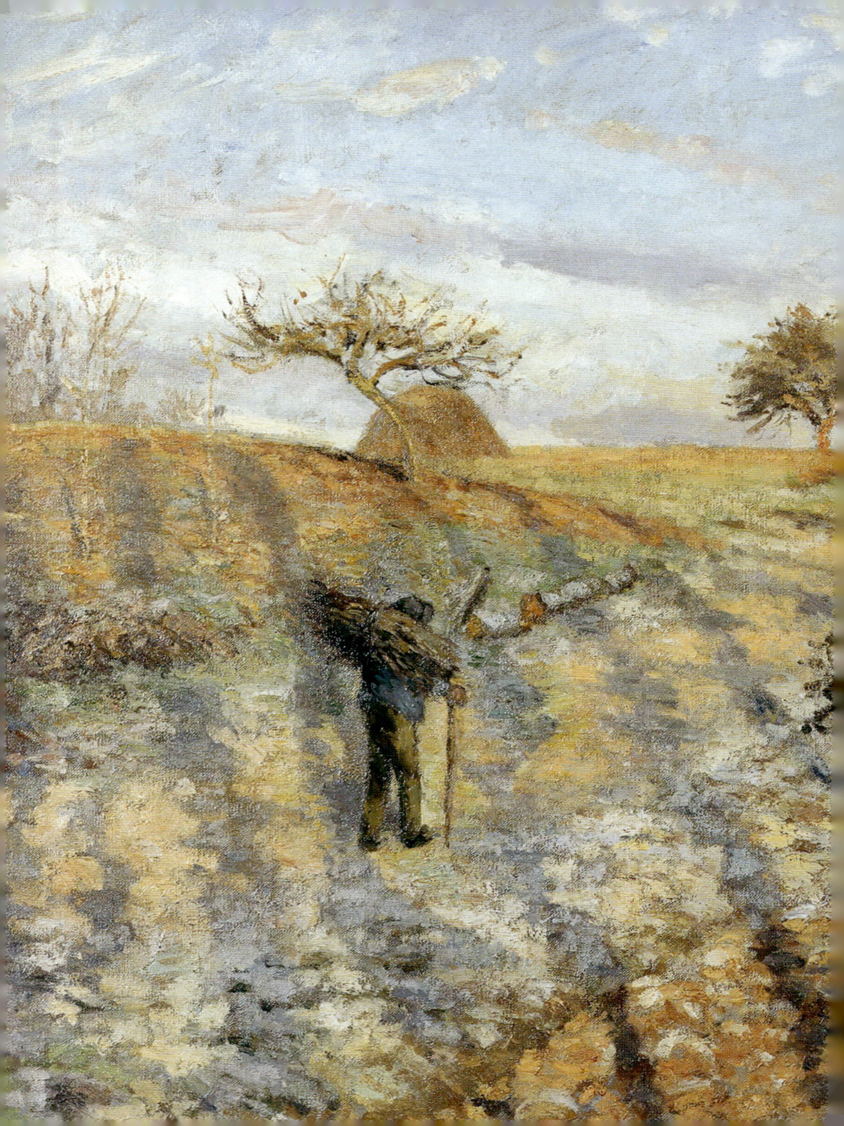

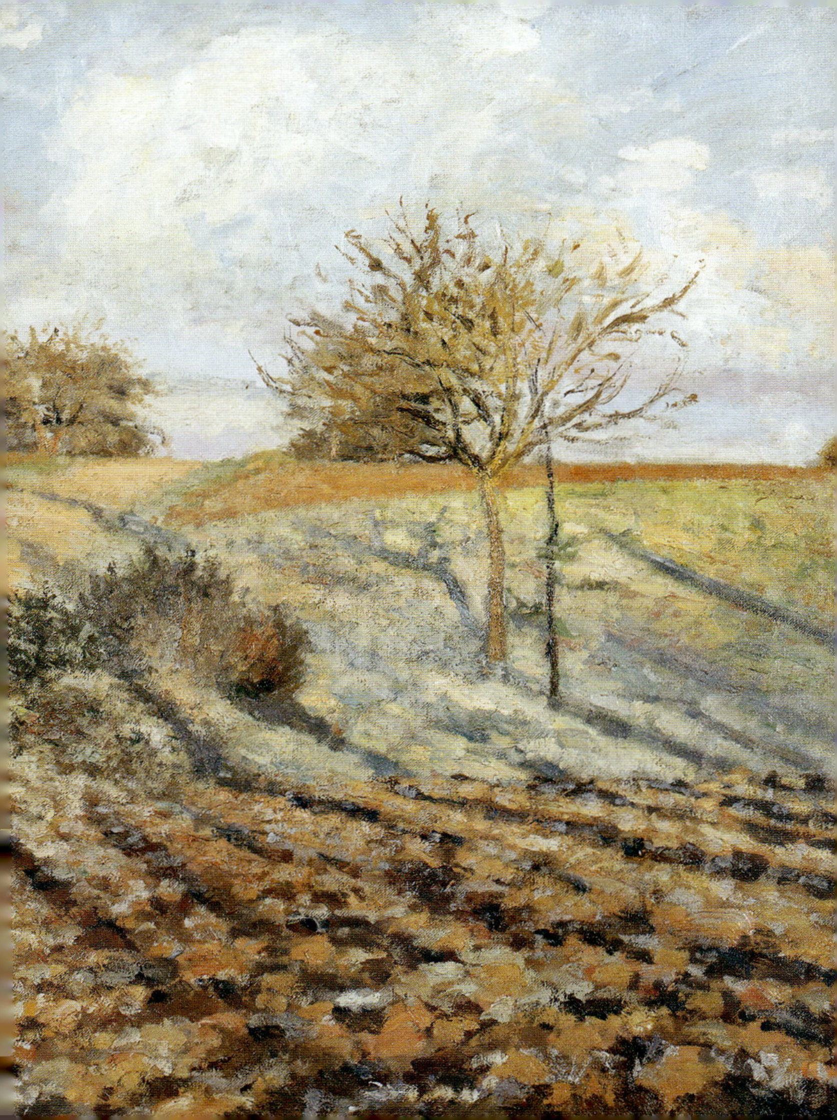

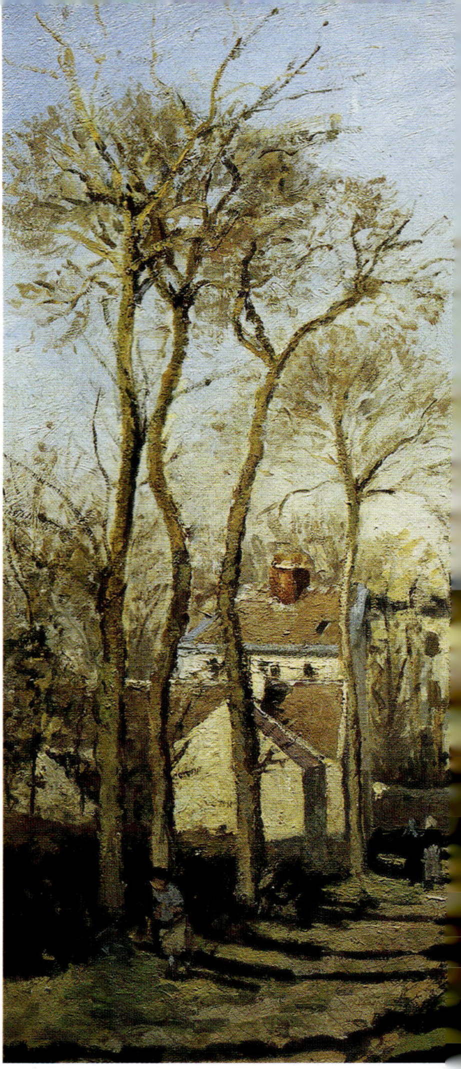

Camille Pissarro

Saint-Thomas, Antilles danoises, 1830 – Paris, 1903

Entrée d'un village

1872

huile sur toile
46 x 55,5 cm
Musée d'Orsay

Camille Pissarro

Saint-Thomas, Antilles danoises, 1830 – Paris, 1903

Gelée blanche

1873

huile sur toile
65 x 93 cm
Musée d'Orsay
Paris

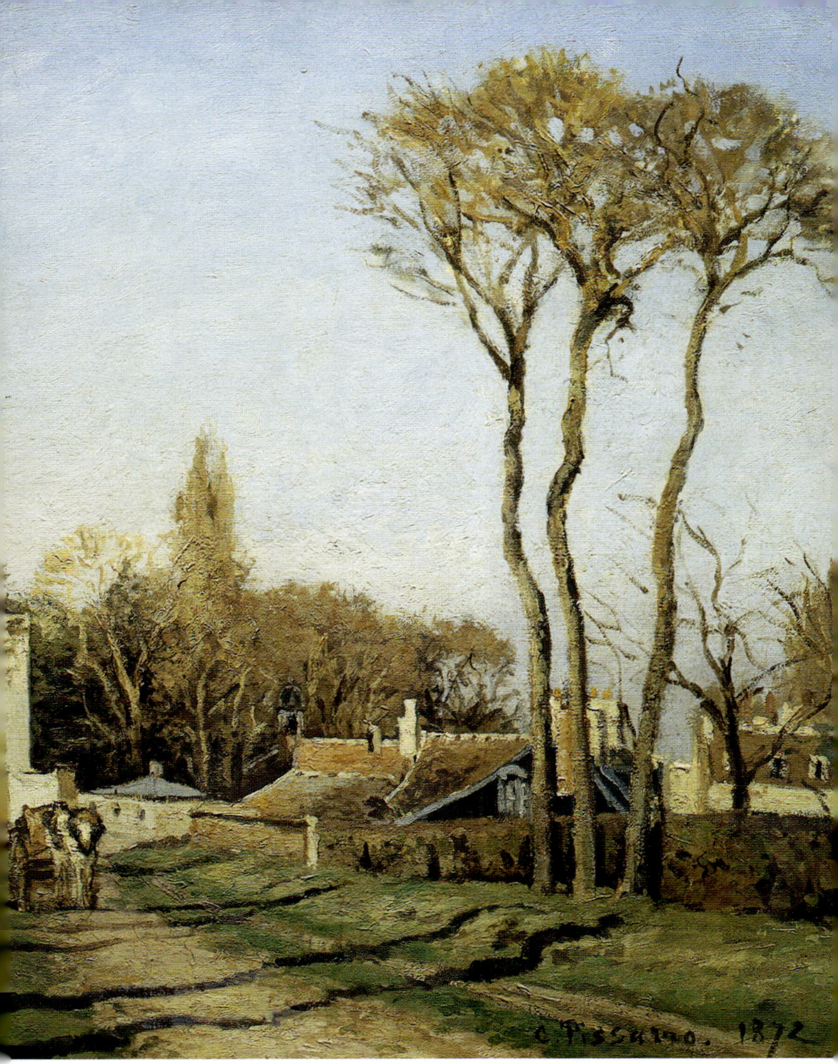
C. Pissarro. 1872

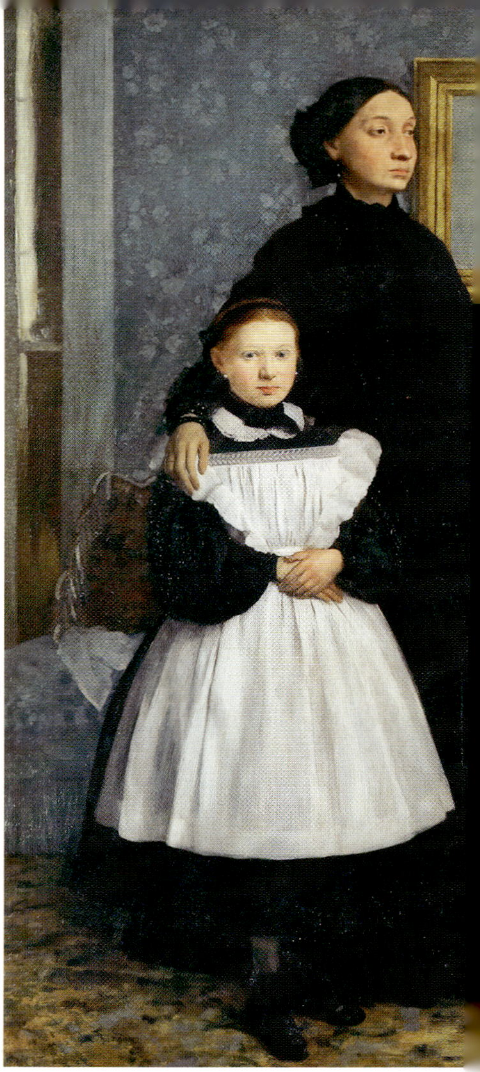

870

Edgar Degas
Paris, 1834-1917

La famille Bellelli

1858-1867

huile sur toile
200 x 250 cm
Musée d'Orsay
Paris

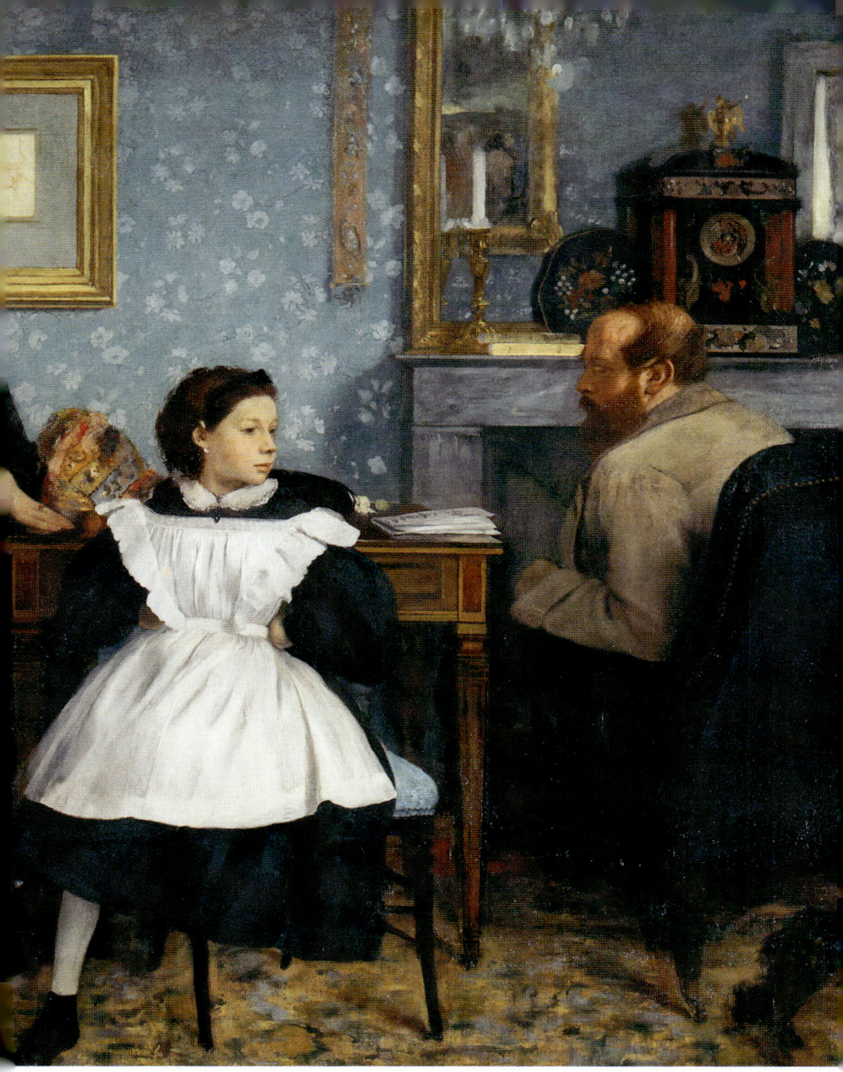

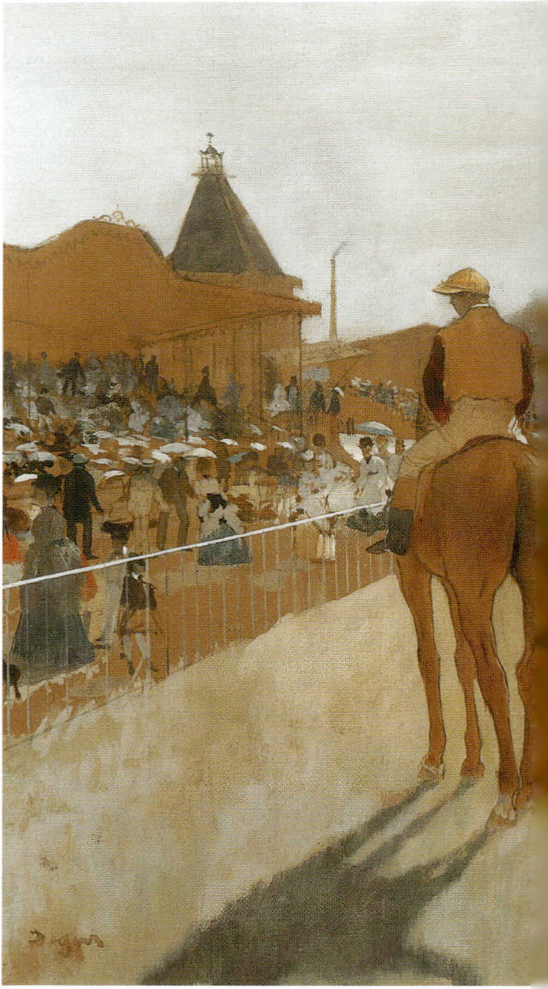

Edgar Degas

Paris, 1834-1917

Jockeys avant la course

1866-1868

huile sur carton sur toile
46 x 61 cm
Musée d'Orsay
Paris

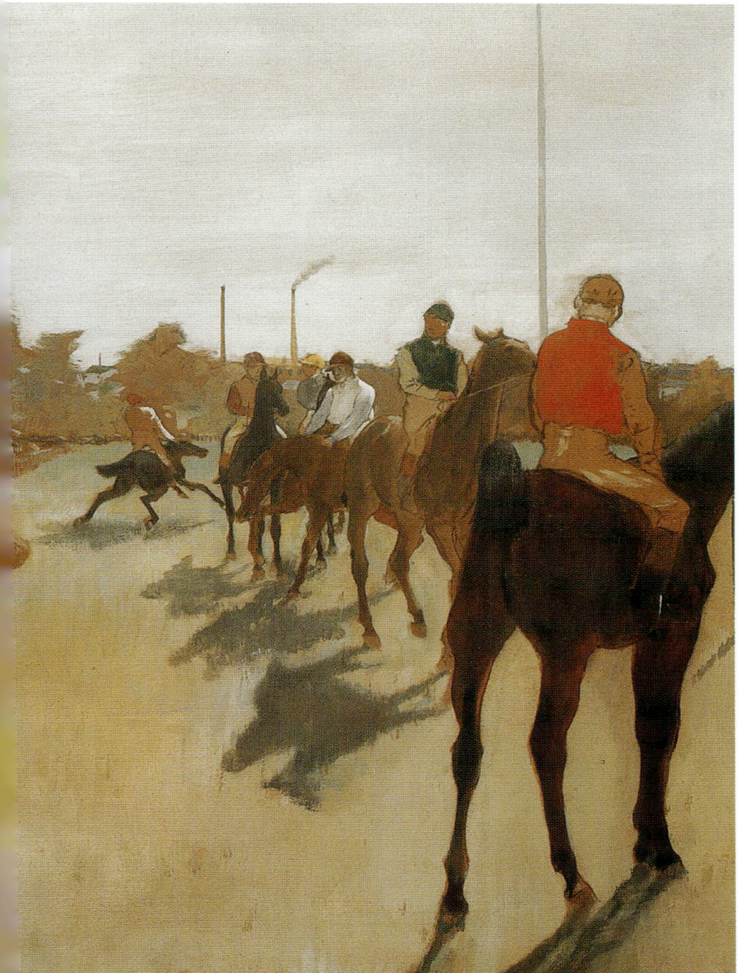

Edgard Degas
Paris, 1834-1917

L'Absinthe

1875-1876

huile sur toile
92 x 68 cm
Musée d'Orsay
Paris

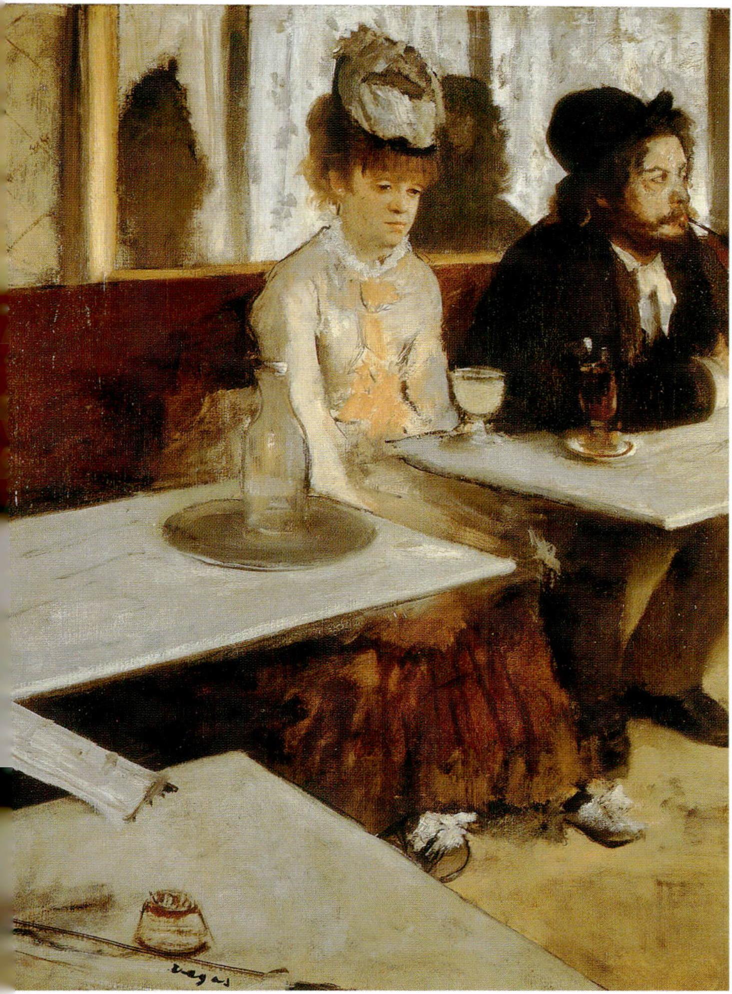

Edgar Degas
Paris, 1834-1917

Le tub

1886

pastel sur carton
60 x 83 cm
Musée d'Orsay
Paris

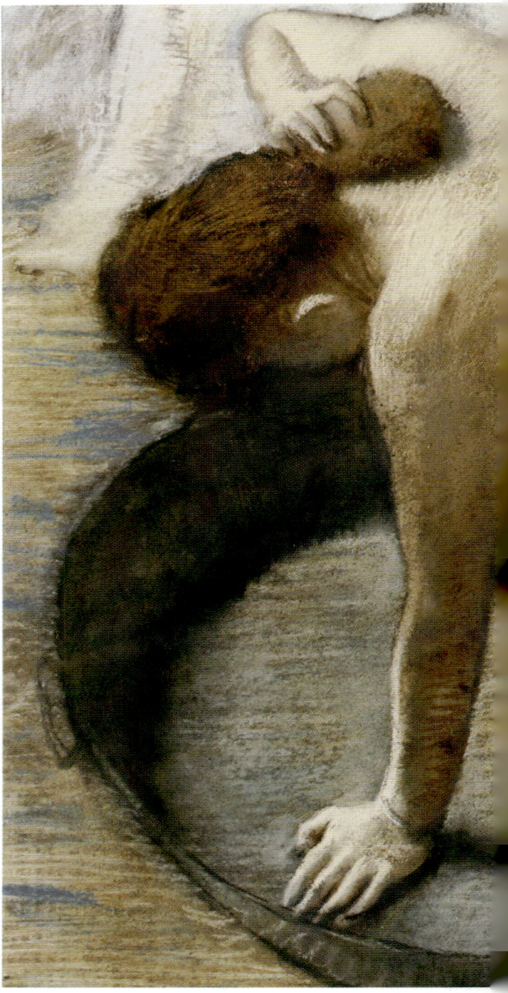

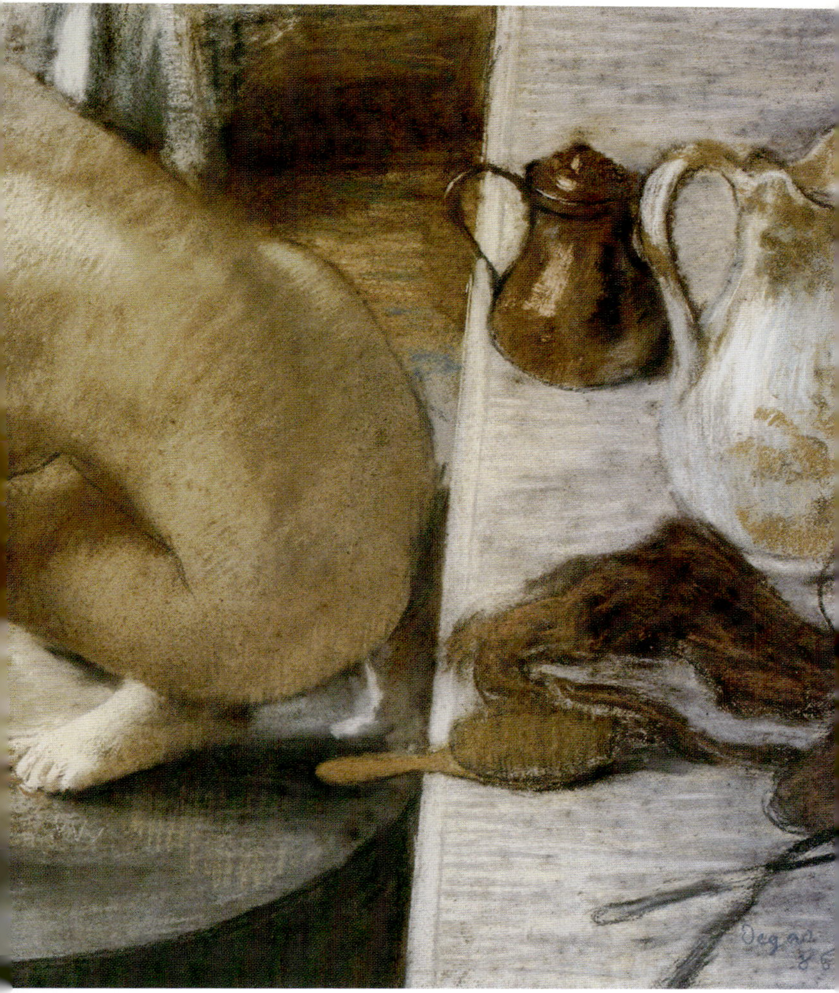
Degas
86

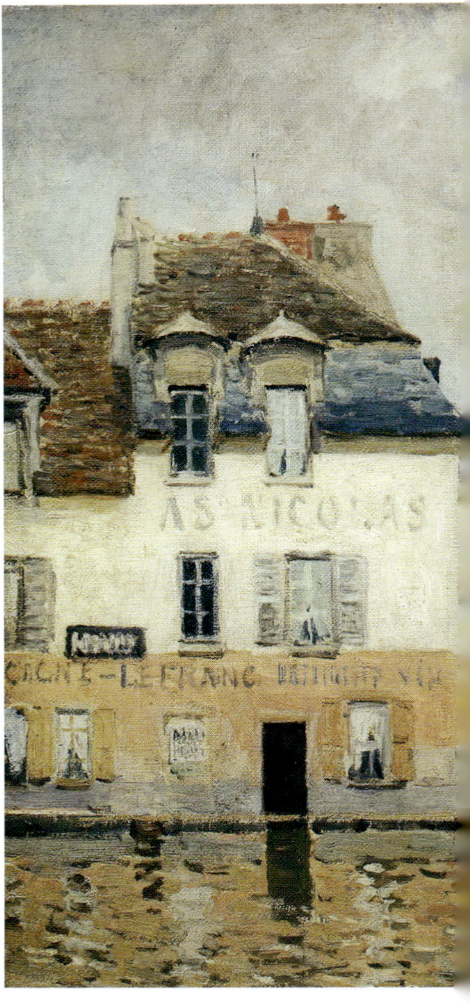

878

Alfred Sisley

Paris, 1839 – Moret-sur-Loing, 1899

L'Inondation à Port-Marly

1876

huile sur toile
60 x 81 cm
Musée d'Orsay
Paris

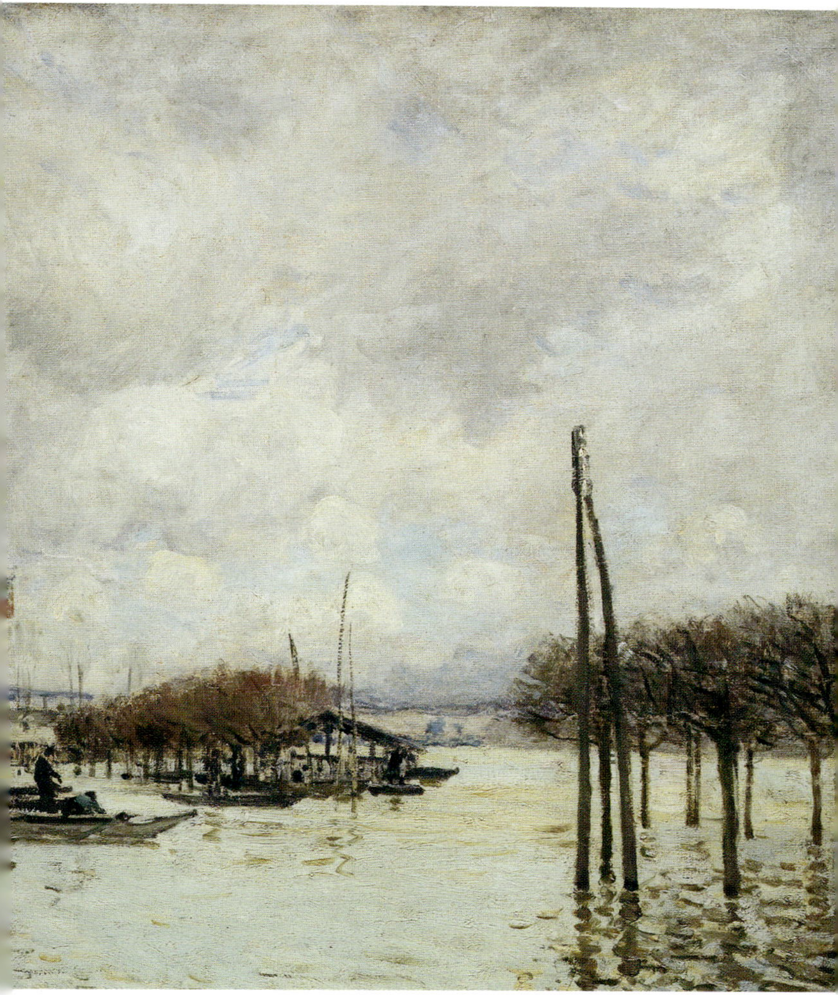

Alfred Sisley

Paris, 1839 – Moret-sur-Loing, 1899

La Neige à Louveciennes

1878

huile sur toile
61 x 50,5 cm
Musée d'Orsay
Paris

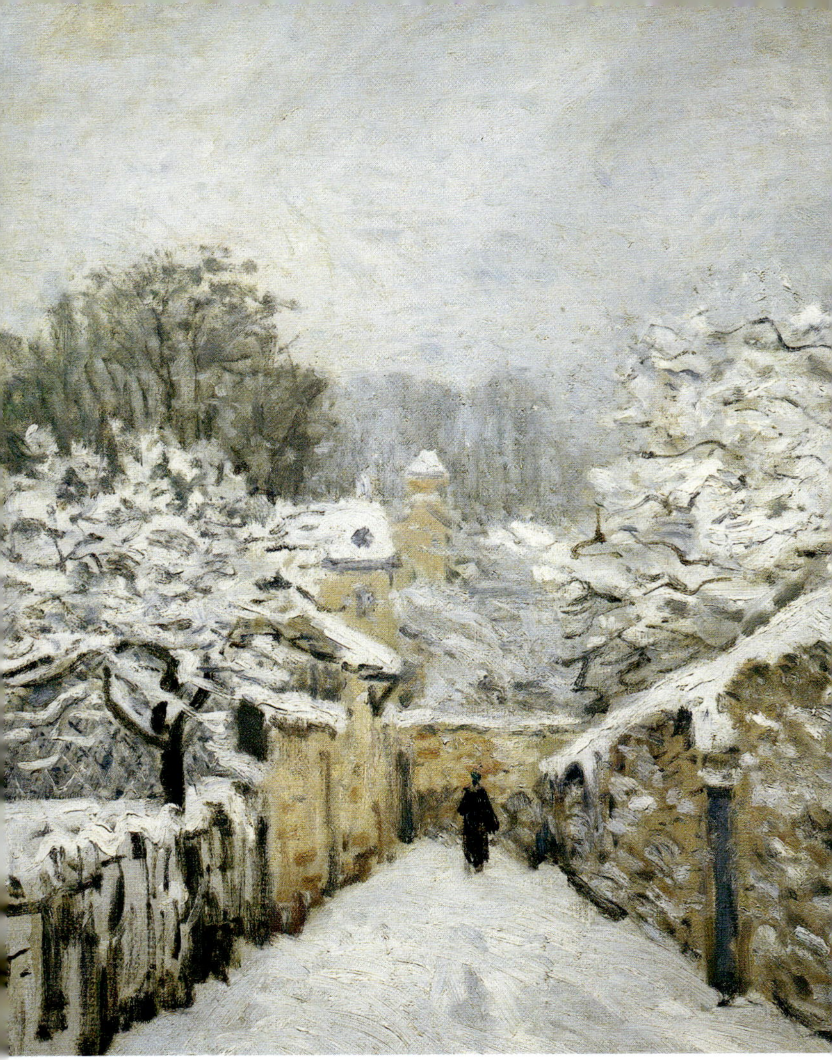

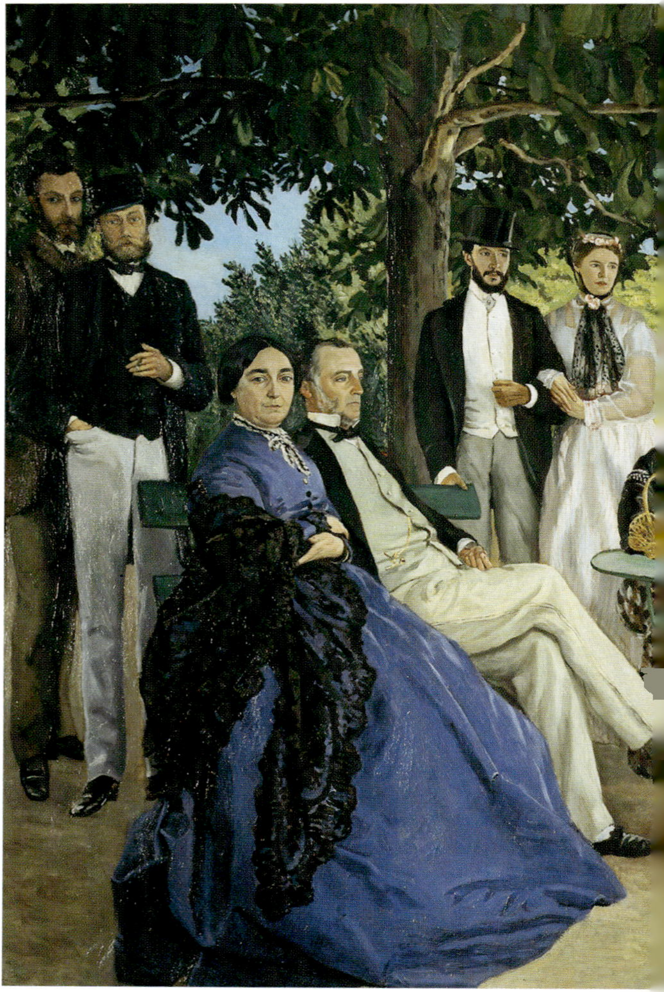

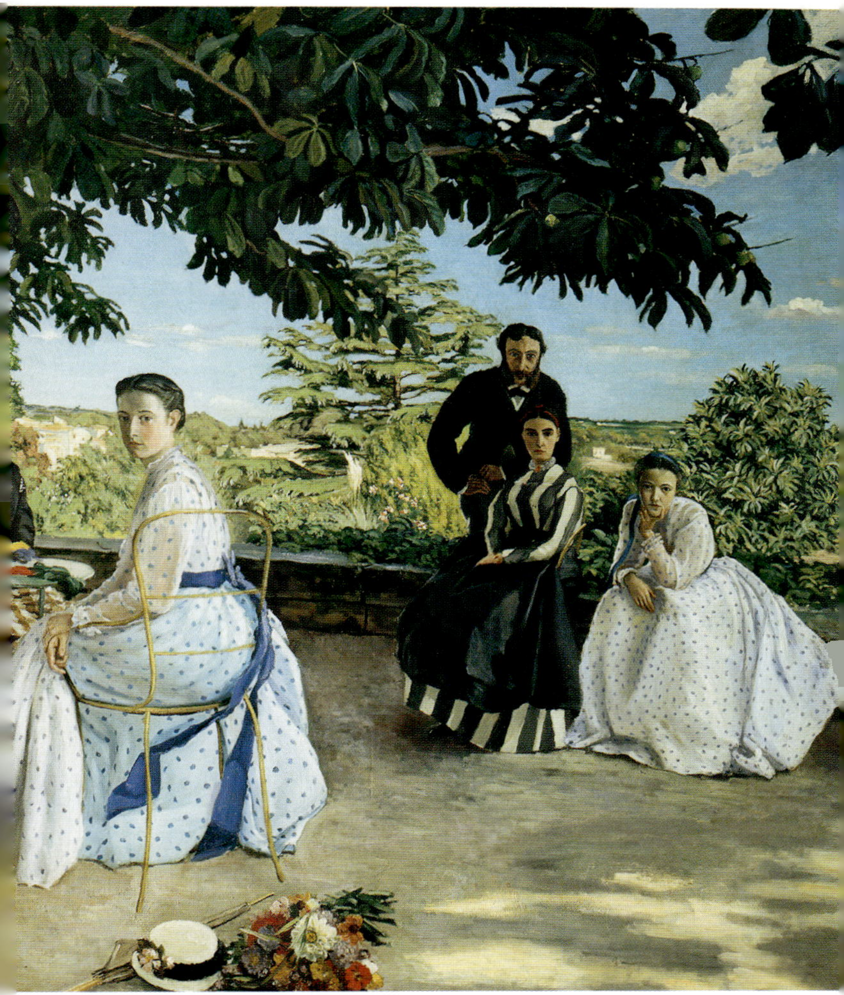

Frédéric Bazille

Montpellier, 1841 – Beaune-la-Rolande, 1870

L'atelier de Bazille, rue de la Condamine

1870

huile sur toile
98 x 128,5 cm
Musée d'Orsay
Paris

pp. 882–883

Frédéric Bazille

Réunion de famille

1867

huile sur toile
152 x 230 cm
Musée d'Orsay
Paris

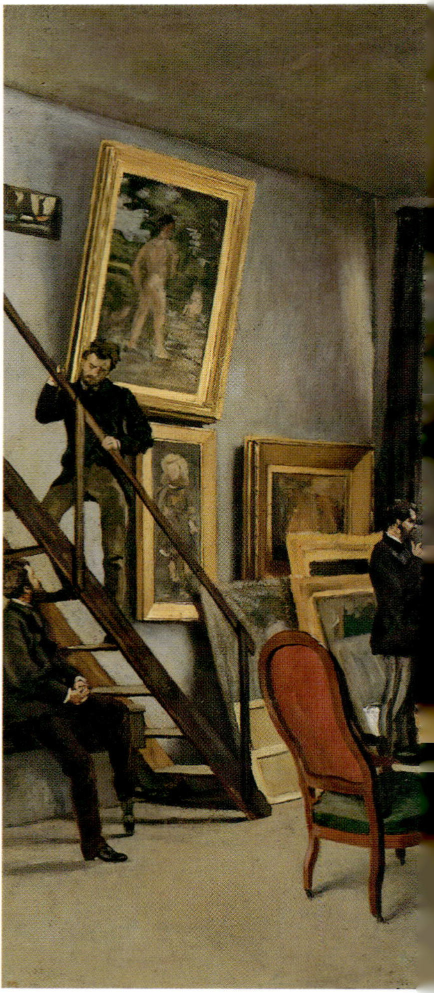

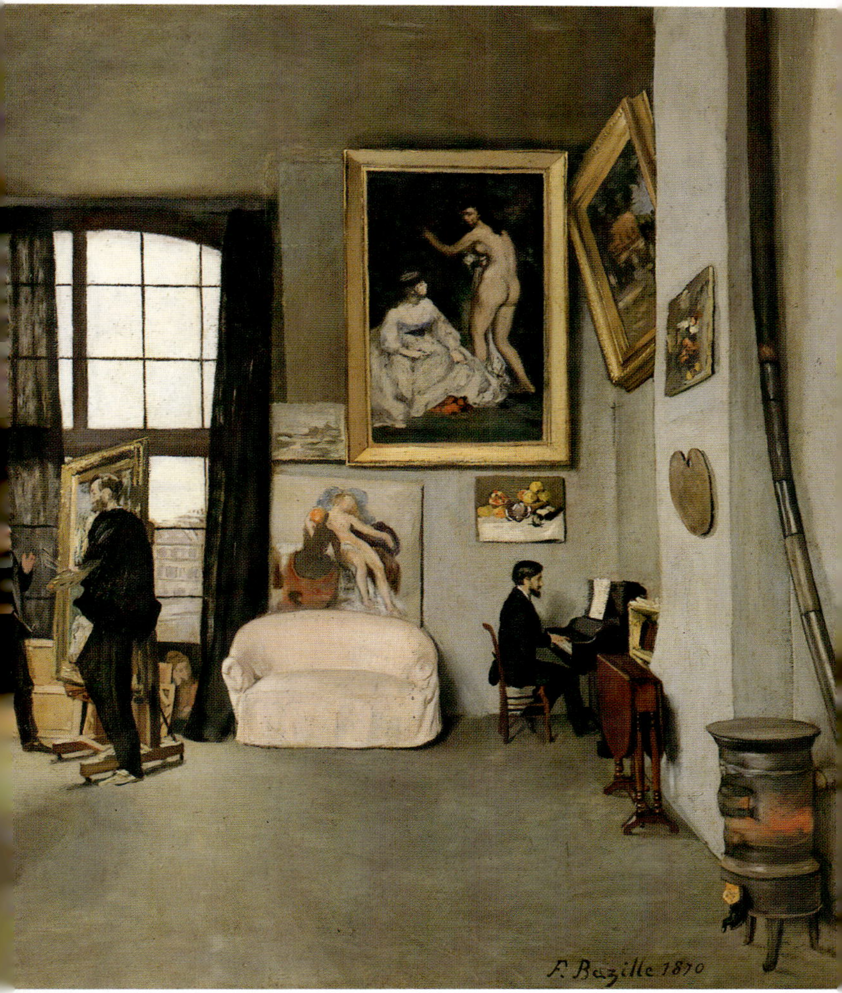
F. Bazille 1870

Berthe Morisot

Bourges, 1841 – Paris, 1895

Le Berceau

1873

huile sur toile
56 x 46 cm
Musée d'Orsay
Paris

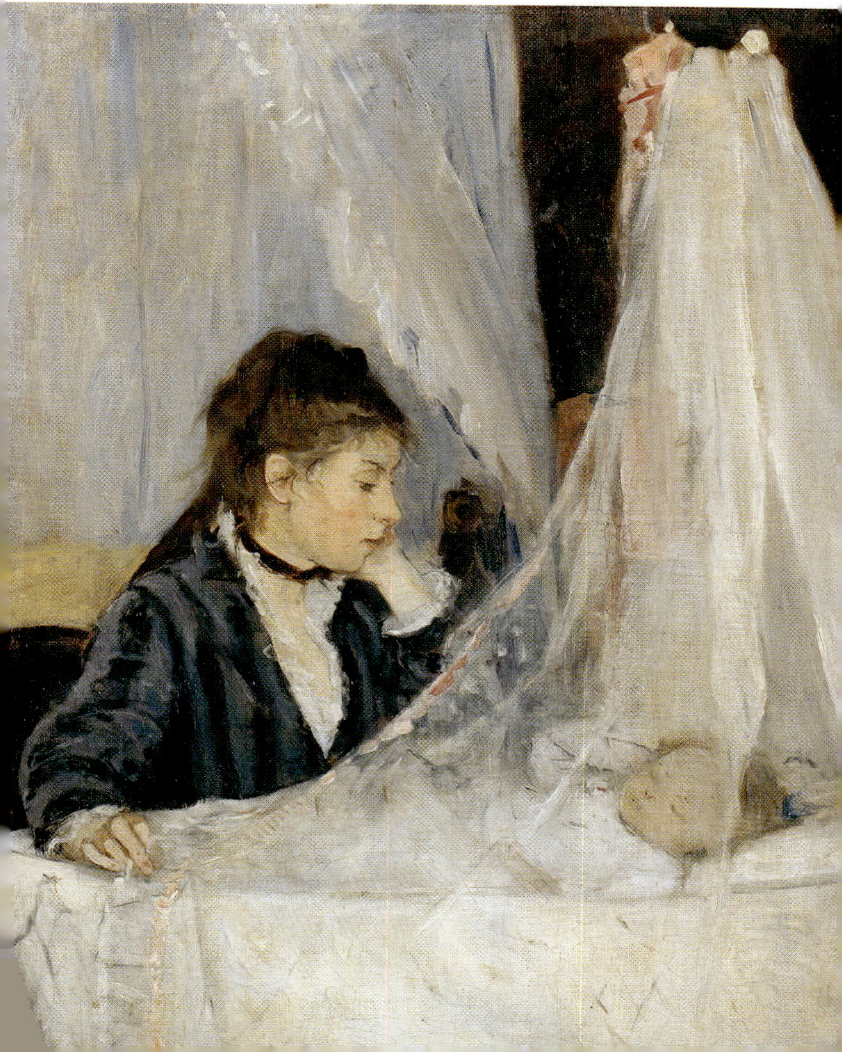

Berthe Morisot

Bourges, 1841 – Paris, 1895

La Chasse aux papillons

1874

huile sur toile
46 x 56 cm
Musée d'Orsay
Paris

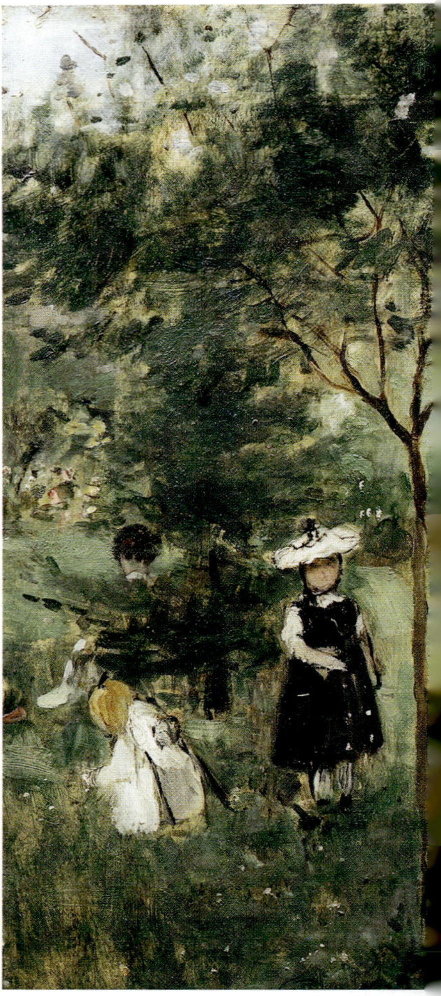

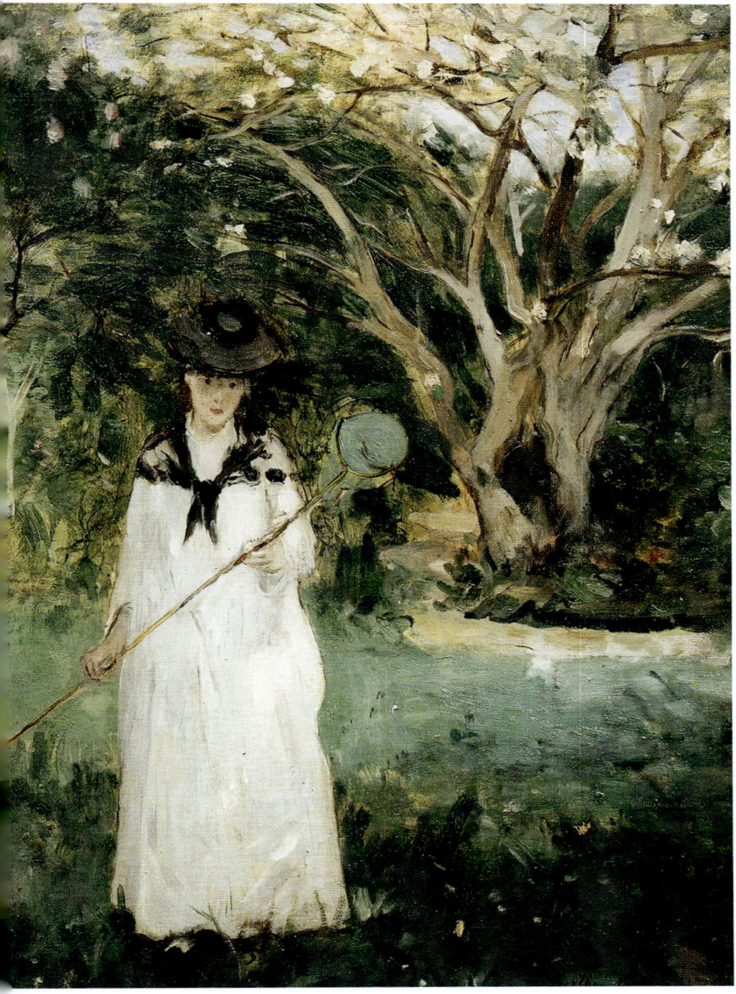

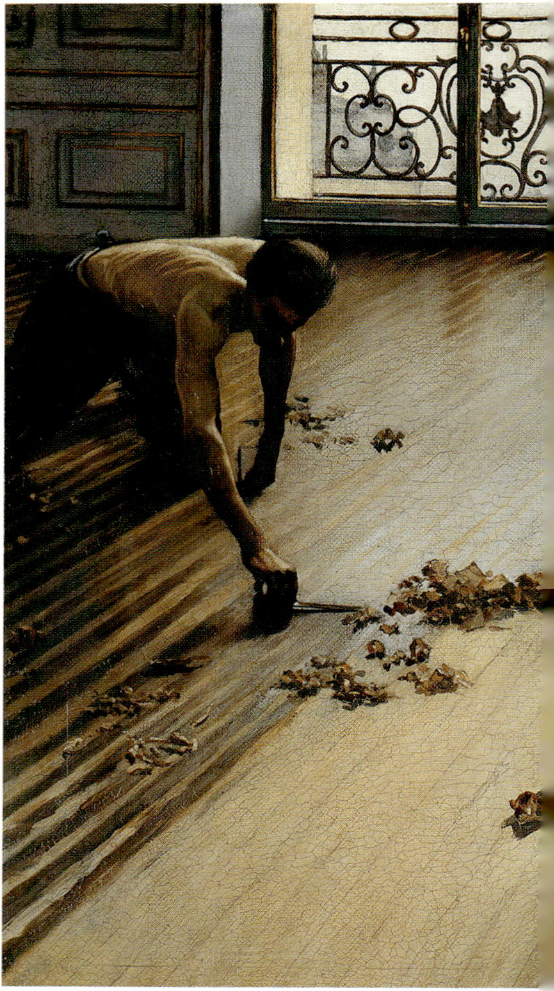

Gustave Caillebotte

Paris, 1848 –
Gennevilliers, 1894

890

Les Raboteurs de parquet

1875

huile sur toile
102 x 146,5 cm
Musée d'Orsay
Paris

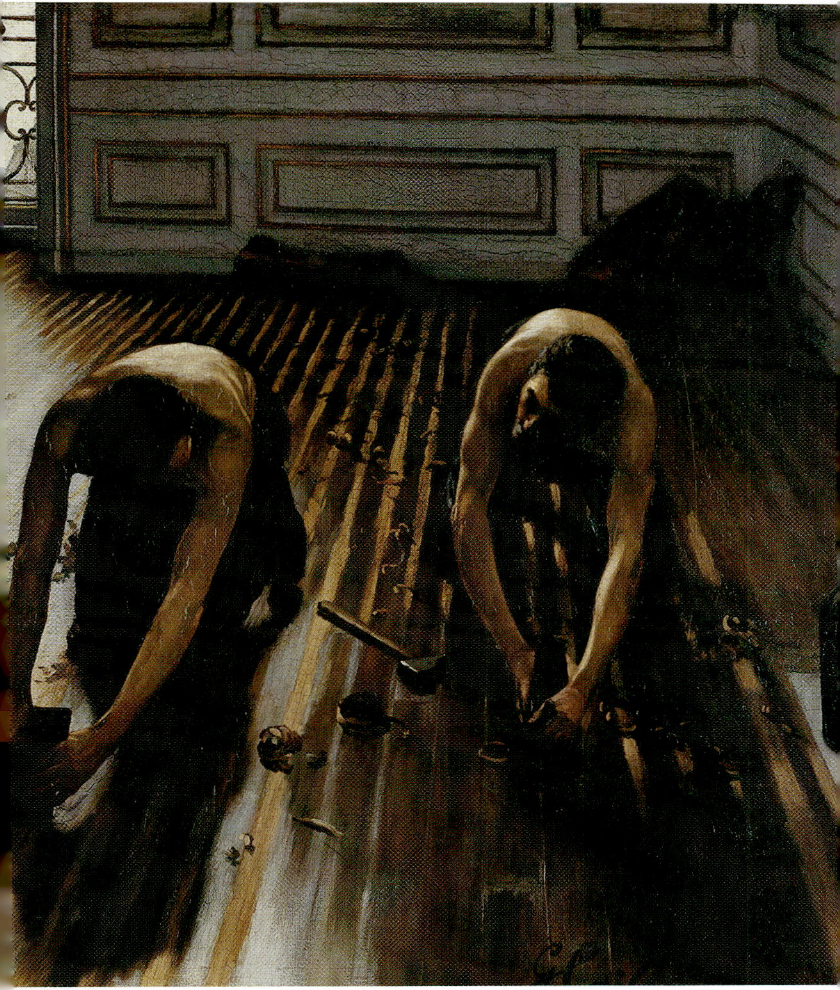

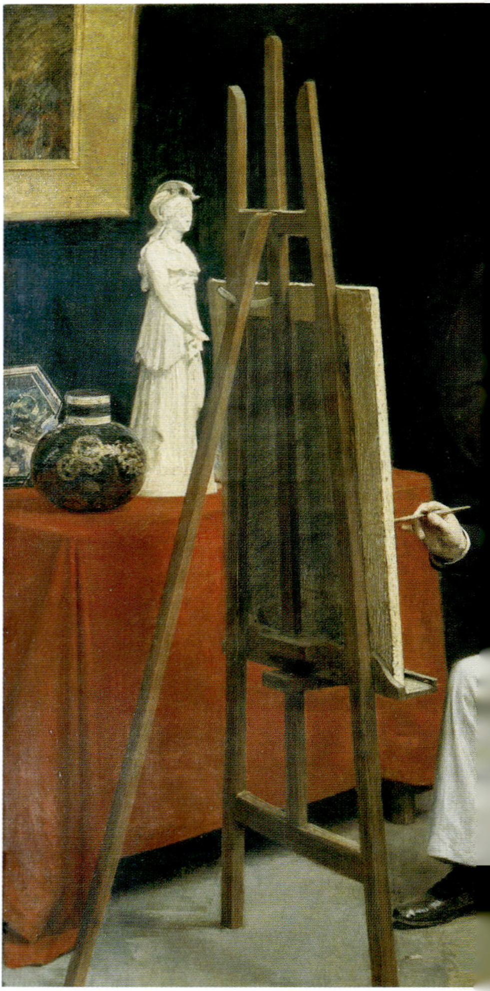

892

Henri Fantin-Latour

Grenoble, 1836 – Paris, 1904

Un atelier aux Batignolles

1870

huile sur toile
204 x 273,5 cm
Musée d'Orsay
Paris

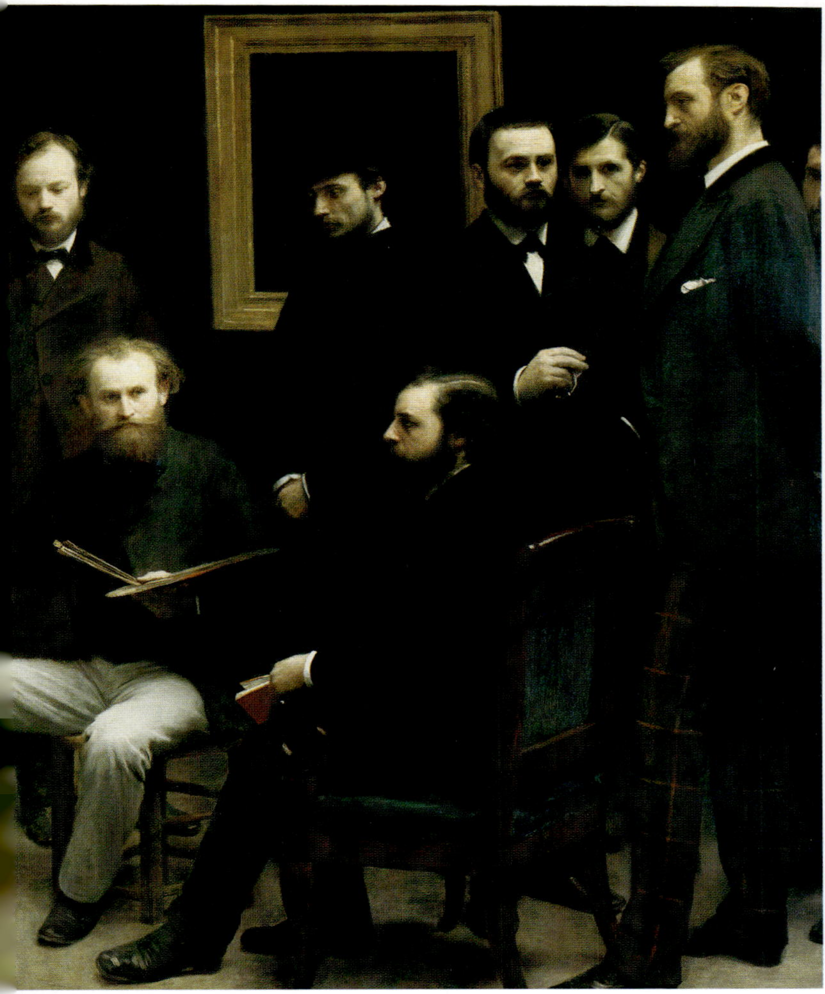

Giovanni Boldini

Ferrare, 1842 – Paris, 1931

Verdi

1886

pastel sur papier
65 x 54 cm
Galerie d'Art Moderne
Rome

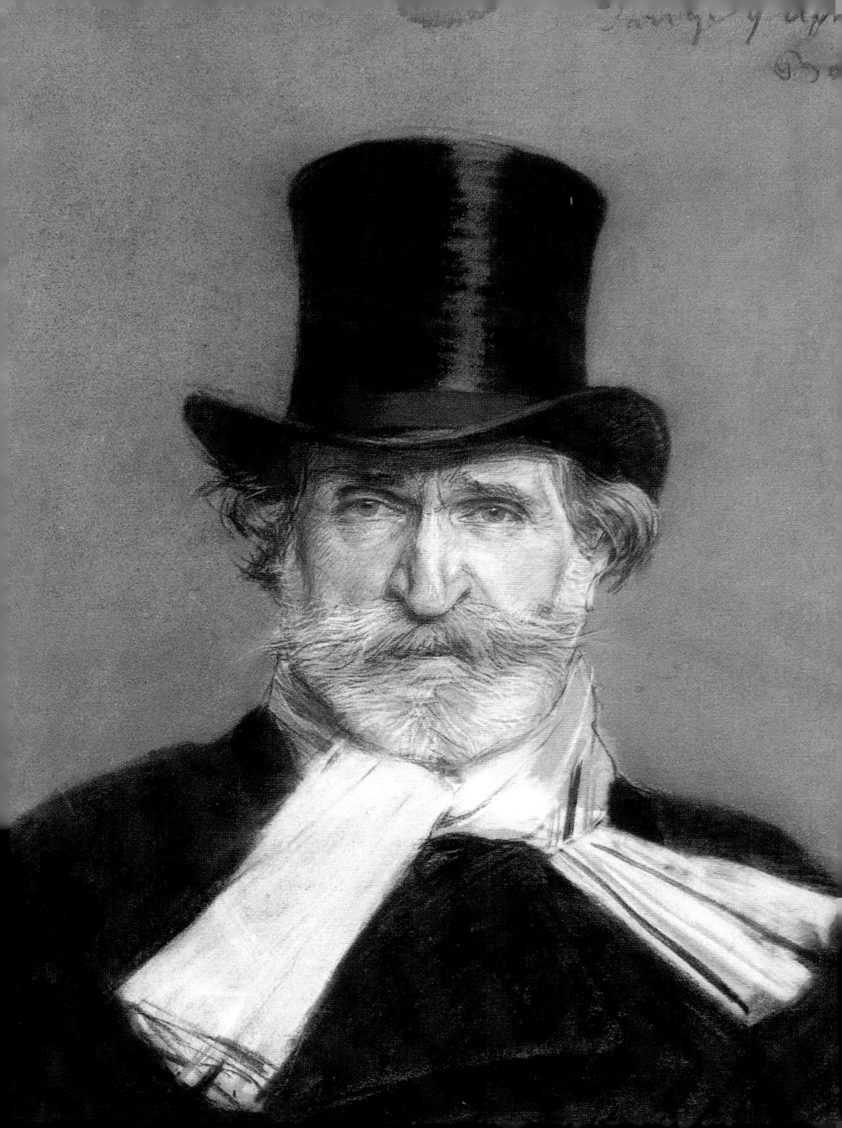

Giovanni Boldini

Ferrare, 1842 – Paris, 1931

Madame Charles Max

1896

huile sur toile
205 x 100 cm
Musée d'Orsay
Paris

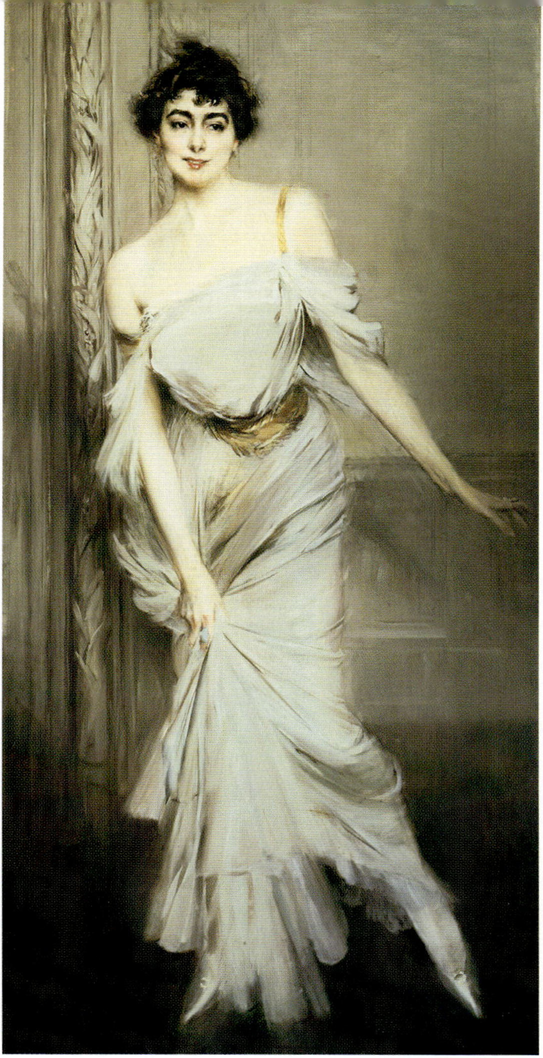

898

Mary Stevenson Cassatt

Pittsburgh, 1844 – Le Mesnil-Théribus, Oise, 1926

Jeune fille cousant

VERS 1880-1882

huile sur toile
92 x 63 cm
Musée d'Orsay
Paris

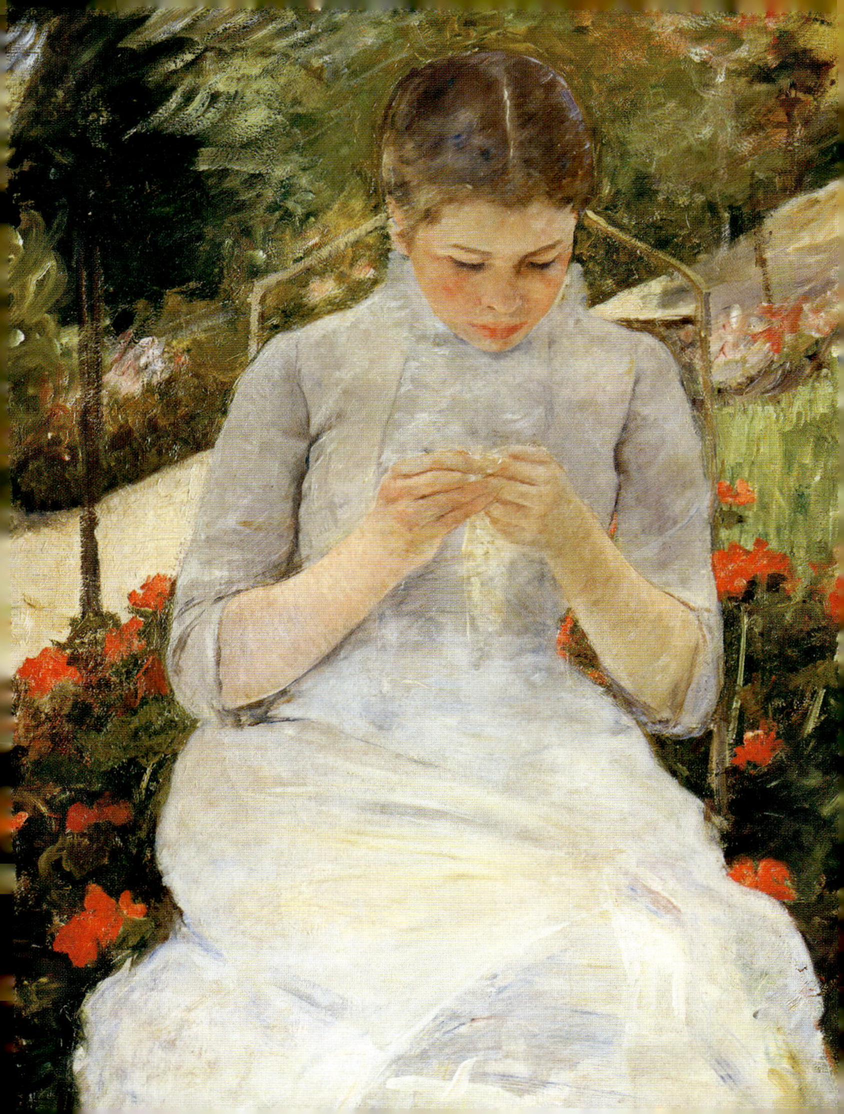

Mary Stevenson Cassatt

Pittsburgh, 1844 – Le Mesnil-Théribus, Oise, 1926

Le Bain

1893

huile sur toile
100, 3 x 66 cm
Art Institute of Chicago
Chicago

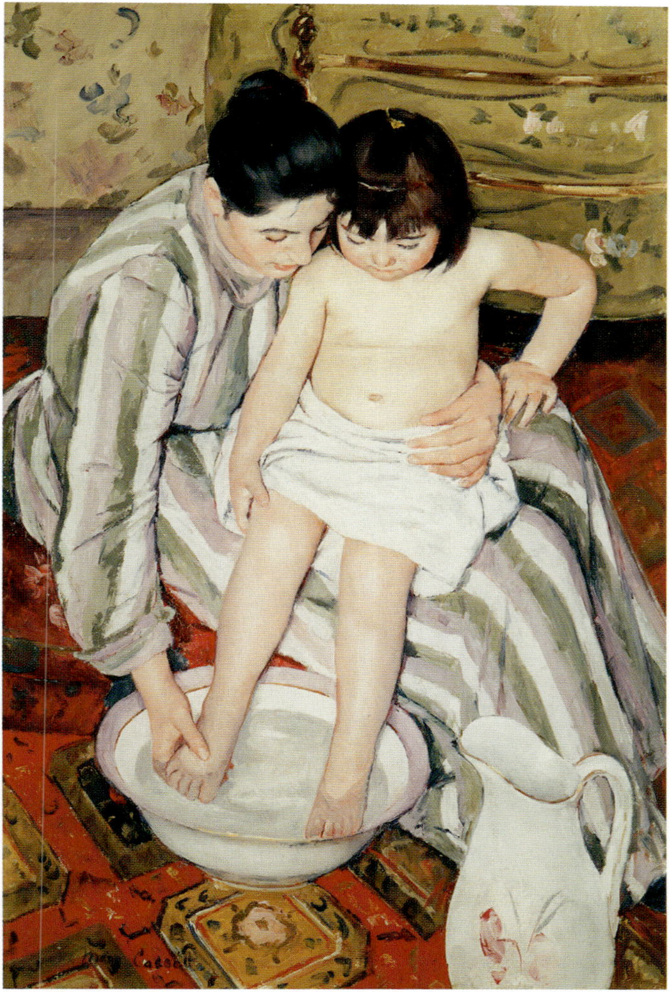

James Abbott McNeill Whistler

Lowell, Massachusetts, 1834 – Londres, 1903

902

Arrangement en gris et noir, la mère de l'artiste

1871

huile sur toile
144,3 x 162,5 cm
Musée d'Orsay
Paris

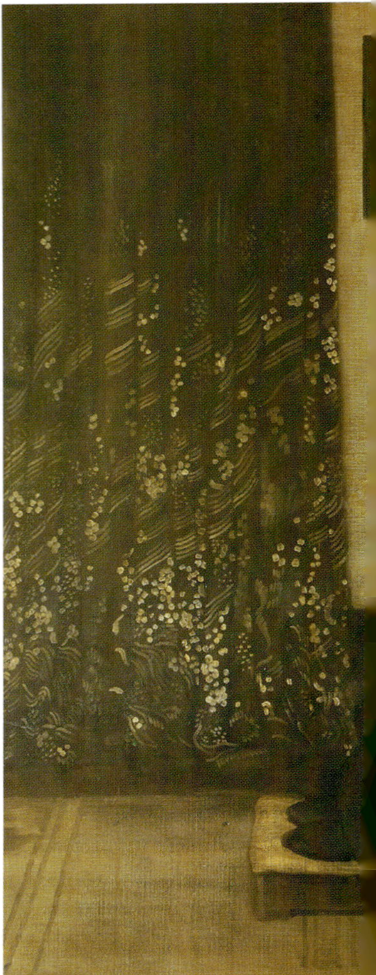

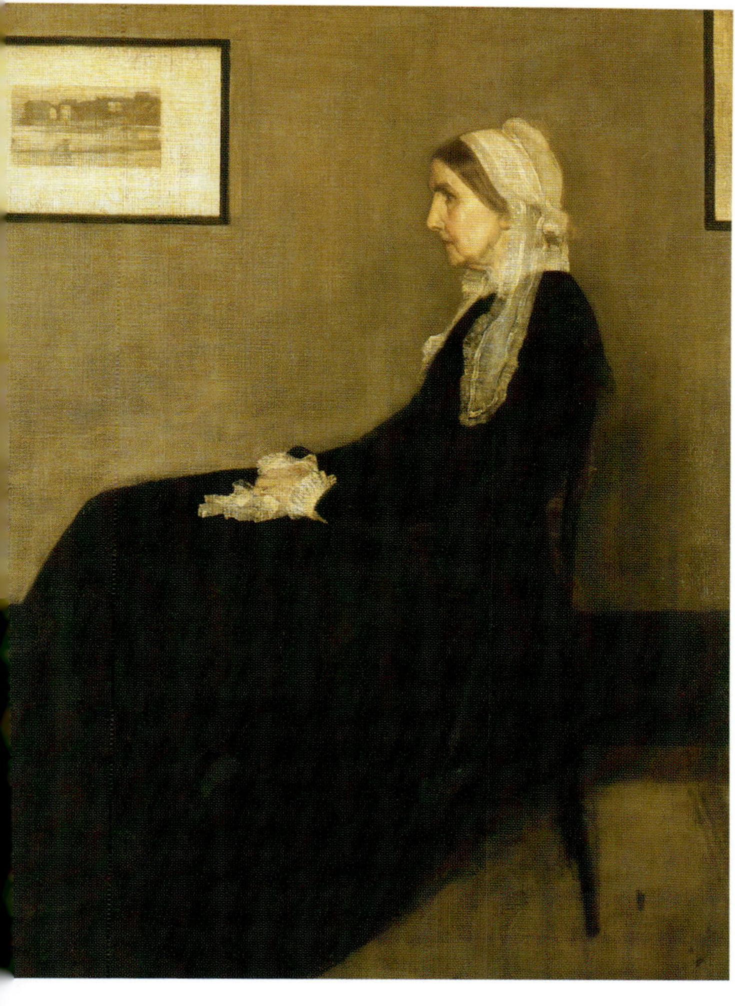

John Singer Sargent

Florence, 1856 – Londres, 1925

Portrait d'Elizabeth Winthrop Chanler

1893

huile sur toile
125,7 x 102,9 cm
Smithsonian Institution, American Art Museum
Washington D.C.

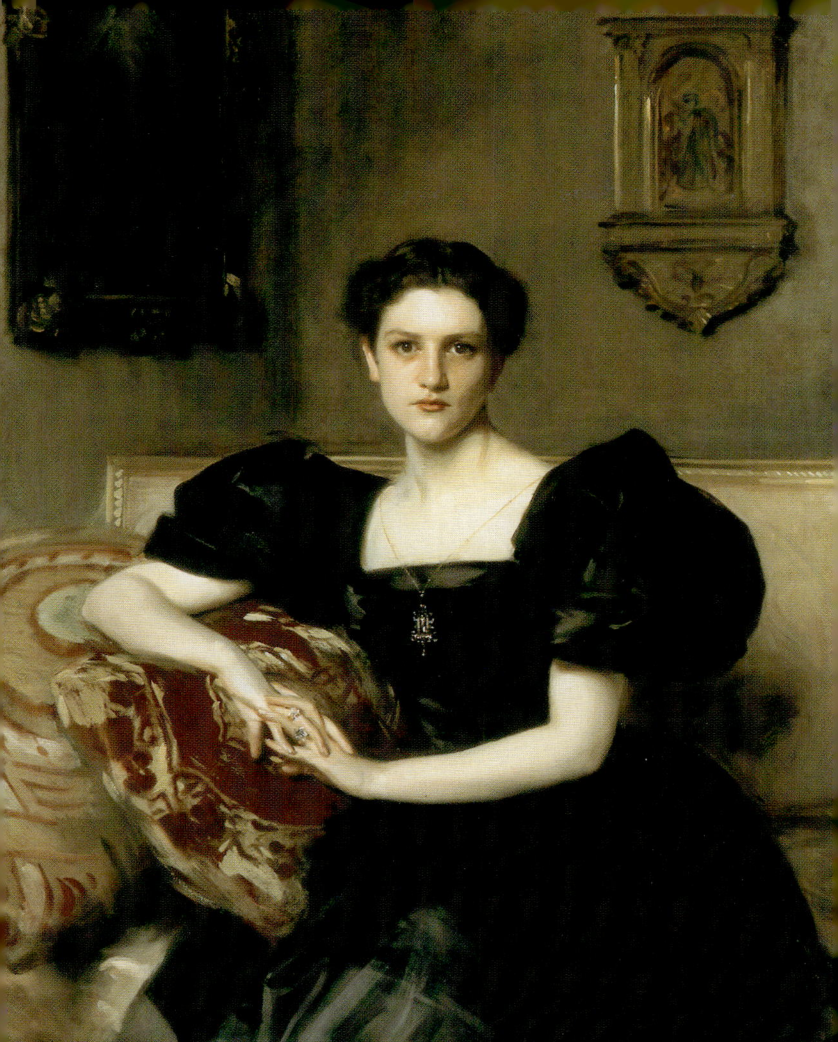

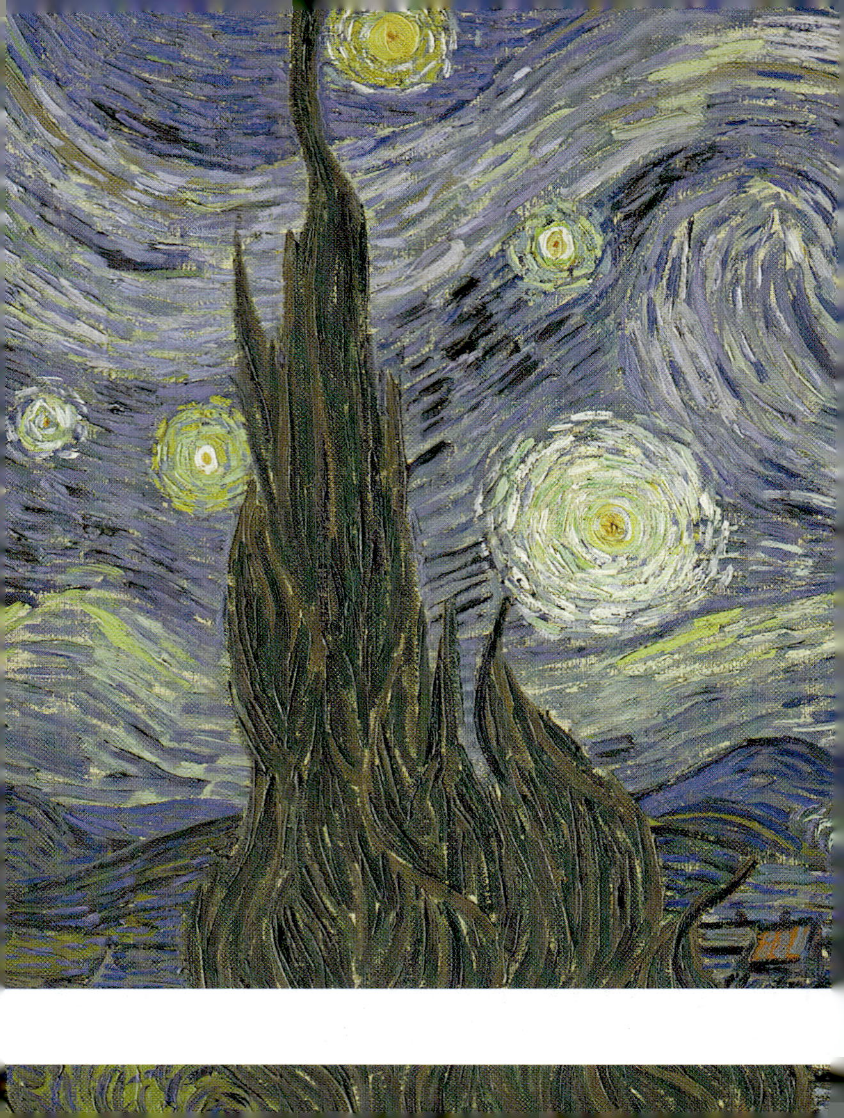

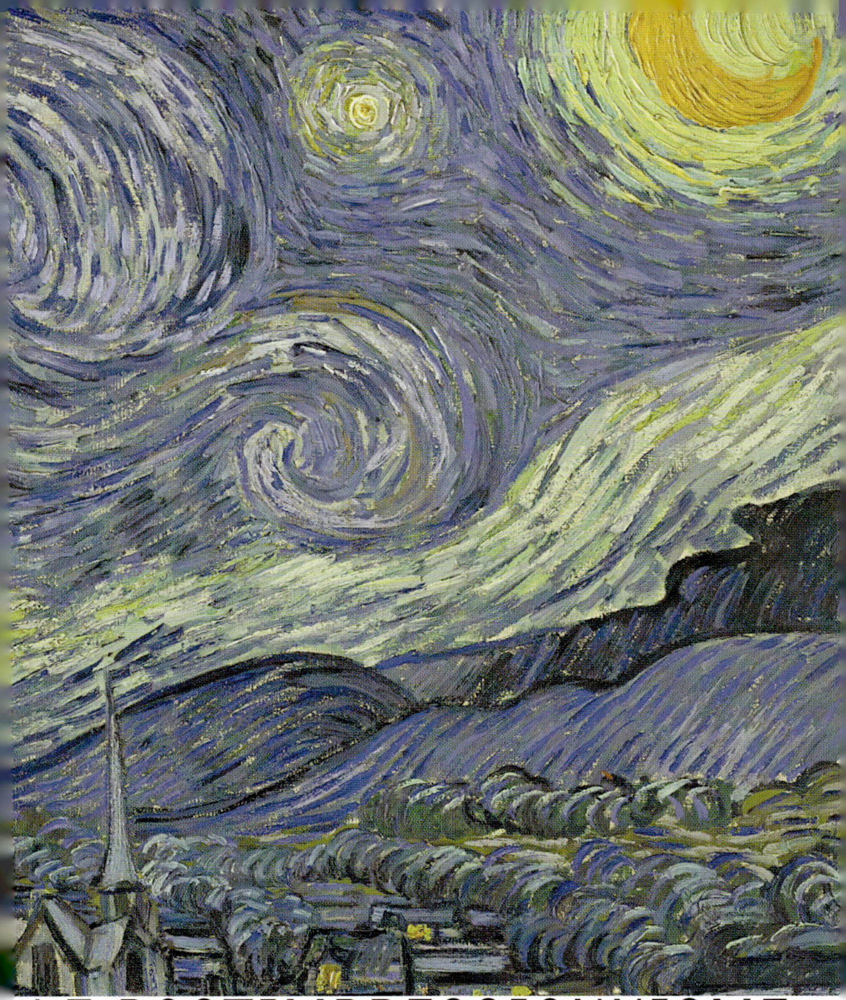

LE POSTIMPRESSIONNISME

Le terme « postimpressionnisme » s'utilise pour qualifier les nombreux styles de peinture postérieurs à l'impressionnisme, juste après la dernière exposition du groupe en 1886. Les peintres postimpressionnistes ont en commun d'avoir commencé leurs carrières en étant proches des Impressionnistes, qui travaillaient par touches rapides placées directement sur la toile, sans dessin préparatoire. Mais ils ont pris leurs distances par rapport à ces premières expériences et ont développé de nouvelles idées, indépendantes de celles de leurs prédécesseurs et souvent très éloignées de celles de leurs contemporains. Ce fut une période d'intense créativité, qui ouvrit la voie aux avant-gardes du vingtième siècle.

Cézanne (1839-1906), après de fréquents échanges (on peut même parler d'un apprentissage) avec Camille Pissarro, commença ses propres recherches sur la structure de la peinture en créant des sections de couleurs bien délimitées, composées parfois de sections parallèles à l'intérieur de la même couleur ou de larges taches de couleurs d'une seule nuance. Cela donnait à ses tableaux une forte apparence géométrique. En fait, ses paysages et ses natures mortes avaient tendance à souligner non plus l'aspect éphémère des choses mais une qualité bien plus tangible de la composition, fondée sur la solidité, les plans et les volumes... Son langage plastique original fit une forte impression sur de plus jeunes artistes comme Pablo Picasso (1881-1973) et Georges Braque (1882-1963) qui s'en inspirèrent considérablement pour créer leurs premières oeuvres cubistes.
Le nom de Georges Seurat (1859-1891) est identifié avec le « pointillisme », un style qu'il inventa et qui dérive aussi de la peinture impressionniste. La technique « pointilliste » permet de créer des images par la juxtaposition de points minuscules de couleurs pures. Vues de très près, les peintures ressemblent à des constellations de points colorés. Vues de loin, les points colorés se mélangent sur la rétine et donne ainsi naissance à des formes. Seurat mourut fort jeune et ses disciples, dont Paul Signac (1863-1935) s'aperçurent rapidement que cette méthode « scientifique » laissait peu de place, ou pas du tout, à l'expression individuelle. Le poin-

tillisme, cependant, survécut dans les oeuvres des Fauves, des Cubistes et des Futuristes.

La voie suivie par Van Gogh (1853-1890) est entièrement différente. Lorsqu'il arriva à Paris de sa Hollande natale, en 1886, il peignait des atmosphères sombres, dans des tons de terre. Son contact avec l'Impressionnisme eut pour effet immédiat d'éclairer sa palette. Il se mit à travailler par touches rapides et colorées, conservant l'application dense de la matière qui le caractérisait depuis ses débuts. Van Gogh ne recherchait pas la beauté mais l'expression, selon ses propres propos. Pour lui, l'Impressionnisme n'était qu'un tremplin qui lui avait permis d'accéder au monde des couleurs et aux possibilités infinies de la juxtaposition des touches. Il étudia les théories des couleurs, et échangea des idées avec son ami et inventeur du « pointillisme », Georges Seurat, ainsi qu'avec Paul Gauguin (1848-1903). Il élabora un langage fondé sur les contrastes explosifs des couleurs et sur la variété des touches – semblables à des virgules, à des points ou à des vagues, tellement saturées de couleur qu'elles formaient un assemblage de textures sur la toile. Van Gogh réalisa ainsi son ambition d'utiliser la peinture « pour dire quelque chose d'apaisant comme la musique est apaisante », et de peindre « les hommes et les femmes avec cet élément d'éternité autrefois symbolisé par le halo, et que nous tentons d'exprimer par l'éclat et la vibration de nos couleurs. ». Van Gogh inspira les Fauves (André Derain, Henri Matisse, Braque à ses débuts) et les Expressionnistes (Ernest Ludwig Kirchner, Emil Nolde, Edward Munch). La force de cette oeuvre a continué à exercer son influence longtemps après le début du vingtième siècle et a nourri la création de peintres récents comme l'artiste britannique Francis Bacon.

Paul Gauguin développa avec son ami Emile Bernard (1868-1941) un nouveau type de peinture que tous deux appelèrent le « synthétisme ». A la recherche d'une forme de spiritualité, ils travaillèrent à créer une esthétique plus simple et plus « naïve », plus proche de l'âme. S'inspirant des vitraux, des estampes japonaises et de l'art populaire, Gauguin élabora un style très simplifié en utilisant des contours fortement cernés de noir, qu'il remplissait alors de couleurs en à-plat. Il développa ce style à partir de 1889 et en donna la représentation la plus significative dans le tableau intitulé *La Vision après le sermon*. L'intérêt que Gauguin portait à la forme naïve le conduisit tout d'abord en Bretagne, et plus tard à Tahiti, où il pensait avoir trouvé une société plus primitive et donc plus pure.

Les idées de Paul Gauguin inspirèrent aussi le mouvement des Nabis (« prophètes » en hébreu). Même si leurs résultats étaient très différents, les Nabis, parmi lesquels il faut mentionner Paul Sérusier (1864-1927), Maurice Denis (1870-1943), Edouard Vuillard (1868-1940), Pierre Bonnard (1867-1947) et l'artiste suisse Félix Edouard Vallotton (1865-1925), partageaient l'esprit dominant du synthétisme. Ils cherchaient en effet à atteindre – par la simplification des images et des zones de couleur pure que l'on trouve dans l'art des vitraux médiévaux, les estampes japonaises et l'art de l'Egypte antique – « l'essence des sensations primitives ».

Paris, comme à l'époque des Impressionnistes, était toujours la capitale de l'art occidental, générant sans cesse des idées nouvelles. Mais quelque chose de très important avait également lieu à Vienne. C'est en effet dans la capitale autrichienne que fut fondée en 1897 la *Sécession* viennoise, une association d'artistes dirigée par Gustav Klimt (1862-1918). Sensible aux nouvelles écoles artistiques qui se développaient essentiellement en France, la Sécession viennoise était un mouvement consacré à l'expérimentation et à l'innovation, à la fois en peinture, en sculpture, en architecture et dans les arts appliqués. Concurremment à la technique Impressionniste, Klimt redécouvre la puissance d'inspiration de l'art égyptien et assiro-babylonien, de même que l'art japonais et les mosaïques byzantines, créant une peinture à forte expressivité et qui en même temps possède un grand impact décoratif.

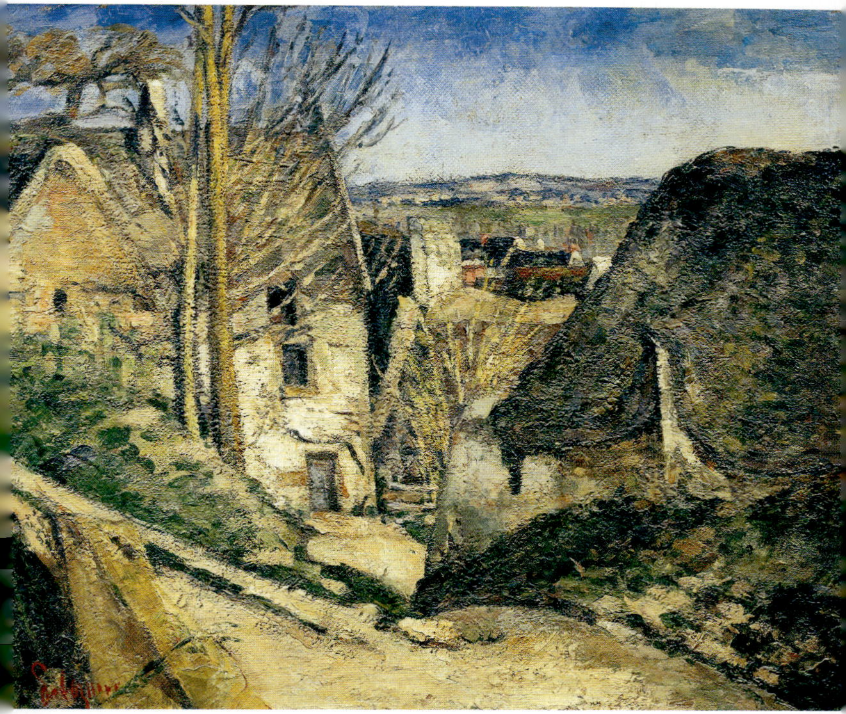

ci-dessus

Paul Cézanne

Aix-en-Provence, 1839-1906

La Maison du pendu, Auvers-sur-Oise

1873

huile sur toile
55 x 66 cm
Musée d'Orsay
Paris

pp. 906-907

Vincent van Gogh

Groot-Sundert, 1853 – Auvers-sur-Oise, 1890

La Nuit étoilée

JUIN 1889

huile sur bois
73,7 x 92,1 cm
Museum of Modern Art
New York

912

Paul Cézanne
Aix-en-Provence, 1839-1906

L'Estaque

VERS 1878-1879

huile sur toile
55,5 x 73 cm
Musée d'Orsay
Paris

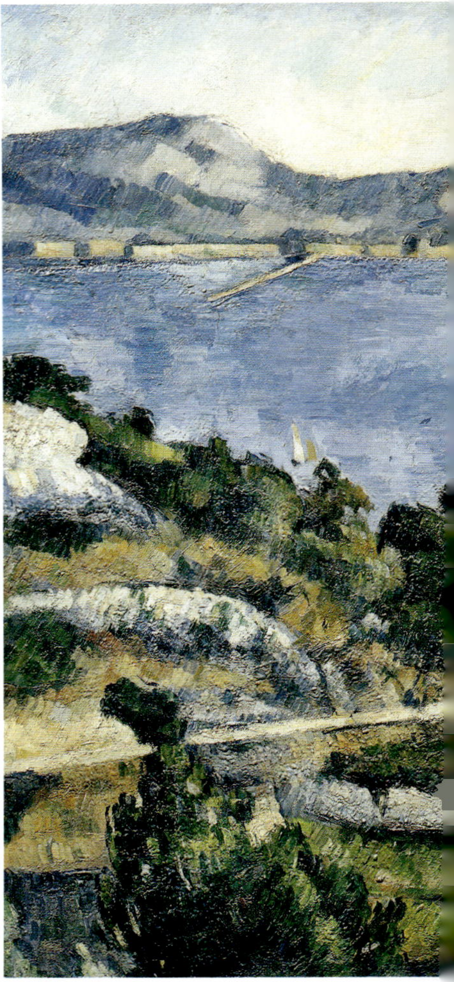

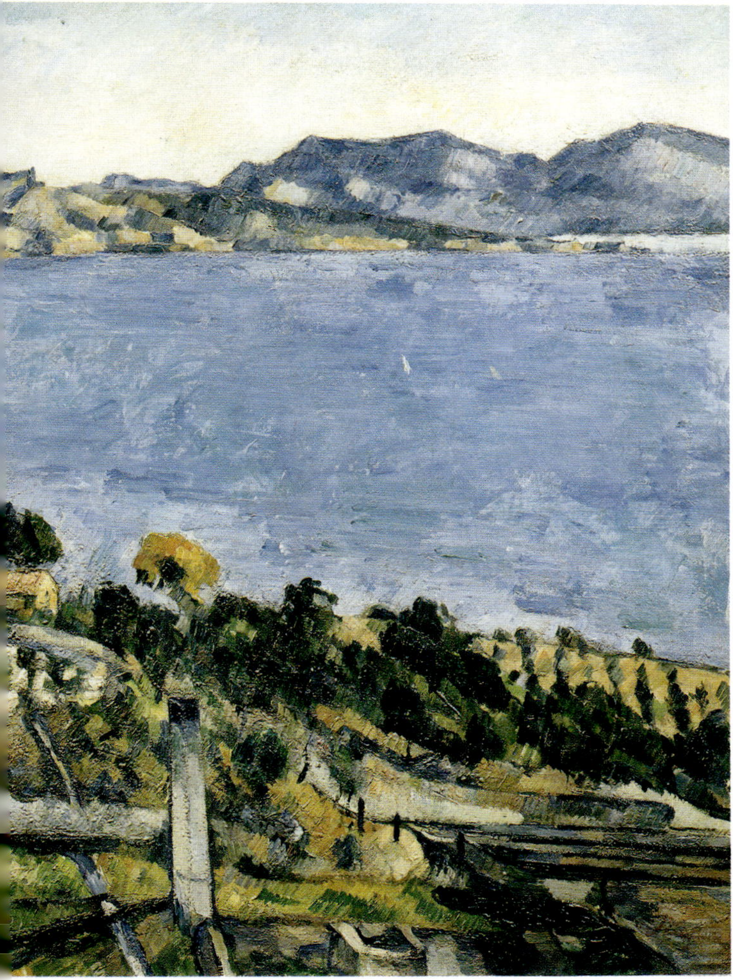

914

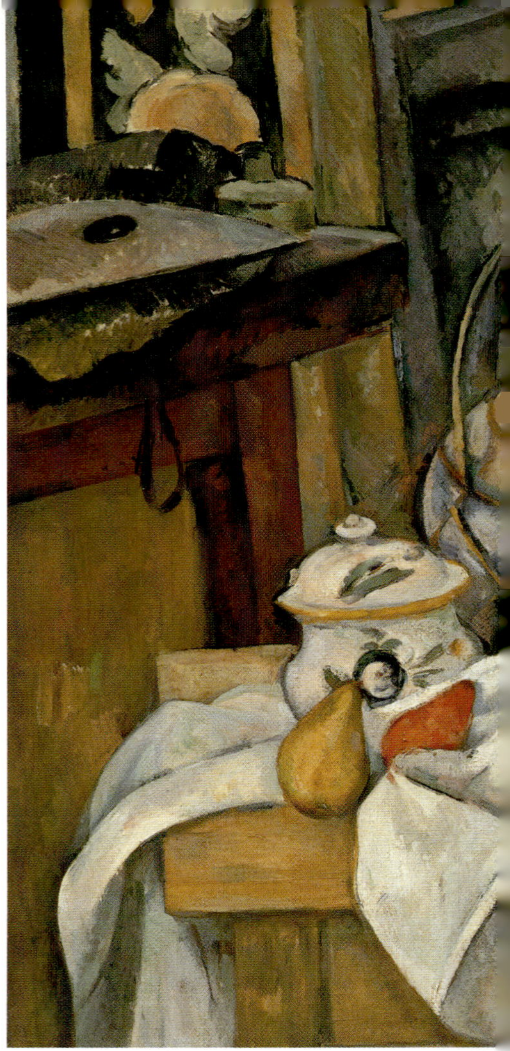

Paul Cézanne
Aix-en-Provence, 1839-1906

Table de cuisine

1888-1890

huile sur toile
65 x 80 cm
Musée d'Orsay
Paris

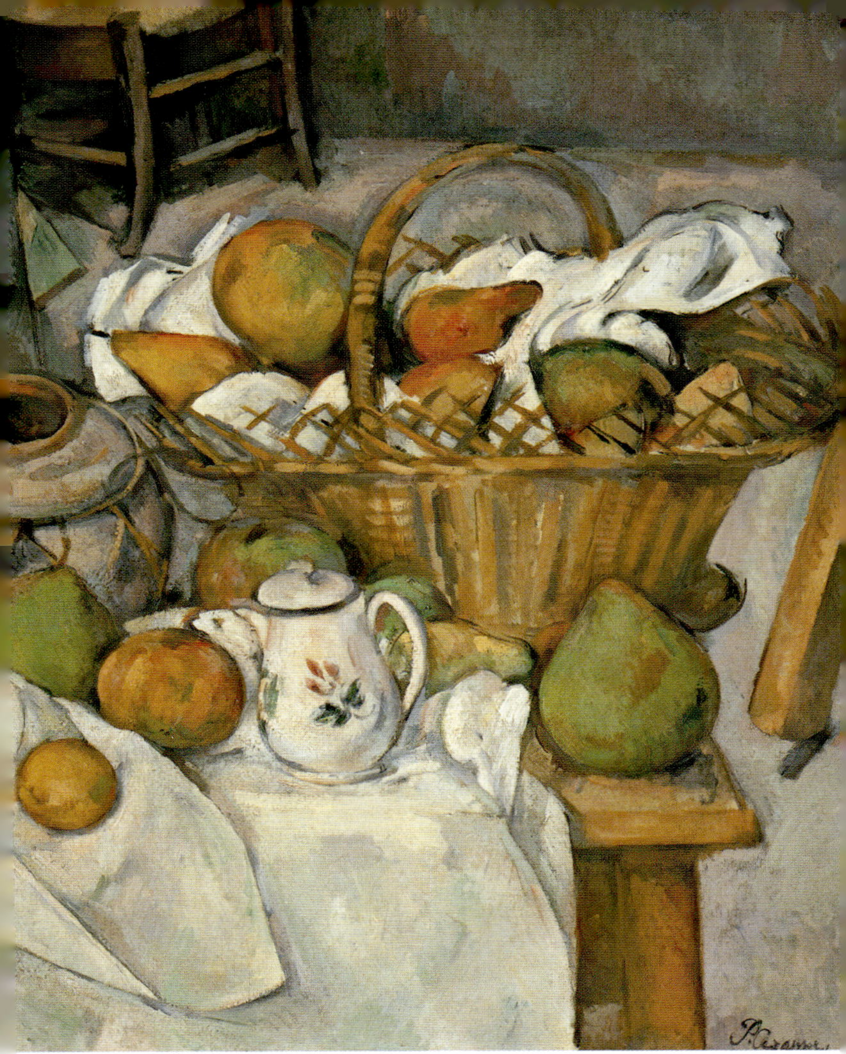

916

Paul Cézanne
Aix-en-Provence, 1839-1906

Le Vase bleu

1889-1890

huile sur toile
62 x 51 cm
Musée d'Orsay
Paris

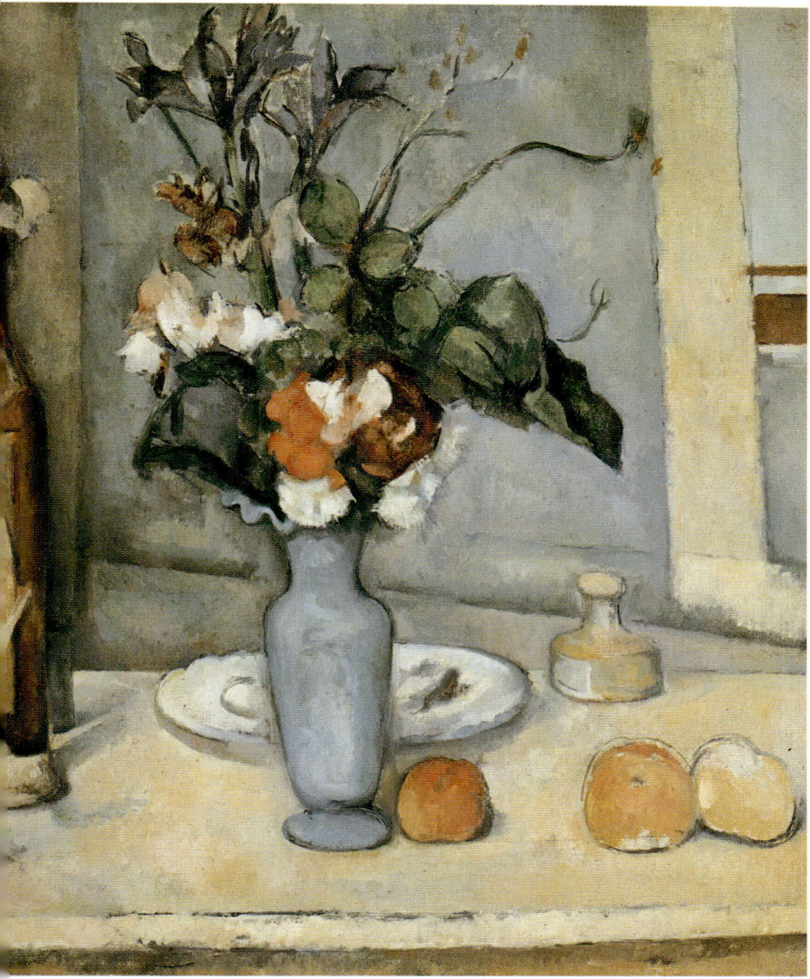

Paul Cézanne
Aix-en-Provence, 1839-1906

Le Grand pin

1890-1895

huile sur toile
72 x 91 cm
Musée de L'Ermitage
Saint-Pétersbourg

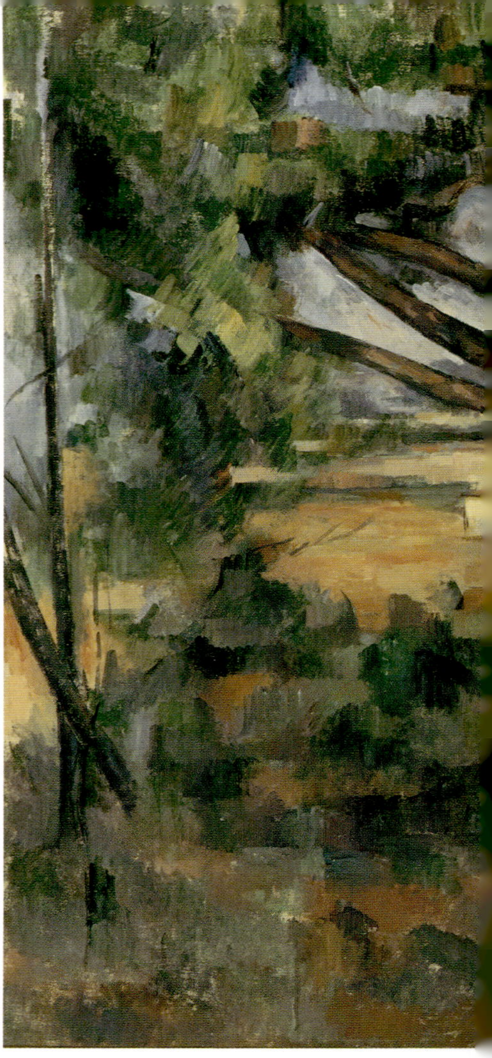

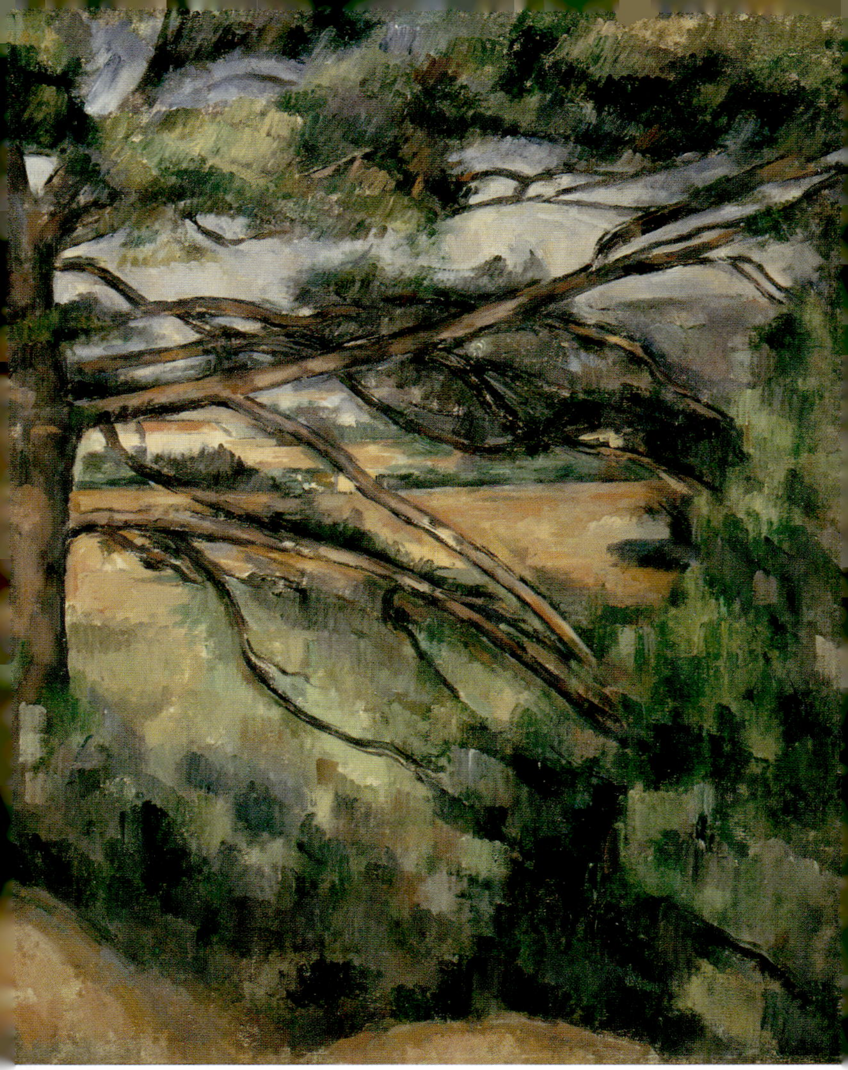

920

Paul Cézanne

Aix-en-Provence, 1839-1906

La Femme à la cafetière

VERS 1895

huile sur toile
130,5 x 96,5 cm
Musée d'Orsay
Paris

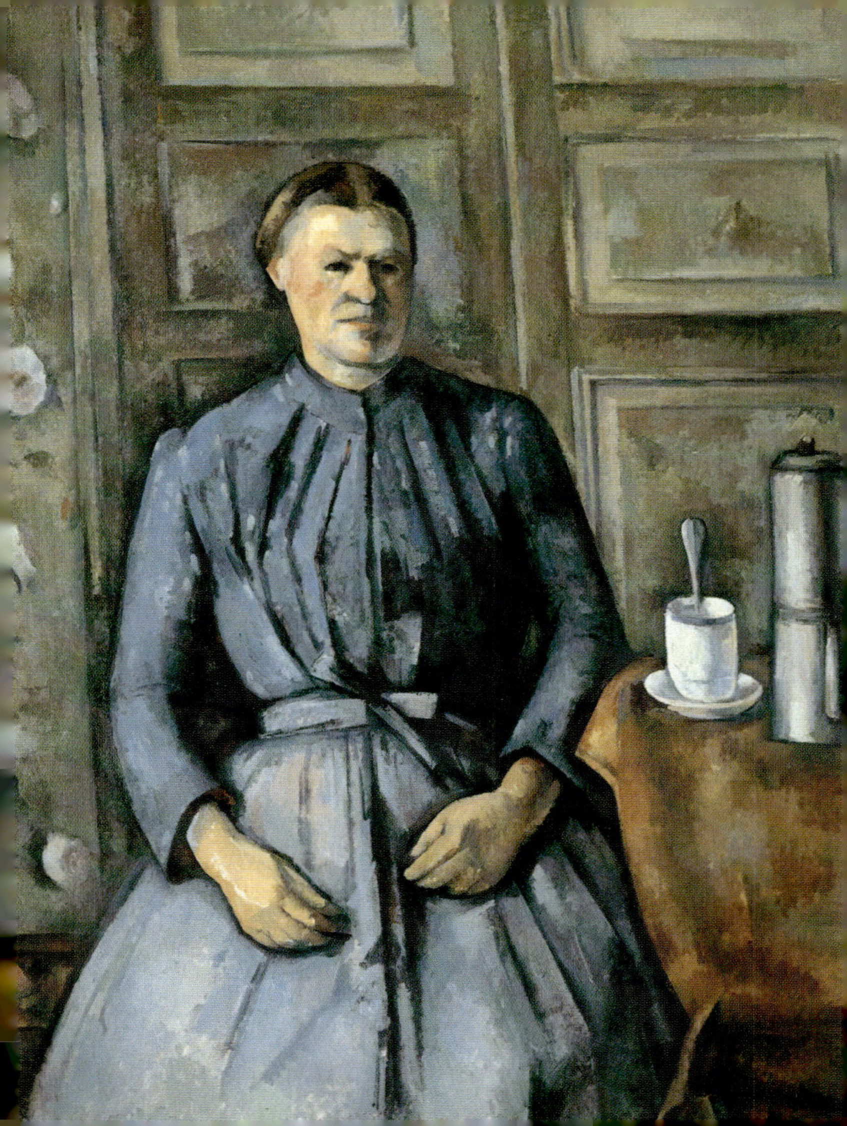

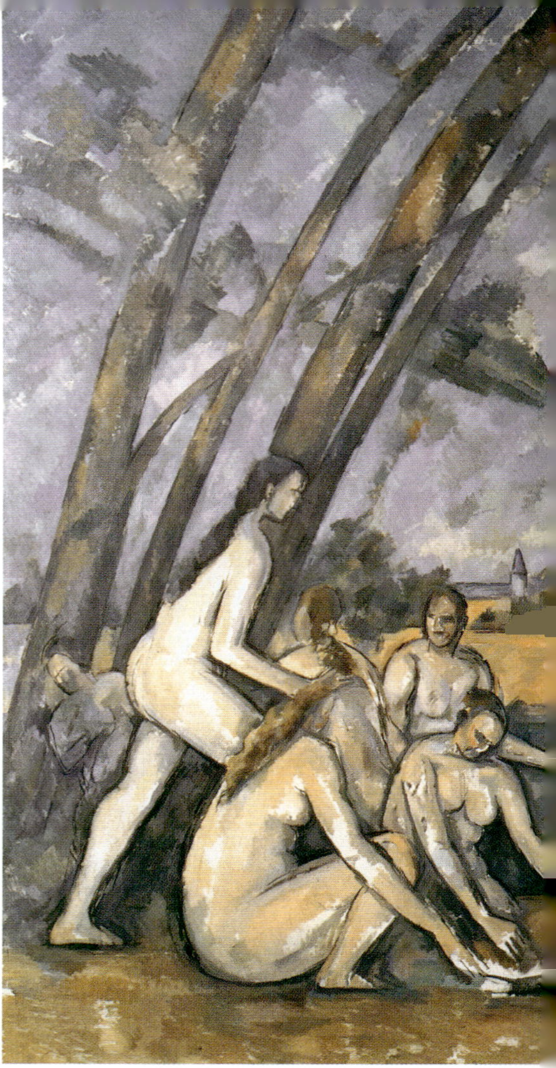

922

Paul Cézanne
Aix-en-Provence, 1839-1906

Les Grandes Baigneuses

1906

huile sur toile
208, 3 x 251,5 cm
Philadelphia Museum of Art
Philadelphie

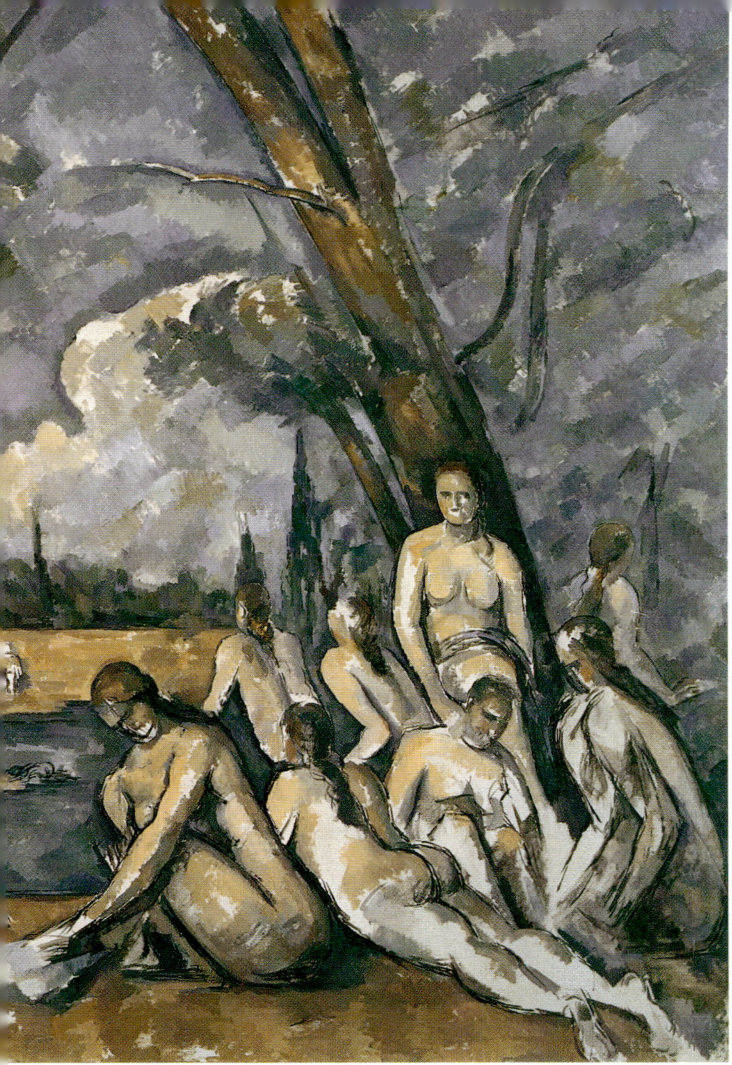

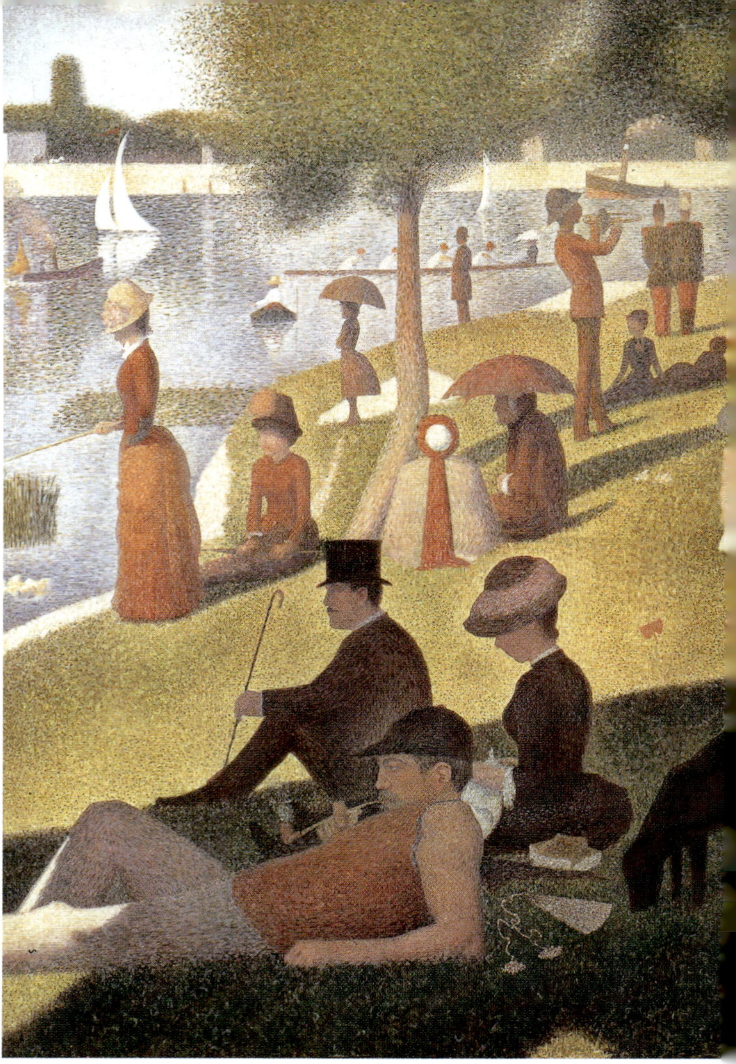

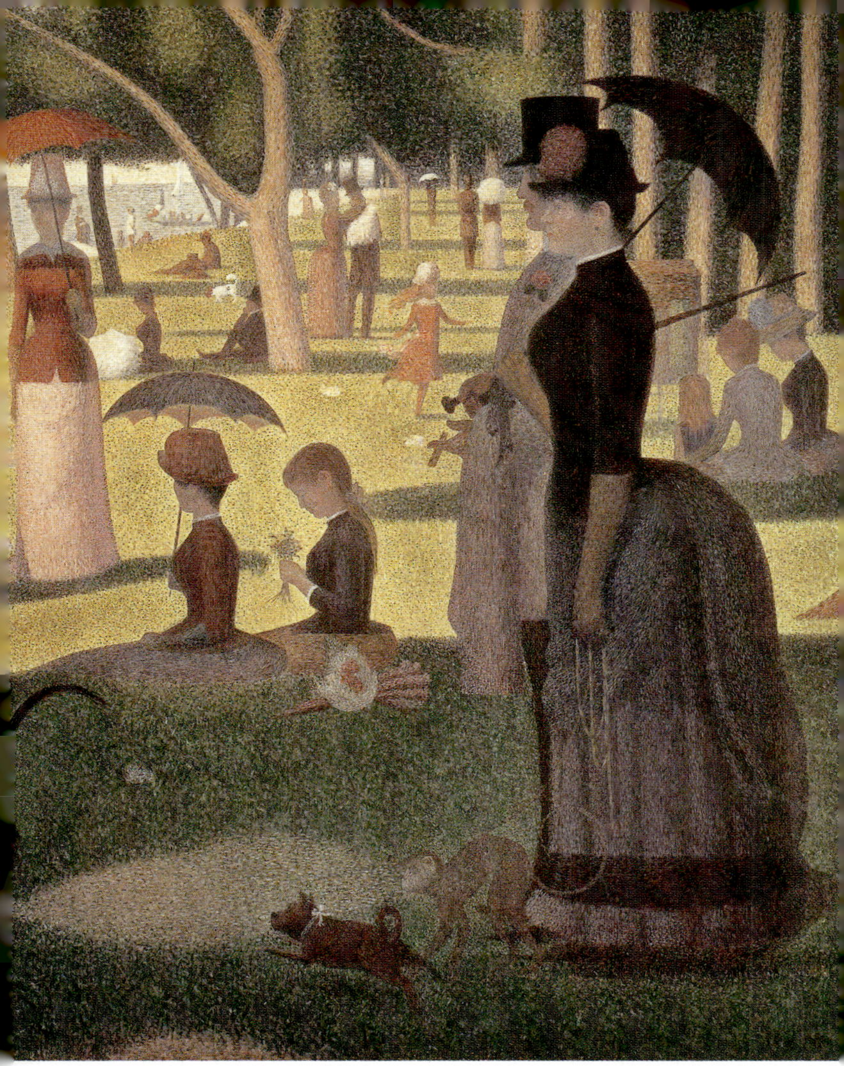

Georges Seurat
Paris, 1859-1891

Le Cirque

1884-1886

huile sur toile
185,5 x 152,5 cm
Musée d'Orsay
Paris

Georges Seurat
Paris, 1859-1891

Un Dimanche après-midi à l'île de la Grande Jatte

1884-1886

huile sur toile
207,6 x 308 cm
Art Institute of Chicago
Chicago

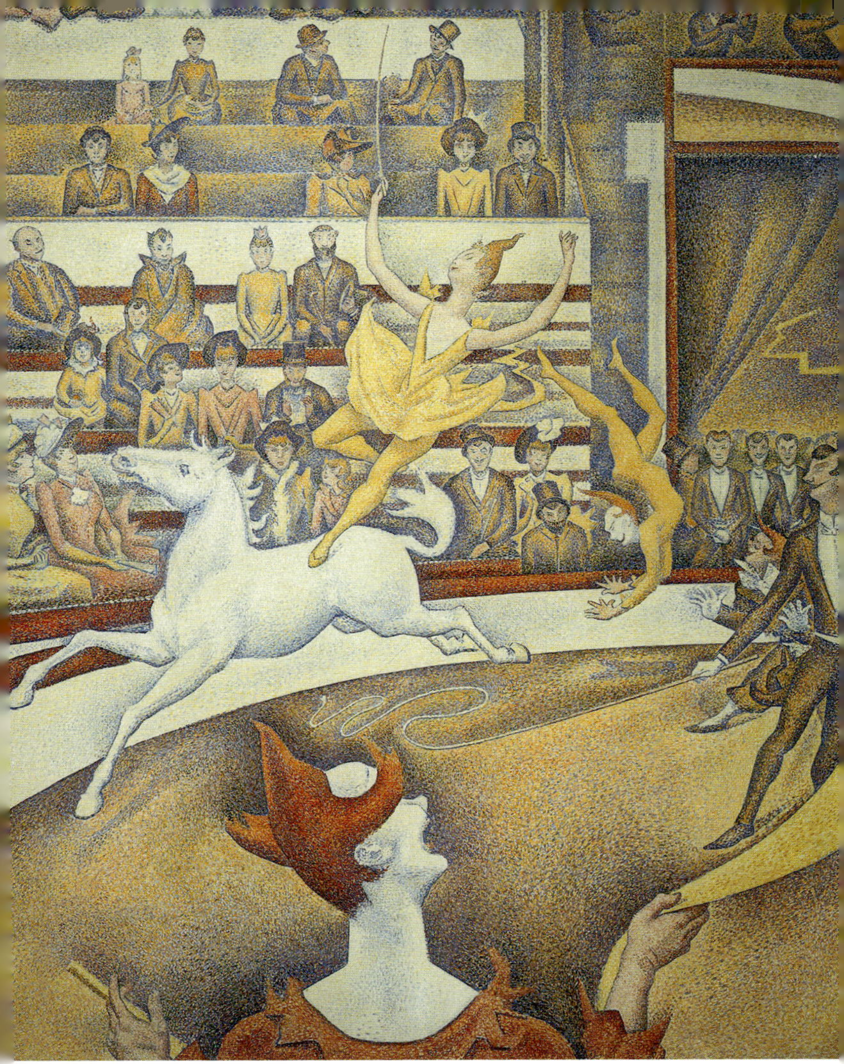

Vincent van Gogh

Groot-Sundert, 1853 – Auvers-sur-Oise, 1890

Autoportrait au feutre gris

HIVER 1887-1888

huile sur toile
44 x 37,5 cm
Rijkmuseum Vincent van Gogh
Amsterdam

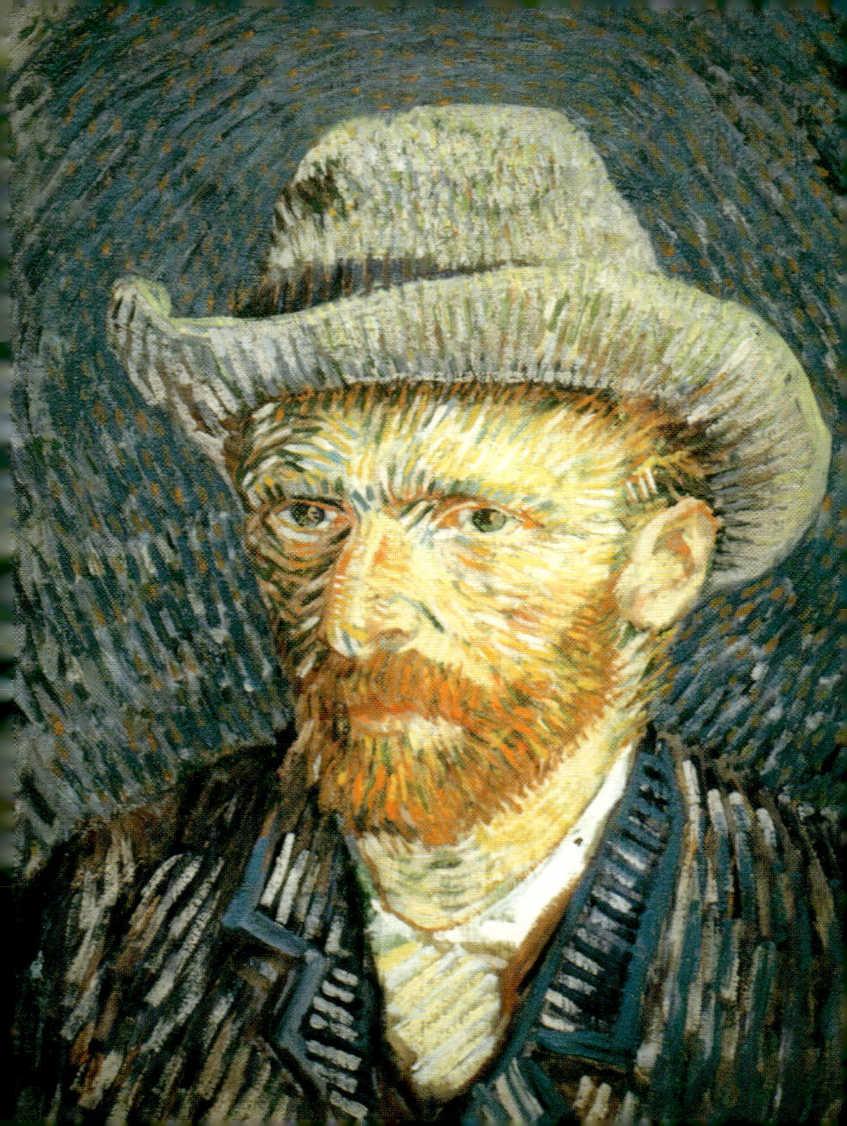

Vincent van Gogh

Groot-Sundert, 1853 – Auvers-sur-Oise, 1890

La chambre de Vincent à Arles

OCTOBRE 1888

huile sur toile
72 x 90 cm
Rijkmuseum Vincent van Gogh
Amsterdam

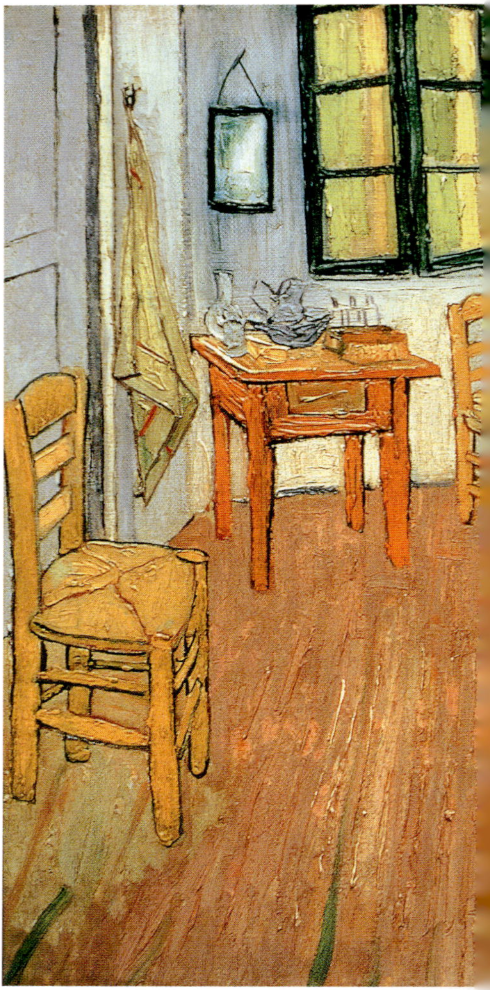

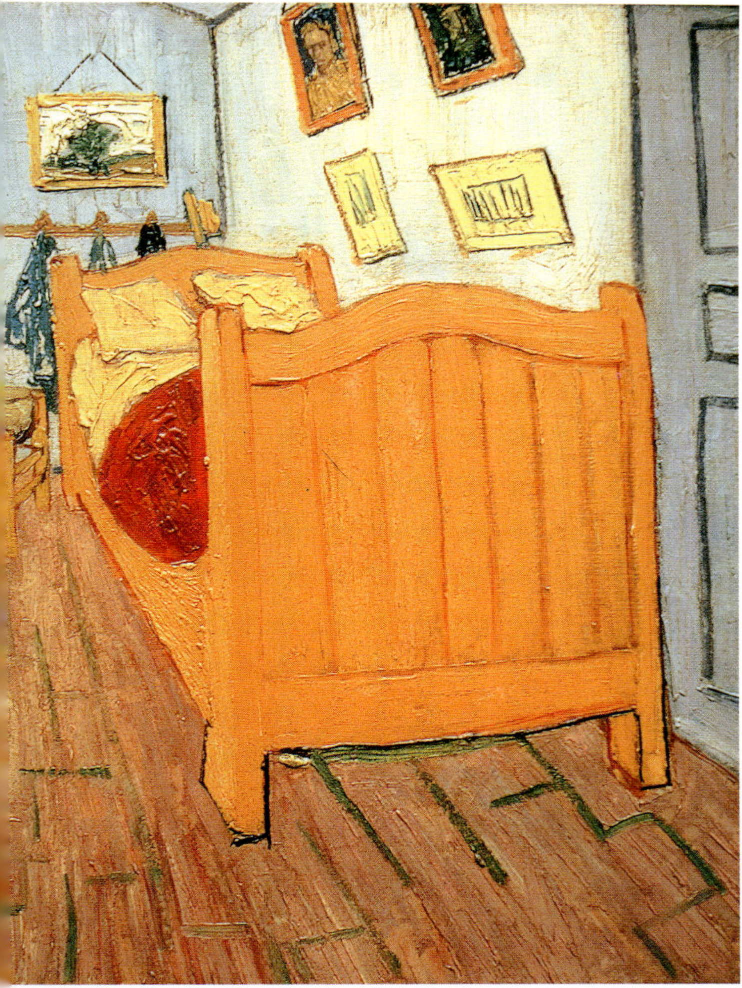

Vincent van Gogh

Groot-Sundert, 1853 – Auvers-sur-Oise, 1890

Tournesols

AOÛT 1888

huile sur toile
91 x 71 cm
Neue Pinakothek
Munich

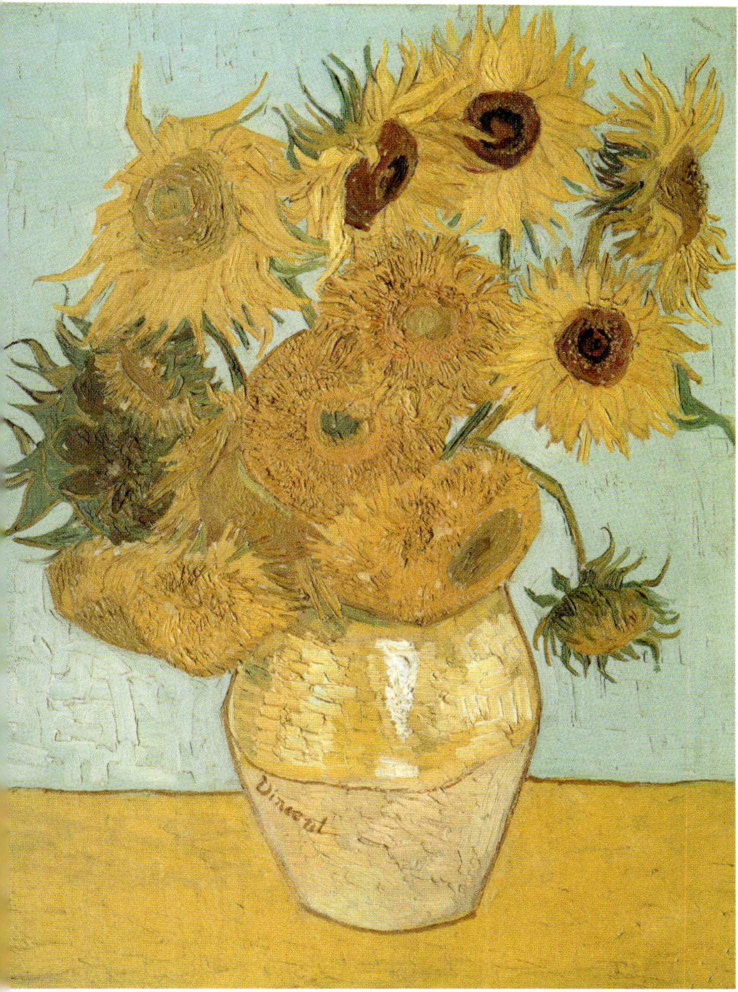
Vincent

Vincent van Gogh

Groot-Sundert, 1853 – Auvers-sur-Oise, 1890

Le Docteur Paul Gachet

JUIN 1890

huile sur toile
68 x 57 cm
Musée d'Orsay
Paris

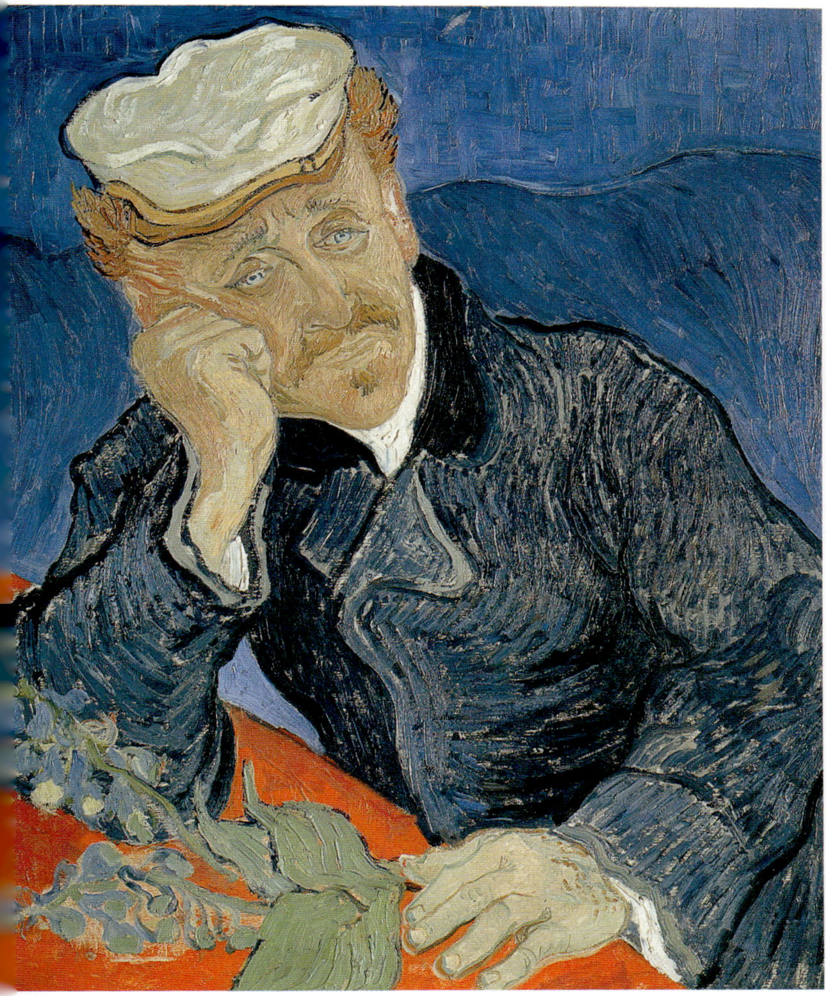

Vincent van Gogh

Groot-Sundert, 1853 – Auvers-sur-Oise, 1890

L'Eglise d'Auvers-sur-Oise

VERS 1890

huile sur toile
94 x 74 cm
Musée d'Orsay
Paris

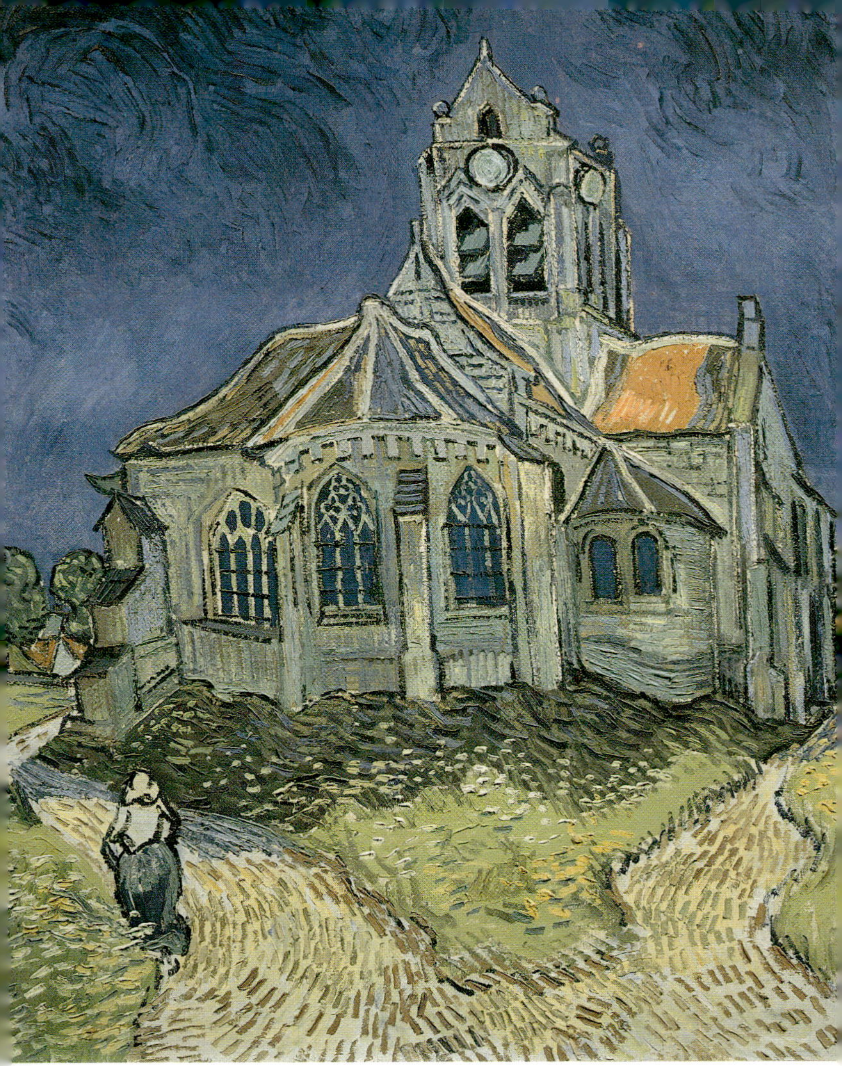

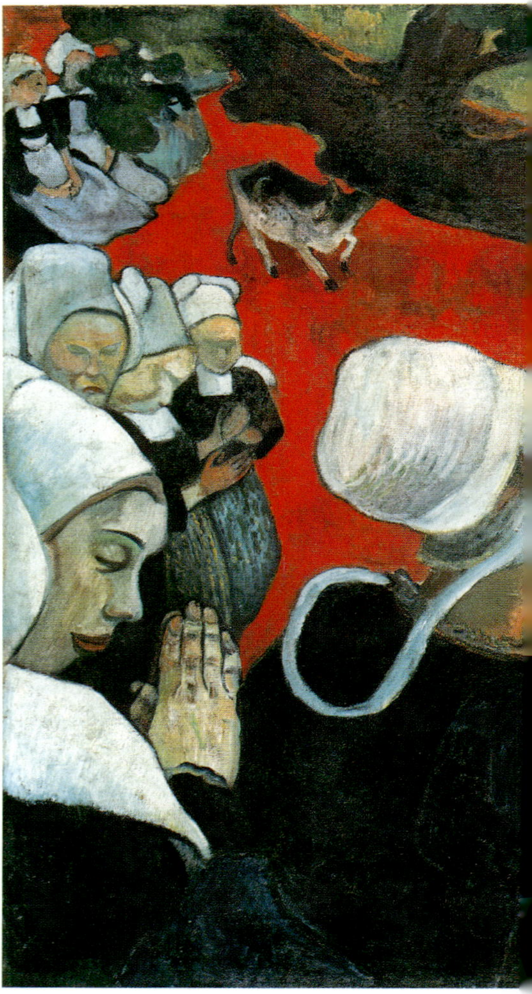

Paul Gauguin

Paris, 1848 – Iles Marquises, 1903

La Vision après le sermon

1888

huile sur toile
73 x 92 cm
National Gallery of Scotland
Edimbourg

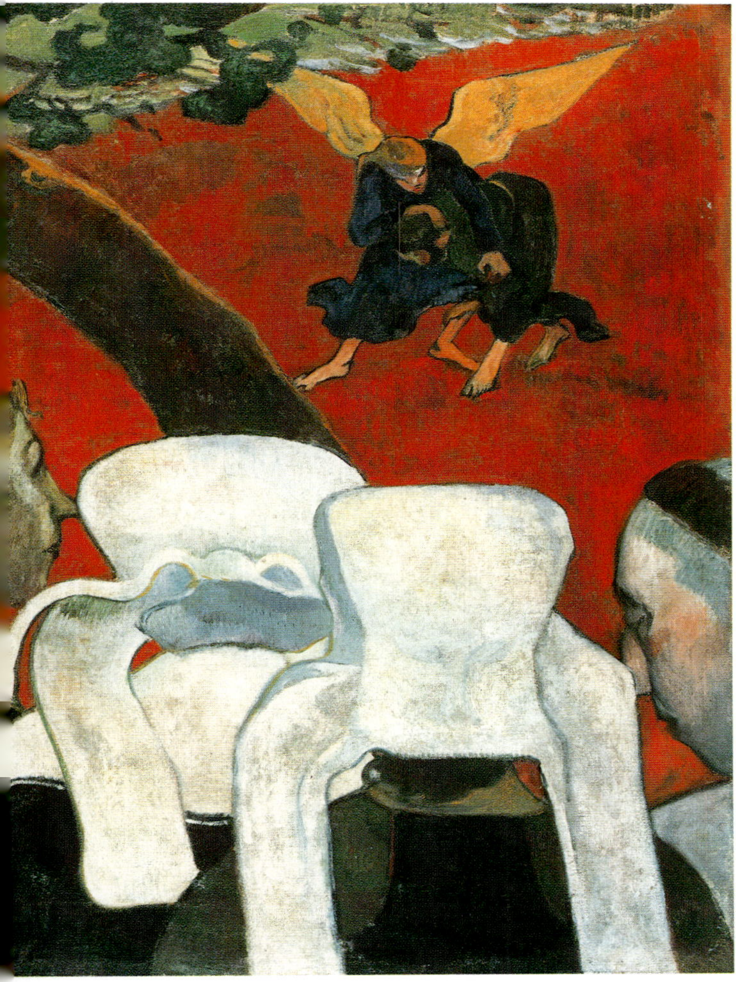

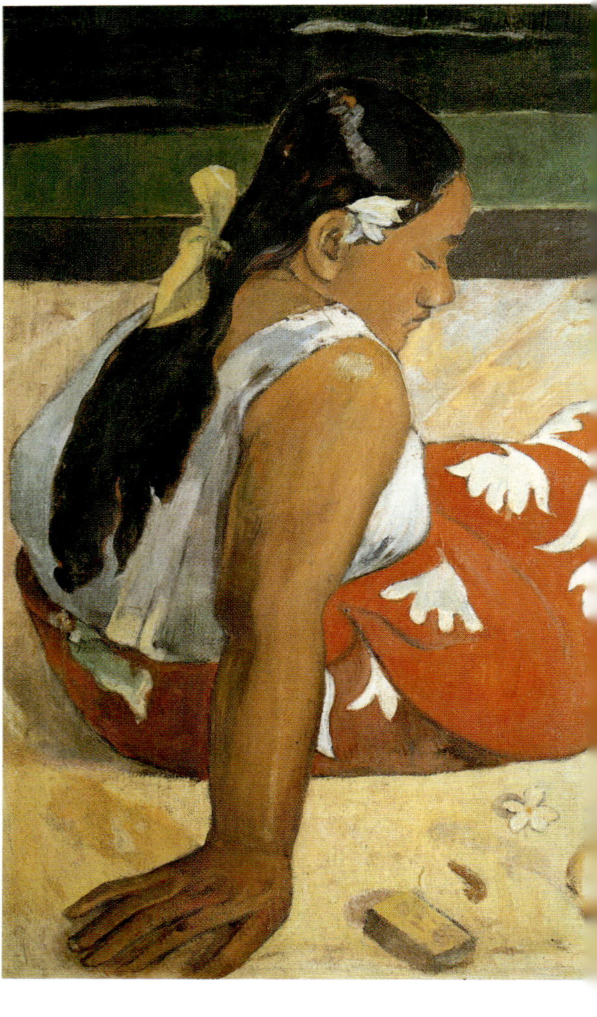

Paul Gauguin
Paris, 1848 – Iles Marquises, 1903

Femmes de Tahiti

1891

huile sur toile
69 x 91,5 cm
Musée d'Orsay
Paris

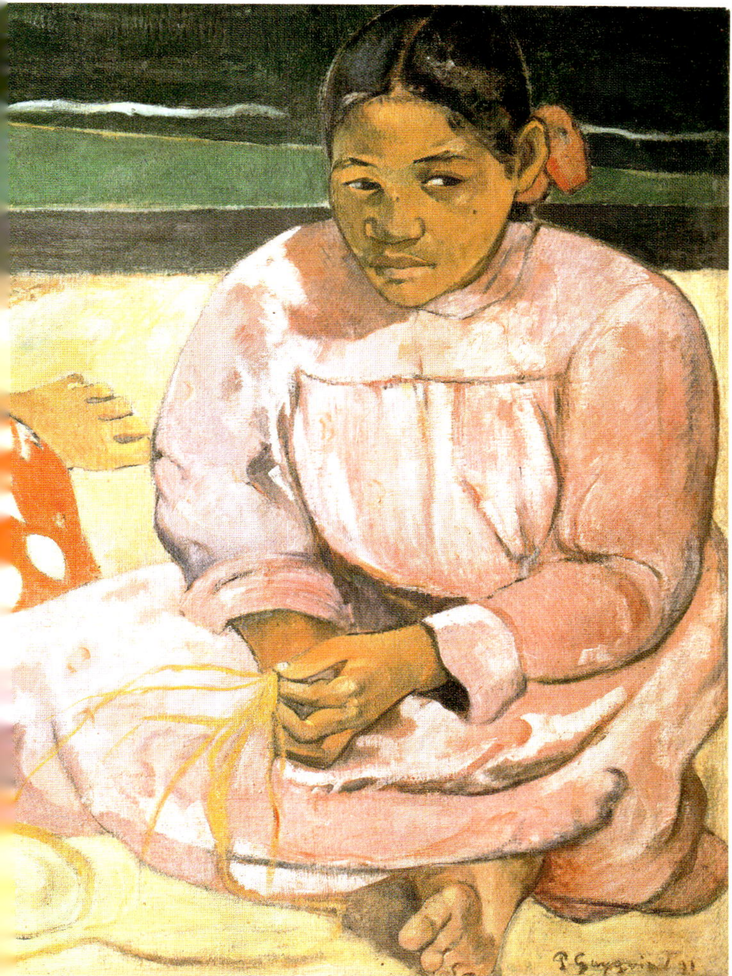

942

Paul Gauguin
Paris, 1848 – Iles Marquises, 1903

Le Cheval blanc

1898

huile sur toile
140 x 91,5 cm
Musée d'Orsay
Paris

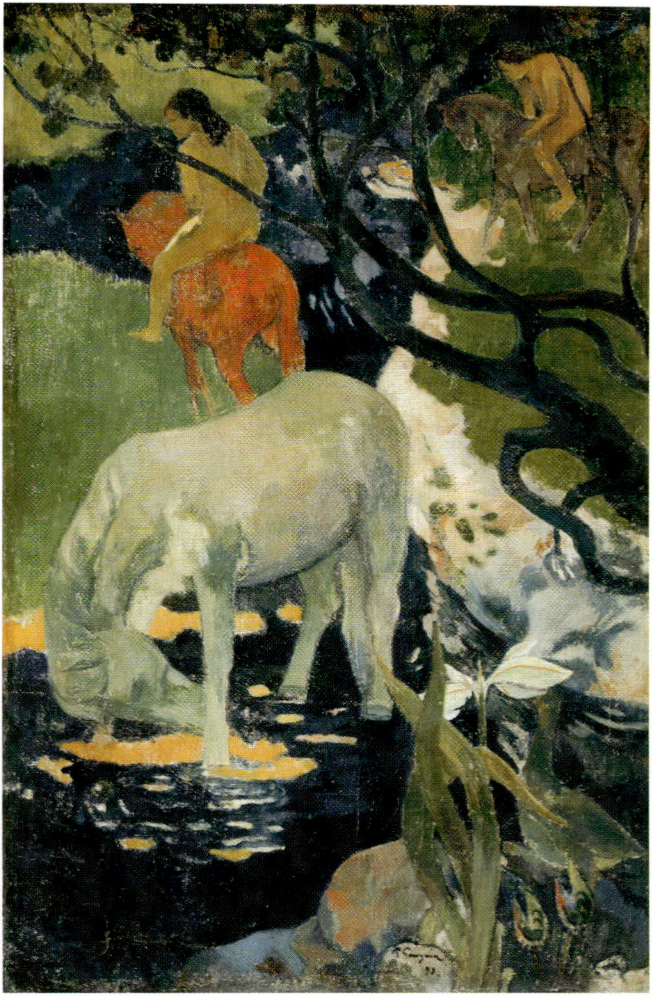

944

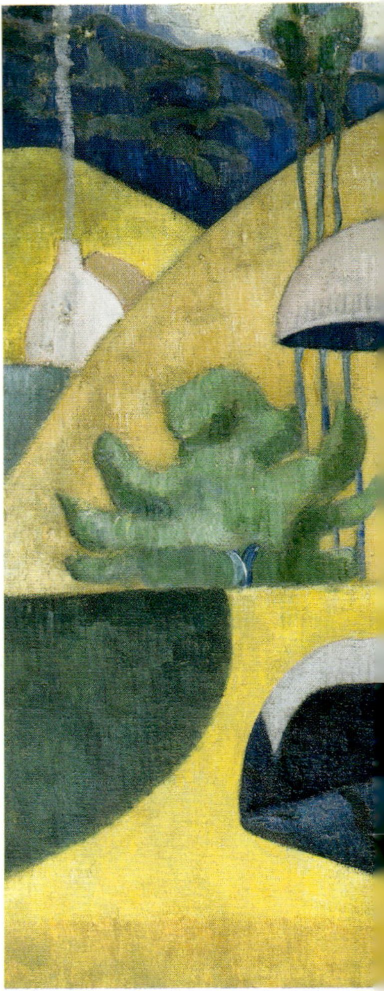

Emile Bernard
Lille, 1868- Paris, 1941

Les Bretonnes aux ombrelles

1892

huile sur toile
81 x 105 cm
Musée d'Orsay
Paris

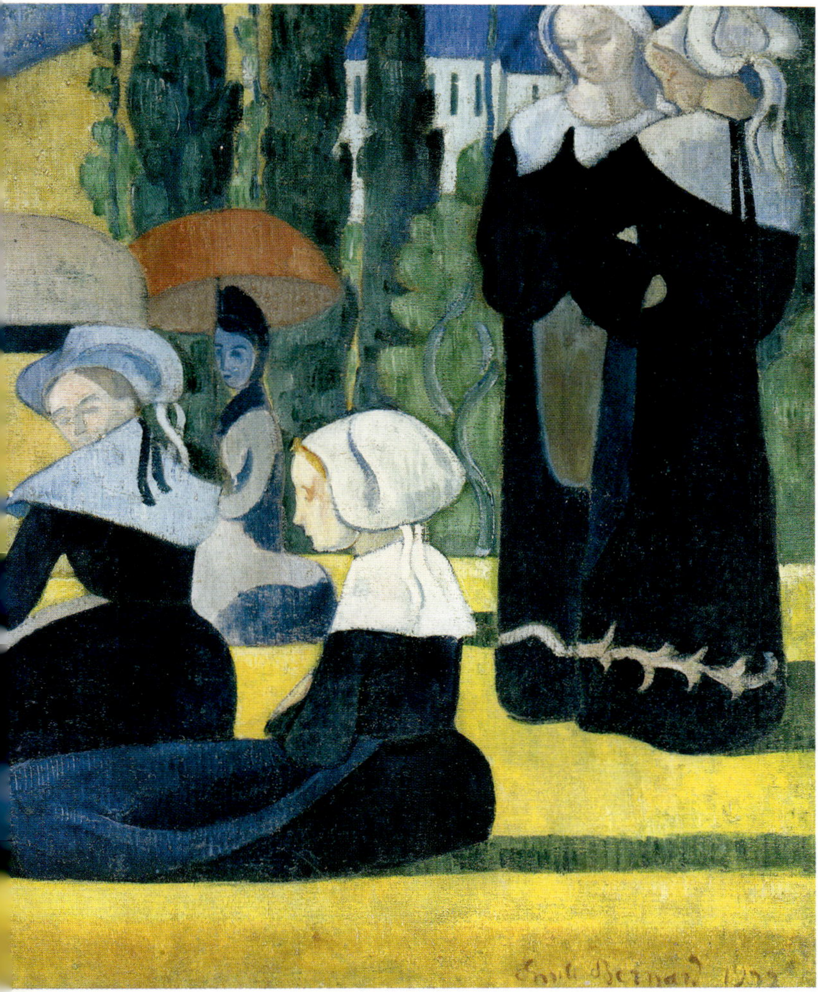

Paul Sérusier

Paris, 1864 – Morlaix, 1927

Le Talisman

1888

huile sur toile
27 x 21 cm
Musée d'Orsay
Paris

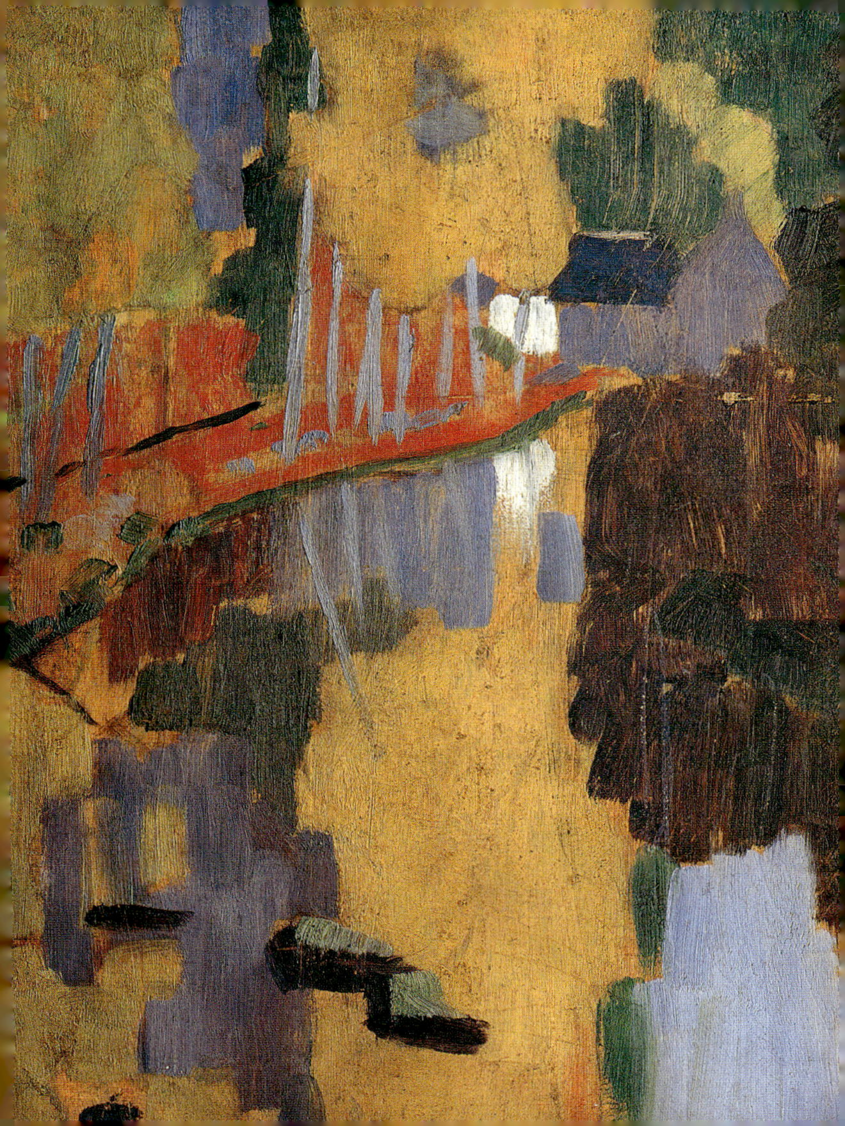

Paul Sérusier

Paris, 1864 – Morlaix, 1927

L'Incantation ou le Bois sacré

1889

huile sur toile
73 x 60,5 cm
Musée d'Orsay
Paris

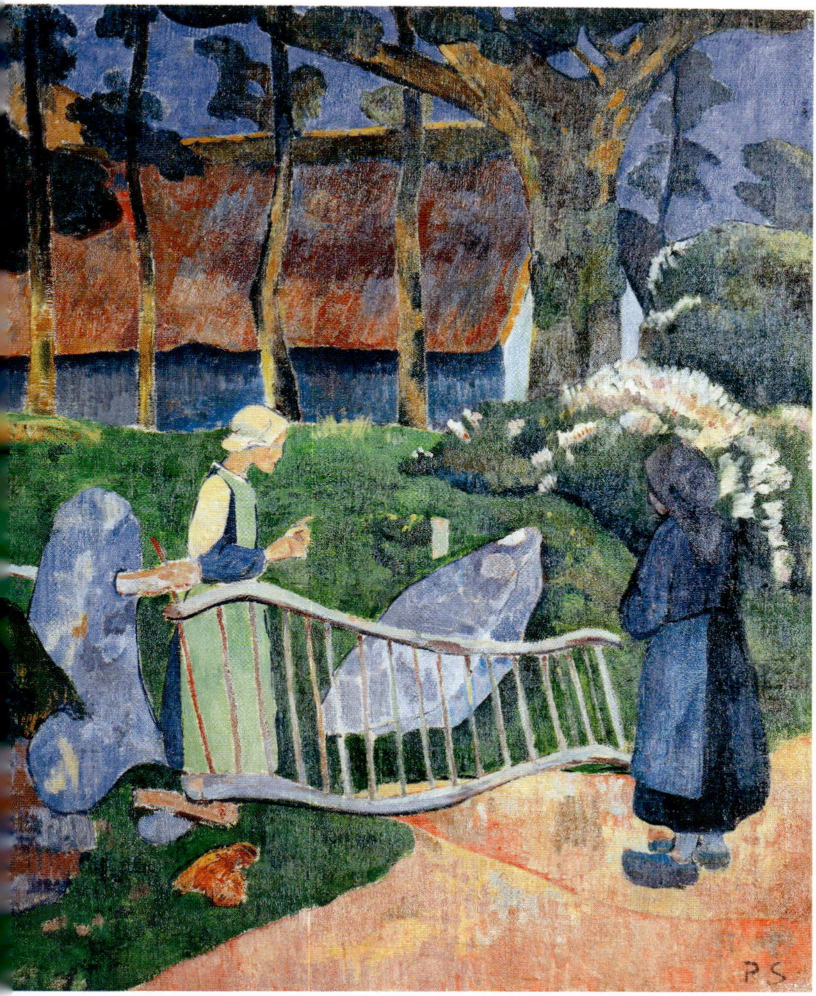
P S

950

Félix Edouard Vallotton

Lausanne, 1865 – Paris, 1925

Le Ballon

1899

huile sur papier pastel sur carton
48 x 61 cm
Musée d'Orsay
Paris

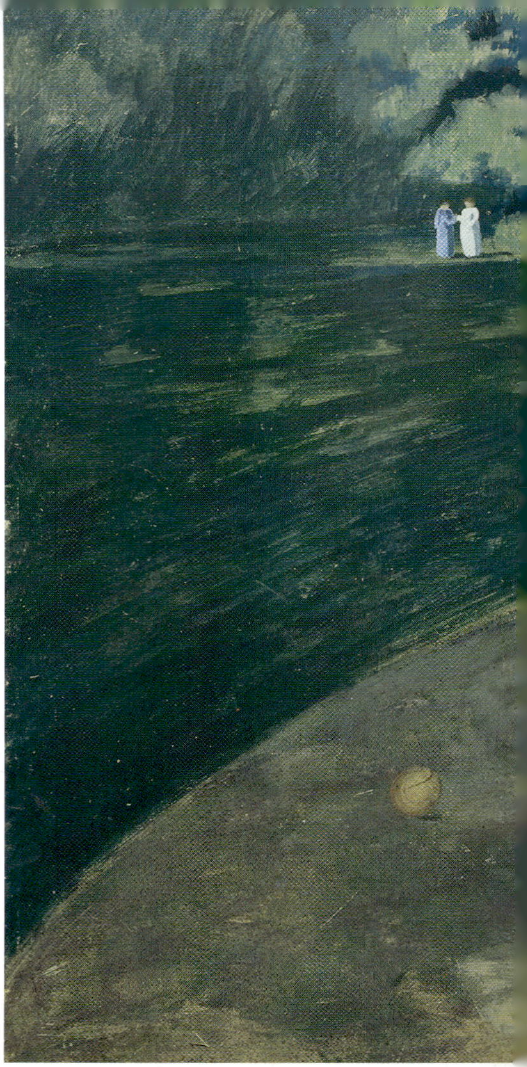

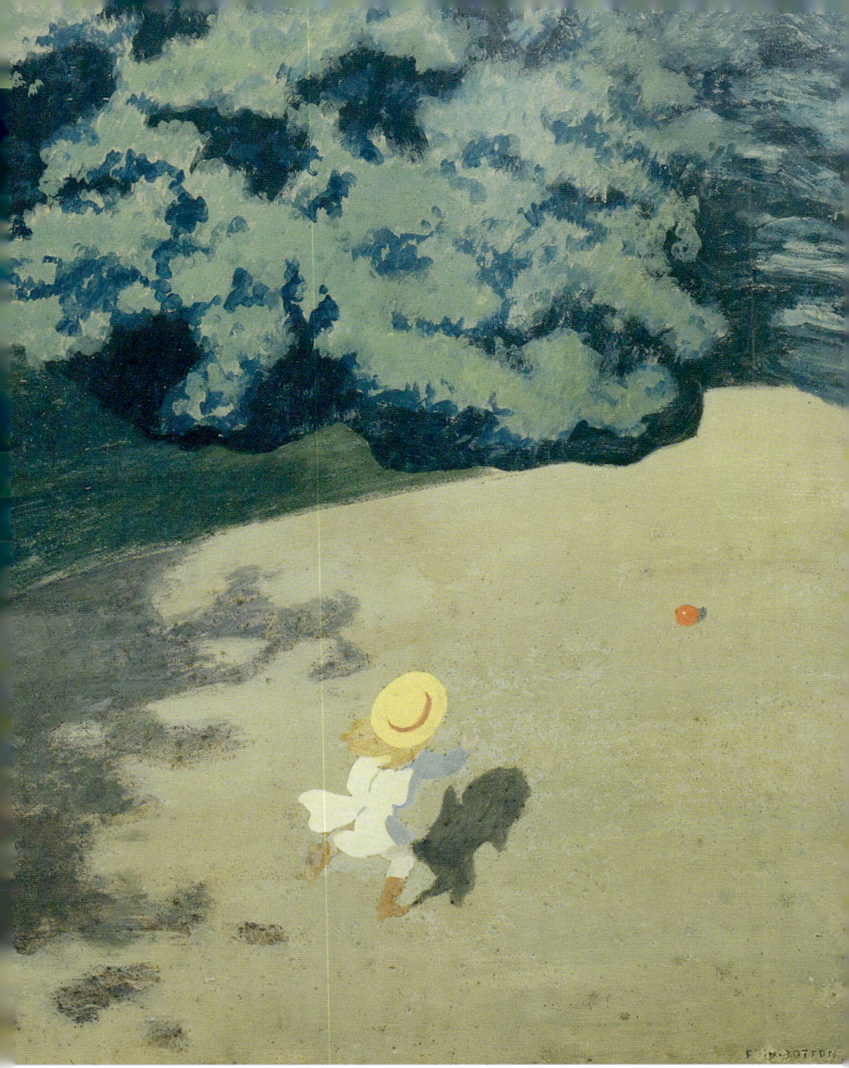
F. VALLOTTON

Henri de Toulouse-Lautrec
Albi, 1864 – Malromé, 1901

Danse au Moulin Rouge

1890

huile sur toile
115,5 x 150 cm
Philadelphia Museum of Art
Philadelphie

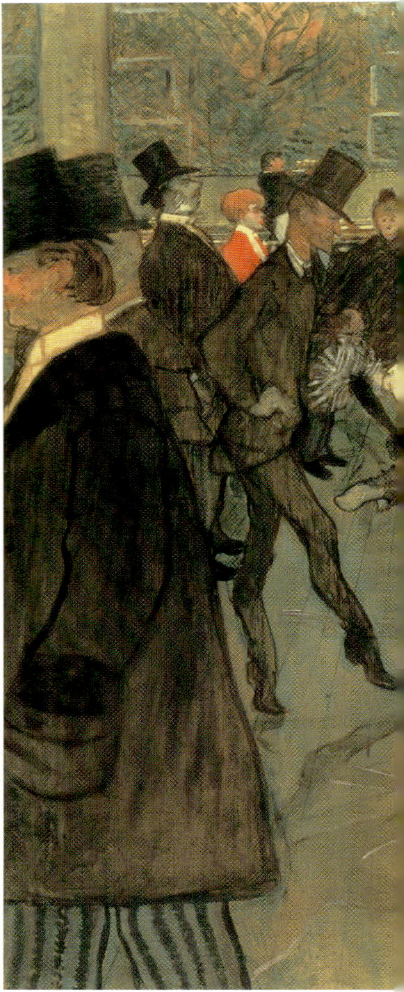

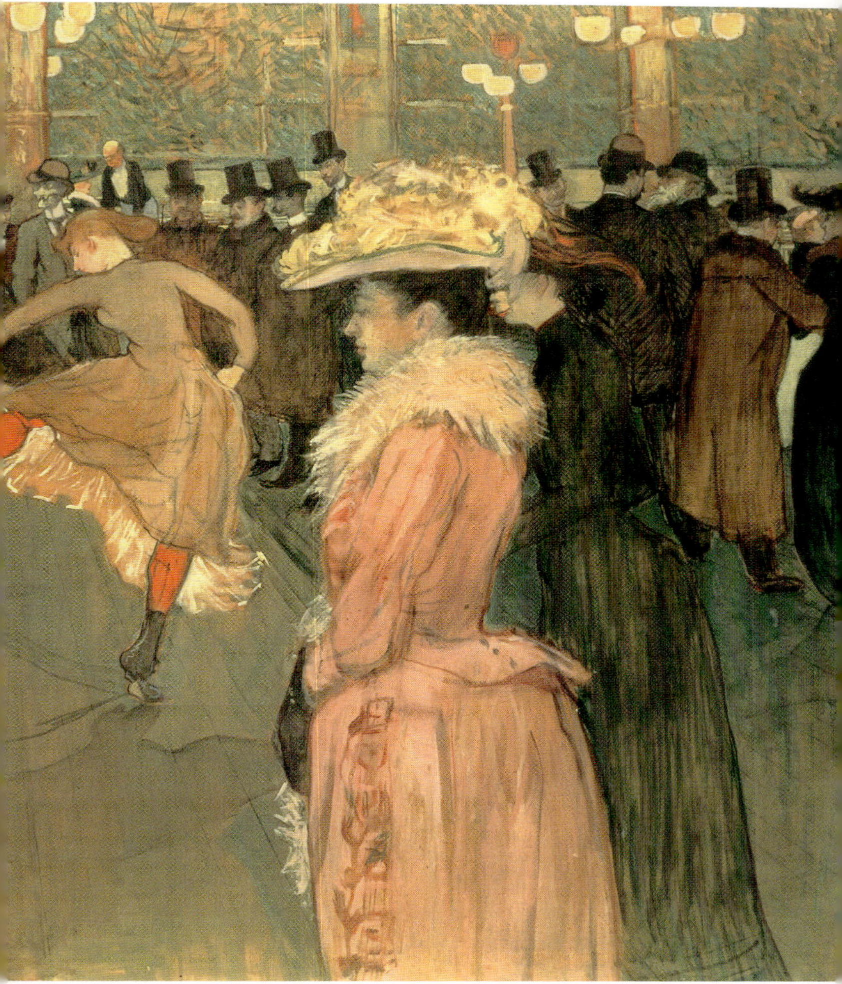

954

Henri de Toulouse-Lautrec
Albi, 1864 – Malromé, 1901

Etude pour Loïe Fuller aux Folies-Bergère

1893

huile sur carton
63,2 x 45,3 cm
Musée Toulouse-Lautrec
Albi

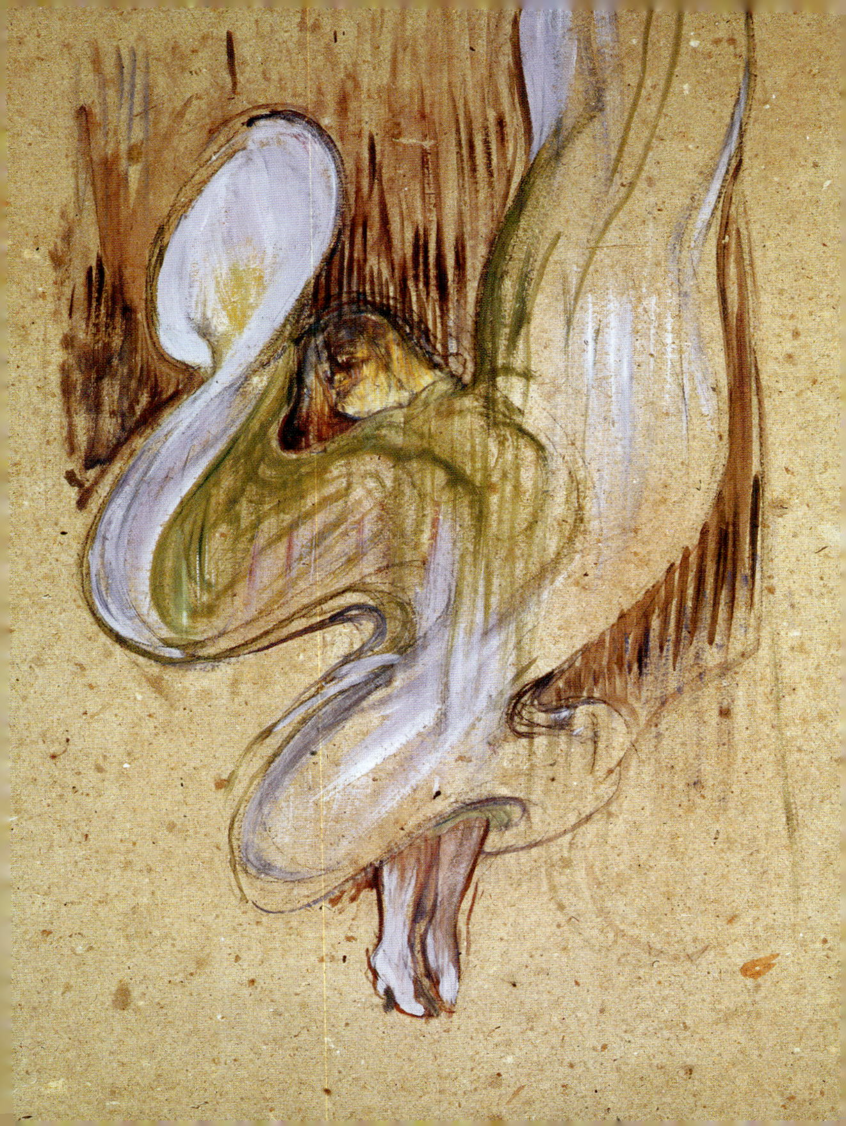

956

Henri de Toulouse-Lautrec

Albi, 1864 – Malromé, 1901

Madame Poupoule à sa toilette

1898

huile sur bois
60,8 x 49, 6 cm
Musée Toulouse-Lautrec
Albi

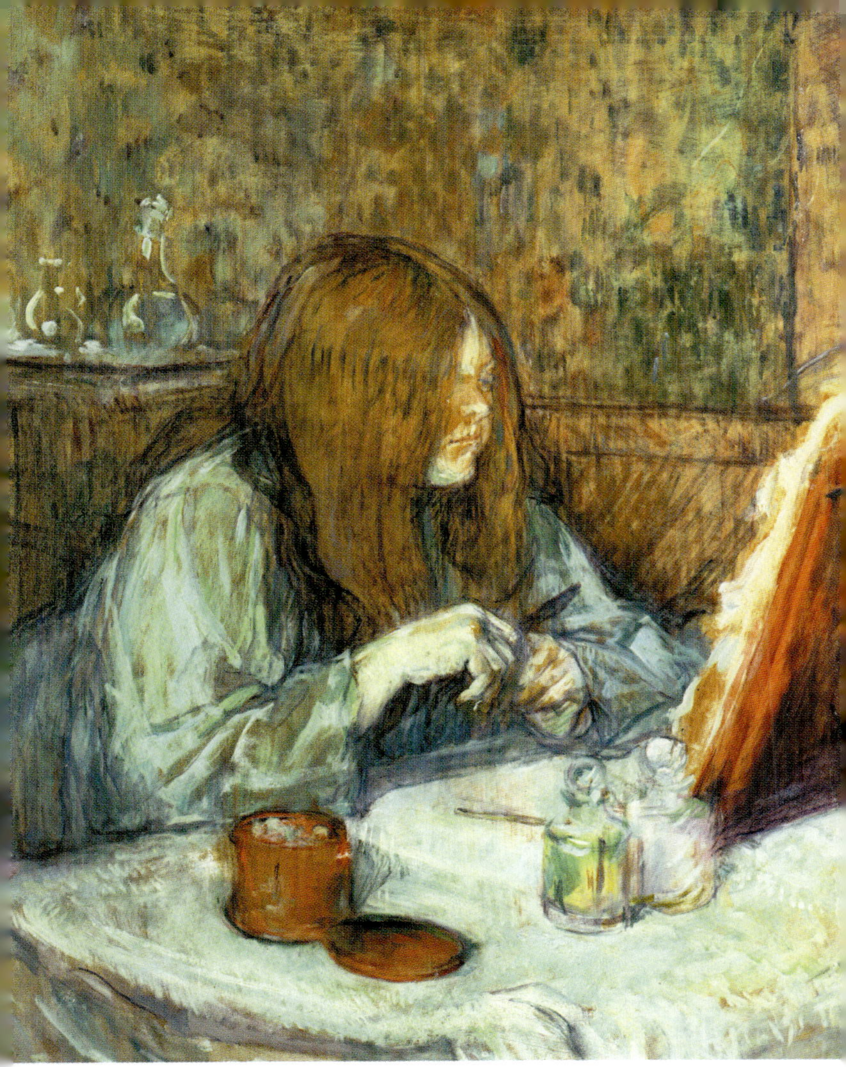

958

Gustav Klimt

Vienne, 1862-1918

Judith I

1901

huile sur toile dans un cadre de cuivre
bosselé réalisé par Gustav Klimt
84 x 42 cm
Österreichsiche Galerie
Vienne

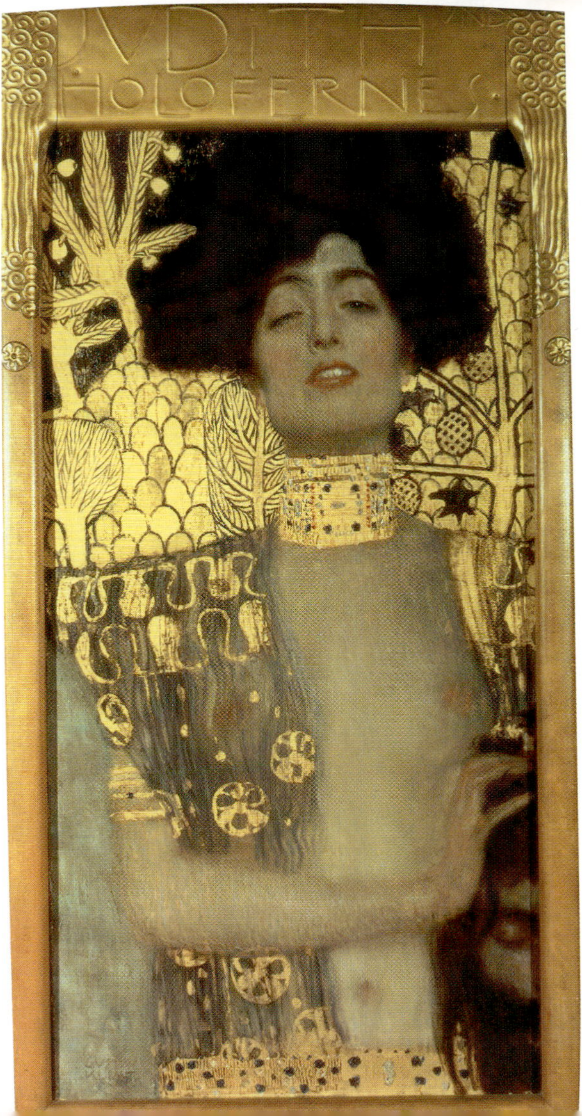
HOLOFERNES

Gustav Klimt
Vienne, 1862-1918

Le Baiser

1907-1908

huile sur toile
180 x 180 cm
Österreichsiche Galerie
Vienne

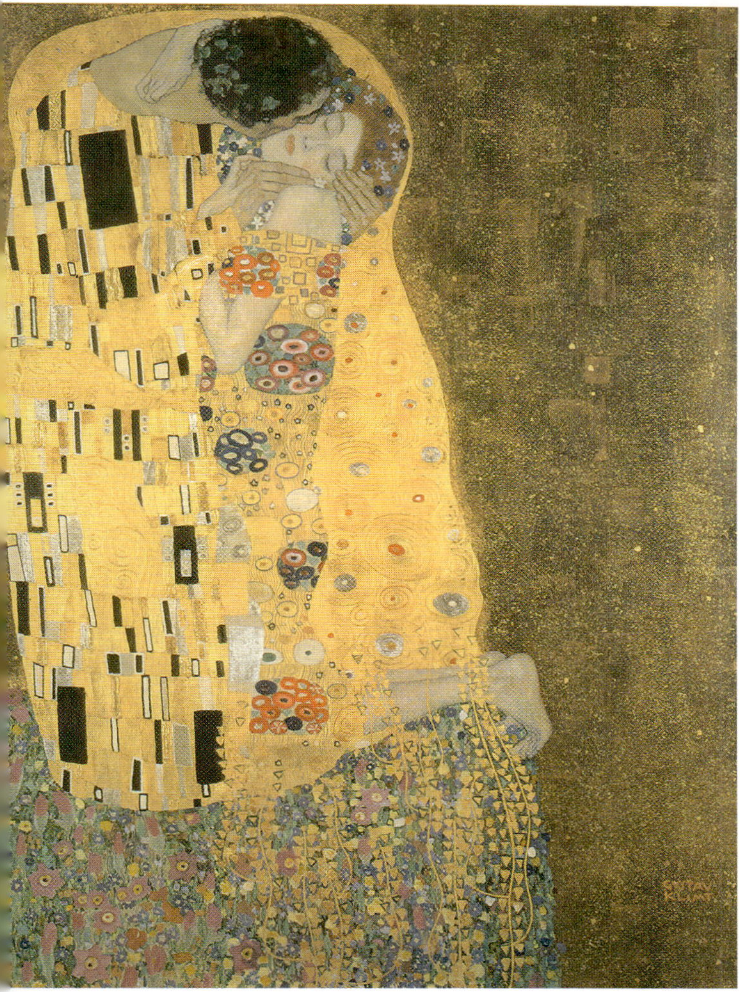
GUSTAV
KLIMT

Gustave Moreau
Paris, 1826-1898

Orphée

1865

huile sur toile
154 x 99,5 cm
Musée d'Orsay
Paris

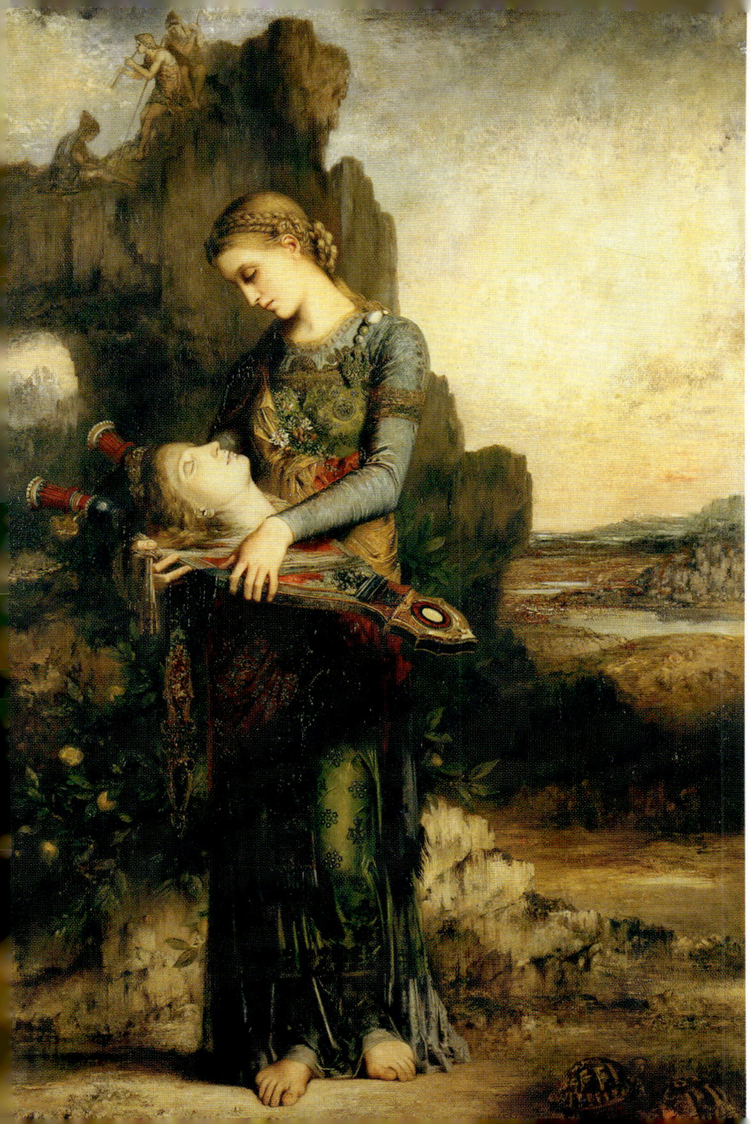

Gustave Moreau
Paris, 1826-1898

Les Licornes

VERS 1885

huile sur toile
115 x 90 cm
Musée Gustave Moreau
Paris

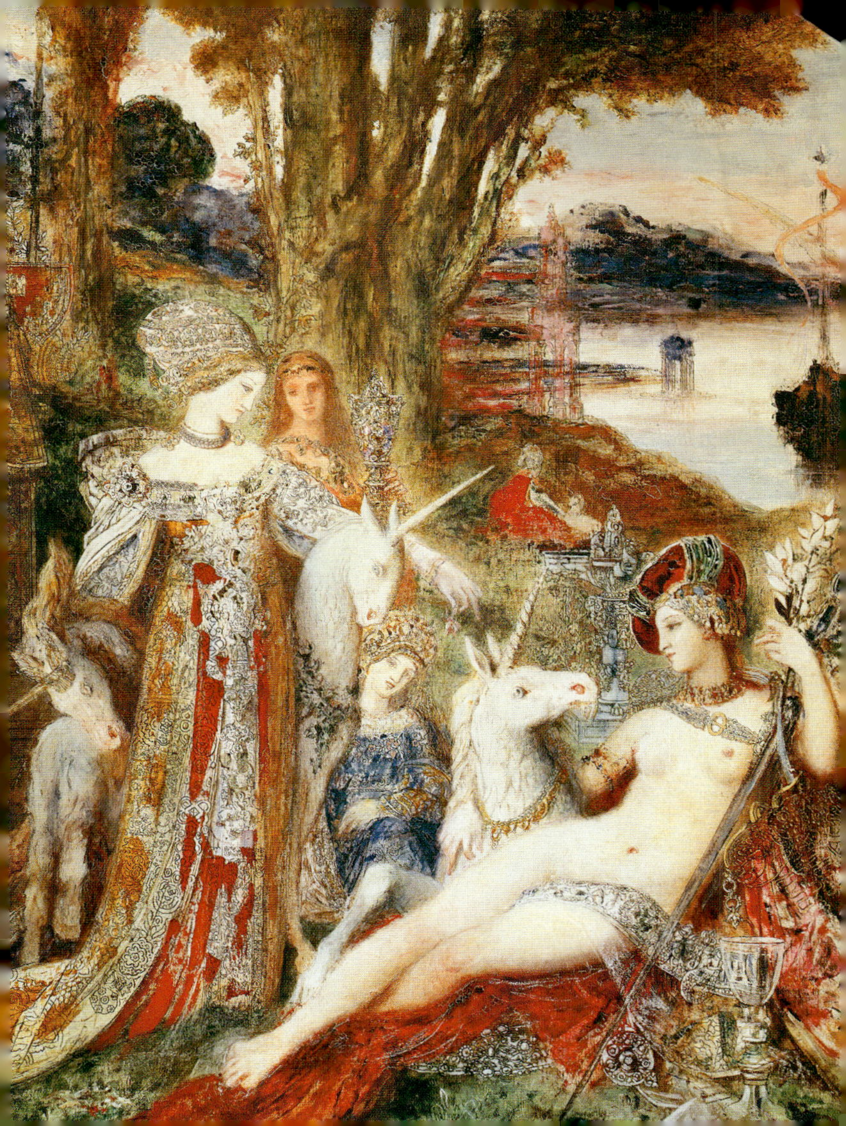

966

Odilon Redon

Bordeaux, 1840 – Paris, 1916

La Fuite en Egypte

VERS 1903

huile sur toile
45 x 38 cm
Musée d'Orsay
Paris

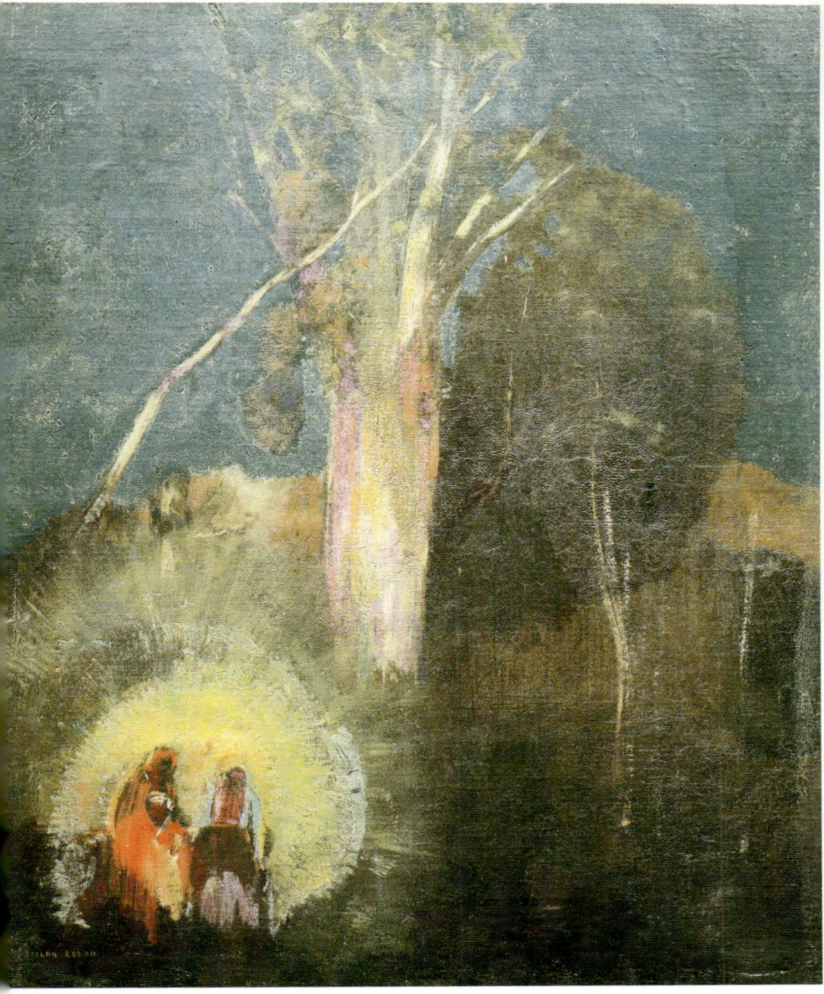

Odilon Redon

Bordeaux, 1840 – Paris, 1916

Vase de fleurs

VERS 1912

pastel sur papier
57 x 35 cm
Musée du Louvre
Paris

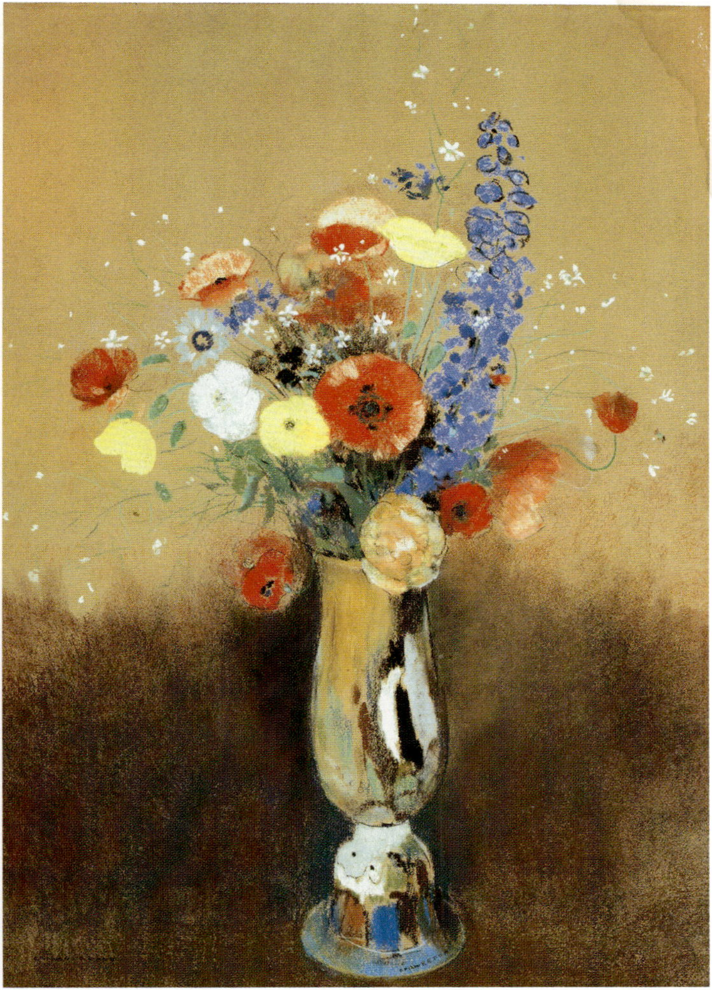

Le Douanier Rousseau (Henri Rousseau)
Laval, 1844 – Paris, 111910

La Charmeuse de serpent

1907

huile sur toile
165 x 180 cm
Musée d'Orsay
Paris

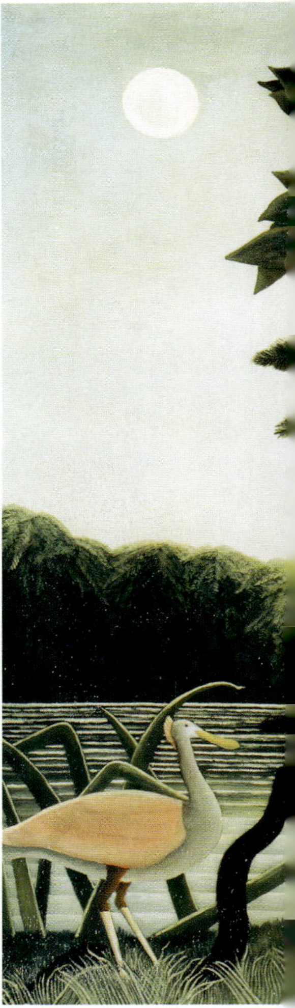

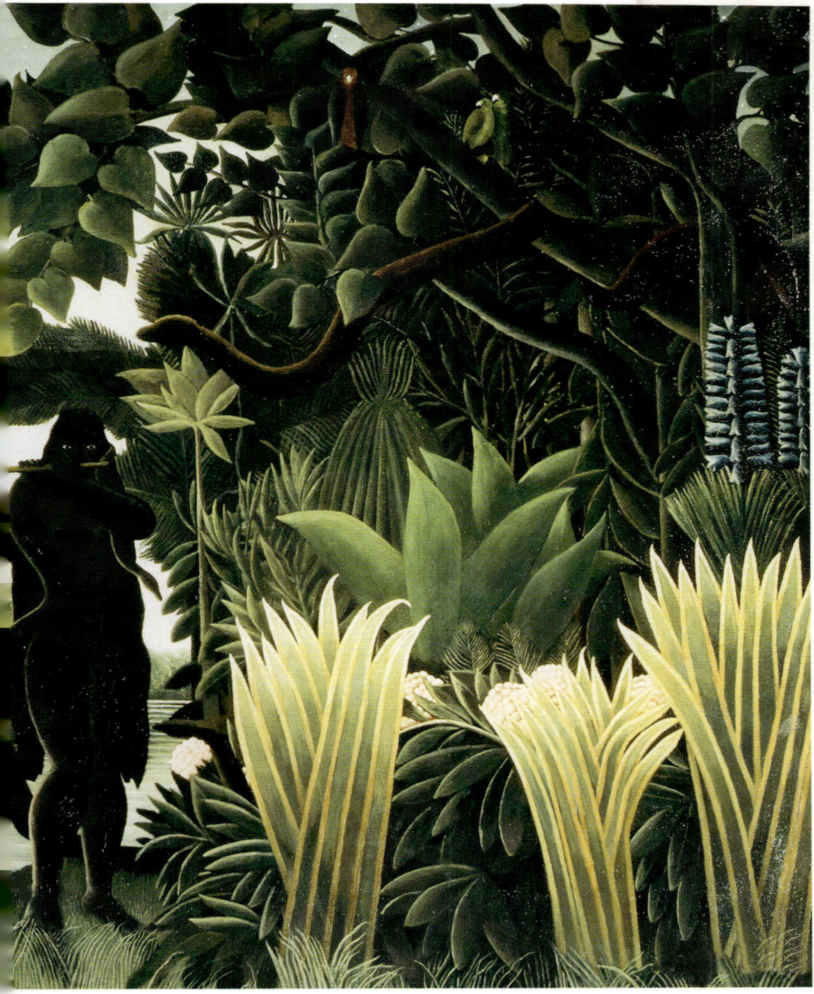

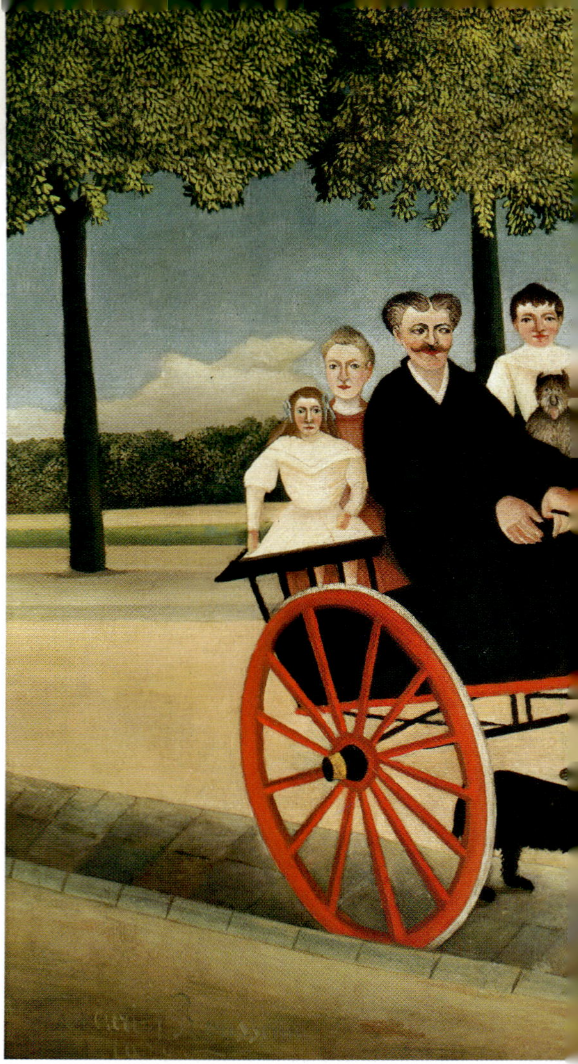

972

Le Douanier Rousseau (Henri Rousseau)

Laval, 1844 – Paris, 111910

La charrette de Papa Juniel

1908

huile sur toile
97 x 129 cm
Musée de l'Orangerie
Paris

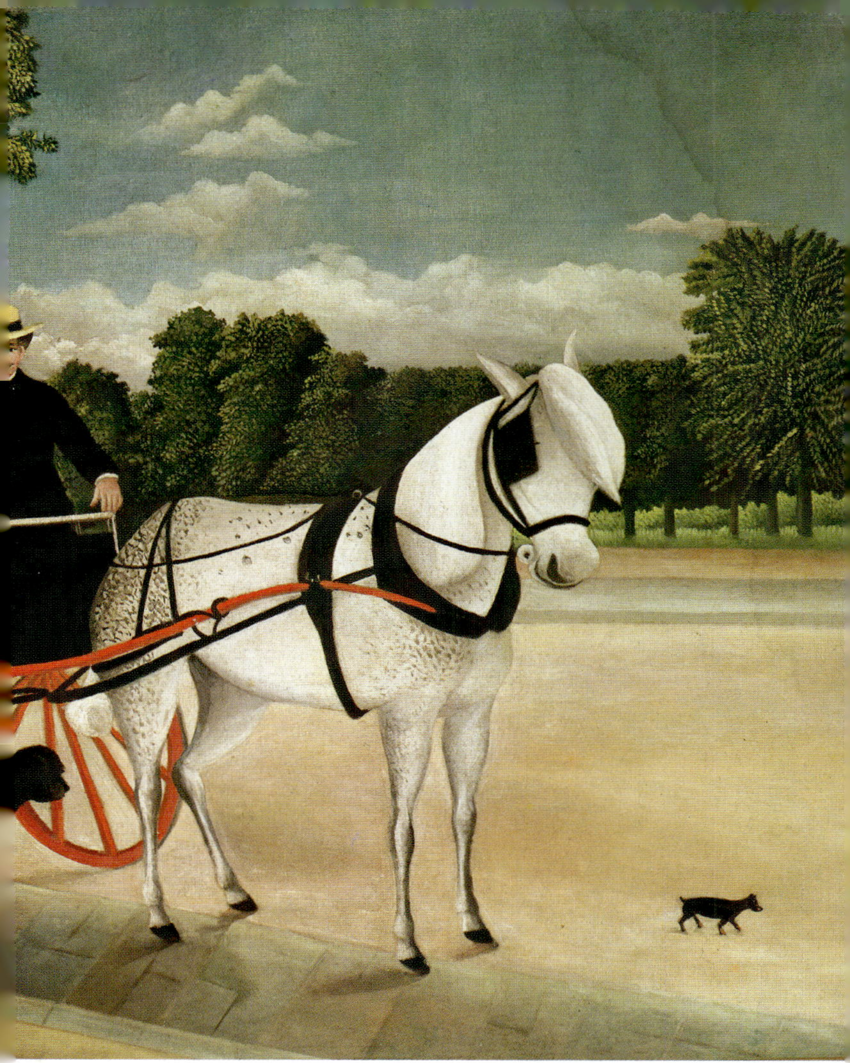

INDEX

L'éditeur remercie les archives, musées et institutions qui ont autorisé la reproduction des oeuvres dans cet ouvrage notamment :

Scala Group, Scala Group, Florence, qui a fourni la majorité des reproductions ainsi que :
Bridgeman Art Library, Londres/**Farabola Foto**, Milan 18–19, 49, 53, 78–79, 100, 184–185, 186–187, 224, 225, 231, 232, 241, 258–259, 279, 281, 301, 309, 356–357, 388–389, 430–431, 433, 435, 598–599, 641, 646–647, 696–697, 713, 764–765, 772–773, 774–775, 776–777, 778–779, 780–781, 782–783, 784–785, 794–795, 811, 820–821, 826–827, 836–837, 922–923, 924–925, 929, 938–939, 952–953, 957, 960;
Corbis contrasto, Milan : 20-21 ;
Digital Image © 2004, The Museum of Modern Art, New-York/ Scala Florence : 906-907;
Photoservice Electa, Milan – avec l'autorisation du Ministère pour les Biens artistiques et historiques : 348-349 **;**
Ministère français de la culture et de la communication, DRAC Rhône-Alpes, Service régional de l'Archéologie : 16-17 ;
Rijksmuseum, Amsterdam 506-507 ;
Photo RMN : 854-855 ;
© The National Gallery, Londres, couverture, 273 ;
Musées du Vatican, Cité du Vatican, 372-373, 375, 377, 379